BIG CHANGE – SMART DREAM

중소기업 현장
경제학

조봉현

박영사

프롤로그 Big Change!

새로운 세상을 여는 빅 체인지 시대가 도래했다. 사회경제는 엔데믹, AI, 4차 산업혁명, 디지털 등 비즈니스의 큰 물결 속에서 변화하고 있다. 2기 트럼프 노믹스로 불확실성이 더욱 커지고 국제 정세는 예상하기 어려울 정도로 요동치고 있으며, 한반도 지정학 리스크 또한 높아져 경제 및 금융시장 불안은 가속화될 전망이다. 이제 우리 기업들은 어디로 나아가야 할지 명확한 방향을 설정해야 할 시점이다. 중소기업 현장에서 희망의 등불을 밝혀야 하며, 이러한 변화의 흐름을 정확히 읽어내야 한다. 빅 체인지(Big Change) 비즈니스(Business)의 흐름을 이해하면 자금, 주식 등 금융의 동향도 파악할 수 있을 것이다.

大 변혁기에도 불구하고 세계 경제와 한국 경제는 어려운 국면이 지속되고 있다. 주요 기관들이 세계 경제와 한국 경제의 성장률을 조정하고 있지만, 여전히 변동성이 크고, 근본적인 저성장 경제 구조는 계속해서 이어질 것으로 보인다.

경제 현장의 목소리를 들어 보면 상황은 더욱 암담하다. 자영업자 및 소상공인, 중소기업들은 우리가 인식하고 느끼는 것보다 훨씬 더 힘든 상황에 처해 있다. 이들은 앞으로도 경기 회복이 쉽지 않을 것이라고 전망하고 있으며, 기업 도산이 증가하고 도시 곳곳에 상가의 공실이 늘어나는 것은 이러한 현실을 잘 보여주는 단면이다.

그렇다면 우리 경제가 언제쯤 회복될 것인지는 모두의 관심사일 것이다. 당분간은 어려운 국면이 지속될 것으로 보인다. 2025년에 경제상황이 더 악화될 가능성이 크다. 최소한 2026년은 돼야 경제 지표가 개선되기 시작할 것으로 기대되며, 이를 위한 정부와 기업의 노력이 더욱 중요해질 것이다.

경기가 악화된 후 반등한다고 해서 단순히 '경제가 좋아졌다'고 평가할 수 있을까? 과거 1997년 IMF 외환위기나 2008년 글로벌 금융위기 사례를 돌아보면, 경제가 추락한 후 정상화되기까지 최소 1년 반에서 길게는 2년 이상의 시간이 소요되었다. 만약 2026년에 반등이 시작된다 하더라도, 실제로 '경제가 좋아졌다'고 체감하기까지는 최소한 2년 이상의 시간이 걸릴 것으로 예상된다.

경기 회복세가 나타나더라도 지속적인 성장은 어려울 것으로 보인다. 대내외적인 변수들이 많고, 경제를 둘러싼 변동성이 크며 불확실한 상황이 계속되고 있어 언제든지 경기 침체가 다시 찾아올 가능성이 있다.

현재 우리는 고금리, 고물가, 고환율의 3高 현상으로 인한 복합위기에 직면해 있다. 이러한 상황은 당분간 경제적 어려움을 더욱 가중시킬 것으로 보인다. 이것이 우리 실물경제와 생활경제에 미치는 파장은 크다. 특히 금리에 관한 논의에서, 미국의 기준금리가 5.5%까지 상승한 후 2024년 9월부터 점진적으로 하락세로 돌아서고 있다. 그러나 물가 등 여러 요인에 따라 언제든지 금리가 다시 상승할 가능성도 배제할 수 없다.

우리나라 역시 미국의 금리 인하 시점에 맞춰 기준금리를 낮추고 있지만 과거의 저금리 시대로 쉽게 돌아가기 어려운 상황이다. 이는 고금리 시대가 지속될 것이라는 신호로 해석될 수 있다.

현재 현장에서 느끼는 시장금리는 기준금리의 약 두 배인 6~7%에 이른다. 이러한 고금리는 기업과 서민에게 큰 부담을 주고 있으며, 특히 금리가 2%대였던 시기에 대출을 받은 기업들은 이제 7% 이상의 금리를 부담해야 하는 상황에 직면했다. 신용이 취약한 기업들은 이자율이 9%에 달하는 경우도 있어 더욱 심각한 상황이다.

경기 둔화로 인해 매출이 급격히 줄어드는 상황에서, 신용도가 낮은 기업들은 이러한 고금리에 버티기가 어려워졌다. 이로 인해 경영에 큰 어려움을 겪고 있으며, 이는 도산으로 이어질 위험이 높아지고 있다.

가계도 마찬가지다. 현재 가계부채 규모가 2,000조 원을 넘었으며, 그중 상당 부분은 20대와 30대의 아파트 구입 수요로 인해 발생했다. 몇 년 전 대출을 받을 당시에는 금리가 낮았지만, 현재 고금리 상황이 전개되면서 이자 부담이 3배 이상 증가했다. 이로 인해 소득으로 이자를 감당하기 어려운 상황이 벌어지고 있다. 집을 매각하려고 해도 부동산 시장의 침체로 인해 거래가 어렵고, 이는 가계의 재정적 부담을 더욱 가중시키고 있다. 앞으로도 고금리가 기업과 가계에 미치는 충격은 상당 기간 지속될 것으로 예상된다.

고물가와 고환율이 경제에 미치는 영향은 심각한 상황이다. 인플레이션은 기업에게 원부자재 가격 상승을 초래해 생산 단가를 증가시키는 주요 요인으로 작용하고 있다. 이로 인해 기업들은 원자재 가격 인상분만큼 제품 가격을 인상해야 하지만, 현실적으로 이러한 가격 조정이 어려운 구조에 놓여 있다. 특히 중소기업들은 이미 한 자리 수의 마진으로 운영하던 상황에서 적자로 전환될 수밖에 없는 상황에 직면하고 있다.

물가 상승은 자영업자와 소상공인에게 더욱 큰 타격을 주고 있으며, 이들은 경영 압박에 시달리고 있다. 또한, 농수산물, 식품, 에너지, 서비스 등 생활물가가 급등함에 따라 가계의 경제적 부담이 더욱 가중되고 있다. 이러한 상황은 향후 소비 위축과 경제 성장 둔화로 이어질 가능성이 높아, 정부와 관련 기관의 대책 마련이 시급한 상황이다.

현재 고환율 상황은 이전과는 다르게 수출기업에게 긍정적인 영향을 미치지 않고 있다. 과거에는 환율 상승이 수출 기업에 이익을 안겼으나, 현재 전 세계적으로 '강 달러' 현상이 나타나면서 다른 국가의 통화 가치도 함께 하락하고 있다. 이로 인해 환율이 상승한다고 해서 반드시 수출에서 이익을 볼 수 있는 구조가 아니다. 오히려 환율 상승은 수입 물자의 가격 부담을 가중시키는 결과를 초래하고 있다.

그로 인해 2023년에는 100억 달러 규모의 무역적자가 발생하는 등 심각한 상황이 전개되고 있다. 특히 자녀를 해외로 유학 보내는 가계는 높은 환율로 인해 학비와 생활비 송금에 대한 부담이 더욱 커지고 있다. 이러한 환율 문제는 결국 우리 생활에 직접적인 영향을 미치고 있으며, 정부의 적절한 대책이 필요하다는 목소리가 높아지고 있다.

소상공인과 중소기업은 한국 경제의 중심축을 형성하고 있으며, 이들의 경영은 대부분 일반 가정과 밀접하게 연결되어 있다. 이들이 무너지게 되면 국민 생활 또한 큰 타격을 받게 되며, 이는 궁극적으로 한국 경제의 전반적인 위기로 이어질 수 있다.

따라서 소상공인과 중소기업이 현재 직면하고 있는 경제 위기를 극복할 수 있도록 신속한 지원과 근본적인 대책 마련이 절실히 요구된다. 이들의 안정과 발전은 한국 경제의 지속 가능한 성장에 필수적이며, 정부와 사회 전반이 함께 나서야 할 중요한 과제이다.

경제 위기는 스타트업에게도 심각한 타격을 주고 있다. 현장에서는 많은 스타트업들이 어려움을 호소하며, 이들은 마치 신생아와 같은 존재다. 기초 체력이 약한 스타트업은 작은 질병에도 더 크게 아프거나, 심지어 사망에 이를 수도 있다.

특히 스타트업들이 가장 큰 어려움을 느끼는 부분은 자금 조달이다. 담보 없이 대출을 받기가 어려운 상황에서, 기술 기반의 기업들도 투자 유치에 난항을 겪고 있다. 이러한 이유로 많은 혁신 스타트업들이 자금난에 빠져 어려움을 겪고 있으며, 이들에 대한 체계적인 지원이 필요한 시점이다.

앞으로의 정책과 지원은 현장에서 답을 찾는 노력이 필요하다. 현장과의 소통을 통해 실제 경험을 반영한 다양한 지원 정책이 마련되어야 한다. 자영업자와 소상공인, 중소기업이 경제 위기를 극복하기 위해서는 현장 중심의 정책이 더욱 중요한 역할을 해야 한다. 중소기업 지원기관은 어려운 중소기업을 지원하고 이들을 살리는 것을 주목적으로 하며, 이러한 목적에 맞춰 본연의 역할을 더욱 강화해야 한다. 특히 3高 현상(고물가, 고금리, 고환율)과 경기 침체로 인해 취약 기업뿐만 아니라 흑자 기업까지 도산하는 상황을 방지하기 위해 지원 방안을 모색해야 한다. 이를 통해 경제의 근간인 중소기업과 자영업자의 안정성을 확보하고 지속 가능한 성장을 이끌어내는 것이 중요하다.

경제가 어려운 국면에서도 기술력을 갖춘 혁신 스타트업이나 미래 성장 가능성이 큰 기업에는 더 많은 금융 지원이 필요하다. 이들 기업이 활기를 되찾고 다시 도약할 수 있는 환경을 조성하는 것이 중요하다. 스타트업 지원에 대한 관심을 더욱 높여야 하며, 이는 서울과 수도권에 국한되지 않고 지방 소재 스타트업에도 세심하게 신경을 써야 한다. 이러한 지원이 이루어진다면, 현재의 위기를 극복하는 데 큰 도움이 될 것이다. 혁신 스타트업의 성장과 발전은 경제의 회복력과 지속 가능한 성장을 위한 중요한 요소이므로, 정부와 관련 기관의 적극적인 노력이 요구된다.

경제 위기 극복이 시급한 상황이지만, 새로운 도약을 위한 준비 또한 중요하다. AI, IT, 바이오, 반도체 등 한국이 강점을 가진 분야에서 많은 스타트업이 탄생해야 하며, 이들 기업이 글로벌 시장에서 경쟁력을 갖출 수 있도록 지원해야 한다.

스타트업 지원은 패키지 형태로 이뤄져야 한다. 단순한 자금 지원에 그쳐서는 안 되며, 마케팅, 연구개발(R&D), 해외 네트워크 구축, 인력 양성 등 스타트업이 필요로 하는 모든 요소를 포괄적으로 지원할 수 있는 프로그램이 마련되어야 한다. 이러한 지원 프로그램은 현장에서 효과적으로 작동하도록 설계되어야 하며, 스타트업이 실질적으로 겪고 있는 어려움을 해결하는 데 중점을 두어야 한다.

이와 함께, 창업 실패에 대한 두려움을 없애주는 제도적 기반도 필요하다. 사업에 실패하더라도 다시 재기할 수 있도록 정부가 브릿지(bridge) 역할을 해야 한다. 이러한 지원 시스템이 구축되면 더 많은 청년들이 스타트업에 과감하게 도전할 수 있을 것이다. 실패를 두려워하지 않고 새로운 아이디어와 혁신을 추구할 수 있는 환경을 조성하는 것이 중요하다. 정부는 창업자들이 실패를 경험한 뒤에도 다시 일어설 수 있도록 다양한 지원 프로그램을 제공하고, 재도전의 기회를 보장함으로써 창업 생태계를 더욱 활성화할 필요가 있다.

중소기업의 글로벌 진출 전략에 대한 지원을 강화해야 한다. 한국 경제 성장에서 수출은 매우 중요한 역할을 담당하고 있으며, 특히 수출 중소기업의 활성화는 국가 경제에 긍정적인 영향을 미친다. 이를 위해 정부는 중소기업이 해외 시장에 성공적으로 진출할 수 있도록 다양한 지원 전략을 마련해야 한다.

우리가 수출을 이야기할 때 보통 대기업을 떠올리기 마련이다. 실제로 수출에서 중소기업이 차지하는 비중은 17%에 불과하며, 중견기업과 대기업의 비중이 상대적으로 크다. 그러나 중소기업이 납품한 부품이 조립되어 수출되는 간접 수출을 포함하면, 중소기업의 수출 기여도는 약 70%에 달한다. 이처럼 중소기업의 역할은 수출 강국으로 나아가기 위해 필수적이다. 중소기업의 기반이 튼튼해야만 전체적인 수출 경쟁력이 높아질 수 있으며, 이는 한국 경제의 지속 가능한 성장과 직결된다.

중소기업의 수출 확대를 위해서는 세계 곳곳의 미개척 국가와 분야를 공략하는 전략을 고민해야 한다. 현재 대부분의 중소기업은 이미 잘 알려진 시장에 집중하고 있지만, 이러한 시장은 전 세계 기업들이 치열하게 경쟁하고 있어 중소기업이 진입하기 어려운 상황이다. 따라서 수출 시장에서 승산이 낮을 수밖에 없다.

이런 이유로 미개척 시장을 적극적으로 타겟으로 삼아 성공을 거두고, 이를 발판으로 다른 시장으로 확대하는 전략이 필요하다. 특히 중앙아시아를 비롯한 新북방 국가와 新남방 국가에서는 수출 시장의 잠재력이 크지만, 우리나라의 수출 규모가 상대적으로 작은 시장도 존재한다. 이러한 시장을 공략함으로써 중소기업이 새로운 기회를 창출하고, 전체 수출 경쟁력을 강화하는 데 기여할 수 있을 것이다.

정부 차원에서는 수출 기업 육성을 중소기업 정책의 핵심으로 삼아야 한다. 이를 위해 수출 중소기업을 지원하기 위한 종합 지원 플랫폼이 필요하며, 충분한 금융 공급과 마케팅 지원이 필수적이다. 현재 수출 기업들은 현장에서 많은 애로 사항을 겪고 있다. 특히 수출 계약 체결 후 생산을 위한 금융 지원을 요청할 때, 금융권에서는 '수출 실적이 있느냐', '근거가 있느냐'며 거절하는 경우가 잦다. 이로 인해 어렵게 성사된 계약이 무산되는 사례가 빈번하게 발생하고 있다. 따라서 계약된 제품을 제대로 생산하고 수출할 수 있도록 수출 금융의 역할을 더욱 강화해야 한다.

금융 혁신이 필요하다. 금융은 경제의 혈맥과 같다. 건강한 피가 우리 몸에 잘 돌아야 몸이 튼튼해지고 적극적으로 활동할 수 있는 것처럼, 금융도 마찬가지다. 자금이 원활하게 순환해야 우리 경제의 체력도 강화될 수 있다. 따라서 금융 시스템의 혁신을 통해 중소기업과 스타트업이 필요한 자금을 적시에 확보할 수 있도록 지원해야 한다.

하지만 현장에서 보면, 기업과 금융 간의 변화 속도에는 큰 차이가 존재한다. 기업은 변화가 훨씬 빠르지만, 금융은 그 속도를 따라가지 못하고 있다. 이러한 괴리가 커지면 금융 시스템이 제대로 작동하지 않게 된다. 따라서 금융은 기업의 변화 속도에 발맞추어 자체적으로 혁신하고 변화를 모색해야 한다. 단순히 공급자의 입장에서가 아니라, 실제 금융이 필요한 수요자의 관점에서 생각하는 것이 중요하다. 이러한 접근이야말로 금융 시스템이 효과적으로 작동하고, 기업들이 필요로 하는 자금을 적시에 지원받을 수 있는 핵심 포인트다.

한편으로, 경기가 나쁠 때 금융이 더욱 적극적인 역할을 해야 한다. 그동안 시중은행 등 금융기관은 경기가 좋을 때 경쟁적으로 영업하다가 경기가 나빠지면 보수적인 태도로 돌아서는 경향이 있었다. 하지만 기업이 자금을 필요로 하는 시점은 대개 경영이 어려운 상황일 때다. 이러한 상황은 금융과 기업 간의 엇박자를 초래한다. 따라서 금융기관은 비가 올 때 우산을 빼앗는 것이 아니라, 오히려 기업이 어려울 때 더 큰 우산을 제공하는 역할을 해야 한다. 금융 기관은 어려운 시기에 기업에 필요한 자금을 유연하게 공급함으로써, 지속적인 변화와 혁신을 추구해야 할 것이다.

금융 지원의 틀도 변해야 한다. '금융=융자'라는 고정관념에서 벗어나, 투자를 늘리는 방향으로 전환할 필요가 있다. 또한, 금융 서비스만이 아니라 기업을 위한 비(非)금융 서비스의 확대도 중요하다. 해외 선진은행들은 이미 비(非)금융 서비스의 중요성을 높이 평가하고 있다. 단순한 자금 지원을 넘어, 기업이 필요로 하는 정보 제공, 컨설팅, 마케팅 지원 등 다양한 서비스를 제공해야 한다. 이러한 지원은 특히 기업과 밀착되어 있는 은행과 같은 금융기관이 가장 잘 수행할 수 있는 역할이다. 기업의 성장과 발전을 도울 수 있는 맞춤형 서비스를 제공함으로써, 금융기관은 단순한 자금 지원의 역할을 넘어 진정한 파트너로 자리잡을 수 있을 것이다.

대표적인 사례로 IBK기업은행의 '금융주치의' 제도를 들 수 있다. 이 제도는 기업을 종합적으로 진단하고 컨설팅을 제공함으로써, 기업의 다양한 필요를 충족시키고 있다. 이러한 지원 프로그램이 다른 금융기관에서도 활성화되어 비(非)금융 서비스가 확대되어야 한다. 융합적 방안을 통해 금융은 기업의 나침판 또는 등대가 되어야 한다. 그래야 소상공인, 자영업자, 중소기업이 리스크를 줄이면서 올바른 길로 나아갈 수 있다. 금융기관은 중소기업이 올바른 방향을 설정하고 목표 지점에 도달할 수 있도록 돕는 역할을 해야 한다. 이러한 방식으로 금융이 기업의 성장과 성공에 기여한다면, 금융의 진정한 역할이 실현될 수 있을 것이다.

중소기업의 지속적인 변화와 혁신 노력이 함께 이루어져야 한다. 중소벤처기업이 새로운 도약을 위해 갖춰야 할 전략과 방향성 중 가장 중요한 것은 혁신이다. 과거의 낡은 경영 스타일을 과감히 버리고 혁신적인 경영 변화를 추구해야 한다. 이와 같은 관점에서 중소기업은 데이터 경영, 디지털 경영, 그리고 사회적 책임으로서의 ESG 경영에 지속적인 관심을 가져야 한다. 데이터 기반의 의사결정은 효율성을 높이고, 디지털 전환은 경쟁력을 강화하는 데 기여할 수 있다. 또한 ESG 경영을 통해 사회적 책임을 다함으로써 소비자와 투자자에게 긍정적인 이미지를 구축할 수 있다.

대기업과 중소기업의 상생 생태계를 조성하기 위한 정책적 노력이 더욱 강화되어야 한다. 특히 기업 승계에 대한 사회적 인식의 전환이 필요하다. 기업 승계는 단순한 재산의 이전이 아니라 제2의 창업으로 볼 수 있으며, 이를 통해 중소기업이 지속적으로 성장하고 도약할 수 있는 기반이 마련된다.

장수기업이 많이 생겨나면 경제의 뿌리가 튼튼해질 것이다. 그러나 우리나라에서는 '기업 승계 = 부의 대물림'이라는 부정적인 인식이 뿌리내리고 있어 기업 승계가 제대로 이루어지지 않고 있다. 그 결과, 100년 이상 지속된 기업의 수가 일본은 3만 개인 반면, 우리나라는 10여 개에 불과하다.

이런 현실을 극복하기 위해서는 정부와 사회가 기업 승계를 장려하는 방향으로 인식을 바꾸고, 승계를 원활하게 지원하는 정책을 마련해야 한다.

기업 승계는 단순히 '부의 대물림'이 아니라 '책임의 대물림'이다. 50년, 100년 된 기업들이 모여 장수 클럽을 만들고, 정부는 대통령이 정례적으로 장수 기업을 초청하여 격려하고 축하하는 등 명문 장수 기업에 대한 인식을 개선하고 승계를 촉진해야 한다. 또한, 기업 승계와 관련하여 상속세나 증여세를 현실에 맞게 대폭 완화하고, 상속 공제 요건을 개선하는 방안을 지속적으로 모색할 필요가 있다. 이를 통해 기업 승계 과정에서의 부담을 줄여주고, 다음 세대가 책임 있게 기업을 이어갈 수 있도록 지원해야 한다.

모든 일은 항상 "현장에 답이 있다"는 철학을 필자는 늘 갖고 있다. 오랫동안 중소기업, 소상공인, 스타트업과 긴밀히 소통해 온 현장형 전문가로서 자부심을 느낀다. 과거에 스타트업을 직접 창업하고 중소벤처기업을 경영한 경험이 있어, 현장에서 쌓은 노하우와 지혜가 중소기업 지원 업무에 긍정적인 영향을 미쳤다.

중소기업 정책이나 연구 쪽 일을 쭉 하다가 기업 현장에 뛰어들면서, 책상에 앉아 보는 것과 현장에서 직접 경험하는 것 간의 괴리를 몸소 느꼈다. 현장 경험 덕분에 현장의 관점에서 고민하고 필요한 정책 제안을 할 수 있었던 것이다.

중소벤처기업 현장의 입장에서 문제를 접근하고 해결책을 찾는 것이 효과적이다. 정부나 지원기관의 관점에서는 절대 보이지 않는 문제들이 존재하기 때문이다. 따라서 현장에서의 경험이나 현장과의 소통을 통해, 현장의 시각에서 문제를 보고 해결하려는 노력이 필요하다.

대한민국의 미래를 위해서는 현장과 정책의 경험을 모두 갖춘 전문가들이 활발하게 활동할 수 있는 기회가 많아지기를 바란다. 이러한 전문가들이 중소기업과 소상공인의 실제 어려움을 이해하고, 효과적인 해결책을 제시하는 데 기여할 수 있다면, 국가의 경제가 더욱 발전하고 지속 가능한 성장으로 이어질 수 있을 것이다.

'우문현답'은 '우리의 문제는 현장에 답이 있다'고도 해석할 수 있다(속지에 적힌 '현장에 답이 있다' 글씨는 강병인 작가의 작품). 중소벤처기업이 직면하는 다양한 어려움을 현장의 눈으로 바라보면, 그 해결책이 보인다. 중소벤처기업 정책도 현장의 관점에서 지원하게 된다면 희망이 생기고, 중소벤처기업이 강한 대한민국으로 다시 도약할 수 있을 것이다.

우리는 지금 3不 경제(불확실, 불안정, 불균형)와 비즈니스의 Big Change 시대를 맞이하고 있다. 이 시기에 중소벤처기업의 새로운 가치 창출을 위해 함께 뛰어야 한다. 현장 중심의 접근과 다양한 이해관계자의 협력이 이루어진다면, 중소벤처기업은 더욱 창의적이고 혁신적인 방향으로 새롭게 도약할 수 있을 것이다.

차례

CHAPTER 09 [지속 경영] 100년 명문 장수기업 탄생

BIG CHANGE, SMART DREAM

[상생]

중소벤처기업은
경제의 뿌리이다

중소기업, 결코 작은 존재가 아니다

서비스 및 유통 분야의 기업을 운영하는 CEO K씨는 "회사의 이익은 많이 나지 않지만, 매출이 꾸준히 증가해 큰 어려움이 없었다"라고 밝혔다. 그러나 최근 경기가 어려워지면서 일시적인 경영난에 직면하게 되었고, 정부 정책 사업을 신청했으나 중소기업에 해당되지 않는다는 벽에 부딪혔다. K씨는 "당연히 중소기업이라 여기고 기업을 경영하고 있는데, 이익은 적은데 매출이 범위를 벗어나서 지원을 받지 못하니 막막하다"라고 토로했다. 이는 중소기업에 대한 구체적인 법적 기준을 잘 몰랐던 탓이었다. K 대표이사는 "중소기업을 졸업해 중견기업으로 분류되더라도 경기 침체기에는 중소기업 범위를 유연하게 적용하여 정부의 지원을 통해 위기를 극복하고 더 큰 도약을 할 수 있게 해주면 좋겠다"라고 하소연하며, 이러한 제도적 변화가 필요하다고 강조했다.

중소기업은 대기업과 대비되는 비교적 작은 기업을 의미한다. 영어로는 small businesses, small and medium-sized businesses, 또는 smaller enterprises로 표현된다. 일반적으로 기업을 정의할 때 대기업, 중견기업, 중소기업, 벤처기업, 중기업, 소기업, 소상공인, 영세기업 등 다양한 카테고리로 구별할 수 있다.

중소기업은 규모 기준과 독립성 기준 모두를 충족해야 한다. 2015년 이전에는 중소기업의 범위를 정할 때 상시 근로자 수, 자본금, 매출액 기준 중 하나만 충족하면 중소기업으로 인정되었으나, 현재는 매출액 단일 기준으로 중소기업을 판단하고 있다.

우리나라는 1983년부터 업종별 특성을 고려한 중소기업 범위 특례업종제도를 도입하였고, 그 이후 중소기업계의 요구사항을 반영하여 중소기업의 범위가 지속적으로 확대되었다.

현재 중소기업은 여러 부문 기준에 따라 분류되며, 일반적으로 연평균 매출액이 1,500억 원 이하이고, 자산 총액이 5,000억 원 미만인 경우이다. 참고로, 경제협력개발기구(OECD)에서는 종업원 수 250인을 기준으로 대기업과 중소기업을 구분하고 있다.

우리나라에서는 중소기업기본법상 요건을 충족한 기업을 중소기업이라고 정의한다. 업종별로 매출액 또는 자산 총액이 대통령령으로 정해진 기준에 맞아야 하며, 지분 소유나 출자 관계 등에서 소유와 경영의 실질적인 독립성이 대통령령으로 정한 기준에 부합해야 한다. 다만, 「독점규제 및 공정거래에 관한 법률」 제31조 제1항에 따른 공시대상기업집단에 속하는 회사나 같은 법 제33조에 따라 공시대상기업집단의 소속회사로 편입·통지된 회사는 제외된다.

업종별 규모 기준에 따르면, 주된 업종의 3년 평균 매출액이 특정 기준을 충족할 경우 중소기업으로 인정된다. 예를 들어, 제조업 중 3년 평균 매출액이 1,500억 원 이하인 경우, '의복, 의복 액세서리 및 모피제품 제조업' 등 6개 업종이 중소기업 범위에 포함된다. 소기업은 업종에 따라 다르게 정의되며, 120억 원 이하 또는 80억 원 이하의 매출액 기준이 적용된다.

3년 평균 매출액 기준 1,000억 원 이하에 해당하는 농업, 임업 및 어업, 광업 그리고 제조업 12개 업종에 해당할 경우 중소기업으로 하며, 소기업 분류 기준으로 농업, 임업 및 어업, 광업, 제조업 12개 업종에 대하여 120억 원 이하 또는 80억 원 이하를 구분 기준으로 하고 있다.

3년 평균 매출액 기준 800억 원 이하에 해당하는 제조업 6개 업종인 음료제조업, 인쇄 및 기록매체복제업 등은 중소기업에 해당하며, 소기업은 업종별 매출액 120억 원에서 30억 원 이하의 범위를 갖고 있다.

그 밖에 3년 평균 매출액 기준으로 600억 원 이하, 400억 원 이하로 중소기업을 구분한다.

중소기업 범위의 상한기준은 업종에 관계없이 자산총액 5,000억 원 미만인 기업을 중소기업으로 한다.

중소기업 범위를 규정하는 기준인 독립성 기준은 계열관계에 따른 판단기준으로서 아래 3가지 중 어느 하나에도 해당하지 않아야 중소기업 범위에 속한다.

① 공시대상기업집단에 속하는 회사

② 자산총액 5,000억 원 이상인 법인(외국법인 포함, 비영리법인 등 제외)이 주식 등의 30% 이상을 직접적 또는 간접적으로 소유하면서 최다출자자인 기업

③ 관계기업에 속하는 기업의 경우에는 출자 비율에 해당하는 평균매출액 등을 합산하여 업종별 규모기준을 미충족하는 기업

※ **관계기업**: 외부감사 대상이 되는 기업이 기업 간의 주식 등 출자로 지배·종속 관계에 있는 기업의 집단. 단, 비영리 사회적 기업 및 협동조합(연합회)은 관계기업제도 적용하지 않는다.

표1-1 3년 평균 매출액 기준 중소기업의 업종별 규모

해당 기업의 주된 업종	분류 부호	중소기업 (평균매출액)	소기업 (평균매출액)
의복, 의복액세서리 및 모피제품 제조업	C14	1,500억 원 이하	120억 원 이하
가죽, 가방 및 신발 제조업	C15		120억 원 이하
펄프, 종이 및 종이제품 제조업	C17		80억 원 이하
1차 금속 제조업	C24		120억 원 이하
전기장비 제조업	C28		120억 원 이하
가구 제조업	C32		120억 원 이하

해당 기업의 주된 업종	분류 부호	중소기업 (평균매출액)	소기업 (평균매출액)
농업, 임업 및 어업	A	1,000억 원 이하	80억 원 이하
광업	B		80억 원 이하
식료품 제조업	C10		120억 원 이하
담배 제조업	C12		80억 원 이하
섬유제품 제조업	C13		80억 원 이하
목재 및 나무제품 제조업	C16		80억 원 이하
코크스, 연탄 및 석유정제품 제조업코크스, 연탄	C19		120억 원 이하
화학물질 및 화학제품 제조업(의약품 제조업 제외)	C20		120억 원 이하
고무제품 및 플라스틱제품 제조업	C22		80억 원 이하
금속가공제품 제조업(기계 및 가구 제조업 제외)	C25		120억 원 이하
전자부품, 컴퓨터, 영상, 음향 및 통신장비 제조업	C26		120억 원 이하
그 밖의 기계 및 장비 제조업	C29		120억 원 이하
자동차 및 트레일러 제조업	C30		120억 원 이하
그 밖의 운송장비 제조업	C31		80억 원 이하
전기, 가스, 증기 및 수도사업	D		120억 원 이하
수도업	E36		120억 원 이하
건설업	F		80억 원 이하
도매 및 소매업	G		50억 원 이하

해당 기업의 주된 업종	분류 부호	중소기업 (평균매출액)	소기업 (평균매출액)
음료 제조업	C11	800억 원 이하	120억 원 이하
인쇄 및 기록매체 복제업	C18		80억 원 이하
의료용 물질 및 의약품 제조업	C21		120억 원 이하
비금속 광물제품 제조업	C23		
의료, 정밀, 광학기기 및 시계 제조업	C27		80억 원 이하
그 밖의 제품 제조업	C33		
수도,하수 및 폐기물 처리,원료재생업(수도업제외)	E		30억 원 이하
운수 및 창고업	H		80억 원 이하
정보통신업	J		50억 원 이하

자료: 중소벤처기업부

중소기업기본법

제2조(중소기업자의 범위) 중소기업을 육성하기 위한 시책(이하 "중소기업시책"이라 한다)의 대상이 되는 중소기업자는 다음 각 호의 어느 하나에 해당하는 기업 또는 조합 등(이하 "중소기업"이라 한다)을 영위하는 자로 한다. 다만, 「독점규제 및 공정거래에 관한 법률」 제31조제1항에 따른 공시대상기업집단에 속하는 회사 또는 같은 법 제33조에 따라 공시대상기업집단의 소속회사로 편입·통지된 것으로 보는 회사는 제외한다.

1. 다음 각 목의 요건을 모두 갖추고 영리를 목적으로 사업을 하는 기업
   가. 업종별로 매출액 또는 자산총액 등이 대통령령으로 정하는 기준에 맞을 것
   나. 지분 소유나 출자 관계 등 소유와 경영의 실질적인 독립성이 대통령령으로 정하는 기준에 맞을 것
2. 「사회적 기업 육성법」 제2조제1호에 따른 사회적 기업 중에서 대통령령으로 정하는 사회적 기업
3. 「협동조합 기본법」 제2조에 따른 협동조합, 협동조합연합회, 사회적 협동조합, 사회적 협동조합연합회, 이종(異種)협동조합연합회(이 법 제2조제1항 각 호에 따른 중소기업을 회원으로 하는 경우로 한정한다) 중 대통령령으로 정하는 자
4. 「소비자생활협동조합법」 제2조에 따른 조합, 연합회, 전국연합회 중 대통령령으로 정하는 자

5. 「중소기업협동조합법」 제3조에 따른 협동조합, 사업협동조합, 협동조합연합회 중 대통령령으로 정하는 자

중소기업시책별 특성에 따라 특히 필요하다고 인정하면 해당 법률에서 정하는 바에 따라 법인·단체 등을 중소기업자로 할 수 있다.

중소기업이 규모 확대 등으로 중소기업 기준에 해당하지 않게 될 경우, 해당 사유가 발생한 연도의 다음 연도부터 5년간은 여전히 중소기업으로 간주된다. 최근에는 기업의 지속적인 성장을 지원하기 위해 중소기업 졸업 유예 기간을 더욱 늘리는 추세이다.

중소기업의 범위는 지원의 효율성을 중시하는 방향으로 전환할 필요가 있다. 질적 기준을 명확히 하고, 양적 기준은 업종의 특성을 더욱 잘 반영할 수 있도록 개선해야 한다.

중소기업의 범위에는 아예 대상이 되지 않는 경우도 있다. 예를 들어, 영리기업이 아니라는 이유로 중소기업으로 인정받지 못했던 의료법인이 대표적이다. 현재 중소병원 중 개인병원은 중소기업으로 인정받고 있지만, 의료법인은 중소기업 범위에 포함되지 않아 정부의 정책 지원과 각종 세제 혜택에서 배제되어 왔다. 이는 주된 사업의 평균 매출 또는 연간 매출액이 업종별 기준에 적합하고 자산 총액이 5,000억 원이 안 되는 기업 중에서 영리를 목적으로 하는 기업만을 중소기업으로 인정하는 '중소기업기본법'에 따른 것이다.

산업 변화의 특성에 맞춰 합리적으로 개선해 나가야 한다. 한정된 재원의 효율적 활용을 고려하면서도, 중소기업 지원의 실효성이 높아지는 방향으로 탄력적으로 적용할 수 있도록 개선해야 한다.

중소기업 범위 기준을 상향 조정하는 방안을 적극 검토해야 한다. 중소기업 범위 기준은 기업이 중소기업에 해당하는지를 판별하는 중요한 척도이다. 중소기업 범위 기준은 2015년 매출액 기준으로 단일화 된 이후, 물가 상승과 경제 규모 확대에도 불구하고 10여 년 동안 조정되지 않았다. 다행히 지난 2024년 8월, 중소기업기본법 시행령의 일부 개정안이 국무회의에서 의결되어 중소기업 졸업 유예 기간이 3년에서 5년으로 확대되었다.

"경제 규모는 커졌고, 물가는 천정부지로 치솟았는데, 중소기업으로 인정되는 매출 기준은 10년째 그대로인 점은 뭔가 잘못되었다."

정부는 2015년 고용 확대를 이유로 중소기업 기준을 '근로자 수 또는 자본금'에서 '3년 평균 매출액'으로 개편했다. 매출액 지표는 경기 변동에 민감하기 때문에 5년마다 적정성을 재검토하기로 했지만, 현재까지 10년이 지나도록 한 차례도 조정되지 않았다. 그 사이 중소기업의 범위 기준과 실제 상황 간의 격차는 더욱 커지고, 여러 가지 문제점이 발생하고 있다.

중소기업중앙회 조사 결과에 의하면, 중소기업 범위기준 상향 수준에 대해서 매출액 기준을 평균 26.7% 올려야 한다고 응답했다. 특히, 매출액 규모가 큰 기업군의 경우 모든 업종에서 평균 30% 이상의 상향 조정이 필요하다고 보고 있다.

그림 1-1 매출액 중소기업 범위기준 상향 수준

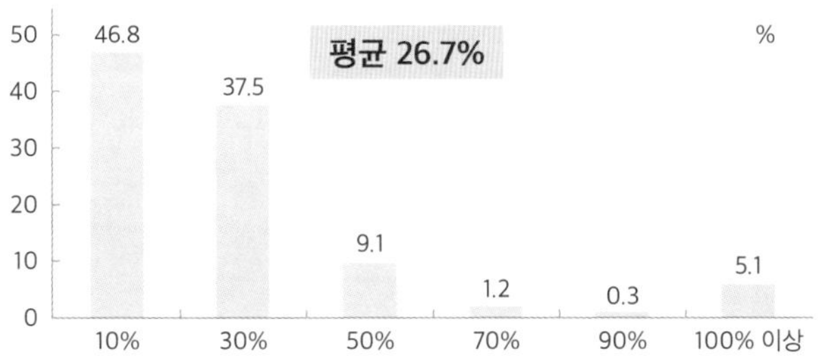

자료: 중소기업중앙회

표 1-2 업종별 평균

전업종	26.7%
제조업	25.2%
건설업	22.1%
서비스업	31.5%

중소기업 범위를 획일적으로 규정하여 무작정 적용하기보다는, 상황에 따라 탄력적으로 운영할 수 있도록 해야 한다. 경제 상황이 어려운 시기에는 중소기업 범위를 유연하게 적용해 정책적 지원을 통해 위기를 극복할 수 있도록 해야 한다. 또한, 중소기업이 중견기업, 대기업, 글로벌 기업으로 지속적으로 성장할 수 있도록 중소기업 졸업 유예 기한도 점차 늘려 나갈 필요가 있다.

"작은 것이 아름답다"는 세계적 경제학자 E.F. 슈마허(Schumacher)의 말이다. 우리는 그동안 큰 것만을 추구하고 모든 것을 그에 맞춰서만 생각한 건 아닌지 반

성해 볼 필요가 있다. 작은 것은 정밀하고 더 가치가 있으며 소중하다는 의미를 내포하고 있다. 작은 것은 '초정밀'이나 '초슈퍼'와 같은 개념으로도 정의될 수 있다.

현장의 소리

" 중소기업이라는 이유로 위축되는 경향이 있다. 마치 보호받아야 할 대상으로만 인식되는 것이다. 하지만 현재의 대기업들도 중소기업에서 시작했다. 중소기업을 당당하고 자랑스럽고 역동적인 개념으로 변화시키는 것도 고려해야 할 때다."

　　지금은 기존의 생각과 틀에서 벗어나 세상을 다른 시각에서 바라보고 판단하는 혁신의 길로 과감히 나설 때이다. 중소기업 개념을 단순히 규모에 의해 구분하는 것 외에 다른 방법은 없을까?

　　미래에는 중소기업의 범위를 확 바꿔야 한다. 기업을 크기에 따라 나누다 보니 "무조건 크면 좋다"는 인식이나 "중소기업은 작고 허약하다"는 편견이 형성되고, 그로 인해 중소기업을 다소 경시하는 경향도 팽배해 있다. 이제는 중소기업 개념을 혁신적으로 변화시킬 필요가 있다. 크기로 구분하는 기존의 중소기업 개념을 새롭게 정의하는 것도 고려해 볼 만하다. 예를 들어, '스마트(Smart) 기업'으로 명명하는 것은 어떨까.

② 벤처기업, 강력한 경제의 엔진

벤처는 중소기업과 뭐가 다를까? 특성도 다르고, 지원에서도 구분된다. 서울에서 창업한 청년 CEO J씨는 벤처기업으로 인정받기 위해 벤처 인증을 준비하고 있지만, 어떤 기업이 벤처기업으로 인정받는지에 대한 명확한 정보가 부족한 상황이다. 이로 인해 브로커가 접근해 벤처기업으로 인정받게 해 주겠다는 제안을 하며 금전을 요구하는 경우도 발생하고 있다. 많은 스타트업들은 벤처기업의 정의, 인증 절차, 그리고 벤처기업으로 인정받았을 때 실질적으로 어떤 혜택을 받을 수 있는지에 대해 궁금해 하고 있다. 이러한 정보와 절차에 대한 명확한 안내가 필요하며, 스타트업들이 벤처 인증을 통해 실질적인 지원을 받을 수 있는 환경이 조성되어야 한다. 중소기업이 아니면 벤처가 될 수가 없는 걸까?

벤처기업은 '벤처(Venture)'와 '기업(Company)'의 합성어로, 일반적으로 모험적이고 금전적 위험이 큰 사업을 의미한다. 이들 기업은 영리를 추구하며 지속 가능한 사업을 운영하기 위해 다양한 구성원들이 공동의 목표를 달성하는 조직이다.

벤처기업에 대한 개념은 다양하며, 실무와 학술적으로도 명확한 정의가 없다. '벤처'는 위험을 감수하고 모험적으로 도전하는 것을 의미하며, 벤처정신은 포기하지 않고 끈기를 가지고 노력하여 성공하는 자세를 나타낸다. 이러한 요소들을 바탕으로, 벤처기업은 창의적인 아이디어와 혁신적인 기술, 서비스를 통해 새로운 비즈니스를 창출하는 조직이라고 할 수 있다.

벤처기업이라는 용어는 1996년 미국의 나스닥을 본떠 만들어진 코스닥 설립 즈음에 일반 대중에게 널리 알려졌다. 벤처기업은 1996~2002년 사이에 형성되었다고 볼 수 있고 이때 상장을 통해 성공한 사람들을 '벤처 1세대'로 우리는 기억하고 있다.

벤처기업은 기본적으로 중소기업기본법 제2조에 의해 중소기업에 속하는 기업이면서 벤처기업확인기관이 제시하는 기준을 충족하는 기업이다. 벤처기업은 중소기업의 조건을 모두 갖추고 있으면서 특별히 다음의 조건을 추가로 충족해야 한다. 벤처기업확인기관은 벤처기업 유형별로 상이한 조건들을 제시하고 있다.

① 중소기업

② 적격투자기관으로 지정된 곳에서 자본금을 유치한 기업

③ 자본금 중 투자금액의 합계가 차지하는 비중, 자본금 중 연구개발투자 비중이 일정 수준 이상인 기업

④ 연구기능(연구소 등)을 보유한 기업

⑤ 벤처기업확인기관으로부터 자격 평가를 받은 기업

우리나라의 「벤처기업육성에 관한 특별조치법」에서는 벤처기업을 기술성과 성장성이 높아 정부 지원이 필요한 중소기업으로 정의하고 있다. 이 법 제2조의 2 제1항 제2호에 따라, 벤처기업은 다음 세 가지 요건 중 하나에 해당해야 한다: ① 벤처투자유형, ② 연구개발유형, ③ 혁신성장유형·예비벤처기업이다.

① **벤처투자유형**: 벤처투자기관(중소기업창업투자회사, 벤처투자조합, 신기술사업금융업자 등)으로부터 투자받은 금액의 합계가 5천만 원 이상으로, 기업의 자본금 중 투자금액의 합계가 차지하는 비율이 100분의 10 이상인 기업

② **연구개발유형**: 기업부설연구소 또는 연구개발전담부서 또는 기업부설창작연구소 또는 기업창작전담부서를 보유한 기업으로, 연간 연구개발비가 5천만 원 이상이고 연간 총매출액에서 연구개발비의 합계가 차지하는 비율이 100분의 5 이상인 기업

③ **혁신성장유형·예비벤처기업**: 기술보증기금의 보증 또는 농업기술실용화재단, 연구개발특구진흥재단, 한국과학기술정보연구원 등 벤처기업확인기관으로부터 기술의 혁신성과 사업의 성장성이 우수한 것으로 평가받은 기업

벤처기업에 대한 정의는 법률에 명시되어 있다. 이를 요약하면, 벤처기업은 중소기업기본법에 따른 중소기업이며, 투자금액 규모가 5천만 원 이상이고, 기업 자본금 중 투자금액이 10% 이상을 차지해야 한다.

벤처기업육성에 관한 특별조치법

제2조(정의)

① "벤처기업"이란 제2조의2의 요건을 갖춘 기업을 말한다.

제2조의2(벤처기업의 요건)

① 벤처기업은 다음 각 호의 요건을 갖추어야 한다. <개정 2007. 8. 3., 2009. 5. 21., 2010. 1. 27., 2011. 3. 9., 2014. 1. 14., 2016. 3. 22., 2016. 3. 29., 2016. 5. 29., 2018. 12. 31., 2019. 1. 8., 2020. 2. 11., 2023. 6. 20.>

1. 「중소기업기본법」 제2조에 따른 중소기업(이하 "중소기업"이라 한다)일 것
2. 다음 각 목의 어느 하나에 해당할 것
   가. 다음 각각의 어느 하나에 해당하는 자의 투자금액의 합계(이하 이 목에서 "투자금액의 합계"라 한다) 및 기업의 자본금 중 투자금액의 합계가 차지하는 비율이 각각 대통령령으로 정하는 기준 이상인 기업
      (1) 「벤처투자 촉진에 관한 법률」 제2조제10호에 따른 벤처투자회사(이하 "벤처투자회사"라 한다)
      (2) 「벤처투자 촉진에 관한 법률」 제2조제11호에 따른 벤처투자조합(이하 "벤처투자조합"이라 한다)
      (3) 「여신전문금융업법」에 따른 신기술사업금융업자(이하 "신기술사업금융업자"라 한다)
      (4) 「여신전문금융업법」에 따른 신기술사업투자조합(이하 "신기술사업투자조합"이라 한다)
      (5) 삭제 <2020. 2. 11.>
      (6) 「벤처투자 촉진에 관한 법률」 제66조에 따른 한국벤처투자
      (7) 중소기업에 대한 기술평가 및 투자를 하는 자로서 대통령령으로 정하는 자
      (8) 투자실적, 경력, 자격요건 등 대통령령으로 정하는 기준을 충족하는 개인
   나. 다음의 어느 하나를 보유한 기업의 연간 연구개발비와 연간 총매출액에 대한 연구개발비의 합계가 차지하는 비율이 각각 대통령령으로 정하는 기준 이상이고, 제25조의3제1항에 따라 지정받은 벤처기업확인기관(이하 "벤처기업확인기관"이라 한다)으로부터 성장성이 우수한 것으로 평가받은 기업. 다만, 연간 총매출액에 대한 연구개발비의 합계가 차지하는 비율에 관한 기준은 창업 후 3년이 지나지 아니한 기업에 대하여는 적용하지 아니한다.
      1) 「기초연구진흥 및 기술개발지원에 관한 법률」 제14조의2제1항에 따라 인정받은 기업부설연구소 또는 연구개발전담부서

2) 「문화산업진흥 기본법」 제17조의3제1항에 따라 인정받은 기업부설창작연구소 또는 기업창작전담부서

다. 벤처기업확인기관으로부터 기술의 혁신성과 사업의 성장성이 우수한 것으로 평가받은 기업(창업 중인 기업을 포함한다)

② 제1항제2호나목 및 다목에 따른 평가기준과 평가방법 등에 관하여 필요한 사항은 대통령령으로 정한다. <개정 2020. 2. 11.>

[전문개정 2007. 8. 3.]

구분	기준요건
벤처투자 유형	• 중소기업 (「중소기업기본법」 제2조) • 적격투자기관으로부터 유치한 투자금액 합계 5천만 원 이상 ※ 투자란, 주식회사가 발행한 주식, 무담보전환사채 또는 무담보신주인수권부사채를 인수하거나, 유한회사의 출자를 인수하는 것을 말함 • 자본금 중 투자금액의 합계가 차지하는 비율 10% 이상 ※ 「문화산업진흥 기본법」 제2조제12호에 따른 제작자 중 법인인일 경우, 7% 이상
연구개발 유형	• 중소기업(「중소기업기본법」 제2조) • 기업부설연구소/연구개발전담부서/기업부설창작연구소/기업창작전담부서 중 1개 이상 보유 (「기초연구진흥 및 기술개발지원에 관한 법률」 제14조의2제1항, 「문화산업진흥 기본법」 제17조의3제1항) • 벤처기업확인 요청일이 속하는 분기의 직전 4개 분기 연구개발비산정기준가 5천만 원 이상이고, 같은 기간 총매출액 중 연구개발비의 합계가 차지하는 비율이 5% 이상업종별 기준 확인 ※ 창업 3년 미만일 경우, 연간 매출액 중 연구개발비 비율 미적용 • 벤처기업확인기관으로부터 사업의 성장성이 우수한 것으로 평가받은 기업
혁신성장 유형	• 중소기업 (「중소기업기본법」 제2조) • 벤처기업확인기관으로부터 기술의 혁신성과 사업의 성장성이 우수한 것으로 평가받은 기업
예비벤처 유형	• 법인 또는 개인사업자 등록을 준비 중인 자 • 벤처기업확인기관으로부터 기술의 혁신성과 사업의 성장성이 우수한 것으로 평가받은 자

자료: 벤처기업확인기관 벤처확인종합관리시스템

정부의 벤처 인증을 받은 기업 수는 2021~2023년 동안 연평균 2.2% 증가에 그쳤다. 이는 외환위기 극복을 위해 벤처 육성을 집중했던 1999~2001년의 연평균 증가율 51.9%와 비교할 때 크게 낮은 수치이다. 벤처기업이 기술 혁신을 통해 경제에 활력을 주는 점을 고려할 때, 현재처럼 벤처 스타트업의 엔진이 식게 놔둬서는 안 된다.

현장의 소리

"벤처기업 인증 대상에서 제외되는 업종이 있다. 예를 들어, 가상자산 산업 관련 기업은 부정적인 편견으로 인해 벤처 인증에서 제외되기도 한다. 디지털 경제가 본격화하는 시대에, 벤처 인증 대상을 산업 트렌드에 맞춰 유연하게 적용해야 한다."

벤처기업 인증이 양적으로 성장했지만, 현행 벤처확인제도는 기업의 특성에 따라 정확한 정보를 제공하지 못하고 지원 혜택도 차별적이지 않은 한계가 있다. 이는 벤처기업들이 서로 다른 유형, 성장 단계, 성과를 지니고 있음에도 불구하고 동일한 벤처기업 지위와 혜택을 부여받기 때문이다.

벤처기업 인증 제도를 개선하여 건강한 벤처기업 육성과 성장 환경을 조성해야 한다. 이를 통해 시장 기능에 따라 벤처기업의 창업과 투자가 활발히 이루어질 수 있도록 해야 한다. 또한, 잠재력이 크고 우수한 기술을 가진 벤처기업에 대한 정책적 지원을 강화하여 경제 발전에 기여할 수 있는 기업으로 육성해야 할 것이다.

벤처 인증 절차의 디지털화도 신속하게 이루어져야 한다. 서류 제출을 간소화하고, 빅데이터와 AI를 활용해 인증 요건을 파악해야 한다. 이미 제출한 정보와 문서를 디지털화하여 인증 갱신 업무의 부담을 줄이는 것이 중요하다. 또한, 갱신과 유효기간 자동 알림 기능을 제공해 기업이 편리하고 신속하게 인증을 신청할 수 있도록 해야 한다.

벤처기업 인증은 기업의 발목을 잡는 것이 아니라 날개를 달아주는 역할을 해야 한다. 현재 인증을 받는 데 많은 시간과 비용이 소요되며, 인증 이후 정책적 혜택을 받지 못한다면 의미가 없다. 인증 받는 것도 중요하지만, 그 이후에 어떻게 지원하여 벤처기업을 육성할 것인가 등이 더 중요하다.

벤처기업 인증 숫자를 늘리려는 경향으로 인해 인증 남발 문제가 발생하고 있다. 양보다 질이 중요하다. 그렇지 않으면 벤처기업 지원이 기존 중소기업 지원과 다를 바가 없다. 제대로 된 벤처기업을 인증하고 지속적으로 성장할 수 있도록 지원하는 데 더 많은 노력이 필요하다.

현장의 소리

10년 전 기술 창업을 한 CEO N씨는 현재 기업이 꽤 성장해 중소기업 범위를 벗어난 상황이다. 그는 "우리는 누가 봐도 벤처기업인데, 중소기업 범위를 넘어 벤처 인증을 받을 수 없다. 질적으로 벤처 요건에 맞는다면 중견기업도 벤처로 인정받을 수 있도록 해줘야 한다."고 강조한다.

4차 산업혁명과 AI 시대에 접어들면서, 중소기업만 벤처기업이 되는 틀을 바꿀 때가 되었다. 이제는 기업의 양적 규모보다는 얼마나 창의적이고 혁신적인지가 더 중요해졌다. 벤처기업 인증 기준도 이러한 변화에 맞춰 재정비될 필요가 있다.

중소기업이 아니더라도 벤처기업이 될 수 있는 길을 더욱 넓혀야 한다. 벤처는 대기업과 중견기업보다 더 우위의 위치로 성장할 가능성이 있으며, 이들 기업에서도 강력한 글로벌 벤처기업이 탄생할 수 있도록 지원해야 한다.

또한, 벤처기업특별법 제1조에 명시된 대로 벤처 육성의 목적은 산업 구조조정을 원활히 하고 경쟁력을 높이는 것이다. 따라서 벤처기업 관련 법과 정책, 제도를 현실에 맞게 과감히 조정할 시점에 이르렀다.

중소벤처기업, 위상이 높아진 경제의 주역

'9988'은 중소기업의 중요성을 강조하는 상징적인 숫자로, 우리나라 전체 기업의 99%가 중소기업에 해당하며, 일자리의 88%가 중소기업에서 창출된다는 의미를 가지고 있다. 40여 년간 중소기업을 경영해 온 CEO L씨는 "대기업에 비해 중소기업이 경제에서 중요한 위상을 차지하고 있는데도 일반인들은 잘 모르는 것 같다"고 아쉬움을 표했다. 그는 중소벤처기업의 위상을 널리 알려 국민 모두가 그 중요성을 인지하고 존중하는 문화가 형성되기를 희망했다. 벤처기업 K사의 대표이사 B씨는 "기업 정책도 중소벤처기업에 더 역점을 두고 추진하여 중소벤처기업 중심의 대한민국 경제 성장 구조가 만들어졌으면 한다"고 말하며, 중소기업의 역할을 강조했다. 이와 같은 목소리는 중소벤처기업이 국가 경제에 미치는 영향과 그 중요성을 부각시키며, 보다 나은 정책적 지원이 필요하다는 점을 상기시키고 있다.

우리나라 경제에서 중소기업이 차지하는 비중은 매우 크다. 흔히 중소기업의 중요성을 '9988'로 표현하는데, 이는 전체 기업의 99%가 중소기업이고, 고용의 88%를 중소기업이 차지한다는 의미이다. 하지만 2022년 기준으로 정확히 보면, 중소기업 수는 804만 3천 개로 전체 기업의 99.9%를 차지하며, 중소기업 종사자 수는 1,895만 6천 명으로 전체 고용의 81.0%에 해당한다.

표1-3 중소기업 업체 수 및 종사자수

(단위: 개, 명, %)

전산업기준(1인 이상)		2018	2019	2020	2021	2022
기업체 수	전체	6,643,756	6,893,706	7,295,451	7,723,867	8,053,163
	중소기업 (비중 %)	6,638,694 (99.9)	6,888,435 (99.9)	7,286,082 (99.9)	7,713,895 (99.9)	8,042,726 (99.9)
	대기업 (비중 %)	5,062 (0.1)	5,271 (0.1)	9,369 (0.1)	9,972 (0.1)	10,437 (0.1)

	전체	20,591,641	21,076,582	21,935,003	22,865,491	23,410,899
종사자 수	중소기업 (비중 %)	17,103,938 (83.1)	17,439,595 (82.7)	17,791,969 (81.1)	18,492,614 (80.9)	18,956,294 (81.0)
	대기업 (비중 %)	3,487,703 (16.9)	3,636,987 (17.3)	4,143,034 (18.9)	4,372,877 (19.1)	4,454,605 (19.0)

자료: 중소벤처기업부

업종별로 중소기업 수 비중(2021년)을 보면, 도·소매업이 25.1%로 가장 많고, 그 다음으로 부동산업(16.5%), 숙박·음식점업(11.3%) 등의 순이며, 제조업은 8%에 불과하다.

중소기업의 종사자수 비중(2021년)은 도·소매업(19.6%), 제조업(18.3%), 건설업(10.2%) 등의 순으로 분포되어 있다.

중소기업 중 상당수는 소상공인이다. 2021년 기준으로 소상공인 업체 수는 733만 5천 개로 전체 중소기업의 95%를 차지하며, 종사자 수는 1,046만 2천 명으로 고용의 36.6%에 해당한다.

표1-4 소상공인 업체 수 및 종사자 수

(단위: 개, 명, %)

전 산업기준(1인 이상)		2019	2020	2021
기업체 수	전체	6,898,958	7,295,393	7,723,867
	소상공인(비중,%)	6,445,316(93.4)	6,842,959(93.8)	7,335,397(95.0)
종사자 수	전체	21,254,650	21,580,496	28,558,354
	소상공인(비중,%)	9,223,529(43.4)	9,461,073(43.8)	10,461,890(36.6)

자료: 중소벤처기업부

제조업 기준으로도 중소기업이 차지하는 비중은 상당히 크다. 2021년 기준으로 10인 이상 제조업체 수는 69,309개로 전체의 96.9%를 차지하며, 종사자 수는 1,949,843명으로 전체 고용의 67%에 해당한다.

표1-5 중소제조업 업체 수 및 종사자수

(단위: 개, 명, %)

제조업 기준 (10인 이상)		2019	2020	2021
기업체 수 (개)	전체	68,841	69,346	71,511
	중소기업(비중,%)	67,377(97.9)	67,908(97.9)	69,309(96.9)
	대기업(비중,%)	1,464(2.1)	1,438(2.1)	2,202(3.1)
종사자 수 (명)	전체	2,905,109	2,885,128	2,910,145
	중소기업(비중,%)	2,040,814(70.2)	2,071,618(71.8)	1,949,843(67.0)
	대기업(비중,%)	864,295(29.8)	813,510(28.2)	960,302(33.0)

자료: 중소벤처기업부

우리나라 국내 총생산(GDP)은 2023년 기준으로, 2,236조 원이며, 이를 산업 별로 보면, 제조업 544조 원, 건설업 120조 원, 서비스업 1,307조 원 순이다.

10인 이상 제조업 기준으로 보면, 중소기업의 생산액은 2021년에 556조 1,400억 원으로 대기업의 45.7% 수준이고, 전체 생산액의 31.4%를 차지하고 있 다. 중소기업의 부가가치는 218조 1천억 원으로 대기업의 절반 수준이고 전체 부 가가치의 34.1%이다.

표1-6 중소제조업 생산액 및 부가가치

(단위: 억원, %)

제조업 기준 (10인 이상)		2019	2020	2021
생산액	전체	15,449,080	14,921,828	17,727,447
	중소기업(비중,%)	5,566,017(36.0)	5,653,248(37.9)	5,561,405(31.4)
	대기업(비중,%)	9,883,063(64.0)	9,268,580(62.1)	12,166,042(68.6)
부가가치	전체	5,547,877	5,513,218	6,388,696
	중소기업(비중,%)	2,171,600(39.1)	2,269,564(41.2)	2,180,971(34.1)
	대기업(비중,%)	3,376,277(60.9)	3,243,654(58.8)	4,207,725(65.9)

자료: 중소벤처기업부

중소기업의 매출액은 2021년 기준으로 3,017조 원으로 전체 매출액의

46.8%를 차지하고 있다. 이 가운데 소상공인 매출액은 1,165조 9천억 원으로 비중은 18.1%에 달한다.

표1-7 중소기업 매출액

(단위: 억원, %)

	전체	소기업			중기업	중소기업	대기업
		소상공인	소상공인 제외	소계			
2020 (비중)	56,611,742 (100.0)	10,419,044 (18.4)	4,958,537 (8.8)	15,377,581 (27.2)	11,368,080 (20.1)	26,745,661 (47.2)	29,866,081 (52.8)
2021 (비중)	64,500,838 (100.0)	11,658,742 (18.1)	5,343,507 (8.3)	17,002,249 (26.4)	13,168,998 (20.4)	30,171,248 (46.8)	34,329,590 (53.2)

자료: 중소벤처기업부

대기업과 중소기업의 영업 이익을 비교해 보면(한국은행 기업경영 분석 자료), 2022년 기준, 매출액 영업 이익률은 대기업이 5.23%이고, 중소기업은 3.49%로 대기업이 중소기업 보다 1.5배 더 높다.

표1-8 중소기업 매출액영업이익률

(단위: %)

	2020	2021	2022
전산업	4.2	5.6	4.5
대기업	4.8	7.0	5.2
제조업	4.8	8.1	6.4
비제조업	4.9	5.8	3.9
중견기업	5.0	7.0	6.8
중소기업	3.5	3.5	3.5
제조업	4.2	3.9	4.1
비제조업	3.1	3.4	3.2

자료: 중소벤처기업부

통계청의 '임금근로일자리 소득' 수치에 따르면, 2021년 기준 영리기업 중 중소기업 근로자의 평균 소득은 월 266만 원(세전 기준)으로 대기업(563만 원)의 47.2%에 그쳤다. 중소기업 근로자의 평균 소득은 2016년에는 대기업의 44.7%였고, 2017년 45.7%, 2018년 46.1%, 2019년 47.6%, 2020년 49.0%, 2021년 47.2%로, 50%를 계속해서 밑돌고 있다.

대기업에 비해 턱없이 낮은 중소기업 급여는 청년들이 중소기업 취업을 꺼리는 이유 중 하나이다. 중소기업의 인력난을 완화하기 위해서는 중소기업의 적정 임금 수준과 작업 환경 개선이 지속적으로 이루어져야 한다. 이를 위해 정부는 세제와 자금 지원 등으로 중소기업의 개선 노력을 뒷받침하는 것이 중요하다.

우리나라 벤처기업은 2022년 말 기준 전체 벤처확인 기업인 38,319개사에서 휴·폐업 등으로 확인된 기업을 제외하면 총 35,123개사가 존재한다. 2022년 말 기준으로 벤처기업에서 고용한 종업원 수는 전체 834,627명으로 집계되었다.

삼성, 현대차, LG, SK 4대 그룹의 전체 고용 인력은 약 72만 명인데, 국내 전체 벤처기업이 고용하고 있는 종업원 수의 규모가 이 보다 약 11만여 명이 더 많다. 국내 기업체 고용시장에서 벤처기업이 큰 비중을 차지하고 있는 것을 확인할 수 있다.

* **2021년말 기준 4대 그룹 상시근로자(출처: 기업집단포털)**: 72만 명(삼성 26.7만 명, 현대차 17.5만 명, LG 16.0만 명, SK 11.8만 명)

국내 전체 벤처기업은 2021년에 17,330명을 신규로 고용하였으며, 벤처기업당 평균 종사자 수는 22.1명으로 전년 대비 5.7%나 증가한 수치이다.

표1-9 벤처기업 종사자 현황

(단위: 개, 명, %)

	2021	2022
기업 수	38,319	25,123
총 종사자	817,297	834,627
총 종사자 증감률	0.8	2.1
평균 종사자	20.9	22.1
평균 종사자 증감률	△5.9	5.7

자료: 중소벤처기업부

한편, 국내 벤처기업은 1998년 2,042개사를 시작으로 매년 크게 증가하여 2020년에 39,511개사로 벤처기업수가 가장 많았다. 그 후로 벤처기업 수는 소폭 감소하는 추세다.

그림1-2 벤처기업 수 추이

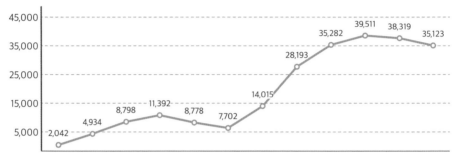

(단위: 개사)

자료: 중소벤처기업부

중소벤처기업 중심의 역동적인 경제를 만들어 가야 한다. 중소기업이 전체 기업 수의 99%와 고용 인력의 82%를 차지하지만, 여전히 1%의 그늘에서 기를 펴지 못하고 있다. 취업난 속에서도 중소기업이 인력을 구하지 못하는 현실은 안타깝다. 이러한 문제를 해결하기 위해 적극적인 지원과 정책이 필요하다.

산업화 과정에서 대기업 중심의 경제 운용은 불가피한 측면이 있었다. 하지만 4차 산업혁명 시대에는 이러한 경제 시스템과 구조를 깨트려야 한다. 외풍에 취약한 경제, 양극화 심화, 중산층 붕괴 등은 낡은 경제 시스템에서 비롯된 구조적 문제이다. 중소벤처기업이 튼튼한 뿌리를 내리고 지속 가능한 혁신 경제로 전환해야 하며, 이는 대한민국이 다시 한 번 도약하는 길이기도 하다.

현장의 소리

" 중소벤처기업에 대한 직접적이 지원도 중요하지만, 사회경제적 역할과 중요성에 맞게 그 위상을 높이는 데도 더 많은 노력이 있어야 한다."

중소벤처기업이 웃어야 대한민국 경제가 함께 웃는다. 중소벤처기업과 그 종사자, 그리고 가족들이 위상에 걸맞은 자부심을 느끼며 즐거운 경제 활동과 행복한 삶을 누릴 수 있도록 해야 한다. 중소기업 종사자와 그 가족에 대한 다각적인 정책적 배려와 지원도 이제 본격적으로 시작해야 할 때가 됐다.

ㄐ 중소벤처기업, 그 중요성을 다시 한번 되짚다

벤처기업에 근무하는 청년 A씨는 친구들이 공기업이나 대기업에 다니는 모습을 보며 위축되지만, 자신은 IT 벤처기업에서 일하는 것에 큰 보람을 느낀다고 말한다. 그는 이 기업에서의 경험이 역동적이고, 스톡옵션 제도를 통해 회사가 성장할 때 개인적으로도 부를 창출할 수 있는 기회를 제공한다고 강조했다. A씨는 중소기업과 벤처기업이 경제 발전 과정에서 중요한 역할을 하고 있음에도 불구하고, 많은 사람들이 그 사실을 인지하지 못하는 것 같다고 언급했다. 그는 중소벤처기업의 역할이 무엇인지 명확하게 알고 싶어 하며, 이러한 기업들에 대한 사회의 인식이 개선된다면 더 많은 청년들이 중소벤처기업에 관심을 가지고 몰려들 것이라고 믿고 있다. 우리 사회 전반에서 중소벤처기업의 가치를 인정하고 지원하는 문화를 조성하는 것이 중요하며, 이러한 변화가 이루어질 경우, 청년들의 진로 선택에도 긍정적인 영향을 미칠 것이다.

중소벤처기업은 경제의 중추로서 일자리 창출과 혁신 성장을 주도하고 있다. 중소벤처기업은 활력 있는 국가 경제를 이끄는 엔진으로, 경제와 사회에서 중요한 기능과 역할을 수행하는 핵심 경제 주체이다. 다수의 활력으로 새로운 일자리를 창출하고 혁신의 원천이 되며, 신산업 개척의 텃밭 역할을 하고 있다.

일반적으로 중소벤처기업은 경쟁을 촉진하고 자아 실현의 기회를 제공하며 지역 경제를 활성화하는 중요한 역할을 한다. 중소벤처기업이 건실하게 성장할 때 국가 경제는 활력을 유지하고 중산층이 복원되며, 대기업의 경쟁력도 지속적으로 강화될 수 있다.

최근 국내외 경제 및 산업 환경의 급격한 변화로 중소벤처기업의 역할이 더욱 강조되고 있다. 이들 기업은 경제의 주축으로서 경제 성장을 견인하는 중요한 역할을 수행하고 있으며, 중소벤처기업의 성장은 곧 대한민국 경제 성장과 직결된다.

중소벤처기업은 시장 경제를 활성화하고 경제 자립의 기초를 마련하는 데 중요한 역할을 한다. 이들 기업은 일자리를 창출하고 국민 생활의 기반을 제공하며, 지역 경제와 사회에 밀접하게 연계되어 중추적인 기능을 수행한다. 또한, 새로운 산업의 묘상(苗床)이자 기술 혁신의 주체로, 수출 기여 등 산업 경제의 발전에 크게 기여하고 있다.

중소벤처기업은 신속한 의사결정과 유연한 경영 성향을 통해 끊임없이 경쟁력을 향상시키고, 창의적인 아이디어와 독자적인 기술을 개발하며 시장에 적응하고 있다. 이를 통해 이들 기업은 우리 경제의 다양성과 혁신성을 높이고 새로운 시장을 개척하는 데 크게 기여하고 있다. 중소벤처기업은 경제 성장과 산업 고도화에도 중요한 역할을 하고 있으며, 대기업의 규모의 경제 효과가 한계를 보이는 상황에서 경제 구조의 건전성과 활력을 더하며 산업 경쟁력 제고에 큰 기여를 하고 있다.

이제 중소기업의 역할을 새롭게 인식하고 재정립할 필요가 있다. 중소기업의 역할은 그 중요성에 비추어 다양하게 제시될 수 있다. 비록 중소기업은 대기업에 비해 규모가 작지만, 전체적인 관점에서 볼 때 국가 경제에서 차지하는 비중은 대기업보다 훨씬 크다고 할 수 있다. 중소기업은 경제의 기반을 형성하고, 일자리 창출, 혁신 촉진, 그리고 지역 경제 활성화에 중요한 기여를 하고 있다.

중소기업의 기본적인 특성은 다품종 소량 생산의 소비재와 서비스를 공급하는 것이다. 이들은 존립 분야가 넓고 다양하며, 시장 진입 장벽이 낮아 자유 경쟁이 활발하게 이루어진다. 또한, 중소기업은 시장에서 경기 변동의 영향을 크게 받으며, 다산다사(多産多死) 경향을 보인다. 이들은 지역 경제와 민생과 밀접하게 연결되어 있으며, 사회 안전망으로서의 기능도 수행하고 있다.

중소기업은 4차 산업혁명 시대에 경제와 사회의 혁신 및 경쟁력을 촉진하는 중요한 역할을 한다. 이들은 기술 혁신에 기여하며, 자금, 인력, 규모 등에서 대기업에 비해 다소 부족할 수 있지만, 민첩성, 창의성, 유연성 등의 장점을 지니고 있어 변화하는 시장 환경에 빠르게 적응할 수 있다. 특히 중소기업은 대기업보다 수요자와 가까이 접근할 수 있어 시장 수요와 기술 변화에 신속하게 대응할 수 있다. 새로운 산업을 개척함으로써 기술 혁신의 효율성과 효과성을 극대화할 수 있는 가능성을 가지고 있다.

2차 세계대전 이후 획기적인 혁신의 95%가 혁신형 중소기업에서 이루어지고 있다. OECD의 경우에는, 과거 20년간 주요 기술 혁신의 50%를 혁신형 중소기업이 주도하고 있다. 미국에서도 철강 및 석유 정제 산업의 기술 혁신은 100%가 혁신형 중소기업에 의해 이루어졌으며, 알루미늄 산업 기술 혁신의 80%도 이들 기업이 담당하고 있다.

경제에서 일자리는 매우 중요한 과제이다. 중소기업은 고용 기회를 창출하며, 이들이 지속적으로 성장할 수 있는 토대가 마련되지 않으면 우리 사회의 실업 문제 해결은 어렵다. 대기업과는 달리 중소기업은 노동집약적인 특성을 가지고 있어 고용 창출 능력(job creation ability)이 높고, 고용 창출 우위(job creation advantage)를 점하고 있다. 실제로 중소기업은 전체 고용의 80% 이상을 담당하며, 일자리 창출의 주역으로서 중요한 역할을 하고 있다.

중소기업은 소비자 선택의 다양화(diversification of consumer choices)에 기여하고 있다. 소비자 욕구가 다양하게 변화하는 추세에 맞춰 중소기업은 변화에 신속하게 대응하여 다품종 소량 생산 시대에 부합하고 있다. 이들은 소비자에게 다양한 상품과 서비스를 효율적으로 제공함으로써 소비생활의 질을 향상시키는 데 기여하고 있다. 또한, 중소기업은 제품과 용역의 다양화를 통해 소비자 선택의 기회를 확대하는 역할을 수행하고 있다.

중소기업은 지역 경제 활성화를 이끌어 낸다. 이들 기업은 대부분 지역에 소재하고 있어 지역 경제(regional economy)에 큰 영향을 미친다. 지역 내 중소기업의 성장은 고용 창출과 소비 증대를 통해 지역 경제를 활성화한다. 또한, 지역 자원을 활용해 다양한 상품을 생산함으로써 지역 경제의 다각화와 지역 간 균형 성장(balanced development)을 촉진한다. 중소기업은 생산, 고용, 소득, 기술 창출에서 지역 경제의 주도적인 역할을 담당하며, 이는 지역 경제 발전과 지역 간 불균형 성장(unbalanced growth)을 완화하는 데 기여하고 있다.

특히 중소기업은 각 지역의 특성에 맞는 특산물을 개발하거나 지역 전통 기술을 발전시켜 지방 경제 활성화에 기여하고 있다. 실리콘 밸리의 성장은 혁신형 중소기업과 스타트업이 지역 기술에 특화된 성과를 실현하고 있는 좋은 사례로, 지역 경제에 미치는 긍정적인 영향을 보여주고 있다. 이러한 사례는 중소기업이 지역 사회와 경제에 중요한 역할을 할 수 있음을 잘 나타내고 있다.

중소기업은 국제수지 개선에 기여한다. 전문화된 중소기업은 부품이나 중간재의 국산화를 통해 기업 환경 변화에 따른 충격을 최소화하고, 수입 유발적인 산업 구조를 개선할 수 있다. 또한, 글로벌 중소기업은 국제 분업과 협력(international division of labor and cooperation)을 촉진함으로써 수출 증가를 가능하게 한다. 이러한 역할을 통해 중소기업은 국가 경제의 경쟁력을 높이고, 국제 무역에서의 입지를 강화하는 데 기여하고 있다.

국내 시장 규모가 작고 경쟁이 치열한 한국에서는 장기적인 생존과 지속 가능한 성장을 위해 해외 진출이 필수적이다. 해외 시장에서 경쟁 우위를 확보하기 위해서는 기업의 역량이 중요하며, 중소기업은 연구개발(R&D), 생산, 마케팅, 그리고 지식 및 경험 활용 능력 등에서 뛰어난 강점을 가지고 있다. 이러한 역량을 바탕으로 중소기업은 글로벌 시장에서 성공적으로 자리 잡을 수 있는 가능성이 높다.

다음으로 벤처기업의 역할을 재조명해 보자. 최근 벤처기업은 전 세계적으로 중요한 경제 주체로 부각되고 있다. 다양한 국제 기구와 각국 정부는 벤처기업의 중요성을 인식하고 이들의 성장을 지원하기 위한 정책을 추진하고 있다. 벤처기업이 경쟁력을 갖추고 성공할 수 있도록 적극 지원하며, 이를 통해 전 세계적으로 경제 성장과 삶의 질을 향상시키는 역할을 수행하도록 다양한 지원 정책을 시행하고 있다.

혁신적인 스타트업과 벤처기업은 창업 초기에 많은 일자리를 만들어 내고 있다. 벤처기업은 사회 초년생들에게 미래 희망의 터전이자 소득 창출의 기회를 제공하는 역할을 수행하고 있다.

4차 산업혁명 시대에는 국민 경제와 산업 경제의 새로운 도약을 위해 산업 구조의 고도화가 요구된다. 21세기 지식 기반 디지털 시대에서는 벤처기업과 같은 특성을 지닌 기업에게 알맞은 환경이 조성되어야 하며, 이들이 국가 산업 구조의 근간이 되고 있다. 벤처 산업은 기술 혁신을 통해 생산성을 향상시키고 산업 구조의 고도화를 유도하며, 국가 기술 혁신 체계를 강화하여 국가 경쟁력 제고에 기여한다.

따라서, 균형적 산업발전을 위해서는 벤처기업과 대기업 간의 관계를 적대적인 경쟁관계로 보기보다는 협력적 보완 관계로 발전시켜 나갈 필요가 있다.

벤처기업이 주로 활동하는 분야는 정보 기술을 활용하는 기술 집약적 하이테크 분야가 주종을 이루고 있다. 예를 들어, 소프트웨어, 정보통신, 바이오, 환경 등 차세대 산업에서 벤처기업이 활발히 활동함에 따라 지식 경제 시대에 적합한 산업 구조의 고도화를 선도하고 있다. 또한, 벤처기업은 기존 산업의 R&D 투자 비율에 비해 평균 30% 이상 높은 R&D 투자를 통해 기술 집약적 산업의 발전에 기여하고 있다.

벤처기업은 신규고용 창출 및 전직 인력의 흡수 측면에서 대기업이나 중소기업에 비해 효과가 크게 나타난다. 특히 고부가가치 분야에서 성장률이 높고 아웃소싱을 통한 관련 산업 파급효과가 크다. 새로운 시장 수요를 창출함으로써 대기업보다 고용 유발 효과가 클 것으로 기대된다.

벤처기업의 고용 창출 효과는 양적인 고용 비중 증대뿐만 아니라 질적인 고용 구조 변화 측면에서도 평가받을 수 있다. 예를 들어, 벤처기업은 능력 위주의 인재 활용이라는 문화적 특성을 가지고 있어 경쟁력 있는 인재를 요구한다. 이러한 벤처 문화는 대기업 부문으로도 확산되어, 최근 대기업들이 연공 서열식 직급 체계를 폐지하거나 축소하는 추세이다. 이에 따라 대기업에서는 우수 인력을 확보하고 유지하기 위해 능력 중심의 풍토와 성과에 따른 보상 체계가 점점 늘어나고 있다.

벤처기업은 혁신적인 아이디어와 전문적인 지식을 지닌 소수의 개인이 만든 기업이다. 위험 부담에 비례하여 기대 이익이 높아져 모험 정신이 높은 투자가에 의해 자본을 제공받는 기업이다. 벤처기업은 금융의 혁신과 성장에 공헌한다.

벤처기업의 발전은 벤처캐피탈을 비롯한 금융 부문의 확대와 전체 자본 시장의 발전을 이끌어 낸다. 이는 선진 금융 시스템의 발전을 촉진하고, 기술과 아이디어를 기업 경쟁력의 원천으로 삼는 환경을 조성한다. 따라서 기존의 부동산이나 물적 담보를 요구하던 금융기관의 관행을 타파하고, 성장 가능성을 고려한 미래 가치에 기반 한 투자 분위기를 조성함으로써 선진 금융 시스템의 발전을 가속화하고 있다.

현장의 소리

"중소벤처기업의 역할은 산업적인 측면을 넘어, 지역 균형 발전, 디지털 촉진, 인구 감소 및 기후 위기 대응, 사회 양극화 해소, 그리고 서민 삶의 질 향상 등 시대적 변화에 맞춰 더욱 중요시되어야 한다."

중소벤처기업의 역할은 지금까지 산업의 관점에서 소극적으로만 평가된 측면이 있다. 하지만 새로운 미래 시대에는 중소벤처기업을 산업뿐만 아니라 국가의 중심, 경제 성장과 혁신의 주체, 그리고 국민 행복 등 사회경제 전반의 핵심 주체로 인식할 필요가 있다.

　　혁신적인 중소벤처기업이 성공하면 새로운 세상에서 가치를 창출하며 대한민국이 도약하고 지속 가능한 성장을 이룰 수 있다. 미래는 역동적인 변화와 혁신의 중심에 중소벤처기업이 자리 잡고 있을 것이다.

⑤ 중견기업으로의 점프업(Jump-up), 새로운 도약을 향해!

중소기업을 졸업하는 순간, 성장 사다리가 사라지는 현실에 직면한 A사의 K회장은 최근 많은 걱정을 안고 있다. 서울에서 60년간 창업과 성장을 이뤄온 A사는 중소기업을 넘어 중견기업으로 성장했지만, 중소기업 졸업 유예 기한이 곧 끝나가고 있다. K회장은 현재의 경제 상황이 좋지 않아 중견기업으로 자리 잡고 계속 성장해야 하는 시점에서 정책적 지원을 더 이상 받을 수 없는 처지에 놓였다. 그는 "이 시기를 잘 넘기면 수출도 늘고 글로벌 시장에서 경쟁력을 가질 수 있을 것"이라고 하지만, 다가오는 불확실한 미래를 생각하면 가슴이 답답하다고 말한다. 이런 상황은 중소기업이 성장하면서 겪는 공통적인 어려움으로, 졸업 이후에도 안정적인 지원 체계가 필요하다는 목소리가 커지고 있다.

우리나라에서 중견기업의 개념은 2011년 산업발전법 개정을 통해 처음 정립되었다. 산업발전법 제10조의2(중견기업에 대한 지원)에 따르면, 중견기업은 중소기업기본법상 중소기업이 아니면서도 독점규제 및 공정거래에 관한 법률에 따른 상호출자제한기업집단에 속하지 않는 기업으로 정의된다. 즉, 중소기업과 대기업 사이에 위치하는 중간 그룹으로 중견기업이 설정되었다.

> 정부는 다음 각 호의 요건을 모두 갖춘 기업(「공공기관의 운영에 관한 법률」 제4조에 따른 공공기관 등 대통령령으로 정하는 기업은 제외)으로서 고용안정 등 국민경제에 미치는 영향이 크거나 혁신 역량과 성장 가능성이 큰 기업에 대하여 행정적·재정적 지원을 할 수 있다. 이 경우 지원 대상 중견기업을 선정하기 위한 평가항목 등의 구체적인 내용은 대통령령으로 정한다. 1. 「중소기업기본법」 제2조에 따른 중소기업이 아닐 것. 2. 「독점규제 및 공정거래에 관한 법률」 제14조제1항에 따른 상호출자제한기업집단에 속하지 아니할 것.

산업발전법에서 중견기업을 정의하기 전에는 중소기업에서 졸업하면 모두 대기업으로 분류되었다. 그러나 법 개정 이후에는 중소기업을 졸업한 기업 중에서 상호출자제한기업집단에 속하지 않는 경우를 중견기업으로 정의하여 개념을 정립했다. 이렇게 하여 중견기업이 중소기업과 대기업 사이의 중요한 위치를 차지하게 되었다.

2014년 「중견기업 성장촉진 및 경쟁력 강화에 관한 특별법」이 공포되면서 중견기업의 개념이 명확하게 정립되었다. 중견기업은 중소기업기본법상 중소기업 범위를 벗어난 기업으로, 상호출자제한기업집단 또는 채무보증제한기업집단에 속하지 않는 기업이다. 또한, 지분 소유나 출자 관계 등이 대통령령으로 정하는 기준에 적합한 기업으로 정의되며, 공공기관, 금융업 및 보험업 관련 업종, 그리고 「민법」 제32조에 따라 설립된 비영리 법인은 제외된다('중견기업 성장촉진 및 경쟁력 강화에 관한 특별법' 제2조 1항).

> 소유와 경영의 실질적인 독립성이 다음 각 목의 어느 하나에 해당하지 아니하는 기업일 것
> 가. 「독점규제 및 공저거래에 관한 법률」 제14조 제1항에 따른 상호출자제한기업집단 또는 채무보증제한기업 집단에 속하는 기업
> 나. 자산총액이 5조 원 이상인 기업 또는 법인이 해당 기업의 주식 또는 출자지분의 100분의 30 이상을 직접적 또는 간접적으로 소유하면서 최다출자자인 기업 등

양적 기준에 의해 중소기업을 졸업하는 경우 5년간의 '중소기업 유예기간'을 거쳐 중견기업에 진입하게 된다. 질적 기준에 해당하면 유예기간 없이 바로 대기업 또는 중견기업으로 진입하게 되며, 적용시점은 다르다.

중소기업 졸업기준	적용시점	졸업 후
상호출자제한기업 집단 기업의 계열사	해당즉시	대기업
상시근로자수 1,000명 이상		중견기업
자산총액 5,000억 원 이상인 기업과 그 기업이 30% 이상의 주식을 직접적(자회사) 또는 간접적(손자회사)으로 소유하면서 최대주주인 법인		
관계회사 제도	2011년	
3년 평균 매출액 1,500억 원 이상	2012년	
자기자본 1,000억 원 이상		

중견기업은 전체 사업체에서 차지하는 비중은 낮지만, 한국 경제 성장의 중요한 허리 역할을 하고 있다. 중견기업 수와 국민경제 기여도는 꾸준히 증가하고 있으며, 2018년 4,635개에서 2022년에는 5,576개로 증가했다. 현재 중견기업 수는 전체 기업의 1.3%에 해당한다. 이는 2010년 관계기업제도 도입과 2012년 중소기업 졸업 상한기준 신설 등의 제도 개편에 따라 중소기업이 중견기업으로 진입하는 사례가 급증한 결과이다.

그림1-3 중견기업 수

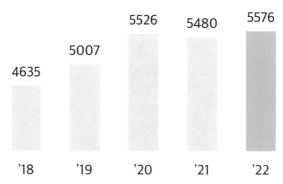

(단위: 개사)

자료: 중견기업연합회

표1-10 중견기업 신규 진입 수

(단위: 개)

2018	2019	2020	2021	2022
574	728	1,009	654	528

자료: 중견기업연합회

중견기업의 매출은 2014년 483조 6,000억 원이었으나 2022년 852조 7,000억 원으로 2배 가까이 성장했다. 수출은 1,231억 달러로 전체 수출의 18% 비중을 차지한다. 중견기업 종사자 수는 158만 7천 명으로 전체 고용의 12.8%를 점하고 있다.

우리나라 전체 기업에서 중견기업(근로자 300~999명 기준)이 차지하는 비중은 미국, 일본 등 주요 국가에 비해 낮은 편이다. 이는 중견기업 육성이 더욱 필요하다는 점을 시사한다. 예를 들어, 독일과 미국의 중견기업 비중은 각각 0.57%에 이르는 반면, 우리나라는 0.08%에 불과하다. 이러한 차이는 중견기업의 경쟁력을 높이고 경제 전반에 긍정적인 영향을 미치기 위한 정책적 노력이 필요함을 나타낸다.

표1-11 주요 국가별 근로자 규모별 기업 비중(%)

구 분	1~9명	10~99명	100~299명	300명 이상	300~999명	1,000명 이상
독 일	80.13	17.82	1.40	0.65	0.57	0.08
일 본	75.40	22.12	1.73	0.75	0.55	0.20
미 국	76.52	21.44	1.26	0.78	0.57	0.21
핀란드	94.33	5.19	0.28	0.2	0.16	0.04
대 만	90.88	8.55	0.40	0.17	0.12	0.05
한 국	92.19	7.35	0.36	0.1	0.08	0.02
이탈리아	94.99	4.75	0.17	0.08	0.07	0.01

주: 국가 간의 비교를 위해서 중견기업은 근로자 300~1,000명, 대기업은 1,000명 이상으로 정의,
    단, 미국, 이탈리아, 핀란드는 100~250명, 250~1,000명으로 구분
자료: 관계부처 합동, "제1차(2015~2019) 중견기업 성장촉진 기본계획(2015. 6)"

4차 산업 혁명 시대에는 중견기업의 중요성을 재조명해야 한다. 그동안 중견기업은 대기업과 중소기업 사이에서 소외된 측면이 많았고, 중소기업에서 벗어나고 싶지 않은 '피터팬 증후군'이라는 표현도 있을 정도이다. 2017년에는 중소기업에서 중견기업으로 진입한 기업이 313개였으나, 2022년에는 87개로 급감했다. 또한 최근 5년간 271개 중견기업이 중소기업으로 되돌아가는 현상도 발생했다. 이러한 상황은 중견기업의 지속적인 성장을 위한 정책적 지원이 필요함을 시사한다.

현장의 소리

" 중소기업을 졸업한 중견기업이 겪는 금융·조세 부담은 여전히 크다. 중견기업 진입 이후 연속적이고 안정적인 성장을 뒷받침하기 위한 대책이 나와야 한다."
" 중소기업이 중견기업으로 성장할수록 규제는 과감하게 완화되고 혜택이 크게 늘어나야 한다."

중견기업의 성장은 대한민국 경제의 건강성을 좌우하는 중요한 요소이다. 중견기업은 중소기업에서 대기업으로 이어지는 성장 사다리의 중간 단계로, 이들이 제대로 성장할 수 있도록 정책적 지원을 아끼지 않아야 한다. 중소기업, 중견기업, 대기업이 모두 중요한 역할을 하지만, 중간 고리인 중견기업이 튼튼해야만 경제 구조가 더욱 견고해진다. 중견기업이 활성화되면 일자리 창출과 혁신이 촉진되어 전체 경제에 긍정적인 영향을 미치게 된다.

기업성장의 선순환을 복원해 지속가능한 발전의 토대를 지속적으로 구축해야 한다. 중소벤처기업 → 중견기업 → 대기업으로 원활하게 커갈 수 있는 건강한 산업생태계를 조성해야 한다.

중견기업의 성장을 촉진하기 위해서는 특화된 정책을 마련하고 대기업으로의 도약을 지원하는 것이 중요하다. 이를 위해 글로벌 전문기업으로 성장할 수 있도록 글로벌 진출 지원을 강화해야 하며, 중견기업 맞춤형 금융지원과 R&D 세제지원도 필수적이다. 특히, 미래 신기술에 대한 투자 확대를 통해 혁신 중견기업이 탄생할 수 있는 환경을 조성하는 것이 필요하다. 이러한 정책 변화는 중견기업이 경쟁력을 갖추고 지속 가능한 성장을 이룰 수 있는 기반을 마련할 것이다.

중견기업이 4차 산업혁명 시대를 주도하기 위해서는 현장에서 피부로 느낄 정도의 과감한 규제개혁이 시급하다. 중소기업에서 중견기업으로 전환할 때 추가

되는 126개 규제는 기업의 성장과 혁신 의지를 저하시킬 수 있다. 따라서 불합리한 규제를 개선하고, 중견기업이 더욱 자유롭게 성장할 수 있는 환경을 조성해야 한다. 이러한 변화는 중견기업의 경쟁력을 높이고, 한국 경제 전반에 긍정적인 영향을 미칠 것이다.

기업규모가 커질수록 정부 지원은 줄어들고, 규제가 늘어나는 등 성장에 따른 기업의 부담이 커지게 된다. 실제로 중견기업 77%가 중소기업 졸업 후 지원축소와 규제강화 등을 체감하고 있는 것으로 나타났다.

한국중견기업연합회가 발표한 '중견기업 규제 및 애로 개선 과제 100선 (2022.12)'에서 중견기업의 높은 경제 기여도를 감안할 때 위기 극복의 가장 신속한 해법은 규제 개선을 통해 중견기업의 적극적인 투자와 고용을 견인하는 것이라고 강조하고 있다.

중소기업이 중견기업으로 성장할 수 있는 튼튼한 성장 사다리를 마련하고, 중견기업이 글로벌 강소기업으로 도약할 수 있도록 지원하는 것이 중요하다. 혁신적인 창업을 통해 강한 중소기업으로 성장하고, 이후 지속 가능한 중견기업으로 발전하는 과정이 필요하다.

이렇게 할 때 대한민국 경제는 어떠한 외부 변수에도 흔들림 없이 강한 기반을 다질 수 있을 것이다. 이러한 생태계를 구축하기 위해 정책적 지원과 규제 완화가 필수적이다. 중소기업의 성장을 촉진하고, 중견기업의 경쟁력을 강화함으로써 경제의 건강한 발전을 이루어야 한다.

BIG CHANGE, SMART DREAM

[위기 극복]

복합 경제 위기를 넘어서, 도약의 길을 찾다

① 복합 경제 위기, 끝을 알 수 없는 고난!

정부는 최근 경기가 다소 개선되고 있다는 낙관적인 예측을 내놓고 있지만, 중소기업 현장에서 체감하는 경기 상황은 더욱 심각해지고 있는 실정이다. 경제 관련 지표는 개선되는 측면이 있지만, 그 숫자 이면에는 기업과 서민들이 느끼는 체감경기가 반영되지 않고 있다. 40년간 중소기업을 운영해온 K회장은 "요즘 현장에서 느끼는 경기가 과거 글로벌 금융위기 때보다 더 힘들고, 이 상황이 길어질 것 같아 걱정이 많다"고 전했다. 그는 "정부가 장밋빛 전망을 내놓는 것 같아 안타깝다"며, 현장의 목소리를 무시한 정책 추진이 문제라고 지적했다. K회장은 "희망 고문을 그만하고, 실제 현장에서의 상황을 반영한 정책을 추진하는 것이 옳다"고 불만을 토로했다.

어려워진 경제가 언제쯤 회복될까에 대한 궁금증이 매우 크다. 정부는 점차 경제가 회복될 것으로 예견하지만, 경제여건이 개선되지 않으면 2026년 이후가 돼야 회복될 것이라는 전망도 우세하다. 체감경기는 여전히 악화일로다.

경기가 하루 빨리 개선되기를 기대하고 있지만, 그렇지 않고 장기화되거나 회복되다가 경기 침체로 되돌아 설 가능성마저 커지고 있다. 인플레이션 위기 이후 글로벌 경제가 장기 저성장에 빠질 우려가 점차 확대되고 있는 것이다.

졸탄 포자르 이코노미스트는 "인플레 통제를 위한 긴축 과정에서 미국이 L자형 침체에 빠질 우려"도 지적했다,

미국의 대표적인 비영리 경제연구 기관인 경제 사이클 연구소(ECRI: Economic Cycle Research Institute)의 수석 이코노미스트인 렉슈만 아츠단은 2024년 4월 미국 경제의 경기 침체가 임박했다는 경고 신호가 강화되고 있다고 진단했다. 경제지표인 'ECRI 선도 경제 지표 (The ECRI's Leading Economic Index)'가 2023년 기간 동안 하락하기 시작했다고 지적했다. 이러한 지표의 하락은 소비와 투자 감소를 시사하며, 경제의 전반적인 활력이 약해지고 있음을 나타낸다. 이러한 진단은 향후 경제 정책과 투자 전략에 중요한 영향을 미칠 것으로 보인다.

렉슈만 아츠단은 "지난 120년 동안 ECRI 선도 경제 지수가 하락한 경우, 제2차 세계대전 이후를 제외하고 항상 경제 불황이 뒤따랐다"며, 이는 침체의 가능성을 강

하게 시사한다고 강조했다. 그는 또한 "현재 상황이 침체로 이어질 것이라고 확실히 보장할 수는 없지만, 경제가 충격에 매우 취약하다는 것을 보여준다"고 덧붙였다. 이러한 발언은 경제 정책 결정자들에게 신중한 대응의 필요성을 일깨우고 있다.

소매판매가 2024년 4월에 역성장한 데 이어 5월에도 부진을 이어가다가 다시 증가했지만 소비여력이 약해 소비 중심의 미국 경제가 성장 둔화에 직면하고 있다는 신호가 나타났다. 이러한 상황에서 노동시장에서는 경기침체 지표인 '삼의 법칙(Sahm Rule)'이 작동하기 시작했다. 이 법칙은 실업률이 일정 수준 이상으로 상승할 경우 경기침체를 예고하는 지표로, 최근의 노동시장 변화는 경제 전반에 불안감을 더하고 있다.

'삼의 법칙'은 지난 60년 이상 지속적으로 관찰된 경제적 패턴으로, 최근 실업률의 3개월 이동 평균값이 12개월 최저 실업률을 0.5% 포인트 초과할 경우 경기 침체가 시작된다는 신호로 해석된다. 이 법칙은 경제 지표가 상승세에서 하락세로 전환할 때 경고의 역할을 하며, 실업률의 변화가 경기 상황을 반영하는 중요한 요소로 작용한다. 이러한 신호는 정책 입안자들이 경제를 조정하고 지원책을 마련하는 데 중요한 참고자료가 될 것이다.

그런데 2024년 6월 미국 실업률이 4.1%까지 꾸준히 상승했다. 이에 따라 최근 3개월 이동 평균은 4%이고, 12개월간 최저 실업률은 3.5%로 약 0.5%포인트 차이에 도달했다. 세계경제 흐름에 따라 한국 경제도 마찬가지다. 점차 회복 가능성은 높아지고 있지만, 경제 현장에서 느끼는 현실은 회복까지 상당한 시간이 걸릴 것으로 보고 있다. 자칫 다시 경기가 침체될 것이라는 우려의 목소리도 많다.

현장의 소리

"최근 중소기업 현장에서는 경기가 회복되는 듯하다가도 다시 악화될 가능성이 크다고 우려하고 있다. 완전한 경제 정상화가 당분간 어려울 것으로 보이며, 중장기적으로 다시 악화될 수 있다는 위기감이 점차 커지고 있다."

우리나라는 경기 선행과 동행지수가 엇갈린 흐름을 보이고 있다. 그 시차가 길어지며 불확실성이 확대되기도 했다. 평균적으로 선행지수는 동행지수를 5~9개월 정도 선행하나, 2023년 한때 선행과 동행지수 간 시차가 17개월 이상으로 커진 적도 있었다.

코로나 19 영향과 지정학적 불안 등에 따른 공급망 차질로 예년보다 재고가 많이 쌓였고, 코로나 팬데믹 기간 동안 경기와 무관하게 상승했던 주가 변동성이 커지는 등 금융시장과 실물경제 간 괴리가 커진 것이 선행지수의 예측력을 떨어뜨리고 있다. 경기 하강기가 시작되는 시점에서 보면, 선행지표 하락의 주요 원인이 된 재고 축적과 자산 가격 하락이 길었던 만큼 경기 하락이 장기화될 가능성이 있다고도 볼 수 있다.

최근 경기선행지수 순환변동치의 상승이 계속 지속되고 수출 회복세가 이어지면서 경기 회복에 대한 기대가 커지고 있는 것은 사실이다. 실제로 경기선행지수 순환변동치는 2023년 4월 이후 2024년 6월까지 14개월 연속 상승하고 있고, 수출은 2023년 1월 이후 그 규모가 전반적인 상승세를 지속하고 있어 국내 경기 회복에 대한 기대가 커지고 있다.

하지만, 경기동행지수와 주요 경제 지표들을 보면 회복 지속의 기미가 나타나지 않고 있다. 반면, 현재 경기 상황을 대변하는 경기동행지수 순환변동치는 2022년 8월 이후 전반적인 하락세를 지속하고 있어 경기 회복이 확실하다란 신호를 발견하기 어렵다.

한국의 교역 상대국 모두가 경기 상황이 좋지 않은 것도 우리나라의 경기 하락 장기화를 전망하게 되는 또 하나의 요인이다. 교역 상대국 중 일부만 경제위기를 겪었던 과거 위기 때와 달리 지금은 교역 상대국 모두 평년을 하회하는 성장 둔화(침체)가 진행됐다.

현재 중국의 경제 침체 우려가 세계 경제에 중대한 영향을 미치고 있는 상황이다. 과거에는 아시아 신흥국들이 경제 위기를 겪는 동안 서구 국가들이 호황을 누리거나, 글로벌 금융위기 시에는 선진국이 어려움을 겪는 반면 중국은 성장세를 유지했다. 하지만 지금은 중국의 성장 둔화가 글로벌 공급망과 경제 전반에 부정적인 영향을 미치고 있으며, 이는 한국을 포함한 여러 국가의 수출과 경제 성장에도 악영향을 미칠 수 있다. 중국은 세계 경제에서 중요한 역할을 하고 있기 때문에, 그 경제가 흔들리면 다른 국가들도 상당한 충격을 받을 가능성이 크다. 이런 상황에서 각국은 경제적 대응 전략을 모색해야 할 시점이다.

한국 경제는 가계, 기업, 정부 등 경제 주체의 여건이 복합적으로 어려움을 겪고 있다. 가계의 높은 부채 수준은 주요국에 비해 상당히 부담스럽고, 이는 고금리 정책에 대한 저항력을 낮추고 있다. 더불어 주택가격 하락으로 인해 자산 가치가 감소하면서 소비 여력이 크게 위축되고 있다. 내수 침체는 더욱 가속화되고 있으며, 이러한 상황은 경제 회복을 더욱 어렵게 만들고 있다. 소비자 신뢰가 낮아지면서 내수 시장의 활성화가 쉽지 않아 보이며, 이는 기업의 투자 의욕에도 부정적인 영향을 미치고 있다. 이러한 복합적인 요인이 모여 경제 전반에 걸쳐 불확실성을 높이고 있는 실정이다.

고물가·고금리 부담이 민생 경제에 전방위적으로 충격을 가하면서 불황의 그림자가 드리웠다. 전국 소매판매가 15년 만에 최대 감소율을 기록하기도 했다. 통계청이 발표한 2024년 2분기 지역경제동향'을 보면 전국 소매판매는 전년 동기 대비 2.9% 줄었다. 글로벌 금융위기 국면이었던 2009년 1분기(-4.5%) 이후 최대 낙폭으로, 최근 10개 분기 연속 감소세가 이어졌다.

중소기업은 코로나 팬데믹 동안 매출이 크게 감소하고, 자금난으로 인해 대출이 늘어나면서 부채 수준이 심각하게 높아졌다. 이런 상황에서 정부의 정책 지원 축소와 부동산 PF 사태의 여파로 중소기업의 자금 조달 여력이 더욱 악화되고 있다. 특히, 정부가 재정 건전성을 중시하는 방향으로 예산을 편성함에 따라, 정부 예산 투입을 통한 성장 견인도 기대하기 어려운 실정이다. 중소기업의 지속 가능한 성장을 위해서는 보다 실질적이고 효율적인 지원 방안이 필요하며, 정부의 정책 전환이 시급히 요구되고 있다.

그림 2-1 소매판매액 지수 추이

(단위: 전년동기대비, %)

자료: 통계청

앞으로도 국내외적으로 불확실성이 확대되고 경기 상황이 악화되며 성장 견인 동력이 부족한 상황이 지속될 것으로 보인다. 이러한 요인들로 인해 우리나라의 경기 하락이 장기화될 가능성이 높고, 2025년에도 경기가 계속 나빠질 수 있다는 우려가 제기되고 있다. 과거의 경제 위기 사례를 살펴보면, 경기가 회복되더라도 경제가 정상화되기까지는 보통 2년 내외가 걸렸다. 이를 종합적으로 고려할 때, 경기 하락이 장기화된 후 실제로 경제가 '좀 나아졌다'고 체감할 수 있는 시점은 3년 이상 지나야 가능할 것으로 예상된다. 이러한 현실을 인식하고, 보다 적극적이고 효과적인 정책 대응이 필요하다.

현장의 소리

"IMF와 같은 과거의 전례를 보면, 경제가 침체 국면에서 회복세로 돌아서더라도 중소기업이 현장에서 이를 체감하는 시점은 몇 년이 지나야 한다. 이 기간 동안 버티지 못하고 무너지는 취약한 중소기업이 많았다."
"경기 침체에서 회복하는 과정에서 흑자 도산하는 사례도 많다. 정부는 외부 충격으로 위기에 빠진 중소기업이 도산하지 않도록 촘촘하게 관리하고 지원해야 한다."

가계와 기업 모두 경제 위기 국면이 오래 지속될 수 있다는 점을 인식하고, 일시적인 회복이 있더라도 언제든 다시 악화될 수 있다는 경각심을 가져야 한다. 따라서 중장기 계획을 세워 철저하게 대비해야 한다. 정부와 지원 기관은 경기가 어려울 때 신용 리스크가 확대될 수 있다는 점에 유의하면서도, 중소기업이 경영 위기를 극복하고 경제 활동을 원활하게 수행할 수 있도록 종합적인 금융 및 비금융 지원을 강화해야 한다. 그렇게 해야만 중소기업의 회복력을 높이고, 경제 전반에 긍정적인 영향을 미칠 수 있을 것이다.

② 코로나 경제충격, 우리가 기억해야 할 순간!

코로나바이러스감염증이 중국에서 시작되어 전 세계로 확산되면서, 각국의 경제가 큰 타격을 입었다. 특히 사람과 물자의 이동이 제한되면서 산업 전반에 걸쳐 심각한 충격이 발생했다. 20년간 운영해온 한 여행사는 갑작스러운 여행 중단으로 인해 문을 닫게 되었고, 중국과 비즈니스를 하던 중소기업들은 모든 거래가 끊기면서 매출에 직격탄을 맞았다. 여행사를 경영하던 B씨는 "코로나 팬데믹 때문에 영세한 여행업과 같은 서비스업은 방어를 할 겨를도 없이 바로 KO당했다"고 밝혔다. 이처럼, 코로나의 충격은 그야말로 즉각적이고도 치명적이었다.

팬데믹(pandemic)은 전염병이나 감염병이 전 세계적으로 광범위하게 퍼지는 상황을 의미한다. 세계보건기구(WHO)는 감염병의 위험도를 평가하여 경보 단계를 1에서 6까지 나누고 있으며, 팬데믹은 이 중 최고 경고 등급인 6단계에 해당한다. 이 단계에서는 감염병이 대륙을 넘어 여러 나라와 지역에서 발생하며, 대규모로 전파될 위험이 크다는 것을 나타낸다. 팬데믹의 예로는 COVID-19와 같은 전염병이 있다.

1단계: 동물에 한정된 감염
2단계: 동물 간 전염을 넘어 소수의 사람에게 감염된 상태
3단계: 사람들 사이에서 감염이 증가된 상태
4단계: 사람들 간 감염이 급속히 확산되면서 세계적 유행병이 발생할 초기 상태
5단계: 감염이 널리 확산돼 최소 2개국에서 병이 유행하는 상태
6단계: 5단계를 넘어 다른 대륙의 국가에까지 추가 감염이 발생한 상태

전 세계는 예기치 못한 팬데믹으로 인해 큰 어려움을 겪었고, 현재도 그 여파가 계속되고 있다. 2019년 12월 중국 우한에서 시작된 코로나바이러스감염증(코로나19)은 빠르게 전 세계로 확산되어 감염자와 사망자가 급증했다. 우리나라에서도

3년 4개월 동안 누적 확진자가 3,137만 1,675명에 달했고, 사망자는 3만 4,591명에 이르렀다. 이러한 팬데믹은 사회, 경제, 의료 시스템 등 다양한 분야에 심각한 영향을 미쳤다.

코로나19는 전 세계적으로 대유행하면서 건강뿐만 아니라 경제에도 심각한 영향을 미쳤다. 2020년 초부터 글로벌 경제는 위기에 봉착했고, 각국은 봉쇄 조치와 사회적 거리두기를 시행하며 경제 활동을 제한했다. IMF 총재 크리스탈리나 게오르기에바는 코로나로 인한 세계경제 손실액을 2024년까지 12조 5천억 달러로 추정하기도 했다. 이러한 경제적 충격은 많은 산업과 기업에 타격을 주었고, 실업률 상승과 소비 감소 등 다양한 부작용을 초래했다.

세계경제에서 중국의 비중이 크게 증가한 것은 주목할 만한 사실이다. 2003년 사스(SARS) 발생 당시와 비교할 때, 중국의 국내총생산(GDP)은 4배, 무역은 2배, 중간재 수출은 3배, 자본시장 규모는 6배, 여행 인원은 4배, 여행 지출은 7배 확대되었다. 이러한 성장은 중국 경제의 충격이 글로벌 경제에 큰 위협이 될 수밖에 없음을 보여준다.

2020년 전 세계를 강타한 코로나19는 우리 삶 전반에 걸쳐 많은 변화를 가져왔다. 특히 사회·경제 분야에서는 이전과는 전혀 다른 새로운 패러다임이 등장했다. 그중 하나가 바로 '코로노미 쇼크'이다. 코로노미는 코로나19와 이코노미의 합성어로서 코로나19 확산으로 인한 소비심리 위축 및 내수시장 침체 현상을 의미한다. 이러한 변화는 단기적인 영향뿐 아니라, 장기적인 경제 구조와 소비 패턴에도 큰 영향을 미칠 것으로 예상된다.

코로나 팬데믹으로 인한 경제의 급격한 위축이 나타났다. 공급망 차질, 국가이동 제한, 사회적 거리두기와 경제활동에 대한 제한을 시행함에 따라 수많은 기업들이 문을 닫거나 생산을 중단하게 됐다. 국내외 많은 산업 분야에서 고용과 소비가 감소함에 따라 경기침체가 가속화되었다.

코로나 첫해인 2020년 우리나라 경제성장률은 -0.7%를 기록했다. IMF 외환위기를 겪은 1998년(-5.1%) 이후 첫 역성장이었다. 물가 상황도 좋지 않았다. 소비자물가 상승률은 2020년 0.5%로 비교적 낮은 흐름을 보이다가 2021년 2.5%로 뛰어오른 후, 2022년엔 월(7월) 6.3%까지 치솟는 등 연 평균 5.1%를 기록했다. 외환위기 이후 24년 만에 최대 상승 폭을 나타내기도 했다.

팬데믹은 글로벌 금융시장을 크게 흔들고 소비심리 위축 등 실물경제까지도 얼어붙게 하여 경제 전반에 큰 타격을 주었다. 코로나 팬데믹 초기에는 금융시장의 변동성이 컸고, 주식시장에서는 급락과 반등이 반복됐고, 국제유가도 폭락했다. 코스피 지수는 국내 첫 확진자 발생 후 2,000선이 무너졌고 2020년 3월에는 금융위기 이후 최저인 1,400선까지 급락했다.

코로나19 사태가 지속되면서 우리나라 경기와 주요 산업에 미치는 영향은 매우 충격적이었다. 한국의 경제성장률은 대외 수요 약화, 공급망 교란, 관광·항공업 부진 등으로 크게 추락했다. 항공 노선이 급감하거나 중단되기도 했다. 여행 상품은 취소로 이어졌다. 이로 인해 여행사의 매출이 급감하기도 했다. 도산하는 서비스 업종이 걷잡을 수 없을 정도로 증폭되었다.

반면, 코로나 팬데믹은 원격근무와 디지털 전환을 가속화하면서 많은 기업들이 직원들을 재택근무하도록 하고, 온라인 회의 및 협업 도구를 적극적으로 도입하게 만들었다. 이러한 변화는 특히 IT와 통신 산업의 성장에 크게 기여했으며, 기업들이 효율성을 높이고 운영 비용을 절감하는 데 도움을 주었다.

그림 2-2 코로나19 이후의 구조적 변화 흐름도

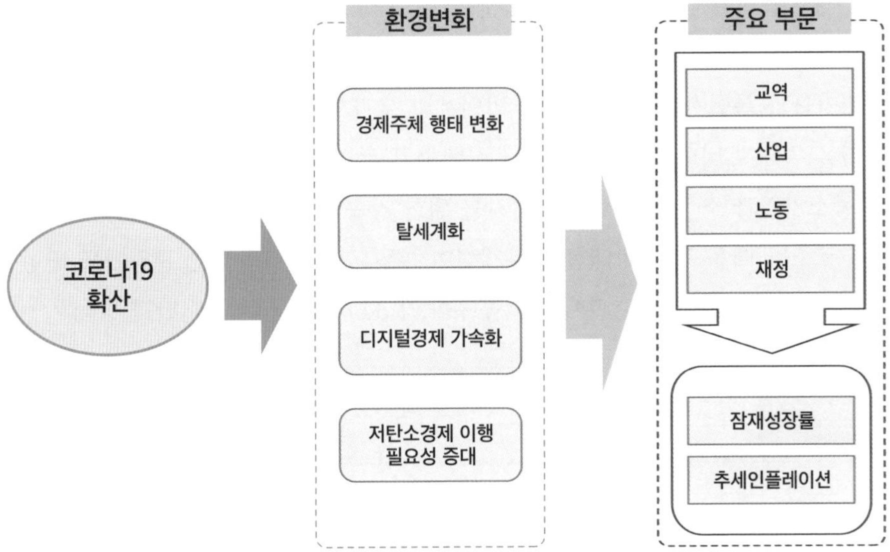

자료: 한국은행

온라인 쇼핑과 엔터테인먼트 산업은 팬데믹 기간 동안 폭발적으로 성장했고, 이는 소비자들의 구매 방식과 여가 활동에 큰 변화를 가져왔다. 이러한 변화는 앞으로의 직업 및 비즈니스 모델에 지속적인 영향을 미칠 것으로 예상되며, 많은 기업들이 하이브리드 근무 모델을 채택하고, 디지털 혁신을 통한 새로운 비즈니스 기회를 모색하게 될 것이다. 이는 궁극적으로 직업의 성격과 기업 운영 방식의 변화를 초래할 것이다.

제조업 하는 중소기업들도 중국발 원자재 수급 차질로 생산라인 가동이 단축되거나 중단되면서 납품과 수출에 큰 차질을 빚었다. 우리나라에서도 갈수록 감염 위험이 커지면서 각종 행사와 모임, 외식 등이 줄어들었다. 이로 인해 음식점, 숙박 등 소상공인과 자영업자의 피해는 너무나 컸다.

현장의 소리

"코로나19가 발생했을 때, 오래가지 않을 것으로 봤다. 그러나 몇 년 동안 코로나가 지속되면서 취약한 중소기업과 자영업자에게 미친 타격은 엄청 컸다. 많은 업체가 버티지 못하고 도산했다."

정부는 코로나19 사태로 피해를 입은 소상공인 및 자영업자와 중소기업을 대상으로 대출, 보증, 부가가치세 연장 등 지원책을 강화해 왔다. 소상공인 경영 안정자금과 특별자금을 지원하고, 법인세와 부가세의 납부기한도 연장했다. 내수 촉진을 위해 예비비 등 예산을 조기 집행하고 추경까지도 했다. 계속적으로 정부는 중소기업과 소상공인 및 자영업자를 위한 지속적인 대책을 내놓았다.

코로나 대응 기간 막대한 정부재정이 투입되면서 나라곳간 관리에도 비상등이 켜졌다. 코로나를 겪으면서 나랏빚 규모가 344조 원이나 늘어났다.

현장의 소리

"코로나 팬데믹 동안 여러 차례 지원을 받았지만, 국면이 길어지고 고금리와 고물가로 인해 더 이상 버티기 어려운 기업들이 많다. 정부는 특별 대책을 지속적으로 마련해 중소기업이 위기를 완전히 극복할 수 있도록 해야 한다."

예기치 못한 위기에 직면할 경우 우리 중소기업들은 어떤 자세와 대응 전략이 필요할까? 이번 팬데믹 사태를 경험하면서, 위기 징후를 신속하게 파악하고 선제적으로 신속하게 대응하는 것이 무엇보다 중요하다는 것을 알 수 있었다. 어려울 때일수록 기업은 왜 존재하며 무엇을 추구해야 하는지 고심해야 한다.

코로나19 사태처럼 경제의 불안함과 불확실성이 가중되는 이때 우리 중소기업이 갖추어야 할 핵심 전략은 기업 경영 상황을 정확하게 진단하고 효과적이고 신속한 대책을 마련하는 것이다. 무엇보다 경쟁력 강화, 고객 중시 및 정도경영의 가치를 실현하는 것이 필요하다.

현장의 소리

> "코로나19를 겪으면서 중소기업의 경쟁력 강화를 다시 한 번 절실히 느꼈다. 위기 속에서도 버틸 수 있는 중소기업의 체력을 강화하기 위한 다양한 방안이 필요하다."

우리나라 중소기업은 역경을 극복하는 강한 DNA를 가지고 있으며, 이런 위기를 통해 더 큰 성장 기회를 찾을 수 있다. 모든 경제 주체가 협력하고 공존하는 정신으로 힘을 합쳐야 하는 시점이다. 정부는 중소기업에 대한 지원 정책을 강화하고, 대기업은 중소기업과의 상생을 도모해야 한다. 국민 역시 중소기업 제품을 더 많이 이용하고, 지역 경제를 살리는 데 힘써야 한다.

이런 연대와 협력을 통해 민생경제의 어려움을 극복하고, 한국 경제가 다시 한 번 도약할 수 있는 저력을 보여줄 수 있을 것이다. 위기를 기회로 삼아 더욱 강하고 지속 가능한 경제 구조를 구축하는 것이 중요하다.

❸ 엔데믹 경기 반등을 기대했지만, 현실은?

전북에 위치한 중소기업 M사는 30년의 업력을 가진 제조업체로, 코로나 팬데믹의 영향을 피할 수 없었다. 경기가 어려워지면서 매출은 반 토막 나고, 수출 물량도 1/3로 줄어드는 등 심각한 타격을 입었다. M사는 코로나19가 언제 끝날지 모르는 상황에서 그저 기다릴 수밖에 없었다. 드디어 코로나19 종식 선언이 내려지자, M사는 경기가 바로 회복될 것이라 믿고 생산 시설에 추가 투자를 하며 준비했다. 그러나 예상과는 달리 거래처로부터의 주문은 들어오지 않았고, 대표이사 O씨는 "코로나 팬데믹의 경제 충격이 더 오래 갈 것이라는 생각이 들었다"고 말했다. 그는 또한 "기업 현실을 잘 모르는 정부가 너무 낙관적으로 대처하는 것 같아 괴리감을 느낀다"고 덧붙였다. 이러한 상황은 M사만의 문제가 아니라 많은 중소기업들이 겪고 있는 공통된 고민이다.

세계보건기구(WHO)는 2023년 5월, 코로나19 팬데믹의 종식을 공식 선언했다. 코로나 비상사태가 발발한 지 3년 4개월 만에 해제가 이루어진 것이다. 이에 따라 2023년 하반기부터 전 세계적으로 경제가 회복될 것이라는 전망이 나왔다.

2023년 하반기, 경제는 마치 희망의 돛을 달고 힘찬 항해를 시작한 듯 보였다. 그러나 모두가 우려했던 것은 거센 파도를 뚫고 무사히 목적지에 도달할 수 있을지 여부였다. 경기 반등의 신호가 조금씩 나타났지만, 경제 환경은 여전히 만만치 않은 상황이었다.

2023년 하반기 이후에도 세계 경제는 둔화세를 이어가며 불확실성이 더욱 커졌다. 국제통화기금(IMF)은 2023년 4월 수정된 경제 전망치를 발표하며, 그해 세계 경제 성장률을 2.8%로 예상했다. 그러나 경제 불확실성이 확대될 경우 성장률이 1%대로 하락할 가능성도 배제하지 않았다. 이는 그만큼 경제 변동성이 컸다는 것을 의미했다.

미국경제의 불안감은 지속됐다. 중국의 리오프닝 효과는 내수 위주로 제한적이었던 것으로 분석되었다. 신흥국은 양호한 성장 흐름을 보이나 그 성장세는 약화되었다.

한국 경제의 전망은 세계 경제보다도 더 어두울 것으로 예상됐다. 내수와 수출이 모두 부진한 가운데 경기 둔화에 대한 우려가 현실로 다가왔다. 2023년 하반기 경제성장률이 상승할 것이라는 기대가 있었지만, 가계 부채, 부동산 프로젝트 파이낸싱(PF), 금융 불안, 지정학적 리스크 등 곳곳에 도사린 암초들로 인해 기대치를 크게 밑돌았다.

소비는 개선은커녕 더 크게 줄어들었고, 설비와 건설투자 모두 감소하는 등 실제 체감하는 경기는 수치보다 좋지 않았다. 우리 정부가 발표한 '2023년 하반기 경제정책 방향'에서 2023년 경제성장률 전망치를 1.4%로 2022년 12월에 제시한 전망치보다 0.2%p 하향 조정했다. OECD, IMF 등의 한국경제성장률 전망치(1.5%)보다 낮은 수치였다.

경제를 떠받치는 주요 산업들은 어떠했을까? 전반적인 산업 활동의 회복은 글로벌 경기 둔화로 인해 다소 제한적인 수준에 머물렀다. 제조업은 수출 부진에 따른 재고 누적과 생산 둔화가 지속되면서 더딘 회복세를 보였다. 서비스업은 내수 회복에 힘입어 생산 증가세를 유지할 것으로 기대되었지만, 서비스 수지 적자 폭이 커질 우려가 제기되었다. 제조업 내에서는 업종별로 상황이 크게 달랐다. 자동차와 2차 전지 등은 친환경 정책과 탈중국 기조가 확산되면서 2023년 하반기 이후 양호한 흐름을 이어갔으나, 반도체는 훨씬 뒤늦게 저점을 찍고 반등이 시작됐다.

그림 2-3 엔데믹 전환 산업 기상도

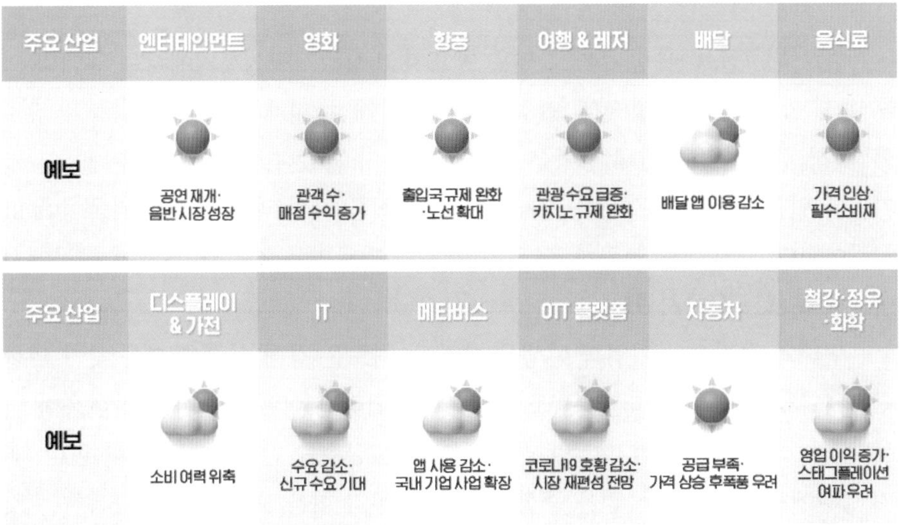

주요 산업	엔터테인먼트	영화	항공	여행 & 레저	배달	음식료
예보	공연 재개·음반 시장 성장	관객 수·매점 수익 증가	출입국 규제 완화·노선 확대	관광 수요 급증·카지노 규제 완화	배달 앱 이용 감소	가격 인상·필수소비재

주요 산업	디스플레이 & 가전	IT	메타버스	OTT 플랫폼	자동차	철강·정유·화학
예보	소비 여력 위축	수요 감소·신규 수요 기대	앱 사용 감소·국내 기업 사업 확장	코로나9 호황 감소·시장 재편성 전망	공급 부족·가격 상승 후폭풍 우려	영업 이익 증가·스태그플레이션 여파 우려

자료: https://blog.naver.com/halla_apt

경제의 혈맥인 금융 부문에서는 유가와 환율 같은 상품 시장의 불안 요인이 여전히 잠재해 있는 가운데, 금리와 환율 상승 압력은 다소 줄어들었다. 그러나 2023년 하반기에도 미국 연방준비제도(Fed)의 추가 금리 인상으로 한미 금리 차가 확대되면서 고금리 상황은 지속됐다. 원/달러 환율의 경우, 무역수지 적자 축소와 미국 금리 인상 종료 논의 등 환율 하락 요인이 상승 요인보다 더 강할 것으로 예상되었지만, 실제로는 그렇지 않았다. 고환율이 장기적으로 이어졌으며, 금융시장 불안이 확대될 경우 환율 상승 압력이 더욱 급격히 커질 가능성도 배제할 수 없는 상황이었다.

문제는 경기 둔화에 취약한 소상공인과 중소기업이었다. 중소기업은 2023년 하반기 이후에도 경기 상황이 하락세로 경기 반등 모멘텀이 약화됐다. 소상공인 체감 경기지수 전망 BSI는 2023년 4월부터 연속 하락세였다. 중소기업중앙회의 '2023년 7월 경기전망 조사'에서도, 중소기업 10곳 중 4곳은 경기가 안 좋을 것으로 전망했을 정도였다.

> **현장의 소리**
>
> "코로나가 종식된 후 모든 것이 다시 정상화될 것이라 기대했지만, 현장에서 느끼는 경기는 더욱 차가워졌다. 앞으로의 상황이 더 중요하다. 상당 기간 동안 소상공인과 중소기업이 다시 활기를 찾을 수 있도록 정책 지원을 강화해야 한다."

2023년 7월, 대통령 주재로 열린 제18차 비상경제민생회의에서는 엔데믹 이후 경제 활력 제고, 민생 경제 안정, 경제 체질 개선, 미래 성장 기반 확충을 강조했다. 하지만 현실의 경제 상황은 여전히 녹록지 않았다. 모든 경제 주체들이 국가와 국민을 최우선으로 삼아 경제 반등의 기회를 잡기 위해 총력을 기울여야 할 시점이었다. 그럼에도 불구하고, 위기 극복을 가로막는 갈등과 분열이 곳곳에서 발생해 문제를 심화시켰다.

연대와 협력으로 기업과 민생을 살리고, 새로운 경제 성장 동력을 찾기 위한 근본적인 대책 마련에 더 많은 노력을 기울였더라면 어땠을까 하는 아쉬움이 남는다. 앞으로 또 다른 위기가 닥쳤을 때는 같은 실수를 반복하지 말아야 한다. 위기 상황에서는 국가와 국민을 중심에 두고, 모두가 힘을 모아 위기를 극복하는 것이 가장 바람직한 자세다. 하루빨리 정부, 여야, 그리고 경제 주체들이 협력해 경제 회복을 위해 적극 나서야 할 때다.

④ 불확실성 경제, 변혁 경영으로 타개하자

대구에 위치한 섬유업체 P사는 과거 경제 위기를 통해 얻은 교훈을 바탕으로 과감한 변화와 혁신을 시도해왔다. P사의 대표이사 H 회장은 "경기가 좋을 때는 전혀 변화를 줄 수 없다"며, "경제가 어려울 때 임직원들이 모두 변화를 인식하고 적극 동참해 주었다"고 강조했다. 그는 "변화와 혁신은 아무 때나 할 것이 아니라 적정한 시기에 하는 것이 부작용도 줄이고 그 효과를 얻을 수 있다"고 덧붙였다. P사는 이러한 경영 전략 덕분에 위기 속에서도 미래 성장 경쟁력을 확보할 수 있었다. 위기 상황에서는 변화를 두려워하지 않고, 적극적으로 대처하는 것이 기업의 지속 가능한 성장에 기여할 수 있을 것이다.

"위기가 곧 기회"라는 말은 코로나 팬데믹으로 중소기업이 직면한 현실을 잘 설명하고 있다. 생존이 최우선인 상황에서 이후 지속 가능한 성장을 어떻게 이뤄낼 것인지가 중요한 과제로 부각되고 있다. 이럴 때 기업은 새로운 변화와 혁신을 통해 경영 전환을 해야 한다.

지난 몇 년 동안 예상치 못한 코로나 팬데믹으로 인해 경제는 한 번도 경험해보지 않은 길을 가야만 했다. 경제상황은 개선되지 않고 있으며, 여전히 불확실성이 커서 코로나 이전 상태로 정상화되기까지는 넘어야 할 산이 많다.

한때 코로나19 여파로 한국 경제의 불확실성이 크게 높아진 것으로 나타났다. 경제정책 불확실성 지수는 코로나19가 본격 확산하기 시작하면서 2020년 3월부터 224.87로 오름세를 탔고, 5월 지수는 428.82로 코로나19 확산 직전인 2019년 12월(257.89)과 비교하면 66.3%나 상승했다. 한국경제가 갖고 있는 구조적 한계와 지정학적 리스크 등이 불확실성을 더 키웠기 때문이다.

한국의 지정학적 위기 지수(GPRI·geopolitical risk index)는 2020년 0.26에서 2024년 1월 0.47로 늘었다. 경제정책의 불확실성 지수(EPU) 또한 2019년 115.9에서 2023년 11월 127.9로 증가 추세를 보였다.

* **지정학적 위험지수**(GPRI·geopolitical risk index): 미국 중앙은행인 연방준비제도이사회(the Federal Reserve Board)가 개발한 지수이다. 11개의 세계 주요 언론기사에서 지정학적 긴장과 관련된 단어의 발생빈도를 계산해 지정학적 위험 정도를 파악하는 지수로 2016년에 개발됐다.

* **경제정책 불확실성지수(EPU,Economic policy uncertainty)**: 경제불확실성을 측정하는 지표라고 한다. 빅데이터를 통해 경제, 정책, 불확실성 단어의 빈도를 표출화해 정량화 시킨 수치이다. 스콧 베이커 미국 노스웨스턴대 교수가 개발한 모델로 1990년부터 매월 한국·미국·일본·독일 등 24개국의 주요 경제 기사를 분석해 만들어졌다. 이 지수는 국가별로 표본 종합일간지와 경제지를 선정한 뒤 한 달 단위로 신문별 경제 불확실성 언급 기사의 개수를 종합하는 방식으로 산출한다.

그림 2-4 한국의 지정학적 위험 지수(GPRI)

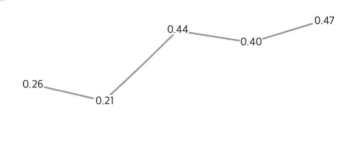

자료: STEPI

그림 2-5 한국의 경제정책 불확실성(EPU)

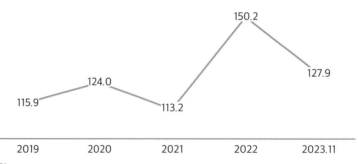

자료: STEPI

우리 경제 앞에는 여전히 수많은 난제가 놓여 있다. 신종 변이 바이러스의 재출현, 통화정책 정상화, 인플레이션, 고금리, 미중 갈등, 중국의 성장 둔화 가능성, 글로벌 공급망의 병목 현상, 원자재 가격 상승 등 주요 문제들이 좀처럼 해결되지 않고 있다. 이러한 불확실성은 경제 전반에 부담으로 작용하며, 앞으로의 경제 전망을 더욱 불투명하게 만들고 있다.

특히 우리 중소기업이 직면하는 경영환경은 녹록지 않은 상황이다. 기업 간 양극화 현상은 더욱더 심해지고, 무엇보다 내수 침체로 소상공인과 자영업자의 고통은 점차 커지고 있다.

"위기는 또 다른 기회"라는 말이 있다. 우리 중소기업은 어떤 위기가 닥쳐도 극복할 수 있는 강한 DNA를 갖고 있다. 과거 IMF 외환위기와 글로벌 금융위기 등을 겪으면서 기업의 체질이 많이 강해졌기 때문이다. '봉산개도(逢山開道, 遇水架橋)'라는 말처럼, 어려움이 닥치면 길을 내고 다리를 놓는 자세가 필요하다. 대변혁의 시대를 맞이하여 새로운 각오와 자세로 힘차게 도약할 시점에 이르렀다.

현장의 소리

"코로나가 종식되었지만, 소상공인과 중소기업은 여전히 어려운 상황이 지속되고 있다. 고물가, 고금리, 대외 불확실성 등으로 인해 미래 전망도 밝지 않다. 새로운 변화에 맞춰 혁신하지 않으면 생존이 어려워질 것이다."

"현재의 위기 극복 지원뿐만 아니라 앞으로 전개될 경제 상황을 예측하고, 이에 맞춰 중소기업이 어떻게 대비해야 할지에 대한 전략 컨설팅 지원도 확대되어야 한다."

중소기업은 경제 전환 과정에서 복합적인 위기를 완전히 극복하고 새롭게 도약하기 위해 지혜로운 변혁, 즉 변화와 혁신을 담은 경영 전략을 추진해야 한다. 이러한 전략은 기업의 지속 가능성과 경쟁력을 높이는 데 필수적이며, 어려운 상황에서도 성장할 수 있는 기반을 마련할 것이다.

첫째, 급변하는 경제 상황에 대한 세밀한 점검과 대응이 필요하다. 경제가 정상화되더라도 여전히 불확실성이 존재하기 때문이다. 따라서 경영 전반을 면밀히 점검하고 리스크를 최소화하며, 생산성과 효율성을 높이는 경영 전략을 추구해야 한다. 이러한 접근은 기업이 지속 가능한 성장과 경쟁력을 유지하는 데 기여할 것이다.

둘째, 4차 산업혁명과 대전환 시대에 산업 트렌드가 크게 변화하고 있다. 이러한 변화에 대한 적절한 대응이 중요하다. 산업 구조는 빠르게 재편되고 있으며, 이에 따라 산업의 흐름에 편승하는 미래 지향적 전략이 무엇보다 필요하다. 기업은 이러한 트렌드를 반영하여 혁신을 추구하고, 변화하는 시장 환경에 발맞추어 나가야 할 것이다.

셋째, 탄소중립과 디지털 전환 등 한국판 뉴딜의 흐름에 발맞추어 새로운 성장 동력을 창출해야 한다. 어려운 시기일수록 성장을 위한 과감한 투자가 너욱 가치가 있다. 따라서 혁신 경영을 통해 미래 성장 기회를 포착하는 전략에 더욱 많은 노력을 기울여야 할 것이다. 이러한 접근은 기업의 지속 가능한 발전을 이끄는 중요한 열쇠가 될 것이다.

넷째, ESG 경영의 확대가 필요하다. ESG는 선택 사항이 아니라 필수적인 요소로 자리 잡았다. 중소기업은 ESG를 경영의 부담으로 인식하기보다는 새로운 가치를 창출하는 성장 전략으로 바라봐야 한다. 따라서 보다 과감하게 ESG 경영으로 전환하는 노력이 필요하다. 이러한 전환은 기업의 지속 가능성을 높이고, 경쟁력을 강화하는 데 중요한 역할을 할 것이다.

⑤ 위기 이후, 변화에 대비하는 우리의 자세!

강원도에 위치한 J사는 공급망 문제로 큰 타격을 받았지만, 이를 극복하기 위해 모든 노력을 기울이고 있다. J사의 O 대표이사는 "기업을 하다 보면 언제든지 위기가 찾아온다"며, "하지만 위기가 끝난 이후까지 생각하고 준비하는 것이 훨씬 더 중요하다는 것을 많이 경험했다"고 강조했다. 그는 이러한 경험을 바탕으로 회사가 새로운 환경에 맞게 경영 혁신과 사업 전환을 과감하게 구상하고 있음을 밝혔다. 기업은 단기적인 위기 극복에 그치지 않고, 미래의 불확실성에 대한 준비와 변화에 대한 적응력을 키워나가야 한다.

코로나 팬데믹으로 인해 위기가 일상화되면서 기업들은 단기적인 문제 해결에만 집중해서는 안 된다. 위기 상황에서 급한 불을 끄는 것이 중요하지만, 이후 변화에 잘 대비하는 것이 더욱 중요하다. 팬데믹으로 인한 경제 상황의 급변은 기업의 경영 환경을 근본적으로 변화시켰다. 따라서 코로나 종식 이후에는 과거의 경영 방식을 고수해서는 안 되며, 변화된 환경에 맞춰 전략적으로 대응할 준비를 해야 한다.

코로나 팬데믹으로 인해 거대한 톱니바퀴처럼 맞물려 돌아가던 세계 경제가 일순간 멈춰 섰다. 바이러스에 대한 초기 대응이 미흡했던 각국 정부는 경이로운 확산력에 당황하여 허둥지둥 록다운(Lockdown)과 셧다운(Shutdown)을 선포했다. 이로 인해 코로나19에 대한 공포는 전 세계 경제를 충격에 빠뜨렸다.

이제는 원하든 원하지 않든 코로나 팬데믹 이전의 세계로 돌아가는 것은 어려워 보인다. 감염과 재확산, 그리고 또 다른 바이러스에 대한 불안이 어느덧 우리의 일상이 되어버렸다. 이러한 새로운 현실에 적응하는 것이 중요한 시점이다.

코로나19 이후 펼쳐진 세상은 불확실성으로 가득 차 있다. 그 어느 것도 정답이 없는 미지의 세계이기 때문이다. 하지만 코로나19를 겪으면서 세계는 '효율'보다 '안전', '개방'보다 '고립', '개인의 자유'보다는 '사회적 연대'에 더 높은 가치를 부여하게 되었다. 이로 인해 경제 시스템과 사회 인식, 그리고 옳고 그름에 대한 가치관까지 송두리째 바꾸었다.

코로나19로 멈추었던 사회와 경세가 다시 가동되면서, 부작용을 최소화하고 변화된 패러다임에 적응하기 위해서는 새로운 규칙과 사고에 대한 준비가 필요했다. 이에 따라 우리 정부는 2020년 5월에 코로나19 이후 급변할 것으로 예상되는 보건환경, 경제활동, 기업경영, 사회적 가치, 교역환경 등 5개 분야의 '포스트 코로나 산업 전략'을 수립하기 위해 8개 대응 과제를 제시했다.

표 2-1 Post 코로나 5대 변화 및 8대 과제

구분	BC (Before Corona)	AC (After Corona)	대응과제
보건환경	간헐적 감염병	감염병 빈발	• K-방역·K-바이오 글로벌 상품화 • 산업현장 대응력 강화
	글로벌 조달	로컬 조달	• GVC 재편 → 청정 생산기지 구축
경제환경	대면 석유수요 증가	非대면 석유수요 감소	• 비대면산업 육성 • 산업구조의 친환경 전환
기업경영	비용절감, 효율	재고확보, 회복력	• 기업활력 촉진+사업재편 활성화
사회가치	개인·효율	연대·협력	• 기업 간 연대 및 협력
교역환경	자유무역 신자유주의	보호무역	• 글로벌 협력 리더십

자료: 산업통상자원부

우리 정부는 글로벌 공급망을 재편하기 위해 유턴 활성화, 디지털 인프라 구축을 통한 비대면 사업 육성, 5세대 이동통신(5G)과 K-방역, K-바이오의 글로벌 진출을 추진하고 있다. 이를 통해 산업 및 통상 분야에서 글로벌 리더십을 발휘할 수 있도록 포스트 코로나 시대를 대비한 정책 방안을 구상해왔다.

팬데믹 이후, 우리는 직면한 경제 위기를 극복하고 고용 안정을 위해 역량을 집중하면서, 동시에 새로운 미래를 선도할 수 있는 경제 및 산업 정책을 적극적으로 추진하고 있다. 이러한 노력을 통해 지속 가능한 성장과 혁신을 이끌어 나가고자 한다.

"코로나19를 겪으면서 중소기업은 예상치 못한 상황에 어떻게 대응해야 할지를 배우는 소중한 교훈을 얻었다. 앞으로 중소기업은 위기 대처 능력을 높이고, 체력을 강화하는 경영 전략을 추구해야 한다."

기업들은 이러한 경제 및 산업 질서의 변화에 발 빠르게 대처하고 있다. 비상시에 유연하게 대응하기 위해 협력사와의 유기적 관계를 강화하고, 전염병과 같은 비상 상황에 대비한 매뉴얼도 구축했다.

더 나아가 중장기적으로는 저비용과 효율성을 최대 가치로 여기는 고정관념이 깨지고 있다. 기업들은 복수의 대체 공급망을 확보하고, 여유 있는 재고와 비상 인력을 배치하는 등 효율보다 안전을 우선하는 지속 가능한 경영 전략을 수립하고 있다.

또한 코로나19 이후 확산되고 있는 언택트(Untact)와 같은 신산업에 대한 비즈니스 기회를 활용하여 기업들이 새롭게 도약하는 전략도 모색하고 있다. 새로운 변화의 시대에 우리는 어쩌면 완전히 새로운 역사의 시작점에 서 있는지도 모른다. 코로나19를 대처하는 방식에 정답이 없었듯, 미래를 준비하는 방식에도 정답은 없다. 이러한 불확실성 속에서 혁신과 적응력이 중요해지고 있다.

그러나 세계가 주목하는 최고의 방역에 성공한 것처럼, 복합 경제 위기를 극복하기 위한 우리 정부와 기업들의 자세 또한 세계의 모범이 되기를 바란다. 앞으로 우리가 K-경제 시대를 열어 나갈 수 있도록 모두가 힘을 합쳐 위기를 기회로 만들어 가야 한다. 이러한 협력이 지속 가능한 발전과 글로벌 경쟁력을 강화하는 데 중요한 역할을 할 것이다.

⑥ '더 나은 경제'로의 전환, 그 길은?

2024년 초, 많은 사람들이 경제가 회복될 것으로 기대했지만, 현실은 그렇지 않았다. 코로나 팬데믹이 종식된 지 1년이 지났음에도 불구하고 한국 및 세계 경제의 상황은 여전히 복잡하고 어려운 실정이다. 몇몇 경제 지표가 개선되긴 했지만, 전반적인 불확실성이 커서 실제 회복이 이루어질지에 대한 의문은 여전하다. 경기도에서 자영업을 운영하는 K씨의 목소리는 이러한 현실을 잘 보여준다. 그는 "뉴스에서는 경제가 회복된다고 하는데, 현장에서는 전혀 와 닿지 않는다. 오히려 더 힘들다"고 토로했다. 이는 많은 자영업자들이 느끼는 공통된 감정일 것이다. 실제로 자영업자들은 경기 회복의 체감이 부족하고, 민생을 더 살펴주는 정책이 필요하다고 호소하고 있다.

2025년 을사년 새해가 밝았다. 올해는 푸른 뱀의 해로, 푸르다는 밝고 희망적인 색을 상징한다. 과연 우리 경제에도 푸른빛이 띠게 될 수 있을까? 그러나 경제의 발걸음이 가볍지 않을 것이라는 점은 분명하다.

안팎으로 2025년의 경제 환경은 결코 녹록지 않기 때문이다. 새해 초반에는 항상 기대와 희망이 가득하지만, 이를 현실로 만드는 데는 여러 난관이 존재한다. 게다가 또 다른 위험이 빠른 속도로 다가오고 있는 상황이다.

세계경제의 회복 속도는 더딜 것으로 예상된다. IMF와 OECD는 2025년 세계 경제가 3.2%, 3.3% 성장할 것으로 내다봤다. 작년과 비슷하거나 다소 낮아 질 것으로 전망하고 있다.

표 2-2 OECD 경제성장률 전망(2024.12월)

(단위: %)

	세계	G20	유로존	미국	중국	일본	인도	독일	한국
2024	3.2	3.3	0.8	2.8	4.9	-0.3	6.8	0.0	2.3
2025	3.3	3.3	1.3	2.4	4.7	1.5	6.9	0.7	2.1

자료: OECD

물가는 전쟁 등 지정학적 위기와 기후 변화에 따른 유가 및 원자재, 농산물 가격 상승으로 다시 치솟을 위험이 상존하고 있다. 소비는 고물가 지속에 따른 수요 감소와 중국의 경기 부진으로 둔화될 것으로 예상된다. 또한, 달러는 러-우크라이나 전쟁의 장기화와 중동 정세의 불확실성 확대에 따라 안전자산 선호 현상이 지속되면서 강세 국면이 이어질 전망이다. 국제 유가의 변동성은 더욱 커졌으며, 패권 경쟁 및 보호무역 기조의 확산으로 자원, 에너지, 식량 안보의 중요성이 증가하여 신흥국에 더 큰 부담을 줄 것으로 보인다. 이러한 복합적인 요인들이 우리 경제에 미치는 영향을 면밀히 분석하고 대응 전략을 마련해야 할 시점이다.

한국경제는 어떠할까. 새로운 반등을 꿈꾸고 있지만 회복 신호는 여전히 미약하다. IT 경기 반등에 따른 투자 및 수출 증가로 경기개선이 기대되지만, 불확실성 증가와 고물가·고금리 여파로 내수 부진이 길어지면서 하방 리스크가 커 한국경제 전망이 어두워지고 있다. IMF는 2024. 11월 말에 한국의 2025년 경제성장율 전망치를 당초 2.2%에서 2.0%로 낮췄다. 한국개발연구원(KDI)은 2025년 한국경제성장률을 잠재성장률 수준인 2.0%로 전망했다. 한국은행은 2025년 한국경제 성장률을 작년(2.2%)보다 낮은 1.9%로 예측하고 있다.

경제의 리스크 요인도 간단하지 않다. 중국 경제의 회복세가 약화되고, 국제 원자재 가격이 상승하며, 부동산 프로젝트 파이낸싱(PF) 등 국내 금융 및 부동산 시장의 불안이 확대될 가능성이 크다. 특히, 가계 및 기업 부채는 가장 큰 위험 요인으로 등장할 수 있다. 이러한 상황에서는 금융 안정성을 확보하고 리스크를 관리하기 위한 전략적 접근이 필요하다.

국내 소비는 고금리가 지속됨에 따라 원리금 상환 부담이 확대되고 있어 소비 증가를 제약할 것으로 보이며, 이로 인해 회복세가 둔화될 것으로 예상된다. 투자는 설비투자가 다소 양호할 것으로 보이지만, 건설투자의 부진은 지속될 전망이다. 수출은 반도체 및 서비스 수출 중심으로 개선될 가능성이 있지만, 자동차 수출의 둔화로 인해 재화 수출의 회복 속도는 완만할 것으로 예상된다. 이러한 경제 환경 속에서 지속 가능한 성장 전략을 모색하는 것이 중요하다.

물가는 지정학적 갈등 요인과 국내 비용 상승 압력 등으로 여전히 높은 수준을 유지할 것으로 보인다. 최대 관심사인 금리는 경기 활성화를 위한 기준금리 인하 필요성이 증대되고 있으며, 시장 금리에도 하방 압력이 확대될 것으로 예상된다.

다만, 가계부채와 물가 상황을 고려할 때 기준금리 인하속도가 더딜 가능성도 있어 낭분산 고금리 기조가 지속될 것으로 보인다. 기후 변화와 인구 위기로 인해 한국 경제의 미래에 대한 희망도 불확실해지고 있다.

경제를 받치는 산업 환경은 변화무쌍하다. 인공지능(AI) 등 디지털 혁신의 가속화로 산업의 재편 속도는 빨라질 전망이다. 이에 따라 산업 구조조정이 촉진되며, 업종 및 기업 간 격차와 희비가 더욱 심화될 것으로 예상된다.

현장의 소리

"2025년에는 경제 지표가 다소 개선될지 의문이다. 경제의 양극화는 더욱 뚜렷해질 것이다. 일부 지역은 좋아지는 반면, 그렇지 못한 곳도 많다. 보이지 않는 곳에도 온기가 고루 퍼질 수 있도록 정책 역량을 집중해야 한다."
"중소기업 정책은 더욱 세분화하여 촘촘하게 살펴보고, 현장을 중시하는 방향으로 대안을 마련해야 한다."

수출 주력 업종을 중심으로 생산 활동 개선이 기대되지만, 내수 회복 속도 둔화는 제약 요인으로 작용할 것으로 보인다.

제조업은 중국 의존도가 높은 석유화학 및 철강 분야의 저조한 생산 활동이 지속되고, 자동차 생산 증가세가 둔화될 가능성이 있지만, 반도체 업황의 개선과 조선업의 호조세가 이어지면서 생산 활동이 개선될 여지는 있다.

반면, 서비스업은 고물가와 고금리 기조가 지속될 것으로 예상되므로, 부동산업 및 도소매업 등에서 서비스업 생산 증가율의 둔화가 지속될 흐름이다. 이러한 경제 환경 속에서 각 산업의 변화에 신속히 대응하는 전략이 필요하다.

우리 경제의 뿌리인 중소기업 경기는 좋아질 수 있을까? 복합 위기로 인해 여전히 힘든 한 해가 될 것으로 보인다. 5중고(고물가, 고금리, 고환율, 고부채, 인력난)로 인해 기업의 성장이 어려워지고 있으며, 킬러 규제가 투자를 가로막아 활력이 저하될 우려가 크다.

생산은 주요국의 수출 통제에 따른 공급망 불안과 글로벌 경기 회복 둔화로 인해 회복이 지연될 전망이다. 자금 사정은 우량 기업과 취약 기업 간의 양극화가 심화될 것으로 예상된다. 고비용 구조와 은행권의 우량 기업 대출 쏠림 현상으로 취약 기업의 유동성은 더욱 악화될 것으로 보인다.

또한, 소상공인 및 자영업자는 매출 부진과 비용 증가로 인해 수익성이 악화될 것으로 예상되며, 이로 인해 여전히 힘든 한 해가 될 가능성이 높다. 이러한 상황에서 중소기업과 소상공인을 위한 정책적 지원과 구조적 변화가 절실히 요구된다.

알려지고 예상된 위기는 실제 위기가 아니다. 오히려 이러한 상황에서 새로운 변화와 성장 동력을 찾아 소중한 기회로 삼을 수 있다. 위기를 기회로 전환하는 지혜와 창의적인 접근이 필요하며, 이를 통해 지속 가능한 발전과 혁신을 이끌어낼 수 있다. 각 산업과 기업들이 이러한 기회를 포착하여 미래를 선도하는 방향으로 나아가야 할 때이다.

경제 주체들은 경제 전환의 모멘텀을 찾고, 미래를 향한 변화와 혁신으로 경제 위기를 극복하고 재도약에 매진해야 한다. 모두가 원팀이 되어 민생 현장에서 함께 뛰어야만 새로운 길이 열릴 것이다.

정치가 경제 도약의 발목을 잡아서는 안 되며, 이를 통해 한국 경제는 2025년 새해에 더 나은 방향으로 나아갈 수 있을 것이다. 협력과 혁신을 통해 긍정적인 변화를 이끌어내는 것이 필요하다.

경제의 허들, 우리가 넘어야 할 과제

경기가 좋아질 듯 말 듯 하는 것 같다. 그만큼 불확실하고 변동성이 크다는 얘기다. 전체적으로 경기가 회복되는 듯한 조짐이 보이긴 하지만, 여전히 여러 가지 요인이 회복세를 가로막고 있다. 특히 전쟁의 불안정성, 인플레이션 압박, 그리고 경제 분절화와 같은 요인들이 경제 회복의 발목을 잡고 있다는 지적은 매우 타당하다. D씨가 건설업계에서 겪고 있는 어려움은 특히 심각하다. 그는 "건설 경기는 가장 힘든 시기를 보내고 있는데, 아직 최악이 오지 않았다"고 말하며, PF(프로젝트 파이낸싱) 문제의 해결을 간절히 기다리고 있다. 강원 소재 제조업체 B사는 경제 회복에 대한 기대감으로 인해 다시 투자를 고려하고 있지만, 현장에서 느끼는 경기는 여전히 차갑고, 불확실성이 크기 때문에 쉽사리 결정을 내리기 어려운 상황이다. 이는 많은 기업들이 공통적으로 겪고 있는 고민이다.

우리 모두는 경제가 희망적으로 전환될 것이라고 예상했지만, 현실은 우리의 기대와는 달리 여전히 녹록지 않은 상황이다. 러시아-우크라이나 전쟁이 해결의 실마리를 찾기를 바랐지만, 전쟁이 종식되기는커녕 중동에서 새로운 갈등이 발발하여 불확실성이 더욱 커지고 있다. 물가와 금리 등 경제 지표들 역시 기대와는 거리가 멀어지고 있으며, 이러한 상황은 기업과 소비자에게 모두 부담으로 작용하고 있다. 트럼프 2기 출범과 국내 정치의 불안으로 경제 회복의 길은 여전히 험난하며, 우리는 이러한 도전 과제에 직면해 있다.

경제협력개발기구(OECD)는 2024년 한국의 경제 성장률을 지난해 12월 발표 당시보다 0.2%포인트 하향 조정한 2.3%로 전망했다. 2025년에는 2.1%의 성장을 예상하고 있다. 또한, 한국은행 역시 2024년 실질 국내총생산(GDP) 성장률 전망치를 2.2%로 8월 전망치(2.4%)보다 0.2%포인트 하향 조정했으며, 2025년 경제 성장률은 1.9%, 2026년 1.8%로 예상하고 있다. 이러한 전망은 국내외 경제 환경의 불확실성과 여러 도전 과제를 반영하고 있다.

표 2-3 한국의 경제성장률 전망

(단위: 전년동기대비, %)

	2023	2024			2025		
	연간	상반	하반	연간	상반	하반	연간
GDP 성장률	1.4	2.8	1.6	2.2	1.4	2.3	1.9
민간소비	1.8	1.0	1.4	1.2	1.8	2.3	2.0
건설투자	1.5	0.4	-2.9	-1.3	-3.2	0.5	-1.3
설비투자	1.1	-1.8	4.9	1.5	5.7	0.5	3.0
지식재상생산물투자	1.7	1.5	-0.1	0.7	2.7	5.0	3.9
재화수출	2.9	8.4	4.3	6.3	1.4	1.7	1.5
재화수입	-0.3	-1.3	3.6	1.1	3.0	0.9	1.9

자료: 한국은행

앞으로 경제는 어디로 나아갈까? 개선 속도가 더디고 불확실성이 매우 높은 상황이다. 우리 정부에서 세계 및 국내 경제 회복 기대감을 나타내는 것은 반가운 소식이지만, 우리가 간과해서는 안 될 점이 있다. 겉으로 드러난 수치만으로 경제 상황을 판단해서는 안 된다는 것이다. 숫자 뒤에 숨겨진 현실을 직시하고 경제를 진단하며 적절한 대책을 마련하는 것이 더욱 중요해지는 시점이다. 특히 2025년 은 대내외 불확실성이 더욱 커지고, 예기치 않은 돌발 변수가 발생할 가능성이 크기 때문에 이러한 접근이 필요하다.

세계 경제는 경기 회복에 대한 기대감에도 불구하고 성장이 제한적이고 차별 적일 것으로 전망된다. 지정학적 위험, 정책 여력, 주요국 선거가 '차별적 성장'을 확대할 가능성이 크다. 특히 지정학적 리스크가 커지는 가운데 무역 갈등은 심화 되고, 공급망 문제는 추가 비용을 초래하여 성장의 동력을 약화시킬 것이다. 국제 통화기금(IMF)은 최근 연례 보고서에서 미국 경제의 위험 요소로 부채, 은행의 취 약성, 무역 장벽을 경고하고 있다. 이러한 요소들은 앞으로의 경제 전망에 중요한 영향을 미칠 것으로 예상된다.

국내 경제는 부문 간 격차를 보이며 변동성이 점차 커지고 있다. 반도체를 중 심으로 수출 증가세가 지속되면서 경기 지표는 개선될 전망이지만, 민간 소비 등 내수 지표가 크게 개선되지 않을 것으로 보인다. 이러한 상황에서 우리의 경제 성장률이 기대만큼 좋아질지는 여전히 미지수이다. 특히 내수가 부진하면 전반적인 경제 회복에 제약이 될 수 있으며, 이는 성장을 더욱 어렵게 만들 수 있다.

고금리와 고물가가 지속되면서 민간 소비 위축이 심화되고, 체감 경기 개선까지는 시간이 더 걸릴 것으로 보인다. 내수가 언제 회복될지는 불투명하며, 물가는 둔화세를 보이겠지만 식료품과 공공요금 등 생활 필수품목의 가격 상승 영향으로 체감 물가 안정은 더욱 더디게 진행될 것으로 예상된다. 여기에다 정치적 리스크 등 복합적인 요인은 경제 전반에 부담을 주고, 소비자들의 지출 심리를 더욱 위축시킬 가능성이 크다.

현장의 소리

"물가는 점차 안정세를 찾아가고 있지만, 고물가가 완전히 해소되었다고 보기는 어렵다. 국제 유가 하락으로 석유류 물가 상승폭이 줄어들고 농산물 가격 상승폭도 축소되었지만, 대외 여건과 날씨에 따라 언제든지 다시 흔들릴 수 있다."

"고물가와 고금리가 해소되지 않아 고소득층조차도 소비 상황이 좋지 않을 정도로 내수가 부진하다."

"금리 인하가 더딘 것이 내수 진작 측면에서 아쉬운 점이다. 내수가 크게 부진한 상황에서 금리를 지속적으로 인하해 소비를 살려 나가야 한다."

금리 인하는 시작되었지만, 대내외 불확실성으로 인해 과거와 같은 저금리 수준으로 회복되기는 어려울 것으로 보인다. 부동산 가격 문제와 가계부채 부담이 지속되면서 금리 인하에 제동이 걸릴 가능성이 크다. 또한, 환율은 미국의 통화정책 전환 지연과 글로벌 지정학적 리스크 지속으로 인해 안전자산 선호 심리가 우세한 상황에서 상승 압력을 받을 것으로 예상된다. 이러한 요인들은 경제 전반에 걸쳐 영향을 미치며, 소비와 투자 심리에 부정적인 영향을 미칠 수 있다.

산업 환경은 고물가, 고금리, 그리고 경제 분절화와 같은 비우호적인 요소들이 지속되는 가운데, 수출 호조로 인해 산업 활동의 회복세는 이어질 것으로 보인다. 그러나 내수 중심의 제조 및 서비스업이 부진을 겪고 있어 큰 폭의 개선은 기대하기 어려운 상황이다. 반도체와 자동차 같은 주력 수출 업종들은 호조세를 유지할 것으로 전망되지만, 내수 중심 업종들은 전반적으로 부진한 모습을 지속하며 업종별로 차별화된 양상이 더욱 뚜렷해질 것으로 예상된다. 이러한 격차는 경제 전반에 걸쳐 다양한 영향을 미칠 것이며, 기업들은 변화하는 시장 환경에 맞춰 전략을 조정해야 할 필요성이 커지고 있다.

우리 기업들은 2025년 경영 전략을 어떻게 가져가야 할까. 기업에게 막대한 도전과 기회가 제공되는 시점이다. 어려운 시기에 기업이 살아남고 성장하기 위해서는 스마트한 경영 전략이 필요하다. 위기를 극복하기 위해서는 비용을 절감하고 효율성을 높이며, 리스크를 관리하는 경영을 강화해야 한다. 그렇다고 너무 위축경영만 지향해서는 안 된다. 경기 개선 흐름을 타면서 새로운 성장 전략을 모색해야 한다. 혁신을 통해 중장기 지속 성장전략을 동시에 추구해야 한다.

2025년 우리 경제는 현미경을 통해 현장의 위기를 세밀하게 분석하고 극복하는 한편, 망원경으로 미래의 혁신 성장 동력을 탐색하는 융합적인 전략이 필요하다. 이러한 접근은 대한민국이 새로운 도약을 이룰 수 있는 중요한 전환기가 될 것이다.

앞으로 우리 경제와 기업이 주목해야 할 주요 이슈는 다음과 같다.

- **미국 새 정부 등장에 따른 정책 기조 변화:** 미국의 외교 및 경제 정책 변화가 한국 경제에 미치는 영향이 크므로, 이에 대한 주의 깊은 분석과 대응 전략이 필요하다.
- **차이나 리스크 현실화:** 중국 경제의 불확실성과 무역 갈등 등은 기업의 수출 및 수입에 영향을 미치므로, 다각적인 시장 접근이 요구된다.
- **물가 상승 압력 지속:** 지속적인 물가 상승은 소비와 투자에 부정적인 영향을 미치므로, 기업은 비용 관리 및 가격 전략을 재조정해야 한다.
- **더딘 금리 인하:** 금리가 과거와 같은 수준으로 빠르게 낮아지지 않을 가능성이 크기 때문에, 자금 조달 방식에 대한 재검토가 필요하다.
- **지정학적 위험 고조:** 북한의 도발과 같은 지정학적 긴장은 국내외 경제에 큰 영향을 미칠 수 있으며, 기업들은 이에 대한 리스크 관리가 필요하다.
- **공급망 위험 재심화:** 글로벌 공급망의 불안정성이 재발할 가능성이 있으므로, 복수 공급망 구축과 유연한 생산 체계가 중요하다.
- **사회경제 양극화 심화:** 중소기업과 자영업자가 직면한 어려움이 커질 수 있으므로, 이들을 지원하는 정책과 프로그램을 강화해야 한다.

- **재해안전망 강화:** 자연재해 및 안전사고에 대한 대비가 더욱 중요해지고 있으며, 기업은 비상 대책 및 안전 관리를 강화해야 한다.
- **데이터·디지털 경제:** 디지털 전환이 가속화됨에 따라 데이터 활용 및 디지털 플랫폼 구축이 기업의 경쟁력을 좌우할 것이다.
- **기후변화 및 인구위기와 ESG 대응:** 기후 변화에 대한 대응과 ESG(환경·사회·지배구조) 경영의 중요성이 커지고 있으므로, 지속 가능한 경영 전략을 수립해야 한다.

이러한 이슈들과 비상계엄 선포 이후 정치적 갈등 심화, 그리고 커진 사회경제 불안은 앞으로의 경제 환경에 중요한 영향을 미치므로, 기업은 지속적인 모니터링과 유연한 대응 전략을 마련해야 한다.

8 고물가 비상사태, 기업의 경영이 위태롭다

대전의 식품 제조 중소기업 B사가 천정부지로 오른 물가로 인해 결국 문을 닫은 사례는 현재 많은 중소기업이 겪고 있는 심각한 문제를 잘 보여주고 있다. 원자재 가격의 급등과 소비자 가격의 제약은 기업에게 심각한 재정적 압박을 가하며, 이로 인해 B사는 20년간의 경영 끝에 파산 절차에 들어갈 수밖에 없었다. 고물가와 고금리의 환경은 중소기업에게 더욱 치명적인 상황을 만들어 주고 있으며, 많은 기업들이 지속적으로 운영하기 어려운 상황에 직면하고 있다. 지방에서 기업협의체 회장을 맡고 있는 L회장은 "갑작스러운 외적 요인으로 취약한 중소기업이 위기에 처할 때, 정부와 은행은 보다 적극적이고 전향적인 지원을 제공해야 한다. 그러나 현실은 대출 조건이 더욱 까다로워지고 대출 상환 압박이 증가하는 등 오히려 기업의 부담을 가중시키고 있다."고 토로했다. 정부와 은행은 기업을 지원하고, 그들의 목소리를 경청하여 실질적인 해결책을 찾는 것이 현재 경제 상황에서 가장 필요한 상황이다.

2021년부터 전 세계적으로 가파르게 치솟았던 물가 문제는 아직도 진행형이다. 최근 들어 물가 상승이 다소 누그러지는 모양새지만, 그래도 여전히 고물가 흐름이 이어지고 있다. 이젠 전 세계적으로 고물가 시대가 일반화되었다.

미국 연방준비은행(Fed)의 주요 목표는 물가 안정을 유지하는 것이었다. 코로나 팬데믹 기간 동안 미국은 6조 달러 이상의 유동성을 공급했으며, 이로 인해 시중에 달러가 대거 풀리면서 물가가 급격히 상승하여 2022년에는 9%에 달했다. 이를 해결하기 위해 연준은 2022년 10월부터 기준금리를 0%에서 5.5%까지 연속적으로 인상했다. 이러한 고금리 정책에도 불구하고, 물가는 9%에서 2024년 8월에는 3.0%로 안정세를 보이고 있지만, 일반 소비자들이 느끼는 체감 물가는 여전히 고물가 상황으로 남아 있다. 이는 생활 필수품과 같은 기본적인 소비 항목의 가격 상승으로 인해 실제로 체감하는 경제 상황과 통계 수치 간의 괴리를 보여준다. 이러한 상황은 소비자들의 구매력에 직접적인 영향을 미치고 있으며, 경제 전반에 걸쳐 지속적인 변화를 요구하고 있다.

유로존의 2024년 10월 소비자물가는 예상보다 더 상승한 것으로 나타났다. 유럽연합 통계기구인 유로스타트에 따르면, 7월의 소비자물가는 1년 전 대비 2.0% 상승했다. 이는 9월의 1.7% 상승폭보다 0.3%포인트 증가한 수치이다. 또한, 물가의 기조적 흐름을 나타내는 근원물가 상승률은 2024년 5월과 6월에 이어 3

개월째 2.9%를 유지했으며 10월에도 2.7% 상승했다. 이러한 상승세는 소비자들에게 지속적인 압박을 가하고 있으며, 유로존의 경제 정책 및 통화 정책에 대한 추가적인 논의가 필요할 것으로 보인다.

고물가의 주요 원인은 다양하다. 우크라이나 전쟁으로 인해 에너지, 금속, 곡물 등 주요 원자재 가격이 동반 상승한 것이 큰 요인이다. 또한, 중국의 코로나19 봉쇄 정책에 따른 공급망 차질이 물가 상승에 기여했다. 인도네시아는 석탄과 팜유, 인도는 밀, 이집트는 밀과 콩 등 주요 곡물의 수출을 통제하며 자국 경제를 보호하려는 움직임을 보였다. 이러한 조치는 글로벌 공급망에 추가적인 압박을 가해 물가 상승 위험을 더욱 가중시키고 있다. 이러한 상황은 소비자와 기업 모두에게 지속적인 부담이 될 것으로 예상된다.

우리나라의 물가 상승률도 심상치 않은 상황이다. 우크라이나 전쟁 이후 석유류 가격이 지속적으로 상승하고 있으며, 공업 제품과 개인 서비스 가격도 오름세를 보이고 있다. 2024년 7월에는 석유류 물가가 1년 전보다 8.4% 상승했으며, 이는 고물가로 시름하던 2022년 10월에 기록한 10.3%의 상승률 이후로 21개월 만에 가장 큰 폭으로 오른 수치이다. 이러한 물가 상승은 소비자에게 더 큰 부담을 주고 있으며, 경제 전반에 걸쳐 부정적인 영향을 미칠 것으로 우려된다.

이상기후 또한 물가 불안을 가중시키고 있다. 2024년 여름철 폭염과 집중호우로 인해 농산물 가격이 급등하면서 생산자 물가가 다시 오름세를 보이고 있다. 생산자 물가는 소비자 물가에 시차를 두고 영향을 미치기 때문에, 이러한 상황은 물가 불안을 더욱 자극할 우려가 커지고 있다. 한국은행에 따르면, 2024년 7월 생산자 물가지수는 전월 대비 0.3% 상승했으며, 이는 지난 6월에 7개월 만에 하락한 이후 한 달 만에 다시 반등한 수치이다. 전년 동월 대비로는 2.6% 상승하여 2023년 3월(3.3%) 이후 가장 높은 수준을 기록했다. 생산자 물가지수는 12개월째 상승세를 이어갔다. 이러한 상황은 소비자에게 더 큰 물가 부담을 안길 것으로 예상된다.

품목별로 살펴보면, 농림수산품 가격이 1.6% 상승했다. 이 가격은 2024년 4월부터 6월까지 전월 대비 마이너스를 기록하다가 증가로 전환된 것이다. 특히 상추가 171.4%, 오이가 98.8%, 닭고기가 3.8%, 우럭이 8.0% 상승하는 등 특정 품목의 가격 상승이 두드러진 것으로 나타났다. 이러한 가격 변동은 소비자에게 부담을 주고, 전반적인 물가 상승 압력을 더욱 강화할 것으로 예상된다.

공산품 가격도 0.3% 상승했다. 특히 휘발유, 경유, D램 가격의 상승 폭이 두드러졌다. 서비스업의 생산자물가는 0.2% 오르며, 음식점, 숙박, 금융, 보험 분야에서 상승률이 상대적으로 높았다. 특히 휴가철 수요가 확대되면서 휴양 콘도 등 숙박 가격이 크게 상승한 점이 주목할 만하다. 이러한 전반적인 가격 상승은 소비자 물가에 추가적인 부담을 줄 것으로 보이며, 물가 안정에 대한 우려를 가중시키고 있다.

그림 2-6 소비자물가지수 추이

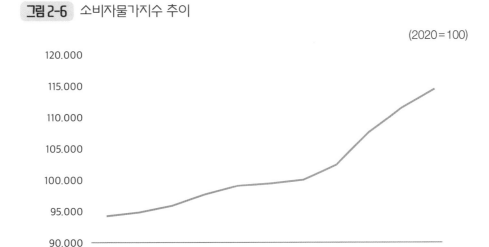

자료: 통계청

앞으로도 물가의 하방 요인보다 상방 요인이 더 클 것으로 분석되고 있어 물가는 추가 상승할 가능성이 높다. 고물가가 지속되면 그 경제적 파장은 상당할 것이다. 이로 인해 한국은행의 금리 인하가 어렵게 될 전망이다. 만약 금리를 인하하더라도 급격한 인하는 쉽지 않을 것이다. 고물가와 고금리가 동시에 이어지면서 경제에 미치는 타격이 클 수밖에 없는 상황이다. 이러한 복합적인 요인은 향후 경제 전반에 부정적인 영향을 미칠 것으로 예상된다.

내수 침체의 속도가 가팔라지고 있다. 수십 개월간 이어진 고금리와 고물가의 부담이 민생 경제에 전방위적인 충격을 주고 있기 때문이다. 고환율, 고금리, 고물가 등 이른바 '3고'가 실질 구매력을 약화시키고, 이로 인해 내수 부진의 악순환이 이어지고 있다. 이러한 상황에서 소비자들은 값싼 물건을 찾는 불황형 소비로 전환하고 있으며, 그 결과 전국 소매판매는 15년 만에 최대 감소율을 기록했다. '2024년 3분기의 전국 소매판매는 전년 동기 대비 1.9% 줄어들어 최근 10개 분기 연속 감소세를 보이고 있다. 이처럼 악화된 소비 상황은 향후 경제 회복에 큰 부담이 될 것으로 예상된다.

고금리 속에서 내수 부진과 인건비 및 원자재 가격 상승 등이 겹치면서 중소기업과 소상공인의 어려움이 좀처럼 나아지지 않고 있다. 중소기업들이 체감하는 업황 전망은 지속적으로 악화되고 있으며, 조사에 따르면 10곳 중 7곳이 지난해의 경기 부진이 2025년까지 계속될 것이라는 비관적 관측을 내놓았다. IBK기업은행이 발표한 '중소기업 금융실태조사'에 따르면, 중소기업의 72.6%는 "2025년에 경기가 더 나빠질 것"이라고 내다봤다. 이러한 부정적인 전망은 기업의 경영에 큰 부담이 될 것이며, 지속적인 경기 회복이 어려운 상황에서 중소기업의 대응 전략이 더욱 중요해질 것으로 보인다.

현장의 소리

"경기 침체와 고물가 인상 등 악재가 겹치면서 임대료와 전기료마저 감당하기 힘든 소상공인이 늘고 있다. 이들은 생존의 위협을 받고 있으며, 고물가로 어려움에 처한 취약한 소상공인들의 회생을 적극 도와줘야 한다."

유가 및 원자재 가격 상승으로 인해 기업들이 받는 충격은 점차 커지고 있다. 업종별로 생산원가에서 원자재가 차지하는 비중에 따라 영향을 받는 정도가 뚜렷하게 나타나고 있다. 예를 들어, 조선 및 건설 업종은 생산원가 상승분을 판매가격에 반영하기 어려운 상황이다. 항공업계는 유류비의 비중이 원가의 20~30%에 달하기 때문에, 원자재 가격 상승이 기업 경영에 미치는 부정적인 영향이 특히 크다. 이러한 상황에서 기업들은 원가 관리와 효율성 향상을 위해 더욱 노력을 기울여야 할 것으로 보인다.

IBK경제연구소의 자료에 따르면, 유가 상승이 발생할 경우 생산이 감소하는 제조업 부문은 인쇄, 가구, 통신기계, 정밀기기, 섬유제품 등으로 나타났다. 중소기업을 대상으로 실시한 설문조사에서는 식품(69.2%), 목재(62.6%), 고무·플라스틱

(62.2%), 가구(62.1%), 금속(58.9%), 자동차부품(56.9%) 분야에서 생산원가 중 원자재의 비중이 크고 가격 전가가 어려운 것으로 파악되었다. 이러한 결과는 물가 급등이 중소기업에 미치는 충격이 더욱 크다는 것을 보여준다. 중소기업들이 원자재 가격 상승에 대한 대응 전략을 마련해야 할 필요성이 커지고 있다.

현장의 소리

"인플레이션이 좀처럼 꺾이지 않아 소상공인과 중소기업계의 어려움이 갈수록 커지고 있다. 현장의 어려움에 공감하고, 업계의 부담을 덜 수 있는 다양한 정책을 추진해 주어야 한다."

문제는 인플레이션에 따른 기업들의 경제적 파장이 언제까지 계속될지 예측할 수 없는 상황이라는 점이다. 최근 중소기업들은 물가 급등과 중국 경제 위축으로 매출이 감소하고 있으며, 금리 인상으로 금융비용 부담이 가중되고 있다. 이러한 상황은 수익성 저하로 이어져 기업 경영을 급격히 위축시킬 수 있다. 결국, 경제의 든든한 버팀목인 기업 생태계가 크게 흔들릴 위험이 존재한다.

지금 우리 경제가 당면한 최우선 과제는 물가 안정을 도모하고 국민의 삶을 보호하며 기업의 불확실성을 완화하는 것이다. 정부는 그동안 여러 차례 물가와 민생을 위한 종합대책을 발표하며 물가 다잡기와 실행 가능한 국민 생활 안정 과제를 제시했다. 앞으로도 높은 물가 속에서 빚으로 근근이 버티고 있는 취약 계층과 소상공인, 그리고 혁신성장의 주체인 중소기업이 인플레이션으로부터 무너지지 않도록 현장 중심의 세심한 정책이 지속적으로 마련되어야 할 것이다.

복합적이고 동시다발적인 경제 혼란 속에서 스타트업과 중소기업은 물가 급등으로 경영 위기를 맞을 수 있으므로, 철저한 대비가 필요하다. 기업은 제품 가격 인상 요인을 최대한 자체적으로 흡수하고, 공급망을 다변화하여 기업 경영 전반에 미치는 영향을 최소화해야 한다. 또한, 중소기업의 생산성을 높이기 위한 정책적 드라이브도 신속하게 추진되어야 한다.

대한민국은 위기에 강한 DNA를 보유하고 있다. 모든 경제 주체들이 협력하여 합리적인 해법을 찾고 슬기롭게 어려움을 극복한다면, 위기를 넘어 새로운 도약의 기회를 창출할 수 있는 역동적인 경제 시대가 열릴 것이다.

⑨ 원자재 가격 상승, 기업 현장의 시름이 깊어가다

고물가로 인해 원자재 가격도 엄청 올랐다. 중간재를 생산해서 대기업에 납품하는 협력업체 O사가 조달하는 원자재 중에는 수입 자재가 있는데, 최근 단가가 30~40% 이상 올랐다. 거래처에 계약 물량을 차질 없이 공급해야 하므로 생산도 중단할 수 없다. 손해 보더라도 납품해야 한다. 대기업에 여러 차례 원가 상승분만큼 단가를 올려달라고 했지만, 어렵다는 답뿐이다. 계속 적자이다보니 자금도 바닥났다. 대표이사 K씨는 "직원 월급 줄 형평도 안 된다"고 말했다. 이러다가 만기 도래한 대출금을 갚지 못해 회사가 부도날 수 있어 걱정이 태산이라고 한다. 중소기업들은 자금 유동성 문제를 해결하기 위한 대책이 시급하다.

원자재는 원유, 농산물, 금속 등 각종 공산품의 생산에 필요한 기본적인 원료를 의미한다. 자원 빈국인 우리나라의 경우, 원자재 수입 비중이 전체 수입의 50%를 차지하며, 이 중 에너지와 광물의 비중이 70%에 달할 만큼 대외 의존도가 높다. 원자재 가격이 상승하면 구조적으로 기업의 생산 원가도 증가하여 실물 경제에 부정적인 영향을 미친다. 원자재 가격 상승은 생산 원가에 영향을 미쳐 제품 가격을 인상하게 만들고, 이는 소비 둔화로 이어져 가격 경쟁력 상실을 초래할 수밖에 없다.

경제 회복에 대한 기대감이 존재하지만, 불확실성이 커지는 상황에서 기업 현장에서는 원자재 수급난과 가격 인상으로 인한 생산 차질, 납기 지연 등의 리스크가 커지고 있다. 이에 따라 생산자 물가는 10년 만에 최장 기간 동안 상승세를 이어가고 있다.

중소기업은 원자재 가격 인상과 납품 단가 미반영 사이에서 어려움을 겪을 수밖에 없는 상황이다. 중소기업들의 고충은 말로 표현하기 어려울 정도이다. 중소기업중앙회가 2024년 7월에 실시한 조사에 따르면, 경영상 애로사항 1위로 내수 부진이 62.9%를 차지했으며, 원자재 가격 상승이 31.2%로 높은 비중을 나타냈다. 또한, 중소기업중앙회가 2024년 8월에 발표한 중소기업 수출 현황 및 시장 진출 계획 조사에서도 가장 큰 수출 리스크로 원자재 가격 상승이 38.5%로 가장 높은 비율을 기록했다. 이러한 상황은 중소기업의 경영에 심각한 도전이 되고 있다.

표 2-4 중소기업 경영상 애로사항

(단위: %)

내수부진	인건비 상승	업체 간 과당 경쟁	원자재 가격 상승	고금리	인력확보 곤란
62.9	44.3	34.6	31.2	21.9	20.0

자료: 중소기업중앙회

표 2-5 수출 진행 시 가장 큰 리스크

(단위: %)

원자재 가격 상승	38.5
신규 바이어 발굴 곤란	17.4
선복부족, 운임 상승 등 물류차질	14.8
인증 등 비관세 장벽 확산	11.2
경기 하락으로 인한 수출대금 회수 차질	8.2
상대국의 관세 장벽 강화	4.3
환율 불확실성	4.3
기타	1.3

자료: 중소기업중앙회

문제는 중소기업의 상당수가 원자재 가격 상승을 판매 가격에 반영하지 못해 영업 손실이 불가피해졌다는 점이다. 특히, 원자재 수급 애로 및 가격 인상 현상은 단기간에 해결될 문제가 아니기 때문에 기업의 부담이 가중되고 있다. 이러한 상황이 지속되면 중소기업의 재무 안정성이 악화되고, 경영 악화로 이어질 우려가 커지고 있다.

현장의 소리

"자재 가격 급등이 심화되고 있어 중소기업들의 고통은 이루 말할 수 없을 지경이다."
"원자재 가격은 급등하는데 납품단가 인상은 제자리이니 그 부담은 고스란히 중소협력업체의 몫이다."

이를 해결하기 위해서는 정부를 비롯한 각 경제 주체가 선제적으로 대비책을 마련해야 한다. 사실상 기업의 자체적인 노력만으로는 해결하기 어려운 문제이기 때문이다. 정부와 지원 기관은 중소기업의 경제 위기 극복과 원자재 가격 상승에 따른 애로사항을 해소하기 위해, 업종별 맞춤형 금융 및 비금융 종합 서비스를 적극적으로 강화해야 할 것이다. 이를 통해 중소기업이 어려움을 극복하고 지속 가능성을 확보할 수 있도록 지원하는 것이 중요하다.

현장의 소리

"중소 협력업체들이 원청 사업자에 자재 인상 분 만큼의 납품단가 인상을 요구할 여건이 안 된다. 자칫 거래단절은 물론 경쟁업체로 물량이 넘어갈 수도 있기 때문이다."

원자재 가격 인상에 따른 부담을 덜기 위해서는 원가연동제를 도입하여 납품가에 원자재 가격 변동을 반영하는 것이 필요하다. 또한, 원자재 수급 애로를 완화하기 위한 공동구매 및 신규 판로 지원, 그리고 원자재 구매 금융 보증과 정책 금융 등의 정책적 지원이 필요하다.

중소기업 스스로도 자구책을 마련해야 한다. 원자재 수급 전망을 예측해 비축 물량을 조절하고, 공동구매나 제휴사와의 협력을 확대하는 등 안정적인 원자재 조달 체계를 구축하기 위한 다각적인 대책을 강구해야 한다. 이러한 노력이 병행될 때, 중소기업은 어려운 상황 속에서도 경쟁력을 유지하고 성장할 수 있을 것이다.

* **납품단가연동제**: 어떤 생산 요소가 원가에서 차지하는 비중이 10%를 웃돌면 해당 요소의 가격 변동에 따라 납품단가를 10%까지 인상하거나 인하할 수 있도록 한 제도다. 현재는 금, 철, 골재, 시멘트 등 원자재와 엔진, 기계 부품, 강철 등 중간재가 연동 대상이다.

대기업과 중소기업 간의 수직적 관계가 오랫동안 관행적으로 고착화된 상황에서는 원자재 가격 상승과 같은 문제들을 쉽게 해결할 수 없다. 중소기업의 기술 경쟁력 강화를 위한 노력과 함께, 대기업의 상생적인 수평적 관계를 위한 마인드 개선이 절실하다.

변화를 준비하는 기업은 위기를 기회로 바꿀 수 있으며, 이를 통해 혁신이 이루어진다. 혁신경영을 통해 직면한 난관을 극복하고 새로운 미래에 대응하는 전략이 중요하다.

중소기업이 급변하는 환경에 신속하게 대응하고 생산성을 높일 수 있도록 지원해야 한다. 주력 산업의 경쟁력을 강화하고 신산업으로의 전환을 통해 이익을 창출하며, 저부가 기업의 원활한 사업 재편을 통해 건전한 비즈니스 생태계를 구축하는 것이 필수적이다. 이러한 변화가 이루어진다면, 중소기업은 새로운 기회를 발견하고 지속 가능한 성장을 이룰 수 있을 것이다.

⑩ 소부장, "이봐, 해봤어?" 경쟁력 강화에 나선다

몇 해 전, 일본의 화이트 리스트 제외 조치로 인해 많은 한국 기업들이 어려움을 겪었다. 부품 공급의 차질은 생산 중단, 납기 지연, 손해 보상 요구 등 여러 문제를 야기하였고, 이는 결국 회사의 생존을 위협하게 만들었다. 일본으로부터 소재 부품을 조달받지 못해 생산은 중단됐고, 거래처 납기를 맞추지 못해 손해 보상금만 엄청 불어났다. 자금이 없어 부품을 미리 확보하기도 어렵다. 부품 조달 차질이 알려지면서 은행으로부터 대출 상환 압박도 받았다. 인천에 소재하는 제조업체 K사는 일본으로부터 부품 수입이 안 돼 결국 생산을 중단하고 회사 문을 닫았다. 대표이사 L씨는 "작은 소재 부품이 이렇게 중요한지 새삼 깨달았다"고 하소연 했다.

　"이봐, 해봤어?" 이 말은 고(故) 정주영 현대그룹 명예회장이 남긴 유명한 어록이다. 자본도, 인력도, 기술도 없었던 대한민국이 불과 반세기 만에 세계 10위권의 경제 대국으로 성장할 수 있었던 배경에는 이러한 당찬 정신이 자리하고 있었다. 정주영 회장의 이 말은 도전과 혁신의 중요성을 일깨워 주며, 어려운 상황에서도 결단력을 가지고 행동하는 것이 얼마나 중요한지를 상징적으로 보여준다. 이러한 철학은 현재에도 여전히 많은 기업인과 리더들에게 영감을 주고 있다.

　몇 년 전, 일본의 화이트 리스트에서 한국이 제외되면서 1,100여 개 품목의 소재와 부품을 제때 수입하지 못해 상당한 매출 손실이 발생했다. 자금 여력이 부족한 중소기업의 경우, 수입 차질이 예상되는 소재와 부품을 미리 확보하는 것이 어려웠다. 이러한 상황이 장기화되면서 생산 차질이 발생했으며, 부품 및 소재 공급의 불안정성으로 인해 대기업과 중소기업 모두 연쇄적으로 피해를 입게 되었다.

　이 사건은 한국 경제의 소재·부품 산업의 취약성을 드러내었고, 기업들이 자국 내에서의 생산 능력을 강화하고 공급망을 다변화하는 필요성을 느끼게 만드는 계기가 되었다.

> *** 화이트 리스트:** 일본정부가 외국과의 교역 시 무기 개발 등에 사용될 수 있는 물자나 기술, 소프트웨어 등을 통칭하는 전략물자를 수출할 때 관련절차를 간소하게 처리하도록 지정한 물품 목록. 일본은 수출무역관리령을 통해 수출품 중 무기로 전용될 수 있는 품목을 규제하는데 이는 리스트(list) 규제와 캐치올(catch all) 규제로 나뉜다. 리스트 규제는 구체적인 규제 품목을 리스트로 만들어 규제하는 것이고, 캐치올 규제는 모든 품목을 규제하는 것을 말한다. 일본은 수출의 효율성을 위해 우방국은 화이트 리스트(백색) 국가로 지정해 리스트 규제를 받도록 우대하고 있다. 따라서 화이트 리스트에서 제외 되었다는 것은 민감한 물품을 수출하기에 신뢰하지 않는다는 것을 의미한다.

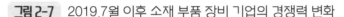

그림 2-7 2019.7월 이후 소재 부품 장비 기업의 경쟁력 변화

자료: 한국경제인협회

　　일본 수출 규제와 관련하여 중소기업중앙회가 실시한 '일본 정부의 화이트 리스트 제외 영향에 대한 중소 수입업체 의견 조사(2019년 8월)'에 따르면, 중소기업의 52.0%가 "전혀 준비되어 있지 않다"고 응답했다. 또한, "준비가 되어 있다"고 대답한 기업 중에서도 46.5%가 단기적인 미봉책인 '재고분 확보' 정도만 하고 있다고 밝혔다. 이 결과는 대다수의 중소기업이 뚜렷한 대응책 없이 상황에 임하고 있음을 보여주고 있다. 이는 기업들이 예기치 못한 외부 충격에 대해 얼마나 취약한지를 드러내며, 향후 이러한 문제를 해결하기 위한 보다 체계적이고 장기적인 대응 전략이 필요하다는 점을 강조한다.

　　갑자기 찾아온 이 상황은 우리 중소기업에게 위기이자 동시에 새로운 기회로 전환하는 계기가 되기도 했다. 그동안 한국의 대기업은 핵심 소재와 부품을 조달할 때 일본산을 선호해 왔다. 하지만 이번 사건을 통해 대기업들은 대체 공급망을 찾고, 국내 중소기업과의 협력을 강화할 수 있는 터닝 포인트를 맞이하게 되었다. 이러한 기회를 활용하여 중소기업들은 자신들의 기술력과 품질을 증명할 수 있는 절호의 찬스를 가질 수 있었다.

정부 차원에서도 2001년 '부품소재특별법' 제정 이후 지금까지 연구·개발(R&D)에 무려 5조 4천억 원을 투입해 왔음에도, 2018년 대일 전체 무역적자가 241억 달러 중 소재·부품·장비 산업 적자가 224억 달러에 달할 만큼 상황은 심각했다. 그러나 이제는 이를 해소할 명분이 생긴 셈이다.

그동안 우리 중소기업은 R&D 예산을 늘리고 과감한 투자를 집행하려 해도 개발 제품을 대기업이 구매해 줄지, 정부 지원이 어떻게 이루어질지에 대한 불확실성이 컸다. 하지만 현재 상황은 180도 바뀌었다. 이번 예기치 않은 위기를 잘 극복하면, 국내 소재·부품 중소기업의 경쟁력 제고와 시장 확장을 위한 기회가 될 수 있다는 중요한 교훈을 얻게 되었다.

이제는 중소기업들이 대기업과의 협력을 통해 기술력을 강화하고, 정부의 정책적 지원을 통해 시장에서의 입지를 넓히는 것이 필수적이다. 이러한 변화가 지속된다면, 한국의 산업 생태계는 더욱 건강해지고 강력해질 것이다.

때맞춰 우리 정부도 '소재·부품·장비 경쟁력 강화 대책' 등을 발표했다. 그 어느 때보다 강한 의지를 가지고 중소기업이 한 단계 도약할 수 있는 발판을 마련하기 위해 노력하고 있다. 제조업의 허리이자 4차 산업혁명 시대 경쟁력의 핵심인 소재·부품·장비 산업은 99%가 중소기업으로 구성되어 있다. 이러한 정부의 지원과 함께 중소기업들은 새로운 기회를 포착하고, 기술력 향상과 생산성 개선을 위해 더욱 분발해야 한다.

수출 규제에 대응하는 단기적인 접근이 아닌 국가 산업 경쟁력을 강화하는 장기적인 관점에서 바라보면, 일본의 수출 규제는 우리나라 중소기업이 한 단계 더 도약할 수 있는 전화위복의 기회가 되었다. 이러한 상황은 중소기업이 기존의 공급망 의존도를 낮추고, 기술 개발과 혁신에 집중할 수 있는 계기를 제공했다. 또한, 일본산 소재와 부품에 대한 의존도를 줄이는 과정에서 새로운 시장과 협력 기회를 탐색하게 되며, 결과적으로 국내 산업의 자립성을 높이는 긍정적인 변화로 이어질 수 있다. 이 기회를 잘 활용한다면 중소기업은 물론 전체 산업의 경쟁력이 한층 강화될 것이다.

중소기업중앙회가 2023년 6월에 실시한 조사에 따르면, 소재·부품·장비 제조 중소기업 354개사 중 69.5%가 기술혁신 촉진을 위해 가장 필요한 지원으로 '자금 지원'을 꼽았다. 이 외에도 '전문인력 지원 및 인력 인정 요건 완화'가 37.6%, '검사 생산을 위한 설비나 장비 지원'이 33.9%로 뒤를 이었다. 또한, 기술혁신을 위한 규제 개선의 필요성도 강조되었다. 응답자들은 '규제행정 개선'이 28.5%로 가장 높은 비율을 차지했으며, '관련 규제들에 대한 정보 제공 확대(21.2%)'와 '기업 규모에 따른 규제 차등화(20.6%)' 등의 방안도 제시되었다. 이러한 결과는 중소기업의 기술혁신을 가속화하기 위해서는 자금 지원과 더불어 규제 개선이 반드시 필요하다는 점을 잘 보여준다.

표2-6 기술혁신 촉진 위해 가장 필요한 지원 분야

(단위: %)

자금지원	69.5
전문인력 지원 및 인력안정 요건 완화	37.6
검사·생산 위한 설비 및 장비 지원	33.9
수요 창출 지원	14.7
기술애로 해소 지원	9.3
경쟁 기술, 시장 동향 등 정보제공	9.3
기술거래시장 구축	4.5
외부협력 기관 네트워크 구축	4.0

자료: 중소기업중앙회

표2-7 가장 필요한 기술혁신 규제 개선 방안

(단위: %)

불합리한 규제행정 개선	28.5
관련 규제들에 대한 정보제공 확대	21.2
기업 규모 고려한 규제 차등화	20.6
산업변화에 맞게 기존 규제 정비	15.5
유사·중복 규제 해소	10.2

자료: 중소기업중앙회

일본의 수출 규제로 인해 우리 소재·부품·장비(소부장) 산업에 대한 위기감이 커졌던 몇 년 전 상황은 이제 많이 개선되었다. 정부가 시행한 소부장 경쟁력 강화 대책 덕분에 핵심 품목의 공급망 안정화와 사업화에 진전을 이뤘다. 그러나 이러한 성과에 안주하기에는 이르며, 여전히 많은 과제가 남아 있다.

소부장 자립화는 아직 완료되지 않았다. 세계 각국이 경쟁 체제로 들어선 만큼, 산업의 원천기술은 새로운 무기가 되어 언제든지 무역 장벽으로 작용할 수 있다. 최근 자국 우선주의가 강조되는 상황에서 핵심 기술에 대한 해외 의존도는 더 큰 부담이 될 것이다. 따라서 앞으로는 자립적인 기술 개발과 공급망 구축이 더욱 중요해질 것이다.

현장의 소리

"중국이 소부장 분야에서 치고 올라온다. 국내 소재·부품·장비 업체는 10년 안에 다 망하겠다."
"소부장 경쟁력 제고는 하루아침에 이루어지는 게 아니다. 지속적으로 관심을 갖고 중장기 지원책을 마련해야 한다."
"소부장 분야의 복잡하고 다양한 중소기업의 현장 니즈를 반영하여, 위기를 기회로 삼아 힘차게 도약할 수 있도록 지속적인 정책적 뒷받침이 필요하다."

우리는 소재, 부품, 장비 경쟁력 강화 노력을 소홀히 해서는 안 된다. 지속적으로 경쟁력 강화를 위한 대책을 강구해야 하며, 세계 시장에서 일본 등 특정 국가에 지나치게 의존하는 부품을 대체할 수 있는 국산 제품을 확실히 구축하는 것이 중요하다. 이를 위해 국산화와 공급처 다변화를 지속적으로 추진해야 한다. 긴장의 끈을 놓아서는 안 된다. 국산화가 반드시 필요한 분야, 국제 협력을 확대할 분야, 그리고 시장을 선도할 분야 등을 세분화하여 과감한 투자와 기술 개발 노력을 강화해 나가야 한다. 이러한 체계적인 접근이 우리 산업의 자립성과 경쟁력을 더욱 높이는 데 기여할 것이다.

대한민국이 소재·부품·장비(소부장) 강국으로 도약하는 미래를 꿈꿔야 한다. 이는 가능한 일이다. 핵심은 소부장 관련 글로벌 경쟁력 있는 기업을 육성하는 것이다. 이를 위해 국내 생산 기반을 확립하고, 기업 간 협력 네트워크를 구축하여 다양한 기술 융·복합 사례를 늘려가야 한다.

인천에서 장비를 제조하는 중견기업 CEO K회장은 "그동안 우리가 못한 게 아니라 안 한 측면이 있다"고 언급했다. 그는 "대기업이 해외에서 수입한 제품이 아닌 중견기업과 중소기업의 제품을 적극적으로 사용하고, 정부가 관련 기업을 잘 육성한다면 대한민국은 소부장 분야에서 더 많은 성과를 계속 낼 수 있다"고 강조했다.

정주영 명예회장의 "해봤어?" 정신은 현재의 혼란한 경제 상황 속에서 우리 소재·부품·장비 분야 중소기업들이 다시 한번 되새겨 볼 만한 중요한 메시지이다. 이 정신은 도전과 혁신의 필요성을 강조하며, 어려운 상황에서도 새로운 기회를 찾고 시도해야 한다는 의미를 담고 있다. 중소기업들이 이러한 마인드를 가지고 지속적으로 노력한다면, 위기를 극복하고 성장의 발판을 마련할 수 있을 것이다.

심각한 인력난, 중소기업 현장이 무너져 가고 있다

경남에서 조선업을 경영하는 K 대표이사는 요즘 인력 확보가 가장 큰 고민이다. 주문이 들어와도 일할 사람이 부족해 수주를 포기해야 하는 상황이 반복되고 있다. 다른 업종에 비해 급여가 30% 이상 높음에도 불구하고, 지방으로 내려와 일하려는 사람이 거의 없다. 청년 인력을 구하는 것은 그야말로 '하늘의 별 따기'다. 외국인 인력을 고용하려 해도 공급이 부족해 배정받기가 매우 어렵다. K 대표는 "인력 문제를 해결하지 못하면 지방 기업들은 도산 위기에 처할 것이며, 이는 곧 지역 경제 위기로 이어질 것이다"라며 중앙정부와 지방정부에 특단의 대책을 촉구했다.

중소기업은 인력난을 심각하게 호소하고 있다. 인구 고령화로 취업자의 연령대가 높아지고, 젊은이들이 중소기업을 기피하는 경향이 더욱 두드러지기 때문이다. 이러한 상황에서 청년 인력의 비중은 지속적으로 하락하고 있으며, 제조 중소기업의 인력난은 심화되고 있다.

특히, 제조 중소기업의 39세 이하 인력 비중은 2021년 28.2%로, 2019년 32.0%에 비해 하락세를 보였다. 이처럼 청년층의 비율이 점차 감소하고 있으며, 40대 인력 비중 또한 완만하게 하락하고 있다. 반면, 50대 이상의 인력 비중은 상승세를 보이고 있어 제조 중소기업 내 인력의 고령화가 진행되고 있다. 이러한 인력 구조의 변화는 중소기업의 지속 가능성과 경쟁력에 심각한 영향을 미칠 수 있다.

정부는 2023년에 구인난이 심각한 6대 업종을 지정했다. 이들 업종은 제조업, 물류·운송, 보건·복지, 음식점업, 농업, 해외건설로 전체 산업 대비 높은 인력 부족률을 보이고 있다. 특히 제조 중소기업의 인력 부족률은 2022년 1분기에 2010년 이후 처음으로 5%를 기록하며, 전체 제조업(4.5%) 및 전 산업(3.5%)보다 높은 수준을 나타냈다. 이러한 인력 부족 문제는 중소기업의 운영에 큰 어려움을 초래하고 있으며, 산업 전반의 경쟁력에도 부정적인 영향을 미치고 있다.

그림 2-8 제조 중소기업 연령별 인력 비중

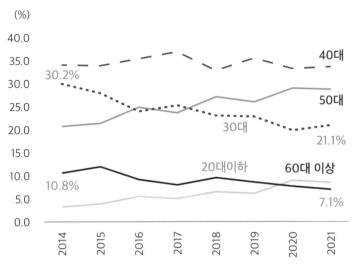

자료: 중소벤처기업부

그림 2-9 제조 중소기업 인력부족률

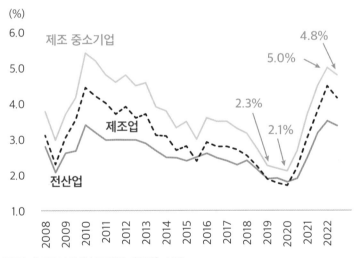

주: 인력부족률=[부족인원/(부족인원+현원)]×100,
자료: 고용노동부

　　비수도권 제조 중소기업의 인력난이 특히 심각한 상황이지만, 이에 대한 대
응은 미비한 실정이다. 비수도권에서는 청년층의 수도권으로의 인력 유출이 지속
되고 있어 인력난이 더욱 심각하다. 경제활동인구조사에 따르면, 전체 경제활동

인구는 2019년 대비 2022년에 2.6% 증가했으나, 39세 이하 인구는 수도권에서 0.5% 증가한 반면, 광역·특별자치시와 지방 소도시에서는 각각 6.2%와 9.2% 감소했다. 이러한 통계는 비수도권 제조업체들이 직면한 인력난의 심각성을 잘 보여주며, 이를 해결하기 위한 체계적인 대책이 필요하다.

중소기업은 주로 외국인 인력을 활용하여 인력난에 대응하고 있지만, 인력난의 근본 원인인 임금 및 복지 수준 개선 노력은 미흡한 상황이다. IBK경제연구소의 자료에 따르면, 비수도권 제조 중소기업의 인력난 대응 방법으로는 외국인 인력 활용이 54%로 가장 높았고, 임금 및 복지 수준 개선이 27%로 뒤를 이었다. 또한, 인력난에 대응하지 못하는 기업은 16%였으며, 해외 이전을 고려하는 기업도 3%에 달했다. 이러한 결과는 중소기업이 인력 문제를 해결하기 위해 보다 근본적인 접근이 필요하다는 점을 강조한다.

표 2-8 인력난에 대한 중소기업 대응

(단위: %)

	대응 못하는 중	임금 및 복지 개선	외국인 인력 등	해외 이전
전국	18.0	34.0	45.0	3.0
수도권	21.0	42.0	34.0	3.0
비수도권	16.0	27.0	54.0	3.0

자료: IBK경제연구소

중소기업이 인력 부족으로 어려움을 겪는 반면, 청년들은 취업난이 호소하면서도 중소기업에 지원할 마음이 없다는 것은 심각한 일자리 미스매치 문제를 드러내고 있다. 많은 청년들이 대기업 취업만을 목표로 하여 구직활동에 나섰다가 원하는 자리를 찾지 못하면 아예 구직활동을 포기하고 쉬는 경우도 발생하고 있다. 이러한 미스매치는 구직자와 구인 기업 간의 자격 요건이나 근무 환경 등에서 서로의 기대가 충족되지 않기 때문에 발생한다. 중소기업은 대기업에 비해 임금 격차가 크고 근로조건이 열악한 경우가 많아, 이로 인해 청년들이 중소기업을 기피하는 상황이 지속되고 있다.

대기업과 중소기업 간의 임금 격차는 2배 이상 나며, 근로조건에서도 현저한 차이가 존재한다. 특히, 한국여성정책연구원이 2023년 5인 이상 사업체를 대상으로 실시한 조사에 따르면, 육아휴직을 누구나 이용할 수 있다고 응답한 비율이 전체의 52.5%에 불과했다. 사업체 규모별로 살펴보면, 300인 이상의 대기업에서는 이 비율이 95.1%에 달하는 반면, 5~9인 사업체에서는 47.8%, 10~29인 사업체에서는 50.8%로 나타났다. 이는 중소기업이 대기업에 비해 근로자 복지와 관련된 정책에서 뒤처져 있음을 보여준다.

현장의 소리

"중소기업이 인력을 어렵게 구해 몇 년 키웠는데, 돈을 더 주는 대기업 공장 신·증설 현장 등으로 떠났다."

"사정이 열악한 중소기업은 업체끼리 직원을 뺏고 뺏기는 제로섬 게임을 하고 있다."

"중소 제조업은 숙련된 전문 기술자는 물론 노동력 부족이 심각해져 산업 자체가 고사할 위기에 직면해 있다. 이제 외국인노동자가 없으면 공장이 멈출 수밖에 없는 상황이다."

"전례 없는 인력난으로 중소기업들의 어려움은 매우 심각하다. 외국인력 쿼터를 현실에 맞게 과감히 푸는 규제개혁이 이루어져야 한다."

"벤처기업이나 혁신 중소기업의 경우 기술 인재 확보가 어렵다. 높은 몸값을 주고 경력 인재를 뽑더라도 얼마 못가 더 높은 연봉을 주는 기업으로 이직한다."

중소기업 인력난 해결의 근본적인 해법은 경쟁력을 강화하여 대기업과의 격차를 줄여 나가는 것이다. 중소기업에 대한 부정적인 인식을 개선하는 것도 중요하다. 실리콘밸리의 유니콘 기업처럼 성공적인 중소벤처기업의 사례가 자주 소개된다면, 청년들의 중소기업에 대한 인식도 긍정적으로 변화할 것이다.

이를 위해 정부는 유망 중소벤처기업에 대한 행정 및 재정 지원을 강화하고, 일과 가정의 양립을 위한 정책, 근무환경 개선 등도 적극적으로 추진해야 한다. 또한, 지역 특성을 고려한 맞춤형 인력난 해소 프로그램의 확대가 필요하다. 특히 비수도권 지역에 대한 지원을 강화하여, 정부의 빈 일자리 해소 방안 등 비수도권 중소기업의 정책 수요를 충족시키는 지원이 필수적이다. 이를 위해 정부의 지역형 플러스(PLUS) 사업과 IBK의 동반성장협력대출(일자리전용) 등의 지역 맞춤형 지원을 확대해야 한다.

* **지역형플러스(PLUS) 사업**: 자치단체가 지역 산업 특성에 맞게 설계한 산업별 일자리사업에 중앙정부가 예산을 지원하는 사업

외국인 인력 고용 제도에서의 개선이 필요하다. 현재 시행 중인 고용허가제는 쿼터제로 운영되기 때문에 실제 구인 기업의 필요 시기와 외국인 근로자의 공급 시기 사이에 간극이 발생하여 수급 불균형이 생기고 있다. 따라서 고용허가 한도를 상향 조정하고, 출국 대상인 외국인 근로자의 체류 기간을 연장하는 것이 필요하다. 이를 통해 중소기업들이 원활하게 인력을 확보하고 인력난을 해소할 수 있도록 지원해야 할 것이다.

현장의 소리

"중소기업에 취업을 희망하는 외국인 유학생이 많았지만 비자문제 등 걸림돌이 많아 부족한 일손을 채우기가 어렵다"

"(인도에서 유학 온 학생. 평소 K팝 등 한국에 관심이 많다) 한국 기업에 취직하고 싶다. 전공도 살릴 수 있고, 인도에서 일하는 것보다 월급도 많이 받을 수 있다."

고용허가제 대상 국가의 외국인 유학생이 졸업 후 국내 취업을 희망할 경우, 업종과 전공에 상관없이 진로를 선택할 수 있도록 제도를 개선하는 방안도 적극 검토해야 한다. 2022년 말 기준으로 국내 외국인 유학생 수는 19만 3,373명에 이르며, 이 중 고용허가제 대상 17개 국가의 유학생 비중은 84.9%로 상당히 높다. 더욱이, 구직활동을 위해 국내에 체류 중인 외국인 비율도 87.8%로 높은 상황이므로, 이러한 유학생들을 적극적으로 활용할 수 있는 제도적 장치를 마련한다면 큰 효과를 기대할 수 있다. 또한, 한국과 우호적인 국가의 우수한 인재를 더욱 많이 받아들이기 위한 이민 수용 정책의 변화도 필요하다.

실업자 보호 중심의 사회안전망 정책의 방향 전환도 필요하다. 현재 실업급여가 최저임금과 크게 다르지 않기 때문에 근로 의욕을 떨어뜨리고, 이로 인해 중소기업의 인력난을 더욱 심화시키고 있다. 따라서 과도한 실업급여 수준을 적정 수준으로 조정하고, 그 재원을 인력 충원이 필요한 중소기업의 고용 지원에 활용하는 방안을 고려할 시점이다. 이러한 조정을 통해 중소기업의 인력 확보를 촉진하고, 전체 고용 시장의 건강성을 높일 수 있을 것이다.

12 대·중소기업 임금격차, 시급히 개선해야 한다

경기도에 위치한 IT 벤처기업 M사는 기술경쟁력을 바탕으로 매년 큰 폭의 매출 성장을 이루고 있다. 그러나 회사는 고민에 직면해 있다. 개발 인력 확보가 어려운 데다, 기존 인력마저 대기업으로 자주 이직하는 상황이다. 벤처기업에서 3~5년 동안 인력을 육성하면 급여가 높은 대기업으로 이탈하는 현상이 반복되고 있다. 하지만 벤처기업이 대기업과 동일한 수준의 급여를 지급하기에는 현실적으로 어려움이 크다. M사의 O 대표이사는 "대기업과 중소기업 간 임금 격차가 있는 한, 중소기업의 인력 이탈 문제는 해결하기 힘들 것"이라며, 근본적인 대책 마련의 필요성을 강조했다.

우리나라에서는 대기업과 중소기업 간의 임금 격차가 매우 크며, 이는 청년 실업의 근본 원인 중 하나로 작용하고 있다. 이러한 구조는 세계 어느 국가보다도 심각한 수준으로, 대기업과 중소기업 간의 과도한 임금 차이는 입시 경쟁, 저출생 문제, 지역 불균형 등 다양한 사회적 현상으로 이어지고 있다. 이러한 문제를 해결하기 위해서는 중소기업의 경쟁력을 높이고, 대기업과의 임금 격차를 줄이는 방향으로 정책적 노력이 필요다.

2022년 대기업 임금을 100으로 기준(정규직)했을 때, 중소기업의 임금 수준은 57.6으로 나타났다. 이는 일본의 73.7에 비해서도 낮은 수치로, 한국의 대·중소기업 간 임금 격차가 일본보다 더 큰 것으로 분석된다. 2002년에는 일본(64.2)이 우리나라(70.4)보다 낮았지만, 이후 20년 동안 한국의 대기업 임금이 급격히 인상된 반면, 중소기업 임금 인상은 더디게 이루어져 이 격차가 더욱 확대되었다.

대기업과 중소기업의 임금 격차는 약 2배에 달하며, 이 격차는 연령대가 높아질수록 더욱 커지는 경향을 보인다. 예를 들어, 20대의 대기업 임금은 중소기업의 1.6배였지만, 30대에는 1.9배, 40대에는 2.2배, 50대에는 2.4배로 증가했다.

기업 규모가 작을수록 대기업과의 임금 격차는 더욱 확대되고 있다. 종사자 규모별로 보면, 5인 미만 사업체의 임금 수준은 대기업의 37.6%, 5~29인 사업체는 55.0%, 30~299인 사업체는 64.7%에 불과하다. 고용 형태에 따라 중소기업 정규직 임금은 대기업 정규직의 57.6% 수준이지만, 비정규직의 경우 대기업 정규직의 27.2%에 그치고 있다. 이러한 임금 격차는 중소기업의 경쟁력 저하와 청년층의 중소기업 기피 현상으로 이어지는 중요한 요인으로 작용하고 있다.

표 2-9 기업 규모별 월 임금 총액(2022년)

(만원, %)

기업규모	전체		정규직		비정규직	
	임금 총액(월)	대기업 대비	임금 총액(월)	대기업 정규직 대비	임금 총액(월)	대기업 정규직 대비
중소기업	313.3	53.8	363.5	57.6	171.6	27.2
5인 미만	219.2	37.6	277.7	44.0	114.4	18.1
5~29인	320.1	55.0	364.9	57.8	186.7	29.6
30~299인	376.6	64.7	414.4	65.7	226.4	35.9
대기업	582.3	-	631.2	-	297.1	-

주: 월 임금총액=정액급여+초과급여+전년도연간특별급여/12개월, 특수고용 불포함,
자료: 통계청

그동안 많은 논의가 있었음에도 불구하고 대기업과 중소기업 간 임금 격차는 거의 개선되지 않았다. 대기업은 경영 실적에 따라 상여금 지급 편차가 크기 때문에, 대기업과 중소기업 간 임금 격차는 일시적으로 좁혀졌다가 다시 벌어지는 경향을 보이고 있다. 대기업 대비 중소기업 임금 비율은 다음과 같은 추세를 보였다. 2006년 51.6%, 2009년 56.0%, 2015년 48.7%, 2018년 54.5%, 2020년 52.9%, 2022년 53.8%로, 전반적으로 개선되지 않는 모습이 지속되고 있다.

한국 중소기업은 낮은 노동 생산성으로 인해 임금 개선이 어려운 구조를 가지고 있다. 대기업의 납품 단가 인하 요구와 비정규직의 낮은 고용 안정성이 중소기업의 생산성 개선을 저해하는 주요 요인으로 작용하고 있다. 원청업체의 납품 단가 인하 요구는 2차 및 3차 협력사로 이어질수록 수익성과 임금 수준을 더욱 악화시키고 있다. 이러한 악순환은 중소기업의 경쟁력을 제한하고, 지속적인 인력 유출 및 일자리 미스매치를 초래하는 결과를 낳고 있다.

그림 2-10 노동생산성 및 임금격차(2018년)

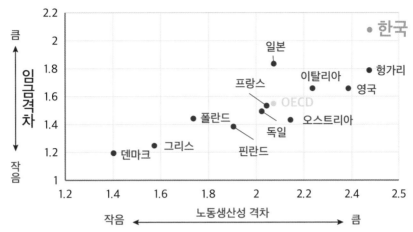

주 : 노동생산성·임금격차는 상위 10% 값을 중위값으로 나누어 구한 비율
자료: OECD

대기업과 중소기업 간 임금 양극화 현상은 더 이상 방치할 수 없는 국가적 문제이다. 이러한 상황이 지속되면 지역 불균형 해소에도 큰 도움이 되지 않는다. 많은 청년들이 수도권의 대기업만을 선호하게 되면 지방은 더욱 소외되고, 이는 결국 '지방 소멸'을 가속화하는 결과를 초래할 수 있다.

따라서 대기업과 중소기업 간의 임금 양극화를 해소하기 위한 정부의 특단의 대책이 시급히 요구된다. 이는 단순히 임금을 조정하는 것을 넘어, 중소기업의 경쟁력 강화를 위한 정책적 지원과 지역 경제 활성화를 위한 다양한 노력이 필요하다. 이러한 대책이 마련될 때 비로소 균형 잡힌 경제 구조를 갖출 수 있을 것이다.

> **현장의 소리**
>
> "대기업과 중소기업의 큰 임금 격차는 신분 차이로 느껴진다."
> "대기업과 임금 차이는 인정하더라도 일·생활 균형을 위한 육아휴직, 유연근무 사용 활성화 등 근무 여건에서 별 차이가 없었으면 한다."
> "정부는 다양한 지역과 일터에서 종사하는 지방 근로자들의 고충과 애로사항에 귀 기울이면 좋겠다."

한국 경제의 고질적인 병폐인 대기업과 중소기업 간의 임금 격차를 줄이기 위해서는 대기업이 중소기업과의 상생 자세를 견지하는 것이 필수적이다. 협력 중소기업에 양질의 일자리와 소득을 보전함으로써 경제에 활력을 불어넣는 것이 중요하다. 이를 위해 정부의 지원책도 임금 양극화 해소에 더 집중해야 할 필요가 있다.

또한, 대·중소기업 간의 상생 협력을 강화하고 중소기업의 생산성을 향상시키기 위한 정책을 강화해야 한다. 양질의 일자리를 창출하기 위해서는 정부와 기업이 중소기업의 생산성 제고를 위한 노력을 협력하여 지원해야 한다.

한편, 기업 경쟁력 저하와 노동시장 왜곡을 초래하고 있는 임금 격차를 해소하고 지속 가능한 임금체계로 전환하기 위해서는 직업별 시장 임금 정보 시스템을 구축할 필요가 있다. 이를 통해 투명하고 공정한 임금 체계를 마련하고, 중소기업이 대기업과의 경쟁에서 우위를 점할 수 있도록 지원해야 한다.

아울러, 유망 중소벤처기업을 적극적으로 육성하고 좋은 일자리를 창출하는 것은 소득 불균형 개선을 위한 중요한 해법이다. 산업별로 직무와 근속 연수를 반영한 표준 임금 표를 마련하여 임금을 결정하는 제도를 도입하는 것도 필수적이다. 이렇게 하면 노동시장 하단의 임금을 끌어올리는 데 기여할 수 있다. 대기업과 중소기업 간의 임금 격차로 인한 양극화를 해소하는 것은 공정하고 평등한 사회로 나아가는 첫 걸음이 될 것이다.

이와 함께 대기업과 중소기업 간의 임금 격차를 해소하고 상생을 유도하기 위한 (가칭) 대-중소기업 상생 임금 격차 지수 도입을 적극 고려해야 한다. 이 지수는 대기업이 협력 중소기업의 경쟁력을 높이고, 일정한 수익을 낼 수 있도록 지원하는 한편, 협력 직원의 급여 수준을 높이는 데 기여할 것이다. 정부가 2011년부터 대기업과 협력 중소기업의 상생을 유도하기 위해 '동반성장지수'를 산정하고 공표한 것처럼, 상생 임금 격차 해소를 위한 지표 산정도 중요하다.

이를 통해 대기업이 중소기업의 성장을 지원할 수 있는 환경을 조성하고, 정책적 지원이 뒤따라야 할 것이다.

⑬ 중대재해 처벌법, 중소기업을 위협하는 그림자!

인천에 제조공장을 운영하며 1,000명의 직원을 고용하고 있는 A사의 대표이사는 중대재해처벌법 시행 이후 불안에 시달리고 있다. 직원이 일하다 다치거나 사망할 경우 대표이사가 형사 처벌을 받을 수 있기 때문에 매일 불안한 마음으로 지내고 있다. 광주에 있는 건설회사 대표 K씨 또한 중대재해처벌법이 폐지되거나 대폭 보완되어야 한다고 주장한다. 많은 건설사 대표들은 "중대재해처벌법으로 인해 좌불안석이다"라며, 언제 구속될지 모른다는 불안감에 전전긍긍하고 있다.

요즘 중소기업계에서는 중대재해처벌법이 핫한 이슈이다. 사업장에서 사고로 근로자가 재해를 입으면 CEO가 처벌을 받기 때문이다. 중소기업계에서는 사고를 예방하려고 많은 노력을 하고 있지만, 사고라는 게 언제 어디에서 어떻게 생길지 모르기 때문에 불안한 나날을 보내고 있다. 공장을 증축하거나 새로 신축하고 싶어도 혹 건설 현장에서 사고가 날까봐 투자도 멈췄다. 불안이 계속되면 경영에 전념하기 어려워 이러다가 자칫 회사 문을 닫아야 하는 상황까지 가는 건 아닌지 걱정이 많다.

산업현장에서 산업재해는 멈추지 않고 있다. 오히려 재해가 다시금 증가 추세에 있다. 2017년까지 줄어들던 산업재해율과 산업재해 건수가 그 이후 다시 증가한다.

2013년에 산업재해율이 0.59%, 재해자수 9만 2천 명이던 것이 2017년에 산업 재해율이 0.48%, 산업재해자수 9만 명이었다. 그 이후 다시 증가하여 2023년에 산업 재해율은 0.65%, 재해자수는 13만 명에 달한다.

산업 현장의 안전과 환경 개선이 지속적으로 이루어져야 산업 재해가 줄어드는 것은 분명한 사실이다. 이를 위해 정부와 업계가 협력하여 지속적인 노력을 기울여야 하며, 근본적인 개선책 마련이 시급하다.

그러나 단순히 처벌을 강화하는 방식으로는 문제를 해결할 수 없다. 중소기업 현장에서는 산업 재해에 대한 처벌 강화가 오히려 경영과 투자 위축으로 이어질 수 있다는 우려의 목소리가 커지고 있다. 이는 중소기업이 자원을 안전 관리에 투자하기보다는 처벌에 대한 두려움으로 인해 더 많은 부담을 느끼게 만들기 때문이다.

중대재해처벌법이 시행된 지 2년이 지나고 있지만, 산업재해 감소 효과는 뚜렷하게 나타나지 않는 반면, 경영 활동 위축이 심화되고 있다는 우려가 커지고 있다. 특히 이 법은 2024년 1월부터 50인 미만 사업장에도 확대됨으로써, 중소기업의 부담이 더욱 가중될 것으로 보인다. 중대한 산업재해가 발생할 경우, 사업주와 경영 책임자는 안전 및 보건 의무를 다하지 않았다고 판단되면 1년 이상의 징역형이나 10억 원 이하의 벌금형에 처해질 수 있다. 이러한 처벌 규정은 산업계에 큰 압박으로 작용하고 있으며, 중소기업들은 더욱더 불안한 경영 환경 속에 놓이게 되었다.

한국경영자총협회에 따르면, 50인 이상 사업장에서의 사고 사망자는 2021년 248명이었고, 중대재해처벌법 시행 2년이 지난 2023년에는 244명으로 집계되었다. 이는 법 시행 이후 2년 동안 사고 사망자가 4명 줄어든 것으로, 기업 현장에서는 산재 예방의 실효성이 낮고 경영 리스크만 증가하고 있다는 우려의 목소리가 커지고 있다.

중대재해처벌법의 불명확한 규정은 현장 혼란을 가중시키고 있다. 법령의 많은 부분이 포괄적이고 모호하여, 산재 예방에 대한 의지가 있는 사업장조차도 누가(의무 주체), 어떤 의무를, 어디(책임 영역)까지 이행해야 하는지 예측하기 어려운 상황이다. 특히, 산업계에서는 형사 처벌 규정이 있음에도 불법의 기준이 모호한 점을 걱정하고 있다. 예를 들어, 중대재해처벌법은 사업주의 안전 및 보건 의무에 대한 명확한 규정 없이 이를 위반할 경우 형사 처벌을 부과하도록 되어 있다. 이러한 불확실성은 기업의 안전 관리에 부정적인 영향을 미칠 수 있다.

재해 예방 역량이 부족한 50인 미만 사업장에도 중대재해처벌법이 전면 적용됨에 따라 기업의 존폐 위협과 산업 활력 저하에 대한 우려가 커지고 있다. 이러한 상황을 고려할 때, 상대적으로 논란의 여지가 적고 신속하게 진행할 수 있는 시행령 내용부터 전향적으로 개정해야 한다는 목소리가 높아지고 있다.

한국경영자총협회 등 경제 단체는 시행령 내 안전보건관리체계 구축 및 이행

조치와 관련된 일부 조항의 표현이 모호하여 수사 기관과 법원이 자의적으로 법을 해석하고 집행할 우려가 있다고 지적하며, '필요한' 또는 '충실한'과 같은 문구를 삭제해 줄 것을 요청하고 있다.

중소기업계의 현장에서는 중대재해처벌법을 더욱 심각하게 받아들이고 있다. 중소기업 대표와 경영 책임자들은 이 법 때문에 좌불안석 상태라고 하며, 언제 구속될지 몰라 전전긍긍하는 상황에 처해 있다고 호소하고 있다. 이로 인해 기업을 계속 경영할 수 없는 지경에 이르렀다는 우려가 커지고 있다.

현장의 소리

"아무리 잘해왔더라도 중대재해가 한 건 발생하면 그간의 노력은 허사로 돌아가고 과도한 처벌이 가해진다. 그런 상황에서 어느 기업주가 과감하게 경영을 하겠나."
"중대재해처벌법에 관해 롤 모델 사례나 처벌사례와 같은 자료가 전혀 없어서 어디에 기준을 맞춰 대응해야 할지 모르겠다."
"도대체 뭘 잘하라는 것인지 모르겠다. 중대재해처벌법은 결과에만 너무 치중되고 있다."
"시스템도 나름대로 갖추고 직원 교육도 열심히 해도 근로자의 과실로 인해 중대재해가 발생하면 모든 노력들이 물거품이 된다."
"사고를 내고 싶어서 내는 기업이 어디 있겠는가. 사고 하나로 그동안 일군 기업이 하루아침에 망할 수가 있다."

중소기업들은 중대재해처벌법 시행 이후 우왕좌왕하는 상황에 처해 있다. 법 규정이 모호하고 포괄적이며 책임 범위가 과도해, 중소기업들은 무엇을 어떻게 준비해야 할지 모르는 실정이다. 인력난과 예산 부족으로 어려움을 겪고 있는 중소기업들은 사실상 자포자기 상태에 이르기도 했다.

중대재해처벌법은 의무 이행 당사자인 기업의 특성과 차이를 고려하지 않은 측면이 있어 부작용이 우려된다. 사고 대부분이 고의가 아닌 과실로 발생함에도 불구하고 형벌이 지나치다는 지적이 제기되고 있다. 법 위반 시 징역형으로 처벌되지만, 법 조문에는 애매하고 불분명한 표현이 많아 이를 해석하기가 매우 어렵다는 문제도 있다.

중소기업계는 법의 취지를 공감하면서도 산업재해를 없애는 데 있어서 처벌 중심의 법률로는 한계가 많다고 말한다. 따라서 보다 합리적인 대안들이 모색돼야 한다는 목소리가 커지고 있으며, 형사처벌보다는 정부와 기업의 중대재해 예방 노력을 유도하는 방향으로 법 개정이 필요하다는 주장이 힘을 얻고 있다.

'경제형벌규정 개선 태스크포스(TF)'의 2023년 발표에 따르면, 414개 경제 관련 법률 중 형벌 규정이 5,886개에 달하며, 그 처벌 수위도 상대적으로 높은 편이다. 특히 산업재해에 대한 예방 및 처벌 규정을 포함한 산업안전보건법에서는 위법 시 사업주에게 7년 이하의 징역형 또는 10억 원 이하의 벌금형이 부과될 수 있도록 규정되어 있다.

주한미국상공회의소(AMCHAM)의 자료에 따르면, 한국의 처벌 강도는 일본(6개월 이하 징역 또는 50만 엔 이하 벌금)이나 홍콩(6개월 이하 징역 또는 300만 홍콩달러 이하 벌금) 등 아시아 주요 국가들의 유사 규제보다 상대적으로 세다는 점에서 주목할 필요가 있다. 이러한 높은 처벌 수위는 중소기업에게 더욱 큰 경영 리스크로 작용할 수 있으며, 산업재해 예방에 대한 효율적인 접근 방식을 모색하는 데 장애가 될 수 있다.

표 2-10 아시아 주요국가 산업안전보건법 위반처벌 수준

한 국	일 본	홍 콩	싱가포르
-7년 이하의 징역 또는 10억 원 이하의 벌금	-6개월 이하의 징역 또는 50만 엔(약 436만 원) 이하의 벌금	6개월 이하의 징역 또는 300만 홍콩달러(약 5억 3,265만 원) 이하의 벌금	2년 이하의 징역 또는 50만 싱가포르달러(약 5억 1,534만 원) 이하의 벌금

자료: 주한미국상공회의소, 중앙일보(2024. 7.17일자) 재인용

중소기업중앙회는 22대 국회에 중대재해처벌법 유예 법안의 처리를 요구하며, 중소기업의 현실을 강조했다. 이들은 "기업의 대표가 영업, 기술 개발, 사업 관리 등 여러 역할을 혼자서 수행하는 상황에서 외부의 도움 없이 중대재해처벌법에서 규정한 의무 사항을 이행하기란 매우 어렵다"고 밝혔다. 이러한 주장은 중소기업이 법의 적용을 받는 과정에서 겪는 어려움을 부각시키며, 법적 의무 이행을 위한 지원과 조정이 필요하다는 점을 강조한다.

중소기업중앙회가 2023년 8월 30일 발표한 설문조사 결과에 따르면, 50인 미만 중소기업의 80.0%가 중대재해처벌법 시행에 대해 "준비하지 못했다"고 응

답했다. 이 중 29.7%는 "아무 준비도 못했다"라고, 50.3%는 "상당 부분 준비하지 못했다"라고 답했다. 반면, 중대재해처벌법 시행에 "상당 부분 준비가 되었다"는 응답은 18.8%에 불과했으며, "모든 준비를 마쳤다"는 기업은 단 1.2%에 그쳤다. 이와 관련해, 50인 미만 중소기업의 85.9%는 중대재해처벌법의 유예 기간 연장이 필요하다고 응답했다. 이러한 결과는 중소기업이 법 시행에 대해 느끼는 부담과 준비 부족을 잘 보여주고 있다.

그림 2-11 중대재해처벌법 준비 여부

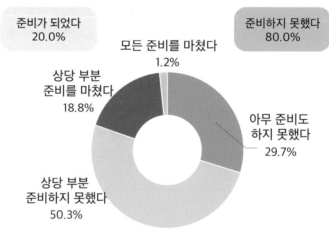

자료: 중소기업중앙회

중대재해처벌법 유예 기간이 연장되지 않을 경우, 중소기업의 57.8%가 "마땅한 대책이 없다"고 응답했다. 이외에도 18.7%는 "고용 인원 감축 및 설비 자동화를 고려하겠다"고 밝혔으며, 16.5%는 "사업 축소 및 폐업을 고려하겠다"고 응답했다. 이는 중소기업들이 중대재해처벌법 시행에 따른 부담을 상당히 느끼고 있음을 보여준다.

중소기업들이 가장 필요로 하는 정부 지원으로는 '노후설비 개선 등 안전 투자 재정 및 세제 지원'이 45.0%로 가장 많이 꼽혔고, 다음으로 '명확한 중대재해처벌법 설명 자료와 준수 지침'이 18.9%, '안전보건관리체계 구축 컨설팅 확대'가 17.3%, '안전 전문 인력 채용 및 활용 지원'이 10.3%로 나타났다. 이는 중소기업들이 법 시행에 따른 준비를 위해 필요한 다양한 지원을 요구하고 있음을 알 수 있다.

재해 예방을 위한 교육과 지원, 안전 관리 시스템 구축에 대한 투자가 중요하다. 중소기업이 실질적으로 안전한 작업 환경을 조성할 수 있도록 정부가 정책적 지원과 인센티브를 제공하는 것이 필요하다. 이를 통해 안전 문화를 정착시키고, 재해를 근본적으로 예방하는 방향으로 나아가야 할 것이다.

중소기업의 참여 의지를 높이기 위해서는 별도의 보완책이 마련되어야 한다. 현재의 강력한 처벌 중심 정책과 복잡한 의무 준수 요구는 개정할 필요가 있다. 가장 중요한 것은 안전하고 건강한 근무 환경을 조성하기 위한 방안을 고민하고 실행하는 것이다.

중대재해를 실질적으로 예방하기 위해서는 입법 보완이 필수적이다. 특히 '1년 이상의 징역형'과 같은 과도한 처벌 조항은 시급히 수정되어야 한다. 현행 중대재해처벌법은 중소기업이 처한 현실과 능력을 고려하지 않고, 모호하고 광범위한 책임을 부과하고 있다. 의무 위반으로 중대재해가 발생했을 경우, 1년 이상의 징역형만이 부과되는 구조는 문제가 있다.

또한, 법의 불명확한 문구로 인해 기업이 어떤 의무를 이행해야 할지 예측할 수 없는 상황이 발생하고 있다. 영세한 사업장에도 대기업과 동일한 수준의 의무 사항을 요구하는 점에 대해서도 신속한 개선이 필요하다.

14 한국 경제의 회복, 중소기업 혁신이 열쇠다

과거 경제 위기 때마다 중소기업은 위기 극복 과정에서 중요한 역할을 해왔다. 이는 한국 경제에서 중소기업의 위상과 중요성이 매우 높다는 것을 의미한다. 경제 회복의 핵심은 기업의 성공이며, 우리나라 전체 기업의 99%를 차지하는 중소기업이 어려움을 극복하고 새로운 성장 동력을 만들어낼 때, 경제는 활기를 되찾는다. 대기업의 성장은 경쟁력 있는 협력 중소기업이 뒷받침해주기 때문에 가능한 일이다. 경북에서 오랫동안 제조업을 경영해온 C씨는 "경제 회복 시기에 대기업과 중견기업 중심의 정책만 펼치는 것이 아쉽다"며, "오히려 중소기업을 더 지원하는 것이 빠른 성과로 이어지고, 경제 회복 속도를 높일 수 있다"고 강조했다. 그는 또한 "우리 사회가 중소기업에 대한 인식을 바꾸는 것이 중요하다"고 덧붙였다.

불과 몇 년 전, 다양한 경제 연구기관의 전망 자료에서 한국 경제를 설명하는 주요 키워드는 3저 현상(저성장, 저물가, 저금리)으로 요약되었다. 이러한 상황은 경제 활력이 저하되어 한국 경제가 큰 폭으로 반등하기 어려울 것이라는 전망을 대세로 만들었다.

이런 환경 속에서 중소기업들의 경영 여건은 더욱 어려워졌다. 경제 활력 저하와 급변하는 외부 환경으로 인해 중소기업은 이전에 경험하지 못한 길을 걷고 있다. 코로나 팬데믹과 복합 경제 위기로 중소기업의 어려움은 더욱 심화되었다. 이로 인해 중소기업의 경기 저하가 갈수록 심각해져 장기 침체에 대한 우려가 커지고 있다.

중소기업의 생산과 가동률은 감소하고, 재고는 증가하는 '명확한 불황형 경기지표'가 나타나고 있다. 중소기업 경기는 2017년 상반기 최고점 이후 변동을 겪었지만 전반적으로 하락세를 보이고 있다. 중소기업중앙회에 따르면, 2024년 10월 업황전망 경기전망지수(SBHI)는 78.4로, 전월 대비 1.0포인트 상승했지만 전년 동월(82.7) 대비로는 4.3포인트 하락했다. 이는 이전보다 2024년의 경기 악화가 심화되었다는 의미로 해석된다.

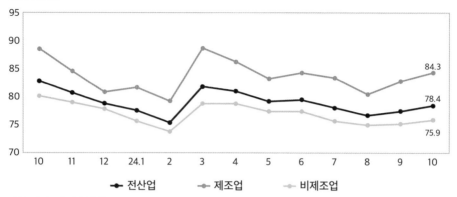

그림 2-12 중소기업 업황전망 SBHI

자료: 중소기업중앙회

    소규모 기업이 밀집된 수도권 산업단지의 가동률 저하는 더욱 심각한 상황이다. 남동·반월·시화 단지의 평균 가동률은 2016년 76.7%에서 최근 급격하게 떨어졌다. 제조경기 둔화와 가동률 하락은 '소극적 설비투자'와 맞물려 지속되고 있으며, 소상공인과 자영업자들은 취약 업종 중심으로 여전히 저조한 경기 국면에서 벗어나지 못하고 있다.

    중소기업의 자금 사정 또한 우려스럽다. 최근 신용위험지수의 증가와 함께 은행의 대출 태도가 강화되고 있어 자금 사정의 양극화가 심화되고 있다. 신용도가 낮은 기업은 금융 접근성이 더욱 악화되고 있으며, 대다수 중소기업은 전통적인 자금 조달 수단인 대출에 크게 의존하고 있다. 그러나 기업의 실적 저하와 담보 여력 부족으로 추가 대출이 어려운 상황이다.

    '위기 속에 기회가 있다'는 식상한 말이지만, 현재 우리 중소기업들이 처한 환경에 잘 들어맞는 표현이다. 한국 경제의 취약점이 많이 드러난 만큼, 우리 경제가 나아가야 할 구조적인 방향이 더욱 분명해졌다. 국내 기업의 99%를 차지하는 중소기업이 혁신 성장의 원동력이 되어야 하며, 이를 통해 한국 경제가 저성장의 위기를 극복할 수 있을 것이다. 이러한 인식은 중소기업의 역할이 중요하다는 사회적 여론을 더욱 강화하고 있다. 어려운 환경 속에서도 중소기업들에게는 작은 위안이 되고 있다.

한국 경제가 회복의 길에 들어설지, 저성장이 지속될지는 우리가 겪었던 어려움을 얼마나 슬기롭게 극복하는가에 달려 있다. 이 과정에서 중소기업 현장 정책을 적극적으로 추진한다면 더 많은 성장 기회가 열릴 것이다.

다행히 지난 몇 년 동안 한국 경제를 괴롭혔던 변수가 조금이나마 완화되고 있다는 반가운 소식도 있다. 중소기업의 경기 난국은 어제오늘의 일이 아니며, 과거에도 중소기업 경기가 좋았다는 이야기는 드물었다. 이는 중소기업 혁신 성장을 위한 건강한 생태계가 조성되지 못한 구조적 문제 때문이다.

지속 가능한 한국 경제 성장을 위해서는 중소기업 혁신 성장이 필수적이다. 결국, 우리의 경제 지속 성장은 중소기업의 혁신 성장에서 찾아야 한다. 지금까지 기업, 정부, 금융 각 주체는 각각 혁신을 외쳐왔지만, 이들이 톱니바퀴처럼 유기적으로 맞물려 작동했는지는 성찰이 필요하다.

현장의 소리

"성장 역량이 큰 중소벤처기업을 잘 발굴하여 지속 적인 혁신성장을 위해 생태계 구축에 과감한 지원이 있어야 한다."
"중소벤처기업의 혁신 성장은 어느 한 기관이 할 수 있는 게 아니다. 기관 간 협업 모델을 찾아서 해야 한다."

중소기업의 3대 혁신 방향은 다음과 같다.

첫째, 혁신 성장이다. 변화의 시대에 중소기업은 기존 방식이나 행태로는 생존하거나 발전할 수 없다. 대기업에 의존하고 국내 시장에 한정되며, 연구 개발 (R&D) 없이 현실에 안주하는 것은 바람직하지 않다. 따라서 혁신 창업, 혁신 성장, 혁신 재도전 등 생애주기별로 지속적으로 혁신 성장 전략을 추진해야 한다. 이를 위해 중소기업은 혁신적인 아이디어와 경영, 그리고 혁신 기술 개발에 과감하게 나서야 한다. 스마트 공장과 스마트 서비스로의 전환을 추구하며, 사회적 책임과 올바른 경영 또한 적극적으로 실천해야 한다.

둘째, 혁신 정책이다. 우리나라의 중소기업 정책은 다른 국가들보다 잘 정립되어 있고 다양하다는 평가를 받고 있지만, 현장에서는 여전히 불만의 목소리가 커지고 있다. 중소기업 정책은 현장의 변화에 민감하게 반응하고, 중소기업이 혁신 성장을 이루도록 정책적 대전환이 이루어져야 한다. 이제는 양적 성장보다 질적 성장을 중시하는 정책, 선택과 집중의 원칙을 따르는 정책, 시대적 변화를 선제적으로 파악하고 대응하는 정책, 그리고 규제 혁파와 같은 혁신이 필요하다.

셋째, 혁신 금융이다. 금융은 기업에 있어 필수적인 자원으로, 혁신의 핵심 요소가 된다. 따라서 금융 수요에 맞춘 자금의 원활한 공급은 물론, 신성장 산업을 육성하고 융자 중심의 지원에서 벗어나 투자 및 모험자본 공급을 확대해 나가야 한다. 중소기업 맞춤형 기술 금융과 일괄담보 제도를 더욱 활성화해야 하며, 시장에서 소외된 소상공인과 자영업자에 대한 따뜻한 포용 금융도 균형 있게 확대해 나가야 한다. 지속적인 관심과 개선이 필요하다.

이러한 환경이 중소기업 중심의 혁신 성장과 결합한다면, 한국 경제는 저성장을 극복하고 안정적인 회복 국면에 진입할 수 있을 것으로 기대된다. 2025년이 우리 중소기업들을 중심으로 한국 경제 회복의 전환점이 마련되는 한 해가 되기를 바란다.

15 〈오징어 게임〉에서 배우는 지혜로운 경영 전략

위기를 극복하는 길 중 하나는 혁신적인 전략을 추구하는 것이다. 어려운 상황에서 포기하거나 기존 방식을 고수한다면, 위기를 이겨내기 어렵다. 그러나 창의적이고 혁신적인 방법을 통해 난국을 헤쳐 나가면 새로운 돌파구가 보이기 마련이다. 서울에 위치한 중견기업 K사는 창업 30년 만에 최대 위기를 맞이했다. 경기 위축으로 인해 기업 경영 환경이 급격히 나빠지면서 매출이 급감하고 자금 경색까지 심화되었다. 돈이 나가야 할 곳은 많은데, 자금 조달이 막막하기만 하다. 잘나가던 시절에는 은행들이 경쟁적으로 대출을 권유했지만, 이제는 회사 사정이 나빠지자 신용으로 돈을 빌리기도 어려운 상황이다. 이러한 위기 속에서 K사는 과감한 새로운 경영 방식을 도입해 위기를 극복하려는 혁신적인 전략을 시도하고 있다.

가족, 친구들, 직장 동료들이 모이면 민생과 경제 문제에 대한 이야기가 주를 이룬다. 힘겨운 날들이 이어지고 있지만, 위기를 슬기롭게 극복하고 다시 도약할 수 있는 해가 빨리 오기를 바란다.

현재 가계와 기업 모두 여전히 힘든 겨울을 보내고 있다. 특히 고금리, 고물가, 고환율(3고)로 인해 취약한 중소기업이 받는 충격은 더욱 크다. 물가는 여전히 높은 수준에서 머물고 있고, 대출 이자는 다소 감소했지만 고금리 상황은 지속되고 있다. 또한, 치솟던 환율은 일시적으로 다소 안정세를 보였지만 여전히 변동성이 크고 높은 수준이다

가계 부채가 2000조 원을 넘어가면서 경제의 뇌관으로 급부상하고 있다. 특히 취약 계층의 체감 경기는 더욱 심각해지고 있다. 일자리는 줄어들고 소득은 감소하며, 높은 물가와 이자 부담으로 생계를 유지하는 것이 매우 어려운 상황이다.

기업의 상황 또한 우려스럽다. 매출이 급감하는 가운데 늘어난 기업 부채로 이자 부담이 증가하고, 이로 인해 기업 경영이 악화의 늪에 빠질 가능성이 높아졌다. 금융 시장의 불안이 확산되면서 기업들의 자금 조달 여건은 더욱 어려워질 것으로 예상된다.

우리나라는 '위기 극복'과 '새로운 도약'이라는 두 마리 토끼를 잡아야 할 중대 기로에 서 있다. 그동안 경험하지 못한 길에서 생존해야 할 뿐만 아니라, 다시

도약할 수 있는 방안을 찾아 역량을 강화해 나가야 한다. 이러한 상황에서는 혁신적인 접근과 실질적인 대책이 필요하며, 이를 통해 경제 회복과 성장을 이끌어 나가는 것이 중요하다.

"세계적으로 K-콘텐츠에 열광하고 있다. 단순한 재미로 볼 것이 아니라, 그 속에서 기업 경영의 교훈을 찾아보는 것도 가치가 있다. 이제 기업 경영은 경제학이나 경영학적 사고를 넘어 인문학적이고 역사적인 시각에서 해법을 찾는 지혜가 중요해지고 있다."

2022년에 에미상을 휩쓴 <오징어 게임>에서 경영 지혜를 찾아보는 것도 흥미로운 접근이다.

첫 번째 게임인 '무궁화 꽃이 피었습니다'에서 우리는 외연 확장(전진)과 내실 성장(멈춤) 사이의 유연함이 필요하다는 교훈을 얻을 수 있다. 3高 복합 위기 시대에는 변동성에 적시 대응할 수 있는 빠른 상황 판단과 신속함이 생존의 열쇠가 될 것이다. 누구나 처음 겪는 상황에서 유연한 판단력은 결정적인 역량으로 작용하므로, 경영자와 기업들은 이러한 상황에서의 대처 능력을 더욱 강화해야 한다.

두 번째 게임인 '달고나 뽑기'에서는 어떤 선택지에도 해결 전략이 존재한다는 교훈을 얻을 수 있다. 이는 기존의 틀을 벗어난 혁신과 변화가 중요하다는 점을 강조한다. 주어진 상황에서 최적의 전략을 도출할 수 있는 혁신적인 아이디어를 가진 사람과 기업만이 생존할 수 있다. 타인의 시선 때문에 도전을 두려워하면 성공은 결코 이루어질 수 없음을 인식해야 한다.

세 번째 게임인 '줄다리기'는 1+1이 2보다 크다는 중요한 메시지를 전달한다. 개인의 역량이 약하더라도, 동일한 목표를 향해 협력하고 단결한다면 불리한 상황을 극복할 수 있는 원동력이 된다. 생활경제 속에서 믿을 수 있는 인연과 친구를 만드는 것이 필요하며, 단일 포트폴리오보다 다양한 포트폴리오를 구성하는 것이 더 효과적임을 시사하고 있다. 이는 협업과 네트워킹의 중요성을 잘 보여준다.

네 번째 게임인 '구슬치기'는 치열한 경쟁과 위기 속에서 버틸 수 있는 힘의 본질을 다루고 있다. 미래를 바라보게 해주는 명확한 비전과 목표가 세워져야 하며, 어려운 상황에서도 희망이 있다면 극복할 수 있다. 목적 없는 투자는 단순히 기회비용만을 남기므로, 불리한 상황에서도 꺾이지 않는 마음으로 규칙을 준수하고 색다른 방식을 제안해 반전을 이끌어내는 것이 중요하다.

다섯 번째 게임인 '징검다리 건너기'는 진짜와 가짜를 구분하는 지혜의 중요성을 강조한다. 옳고 그름을 명확히 구분하는 통찰력이 필요하며, 그럴듯한 거짓에 속지 않고 자산을 지키는 것도 중요하다. 모든 것이 한 번의 실수로 사라질 수 있는 만큼, 한정된 자원을 효율적이고 집중적으로 활용하는 자세가 필요하다.

마지막 단계인 '오징어 게임'은 좁은 골목을 통과함으로써 암행어사가 되어 두 발로 자유롭게 뛰어다닐 수 있는 상황을 상징한다. 이 좁은 골목의 끝에는 희망이 기다리고 있다. 위기를 극복하고 생존한 기업들은 그 과정을 통해 새로운 단계로 도약할 수 있는 기회를 얻게 된다. 이 단계에서 중요한 것은 끊임없는 자기 계발을 통해 기초 체력을 기르는 것이다. 성공한 뒤에는 또 다른 도전을 대비해야 하며, 이러한 준비가 기업의 지속적인 성장과 혁신으로 이어진다.

결국, <오징어 게임>을 통해 배운 교훈은 위기 속에서도 자신을 발전시키고 새로운 기회를 창출해 나가는 능력의 중요성을 일깨워 준다. 이러한 교훈들은 기업이 위기 상황에서 생존하고 성장하는 데 필수적인 요소이다.

과거의 경제 위기 사례를 분석해 보면, 현재의 경기 침체가 회복되기까지는 2025년 하반기쯤이 되어야 할 것으로 보인다. 이 난제를 해결하기 위해서는 정부와 국민, 기업이 지혜를 모아야 할 시점이다. 불경기일수록 '깐부 정신'이 필요하다. 국가와 국민의 삶이 장기적으로 어려운 상황에서는 모두가 하나가 되어야 위기를 기회로, 나아가 기적으로 반전시킬 수 있다.

위기를 극복하고 생존한 기업들은 그 경험을 통해 새로운 단계로 도약할 수 있다. 위기의 벽을 지혜롭게 넘고 정상을 향해 힘차게 도약하는 희망찬 대한민국이 되기를 기원한다.

16 기업가 정신, 경제 위기 극복의 촉매제!

기업은 어려움에 직면하는 경우가 많다. 그럴 때일수록 창업 당시의 초심을 되새기는 것이 중요하다. 위기 상황일수록 정도경영(正道經營)이 더욱 필요하다. 많은 기업들이 경영의 어려움을 해결하기 위해 편법을 동원하는 경우가 있지만, 이는 일시적인 도움이 될 뿐 장기적으로는 기업의 지속적인 성장에 큰 장애가 된다. 기업가 정신 분야의 권위자인 S대 L 교수는 "기업가 정신이야말로 기업이 위기를 극복하고 성장하는 데 큰 힘이 된다"고 강조한다. 급변하는 경영 환경 속에서 기업가 정신은 더욱 중요한 역할을 하고 있으며, 이는 기업이 변화에 적응하고 성장 동력을 유지하는 데 핵심적인 요소로 작용하고 있다.

전 세계적으로 경제는 한 치 앞을 알 수 없는 대혼동의 시대를 맞이하고 있다. 대내외 불확실성 확대로 고물가·고금리·고환율의 3중고(重苦) 현상이 가속화 되고 있다. 우리나라는 고물가 및 고금리와 경기 악화가 서민경제를 짓누르고 있다.

공급차질 문제가 단기간에 해소되기 어렵고 수요측면의 물가 상승 압력이 거세짐에 따라 高인플레이션 리스크는 당분간 계속될 것으로 예상된다.

금리는 주요국의 기준금리 정상화 기조에 따라 한국은행이 급등했던 기준금리를 점차 낮추는 움직임을 보이고 있다. 그러나 금리가 떨어지더라도 기업이나 서민들이 실제로 체감하는 금리는 여전히 높은 수준을 유지할 것으로 예상된다. 게다가 2026년부터 다시 금리가 상승할 수 있다는 우려의 목소리도 커지고 있다. 이러한 경제 환경 속에서 기업과 가계는 지속적인 어려움에 직면할 가능성이 높다.

환율은 미국의 긴축 통화정책, 우크라이나 사태의 장기화, 그리고 지정학적 리스크 등의 영향으로 원·달러 환율이 현재 높은 수준을 유지하고 있으며, 변동성 또한 증가할 것으로 보인다.

이러한 복합적 경제 위기로 인해 산업과 기업의 역동성이 지속적으로 둔화되고 민간의 경제 활력도 크게 약화되고 있다. 한국경제인협회가 발표한 국민체감 고통경제지수는 2021~2022년 한때 15.8로, 관련 통계 작성 이래 최고치를 기록했으며, 분석 기간 평균치인 7.7의 2배에 달하기도 했다. 다행히 2023년에는 12.5로 집계되어 코로나19 이전의 2018년(12.9)~2019년(12.0) 수준으로 개선되었지만, 여전히 높은 수준을 유지하고 있다.

그림 2-13 최근 5년간 국민체감경제고통지수 추이

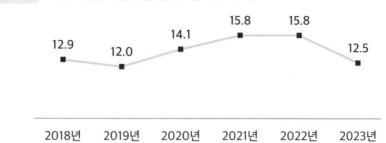

자료: 한국경제인협회

    이에 우리 정부는 경제 상황을 심각하게 인식하고 발 빠르게 새로운 경제 정책 방향을 내놓았다. 민생 경제 안정을 시급한 과제로 삼고, 적극적인 정책 대응을 추진하며, 민간 중심의 역동적인 경제를 통해 경제 활력을 제고하고 저성장을 극복할 기틀을 마련하는 데 역점을 두었다.

    민간 주도 성장의 핵심 축은 중소벤처기업이다. 3중고로 인해 어려움에 처한 소상공인과 중소기업을 적극 지원하여 위기의 늪에서 벗어나 지속적으로 생존할 수 있도록 해야 한다. 성장 잠재력이 높은 중소벤처기업에게는 건강한 생태계를 구축하여 경쟁력을 높이고 혁신 성장을 도모할 수 있도록 지원을 확대해야 한다. 또한, 기업의 발목을 잡는 불합리한 규제는 과감하게 철폐해야 한다. 이렇게 해야 기업의 투자가 활성화되고 고용과 소비도 증가하여 경기가 다시 살아날 것이다.

    경제 위기, 산업 패러다임의 변화, 디지털 혁신, 인구 절벽, 기후 변화, ESG 등 경영 환경이 급변함에 따라 중소벤처기업들은 새로운 경영 전략을 모색해야 한다. 이러한 복합적 경제 위기 상황에서 돌파구를 찾고 혁신 성장을 이루는 핵심 가치는 기업가 정신에서 찾아야 한다.

    기업가 정신은 이윤을 창출하면서도 사회적 책임을 수행하기 위해 기업가로서 마땅히 갖추어야 할 자세와 행동을 의미한다. 이제는 기업도 기업 시민으로서 존중과 배려, 공동체 문화를 널리 확산하기 위해 더욱 노력해야 한다.

    중소벤처기업부와 한국청년기업가정신재단에서 실시한 기업가 정신 실태

조사 결과에 따르면, 우리나라 기업의 기업가 정신 지수는 47.7로 그리 높은 편이
아니다. 이는 중소벤처기업이 진정한 혁신을 이루기 위해서는 기업가 정신을 함
양하고 이를 기반으로 한 경영 전략을 강화할 필요가 있음을 시사하고 있다.

 **그림 2-14** 기업의 기업가 정신

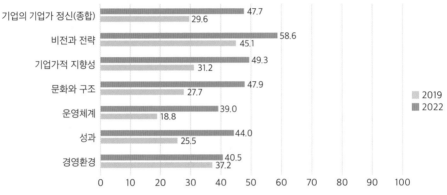

자료: 중소벤처기업부

현장의 소리

"기업이 힘들수록 창업 당시의 초심을 잃게 된다. 그러나 오히려 어려운 시기에 기업가 정신을
발휘하여 위기를 극복하고 새로운 성장 동력을 찾는 경우가 많다. 기업가 정신을 높이기 위한
정책적 노력이 더욱 필요하다."

다양한 거버넌스 체계에서 각 구성원으로부터 존경과 사랑을 받지 못하는 기
업은 오래 지속될 수 없다. 지금이야말로 우리 중소벤처기업들이 역동적인 도약
과 더 나은 새로운 세상을 만들기 위해 기업가 정신을 다시금 되새기고 적극적으
로 실천해야 할 시점이다.

정부와 지원 기관도 중소벤처기업의 창의성과 도전 정신을 북돋우는 데 더욱
힘써야 하며, 지속 가능한 성장 기반을 확립해야 한다. 이를 위해 정부는 기업가
정신 기본 계획을 수립하고 이를 지속적으로 실행해 나가야 한다. 또한, 정부 차
원에서 (가칭) 기업가 정신 위원회를 구성하는 것도 좋은 방안이 될 것이다. 이러한
노력이 중소벤처기업의 혁신과 성장에 기여하고, 궁극적으로 국가 경제의 활력을
높이는 데 이바지할 수 있을 것이다.

⑰ 大변혁기, 준비된 중소기업에 찾아오는 기회

예기치 못한 코로나19 팬데믹으로 인해 소상공인, 자영업자, 그리고 중소기업들이 큰 타격을 입었다. 취약한 사업 구조로 인해 외부 충격에 쉽게 무너진 것이다. 이러한 팬데믹은 언제든지 다시 발생할 수 있으며, 복합적인 경제 위기도 계속되고 있다. 4차 산업혁명의 새로운 물결이 몰려오는 가운데, 급격한 환경 변화 속에서 중소기업들이 내구력을 키우고 경쟁력을 높일 수 있는 기회로 삼아야 한다. 인천에 위치한 제조업체 J사는 수출을 통해 수천억 원대 매출을 올리며 탄탄한 성장을 이어왔으나, 코로나19로 인해 수출 실적이 절반으로 줄어들며 창업 이래 최대 위기에 직면했다. O 회장은 "그동안 우리는 무조건적인 성장만을 추구해왔지만, 갑작스러운 외부 변수로 인해 회사의 진정한 경쟁력을 고민해 본 적이 없었다"며 "이제는 경쟁력을 강화하는 데 더욱 중점을 두고 대비해야 한다"고 밝혔다. 그는 또한 "중소기업 정책도 어떠한 위기가 닥쳐도 버틸 수 있도록 중소기업의 경쟁력을 높이는 데 초점을 맞춰야 한다"고 강조했다.

나훈아 가수가 2020년에 발표한 노래 '테스 형!'은 큰 반향을 일으켰다. 이 곡은 "세상이 왜 이래?"라는 강력한 메시지를 담고 있으며, 코로나 팬데믹을 겪으면서 맞닥뜨린 경제 위기와도 깊은 연관이 있다. 어려운 시기에 많은 이들이 느끼는 불안과 혼란을 대변하며, 시대적 화두로 자리잡았다. 노래는 사람들에게 위로와 공감을 주며, 어려움을 함께 극복하자는 희망의 메시지를 전하고 있다.

코로나19는 사회경제에 대변혁을 가져왔고, 우리는 전례 없는 길을 걷고 있다. 엔데믹으로 전환되었지만 경제 질서는 여전히 크게 요동치고 있으며, 불확실한 상황이 계속해서 전개되고 있다.

팬데믹은 언제든지 다시 올 수 있는 위험 요소이다. 이러한 시대적 변화 속에서 중소기업은 생존의 지혜를 배워야 하며, 어떤 상황에서도 새로운 도약의 길을 찾아야 한다. 즉, '생존과 도약'이라는 두 마리 토끼를 동시에 잡아야 하는 과제가 주어졌다.

우리나라는 위기에 강한 민족이다. K-방역의 우수성을 널리 알린 것처럼, 이제는 경제위기 극복의 성공 모델을 만들어야 할 때다. 그 중심에는 중소벤처기업이 자리잡고, 이들이 혁신 경제 시대를 이끌어 나가야 할 것이다.

한국경제의 주역인 중소기업은 코로나19로 인해 중대한 변곡점에 서 있다. 모든 경제 주체가 타격을 받았지만, 특히 중소기업은 더 큰 위기를 맞이한 것이 현실이다.

그러나 "위기는 곧 기회"라는 말이 있듯이, 중소기업은 과거 IMF나 글로벌 금융위기 때 예상치 못한 어려움을 극복하며 한국 경제의 든든한 버팀목 역할을 해왔다. 이번에도 희망을 가질 수 있지 않을까? 코로나 데스밸리(Death Valley)를 슬기롭게 극복하면서 자생력을 키우고, 더욱 강해져 새로운 도약의 기회를 마련할 수 있을 것이다.

사업 재편 없이는 미래가 없다는 점을 명심해야 한다. 이를 통해 중소기업은 변화하는 환경에 적응하고, 지속 가능한 성장의 기반을 다질 수 있을 것이다.

자동차부품 중소기업 단체 관계자는 "요즘 전환기에 어떻게 대응해야 할지 고민이다. 자동차 산업이 자율주행 및 전기차로 급속히 전환되면서 내연기관 수요가 급격히 줄어들고 있어, 엔진 부품 기업들은 사업 전환을 하지 못해 1,700여 곳 중 약 30~40%가 "문을 닫을 위기에 처해 있다"고 말했다.

현재 시대적 전환에 대응할 준비가 된 국내 자동차 부품 회사는 손에 꼽을 정도에 불과하며, 대부분은 방향조차 잡지 못하고 있다.

현장의 소리

인천에 있는 30년 된 자동차 부품 기업의 대표 K씨는 "전기차 부품으로 전환하기 위해서는 많은 인력과 자본이 필요하지만, 중소기업들은 현실적으로 엄두를 내기 어렵다"고 토로했다.

이러한 상황 속에서 중소기업들이 지속 가능성을 확보하고 변화에 대응하기 위해서는 정부의 지원과 산업 생태계의 협력이 필수적이다.

경제 위기 속에서 글로벌 산업 지형이 디지털과 친환경을 중심으로 급변하는 대변혁의 시대에, 중소기업은 신(新) 5대 경영 전략으로 혁신 성장을 이끌어 가야 한다. 이러한 전략은 다음과 같다

첫 번째로, 시장 변화를 읽고 비즈니스 전략을 새롭게 짜야 한다. 미래 시장 트렌드를 잘 파악하고 선제적으로 대응하지 못하면 기업은 생존할 수 없다. 코로나19 이후 소비자의 행동은 온택트(Ontact)와 같은 새로운 형태로 급격히 변화하고 있다. 팬데믹은 특정 산업의 성과에 큰 영향을 미쳤으며, 이러한 변화는 더욱 가속화되고 있다. 코로나 팬데믹으로 인해 산업의 부침이 가속화되고 있으며, 이에 따

라 중소기업은 미래 흐름에 적합한 비즈니스 모델에 역량을 집중해야 한다.

* **온택트(Ontact)**: 비대면을 뜻하는 언택트(Untact)에 온라인을 통한 외부와의 연결(on)을 더한 개념

두 번째로, 중소기업은 생산성을 제고해 나가야 한다. 현재 우리나라 중소기업의 생산성 수준은 OECD 국가들 중에서 거의 최하위에 해당하며, 국내 대기업에 비해 약 30%에 불과하다. 이러한 상황에서 중소기업이 치열한 경쟁에서 생존하기 위해서는 생산성 향상이 중요하다. 기업 여건과 관련 기술을 활용하여 비용을 줄이고 원가 경쟁력을 강화하며 부가 가치를 높이기 위한 지속적인 혁신 노력이 필수적이다.

세 번째로, 데이터 자산의 중요성이 날로 커지고 있다. 중소기업은 데이터 경영을 적극적으로 추구해야 하며, 이는 이제 모든 비즈니스에서 경쟁력을 확보하는 핵심 요소가 되었다. 그러나 많은 중소기업이 데이터 경영에 어려움을 겪고 있는 게 현실이다. 과거의 경험이나 CEO 경영진의 직관에만 의존해서는 안 된다. 기업 경영의 중요한 의사결정은 데이터 기반으로 이루어져야 한다. 조직의 각 부분에서 생성되는 중요한 데이터가 버려지고 있는 경우가 많다. 생산, 판매, 고객, 직원, 재무 등 다양한 경영 관리 분야에서 데이터가 축적되지만, 이들 각각의 데이터가 소홀히 여겨져서는 안 된다.

따라서 기업은 수치 하나하나를 잘 조합하여 경영의 합리성과 효율성을 추구해야 한다. 옛말에 "구슬이 서 말이라도 꿰어야 보배"라는 말이 있듯이, 기업은 데이터를 효과적으로 활용할 수 있는 역량을 갖추어야 한다. 이를 위해 데이터 분석 도구를 도입하고, 데이터를 해석할 수 있는 인재를 양성하는 것이 중요하다. 또한, 데이터 기반의 의사결정을 통해 시장 변화에 빠르게 대응하고, 고객의 니즈를 정확하게 파악하여 경쟁 우위를 점할 수 있는 기반을 마련해야 한다. 데이터 경영이 실질적으로 기업의 성장과 혁신에 기여할 수 있도록 지속적인 노력을 기울여야 할 것이다.

네 번째로, 전 세계를 강타한 코로나19로 인해 중소기업의 디지털화가 한층 가속화되고 있다. 앞으로 중소기업은 디지털 전환을 더욱 촉진해야 한다. 시스코 시스템즈가 IDC에 의뢰해 발간한 '2020년 아시아태평양지역 디지털 성숙도 인덱

스' 보고서에 따르면, 혁신을 위해 적극적으로 디지털화를 추진하는 중소기업의 비중이 점차 증가하고 있으며, 이들 중소기업은 높은 수준의 '디지털 챌린저'와 '디지털 네이티브' 단계에 도달하고 있다.

디지털 전환은 단순히 기술 도입을 넘어 비즈니스 모델과 운영 방식에 근본적인 변화를 요구한다. 중소기업은 클라우드 컴퓨팅, 빅데이터, 인공지능(AI), 사물인터넷(IoT) 등 다양한 디지털 기술을 활용하여 운영 효율성을 높이고, 고객 경험을 개선해야 한다. 특히, 비대면 소비가 증가하는 상황에서 온라인 판매 플랫폼 구축과 디지털 마케팅 강화는 필수적이다. 이를 통해 기업은 새로운 고객층을 확보하고, 기존 고객과의 관계를 더욱 돈독히 할 수 있다. 디지털 전환은 중소기업이 글로벌 시장에서 경쟁력을 유지하고, 지속 가능한 성장을 이룰 수 있도록 하는 중요한 수단이 될 것이다. 따라서 중소기업은 디지털 기술에 대한 투자를 확대하고, 변화하는 시장 환경에 맞춰 신속하게 대응할 수 있는 역량을 키워야 한다.

대변혁의 시대에 디지털 역량의 중요성이 갈수록 커지고 있다. 디지털 기술의 도입 여부는 기업의 생존과 성장에 결정적인 영향을 미칠 것이다. 4차 산업혁명 시대에 코로나19는 더 큰 변화를 촉발하며, 디지털 혁신의 속도는 더욱 빨라질 것으로 예상된다. 이제 디지털화는 선택이 아닌 필수가 되었다. 중소기업은 이 흐름에 발맞추어 나가야 한다. 디지털 전환에 실패하면 급격한 환경 변화 속에서 도태될 위험이 크기 때문이다. 반면, 스마트 팩토리와 같은 디지털 기술을 활용하여 새로운 성장 DNA를 구축하고 경쟁력을 높인다면, 지속적으로 도약할 수 있는 기회를 얻을 것이다.

다섯 번째로, 중소기업은 그린 뉴딜의 기회를 적극적으로 모색해야 한다. 환경 문제가 이제 경영의 중요한 요소로 자리 잡으면서, 친환경적인 접근이 필수적인 상황이 도래했다. 환경을 고려하지 않은 제품은 더 이상 시장에 출시될 수 없으며, 수출 또한 어려워지고 있다. 이에 따라 중소기업은 친환경 경영으로 시대적 변화에 발맞춰 나가야 한다. 또한, 기후 변화와 같은 메가트렌드 속에서 새로운 기회를 찾아야 한다. 우리 정부는 2022년 4월, 미래의 성장 동력을 확보하기 위해 한국판 뉴딜을 발표했고, 그중 하나가 바로 그린 뉴딜이다. 이 프로젝트에 막대한 자본을 투입할 계획이므로, 중소기업은 이 기회를 통해 사업 모델을 재편하고 혁신할 수 있는 기반을 마련할 수 있다. ESG(환경·사회·지배구조) 경영을 통해 친환경

적이고 지속 가능한 방식을 채택하는 것이 중소기업의 경쟁력을 높이는 열쇠가
될 것이다.

> "중소기업 정책이 너무 단기적인 방향으로 추진되고 있는 것 같아 안타깝다. 직면한 위기를 해
> 소하기 위한 정책도 중요하지만, 좀 더 미래를 내다보고 중소기업을 선도할 수 있는 미래 지향
> 적인 정책이 많이 나와야 한다."
> "변화하는 시대적 환경에 맞게 중소기업이 선제적으로 준비하고 대응할 수 있는 지원 프로그
> 램이 다양하게 나와야 한다."

중소기업 정책은 이제 미래 지향적이고 현장 맞춤형으로 전환해야 한다. 매
출 급감으로 어려움을 겪고 있는 기업들에게 적정한 유동성을 공급하고, 양극화
문제를 해소하며 중소기업이 새로운 기회를 찾을 수 있도록 혁신 생태계 및 플랫
폼 구축에 매진해야 한다. 이를 통해 중소기업의 지속 가능한 성장을 지원하는 것
이 필수적이다.

성장 과실을 고르게 분배하는 포용적 성장 또한 중요한 요소이다. 중소기업
인의 삶의 질을 향상시키기 위해서는 정책적 지원이 절실하며, 이를 통해 모든 기
업이 동등한 기회를 갖고 성장할 수 있도록 해야 한다.

우리 모두가 협력하여 뉴 앱노멀(new abnormal) 시대에 중소기업이 경제를 선
도할 수 있도록 지원해야 한다. 이러한 변화는 중소기업뿐만 아니라 국가 경제 전
반에 긍정적인 영향을 미칠 것이다. 중소기업이 혁신과 성장의 주체가 되는 이 과
정을 함께 만들어 나가며, 지속 가능하고 포용적인 경제 환경을 구축해 나가는 데
힘써야 한다.

* New Abnormal: 미국 뉴욕대 누리엘 루비니 교수가 처음 언급한 용어이다. 2008년 금융위기
를 기점으로 이전은 '노멀', 이후의 새로운 경제 질서를 뜻하는 '뉴 노멀'에 이어 등장한 용어가 '뉴
앱노멀'이다. '신 혼돈', '새로운 비정상' 등으로 해석되며, 시장의 변동성이 일시적이지 않고 지속
적으로 존재해 불확실성이 매우 커지는 상황을 일컫는다.

BIG CHANGE, SMART DREAM

[기술]

기술혁신이
대한민국 미래다

국가의 미래, 기술 혁신에 달려 있다

충남에서 작은 회사를 경영하는 O 사장은 공고를 졸업한 후 곧바로 창업에 나섰으며, 40년 이상 기술에 의존해 회사를 성장시켜왔다. 과거에는 '기술이 최고'라는 분위기가 자리 잡아 비록 규모는 작지만 자부심을 가지고 열심히 일할 수 있었다. 그러나 최근 정부 관계자나 거래처와의 만남에서 기술에 대한 질문은 줄어드는 반면, 매출이나 종업원 수와 같은 외형적인 요소에 대한 관심이 증가하고 있어 안타까움을 표하고 있다. O 사장은 "기술 없는 기업은 하루아침에 무너질 수 있다"며 "다시 기술을 중시하는 풍토가 형성되기를 바란다"고 강조했다.

4차 산업혁명이 본격화되면서 인공지능(AI)과 사물인터넷(IoT) 등 관련 기술이 미래 트렌드로 자리 잡고 있다. 이와 함께 미·중 간의 패권 경쟁이 심화되면서 첨단 기술 경쟁력을 강화하려는 글로벌 경쟁도 가속화되고 있다.

첨단 기술은 선발의 이점이 크고, 그 효과가 누적되며 다양한 분야에 응용될 가능성이 높아 경제와 안보를 연계하는 수단으로 활용된다. 따라서 기술 경쟁력은 곧 국가 경쟁력을 좌우하는 핵심 요소로 작용한다.

특허청 자료에 따르면, 미국과 일본 등 주요 G7 국가에서는 특허 증가와 국내총생산(GDP) 성장 사이에 밀접한 상관관계가 나타나고 있다. G7 국가에서 특허 건수가 1%포인트 증가할 때마다 1인당 GDP 성장률도 0.65% 상승하는 것으로 분석되어, 기술 향상이 경제 성장을 촉진하는 주요 요인임을 보여준다.

테슬라의 최고경영자(CEO)인 일론 머스크는 "기술은 인류의 미래를 변화시킬 수 있는 가장 강력한 힘 중 하나이기 때문에 우리는 끊임없이 새로운 기술을 개발하고 도입해야 한다"고 말하며, 기술의 중요성을 강조하고 있다.

자원이 부족하고 수출에 의존하는 경제 구조를 가진 대한민국에게 기술 경쟁력은 더욱 중요하다. 이를 위해 정부는 미래 성장과 기술 주권 확보를 목표로 「국가 전략기술 육성 특별법」을 제정하여 국가적으로 중요한 전략기술을 선정하고, 연구개발, 사업화, 인력 양성 등 기술 개발의 전 과정을 지원할 수 있는 체계를 마련했다.

기술 혁신의 중심에는 기업이 있다. 기술 개발의 주체가 바로 기업이기 때문에, 국가 경쟁력을 높이기 위해서는 기업의 기술 개발 역량을 강화하는 것이 핵심적인 요인이 될 것이다.

그러나 우리나라 기업, 특히 중소기업의 기술 경쟁력은 미국, 일본, 독일 등 선진국에 비해 상대적으로 낮은 수준이다. 국내 중소기업의 기술 경쟁력은 중국보다는 다소 높지만, 주요 선진국들과 비교하면 여전히 부족하다. 특히 기계·소재, 전기·전자, 정보통신, 지식서비스 등 국내 주력 산업에서는 기술 격차가 두드러지게 나타나고 있다.

기술력을 향상시키기 위해서는 중소기업 자체적인 역량 강화 노력이 필요하지만, 자금 부족 등 다양한 애로사항이 존재한다. 중소벤처기업부의 '중소기업 기술통계조사(2021년)'에 따르면, 중소기업이 기술 개발에 실패한 주요 원인으로 가장 많은 기업이 '기술 개발 자금 부족'을 꼽았으며, 설비, 장비, 인력의 부족도 중요한 요인으로 지적되었다.

현장의 소리

"4차 산업혁명과 디지털 전환 시대를 맞아 중소벤처기업에도 기술 혁신이 더욱 중요해지고 있다. 생애 주기별 종합적인 기술 혁신 정책 로드맵을 마련하여 해당 시점에 중소기업이 적극적인 지원을 받을 수 있도록 해야 한다."
"대기업-중소기업 간 기술협력 모델을 발굴해서 기술 상생할 수 있는 기술혁신의 길도 열어줘야 한다."

중소벤처기업의 지속적인 초격차 기술 개발은 대한민국 경제 발전과 미래에 큰 기여를 할 것이다. 이를 위해 정부와 유관 기관이 나서서 각 시기와 단계에 맞춘 전방위적 지원을 통해 기술 경쟁력을 확보하고, 이를 바탕으로 전략산업을 육성해야 한다. 특히 신기술의 사업화를 가로막는 규제를 혁파하는 것은 시급한 과제다. 아산나눔재단이 발표한 스타트업 보고서에 따르면, 글로벌 100대 유니콘 기업의 절반이 한국에서 규제로 인해 '온전하게' 사업을 펼칠 수 없다는 분석이 나왔다.

기술 개발은 인적 자본 등 혁신 인프라와 연결될 때 비로소 성장 동력이 될 수 있다. 따라서 규제 혁파와 기술 인재 육성뿐만 아니라 현장과의 긴밀한 협력을 통해 자금, 인력, 기술 등 종합적인 측면에서 중소벤처기업을 지원해야 한다. 또한, 벤처 스타트업 육성을 위한 기술뱅크 도입과 같은 혁신금융 지원제도의 활성화가 필요하며, 이를 통해 기술만으로도 대규모 자금 지원이 가능해야 한다.

정부뿐만 아니라 IBK기업은행과 같은 금융기관도 미래 성장 가능성이 크고 국가 경제에 기여도가 높은 혁신적이고 기술 중심의 중소벤처기업을 대상으로 기술 경쟁력 향상을 위한 지원 프로그램을 적극적으로 운영해야 한다.

중소벤처기업이 산업 패러다임에 맞춰 세상에 없는 새로운 기술에 과감히 도전하고 사업화에 성공할 때, 대한민국 경제는 더 나은 미래를 향해 한 단계 더 도약할 수 있을 것이다.

중소기업이 그동안 축적해온 기술과 노하우를 데이터베이스(DB)화하여, 기업이 도산하거나 사라지더라도 기술이 계속 이어지고 활용될 수 있도록 해야 한다. 이를 위해 중소기업 기술을 개발 단계부터 재활용까지 종합적으로 수집하고 관리하는 기술 플랫폼인 (가칭) 기술뱅크 설립을 적극 검토할 필요가 있다.

"기술 혁신에 대한민국의 미래가 달려 있다", "기술이 강해야 대한민국 경제도 강해지고, 희망도 생긴다"는 점을 우리 모두 잊지 말아야 한다.

기술이 미래다

　기술 경쟁력은 오늘날 비즈니스 세계에서 가장 중요한 요소 중 하나이다. 혁신적인 기술을 활용하고 적용하는 기업이 경쟁에서 성공할 수 있을 것이다.

- 팀 쿡(애플CEO)

　기술은 경쟁력의 근간이 되는 핵심이다. 기술적 혁신과 디지털 전환은 기업과 사회의 성공을 위해 필수적이다.

- 사티아 나델라(마이크로소프트 CEO)

　미래는 기술에 의해 주도된다. 기업은 기술을 혁신하고, 변화에 적응하며, 고객 경험을 개선하는 것이 중요하다.

- 마크 저커버그(페이스북CEO)

　기술은 인류의 미래를 변화시킬 수 있는 가장 강력한 힘 중 하나이다. 그래서 우리는 끊임없이 새로운 기술을 개발하고 도입해야 한다.

-0000

　우리는 기술을 활용하여 인류의 문제를 해결하고 지속 가능한 미래를 만들어야 한다. 기술은 우리의 가능성을 무한대로 확장시킬 수 있는 도구이다.

- 일론머스크(테슬라, 스페이스X CEO)

　우리는 디지털 혁신의 시대에 살고 있다. 우리의 국가 경쟁력을 유지하고 세계 시장에서 선도적인 위치를 차지하기 위해 기술 경쟁력을 강화해야 한다.

- 조 바이든(미국 대통령)

　우리는 글로벌 경쟁에서 선도적인 위치를 차지하기 위해 기술 혁신에 대한 투자를 지속적으로 강화해야 한다. 기술이 우리의 국가 발전과 번영의 핵심이 될 것이다.

- 안젤라 메르켈(독일 총리)

② 세상을 뒤흔드는 New 비즈니스의 힘!

4차 산업혁명과 AI 시대를 맞아 세상에 없던 새로운 비즈니스가 출현하고 있다. 이 분야에서 한국이 주도적인 리더로 자리 잡을 수 있다면 얼마나 좋을까. 그러나 우리의 혁신 스타트업 생태계는 여전히 미흡한 상황이다. 혁신적인 아이템과 기술로 창업에 나선 스타트업들이 많지만, 제대로 구축되지 않은 생태계로 인해 투자 유치와 마케팅 개척이 어려운 상황이다. 충남에서 바이오 분야 스타트업을 운영하는 P씨는 3년째 투자 유치 실적이 없다. 그는 벤처 캐피털(VC)에 여러 차례 문의했지만, 처음 연락하기조차 쉽지 않고, 어렵게 만나서 비즈니스를 설명해도 "검증이 어렵기 때문에 투자하기 힘들다"는 답변만 돌아올 뿐이다. P씨는 기술 개발과 본격적인 마케팅을 위해 자금이 필요하지만, 상황이 막막하기만 하다. 그는 "초기 혁신 스타트업이 자금 조달을 원활히 할 수 있는 환경이 조성된다면 얼마나 좋을까"라고 하소연했다.

우리는 많은 변화를 겪고 있다. 비대면 활동이 일상화되고, 디지털 전환이 더욱 가속화되며, 전례 없는 위기로 인해 사회·경제적 구조가 크게 요동치고 있다. 미래의 변화는 더욱 다양한 방향과 빠른 속도로 전개될 것이다.

디지털의 거대한 지각 변동은 사람들의 가치관과 생활 방식을 변화시켰으며, 이로 인해 자연스럽게 새로운 비즈니스 기회가 창출되고 있다.

새로운 변화의 중심에는 혁신 비즈니스가 있다. 혁신 비즈니스는 침체된 한국 경제에 역동성을 불어넣을 뿐만 아니라 양질의 일자리를 창출하는 돌파구가 될 수 있다. 최근 '제2 벤처 붐'에 힘입어 기발한 혁신 제품과 서비스가 속속 등장하며, 이는 우리의 생활 방식을 바꾸는 촉매 역할을 하고 있다.

전통 제조 및 서비스의 변신을 넘어, 디지털 헬스케어, 모빌리티, 인공지능(AI), 증강현실(AR) 및 가상현실(VR), 모바일 금융, 우주 기술 등 혁신 비즈니스는 세상을 변화시키고 있다.

매년 초 미국 라스베이거스에서 열리는 CES에서 대한민국 혁신 스타트업의 저력을 엿볼 수 있다. 참가 기업들은 새로운 혁신 제품을 선보이며 미래 세상을 예고했다. 전체 CES 혁신상 수상 제품 중 국내 기업의 제품이 약 30%를 차지하며 주목받았다. AR·VR을 활용해 현재의 패션을 점검해 주는 기술 솔루션과 AI 분석을 통한 주의력결핍과다행동장애(ADHD) 증상 치료 기술 등, 우리나라의 혁신 스타트업은 새로운 기술과 아이디어로 세상을 놀라게 하고 있다.

4차 산업혁명과 디지털 시대에는 혁신 비즈니스가 대거 탄생해야 지속 가능한 성장을 이룰 수 있다. 이를 위해서는 혁신적인 스타트업 지원에 대한 근본적인 전환이 필요하다. 스타트업의 숫자를 늘리는 것보다 질적 성장이 더 중요하며, 독창적인 아이디어와 기술뿐만 아니라 시장성 있는 제품을 개발하는 스타트업의 탄생이 관건이다.

앞으로 우리 정부는 혁신 비즈니스 창출에 더욱 힘을 쏟아야 한다. 혁신 비즈니스가 탄생하고 성장하기 위해서는 '진흙 속 진주'인 혁신 스타트업을 잘 발굴해야 한다. 혁신 스타트업이란 거창한 것이 아니라, 번뜩이는 아이디어로 시장을 사로잡을 수 있는 비즈니스를 찾아내는 것이 중요하다.

혁신 비즈니스 생태계 구축 또한 필수적이다. 끼와 열정이 넘치는 청년들이 과감하게 창업에 도전할 수 있는 토대가 마련되어야 한다. 지방자치단체별로 모험 자본, 연구개발(R&D), 마케팅, 인력 등 스타트업 패키지 지원 툴이 갖춰져야 하며, 과감한 규제 개혁도 필요하다.

현장의 소리

"아이디와 기술을 갖고 창업했지만, 핀테크 스타트업은 전자금융업 허가 및 등록을 받는 데 1년 이상 걸리는 경우가 많다. 그 이유조차 정확하게 알려주지 않아 정말 답답하다."

"4차 산업혁명 시대가 도래했다. 우리나라에서도 많은 혁신 스타트업이 등장해야 하지만, 규제와 지원 정책이 여전히 아날로그식에 머물러 있다면 혁신 기업이 나오기 어렵다. 시대의 변화를 이끌 수 있도록 정책도 전향적으로 바꿔야 한다."

새로운 비즈니스를 창출할 때 경쟁력 있는 요소 중 하나는 바로 빅데이터를 활용하는 것이다. 사업 아이템 선정부터 고객 분석에 이르기까지, 다양한 분야에서 빅데이터를 통해 효율적인 비즈니스를 전개할 수 있다. 고객의 욕구는 점점 더 다양해지고 있으며, 고객이 원하는 상품과 서비스는 이제 상향 평준화된 상태에 이르렀다.

비즈니스 환경은 경쟁이 치열해지고 있으며, 제품 및 서비스의 수명주기는 점점 짧아지고 있다. 이러한 상황을 극복할 수 있는 방법 중 하나는 빅데이터를 활용하는 비즈니스 모델이다. 빅데이터를 통해 고객의 숨은 욕구를 찾아내고 이를 충족시키며, 다른 상품과 차별화된 서비스를 제공한다면 시장에서 경쟁 우위를 점할 수 있다. 뿐만 아니라, 이러한 접근은 소비자로부터 오랫동안 인기를 얻으며 지속적으로 성장하는 상품과 서비스를 창출하는 데 기여할 수 있다.

새로운 비즈니스는 빅데이터를 활용하기 위한 데이터와 분석 기술을 보유하고 있다면, 창의적인 시각으로 새로운 유의미한 결과를 이끌어낼 수 있다. 월마트는 누구나 접근할 수 있는 소셜 미디어의 데이터를 분석하여 자사의 데이터와 접목시킴으로써 새로운 가치를 창출했다. 소비 성향과 패턴 심리를 분석해 매장의 상품 진열 및 재고 관리에 활용한 것이다. 월마트는 고객의 구매 이력, 날씨 등 다양한 데이터를 융합하고 분석하여 그날의 판매량을 예측했고, 이에 따라 물량을 조절했다. 이로 인해 물류 관리가 수월해졌으며, 심지어 그날 가장 많이 팔릴 물건을 예측할 수 있을 정도로 발전하였다.

월마트의 사례처럼, 디지털 시대에 발맞춰 세상을 변화시키는 빅데이터가 청년 창업의 새로운 길을 안내하는 나침반이 되기를 바란다.

그러나 아직 우리나라가 나아가야 할 길은 멀다. 스위스 국제경영개발대학원(IMD)의 발표에 따르면, 한국은 세계 5위의 데이터 생산국이지만, 빅데이터 활용도는 63개국 중 31위에 그쳤다. 한국데이터산업진흥원의 조사에서도 나타나듯, 우리나라 기업과 기관의 빅데이터 도입률은 평균 10%에 불과하다.

현장의 소리

"빅데이터를 활용해 창업 경쟁력을 높이려면 데이터의 품질과 분석 능력을 강화하는 것이 중요하다. 그러나 창업 분야에서 이와 관련된 인재를 찾기가 어렵고, 데이터 인프라 구축에는 상당한 비용이 소요된다. 따라서 정부는 교육, 컨설팅, 자금 지원 등 종합적인 지원책을 마련해 주어야 한다."

"글로벌 진출을 통해 세계적인 기업과 경쟁해야 하지만, 국내에서는 글로벌 통계 데이터에 접근하기가 매우 어렵다. 정부는 글로벌 통계 데이터를 확충하고, 창업 기업의 국제 데이터 접근성을 높여 우리나라 창업 기업의 해외 진출을 적극 지원해야 한다."

'빅데이터 = 비즈니스 경쟁력'이라는 점을 감안할 때, 빅데이터 기반의 비즈니스 창출 정책을 더욱 강화해야 할 것이다. 앞으로 우리나라에서 빅데이터를 활용하는 스타트업과 혁신 기업이 늘어나고, 성공 사례도 많이 나오기를 기대한다.

새로운 비즈니스 모델을 창출함으로써 수익을 올려야 한다. 기존의 비즈니스 구조를 완전히 변화시키거나, 세상에 없던 혁신적인 비즈니스 구조를 개발하여 새로운 시장을 개척하는 것이 필요하다. 예를 들어, 운송업에서는 무인 운송수단을 개발함으로써 새로운 수익원을 창출할 수 있다.

그림 3-1 비즈니스 모델 혁신 3단계

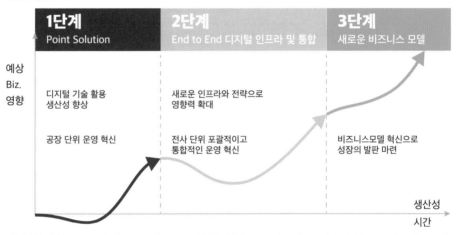

자료: World Economic Forum, January 2022, Unlocking Business Model Innovation through Advanced Manufacturing

새로운 비즈니스 시장이 우리 앞에 열리고 있다. 인공지능(AI), 바이오테크, 우주항공, 로봇, 수소, 첨단 모빌리티, 차세대 원전 등 미래 산업 분야에서 다양한 혁신 비즈니스가 탄생할 것이다.

표3-1 세상을 바꾸는 새로운 비즈니스

(단위: 억달러)

	2023년	2030년
로봇	400	2,600
우주	4,000	5,900
바이오	1조 5,538	3조 8,795
AI	1,502	1조 3,452
수소	2,427	4,106
첨단 모빌리티	575	2,340
차세대 원전	58	68

자료: BCG, 모건스탠리, 호라이존 그랜드 뷰 리서치, 마케츠&마케츠

그러나 아쉽게도 우리나라는 새로운 비즈니스 분야에서 아직 갈 길이 멀다. AI, 로봇, 첨단 모빌리티 분야는 선두 주자인 미국에 2년 이상 뒤처져 있다. 바이오(3.3년), 양자 기술(4.2년), 차세대 원전(5.0년), 우주항공(11.8년) 분야의 격차는 더욱 벌어지고 있다. 추격해 오던 중국은 한국을 넘어섰으며, 중국은 12개 분야 중 반도체와 2차 전지, 수소를 제외한 9개 분야에서 이미 우리나라를 앞서고 있다.

이에 따라 우리 정부는 미래 산업 분야에서 우리 기업들이 혁신 비즈니스를 이끌어 갈 수 있도록 적극적으로 지원할 계획이다.

과학기술정보통신부는 2024년 9월 제1차 국가전략기술 육성 기본계획을 발표했다. 이 계획에는 반도체, 디스플레이, 이차전지, 모빌리티, 원자력, 바이오, 우주항공·해양, 수소, 사이버 보안, 인공지능(AI), 통신, 로봇, 양자 등 12대 국가전략기술 분야에 5년간 30조 원 이상을 투자하는 내용이 포함되어 있다.

중소벤처기업부는 유망 신산업 중 스타트업의 세계 시장 진출 가능성이 높은 10대 분야에서 스타트업 1,000개를 육성하기 위해 2027년까지 민관 합동으로 2조 원을 투입할 계획이다.

* 10대 초격차 프로젝트에서 육성하는 스타트업 분야: ①시스템반도체 ②바이오·헬스 ③미래 모빌리티 ④친환경·에너지 ⑤로봇 ⑥AI·빅데이터 ⑦사이버보안·네트워크 ⑧우주항공·해양 ⑨차세대원전 ⑩양자기술

데이터 기반 헬스케어 창업을 한 청년 창업가 M씨는 "우리 사회 곳곳에 엄청나게 많은 데이터가 오픈되어 있다. 데이터의 가치를 인식하고 IT 기술과 융합하니 놀라운 사업 아이템들이 창출되고 있다"고 밝혔다. 그는 "회사는 먼저 데이터를 중심에 두고, 그 다음에 이를 활용하는 기술 개발에 힘쓰고 있다. 이것이 우리의 경쟁력이라고 생각한다"고 덧붙였다. 그러나 그는 "건강 의료 데이터 분야는 규제가 너무 심하다"는 점을 우려했다.

4차 산업혁명과 디지털 시대를 맞아 비즈니스에서 데이터의 중요성이 더욱 강조되고 있다. 특히 창업 분야에서는 데이터 분석을 통해 창업 아이템을 결정하고, 이후에는 데이터를 충분히 활용하는 데이터 경영이 필수적이다. 신뢰할 수 있는 데이터를 확보하고 이를 효과적으로 응용하는 능력이 스타트업의 경쟁력으로 작용할 것이다. 최근에는 데이터 관련 창업이 급속히 증가하고 있는 추세다.

정부는 새로운 비즈니스 분야에서 우리 스타트업과 벤처기업들이 세계 시장에서 마음껏 활동할 수 있도록 규제 개혁, 인재 육성, 금융시장 효율화 등을 현장 맞춤형으로 지속적으로 실행해야 한다.

모쪼록 세상을 바꾸는 혁신적인 비즈니스가 지속적으로 출현하여 대한민국 경제 성장의 엔진이 되고, 행복한 일자리를 창출하는 씨앗이 되기를 바란다.

3 CES의 주인공은 Tech 기업, 미래를 선도하다

세계 최대 가전 IT 전시회 CES에 참가한 IT 개발업체 L사는 이번 경험을 통해 세상의 크고 넓음을 깨닫게 되었다고 전했다. 이 회사는 개발하고자 하는 기술과 제품의 방향을 명확히 설정하고, 경쟁력 있는 혁신적인 제품을 만드는 방법에 대한 통찰을 얻었다고 밝혔다.

대표이사 J씨는 "우리나라에서 창업에 뛰어드는 사례가 많지만, CES와 같은 국제 행사에 참가해 검증을 받는 것이 중요하다"고 강조했다. 그는 정부와 공공기관이 이러한 참여를 적극적으로 지원해 주기를 요청했다.

'미래 세상을 가장 먼저 볼 수 있는 곳'인 세계 최대 IT·가전 전시회 CES는 매년 초 미국 라스베이거스에서 열린다. 이 전시회는 미래 기술을 엿볼 수 있는 융합과 혁신의 무대로, 그동안 백색가전, IT 기기, AI의 최신 흐름을 보여주었다.

CES 2022에서는 코로나19 상황에도 불구하고 160여 개국에서 약 2,200개 사가 참가했으며, 우리나라는 주최국 미국에 이어 가장 많은 502개 기업이 참여했다. 이 가운데 국내 스타트업은 292개로 역대 최대 참가 수치를 기록했다.

CES 2022 혁신상에서 한국 기업의 제품이 수상을 휩쓰는 기염을 토했다. 전체 CES 혁신상 수상 제품 604개 중 국내 제품은 176개로, 전체 수상의 29%를 차지했다. 중소기업은 91개 제품을 수상하여 대기업 제품 수상(85개)보다 더 많은 성과를 거두었다. 우리나라 중소기업이 보여준 저력은 대단하며 감동적이다. 수상한 중소기업의 수는 2021년 대비 157% 증가했으며, 그중 10개 중 8개는 스타트업이며, 31%는 창업 3년 이내의 초기 기업이다

2022년 CES는 4차 산업혁명 시대를 이끌어 갈 미래 기술의 향방을 가늠할 수 있는 융합과 혁신의 무대였다. CES 주최사인 미국소비자기술협회(CTA)는 CES 2022에서 주목해야 할 4가지 기술 트렌드로 운송, 우주기술, 지속가능 기술, 디지털 헬스를 발표했다. 미래 모빌리티의 핵심은 스마트화와 전기화이며, 새롭게 강조되는 기술 분야로는 우주기술 카테고리를 꼽았다. 지속 가능 기술은 환경 문제

와 연계되어 산업 전반에서 중요한 트렌드로 부각되었고, 디지털 헬스는 4년 연속 주요 기술 분야로 선정되며 코로나 팬데믹 이후 대표적인 테마로 부상했다.

2023년 1월 초, 미국 라스베이거스에서 열린 국제전자제품 박람회(CES) 2023에 한국은 미국 다음으로 550여 개 기업이 참여했다. 참가 기업 중 60% 이상인 350여 개가 스타트업으로, 이들은 130여 개의 혁신상을 휩쓸었으며, 최고 혁신상(Best of Innovation)도 4개나 받았다. 이를 통해 기술 기반 K-스타트업의 위상을 세계에 널리 알렸다.

윤석열 대통령은 2023년 2월 초, CES 혁신상을 수상한 벤처 및 스타트업들을 초청하여 첨단 기술 혁신의 치열한 최전선에서 우수한 기술력과 혁신 역량을 선보인 기업인들을 격려했다. 윤 대통령은 "여러분과 함께 대한민국을 최고의 혁신 허브로 만들어가겠다"고 밝히며 정부의 적극적인 지원을 약속했다.

'CES 2024'는 인공지능(AI)의 각축장으로, 760여 개 업체가 참가하여 역대 최대 규모를 기록했다. 삼성, SK, 현대차, LG 등 대기업을 필두로 중소·중견기업과 짧은 업력을 가진 창업기업(스타트업)까지 다수 가세해 혁신 기술을 선보였다.

'CES 혁신상'을 수상한 한국 기업은 134개로, 전체 수상 기업의 42.8%를 차지하며 역대 최다를 기록했다. 이 중 86.6%인 116개가 벤처 및 창업기업으로, 업력 7년 이내의 스타트업도 97개에 달한다. 기술 분야의 최고 권위를 자랑하는 'CES 최고혁신상'에는 한국 기업 8곳이 선정되어, 첨단 기술 종주국인 미국(7곳)과 일본(3곳)보다 더 많은 수치를 기록했다. 또한, 새롭게 신설된 AI 부문 혁신상과 최고 혁신상 37개 중 17개를 대한민국이 차지하며, 대다수가 중소벤처기업임을 보여주었다.

우리나라 기업들이 CES에서 선전하는 것은 도전적인 스타트업들이 많이 탄생한 덕분일 것이다. 이러한 열기가 우리 기업 및 산업 경쟁력 제고로 이어져야 한다. CES는 단순한 전시성 연례행사로 끝나서는 안 되며, 비전을 마음껏 펼칠 수 있는 기회를 제공해야 한다. 이를 위해서는 연구개발(R&D) 투자 확대, 기술 인재 육성, 규제 개혁, 그리고 지원 법과 제도의 뒷받침 등이 필수적이다.

앞으로도 세계 시장에서 경쟁력 있는 벤처와 스타트업이 많이 탄생할 수 있도록 정부, 지자체, 금융권, 대기업 등에서 지속적인 모험 자본 투자와 지원이 필요하다.

미래 지속 가능한 성장을 위해 중소벤처기업은 무엇을 해야 하는지에 대한 방향은 이미 나왔다. 그것은 기존 영역을 파괴하는 융합과 혁신이다. 경계를 허물고 관행을 파괴하는 대전환 시대에 스타트업과 중소벤처기업들은 기존 패러다임으로는 생존하기 힘들다. 끊임없이 변화하지 않으면 시장에서 도태될 수밖에 없다. 따라서 단기적이고 우물 안 개구리식 시각에서 벗어나 산업 및 기술 트렌드에 맞춰 미래 지향적 시야를 넓혀 나가야 한다.

현장의 소리

"스타트업이나 중소벤처기업들이 해외 기술 박람회에 참가하는 데는 많은 어려움이 따른다. 비용이 크게 부담되기 때문이다. 정부와 공공기관에서 CES와 같은 주요 행사에 참가하는 중소벤처기업에 대한 지원을 확대하고, 후속 조치도 강화해 주면 좋겠다."

경계를 허물고 관행을 파괴하는 대전환 시대에 참가 기업들도 기존 패러다임으로는 생존하기 힘들다는 위기감을 토로하고 있다. 이에 따라 정책은 창의적인 스타트업과 중소기업이 걱정 없이 기술과 상품, 서비스 개발에 전념하고 혁신 능력을 배양할 수 있도록 지원을 대폭 확대해야 한다.

창업 초기에 직면하는 규제를 과감히 개혁하고, 기술, 금융, 생산, 판로 등 필요한 시기에 신속히 지원하며, 대기업과의 상생 협력으로 건강한 생태계를 조성해야 한다. 이러한 접근이야말로 대한민국 경제의 역동성과 미래 경쟁력을 높여 혁신 성장을 이끌어낼 중요한 동력이 될 것이다.

경제 성장, 기술 스타트업이 이끈다

서울에 사는 청년 창업가 H 대표이사를 만났다. 그는 디지털 헬스케어 분야에서 창업한 지 3년 동안 기술 개발에 매진해 왔으며, 글로벌 시장에서의 평가를 받고자 CES에 참가했다. 그 결과 좋은 반응을 얻었고 혁신상도 수상했다. H 대표는 기술 개발 과정에서 가족과 지인의 도움이 큰 역할을 했다고 전했다. 현재 그는 기술 개발을 마무리하고 본격적인 마케팅에 나서고 싶지만, 자금 부족으로 어려움을 겪고 있다. 그는 벤처 캐피탈(VC)에 투자를 요청했으나, 과거 실적이 없고 기술 평가가 어렵다는 이유로 투자 거절을 당했다. H 대표는 "아무리 기술과 사업성을 설명해도 투자 심사자들이 잘 이해하지 못하는 것 같아 답답하다"며, "차라리 AI가 심사를 해주면 투자가 결정될텐데"라고 하소연했다.

국가 경제 차원에서 미래 성장 동력과 신산업을 지속적으로 발굴하여 저성장 국면을 탈피하기 위해, 기술 창업 활성화는 미룰 수 없는 과제이다. 인공지능, 빅데이터, IoT 등 혁신 기술 창업 기업은 일반 창업보다 매출 및 고용 성과가 더 우수하다는 분석이 나오고 있다. 이처럼 기술 창업은 정체된 창업 생태계의 질적 성장과 역동성을 높이는 데 기여하며, 궁극적으로 한국 경제의 미래 성장을 책임질 유니콘 기업을 육성하는 데 중요한 토대가 된다.

그러나 대한민국 창업 생태계의 현실은 다소 우려스러운 점이 있다. 기술 기반 업종의 창업은 매년 증가하고 있지만, 여전히 양적인 성장에 치중하는 경향이 있다. 2021년 기준으로 창업 기업 수(사업 개시 7년 이내)는 455만 개에 달하지만, 그중 기술 기반 창업은 19.8%에 불과하다.

대부분의 창업은 차별화되지 않은 기술 및 사업 모델에 의존하며, 비교적 쉬운 창업 방식이 다수를 차지하고 있다. 실제로 도·소매업, 숙박·음식점업, 부동산업 등이 전체 창업 기업의 60%를 차지하고 있어, 창의적이고 혁신적인 비즈니스 모델의 필요성이 더욱 강조되고 있다.

표3-2 **(기술)창업 기업 현황**

구분		기업 수(개)			종사자 수(명)			매출액(조원)		
		'19년	'20년	'21년	'19년	'20년	'21년	'19년	'20년	'21년
중소기업		6,889,994	7,286,082	**7,713,895**	17,460,668	17,791,969	**18,492,614**	2,654.2	2,674.6	**3,017.1**
창업기업		4,016,385 (58.3%)	4,299,673 (59.0%)	**4,549,158 (59.0%)**	6,543,635 (37.5%)	7,171,330 (40.3%)	**7,321,542 (39.6%)**	1,013.2 (38.2%)	1,004.2 (37.5%)	**1,108.8 (36.8%)**
업 종	기술기반	783,195 (19.5%)	848,036 (19.7%)	**902,599 (19.8%)**	2,043,466 (31.2%)	2,279,287 (31.8%)	**2,265,738 (30.9%)**	295.9 (29.2%)	283.4 (28.2%)	**315.4 (28.4%)**
	비(非) 기술기반	3,233,190 (80.5%)	3,451,637 (80.3%)	**3,646,559 (80.2%)**	4,500,169 (68.8%)	4,892,043 (68.2%)	**5,055,804 (69.1%)**	717.2 (70.8%)	720.8 (71.8%)	**793.4 (71.6%)**

자료: 중소벤처기업부

한국무역협회가 조사한 글로벌 기업들의 한국 스타트업에 대한 인식을 보면, 실리콘밸리의 기술 경쟁력 수준을 10점 만점으로 평가했을 때 한국 스타트업은 7.4점, 글로벌 진출 준비도는 6.1점, 비즈니스 모델 차별성은 6.4점으로 나타났다. 이러한 수치는 상대적으로 낮은 평가를 받고 있어, 한국 스타트업들이 글로벌 시장에서 경쟁력을 높이기 위해서는 기술력 향상과 더불어 독창적인 비즈니스 모델 개발이 필요함을 시사하고 있다.

우리나라의 창업 생존율은 매우 낮아, 창업기업의 5년 생존율이 33.8%에 그쳐 OECD 주요국 평균인 44.1%를 하회하고 있다. 이는 창업 후 5년이 지나면 세 개의 기업 중 하나만이 살아남는다는 것을 의미한다.

한국이 창업 선도 국가로 자리 잡고 경제가 역동적으로 성장하기 위해서는 기술 창업이 활성화되어야 한다. 기술 창업이 경제에 활력을 불어넣는 점을 감안할 때, 현재와 같은 창업 엔진이 식는 것을 방치할 수는 없다. 따라서 정부와 사회 모두가 기술 스타트업을 적극적으로 지원해야 할 시점이다.

미래의 신성장 동력을 점화하고 경제를 재도약시키기 위해서는 도전적인 기술 창업이 지속적으로 이루어져 유니콘 기업으로 진화할 수 있는 혁신 기술 창업 생태계를 조성해야 한다. 이를 위해 전방위적인 지원이 필요하며, 기술 창업기업들이 자유롭게 성장할 수 있는 여건을 마련해야 한다. 이러한 환경이 마련되면 기술 스타트업은 혁신 역량을 갖추고 글로벌 시장에서 경쟁력을 갖춘 기업으로 도약할 수 있을 것이다.

정부는 기술 창업 열풍을 다시 일으키기 위해 투자 촉진과 기업공개(IPO) 활성화, 다양한 규제 완화를 적극적으로 추진해야 한다. 규제 혁파를 강조해 왔지만, 스타트업 현장에서 그 변화가 체감되지 않고 있는 것이 현실이다. 기업 창업이 여러 규제의 사슬에 얽혀 자유롭게 성장할 수 없는 상황에서, '타다'와 같은 혁신 플랫폼들이 제도권에 안착하지 못하면서 창업 의욕 또한 꺾이고 있다. 이러한 문제를 해결하기 위해서는 정부의 강력한 의지와 함께 실질적인 지원이 필요하다.

기술 창업을 활성화하기 위해서는 우수한 기술 인력을 확보하는 것이 매우 중요하다. 예를 들어, 2027년까지 인공지능(AI) 분야에서 약 1만 2,800명, 클라우드 분야에서 1만 8,800명의 인력이 부족할 것으로 예상된다. 이러한 신기술 분야의 우수 인재를 확보하는 것이 경제 규모를 확장하는 데 필수적이다.

또한 스타트업을 위한 금융 생태계의 혁신적인 구축이 필요하다. 현재의 기술 창업 기업들이 미래의 유니콘 기업으로 발전하기 위해서는 성장 사다리를 준비하는 과정에서 금융권의 역할이 무엇보다 중요하다. 금융기관은 스타트업에 대한 투자와 지원을 확대하여 이들이 안정적으로 성장할 수 있는 기반을 마련해야 한다.

현장의 소리

"기술 창업의 경우 개발에서 상용화까지 소요되는 기간이 길다. 이 때문에 오랜 기간 동안 지속할 수 있는 투융자 지원을 확대해 주어야 한다. 또한, 까다로운 투융자 조건을 완화하고, 실적보다는 미래 가치를 중심으로 평가해 주는 것이 필요하다."

실적은 미미하지만 기술 잠재력만으로도 IPO가 가능한 기술특례 상장이 최근 들어 줄어들고 있는 상황이다. 특히 바이오 분야에서 기술특례 상장 건수가 감소세를 보이고 있다. 2020년에는 27건이었으나, 2022년에는 13건, 2023년에는 12건으로 줄어들었다. 거래소 상장에 성공해야 투자금을 회수할 수 있기 때문에 상장 자체가 어려워지면 투자 유치도 더욱 힘들어지는 악순환이 발생한다. 이러한 상황은 기술 창업 열기를 높이기 위해서라도 증시의 밸류업이 시급하다는 점을 강조한다. 따라서 정부와 관련 기관은 기술특례 상장 활성화를 위한 다양한 정책을 마련하고, 스타트업들이 상장에 성공할 수 있도록 지원해야 할 필요성이 있다.

홀륭한 기술력과 사업 계획을 갖춘 스타트업들이 사라지지 않도록, 사업 리스크가 가장 큰 창업 초기 단계에서 적절한 자금 공급이 이루어져야 한다. 이는 미래의 유니콘 기업을 위한 중요한 자양분이 될 것이다. 따라서 금융권은 안정적인 재무성과를 보유한 후기 기업보다, 아직 Death Valley를 넘어가지 못한 기술 창업 초기 단계에 더욱 집중할 필요가 있다.

또한, 투자금 회수 시장이 발달한다면 기술 창업도 활성화될 수 있다. 인수합병(M&A)을 통한 투자금 회수 시장을 키워 나가는 것이 중요하다. 이를 통해 스타트업이 보다 안정적인 재원과 지원을 확보할 수 있으며, 성공적인 기업으로 성장하는 데 필요한 환경이 조성될 것이다.

금융 지원뿐만 아니라 비(非)금융 지원의 중요성도 간과해서는 안 된다. 기술을 보유하고 있지만 경영 노하우와 사업화 역량이 부족한 초기 기술 기업들이 많기 때문이다. 이러한 기업들을 위해 컨설팅, 인큐베이팅, 엑셀러레이팅 지원을 확대할 필요가 있다. 성공적인 모델로는 IBK창공(창업 공장) 프로그램이 있다. 비금융 지원은 기술 창업의 성공 가능성을 높여 부실 리스크를 상쇄하고, 금융 지원과의 시너지를 지속적으로 창출할 수 있을 것이다. 이를 통해 스타트업들이 안정적으로 성장할 수 있는 기반이 마련될 것이다.

⑤ 기술 탈취, 근절할 방안은 없는가

어느 포럼에서 만난 여성 청년 창업가 B씨는 자사가 개발한 기술이 대기업에 의해 모방당해 유사한 제품이 출시되면서 큰 위기에 처했다고 밝혔다. B씨는 "아이디어를 바탕으로 어렵게 기술을 개발했는데, 대기업에서 연락이 와 협력 미팅을 하자고 해서 자사의 기술과 제품을 상세히 브리핑했다"고 전했다. 그러나 얼마 지나지 않아 대기업 측 담당자와의 연락이 끊어졌고, 이후 대기업에서 유사한 제품을 출시했다. 그는 "투자 심사가 진행 중이던 상황에서 대기업의 출시 소식을 듣고 심사를 철회해야 했다"며, "이로 인해 시장에서 마케팅도 더 이상 할 수 없게 됐다"고 한탄했다. B씨는 "대기업을 상대로 소송을 고려 중이지만, 이건 불가능한 게임이다. 너무 억울해서 여기저기 뛰어다니며 해결 방법을 찾고 있지만, 청년 창업가로서 도움을 줄 수 있는 곳이 한 곳도 없었다"고 말했다.

청년은 대한민국의 미래이다. 청년 스타트업은 새로운 경제 도약의 중요한 동력이다. 4차 산업혁명과 디지털 전환, 그리고 경제 대변혁의 시대에서 청년의 역할이 더욱 강조되는 이유이기도 하다. 우리가 해결해야 할 시대적 과제는 청년 경제를 활성화하는 것이다. 그러나 현장에서 청년들과 소통하며 고민을 나누다 보면, 우리나라가 가야 할 길이 여전히 멀다는 생각이 든다.

얼마 전 만난 청년 스타트업의 절박함은 여전히 생생하다. 처음에는 자금 문제로 어려움을 겪고 있다고 생각했지만, 의외로 그들은 기술 탈취 위기로 인해 울분을 토했다. 자금이 부족해도 버틸 수 있지만, 기술 탈취 문제는 마치 늪과 같아 쉽게 빠져나올 수 없으며 결국 기업이 망할 수밖에 없다는 것이다. 스타트업 청년 CEO는 대화 중 눈물을 흘리며 대기업의 기술 탈취로 인해 너무 힘들다는 고충을 털어놓았다. 의욕을 갖고 힘들게 창업한 회사가 곧 문을 닫아야 할 현실에 앞이 캄캄하다고 말했다.

청년 스타트업 CEO는 혁신적인 아이디어와 기술로 창업한 후, 마케팅 협력을 위해 대기업과 접촉했으나 이것이 패착이었다고 후회했다. 대기업 관계자와의 논의 과정에서 아이디어, 기술, 디자인 등 다양한 자료를 제공하며 상세히 설명했는데, 그는 좋은 협력 관계가 성사될 것이라고 기대했다.

하지만 얼마 지나지 않아 대기업은 일방적으로 협력 논의를 중단하고 유사한 제품을 출시했다. 이는 누가 봐도 명백한 기술 도용이자 제품 모방으로, 대기업이 스타트업의 기술을 탈취하는 일반적인 행태를 보여준다. 처음에는 협력 이야기를 하며 접근한 후 스타트업의 아이디어, 기술, 디자인, 컨셉 등을 모방하고, 결국 대기업이 독자적으로 제품을 출시하는 방식이다.

청년 스타트업 CEO의 경험은 안타깝지만, 이는 현실적으로 매우 흔한 사례이다. 대기업과의 협력 논의가 스타트업에게는 기회처럼 보이지만, 동시에 그들의 아이디어와 기술이 위험에 처할 수 있는 상황을 내포하고 있다. 대기업이 스타트업의 혁신적인 아이디어를 도용하고 이를 독자적으로 출시하는 것은 스타트업 생태계에서 신뢰를 해치는 심각한 문제이다.

2023년에는 기술탈취를 이유로 행정조사 및 조정을 신청한 스타트업의 수가 전년 대비 167% 증가했다. 이는 기술 보호에 대한 스타트업들의 경각심이 높아졌음을 나타내지만, 여전히 여러 도전에 직면해 있다. 스타트업들은 일반적으로 협상력이 약하고, 법적 제도가 미비하며, 인력과 자금이 부족해 효과적인 대응이 어려운 상황이다. 이러한 문제는 기술탈취와 같은 심각한 이슈에 대한 대응력을 약화시킨다.

스타트업이 대기업과의 기술탈취 분쟁에 휘말리면, 고된 싸움에 내몰리게 된다. 스타트업이 소송을 제기하더라도 승소하기는 매우 어렵다. 소송이 진행되는 동안 기업 경영에 전념할 수 없고, 많은 시간과 자원을 소모해야 하므로 결국 회사 운영에 차질이 생길 수 있다. 이로 인해 갓 출발한 청년 스타트업은 대기업이라는 거대한 상대와 싸우는 것이 마치 계란으로 바위치기와 같은 불리한 상황에 처할 수밖에 없다.

대기업이 기술 탈취 행위를 부인할 경우, 스타트업은 그에 대한 입증 책임을 져야 하며, 대기업은 조직적인 인력과 막대한 자금을 활용해 법적 대응을 준비할 수 있다. 이러한 상황에서 홀로 뛰는 청년 스타트업이 경쟁하는 것은 사실상 불가능에 가깝다.

이런 사례는 단순히 몇몇 청년 스타트업만의 경험이 아니다. 많은 스타트업들이 대기업으로부터 기술침해를 당하고도 거래 중단이나 보복 피해를 두려워해 신고조차 하지 못하는 상황이 많다. 실제로, 오랜 기간 동안 만난 여러 청년 스타트업들은 기술탈취로 인해 큰 어려움을 겪었던 경험을 공유했다. 이들은 기술의 보호가 얼마나 중요한지를 절감하고 있으며, 더 나아가 이러한 상황이 지속될 경우 혁신의 기반이 되는 창업 생태계에 심각한 부정적 영향을 미칠 것이라는 우려를 표명하고 있다.

중소벤처기업부의 자료에 따르면, 2017년부터 2021년까지 조사된 중소기업의 기술 유출 및 탈취 피해 건수는 280건에 달하며, 피해 금액은 무려 2,827억 원에 이르는 것으로 나타났다. 또한, 중소기업중앙회가 발표한 '기술탈취 근절을 위한 정책수요 조사'에 따르면, 특허를 보유한 중소기업의 10곳 중 1곳 이상이 기술탈취 피해를 경험하고 있으며, 이 중 43.8%는 피해 입증이 어려워 별도의 조치를 취하지 못한 것으로 조사되었다. 특히, 기술탈취에 대한 처벌 수준에 관해서는 중소기업의 89.3%가 불만족스럽다고 응답했다.

이러한 결과는 중소기업들이 기술 보호에 대한 체감이 낮고, 실제로 피해를 입어도 이를 해결할 수 있는 방안이 부족하다는 것을 보여준다. 따라서, 중소기업의 기술 보호를 위한 법적, 제도적 개선이 시급하며, 이들을 지원할 수 있는 체계적인 시스템이 마련되어야 한다.

그림 3-2 기술침해 경험 시 조치 여부·방식

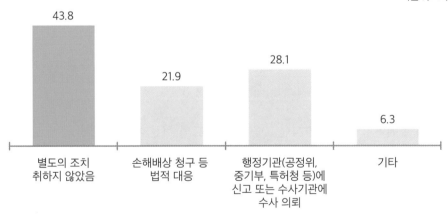

(단위: %)

자료: 중소기업중앙회

대기업의 기술 탈취 사례는 어제오늘의 문제가 아니다. 30년 넘게 스타트업과 벤처기업에 대해 연구해 온 결과, 오래전부터 기술 탈취 문제가 심각하게 발생

해 왔다. 그 이후 정부와 국회는 기술 탈취 문제 해결을 위해 다양한 노력을 기울였다. 기술 예치제 도입, 징벌적 손해 배상, 분쟁 해결책 마련 등 여러 대책이 시행되었지만, 현장에서 여전히 문제가 근절되지 않는 이유는 무엇일까?

그 답은 간단하다. 대기업은 기술 탈취를 해도 실질적인 손해를 보지 않는 경우가 많기 때문이다. 기술 탈취 논란이 발생해도 대기업은 이를 피해 갈 수 있고, 처벌 조치도 크지 않기 때문에 이를 심각한 문제로 인식하지 않는다. 중대재해처벌법처럼 대기업이 스타트업의 기술 탈취 행위로 밝혀질 경우, 손해 배상 수준의 솜방망이 처벌이 아닌 강력한 형사 처벌이 이루어진다면 상황이 개선될 수 있을 것이다.

기술탈취는 금전피해를 넘어 청년 스타트업의 기술개발 의지와 열정을 약화시키고 성장의 싹을 자르는 일이다. 윤석열 대통령이 2023년 8월 말 청와대 영빈관에서 열린 <스타트업 코리아 전략회의>에서 기술탈취를 중범죄로 규정하고 단호한 사법 처리를 약속한 것은 매우 중요한 전환점이 될 것이다. 이러한 발표는 청년 스타트업들이 직면한 기술탈취 문제를 심각하게 인식하고, 이를 해결하기 위한 강력한 의지를 보여주는 것으로 평가된다.

현장의 소리

"대기업이 중소벤처기업의 기술을 유용하거나 탈취하지 못하도록 근본적인 대책이 마련돼야 한다. 징벌적손해배상제도 등 부분적인 조치만으로는 근절이 안 된다."
"중소벤처기업이 피해를 입었을 경우에 해결하는 데 어려움이 없도록 피해 중소벤처기업 입장에서 제도를 획기적으로 개선해야 한다."

중소벤처기업부는 2024년 10월에 '스타트업 혁신 기술 보호 및 구제 강화 방안'을 발표했다. 이에 따라 기술 탈취와 관련한 법 위반 행위에 대한 처벌이 대폭 강화될 예정이다. 또한, 신기술의 경우에도 기술 개발에 투입된 비용이 손해액으로 인정될 수 있도록 산정 기준이 개선된다.

청년 스타트업이 직면한 기술 탈취 문제는 심각한 상황이며, 이는 단순히 자금 부족보다도 더 큰 위협이 될 수 있다. 스타트업의 혁신성과 경쟁력은 기술력에 기반하고 있으며, 이 기술이 보호받지 못한다면 그들의 미래는 암담할 수밖에 없다.

청년 CEO가 겪고 있는 어려움은 단순히 개인의 문제가 아니라, 대한민국 전체의 창업 생태계에 영향을 미치는 중대한 사안이다. 기술 탈취는 창의적 아이디어와 노력으로 탄생한 기업들을 위협하고, 결국 이는 경제 성장과 일자리 창출에 악영향을 미치게 된다.

따라서, 정부와 사회는 스타트업을 보호할 수 있는 법적 제도와 정책을 마련해야 한다. 지적 재산권을 보호하고, 기술 유출을 방지하기 위한 교육과 인식을 높여야 한다. 또한, 기술 탈취 문제에 대한 신속하고 엄정한 대응 체계가 마련되어야 할 것이다. 청년들이 안심하고 창업할 수 있는 환경이 조성되어야, 그들의 열정과 창의성이 사회에 긍정적인 변화를 가져올 수 있을 것이다.

청년 스타트업과 대기업 간의 기술 탈취 논란이 재발하지 않도록 상생 협력을 위한 특단의 대책이 필요하다. 스타트업의 소중한 아이디어와 기술을 보호하고 관리할 수 있는 기술 이력 관리제를 도입하고 시스템을 구축해야 한다. 정부가 아이디어 및 기술 이력 관리 시스템을 마련하면, 청년 스타트업은 아이디어, 디자인, 기술 등을 처음 구상하는 단계부터 개발과 완성, 활용까지 지속적으로 등록하고 관리할 수 있다. 만약 스타트업이 대기업과 기술 탈취 분쟁이 발생하면, 정부는 이 시스템에 근거해 상호 해결 조정 및 판결을 지원할 수 있다. AI 등 디지털 방식을 활용해 시스템을 구축하면 큰 비용 없이도 손쉽게 운영할 수 있다. 이로 인해 청년 스타트업은 기술 탈취 분쟁 발생 시 직접 뛰어다니며 고충을 겪는 대신, 경영에 더 집중할 수 있을 것이다.

이제 청년 스타트업이 열정을 가지고 기술 보호 안전망 안에서 기업을 성장시킬 수 있도록, 창의적인 정책 대안을 마련하고 법과 제도의 뒷받침이 이루어지기를 기대한다. 대기업과 청년 스타트업이 진정으로 상생하는 공정한 시대가 열릴 때, 대한민국의 미래 경제는 밝아질 것이다.

6 기술 벤처, 지속 성장의 동력을 끌어올리자

경기도에서 제조업을 경영하는 한 벤처기업 CEO는 현재의 위기는 큰 걱정거리가 아니라고 전했다. 그는 "그동안의 기업 경영 경험과 각종 지원 덕분에 지금까지 버텨왔지만, 앞으로의 상황이 더 큰 문제"라고 밝혔다. 이어 그는 "개별 벤처기업의 문제가 아니라 대한민국의 미래 성장 동력이 떨어지고 있다는 것이 더 큰 위기가 될 수 있다"고 경고했다. 성장 동력이 사라지면 국가 경제 전체가 흔들릴 수 있다는 우려가 크다. 그는 "급변하는 경제 환경 속에서 대한민국이 도약할 수 있는 새로운 동력을 벤처기업에서 찾아야 한다"고 강조했다. 벤처 업계 현장에서도 벤처가 활성화되지 않으면 대한민국의 미래가 없다는 우려의 목소리가 커지고 있다.

한국 경제에 밝은 불빛이 깜빡이기 시작했을까? 주요 국제기구들이 한때, 한국 경제 성장률을 상향 조정한 것은 수출 호조세 등의 긍정적인 반영 때문이다. 그러나 경제 상황을 지나치게 낙관하기에는 아직 이르다. 현재 경제 성장은 지속적이지 않으며, 불균형한 성장(Uneven growth)을 보이고 있다. 2024년 2분기 한국 경제 성장률은 1분기 1.3%의 '깜짝 성장'에 따른 기저효과로 -0.2%를 기록했다. 1분기에 비해 예상을 뛰어넘는 성장세를 보였던 것과 달리, 2022년 4분기 이후 1년 6개월 만에 역성장으로 뒷걸음질 쳤다. 이는 한국 경제가 여전히 큰 불확실성에 직면해 있음을 보여준 것이다.

한국은행 금융통화위원회는 지난 2024년 8월 기준금리를 3.5%로 동결했지만, 10월과 11월 회의에서는 3년 2개월 만에 각각 0.25%포인트 인하했다. 그러나 2025년에도 연속적으로 금리를 낮출지는 의문이다. 이는 고물가, 불안정한 부동산 가격 상승, 그리고 높은 가계부채 흐름이 지속되면서 금리 인하에 신중할 수밖에 없는 상황을 반영한 것이다. 미국은 9월에 기준금리를 0.5%포인트 인하하는 '빅 컷'을 단행했지만, 한국은 2025년에 금리를 언제, 얼마나 낮출지에 대한 불확실성이 여전히 존재한다. 금리를 인하하더라도 그 폭과 속도는 제한적일 것으로 예상된다.

과거의 저금리 수준으로 돌아가는 것은 쉽지 않아 보인다. 이는 고금리 상황이 계속될 것임을 의미한다. 고금리와 고물가로 인해 소비와 투자가 활성화되지 않으면서, 경제 현장에서 체감하는 경기는 여전히 싸늘하다. 경제 리스크와 대외 불확실성을 고려할 때, 높은 경제 성장세를 기대하기는 어렵다. 이러한 상황은 경제 전반에 걸쳐 회복력이 저하되고 있음을 보여주고 있다.

지금 우리가 고민해야 할 것은 성장의 동력을 살려 지속적으로 도약하는 경제를 '어떻게 만들 것인가'이다. 새로운 성장 동력을 찾아야 하는데, 그중 하나가 벤처기업 활성화이다. 과거 벤처기업은 경제 위기 때마다 돌파구 역할을 하며 경제 성장을 뒷받침했다. 따라서 '제2의 벤처 붐'을 일으켜 한국 경제가 지속적으로 성장할 수 있는 토대를 마련해야 한다. 이를 위해 정책적 지원과 함께 창의적이고 혁신적인 아이디어가 실현될 수 있는 환경을 조성하는 것이 중요하다.

우리나라의 벤처기업 수는 현재 4만 개를 넘어섰으며, 2022년 기준으로 총 매출액은 211조 원에 달한다. 이는 재계 기준으로 4위 수준이다. 고용은 81만여 명에 이르며, 이는 4대 그룹의 총 종사자 수보다 6만여 명 더 많은 수치이다. 특히 벤처기업의 청년 고용 비중은 52.8%에 이르며, 이는 국가 경제의 핵심적인 축을 담당하고 있음을 보여준다. 이러한 벤처기업의 성장은 경제 활성화와 청년 고용 창출에 중요한 기여를 하고 있다.

그러나 벤처업계는 활기를 잃어가고 있다. 그 주요 원인은 벤처 투자가 크게 위축되고 있기 때문이다. 벤처 기업 경영진과의 대화에서도, 요즘 투자 유치와 자금 확보의 어려움이 가장 큰 애로사항으로 꼽히고 있다. 스타트업 전문 시장 조사 업체인 'CB 인사이츠'의 최근 분기 보고서에 따르면, 2024년 1분기 세계 벤처 투자액은 약 584억 달러를 기록하며 전년 동기 대비 21% 감소했다. 2022년 1분기에 1,540억 달러를 기록했던 것에 비하면 무려 62% 줄어든 수치이다. KPMG가 발간한 '2024년 1분기 벤처캐피탈(VC) 투자 동향(Venture Pulse Q1'24)' 보고서에서도 2024년 1분기 글로벌 VC 투자 시장의 투자 딜 건수가 2016년 2분기 이후 가장 낮은 것으로 나타났다.

우리나라의 벤처 투자 위축 상황도 크게 다르지 않다. 국내 벤처 스타트업이 정체되고 투자금이 급감하면서 한국 경제의 성장 엔진이 식어가는 것에 대한 우려의 목소리가 커지고 있다. 최근 3년간 벤처기업 수의 증가율은 2.2%에 그쳐, 벤처업계의 활력이 떨어지고 있는 상황을 보여준다. 이러한 흐름은 벤처기업의 지속 가능성에 부정적인 영향을 미칠 수 있으며, 전체 경제에도 악영향을 미칠 수 있다.

그림 3-3 벤처투자 추이

(단위: 조원)

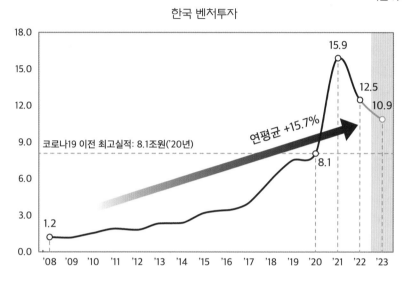

한국 벤처투자

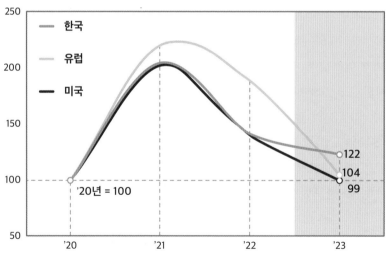

주요국 벤처투자(달러기준)

자료: 관계부처 합동, 「벤처투자 현황 진단 및 대응 방안」(2024. 5)

중소벤처기업부가 발표한 2023년 국내 벤처 투자 및 펀드 결성 세부 현황에 따르면, 2021년 139억 달러에 달했던 벤처 투자금액은 2023년에는 84억 달러로 현저히 줄어들었다. 최근 3년간 신규 벤처 투자 현황을 살펴보면, 2021년에는 15조 9,371억 원을 기록했으나, 2022년과 2023년에는 각각 12조 4,706억 원, 10조 9,133억 원으로 크게 감소했다. 벤처 투자 정보 업체인 더브이씨에 따르면, 2024년 1분기 벤처 스타트업 대상 투자 금액은 1조 2,426억 원으로, 2023년 1분기(1조 3,162억 원)와 비교해 5.6% 감소한 것으로 나타났다. 이러한 추세는 국내 벤처 투자 환경의 위축을 더욱 부각시키고 있다.

한편, 스타트업 투자 정보 업체인 더브이씨가 발표한 '2023 한국 스타트업 투자 브리핑'에 따르면, 2023년 폐업한 스타트업 수는 총 146개로 집계되었다. 같은 기간 신규 설립 건수는 95개로, 2022년의 322개에 비해 70.5% 급감한 수치이다. 이러한 데이터는 스타트업 환경이 어려워지고 있음을 보여주며, 투자와 창업의 활력이 떨어지고 있는 현상을 반영하고 있다.

표3-3 연도별 신규 벤처투자 현황

	2021	2022	2023
투자금액(원)	15조 9,371	12조 4,706	10조 9,133
투자건수(건)	8,063	7,470	7,116

자료: 중소벤처기업부

누적 투자 유치 기준으로 수백억 원을 조달한 스타트업들도 무너지고 있다. 예를 들어, 옐로디지털마케팅과 옐로오투오그룹은 각각 511억 원과 300억 원의 투자를 유치했지만, 2023년 10월에 폐업했다. 또한, 시리즈 C까지 진행하며 120억 원을 투자 유치한 스크린야구 개발업체 클라우드게이트와 102억 원을 투자 유치한 소상공인 매출 정산 플랫폼 더체크도 폐업에 이르렀다.

시드 단계에서 23억 원을 투자 유치해 기대를 모았던 테일버스도 문을 닫았다. 이 외에도 화훼 시장 새벽 배송 서비스 '오늘의 꽃', 중고 거래 플랫폼 당근의 첫 투자 기업인 '남의 집'도 폐업했다.

(아시아경제, 2024. 6. 17일자)

금융은 인체로 비유하자면 혈맥과 같다. 건강한 피가 잘 흐르는 것처럼, 벤처에도 좋은 자금이 원활하게 투자되어야 성장의 판이 열린다. 따라서 현장에 기반한 종합적인 벤처 금융 대책이 꾸준히 마련되어야 할 필요성이 있다. 최근 우리 정부는 '벤처 투자 현황 진단 및 대응 방안'을 발표했으며, 금융위원회는 '벤처기업 현장 간담회'를 개최하고 벤처 투자 금융 대책을 제시했다. 이 대책에 따라 2024년에는 15조 4,000억 원의 정책 금융을 벤처 시장에 공급하고, '투자 사각지대'로 지적되는 초기 기업 지원을 강화할 계획이다. 이러한 정책은 매우 시의적절하고 올바른 방향으로 나아가고 있는 것으로 보인다.

하지만 정책 금융의 역할만으로는 벤처를 육성하기 어렵다. 민간 자본이 벤처에 적극적으로 공급될 수 있도록 해야 한다. 외국 자본 역시 우리나라 벤처 시장에 투자하도록 적극 유도해야 한다. 또한, 벤처 투자 시 실적 중심의 평가에서 벗어나 미래 가치를 고려하는 풍토를 조성할 필요가 있다. 아울러, 벤처기업의 성장 장애물을 해결하기 위해 과감한 규제 혁파와 제도 개선도 병행되어야 할 것이다. 이러한 종합적인 접근이 필요하다.

현장의 소리

"정부의 정책 사업에 여러 차례 신청했지만 번번이 탈락했다. 기술 역량과 미래 성장 가치보다는 재무 등 현재 실적만 보는 것 같다. 정책 지원 사업의 선정 평가 방식은 늘 예전과 같아 보인다. 20년 전이나 지금이나 중소벤처기업 지원 정책은 여전히 큰 변화가 없는 것 같다."

우리 벤처기업도 스스로 혁신과 개발 역량도 지속적으로 강화해야 한다. 창의적이고 도전적인 정신으로 무장해 독창적인 기술 개발과 혁신 경영을 통해 글로벌 시장에 적극 진출할 수 있도록 더 많은 노력을 기울여야 한다. 벤처기업이 생존형이거나 현실에 안주하는 기업으로 전락해서는 안 된다. 참신한 아이디어를 창출하고 끊임없는 혁신성을 통해 세계 시장을 누빌 수 있는 DNA를 키워 나가야 한다. 이러한 자세가 벤처기업의 지속 가능한 성장과 경쟁력 강화에 필수적이다.

벤처는 우리 경제의 미래를 위한 성장 씨앗이다. 벤처기업은 좋은 일자리 창출의 산실이자 경제 활력의 견인차 역할을 한다. 기술 패권 경쟁이 심화되고 있는 4차 산업혁명 시대에 벤처기업은 우리나라의 미래 먹거리를 만들어 낼 디딤돌이다. 따라서 벤처가 잘 성장해야 대한민국이 지속적으로 발전할 수 있다는 점을 우리는 잊지 말아야 한다.

'기업 주도 성장', 국가 경제의 핵심 가치

50여 년간 기업을 경영해 온 K 회장은 현재 우리 사회에서 반(反)기업 정서가 여전히 강하다고 하소연했다. 그는 "한국 경제 성장 과정에서 기업이 주도적인 역할을 해온 것은 누구나 인정하는 사실"이라며, "요즘 한국 경제는 위기에 처해 있고 미래에 대한 전망이 암울하다"고 우려를 표했다. K 회장은 "기업이 잘돼야 일자리가 창출되고 소득이 증가하며 대한민국 경제가 성장할 수 있다"고 강조하며, 이를 위해 기업에 대한 존중과 중시의 인식 전환 및 정책적 노력이 필요하다고 덧붙였다.

'기업 주도 성장'은 국가 경제의 원천이다. 경기가 둔화하고 있는 한국 경제를 하루빨리 회복시키기 위해서는 미래의 성장 동력을 어떻게 찾아낼 것인지가 중요한 과제가 된다. 이를 위해 혁신적인 벤처기업과 스타트업을 육성하고, 기술 개발 및 인재 양성을 통해 산업 전반의 경쟁력을 높이는 것이 필요하다.

한때 소득 주도 성장이 강조되었지만, 기대했던 성과를 내지 못했다. 소득 주도 성장은 가계 소득 증대→소비 증가→총수요 확대→경제 성장이라는 연결 고리를 만들어야 하지만, 이를 실현하려면 내수 기반이 뒷받침되어야 한다. 그러나 한국의 내수 시장 비율(2019~2021년 평균)은 46.4%로, 미국(69.8%)이나 일본(53.4%)에 비해 낮은 수준이다. 이러한 상황은 내수 시장의 활력을 제고하고 소비를 촉진하는 데 큰 도전 과제가 되고 있다

표 3-4 주요국 내수시장 크기(2023)

	HFCE(100만 달러)	%/GDP
미국	20434569	69%
EU	8762887	51%
중국	6720652	38%
인도	2372016	64%

일본	2320919	55%
독일	2215427	50%
영국	2000593	64%
프랑스	1526060	52%
브라질	1311778	63%
이탈리아	1280149	59%
캐나다	1149319	56%
멕시코	1147583	69%
러시아	987401	53%
호주	853774	50%
한국	843735	49%
스페인	790988	58%
인도네시아	934858	53%
터키	655749	58%
스위스	449583	51%
네덜란드	435470	41%
폴란드	434436	58%
사우디아라비아	409066	37%
아르헨티나	402612	62%
필리핀	332499	75%
방글라데시	317538	69%
나이지리아	314092	62%
벨기에	310875	50%
대만	304302	53%
파키스탄	295688	85%
홍콩	267992	70%
오스트리아	257599	50%
스웨덴	257592	43%
콜롬비아	251016	75%
말레이시아	218057	60%
이집트	214381	85%

자료: 세계은행

투자와 고용의 주역인 기업이 흔들리면 결국 성장의 동력이 사라지게 된다. 대한민국 경제는 기업 주도 성장으로 나아가는 것이 현실적이다. 기업 주도 성장은 기업의 성과 창출→일자리 증가→소득 증대→경제 도약으로 이어지는 선순환 구조를 형성한다. 기업이 마음껏 경영 활동을 할 수 있어야 경제가 성장하고 고용도 창출된다는 것은 경제의 기본 원칙이다. 실제로 더 많은 부가 가치를 만들어내는 주체는 기업이기 때문이다. 따라서, 기업이 안정적으로 성장할 수 있는 환경을 조성하는 것이 국가 경제 발전의 핵심이 될 것이다.

기업은 국내총생산(GDP), 일자리, 연구개발(R&D) 등 경제 성장의 원천이다. 경제 주체 중에서 기업은 가계와 정부보다 더 높은 부가 가치를 창출한다. 2021년 경제 주체별 부가 가치 비중을 보면, 가계는 31.1%, 정부는 22.0%인 반면, 기업은 46.9%로 거의 절반을 차지하고 있다. 양질의 일자리를 끊임없이 만들어내는 것은 국가 경제 성장의 주춧돌이며, 경제활동인구의 97%가 기업에서 일하고 있다.

기업은 혁신의 주체이자 잠재 성장률 상승의 원동력이다. 그러나 현재 한국의 잠재 성장률은 지속해서 하락하고 있어, 기업의 역할을 더욱 강조하고 이들을 지원하는 정책이 필요하다.

한국 경제의 미래를 위해서는 기업의 혁신과 투자, 연구개발(R&D)로 경쟁력을 키울 수 있도록 규제를 혁파하고 기업 성장 사다리를 놓으며 기업인에게 힘을 불어넣어야 한다. 우리나라 기업이 창의와 혁신, 도전 정신으로 글로벌 시장에서 마음껏 활약할 때 경제는 성장하고 고용도 창출될 것이다. 물론 기업 주도 성장 과정에서 나타나는 양극화와 소외 계층 문제 해결을 위해서는 정부와 기업의 정책적 배려가 필요하다. 이러한 균형 잡힌 접근이 이루어질 때, 모든 경제 주체가 함께 성장할 수 있는 환경이 조성될 것이다.

현장의 소리

"아직도 우리나라에서는 반(反)기업 정서가 만연해 있다. 이로 인해 기업을 지원하는 정책이 소극적으로 진행될 수밖에 없다. 기업이 성장하는 데 필요한 정책은 전향적이고 적극적으로 추진할 수 있는 분위기가 조성되어야 한다."

기업이 잘돼야 나라가 살고 발전한다. 서울 을지로의 기업은행 본점 입구에는 '기업인천하지대본(企業人天下之大本)'이라는 문구가 새겨져 있다. 이는 기업이 국가 경제의 원천이자 국가의 부를 창출하는 기본이라는 뜻으로, 우리가 소중히 여겨야 할 가치임을 나타낸다. 기업의 건강한 성장과 발전은 국가 전체의 경제적 안정과 번영을 위한 필수 요소이며, 이를 위해서는 기업이 자유롭게 활동할 수 있는 환경을 조성하는 것이 중요하다. 기업이 활성화될 때, 국가도 함께 발전해 나갈 수 있다.

'기업의 날'을 법정 기념일로 제정하여 기업가 정신을 고취하고, 기업을 국가의 근간으로 여기는 날로 삼는 것은 어떨까. 이 날을 통해 기업의 중요성을 재조명하고, 기업가 정신을 장려함으로써 경제의 활성화를 도모할 수 있을 것이다. 기업 주도 성장을 통해 경제 위기를 극복하고 다시 도약하는 대한민국이 되기를 바라며, 이러한 기념일이 실질적인 변화를 이끌어내는 계기가 되기를 희망한다. 기업의 역할을 강조하고, 기업인과 직원들, 소비자 간의 신뢰를 구축하는 날로 자리매김할 수 있다면, 이는 국가의 발전에도 큰 기여를 할 것이다.

8 중소벤처기업, 4차 산업혁명의 선도자로 나선다

경남에서 자동차 부품을 생산하는 K씨는 최근 심각한 고민에 빠졌다. 언론에서는 4차 산업혁명이 세상을 바꾼다고 하지만, 중소기업이 어떻게 대비해야 할지 잘 모르겠다고 전했다. K씨는 "자동차 산업이 전기차로 전환되면 부품 사업을 어떤 방향으로 전환해야 할지 고민이다. 그렇다고 하루아침에 새로운 부품 개발에 나설 수도 없다"며, 자사가 개발 중인 신기술 부품이 전기차 시장에서 경쟁력이 있을지 불안해하고 있다. 그는 "이러다 중소기업은 모두 사라지고 중견기업 및 대기업만 살아남는 것이 아닌가 하는 우려가 크다"고 덧붙였다. K씨와 만나는 대부분의 중소기업 경영자들도 미래 변화에 대한 대응이 가장 큰 고민이라고 밝혔다. 이들은 사업을 접어야 할지, 아니면 새로운 기술 개발만으로 생존할 수 있을지를 두고 지속적인 고민에 빠져 있다.

미래학자 앨빈 토플러가 2016년 6월 사망하면서, 그가 출간한 『미래 쇼크(Future Shock)』와 『제3의 물결(The Third Wave)』이 다시금 주목받았다. 이는 과거에 큰 인기를 끌었던 미래 변화에 관한 저작들이다. 40~50년 전, 토플러 박사가 예견한 정보사회, 통신 혁명, 유전자 혁명, 일회용품 사용의 일상화 등은 오늘날 현실로 나타났다. 그는 2000년에 이미 3D 프린터 시대의 도래를 예고한 바 있다.

지금 우리는 또 다른 미래로 향하는 배에 올라타 4차 산업혁명이라는 거대한 물결을 맞이하고 있다. 몇 해 전, 이세돌과 알파고의 세기의 바둑 대결에서 받은 충격은 4차 산업혁명이 현대 사회에서 이미 실현되고 있음을 체감하게 했다. 정보통신기술(ICT)을 기반으로 한 물리적·디지털 공간과 생물공학 공간의 경계가 희미해지는 융합 기술은 산업 경제 구조를 근본적으로 뒤흔들 거대한 변화를 예고한다. 사물인터넷, 인공지능(AI), 빅데이터, 로봇기술, 생명과학 등이 주도하는 4차 산업혁명은 쓰나미처럼 우리 앞에 이미 다가와 있을지도 모른다. 사실상 우리는 이미 4차 산업혁명 시대에 접어들었다.

오늘날 세계는 4차 산업혁명의 도전과 공포 사이에 놓여 있다. 4차 산업혁명은 수천조 원 규모의 새로운 시장을 열어 성장의 기회를 제공하는 한편, 일자리를 빼앗는 위기로 다가올 가능성도 있다. 2016년 세계경제포럼에서는 "4차 산업혁명 시기에는 5년 내에 700만 개의 일자리가 사라질 것"이라는 우울한 전망을 내놓기도 했다.

이런 거대한 변화 속에서 살아남아 주도권을 잡기 위해 독일, 미국, 일본, 중국 등 세계 각국은 발 빠르게 움직이고 있다. 그렇다면 우리는 4차 산업혁명 시대에 잘 대응하고 있는가? 안타깝게도 현실은 녹록지 않다. 경쟁 국가들이 4차 산업혁명을 향해 빛의 속도로 질주하고 있는 반면, 우리는 아직 걸음마조차 제대로 떼지 못한 형국이다. 중소기업들은 혼란 속에서 갈피를 잡지 못하고 허둥지둥하고 있다.

스위스 금융그룹 UBS가 2016년 1월 발표한 자료에 따르면, 한국은 4차 산업혁명 준비도 평가에서 기술·인프라 수준, 교육 수준, 고용 유연성 등을 기준으로 25위에 그쳤다. 이는 한국이 글로벌 경쟁에서 뒤처지고 있음을 보여준다. 또한, 현대경제연구원 자료('4차 산업혁명의 등장과 시사점', 2016년 8월)에 따르면, 한국 기업의 4차 산업혁명 관련 매출 증가율은 2006~2010년 연평균 9.7%에서 2011~2015년 1.8%로 급격히 하락했다. 반면 같은 기간 중국(13.2%), 미국(6.5%), 독일(5.3%), 일본(4.3%) 등 주요 국가의 기업들은 매출 증가율이 상승세를 보였다. 이와 같은 대조는 한국의 대응이 경쟁국들에 비해 부족하다는 현실을 여실히 드러내고 있다.

표3-5 4차 산업혁명을 준비하기 위한 5대 요소별 국가 순위

순위	국가	노동시장 유연성	기술수준	교육 시스템	SOC수준	법적 보호	전체
1	스위스	1	4	1	4.0	6.75	3.4
5	미국	4	6	4	14.0	23.00	10.2
12	일본	21	21	5	12.0	18.00	15.4
13	독일	28	17	6	9.5	18.75	15.9
25	한국	83	23	19	20.0	62.25	41.5
28	중국	37	68	31	56.5	64.25	55.6

자료: UBS, 「Extreme Automation and Connectivity : The global, regional and Investment implications of the Fourth Industrial Revolution」, Jan, 2016.

'늦었다고 생각할 때가 가장 빠르다'는 속담처럼, 지금이라도 착실히 준비하고 추진해 나간다면 우리는 4차 산업혁명의 파고를 타고 선진 대한민국으로 도약할 수 있다. 더 이상 주저할 시간이 없다. 기존의 틀을 과감히 깨고 산업의 패러다임부터 바꿔야 한다. 과거의 방식에 머물러서는 안 되며, 4차 산업혁명을 선도할 인프라 구축과 기업 생태계 조성에 집중해야 한다. 이를 통해 변화하는 시대에 발맞추어 나갈 수 있는 경쟁력을 갖춰야 한다.

제4차 산업혁명은 창의성과 혁신이 핵심이기 때문에, 이를 주도할 창조적인 중소벤처기업이 중심이 되는 미래 지향적 산업 생태계를 만들어야 한다. 글로벌 경쟁력을 갖춘 중소벤처기업의 뒷받침 없이 4차 산업혁명은 그저 공허한 사상누각에 불과할 것이다. 이제 이 거대한 조류에서 밀리지 않으려면, 무엇보다 가치 창출형 중소벤처기업의 육성을 서둘러야 한다. 한국 경제의 성장 동력인 중소벤처기업은 4차 산업혁명 시대에 더 이상 추격자가 아니라 선도자가 되어야 한다.

그러나 중소기업의 현실은 매우 안타깝다. 중소기업중앙회의 실태조사에 따르면, 중소기업들의 4차 산업혁명 대응 수준이 미흡하며, 정부 정책에 대해서도 10곳 중 1곳만이 긍정적으로 평가하는 등 대부분 불만을 가지고 있는 것으로 나타났다. 2019년 11월 중소제조업 4차 산업혁명 대응 실태 조사에 따르면, 4차 산업혁명에 대해 '잘 알고 있다'고 응답한 비율은 36.3%에 불과했고, 디지털 전환을 체감하고 있는 기업은 43%에 그쳤다. 또한, 정부의 4차 산업혁명 정책에 대해 중소기업의 12.7%만이 '잘하고 있다'고 응답했다.

중소기업들이 정부 정책에 불만을 표시한 이유로는 현실을 고려한 정책 부재가 72.0%로 가장 높았으며, 선진국과의 기술격차 해소 전략 부재(14.3%), 모호한 정책 목표(13.7%), 부처·기관 간 협력체계 미비(12.7%) 등이 꼽혔다. 이러한 응답은 중소기업들이 정부의 지원책에 대해 실질적인 변화를 체감하지 못하고 있음을 보여준다.

표 3-6 4차 산업혁명 인지 여부

(단위: %)

매우 잘 알고 있다	대체로 잘 알고 있다	대체로 모른다	전혀 모른다
3.3	33.0	50.3	13.3

자료: 중소기업중앙회

표 3-7 4차 산업혁명에 대한 정부 정책 평가

(단위: %)

매우 잘하고 있다	잘하고 있다	보통이다	부족하다	매우 부족하다	모르겠다
3.3	9.3	35.7	16.7	6.0	29.0

자료: 중소기업중앙회

현장의 소리

"4차 산업혁명 시대에 우리나라 기업들이 도약할 수 있는 발판을 만들어야 한다. 주요 선진국과 비교하여 규제는 과감하게 풀고, 지원은 확대해야 한다."

"4차 산업혁명을 선도해 갈 수 있는 스타트업과 혁신적인 중소벤처기업을 집중 육성해야 한다."

우리가 직시해야 할 것은, 하루가 다르게 변하는 4차 산업혁명 시대에서 한번 경쟁력을 잃으면 따라잡기조차 어렵다는 점이다. 중소벤처기업이 4차 산업혁명의 주역이 될 수 있도록 종합적인 대책 마련이 시급하다. 특히 4차 산업혁명 시대를 주도할 신산업 발굴에 적극 나서야 하며, 중소벤처기업이 가진 역동성을 기반으로 지속적인 기술개발(R&D)에 대한 투자가 필요하다.

미래를 내다보는 시각과 전문성을 갖춘 핵심 인재들이 4차 산업혁명 분야의 중소벤처기업에 유입될 수 있도록 다양한 유인책을 마련해야 한다. 이를 위해 규제, 세제, 금융 시스템을 혁신적으로 정비하는 것도 필수적이다. 이런 종합적인 지원을 통해 중소벤처기업들이 새로운 산업에서 경쟁력을 확보하고 성장할 수 있도록 뒷받침해야 할 것이다.

끼와 열정이 넘치는 청년들이 창업의 꿈을 마음껏 펼칠 수 있도록 사회적 풍토를 조성해야 한다. 4차 산업혁명 시대를 중소벤처기업이 헤쳐 나갈 수 있도록 기업가 정신을 고취하고, 각종 법과 제도를 선제적으로 개선해 나가야 한다.

우리 중소벤처기업들이 거부할 수 없는 변화의 물결을 얼마나 인지하고 대비하고 있는지 냉철하게 진단해 봐야 할 시점이다. 이를 통해 변화에 능동적으로 대응하고, 지속 가능한 성장을 이룰 수 있는 기반을 마련해야 할 것이다.

9 기술혁신(Innovation)을 이끄는 중소벤처 정책, 미래를 열다

경기도에서 IT업을 경영하는 K사는 거래처의 지속적인 신기술과 신제품 요구에 따라 기술 개발에 힘쓰고 있다. 그러나 K사 대표이사 P씨는 "거래처의 요구에 따라 기술을 개발하는 것뿐 아니라, 향후 이 분야의 기술이 어떻게 발전할지 예측하고, 기업이 어떤 분야에서 기술 혁신을 이루어야 할지 고민하는 것이 어렵다"고 토로했다. 그는 "정부는 기술 개발 관련 데이터베이스(DB)와 국책 연구기관에서 개발한 기술들이 많으므로, 이러한 정보를 토대로 기술 혁신의 흐름이나 전망에 대한 가이드를 벤처기업들에게 제공하면 좋겠다"고 건의했다.

대한민국 경제는 총체적인 위기를 맞고 있다. 저출산과 고령화로 인한 급격한 인구 감소는 노동력을 줄이고 있으며, 경제 성장을 이끌었던 자본 투입의 증가세도 약화되고 있다. 이러한 상황에서 우리는 혁신을 통한 기술 진보로 성장 동력을 찾아야 하지만, 날로 치열해지는 경쟁 속에서 생존을 위한 혁신이 점차 사라지고 있는 실정이다. 이와 같은 문제를 해결하기 위해서는 실질적인 변화와 지속 가능한 발전을 위한 체계적인 접근이 필요하다.

우리나라 경제에서 '혁신'은 중요한 화두로 떠오르고 있다. 이는 우리나라의 경제 성장률이 장기 저성장 구조에 빠져 있기 때문이다. 더 이상 스스로 혁신의 방아쇠를 당기지 못한다면, 우리는 외부의 압력에 의해 강제로 혁신을 겪어야 할 처지에 놓이게 된다. 이러한 상황을 극복하기 위해서는 자발적인 혁신을 이끌어 내고, 지속 가능한 성장으로 나아가는 길이 필요하다.

성장 잠재력을 갉아먹는 생산성 하락은 매우 심각한 문제이다. 기업의 생산성 증가율은 2001~2010년 연평균 6.1%에서 2011~2020년 0.5%로 크게 낮아졌다. 자금과 기술 등의 지원이 미흡한 가운데, 실패에 따른 책임을 창업자가 오롯이 져야 하는 구조에서는 창조적 파괴를 주도할 수 있는 기술 스타트업의 탄생이 쉽지 않다.

그렇다면 왜 혁신이 이렇게 더디고 어려운 것일까? 혹시 혁신의 첫 단추부터 잘못 꿰어져 있는 것은 아닐까? 옛말에 "아이를 키우려면 온 마을이 필요하다"는 말이 있다. 이는 부모만으로는 충분하지 않으며, 형제, 일가친척, 친구, 선후배, 이웃까지 모두가 관심을 갖고 애정을 쏟아야 아이 하나를 잘 키울 수 있다는 의미이다. 마찬가지로, 혁신을 이루기 위해서는 기업과 정부, 연구 기관, 커뮤니티 등 다양한 주체가 함께 협력하고 지원해야 한다. 이런 집단적 노력이 뒷받침되지 않는다면, 혁신은 더욱 어려워질 것이다.

중소벤처기업의 혁신도 같은 맥락에서 깊이 고민해 볼 필요가 있다. 중소벤처기업이 혁신적인 성장을 이루기 위해서는 몇몇 이해관계자만의 노력이 아니라, 국가 전체가 하나로 힘을 모아야 한다. 과연 우리는 아이(중소기업) 하나 잘 키우기 위해 온 마을(국가)이 합심했던 적이 있었는지 곰곰이 되짚어 볼 필요가 있다.

지금까지 기업은 기업대로, 정부는 정부대로, 은행은 은행대로 혁신을 외쳐왔지만, 과연 이들이 톱니바퀴처럼 탄탄하게 맞물리며 유기적인 역할을 해왔는지에 대한 반성이 필요하다. 각 주체들이 개별적으로 혁신을 추구하는 것만으로는 한계가 있으며, 서로의 역할과 책임을 명확히 하고 협력하는 것이 중요하다. 유기적인 협력이 이루어질 때, 각 요소들이 시너지를 발휘하여 보다 효과적인 혁신 생태계를 구축할 수 있을 것이다.

먼저 중소기업의 혁신 자세를 돌아보자. 기존 방식으로는 발전은커녕 생존조차 보장하기 어려운 상황임을 잘 알고 있지만, 그동안 안정적인 대기업과 국내 시장 점유율에 의존하며 현실에 안주해 온 측면이 있지 않았는지 반성할 필요가 있다. 중소기업 범주에서 벗어나는 순간 맞닥뜨릴 정부의 보호막 해제가 두려워, 스스로 성장을 거부하고 영원히 '피터팬'으로 남기를 선택하지는 않았는지 고민해야 한다. 이러한 자성의 과정이 중소기업의 혁신과 성장을 위한 첫걸음이 될 수 있다.

정부의 혁신 정책을 살펴보면, 중소기업 지원 규모 측면에서 우리나라의 정책은 세계 어느 나라와 비교해도 뒤지지 않는다. 중소기업 관련 부처는 중소벤처기업부를 비롯해 기획재정부, 금융위원회, 산업통상자원부 등 여러 부처가 얽혀 있어 그 범위가 매우 넓다. 매년 정부 부처의 업무 계획에서도 중소기업 지원 항목이 최우선 순위로 다뤄지고 있다. 이러한 체계적인 지원이 실제 중소기업의 혁신과 성장으로 이어질 수 있도록 각 부처 간의 협력이 더욱 강화되어야 할 시점이다.

그럼에도 불구하고 현장에서는 여전히 혁신적인 정책을 요구하는 목소리가 끊이지 않는 이유는 무엇일까? 이는 그동안 경험하지 못한 거대한 변혁을 제대로 읽지 못하고, 역동적인 중소벤처기업 현장의 수요에 정책이 제대로 대응하지 못하는 측면이 있기 때문일 것이다. 정부의 정책이 실제 현장의 필요와 맞지 않거나 속도를 따라가지 못한다면, 그 결과로 기업들은 불만을 느끼고 혁신을 요구하게 된다. 이러한 점을 되새기고, 보다 실질적이고 현장 지향적인 정책이 마련될 수 있도록 노력해야 한다.

현장의 소리

"중소벤처기업 혁신 성장을 이끌기 위해서는 정책 관계자와 지원기관이 중소벤처기업보다 더 혁신적인 사고를 하고 지원책을 만들어야 한다."
"기술은 엄청나게 빠르게 변한다. 우리 중소벤처기업이 기술혁신을 뒤처지지 않기 위해서는 수요자에 맞는 혁신정책이 끊임없이 나와야 한다."

앞으로 기업 성장의 핵심 키는 혁신이다. 팬데믹과 4차 산업혁명, AI 시대를 맞아 기업은 기존 방식으로 생존하기 어려운 상황에 처해 있다. 따라서 새롭게 변하지 않으면 살아남고 경쟁력을 유지할 수 없다. 중소기업 현장에서는 기술 혁신의 중요성을 인식하고 있지만, 어떤 방향으로 혁신해야 하고, 어떻게 혁신할 수 있는지에 대한 지식이 부족한 실정이다. 이러한 상황에서 중소기업 혁신을 이끄는 정책적 지원이 절실히 필요하다. 정책은 중소기업이 혁신을 위한 구체적인 방향성과 실행 가능한 방안을 제시할 수 있어야 하며, 이를 통해 기업들이 변화의 물결에 능동적으로 대응할 수 있도록 도와야 한다.

중소벤처기업 지원 정책에서 혁신의 경험과 성과 측면을 더욱 강조할 필요가 있다. 혁신 경험이 전혀 없거나 미흡한 기업들은 기술 혁신의 중요성을 인식하고 자발적으로 혁신을 추진할 수 있도록 유도해야 한다. 또한, 혁신 역량 수준이 낮은 집단에서 필요로 하는 정책 수요와 수준이 높은 집단에서 필요로 하는 정책 수요를 구분하여, 차별화된 정책을 추진하는 것이 바람직하다. 이렇게 함으로써, 각 기업의 특성과 필요에 맞춘 지원이 이루어지고, 전체적인 혁신 생태계를 강화하는 데 기여할 수 있을 것이다.

은행 등 금융기관의 혁신을 살펴보면, 금융은 경제를 뒷받침하는 마중물이라는 점이 매우 중요하다. 아무리 훌륭한 사업계획도 결국 '돈'이 충분히 흘러야 열매를 맺기 때문이다. 최근 '저성장·고금리' 현상의 원인 중 하나가 금융이 과거의 영업 형태에 머물러 있기 때문이라는 비판을 겸허히 받아들여야 한다. 세상은 점포에서 스마트폰으로, 담보에서 신용으로, 대출에서 투자로, 이자에서 비이자로, 로컬에서 글로벌로 급변하고 있지만, 우리나라 은행은 그 큰 덩치에 비해 여전히 갈 길이 멀다고 할 수 있다. 이러한 변화에 적응하지 못한다면, 금융기관은 경제의 마중물 역할을 제대로 수행하지 못할 것이며, 결과적으로 전체 경제 성장에 부정적인 영향을 미칠 수 있다. 따라서 금융기관의 혁신이 절실히 필요하다.

바야흐로 4차 산업혁명 시대에 접어들었다. 4차 산업혁명은 인간이 인종 간 소통을 넘어 기계와도 소통해야 경쟁력을 갖출 수 있는 시대를 의미한다.

이에 따라, 2050년까지 중소벤처기업의 기술 혁신을 이끌 수 있는 청사진과 로드맵을 담은 (가칭) '중소벤처기업 기술혁신 2050'과 같은 강력한 기술 혁신 육성책을 마련해야 한다. 이러한 정책은 중소벤처기업이 급변하는 기술 환경에 적응하고 지속 가능한 성장을 이룰 수 있도록 지원하는 중요한 밑거름이 될 것이다.

중소벤처기업이 기술 혁신에 앞장서고, 정부와 금융권이 이를 적극 지원해야만 30년 후에도 대한민국이 경쟁력을 유지할 수 있다.

우리나라 중소벤처기업이 혁신을 이루기 위해서는 기업의 혁신 도전, 정부의 혁신 정책, 은행의 혁신 금융이 삼박자로 맞물려야 한다. 우리 국민 대다수는 중소벤처기업과 직간접적으로 연계하여 함께 살아가고 있다.

따라서 기업, 정부, 은행의 혁신 삼박자가 중소벤처기업의 혁신을 만들어내고, 이러한 혁신이 대한민국 전체의 혁신으로 이어질 수 있도록 힘차게 전진해 나가야 한다.

10 기술 연결시대, 스마트 워크(Smart Work)의 새로운 패러다임

유명 IT 기업의 임원진을 만났다. 만남은 회사의 열린 공간에서 이루어졌으며, 임원 사무실이 없느냐고 묻자 "우리 회사는 그런 공간이 필요 없다"고 답했다. 이들은 노트북 하나만 있으면 회사 밖에서도 업무를 본다고 전했다. 기술 혁신 기업답게 근로 형태가 남다른 모습이었다. 이제 사무실 공간이나 지정된 책상, 정해진 업무 공간에서 일하는 시대는 저물고 있으며, 언제 어디서든지 일할 수 있는 근무 환경으로 급속히 전환되고 있다. 이러한 흐름에 맞춰 기업의 근무 문화도 크게 변화할 것으로 보인다. 앞으로는 기술 혁신을 통해 우수한 인재들이 근무하고 싶어 하는 기업으로 발전하는 것이 더욱 중요해질 것이다.

4차 산업혁명 시대에 접어들면서 기술이 모든 공간을 연결하는 새로운 시대가 도래했다. 공간적, 시간적 개념이 사라지며, 내가 있는 모든 곳이 일터로 변화하고 있다. 이러한 변화는 스마트 워크로의 전환을 이끌고 있다. 스마트 워크는 전통적인 고정 사무실에서 벗어나 정보통신기술을 활용하여 시간과 장소의 제약 없이 업무를 수행할 수 있는 유연한 근무 형태를 의미한다.

직장인들이 출근할 때 가장 먼저 떠오르는 것은 아마도 일찍 일어나 단장하고, 승객들로 가득 찬 지하철이나 버스에 올라타 회사로 향하는 모습일 것이다. 또는 자가용으로 출퇴근하는 경우도 많다. 대부분의 직장인들은 일정한 공간에서 출근하여 업무를 수행하고, 다시 집으로 돌아가는 반복적인 일상을 살아가고 있다.

하지만 어느 순간부터 '재택근무'라는 개념이 등장하기 시작했다. 재택근무란 근로자가 사업장이 아닌 자신의 집이나 그 주변에서 스마트폰, 컴퓨터 등 정보통신 기기를 활용하여 공간의 제약 없이 근무하는 노동 형태를 말한다. 재택근무를 하더라도, 이는 회사에 정식으로 입사해 월급을 받는 직원이기 때문에, 작업마다 돈을 받는 프리랜서나 집에서 물건을 만들어 납품하는 가내수공업과는 본질적으로 다르다.

인터넷의 확산으로 인해 일하는 공간의 중요성이 크게 줄어들었다. 이제 노트북 하나로 어디서든 업무를 수행할 수 있으며, 회사와의 소통은 메신저나 화상

회의를 통해 이루어진다. 이러한 방식 덕분에 출퇴근 시 소요되는 시간과 교통비를 절감할 수 있다. 하지만 애플의 창업자 스티브 잡스는 "재택근무는 미친 짓이다"라고 언급한 바 있다. 그는 창의성이 즉흥적인 회의와 우연히 발생하는 토론에서 비롯되며, 새로운 아이디어는 관계 속에서의 상호작용을 통해 생성된다고 주장했다. 그러나 이러한 과정은 꼭 한 공간에 모여서만 이루어져야 하는 것은 아니다. 원격 근무가 일상화되면, 화상 회의와 토론을 통해 창의성이 발휘될 수 있으며, 디지털 상호작용이 오히려 더 효과적일 수 있다.

전 세계 콘텐츠 관리 시스템(CMS)의 60%를 차지하는 '워드프레스'를 서비스하는 오토매틱은 직원의 5%만 사무실에서 근무하고 있다. 그럼에도 불구하고 이 회사는 기업 가치가 30억 달러에 달할 정도로 급성장하고 있다. 또한, 기업 가치가 20조 원을 넘는 소프트웨어(SW) 개발 협업 플랫폼 회사인 '깃랩'은 모든 직원 1,200명이 원격 근무를 하고 있으며, 개발자들이 소스 코드를 쉽게 공유할 수 있는 소프트웨어를 운영하고 있다.

소비재 제조업체 유니레버 재팬은 2016년부터 'WAA(Work from Anywhere and Anytime)' 제도를 도입하여, 평일 오전 6시부터 오후 9시 사이에 직원들이 원하는 시간에 일할 수 있도록 하고, 근무 장소도 자택, 카페, 도서관 등 자유롭게 선택할 수 있게 하고 있다. 이러한 유연한 근무 방식은 커다란 성과를 내고 있다.

팬데믹 이후 재택 및 원격 근무가 일상적인 근무 형태로 자리잡고 있으며, 앞으로 이 방식은 더욱 일반화될 것으로 전망된다. 코로나19를 계기로 많은 기업들이 재택근무와 같은 비대면 근무 방식을 도입하게 되었고, 일부 기업은 팬데믹 이후에도 재택 및 원격 근무를 지속적으로 운영하겠다는 방침을 세우기도 했다.

구인구직 매칭 플랫폼 <사람인>이 최근 244개 기업을 대상으로 실시한 '코로나19 이후 기업 변화'에 대한 조사 결과, 가장 많은 기업이 시도한 변화는 '재택근무 도입 및 확대(75.6%)'로 나타났다. 그 다음으로는 '시차 출퇴근제(39.7%)', '원격근무 시스템 도입(15.4%)', '자율 출퇴근제(15.4%)' 등이 있었다.

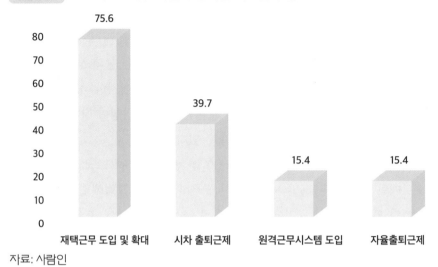

그림 3-4 코로나 19 이후 기업이 변화를 시도한 부분

자료: 사람인

　　취업 플랫폼 <잡코리아>가 직장인 839명을 대상으로 실시한 '재택근무 현황' 조사 결과(2021)에 따르면, 코로나19 이후 재택근무를 경험한 직장인이 58.5%에 달했다. 특히, 공기업 및 공공기관에 재직 중인 응답자 그룹에서 재택근무 경험이 80.3%로 가장 높았고, 그 다음으로 대기업이 76.4%, 중견기업이 70.7%로 나타났다. 반면 중소기업에서 재직 중인 응답자들은 재택근무 경험이 상대적으로 낮았으며, 53.2%가 "재택근무를 해본 경험이 없다"고 답했다. 이는 대기업 재직자의 76.4%가 재택근무를 경험했다는 결과와 큰 차이를 보이는 것이다.

　　실제 재택 및 원격 근무를 장기간 시행한 기업들에서는 직원들의 업무 만족도와 효율성이 높게 나타나는 경우가 많다. 비록 IT 분야의 사례이지만, 재택근무가 생산성을 향상시켰다는 성과도 여러 차례 보고되고 있다. EY(Ernst & Young)의 글로벌 CTO인 니콜라 모리니 비안지노는 "EY는 재택근무 체제로 전환한 이후 오히려 생산성이 향상됐다"며, "출퇴근 시간이 줄어들고, 사무실보다 방해 요소를 더 쉽게 통제할 수 있으며, 어디서든 누구와 연결될 수 있기 때문에 생산성을 사무실 수준 또는 그 이상으로 유지할 수 있었다"고 설명했다.

　　이와 같은 사례들은 그간 재정적 부담이나 준비 부족으로 재택근무나 원격근무를 시행하지 않았던 중소기업들에게 '첫발'을 뗄 수 있는 기회를 제공하고 있다.

"코로나19를 거치면서 4차 산업혁명 시대에 재택근무가 증가하고, 근무 공간이 따로 없는 일터가 대세가 될 것이다. 중소기업도 이러한 흐름에 맞춰 근무 여건을 변화시켜야 한다. 이를 위해 법적 및 제도적 정비가 필요하다."

우리 중소벤처기업도 이제 새로운 근무 흐름에 동참해야 한다. '사무실 없는 미래'에 발맞춰 회사로 출퇴근하는 일은 점차 줄어들 것으로 보인다. 물론 공장에서 직접 생산하는 경우에는 재택근무가 어렵겠지만, 생산 방식도 원격으로 처리하는 형태로 변화할 것이다.

이러한 변화에 따라 집에서도 생산, 처리 및 관리가 가능해질 것이다. 앞으로 공장에서는 기계와 로봇만 움직이고, 인간의 역할은 더욱 유연하게 변모할 것으로 예상된다.

다가오는 미래에는 중소기업에게 고정된 사무실이 사라질 것이다. 중소기업의 임직원은 어느 곳에서나 사무실처럼 업무를 수행할 수 있는 시스템을 갖춰야 한다. 이제는 일하는 장소보다 똑똑하게 일하는 것이 더 중요한 시대가 되었다. 이러한 변화에 발맞추어 기업들은 유연한 근무 환경을 조성하고, 효율적인 업무 방식을 채택해야 할 것이다.

재택근무 및 원격근무 제도 도입 절차의 경우 '합의 형성–준비사항 점검–도입 범위 및 대상 선정–운영방법 결정–업무환경 구축 및 보안대책 마련–직장교육 실시–재택근무 효과 측정' 단계로 이루어져야 한다. 각 단계마다 필요한 점검표 및 운영규정 등을 마련해야 한다.

재택 및 원격근무에 대한 직원 평가 체제의 수립이 필요하다. 과거에는 사무실에서 누가 오래 앉아 있는지, 눈에 잘 보이는지에 따라 직원들이 평가되었다. 그러나 이제는 평가 방식이 변화해야 한다. 성과가 잘 나오면 오히려 눈에 띄지 않는 것이 더 유리할 수 있다. 따라서 앞으로는 구체적인 업무 성과를 기반으로 평가해야 하며, 이를 위해 적절한 지표 개발과 혁신적인 평가 방식이 뒤따라야 한다. 직원의 기여도를 객관적으로 측정하고, 성과 중심의 평가 시스템을 통해 직원의 동기 부여와 생산성을 높이는 것이 중요하다.

재택 및 원격근무에서 기업이 유의해야 할 주요 과제는 바로 보안 사항이다. 사무실보다 비밀 보호가 어려울 수 있기 때문에, 철저한 대비가 필요하다.

첫째, 영업비밀은 회사의 중요한 자산으로 인식되어야 한다. 여기에는 중요성과 무관하게 모든 비공식적인 회사 내부 자료가 포함된다. 이러한 자료의 보안 유지는 필수적이다.

둘째, 직원들은 회사의 기술 및 영업 비밀을 개인 컴퓨터에 함부로 보관하지 않도록 해야 한다. 만약 일시적으로 보관해야 한다면, 최대한 신속하게 삭제하는 것이 중요하다.

셋째, 개인적인 용도로 자료를 사용하거나 제3자에게 누설할 경우 이는 범죄 행위에 해당할 수 있음을 재택 및 원격근무자에게 반드시 알리는 것이 필요하다. 직원들에게 이러한 보안 의식을 강화하고, 기업의 자산을 보호하는 문화가 정착되도록 해야 한다.

이러한 보안 대책을 통해 기업은 재택근무 환경에서도 안전하게 업무를 수행할 수 있을 것이다.

기술상의 보안 사항(예)	영업상의 보안 사항(예)
- 시설 및 제품 설계도	- 경영전략 등 주요 계획
- 기계설비 및 장비	- 사업제안서
- 제품의 생산 및 제조 방법	- 원가분석 등 관리정보
- 물질의 배합방법	- 고객 정보
- 연구개발 보고서	- 임직원 개인 정보
- 실험 방법 및 데이터	- 매뉴얼 등 중요 자료

한국지식재산보호원이 발간한 '실패로 배우는 지식재산 경영전략' 보고서에 따르면, 재택근무자는 자신의 컴퓨터에 회사 자료를 저장하는 것이 법적인 문제를 일으킬 수 있다고 경고하고 있다. 이 보고서는 또한 직원들이 회사의 영업비밀을 무단으로 이용할 권한이 없음을 강조하며, 이러한 규정을 위반할 경우 범죄 행위로 간주될 수 있음을 지적하고 있다.

따라서 기업은 재택근무 환경에서 보안을 강화하고, 직원들에게 이러한 지식을 철저히 교육해야 한다. 이는 회사의 자산을 보호하고 법적 분쟁을 예방하는 데

필수적이다. 기업은 내부 정책과 절차를 마련하여 모든 직원이 이를 준수하도록
해야 한다.

BIG CHANGE, SMART DREAM

[금융]

금융이 잘 돌아야 산다

1 중소기업 부흥을 위한 금융정책, 어떤 길을 선택할까?

강원도에서 제조업을 운영하는 J씨는 현재 다섯 달째 공장 임대료와 직원 급여를 지급하지 못하고 있다. 경영 악화로 매출이 급감하고, 고금리로 자금 부담이 커진 탓이다. J씨는 금융권을 전전하며 대출을 시도했지만, "담보가 없으면 어렵다"는 답변만 돌아왔다. 그는 "위기 상황에서는 과감한 금융 정책을 통해 중소기업이 위기를 극복할 수 있도록 지원해줘야 한다"고 강조하며, 현재의 막막한 상황을 호소했다.

최근 중소기업의 매출 증가율이 둔화되고 있으며, 매출 감소 위험에 처한 기업이 증가하고 있다. 특히 중소 개인사업자(중소개인)는 중소 법인에 비해 위기 상황에서 매출 감소가 더 두드러지게 나타났다. 중소 법인의 매출 증가율은 2019년 1.2%에서 2021년 15.3%로 크게 상승했으나, 2022년에는 다시 10.5%로 감소했다. 한편, 중소 개인사업자의 매출 증가율 역시 2019년 -0.9%에서 2021년 12.5%로 개선된 뒤, 2022년에는 6.0%로 다시 하락했다.

※ 중소법인: ('19) 1.2% → ('20) -1.2% → ('21) 15.3% → ('22) 10.5%,
　중소개인: ('19) -0.3% → ('20) -3.2% → ('21) 12.5% → ('22) 6.0%

그림 4-1 중소기업의 매출증가율

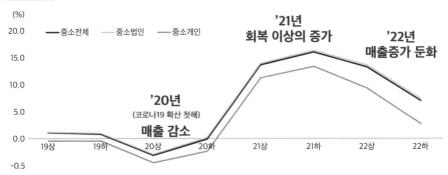

주: 전년동기 대비,　자료: IBK경제연구소 추정

중소기업의 매출 감소 위험군은 감소하던 직전 대비 4분기 연속으로 매출 감소 기업 수가 증가하며 경기 악화를 반영하고 있다. 이처럼 연속 매출 감소 중소기업 수의 증가는 전반적인 국내 경기 흐름과 밀접하게 연관되어 있는 것으로 분석된다.

최근 경기 침체를 반영하여, 3년 연속 이자보상배율(영업이익/이자비용) 1 미만인 한계 중소기업의 수와 비중이 지속적으로 증가하고 있다. 한계 기업 비중은 완만하게 증가하던 추세에서 코로나19 팬데믹 이후 큰 폭으로 상승했다. 중소기업의 경우, 코스피 및 코스닥 상장사보다 영업이익으로 이자비용을 충당하지 못하는 한계기업 비중이 더 높은 상황이다. 구체적으로 보면, 중소기업의 한계기업 비중은 2018년 14.3%에서 2022년 21.6%로 증가했고, 상장사 역시 같은 기간 동안 11.2%에서 17.5%로 증가했다.

표4-1 한계기업 비중

(단위 %)

	2018	2019	2020	2021	2022
상장사	11.2	13.7	15.2	16.5	17.5
중소기업	14.3	14.8	16.0	19.7	21.6

자료: BK경제연구소

중소기업 폐업의 증가세가 확인되고 있으며, 취약 업종에 대한 신용 모니터링이 더욱 필요해진 상황이다. 최근 법인 파산과 중소기업 부도가 늘어나면서 중소기업 폐업 증가세의 확산이 우려되고 있다. 국가 단위의 폐업 데이터가 부재하여 최근 폐업 중소기업 추이를 확인하기는 어렵지만, 법인 파산과 중소기업 부도의 증가라는 선행 지표로 인해 중소기업 폐업이 확대될 것으로 예상된다.

* (법인파산) '23.2   파산 법인 수 전년 동월 대비 90.0% 증가
** (중소기업 부도) '22.12   부도 중소 법인 수 전년 동월 대비 114.3% 증가

업종별로 살펴보면, 법인은 제조업, 도소매업, 정보통신업 중심으로 폐업이 증가하고 있으며, 개인사업자는 숙박음식업, 도소매업, 제조업에서 주로 증가하고 있다. 중소 법인의 경우, 폐업 차주 수와 대출금액 비중 모두 제조업이 가장 높았

으며, 정보통신업의 비중도 매우 높은 것으로 나타났다. 개인사업자 중에서는 폐업 차주 수 비중이 숙박음식업에서 가장 높고, 대출금액 비중은 제조업이 가장 큰 것으로 확인되었다.

중소기업의 연체율은 2022년 하반기부터 급격히 증가하기 시작했다. 코로나 19 확산 기간 동안에는 연체율이 지속적으로 감소했으나, 개인사업자의 연체율이 중소 법인보다 더 큰 폭으로 증가했다. 2023년 2월 기준으로 전년 동기 대비 연체 증가율은 중소 법인이 23.8%, 개인사업자는 95.0%에 달하고 있다. 또한, 최근 들어서도 5대 은행의 연체율과 고정이하여신(NPL, 부실 대출채권) 비율도 계속해서 상승하고 있는 상황이다.

현장의 소리

"불이 나면 무엇을 따지기 전에 무조건 불을 꺼야 한다. 현재 중소기업이 처한 상황은 마치 불이 난 집과 같다. 하루하루 생존하기 위해서는 금융 지원을 확대하고 신속하게 이루어져야 한다."
"경기가 어려울수록 금융은 경직된 태도를 보인다. 이로 인해 취약한 중소기업의 자금 조달이 더욱 어려워진다. 반대로, 금융은 어려운 상황에서 더 많은 지원을 제공해야 한다. 그게 바로 금융의 역할이다."

중소기업의 경영 악화에 대응하기 위한 금융 정책 방향을 명확히 설정하는 것이 중요하다. 경기가 강하게 반등하지 못할 경우, 실질적인 한계기업의 증가와 폐업률, 연체율 상승에 대한 대비가 필요하다. 이러한 상황을 예방하기 위해 적극적인 지원과 정책적 개입이 요구된다.

소상공인 및 중소기업의 위기 극복을 위한 지원 정책을 강화해야 한다. 일시적인 자금난에 처한 중소기업을 위해 데스밸리 극복 자금 공급을 늘리고, 관계형 금융을 통해 중소기업의 미래 가치를 고려하여 적극적으로 지원해야 한다. 자금 지원 기업 평가 시 최근 1~2년의 실적 악화를 반영하는 것은 가능한 한 지양할 필요가 있다.

중소기업 매출 감소 위험군의 추세적 증가에 대비하여 선제적 대응 체계 점검이 필요하다. 국내 경기 흐름이 중소기업의 경영상황에 그대로 반영되고 있으며, 경기 악화로 인해 2022년부터 시작된 매출 감소가 앞으로도 계속될 우려가 크다. 중소기업의 매출 감소와 더불어 3高(高) 현상으로 인한 운영비용 증가가 이어져 영업이익도 크게 감소할 것으로 보인다. 이로 인해 신용 등급 하락폭이 더욱 커질 전망이다.

매출 감소로 인한 중소기업의 신용 위험이 금융권으로 전이되고 확대되는 것을 방지하기 위한 대응 체계를 강화해야 한다. 중소기업과 소상공인의 폐업 증가로 인해 금융권의 부실 자산이 증가하고, 이로 인해 금융 안정성이 저하될 우려가 있다.

또한, 중소기업 폐업 증가에 따라 신용 위험 관리 체계를 점검해 나가야 한다. 향후 고금리가 지속되고 경기 회복이 지연될 경우 추가적인 폐업 증가가 예상된다. 특히 업종별로는 제조업, 도소매업, 숙박음식업, 정보통신업이, 규모별로는 소기업이, 신용 등급별로는 저신용 차주에 대한 집중 관리가 중요하다.

중소기업 연체율의 급증에 따라 선제적인 연체 관리가 강화되어야 한다. 중소기업의 경영 위기가 실물 경제 전반으로 전이될 경우, 은행권보다 더 취약한 제2금융권에 미칠 영향이 클 가능성이 높다. 따라서 제2금융권에 대한 리스크 관리 및 감독 강화가 필요하다.

실물 경제 위기가 금융 위기로 전이되면 자금 공급이 원활하지 않아 중소기업의 자금 악화로 이어지고, 이는 다시 실물 경제 위기의 확산으로 이어져 악순환을 반복하게 된다. 이러한 상황을 예방하기 위해 과감한 기업 금융 정책 추진이 필요한 시점이다.

② 중소기업 금융 애로, 현장에서 뚜렷이 드러난 현실

전남에서 수산 제조업을 경영하는 K씨는 최근 경기 침체가 가장 심각하다고 전했다. 내수 시장의 위축으로 매출이 반토막이 나고 있지만, 고정 비용은 계속 발생해 자금난에 시달리고 있다. 그는 "자신의 기업만 이런 상황인지, 다른 기업들은 어떤지 전체적인 경제 상황을 알 수 없어 답답하다"고 토로했다. K씨는 "중소기업이 직면한 가장 큰 어려움인 금융 문제에 대한 정기적인 통계 발표가 있으면, 전체적인 상황을 파악하고 미래 금융 상황을 전망하며 계획을 수립하는 데 큰 도움이 될 것"이라고 건의했다.

IBK기업은행은 매년 4,683개 중소기업을 대상으로 실시한 '중소기업 금융 실태 조사' 결과를 발표하고 있다. 이 조사는 국가 승인 통계로 신뢰성이 높다. 2024년 조사 결과에 따르면, 중소기업의 85.0%가 경영 상황이 전년과 동일하거나 부진할 것이라고 응답했다. 2025년 경영상황 전망을 살펴보면, 10개 중소기업 중 7개가 2024년 대비 동일하거나 부진할 것이라고 응답해, 2025년에도 중소기업의 경기가 좋지 않을 것으로 예상하고 있다.

이에 따라 중소기업의 자금 수요가 증가할 것으로 예상된다. 2025년에 자금 수요가 증가할 것이라고 응답한 비율은 17.7%로, 전년의 12.2%보다 5.7%포인트 상승했다.

자금 수요 증가의 이유(복수 응답)로는 '구매대금 지급'이 83.8%로 대부분을 차지했으며, 그 다음으로 '인건비 지급(28.6%)'과 '설비 투자(24.3%)' 등이 뒤를 이었다. 반면, '기존 대출 원리금 상환'으로 인한 자금 수요 증가라고 응답한 비율은 9.7%에 불과했다.

하지만 중소기업이 현장에서 느끼는 자금 조달 여건은 여의치 않은 것으로 보인다. 금융 실태 조사에 따르면, 2025년 중소기업의 외부 자금 조달 상황에 대해 82.3%가 전년과 동일하거나 부진할 것으로 예상하고 있다.

외부에서 자금을 조달할 때, 중소기업은 은행에서 조달한 비중이 82.5%로,

은행 의존도가 매우 높은 편이다. 그러나 중소기업의 은행 차입 여건에 대한 인식은 점차 부진해지고 있다. 은행 차입 여건이 호전되었다고 응답한 비율은 4.5%에 불과한 반면, 부진해졌다고 응답한 비율은 28.3%로 높게 나타났다.

표 4-2 전반적인 은행 차입 여건

(단위: %)

	2015	2016	2017	2018	2019	2020	2021	2022	2023
호전	22.9	12.1	16.2	9.2	15.6	7.0	12.1	12.0	4.5
동일	63.1	70.0	66.2	58.8	66.8	71.0	64.5	61.2	67.2
부진	14.1	15.5	17.6	31.9	17.6	22.0	23.4	26.7	28.3

자료: IBK경제연구소

　　은행 대출 시 중소기업이 느끼는 불편 사항으로는 '높은 금리 수준'이 75.0%로 가장 많았고, 다음으로는 '예·적금, 급여 이체 등 부대 거래 요구'가 35.6%, '대출 한도 부족'이 21.7%, '복잡한 서류 및 대출 절차'가 21.5%로 조사되었다.

　　고금리 상황이 지속되면서, 대출금리 인하를 원하는 중소기업이 증가하고 있으며, 대출 한도 확대, 고금리 이자 지원 상품, 대출 조건 완화뿐만 아니라 수출 기업에 대한 지원 및 환율 관련 지원책도 확대되기를 희망하고 있다.

그림 4-2 은행 대출 시 불편 사항

(단위: %)

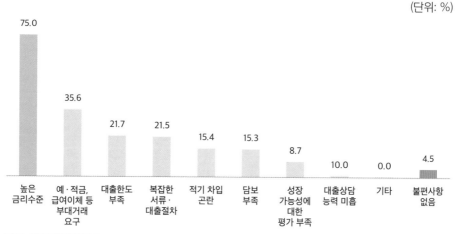

자료: IBK경제연구소

중소기업은 2020~2023년 동안 대출의 만기 연장 및 원리금 상환 유예에 대한 어려움이 매우 큰 것으로 나타났다. 중소기업중앙회의 「중소기업·소상공인 고금리 부담 실태조사」에 따르면, 2020~2023년 대출의 만기 연장 및 원리금 상환 유예가 '어렵다'고 응답한 기업은 39.2%로, 10개 기업 중 4개 정도가 이러한 어려움을 겪고 있는 것으로 분석된다.

기업 규모별로 살펴보면, 소상공인과 소기업이 "매우 어렵다"고 응답한 비율은 26.0%로, 중기업의 8.0%에 비해 3배 이상 높은 것으로 나타났다. 이는 소상공인과 소기업이 중기업보다 대출 만기 연장 및 원리금 상환 유예에 더 큰 어려움을 느끼고 있음을 보여준다.

현장의 소리

"경제위기 시에는 중소기업의 상황을 제대로 파악하고 진단하는 게 중요하다. 기업 규모별, 업종별, 지역별 등 중소기업이 처해 있는 다양한 실태를 조사하여 바로 정책에 반영돼야 한다."
"중소기업 금융 애로 상황과 수요를 정밀하게 파악할 수 있는 실태조사가 최소한 분기별로 이루어져 금융정책 수립 시 참고할 수 있도록 해야 한다."

앞으로 대내외 불확실성이 확대되고 고물가, 고금리, 고환율이 지속됨에 따라 경영 위기에 직면할 중소기업이 많아질 것으로 예상된다. 중소기업의 경영 정상화 및 애로 사항 해소를 위한 전방위적인 금융 지원이 필요하다. 특히 일시적인 어려움으로 인해 '돈맥경화'에 빠지는 중소기업이 없도록 세밀히 살펴봐야 할 것이다.

정부는 수차례 중소기업을 대상으로 한 금융 및 세제 지원 대책을 발표해 왔다. 그러나 현장에서는 여전히 체감되지 않는다는 목소리가 많다. 이는 대책이 제대로 실행되지 않거나, 실행 과정에서 한계에 부딪히기 때문이다. 자금을 지원하더라도 중간 단계에서 막혀 현장까지 원활히 전달되지 않는 경우가 빈번하다. 마치 심장에서 혈액을 충분히 공급하더라도 중간 혈관이 막혀 모세혈관까지 도달하지 못하는 것과 같다. 이러한 상황은 중소기업들에게 큰 좌절감을 안겨 준다.

이에 따라 중소기업의 실질적인 상황과 애로사항을 철저히 조사하고, 현장수요를 반영한 실효성 높은 금융정책과 지원 방안을 마련해야 한다. 정책과 현장의 간극을 줄이고, 은행 등 중간 단계에서의 문제를 해소하여 자금이 현장까지 원활히 흐를 수 있도록 체계적인 관리와 개선이 필요하다. 중소기업이 진정으로 지원을 체감할 수 있는 현실적이고 실행 가능한 금융정책의 강화가 절실하다.

③ 금리 인상, 어떤 업종이 가장 큰 타격을 받았나

서울에서 30년간 유통업을 경영해 온 K씨는 최근 몇 년 동안 금리 인상이 기업에 미친 타격이 매우 컸다고 전했다. 그는 여전히 고금리로 인해 자금난에서 벗어나지 못하고 있다. K씨는 "고금리 상황에서 대다수의 중소기업이 어려움을 겪었지만, 특히 유통업은 더 큰 고통을 겪었다"며, "지속되는 고금리 속에서 생존을 위한 대책이 절실히 필요하다"고 강조했다.

러시아-우크라이나 전쟁의 장기화와 중동 전쟁 등으로 국제 정세에 대한 불안감이 커지고 있는 가운데, 글로벌 인플레이션과 공급망 불안이 심화되고 있다. 지난 몇 년 동안 짧은 기간에 금리 인상이 급격히 이루어진 것도 이러한 상황을 더욱 복잡하게 만들었다.

특히 미국은 소비자 물가 상승률이 지속적으로 높은 수준을 유지하고 있으며, 미 연방준비제도 이사회는 2022년 5월 3~4일 열린 FOMC(연방공개시장위원회)에서 22년 만에 기준금리를 빅스텝(한 번에 0.5%p 금리 인상)으로 결정하며 통화 긴축을 가속화했다.

우리나라의 기준금리 인상도 한때 빠르게 진행되었다. 한국은행은 팬데믹을 거치며 누적된 금융시장 불균형을 완화하고 물가 상승을 억제하기 위해 금융통화위원회를 열고 기준금리를 인상해 왔다.

2021년 8월과 11월, 2022년 1월, 4월, 5월, 7월, 8월, 10월, 11월, 그리고 2023년 1월까지 총 열 차례 금리가 인상되었으며, 이로 인해 1년 6개월 동안 3% 포인트가 높아졌다. 한때 소비자 물가는 전년 대비 5% 가까이 상승하며 2008년 금융위기 이후 10여 년 만에 최고치를 기록하기도 했다.

그림 4-3 시중은행 신규대출금리의 변동 추이

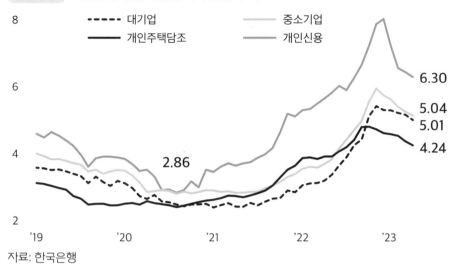

자료: 한국은행

　　그동안의 금리가 2024년 9월을 기점으로 전환이 시작되었다. 미국 연방준비제도는 2024년 9월 연방공개시장위원회(FOMC) 회의를 열고 팬데믹 이후 4년 반 만에 처음으로 기준금리를 5.25~5.50%에서 4.75~5.00%로 0.50% 포인트 인하했다. 11월과 12월 FOMC에서도 미국은 기준금리를 각각 0.25%p 인하했다. 이는 글로벌 경제와 금융을 좌우하는 미국의 통화정책이 긴축에서 완화로 전환한 것으로 볼 수 있다. 현재 추세라면 향후에도 금리가 추가로 인하될 것으로 예상된다.

　　그럼에도 불구하고 시장금리는 과거에 비해 여전히 높은 수준을 유지하고 있다. 자칫 2025년에 다시 금리를 올릴 수 있다는 경고도 나오고 있다.

　　경기 위축으로 어려움에 처한 자영업자 및 중소기업은 금리 인상기에 매우 취약한 구조에 빠졌다. 다중 채무자와 자영업자 등 취약 계층의 부담이 커지면서 신용 위험이 증폭되었다. 특히 코로나19 위기로 인해 재무 구조가 열악한 기업들은 더욱 큰 타격을 입게 되었다.

　　상장기업의 약 40%가 영업이익으로 대출 이자조차 갚지 못하는 이자보상배율 1 미만 기업들이다. 이러한 한계에 부딪힌 중소기업의 상황은 이보다 더 나쁘다.

　　이자 비용 상승은 모든 업종에 부담으로 작용하고 있으며, 특히 조선, 호텔, 면세, 항공, 유통 업종은 다른 업종에 비해 이자 상환 부담이 컸다. 건설 업종 또한 금리 인상으로 인해 주택 경기가 침체되는 리스크가 존재한다.

IBK경제연구소의 분석 자료에 따르면, 금리 상승기에 고무 및 플라스틱, 화학, 인쇄, 자동차, 정밀 기기, 가죽 신발, 가구 등 다양한 업종에서 생산이 크게 감소한 것으로 나타났다.

이처럼 기업 경영 여건은 매우 어려운 상황이다. 원자재난과 가격 인상에 이자 상승까지 겹치면서 중소기업과 소상공인이 직면하는 부담은 갈수록 커지고 있다.

특히 '돈가뭄'에 시달리는 스타트업들도 큰 타격을 받고 있다. 대출 금리가 1%포인트 상승할 경우, 스타트업의 이자 부담은 약 2조 원 정도 늘어날 것으로 추산된다.

이로 인해 스타트업을 포함한 기업의 투자가 줄어들고 고용 여력이 위축되면서 경기가 다시 후퇴할 가능성이 높아지고 있다.

현장의 소리

"고금리가 지속되면서 중소기업에 큰 타격을 주고 있다. 그 영향은 업종별로 다양하게 나타난다. 따라서 고금리에 따른 중소기업 지원은 업종별로 세분화하여 차별적인 대안을 마련해야 한다. 일률적인 지원에서 벗어나 대출 규모, 금리, 조건 등을 유연하게 관리하는 접근이 필요하다."

고금리 상황에 따른 취약 업종 및 기업에 대한 대책을 마련하는 것이 시급하다. 특히 한계에 몰린 취약 업종 및 기업에 대한 출구 전략을 구상해야 한다. 이를 위해 채무 조정 프로그램을 통해 소상공인과 한계 기업을 별도로 관리하는 정책 공조에 적극 나서 건강한 비즈니스 생태계를 조성하는 것이 중요하다.

중소기업중앙회에서 실시한 '중소기업·소상공인 고금리 부담 실태조사' 결과(2024.7)에 따르면, 고금리 부담 대응 방안으로는 42.4%가 '비용 절감'을 선택했으며, 30.0%는 '대응하지 못함'이라고 응답했다. 특히, '대응하지 못한다'는 응답 비율은 소기업과 소상공인이 33.7%로 중기업의 24.5%보다 높아, 영세한 사업자일수록 더 큰 어려움을 겪고 있는 것으로 조사되었다.

표 4-3 고금리 부담 대응방안

(단위: %)

비용절감	대응하지 못함	저금리 대환대출 활용	금리인하 요구권 사용	기타
42.4	30.0	20.0	11.4	4.6

자료: 중소기업중앙회

고금리 시기에 스타트업에 대한 금융 공급 정책을 새롭게 마련해야 한다. 기존의 담보 대출 위주 자금 공급에서 벗어나 스타트업의 기술 가치와 미래 사업성을 고려한 투자, 즉 모험 자본이 더욱 활성화되어야 한다.

앞으로 금융 시장의 불확실성이 커짐에 따라 우리 중소기업과 스타트업은 허리띠를 졸라매는 심정으로 고금리 시기에 대비하는 선제적인 리스크 관리가 시급하다. 이를 위해 재무 구조를 개선하고 기업의 성장성 및 수익성을 높이며 경쟁력을 제고하는 체질 강화 전략을 세밀하게 다시 점검해야 할 필요가 있다.

경제의 불확실성을 극복하고 역동적인 혁신 성장으로 '다시 도약하고 함께 잘 사는 대한민국 시대'가 활짝 열리도록 모든 경제 주체들이 적극 나서야 한다. 각자가 맡은 역할을 다하며 협력하고, 지속 가능한 발전을 위해 노력해야 할 때이다. 이러한 공동의 노력이 우리 사회의 포용성과 발전을 이끌어낼 것이다.

4 고금리로 인한 중소기업의 상처, 협치(協治)로 회복할 때!

건설업을 경영하는 중소기업 회장 K씨는 최근 건설 경기 침체로 어려움을 겪고 있으며, 고금리로 이자 부담이 가중되어 더 이상 버티기 힘든 상황이라고 전했다. 그는 "경기가 어려운 것은 어쩔 수 없지만, 시장 금리라도 낮춰진다면 부담이 덜할 것"이라며, "기준금리가 인하되었지만 언제 저금리 시대로 돌아갈지 예측할 수 없다"고 말했다. K씨는 고금리 장기화로 심각한 상처를 입은 중소기업을 다시 살리기 위한 정책 마련을 간곡히 요청하고 있다.

급격하게 상승했던 기준금리가 드디어 꺾이며 다시 하락세로 접어들었다. 한국은행은 2024년 10월과 11월 금통위 정례회의에서 기준금리를 각각 0.25포인트 인하했다.

이제 금리가 몇 차례 더 인하될지, 그리고 최종적으로 어디까지 내려갈지가 경제의 초미의 관심사로 떠오르고 있다. 하지만 부동산 가격의 급등이 지속되고 가계 부채가 큰 상황에서는 금리 인하가 계속 이루어지기 어려울 것으로 보인다. 과거와 같은 저금리 시대는 다시 오지 않을 것이라는 전망이 지배적이다.

그동안 금리의 여파로 취약한 중소기업, 소상공인, 그리고 자영업자들이 입은 상처는 매우 크다. 금리가 내려간다고 해서 경계심을 늦출 수 있는 상황이 아니다. 과다한 개인 부채와 고물가로 인해 민생 경제는 가파르게 추락하고 있으며, 힘든 기업의 상황은 더욱 암울해지고 있다.

현재 우리나라 기업 부채 규모는 국내총생산(GDP)의 126%를 돌파하며 사상 최고 수준에 이르렀다. 이로 인해 기업 연체율이 높아지고 파산 건수가 늘어나는 등 고금리의 장기화가 더욱 심각한 상황으로 이어지고 있다. 이러한 현실을 감안할 때, 정부와 관련 기관의 신속하고 효과적인 대책이 시급히 요구된다.

중소기업중앙회에서 실시한 실태조사(2024.7)에 따르면, 고금리 장기화로 인한 중소기업 및 소상공인의 경영 부담 정도는 '부담된다'는 응답이 58.2%로 절반을 넘었다. 특히 '매우 부담된다'는 응답 비율은 소기업 및 소상공인이 45.0%에 달해 중기업의 17.5%보다 약 2.5배 이상 높았다. 이는 소기업과 소상공인이 상대적으로 더 높은 금융 비용 부담을 느끼고 있다는 것을 나타낸다. 이러한 상황은 이들 기업의 경영 안정성에 심각한 위협이 되고 있으며, 보다 효과적인 지원 방안이 필요하다.

표 4-4 기업규모별 고금리 장기화에 따른 경영부담 정도

(단위: %)

구분	매우 부담	다소 부담	보통	다소 부담없음	전혀 부담없음
전 체	34.0	24.2	25.4	10.6	5.8
소기업·소상공인	45.0	21.3	19.7	7.7	6.3
중기업	17.5	28.5	34.0	15.0	5.0

자료: 중소기업중앙회

　현장의 사례를 보면, 상황은 여전히 매우 암담하다. 기업들은 금리 인하를 예상하고 투자를 결정했다가 다시 철회하거나 연기하는 경향이 나타나고 있다. 고금리에 고물가, 고환율까지 겹치면서 '신(新) 3고(高) 악순환'이 지속되고 있으며, 이로 인해 취약한 자영업자와 소상공인, 중소기업의 파산이 사상 최고 수준에 이르고 있다.

　금융권의 연체율이 다시 가파르게 상승하는 가운데, 중동 사태의 위기가 확산되면서 국제 유가는 3% 급등했고, 달러 강세 또한 더욱 심해지고 있다. 이러한 금융 시장의 불확실성은 기업의 경영을 더욱 어렵게 만들고 있다. 한때 장중 1,400원 선을 넘었던 원·달러 환율은 이제 변동성이 더욱 커지고 있으며, 고유가 상황에서는 금리 인하가 더 지연될 수밖에 없는 상황이다. 이러한 환경은 중소기업과 자영업자들에게 큰 부담이 되고 있다.

　우리 정부가 신속하게 대응하면서 경제 불안의 요소는 다소 진정되고 있지만, 금융 및 경제 여건의 전개에 대한 불확실성은 여전히 큰 상황이다. 실제로 주요 산업과 기업에는 비상등이 켜졌으며, 전반적으로 '긴장 모드'에 들어간 상태이다. 삼성그룹은 임원들이 주 6일 근무를 하며 사실상의 비상 경영 체제로 돌입했다.

이러한 긴장의 끈을 조이고 있는 것은 삼성그룹만이 아니다. SK그룹도 20년 만에 '토요 사장단 회의'를 부활시키며 경영진의 집중적인 논의를 통해 불확실한 경영 환경에 대응하고 있다. 이러한 움직임은 대기업들이 어려운 경제 상황에 적극적으로 대처하고자 하는 의지를 반영하고 있다.

문제는 중소기업에 있다. 대기업과는 달리 중소기업은 고금리에 경영 환경이 악화되자 대응책 마련은커녕 속수무책으로 지켜만 보고 있는 상황이다. 지정학적 불안감이 고조되는 가운데 원자재 값 상승과 고금리 장기화로 인해 중소기업의 어려움이 가중되고 있으며, 그로 인해 긴장감이 점차 높아지고 있다.

이러한 상황에서 중소기업들은 단기적인 생존뿐만 아니라, 지속 가능한 성장과 경쟁력 강화를 위해 보다 적극적인 대책이 필요하다. 정부와 금융기관의 지원과 함께, 중소기업 스스로도 체질 개선과 리스크 관리에 집중해야 할 시점이다.

현장의 소리

"금리 인하가 더디면서 소상공인과 중소기업의 어려움은 가중되고 있다. 더 이상 버티기 어려워 도산하는 중소기업들이 속출하고 있다. 정부나 정치권에서 중소기업 살리기에 모두 힘을 모아야 한다."

"어려운 시기일수록 정치권의 역할이 더욱 중요하다. 법적 및 제도적 뒷받침이 필요하며, 정부와 협력하여 중소기업이 고금리 위기를 극복할 수 있도록 지원해야 한다."

세계 각국은 기업 활성화와 경제 회복을 위해 전력투구하고 있다. 그러나 금리를 낮출 수 없는 상황에서 손 놓고 있을 수만은 없다. 우리나라 역시 정치적 갈등과 싸움에 매몰되어서는 안 된다. 여야는 힘을 모아 정부와 함께 치밀하고 효과적인 정책을 마련해야 하며, 중소기업의 금리 상처를 치유하고 경제 돌파구를 찾아야 할 시점이다.

이런 노력이 뒷받침된다면, 중소기업들이 안정적인 경영 환경을 조성하고 경제 전반에 긍정적인 영향을 미칠 수 있을 것이다. 모든 경제 주체가 협력하여 어려운 상황을 극복하고 지속 가능한 성장으로 나아가는 길을 모색해야 한다.

정치권은 협치를 통해 경제를 살펴야 할 때다. 현장 속으로 더 깊숙이 들어가 민생과 기업이 무엇을 원하는지 꼼꼼하게 챙겨야 한다. 정부는 긴장의 끈을 놓지 말고 경제 비상사태에 만반의 대비를 해야 한다.

금융권 역시 금리 인하를 위한 특별 프로그램을 더욱 늘려 소상공인과 중소기업의 위기 극복에 적극적으로 나서야 할 것이다. 이러한 노력이 함께 이루어진다면, 우리 경제는 더욱 튼튼해지고 지속 가능한 성장으로 나아갈 수 있을 것이다. 모든 주체가 협력하여 어려운 상황을 극복하고, 건강한 경제 생태계를 만들어 나가는 데 힘을 모아야 할 때이다.

아프리카 속담에 "빨리 가려면 혼자 가고, 멀리 가려면 함께 가라"는 말이 있다. 고금리가 계속해서 떨어지려면 갈 길이 멀다. 긴 시야를 가지고 함께 대응해 나가야 한다. 중소기업이 흔들리면 경제가 무너지고, 민생이 파탄나면 국가의 미래도 없기 때문이다.

중소기업과 민생을 살리는 일에 여야, 정부와 경제 주체가 따로 있을 수 없다. 지속적으로 상호 소통하고 협치하면서 집단 지성을 발휘해 현재의 난국을 풀어 나가야 한다. 또한, 변화와 혁신으로 대한민국의 새로운 미래를 열어가야 한다. 시대적 전환기에 협치 경제를 기대해 본다. 모든 주체가 힘을 합쳐 경제의 새로운 길을 모색해야 할 것이다.

⑤ 과도한 부채, 현장에서의 실질적 대비책은?

경기도에서 30여 년간 중소기업을 경영해온 K씨는 과다한 부채로 인해 심각한 어려움을 겪고 있다. 과중한 이자 부담은 물론, 부채비율이 높아 정책 자금 조달뿐만 아니라 은행에서 추가 자금을 확보하는 것도 어려운 상황이다. K씨는 "초고금리의 사채 시장에서 자금을 조달해 원자재를 구매하고 급여를 지급하고 있지만, 언제까지 버틸 수 있을지 막막하다"고 전했다.

국제결제은행(BIS)은 한국의 부채 증가에 대해 경고하며, 한국의 GDP 대비 민간신용 비율이 100%를 훨씬 초과하면서 경제 성장률이 정점을 찍고 이후 역 U자형 곡선으로 하락하는 추세에 있다고 설명했다. 이는 한국 경제의 성장 잠재력에 부정적인 영향을 미칠 수 있음을 시사한다.

한국의 국가채무는 2017년 660조 원에서 2023년 1,134조 원으로 6년 동안 474조 원, 즉 72%나 급증했다. 같은 기간 동안 GDP 대비 국가채무 비율도 32.6%에서 50.4%로 상승했다. 이와 같은 빠른 국가채무 증가 속도는 장기적으로 경제 성장에 부담을 줄 수 있으며, 재정 건전성 유지가 중요한 과제가 될 것이다.

그림 4-4 국가 채무 현황

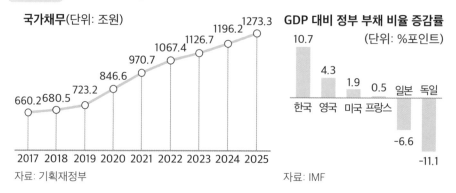

자료: 기획재정부

자료: IMF

고금리와 소득 감소 상황에서 과도한 부채는 특히 청년층, 중소기업, 소상공인, 자영업자에게 심각한 타격을 주고 있다. 청년층은 일자리 불안정과 주거비 상승으로 인해 대출 의존도가 높아지며, 고금리로 인한 이자 부담이 커지고 있다.

중소기업과 소상공인, 자영업자들은 고물가와 원자재 가격 상승, 경영 환경 악화 속에서 이미 부담이 큰 상황에서, 고금리로 인한 대출 이자 비용이 추가되면서 재무 구조가 더욱 취약해지고 있다. 이는 경영 악화와 투자 위축으로 이어져, 사업의 생존까지 위협받고 있는 상황이다.

과도한 부채는 이러한 취약 계층의 신용 위험을 높이고, 부도율 상승 가능성을 키우며, 이는 경제 전반에도 악영향을 미칠 수 있어 정책적 대응이 시급한 상황이다.

먼저 가계 부채 문제를 살펴보자. 고이자 부담으로 인해 소비가 급격히 위축되면서 소비 절벽이 발생했고, 이는 내수 악화로 이어지고 있다. 실제로 2023년 소매판매액지수는 20년 만에 최대폭인 -1.4% 감소를 기록하며 경기 침체가 이어지고 있다.

특히, 가계 부채는 청년층에게 큰 타격을 주고 있다. 30대 이하 청년들의 부채 규모는 476조 8,500억 원으로, 전체 가계 부채의 25.5%를 차지하고 있다. 저금리 시절에는 연간 이자가 9조 5,370억 원이었지만, 현재의 고금리 상황에서는 이자 부담이 연 33조 3,795억 원으로 약 3배 증가한 상황이다. 이는 취약한 청년층에게 큰 경제적 부담을 안겨주고 있으며, 이를 완화하기 위한 이자 감면 및 부채 상환 연장 등 특단의 대책이 절실하다.

국내 기업 부채 규모는 국제적으로 높은 수준에 속한다. 2023년 3분기 기준, 한국의 기업 부채 비율은 GDP 대비 126.1%로, 세계에서 세 번째로 높은 수치를 기록하고 있다. 홍콩이 267.9%로 1위, 중국이 166.9%로 2위에 올랐으며, 한국은 그 뒤를 따르고 있다. 특히, 한국은 전년 동기 대비 기업 부채 비율이 5.7% 상승하며 증가 속도가 빠른 편이다. 이는 국제적으로도 주목받는 수치로, 미국과 일본의 기업 부채 증가율이 감소하고 있는 가운데 한국은 러시아(13.4%)와 중국(8.6%)에 이어 세 번째로 높은 증가율을 보이고 있다.

이처럼 기업 부채의 급격한 증가는 금리 상승과 맞물려 기업들의 경영 부담을 더욱 가중시키고 있으며, 지속 가능한 재무 관리와 부채 구조 조정이 시급히 요구된다.

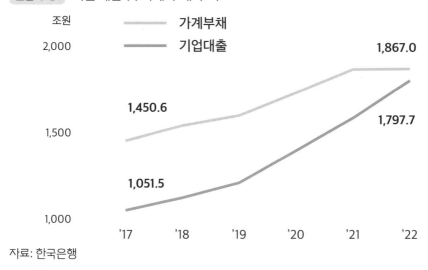

그림4-5 기업 대출 및 가계 부채 추이

조원

가계부채
기업대출

2,000

1,867.0

1,450.6

1,500

1,797.7

1,051.5

1,000

'17   '18   '19   '20   '21   '22

자료: 한국은행

특히 중소기업의 부채 비율이 대기업보다 훨씬 가파르게 증가하고 있다. 2022년 말 기준으로 대기업의 부채비율은 101.2%인 반면, 중소기업은 171.3%에 달해 중소기업의 부채비율이 대기업의 약 1.7배에 이른다. 더욱 심각한 것은 부채비율 상위 25%에 속하는 중소기업들의 부채비율이다. 이들의 부채비율은 2019년 498.8%에서 2021년 594.1%, 2022년에는 605.4%로 꾸준히 상승하고 있다.

중소기업의 부채 증가 속도는 금리 상승기에 더욱 악영향을 미칠 가능성이 높으며, 이는 중소기업의 재무건전성을 악화시키고 경영 불확실성을 높이는 주요 요인으로 작용하고 있다.

기업 부채의 가파른 상승은 부도 증가로 이어질 수 있는 위험 요소로 작용하고 있다. 2023년 1월부터 10월까지 기업 부도 증가율은 약 40%로, 주요 17개국 중 네덜란드(약 60%)에 이어 두 번째로 높은 수준이다. 특히 2023년 9월에는 연간 법인 파산 신청 건수가 1만 1,213건에 달해 사상 최대치를 기록했다.

이와 더불어, 이자보상배율이 1 미만인 중소기업의 비중도 전년 대비 2.1%P 증가해 29.6%에서 31.6%로 상승했다. 이는 고금리 상황과 함께 기업의 이익 감소가 주요 원인으로 작용한 결과이다. 2023년 한 해 동안 기업의 이자비용은 20.3% 상승한 반면, 영업이익은 -3.6% 감소하며 많은 중소기업들이 어려움을 겪고 있다. 이는 부채 부담이 커지며 재무구조가 취약한 기업들에 대한 우려를 증폭시키고 있으며, 중소기업들의 생존을 위한 대책 마련이 시급하다.

　　2024년 4월 말 기준으로 중소기업 대출 잔액은 1,055조 원으로 역대 최대치를 기록했으며, 은행 대출 금리는 4.81%로 높은 수준을 유지하고 있다. 이러한 금리 상승으로 인해 중소기업의 이자 부담이 크게 증가하고 있으며, 이로 인한 대출 연체율은 0.66%로 전년 동기 대비 0.2%P 상승했다. 특히, 취약차주와 자영업자의 대출 연체율이 크게 증가한 점이 눈에 띈다. 2022년 말 0.6%였던 연체율은 2023년 말 1.3%로 두 배 이상 상승하며, 이들 계층의 재정적 어려움이 더욱 심각해졌다. 이는 고금리로 인한 채무 상환 부담이 중소기업과 자영업자에게 큰 타격을 주고 있음을 보여준다.

* 자영업자 대출 연체율(%): 2020년0.56(20) → 0.69(22) → 0.99(23.1분기) → 1.24(3분기)

　　2023년 말 법인파산 접수 건수는 1,657건으로 역대 최대치를 기록했고, 2024년 5월까지 법인파산 접수 건수는 810건으로 전년 동기 대비 36.8% 증가했다. 이러한 증가세는 고금리와 경영 악화로 인해 기업들이 재정적 압박에 처하고 있음을 여실히 보여준다.

　　가계부채와 마찬가지로 기업부채 비율도 적정 수준으로 관리해야 한다. 자금의 효율적 분배를 고려해 기업의 재정 건전성을 높이는 한편, 경영 위기에서 벗어나기 위한 재기 지원과 같은 후속 대책이 필요하다. 이러한 대응책을 통해 기업들이 파산 위기에서 벗어나 지속 가능한 성장을 이어갈 수 있도록 해야 할 것이다.

현장의 소리

"중소기업이 경기 위축으로 인해 겨우 자금을 조달하며 간신히 버텨내고 있다. 더 이상 대출도 어렵고, 직접 금융을 확대해 나가야 한다. 또한 대출금 상환 기간을 늘려 기업의 부담을 줄여 줄 필요가 있다."

"중소기업의 고금리 부담을 완화해 줘야 한다. 금리 감면 프로그램을 적극 가동해서 고금리 위기를 이겨내도록 해야 한다."

　　중소기업은 경기와 정책 등 외부 요인에 민감하게 영향을 받으며, 특히 고금리와 과도한 부채로 인해 유동성 위기에 처해 있는 경우가 많다. 이러한 상황에서 중소기업의 위기를 선제적으로 관리하기 위해서는 유동성 위기 가능성이 큰 기업을 선별하고, 지속적인 모니터링을 통해 리스크 관리 방안을 마련하는 것이 필수적이다.

중소기업의 재무 상태나 산업적 특성을 고려해 맞춤형 타깃팅 지원정책도 강구돼야 한다. 특히, 과도한 부채와 고금리로 인한 유동성 위기를 연착륙시키기 위한 금융비용 부담 경감 대책이 시급하다. 이를 통해 중소기업이 외부 충격에서 벗어나 안정적인 경영 환경을 마련할 수 있도록 지원하는 것이 최우선 과제로 떠오르고 있다.

기술금융 제도를 개선해야 한다. 우수한 기술력을 보유하고 있으나 신용 및 담보가 취약한 중소기업에 대한 자금 지원을 확대하기 위해 기술금융 제도를 개편할 필요가 있다. 이를 위해 기술 선별 역량을 강화하고, 기술 등급 평가의 비중을 늘리는 한편, 신용 등급의 영향력을 축소하는 등 가이드라인도 개선해야 할 것이다.

기업 구조 개선의 일환으로 M&A 시장을 활성화해야 한다. 이를 위해 정부의 적극적인 지원이 필요하며, 민관 협력을 통해 M&A 시장을 더욱 확장해야 한다. 민간 M&A 플랫폼 구축에 있어 정부는 정보 공유 인프라를 지원하고, 인수 금융을 활용할 수 있는 정부-민간 공동 펀드를 확대하는 등의 노력이 필요하다. 이러한 조치를 통해 M&A 생태계를 강화할 수 있다.

또한 중소기업의 고비용 문제를 해결하기 위해 생산성 향상과 디지털 전환을 적극적으로 지원해야 한다.

⑥ 변화무쌍한 고환율, 우리 경제에 미치는 영향은?

경남 창원에서 중소기업을 경영하는 M 회장은 요즘 밤잠을 제대로 이루지 못하고 있다. 그의 회사는 외화 대출을 받은 금액이 큰 편인데, 고환율로 인해 상환해야 할 대출 부담금이 1년 전보다 20% 이상 증가했기 때문이다. M 회장은 "과거에는 일시적으로 환율 변동이 있었지만 곧 정상화될 것이라는 기대 때문에 환율 방어에 큰 어려움이 없었으나, 지금은 계속해서 환율이 상승하고 있어 대책 없이 손 놓고 있을 뿐이다"고 토로했다. 그는 "외화 대출을 당장 상환하려고 해도 부담이 크고 지금이 없다. 처음 받았던 대출 금액보다 눈덩이처럼 불어나는 상황에서 환율이 떨어지기만을 기다릴 뿐이다"라고 덧붙였다.

원·달러 환율은 2022년 9월 '1,400원'의 저항선이 무너졌다. 1,400원대 환율은 2009년 글로벌 금융위기 이후 13년 만에 발생한 현상이다. 이로 인해 환율이 계속 상승해 1,500원에 이를 것이라는 우려의 목소리 마저 커졌던 상황이었다. JP모건자산운용의 타이 후이 수석전략가는 최근 세계경제연구원 주최의 '글로벌 금융시장 긴급진단: 달러 초강세 속 아시아 외환위기 재발 위험 점검' 웨비나에서 원·달러 환율이 1,500원을 돌파할 가능성을 언급하기도 했다.

한때 3개월 동안 달러 대비 원화 가치가 8.0% 하락해 세계 주요 통화 중 세 번째로 큰 낙폭을 기록한 적이 있었다. 향후에도 미국 달러의 초강세가 지속될 경우 원화 가치는 계속해서 약세를 면치 못할 가능성이 크다.

원·달러 환율은 장기간 고평가되어 있었으나, 최근 불확실성이 확대됨에 따라 평가 절하되면서 균형 환율과의 격차가 줄어드는 상황이다. 원·달러 환율의 급등은 미국의 통화 긴축 가속화, 러시아·우크라이나 전쟁, 그리고 무역수지 적자 등에서 비롯되었다.

달러 강세로 인한 통화 가치 약세는 한국만의 문제가 아니다. 자원 부국인 러시아와 브라질은 무역수지가 양호해 통화 가치가 강세를 보이고 있지만, 대부분의 주요국은 통화 가치 약세를 겪고 있다. 특히 일본은 통화 완화 정책과 무역수지 악화로 역대급 엔저 현상을 겪고 있는 상황이다.

계속되는 고환율은 과거의 외환위기인 1997년과 2009년과는 다른 양상을 보이고 있다. 1997년과 2009년에는 IMF 구제금융과 글로벌 금융위기라는 특정한 충격이 있었지만, 현재 원·달러 환율은 특정 사건 없이 급격히 상승하는 모습이다.

과거 위기와 비교했을 때 주요 경제 지표는 양호한 편이다. 2022년 8월 기준 외환보유액은 1997년 대비 21배, 2009년 대비 2.1배에 이른다. 또한, 대외 위험도를 나타내는 신용부도스와프(CDS) 프리미엄도 2009년에 비해 개선된 수준을 유지하고 있다.

하지만 시간이 지남에 따라 한국 경제는 고물가, 고금리, 고환율 등 복합적인 경제 위기로 치닫고 있다. 미국 연방준비제도(Fed)는 40년 만에 최고 수준으로 치솟는 물가를 잡기 위해 2022년 9월까지 3차례 연속으로 기준금리를 0.75%p 인상하는 자이언트 스텝을 단행한 데 이어 이후 추가로 금리를 인상했다. 그 결과 한미 간 금리 차는 2.00포인트까지 벌어졌다가, 미국이 2024년 9월과 11월, 12월에 기준금리를 내리면서 1.5%포인트로 좁혀졌지만, 여전히 한미 간 금리 차가 존재해 환율의 추가 상승에 대한 우려가 커지고 있다.

그림 4-6 한미 기준금리 차이와 원/달러 환율

주 : 미국 기준금리는 상단과 하단의 중앙값 이용, 자료: 한국은행, Fed

고환율 추세는 국가적으로 외환보유액의 급감(9월 기준 △197억 달러)으로 인해 단기 외채 비율이 상승하면서 대외 지급 능력에 악영향을 미치게 된다. 개인들에

게는 원화 약세가 소비자 물가 상승에 영향을 미치며, 이는 수입 물가 상승으로 이어지고, 결국 생산자 물가와 소비자 물가 상승을 초래한다. 이러한 상황은 소비 축소로 이어질 가능성을 높이고 있다.

문제는 이러한 고환율이 우리 경제의 핵심인 기업에 미치는 영향이 크다는 점이다. 특히 취약한 중소기업은 원·달러 환율 급등으로 인해 위기 상황에 직면하고 있다. 중소기업중앙회의 조사(2022.10)에 따르면, 중소기업의 70%가 현재의 경제 상황을 위기로 인식하고 있는 것으로 나타났다. 그럼에도 불구하고 중소기업의 22.5%는 별다른 대응 방안이 없는 것으로 조사되었다.

과거에는 환율 상승이 수출 기업에 호재로 여겨졌다. 그러나 원자재 가격이 급등하고 미국을 제외한 수출 경쟁국의 통화 가치가 하락하면서, 더 이상 마냥 환호할 수 없는 상황이 되었다. 수입 중소기업 역시 원자재 비용을 납품 대금에 반영하기 어려워 경영 부담이 날로 커지고 있는 실정이다.

현장의 소리

"앞으로 환율이 떨어지기는 쉽지 않을 것으로 보인다. 당분간 강한 달러와 대외 불안이 커지면서 환율이 크게 흔들릴 가능성이 크다. 이로 인해 수출업체와 수입업체 모두 환율 변동의 부정적인 영향을 받을 구조이다."

"높은 환율에다가 환율 변동성이 심해 중소기업의 불확실성이 커지고 있다. 환율변동의 영향을 최소화하고 중소기업이 효과적으로 대응 할 수 있게 정책적 뒷받침이 있어야 한다."

앞으로 환율 변동성이 커질 수 있다. 한국은 대외 무역 의존도가 높기 때문에 대외적인 악재에 따라 환율이 급등락할 가능성이 있다. 따라서 정부는 외환보유액, 순대외채권 규모, 외채 비율 등 대외 건전성 지표를 재점검하여 선제적인 대비책을 마련할 필요가 있다.

정책적으로는 환율 변동에 대응력이 부족한 중소기업을 위해 환 리스크 축소를 지원해야 한다. 동시에 강 달러 상황이 경제 전반에 미칠 부정적 영향을 최소화할 수 있도록 시장을 면밀히 관찰하고, 명확한 정책 시그널을 제시해야 한다.

우리 중소기업은 선물환 거래와 환 보험 가입 등을 통해 환율 상승에 따른 불확실성에 대비해야 한다. 또한 정부는 환율 상승으로 인한 중소기업의 어려움을 살피고, 종합적인 지원책을 마련해야 할 것이다.

⑦ 벤처·스타트업 투자 생태계, 혁신의 새로운 패러다임을 찾다

경기도 판교에서 벤처 스타트업을 경영하는 청년 창업가 K씨는 지난 3년간 투자를 통해 어렵게 기술을 개발했지만, 이제 본격적인 마케팅을 시작하려니 자금이 바닥난 상황이다. 그는 기술과 사업 계획서를 들고 벤처 캐피털(VC) 문을 수차례 두드렸지만, 돌아오는 답변은 "투자할 수 없다"는 말뿐이었다. 그 이유는 "개발한 기술을 증명할 수 없고, 어떻게 매출로 실현해 이익을 낼지 모르겠다"는 것이었다. K씨는 "세상에 없던 새로운 기술을 알아주고 미래 가치를 보고 적극적으로 투자하는 벤처 스타트업 투자 생태계 조성이 아쉽다"며, 현 상황에 대한 한숨을 내쉬었다.

최근 벤처·스타트업 업계의 키워드는 '생존'이라고 한다. 고금리 기조와 함께 경제 불확실성이 높아지면서 벤처투자 시장에 불황이 찾아왔기 때문이다. 2023년 1분기 벤처투자액과 펀드 결성액은 전년 동기 대비 각각 60.3%, 78.6% 급감했다. 여기에 2023년 미국 벤처 전문 은행인 실리콘밸리은행(SVB)의 파산, 금융권의 리스크 관리 강화가 겹치면서 벤처·스타트업의 자금난은 아직도 심화되고 있는 양상이다.

제2의 벤처 투자 붐으로 활성화되었던 벤처·스타트업 생태계는 한국 경제의 저성장 극복과 고용 창출의 차세대 동력으로 평가받고 있다. 그러나 최근 벤처 투자의 역동성이 저하되고 있다면, 이는 국가 경제에 적지 않은 영향을 미칠 수 있다.

기술력을 갖춘 혁신적인 벤처·스타트업은 우리 산업의 미래를 위한 중요한 씨앗이다. 이에 금융위원회와 중소벤처기업부는 2023년 4월 20일, 총 10조 5,000억 원 규모의 벤처·스타트업 생애 주기별 맞춤 지원 방안을 담은 '혁신 벤처·스타트업 자금 지원 및 경쟁력 강화 방안'을 발표했다.

데스밸리를 힘겹게 넘고 있는 초기 스타트업에 대한 지원을 대폭 강화하고, 3~7년 사이의 중기 기업에는 융자와 후속 투자를, 7년 이상 경과한 후기 기업에는 인수·합병(M&A), 기업공개(IPO), 해외 진출을 지원하는 촘촘한 정책이 구성되었다. 특히, 은행의 역할이 강조된 점도 주목할 만하다. 은행의 벤처 펀드 출자 한도를 2

배로 상향하고, 벤처 기술 기업에 대한 은행 대출 촉진 방안도 포함되었다.

표 4-5 혁신 벤처·스타트업 자금지원 및 경쟁력 강화 방안,

단계별 성장지원 강화	초기 성장단계 (Seed~시리즈A)	① 정책금융 추가 지원 1.2조 원 ② 엔젤·지방 투자 등 시장 과소공급 보완 0.2조 원 ③ Deep tech 분야 R&D·사업화 지원 4.7조 원 ④ 제조위탁 플랫폼 구축
	중기 성장단계 (시리즈B~시리즈C)	① 투자 유치기업 성장자금 공급 0.3조 원 ② 세컨더리 펀드 대폭 확대 1조 원 ③ 매출채권 안전망 강화 0.6조 원
	후기 성장단계 (시리즈C 이후)	① 해외시장 진출 지원 0.3조 원 ② M&A 거래 지원 0.1조 원 ③ M&A 촉진을 위한 규제개선
민간의 벤처투자 촉진	정책금융기관 투자 마중물 확대	① 정책금융기관의 투자 지원 확대(3년) 2.1조 원 ② VC의 벤처펀드 결성·투자 지원 ③ 정책금융기관 출자 펀드(25조 원) 신속집행
	은행권·CVC 투자 활성화 지원	① 은행권의 벤처펀드 출자 규제개선 ② CVC 투자 규제개선 및 네트워킹 지원
벤처기업 경쟁력 제고	벤처 지원제도 혁신	① 스톡옵션 부여대상 확대 ② 복수의결권을 통한 경영권 안정 ③ 벤처확인 고도화 및 벤처기업상 상시법화
	벤처투자 관리감독 체계 효율화	① 조합 등록 및 운용 체계 개선 ② 벤처통계 타당성·시의성 개선

자료: 관계부처합동, 혁신 벤처·스타트업 자금지원 및 경쟁력 강화 방안,(2023. 4)

이를 통해 은행의 중소기업 금융이 담보와 재무제표 기반의 대출 위주에서 미래 가능성 기반의 투·융자로 더욱 진화하고 발전하는 계기가 되기를 바란다. 벤처투자 시장도약 방안이 민간투자에 급반전을 이뤄 제3의 벤처 붐을 일으키는 기점이 돼야 한다.

"벤처 투자 시장이 위축되면 스타트업은 투자 유치가 더욱 어려워진다. 이를 해결하기 위해 정책적으로 시드 머니 제공을 확대하여 민간 벤처 캐피털(VC)의 투자 활성화를 유도해야 한다."

모든 일에는 적절한 타이밍이 있다. 그 시기를 놓치면 아무리 하고 싶어도 실행하기 어려워진다. 지금이야말로 우리나라가 벤처 스타트업 생태계를 선도해야 할 때다. 그러나 현재 해외 벤처캐피털(VC) 자금이 일본 벤처 스타트업으로 집중되고 있는 상황은 우리에게 경각심을 일깨워준다. 이런 흐름이 지속된다면, 아시아 스타트업 허브의 자리를 일본에 내줄 판이다. 실제로 일본 벤처 스타트업이 2024년 상반기에 유치한 해외 자금은 225억 엔으로, 지난해 같은 기간 대비 69%나 급증했다. 이는 일본 내 VC 전체 투자액의 약 20%를 차지하며, 해외 VC 출자액의 증가율은 일본 VC 전체 증가율(4% 증가)을 크게 상회한다. 이처럼 일본 벤처 스타트업 생태계가 해외 자금 유치에 성공하며 빠르게 성장하는 현실은 우리에게 중요한 시사점을 준다.

현재와 같은 위기에서는 자금 공급의 마중물이 되는 정책 금융의 역할이 매우 중요하다. 이에 IBK기업은행은 기술만으로는 투자 유치가 어려운 초기 혁신 스타트업에 특화된 벤처 투자 자회사를 설립했다. 금융 지원 외에도 컨설팅, 네트워킹 등 보육 지원과 비금융 지원도 함께 제공되고 있다.

위험을 감수하고 시장을 조성하는 정책형 벤처캐피털(VC)과 안정적 유동성을 공급하는 민간 VC와의 협업을 통해, 건강한 투자 생태계가 조성되기를 기대한다. 이를 통해 한국 벤처·스타트업이 당면한 위기를 극복하고 미래 성장 동력을 창출할 수 있기를 바란다.

8 실리콘밸리식 SAFE 벤처투자, 활성화의 기회를 열다

실리콘 밸리에서 근무한 경험을 바탕으로 경기도에서 기술 창업을 한 청년 창업가 K씨는 한국의 스타트업 투자 구조가 실리콘 밸리와 비교해 매우 후진적이라고 지적했다. K씨는 "한국은 너무 형식적인 투자 방식이 적용되고 있는 반면, 실리콘 밸리는 혁신적인 방식으로 이루어지고 있다"며, "한국에서도 실리콘 밸리 방식의 투자가 적극 도입되면 좋겠다"고 강조했다.

벤처 투자 생태계를 활성화하기 위해서는 기존 투자 방식과 다른 속성을 갖는 투자 방법을 조합하거나 새로운 투자 방법을 설계해야 한다. 그중 하나로 최근에 도입된 조건부 지분 인수 계약이 있다.

2020년 8월에 '벤처 투자 촉진법'이 시행됨으로써 창업 기업에 대한 민간 투자를 촉진하기 위한 실리콘밸리식 조건부 지분 인수 계약(SAFE, Simple Agreement for Future Equity) 투자 제도가 도입되었다. SAFE는 실리콘밸리 엑셀러레이터의 투자 방식으로, 투자자가 기업 가치를 정하지 않고 투자금만 집행한 뒤, 미래에 해당 기업의 가치가 산정될 때 일정한 할인을 적용하여 주식으로 전환하는 방식이다.

> **SAFE**: 미국 실리콘밸리대표 엑셀러레이터 와이컴비네이터(Y Combinator)에서 2013년에 처음 착안한 모델로 미국에서는 초기 스타트업 투자에 꽤 많이 사용되고 있는 투자방식이다. 영국의 ASA(Advanced Subscription Agreement), 프랑스의 AIR(Accord d'Investissement Rapide), 캐나다의 LEAF(Lean Equity Alternative Financing) 등도 미국의 SAFE를 차용하였다.

조건부 지분 인수 계약(SAFE)은 기업 가치 평가가 어려운 창업 초기 기업에게 투자금을 신속하게 지급하고, 투자 지분율은 후속 투자자의 기업 가치 평가 결과에 따라 결정된다.

예를 들어, 투자자가 초기 스타트업에 SAFE를 통해 최초 8억 원을 투자한 후, 후속 투자 시 기업 가치의 80%를 기준으로 지분을 배분받는 계약을 체결한다고 가정해보자. 이 경우, 후속 투자 시 기업 가치가 100억 원으로 평가되면, 최초 투자자는 80억 원(100억 원 × 80%)의 기업 가치를 인정받아 10%(8억 원 / 80억 원) 지분을 확보할 수 있다.

표 4-6 SAFE 방식의 투자 지분율 변화

	최초 투자 시점	미래
기업가치	미정	100억 원
투자금	8억 원	기존 8억 원
투자지분율	미정 (미래 기업가치에서 80% 할인된 가치에서 투자 지분율이 결정)	10.0% (100억 원의 80%인 80억 원 가치에 8억 원을 투자했기 때문에 10.0%)

그러나 후속 투자자가 투자할 때 기업 가치가 100억 원이 아닌 1,000억 원으로 상승하면, SAFE로 투자한 초기 투자자의 지분율은 1.0%로 희석된다. 스타트업이 높은 가치로 투자를 유치했기 때문에 초기 투자의 위험을 감수한 SAFE 투자자 입장에서는 지분이 지나치게 희석되는 문제가 발생할 수 있다. 이러한 상황을 방지하기 위해 SAFE 계약서에는 밸류에이션(Valuation) 캡이 설정된다.

예를 들어, 밸류에이션 캡을 200억 원으로 설정하면, 1,000억 원 가치로 후속 투자를 유치하더라도 SAFE 투자 지분율을 계산할 때는 기업 가치를 최대 200억 원까지만 인정받게 된다. 이처럼 조건부 지분 인수 계약에서 '조건부'의 의미는 미래의 기업 가치에 '할인'과 '캡'의 조건을 달아 투자한다는 것을 의미한다.

조건부 지분 인수 계약(SAFE)이라는 새로운 투자 방식의 도입으로 벤처 투자에서 새로운 변화가 촉진되고 있다. 일반적인 벤처 투자는 기업 가치를 선정하고, 투자금에 비례해 지분을 확보하는 방식이다. 그러나 창업 초기 기업의 경우, 기업 가치 산정의 기준이 되는 지표가 없어 밸류에이션(Valuation)이 어렵기 때문에 기업 가치 산정이 임의적일 수밖에 없다.

이로 인해 기존 벤처 투자 방식(주식, 메자닌)은 창업 기업에 대한 기업 가치, 이자율, 만기 등 투자 조건 결정이 쉽지 않아 실제 투자 진행이 어려운 상황이었다. 특히 벤처 투자의 약 76.7%가 주식형으로 이루어져 있어 투자 리스크가 커 민간 자본의 제약 요인으로 작용해 왔다.

그러나 조건부 지분 인수 계약(SAFE)의 도입으로 창업자와 투자자 모두에게 창업 초기 기업 가치 평가에 대한 부담이 줄어들어 투자 활성화와 민간 자본의 유입이 촉진될 수 있다. 창업자는 초기 투자 유치에 따른 지분율 하락을 방지할 수 있으며, 투자자는 모호한 창업 기업 평가를 생략하고 신속한 투자가 가능해진다. 이로 인해 양측 모두에게 이익이 되는 상황이 마련될 수 있다.

조건부 지분 인수 계약(SAFE) 투자가 활성화되면 창업 초기 기업에 대한 투자 장벽이 최소화되어 민간 벤처 투자가 강화되고, 초기 기업의 생존율을 높여 '제2 벤처 붐'을 기대할 수 있다. 글로벌 기준에 맞는 투자 방식의 도입으로 순수 민간 벤처 펀드 투자 비중이 증가할 것으로 보인다. 또한, 창업 초기 투자금의 사각지대에 놓인 기업에게 마중물 역할을 할 것으로 기대된다. SAFE는 업력이 낮고 조달 규모가 작은, 매출 실적이 가시화되기 이전의 초기 기업에 대한 신속하고 효율적인 조달 창구 역할을 수행할 것이다.

현장의 소리

"혁신적인 예비 스타트업들이 국내에서 창업하기보다는 해외로 나가려는 경향이 있다. 한국에서는 투자 받기가 어렵지만, 실리콘밸리와 같은 해외에서는 더 많은 기회를 찾을 수 있기 때문이다. 현재 우리나라의 벤처 투자 시스템에 뭔가 문제가 있는 것 같다."
"실리콘밸리 등 주요 선진국에서의 벤처투자 제도를 적극 벤치마킹해서 도입하고, 벤처 투자 심사평가 방식에서도 개선해 나가야 한다."

새로운 투자 방법으로서 조건부 지분 인수 계약(SAFE)이 얼마나 광범위하게 활성화될지는 아직 초기 단계라 예단하기 어렵다. 그러나 전통적인 투자 방법에서 벗어나 새로운 투자 방식이 도입되고 정착됨으로써 벤처 투자 생태계에 새로운 여건이 조성된 것은 분명하다. 이러한 변화가 국내 벤처 투자 생태계 활성화에 큰 기여를 할 수 있도록 다각적인 개선책이 지속적으로 마련되어야 할 것이다.

⑨ K-스타트업, 모험자본 활성화로 미래를 열다

청년들이 창업 전선에 적극 뛰어들고 있다. 청년 스타트업의 멘토로 활동하며 수많은 창업가들을 만난 서울의 청년 창업가 K씨는 기술을 믿고 창업에 나섰지만, 시작 단계부터 벽에 부딪혔다. 초기 창업 자금이 소진되자, K씨는 투자를 받기 위해 여기저기 뛰어다녔지만 긍정적인 답변을 얻은 곳은 하나도 없었다. 은행권 투자 부서에도 수차례 연락했으나, "너무 초기 기업이라 투자하기 어렵다"는 말만 돌아올 뿐이었다. 앞으로 추가 기술 개발과 마케팅, 운영비 등 지출이 많은 상황에서 자금 조달에 대한 걱정이 태산처럼 쌓이고 있다.

모험 자본(Venture Capital)은 상대적으로 투자 위험이 크지만 일반적인 수준보다 수익성이 높은 사업을 시도하는 데 필요한 자금을 의미한다. 특히 혁신 창업 기업과 벤처 기업에 대한 직간접 지분 투자를 지칭한다. 따라서 중소벤처기업의 창업 및 생태계 변혁을 위한 '모험 자본 활성화'가 갈수록 필요해지고 있다.

그림 4-7 중소기업 금융 정책의 변화

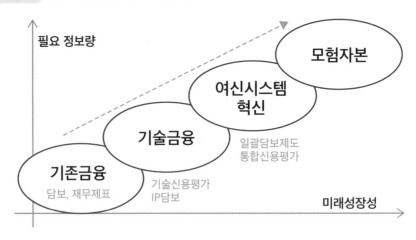

자료: IBK경제연구소

중소벤처기업의 90% 이상이 대출에 의존하고 있다. 그러나 최근에는 대출 중심에서 투·융자 복합 방식으로, 투자 중심의 금융 지원 패러다임 전환이 시작되고 있다. 혁신 스타트업과 신성장 산업을 중심으로 모험 자본에 대한 금융 수요가 증가하고 있는 상황이다.

벤처 투자 신규 금액은 2016년에 2.2조 원에서 매년 증가하여 2019년에는 4.3조 원에 달했다. 중소벤처기업부의 '2024년 상반기 국내 벤처 투자 및 펀드 결성 동향'에 따르면, 벤처 분야 신규 투자 규모는 5조 3,619억 원으로, 전년 동기(4조 5,000억 원)보다 19% 증가했다.

정부는 벤처 투자법 제정 등 모험 자본 활성화를 적극 추진하고 있다. 앞으로 모험 자본의 시장 규모는 지속적인 성장세를 이어갈 것으로 예상된다. 그러나 모험 자본을 통해 창업을 활성화하고 벤처 기업을 육성하려는 벤처 캐피털의 현실을 살펴보면, 한국의 벤처 캐피털 역사는 최소 30년 이상 되었지만 아직 초보적인 수준에 머물러 있는 것이 사실이다.

그림 4-8 최근 5년간 상반기 신규 벤처펀드 결성 현황

(단위: 억원, 건)

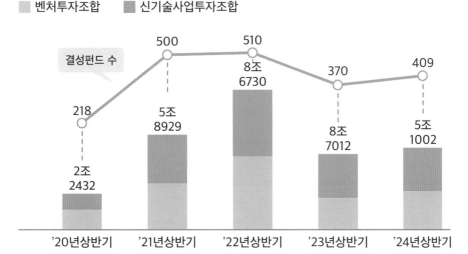

자료: 중소벤처기업부

한국벤처캐피탈협회에 따르면, 최근 5년간 국내 창업 투자회사(창투사) 수는 2017년 121곳에서 2021년 197곳으로 증가했다. 이와 같은 기간 동안 전체 납입 자본금 규모도 창투사 수의 증가에 따라 확대되었다. 2017년 1조 5,228억 원에서 2021년 2조 182억 원으로 32.5% 증가했다. 반면, 창투사 한 곳당 평균 납입 자본 금은 2017년 126억 원에서 2021년 102억 원으로 약 19% 축소되었다. 이는 최소 설립 자본금 요건인 20억 원만 갖추고 출범한 신생 창투사가 많아졌다는 것을 의미한다.

표 4-7 최근 5년간 창투사 평균 납입자본금 변화 추이

(단위: 개사, 억원)

	2017	2018	2019	2020	2021
창투사 수	121	133	149	165	197
납입자본금	15,228	16,196	17,995	18,844	20,182
평균자본금	126	122	121	114	102

자료: 한국벤처캐피탈협회

벤처 캐피털, 엔젤 투자, 크라우드 펀딩 등을 제공하는 모험 자본 시장은 현 재 국내 총생산(GDP) 대비 0.8%로, 세계 5위 수준이다. 그러나 이러한 규모로는 대한민국에서 유니콘 기업을 육성하기에는 사실상 불가능한 상황이다.

현장의 소리

"초기 스타트업에 투자가 많이 이루어지도록 해야 한다. 초기 스타트업은 자금조달이 매우 어 렵다. 실적보다는 기술, 미래 사업성 등을 보고 투자하는 시스템도 갖춰져야 한다."
"VC에서 현장을 찾아다니면서 혁신 스타트업을 적극 발굴하는 노력을 해야 한다."

청년들의 혁신 창업을 위해서는 모험 자본이 원활하게 공급될 수 있도록 과감 한 정책적 전환이 필요하다. 청년 창업부터 성장에 이르기까지 투자, 회수, 재투자 가 활발히 이루어져야 하며, 이를 통해 선순환 투자 생태계를 조성해야 할 것이다.

* 미국 벤처캐피털(VC) 앤드리슨호로위츠(a16z)의 크리스 딕슨 제너럴 파트너의 말
"기술력 있고 비전 있는 젊은이들을 찾아내, 이들이 능력 있는지를 가려내는 게 우리가 하는 일이다."

"투자자는 사람을 만나는 직업이다. 많은 사람을 만나고 대화하는 데 오랜 시간을 투자해야 한다. 비전이 있는 기술자를 찾아내는 것이 중요하며, 이들을 발굴해 투자할 만큼 현명해지는 것이 필수적이다."

모험 자본 활성화를 통해 금융이 중소벤처기업의 직접적인 자금 조달 창구 역할을 제대로 수행할 수 있도록 해야 한다. 청년 혁신 창업이 유니콘 기업으로 성장할 수 있도록 수조 원 규모의 전문 모험 자본 펀드를 조성하여 청년 창업가에게 충분한 자금을 공급해야 한다.

우리나라의 기술 스타트업들이 세계적으로 놀라운 평가를 받고 있음에도 불구하고, 최근 스타트업을 둘러싼 금융 환경은 우호적이지 않다. 오히려 스타트업의 금융 여건이 갑자기 악화되고 있어 우려가 커지고 있다.

고금리와 유동성 축소의 여파로 모험자본 투자가 위축되면서 스타트업의 자금난이 심화될 가능성이 커지고 있다. 중소벤처기업부에 따르면, 최근 몇 년간 크게 성장해 온 벤처 투자는 2021년에 7조 6,800억 원에 달했지만, 2022년에는 전년 대비 11.9% 감소한 것으로 나타났다.

어려울 때 우산을 빼앗지 말아야 할 것은 대출만이 아니다. 모험자본에 대해서도 비 오는 날에는 우산을 뺏지 말고, 오히려 더 큰 우산을 씌워줘야 한다.

현장의 소리

국책연구소에서 5년간 근무한 후 기술 창업에 나선 스타트업 M사의 대표이사는 "한국의 벤처캐피털(VC)은 초기 스타트업에 잘 투자하지 않고, 일정 매출 실적이 있는 안정적인 기업만 선호하는 경향이 있다"고 지적했다. 그는 "상대적으로 투자 위험은 크지만, 성공할 경우 일반적인 수준보다 훨씬 많은 이익을 가져다줄 수 있는 스타트업에 대한 자본 투자가 활성화된다면 기술 스타트업이 더 많이 탄생할 수 있을 것"이라고 강조했다.

전반적인 금융 상황이 악화되고 있는 가운데, 국가의 미래 신성장 동력을 잃지 않으려면 안정적인 모험자본 공급은 필수적이다. 모험자본 공급을 통해 자본 시장에 새로운 활력을 불어넣고 스타트업 투자의 물꼬를 틔워야 한다. 이를 통해 혁신적인 기업들이 성장할 수 있는 기반을 마련하고, 경제 전반에 긍정적인 영향을 미칠 수 있을 것이다.

최근 CES(국제전자제품박람회)에 많은 금융권 종사자들이 참가한 사실은 그리 알려지지 않았다. 벤처캐피탈(VC)뿐만 아니라 여러 은행 관계자들도 투자 대상 스타트업 발굴과 신산업 이해를 높이기 위해 이 행사에 참여했다. 비록 금융환경이 다소 불안정하지만, 이러한 금융권의 관심이 어려운 시기에도 모험자본 투자로 이어져 우리나라 스타트업 생태계에 긍정적인 영향을 미치기를 기대한다.

혁신성장의 길을 여는 스타트업과 벤처기업이 성공해야 한국 경제의 미래에 희망이 생긴다. 이를 위해서는 우선적으로 모험자본 공급을 지속적으로 확대해 강력한 기술 창업 생태계를 구축해야 한다. 창업부터 성장에 이르기까지 모험자본이 끊임없이 투자와 회수를 반복하며, 혁신 스타트업에 재투자할 수 있는 선순환 체계가 마련되어야 한다. 이러한 체계가 구축될 때, 한국의 스타트업들이 더욱 성장하고 발전할 수 있는 토대가 마련될 것이다.

2023년 금융위원회의 대통령 업무보고에서 모험자본 공급 확대를 위해 성장 가능성이 큰 혁신 스타트업과 벤처기업에 대해 일반 투자자가 쉽게 투자할 수 있도록 BDC(Business Development Company·기업성장집합투자기구) 제도를 도입하겠다고 밝혔다. BDC는 스타트업, 벤처, 혁신 기업에 집중 투자하며, 상장을 통해 환금성을 높이는 공모형 펀드이다. 이 제도는 1980년에 미국에서 도입된 '비즈니스 디벨롭먼트 컴퍼니'를 한국 상황에 맞게 변형한 것으로, 모험자본 활성화에 크게 기여할 것으로 기대된다. 이러한 노력이 성공적으로 이루어진다면, 일반 투자자들도 혁신 기업에 직접 참여할 수 있는 기회가 확대되어, 한국의 스타트업 생태계가 더욱 활성화될 것이다.

현장의 소리

"우리나라에서는 창의적인 기술 스타트업이 많이 나올 수 있다. 그러나 규제의 벽에 막히고, 무엇보다 초기에 투자 받기 어려워 포기하는 사례가 늘고 있다. 기술 스타트업에 과감하게 투자할 수 있는 방안을 모색해야 한다"고 강조했다.

"정부는 내놓은 여러 대책들이 실제 현장에서 잘 작동하도록 더욱 관심을 기울여야 한다. 정책 발표에 그치는 것이 아니라 실제 효과를 도출하는 것이 더 중요하다"고 덧붙였다.

혁신적인 스타트업의 성공을 뒷받침하는 모험자본 제도 개선과 혁신 방안은 앞으로도 지속적으로 강구되어야 한다. 한국 경제의 심장을 다시 뛰게 할 K-스타트업이 꿈과 비전을 마음껏 펼칠 수 있도록 벤처 대출 및 모험자본 등 혁신 금융의 사다리를 마련해야 하며, 규제를 과감하게 완화하는 일도 매우 중요하다. 혁신의 걸림돌을 과감히 제거하여 스타트업들이 자유롭게 성장할 수 있는 환경을 조성하는 것이 필요하다. 이러한 노력이 모여 한국의 혁신 생태계를 더욱 발전시키고, 글로벌 시장에서의 경쟁력을 강화할 것이다.

앞으로 수많은 K-스타트업이 탄생하고 글로벌 유니콘 기업으로 성장할 수 있도록 우리 모두의 역량을 모아야 한다. 2025년에는 스타트업이 활성화되고, 기업 주도의 성장을 통해 경제 위기를 극복하며 새로운 도약을 이룬 대한민국이 되기를 희망한다.

⑩ 중소기업 돈맥경화 심화, 해법은 무엇인가?

인천의 제조업체 M사는 매출이 600억에서 700억 원에 달하는 업력 40년의 탄탄한 중소기업이다. 대표이사 K회장은 "그동안 큰 걱정 없이 지속적으로 성장해왔지만, 코로나19 이후 경제 상황이 악화되면서 기업의 성장이 멈추고 자금 사정도 나빠지기 시작했다"고 전했다. 그는 "자금 조달이 원활하게 이루어져야 현재의 위기를 극복하고 기업이 정상화되어 이전처럼 계속 성장할 수 있을 텐데, 그렇지 못해 걱정이 많다"고 덧붙였다. K회장은 "이러다가는 기업이 도산할 것 같은 불안감이 크다"며 "일시적 위기 상황에 빠진 중소기업을 살리기 위한 금융에서 특단의 대책을 마련해 주기를 바란다"고 강조했다.

복합적인 경제 위기로 중소기업의 어려움이 갈수록 심화되고 있다. 회사채 시장이 불안정한 가운데 부동산 프로젝트 파이낸싱(PF) 문제까지 겹치면서 자금 시장의 경색이 확산되고, 중소기업들의 자금 조달이 점점 더 어려워지고 있다. 대부분의 중소기업은 채권 발행보다는 금융권 대출을 통해 자금을 마련하지만, 채권시장 불안으로 대기업과 중견기업의 자금 수요가 은행 대출로 몰릴 경우, 중소기업에 대한 대출 여력은 크게 줄어들 수밖에 없다.

중소기업의 경영 상황도 쉽지 않다. 한국은행이 발표한 '2024년 2분기 기업 경영분석 결과'에 따르면, 대기업의 영업이익률은 6.6%로 1년 전(3.3%)보다 상승했으나, 중소기업은 5.0%에서 4.4%로 하락했다.

이는 금리 상승과 맞물려 한계 기업의 증가로 이어지며, 결국 중소기업의 신용 등급이 하락하는 결과를 초래할 수 있다. 보수적인 대출 태도를 가진 금융권은 점차 중소기업에 대한 자금 지원을 줄여나갈 가능성이 있으며, 이로 인해 중소기업의 외부 자금 조달은 더욱 어려워질 것으로 보인다.

중소기업중앙회가 발표한 '중소기업 금융이용 및 애로 실태조사(2023.12)'에 따르면, 자금 사정에 대해 '악화됐다'고 응답한 비율이 31.7%에 달하는 것으로 조사됐다. 특히 매출액 30억 원 미만의 기업 중 43.7%가 자금 사정이 '악화됐다'고 답해, 기업 규모가 작을수록 자금난이 더 심각한 것으로 나타났다.

자금 사정이 악화된 원인으로는 '판매 부진(47.4%)'이 가장 큰 비중을 차지했으며, 이어 '인건비 상승(38.9%)', '원부자재 가격 상승(29.5%)' 순으로 나타났다. 중소기업들이 가장 절실히 필요로 하는 금융지원 과제로는 '금리 부담 완화 정책 확대(50.7%)'가 가장 많이 꼽혀, 고금리로 인한 중소기업의 어려움과 이를 해결할 정책의 필요성이 드러났다.

그림 4-9 중소기업에 가장 절실한 금융지원과제

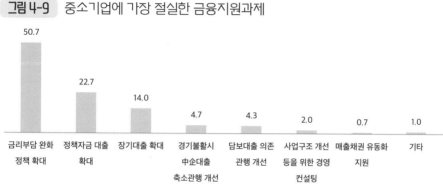

자료: 중소기업중앙회

중소기업의 현장 금융 상황을 살펴보면, 자금 수요는 증가하고 있지만, 그 자금이 생산적인 분야로 이어지기보다는 당면한 문제를 해결하는 데 집중되고 있음을 알 수 있다. 자금 수요 증가의 주요 원인은 구매 대금 및 인건비 지급, 원리금 상환 등으로, 매출이 정체된 상황에서 늘어나는 비용을 감당하기 위한 수요가 대부분이다. 반면, 설비 투자 확대를 위한 자금 수요는 극히 소수에 불과했다.

중소기업 금융환경에는 구조적인 문제도 얽혀 있다. 국내 중소기업은 은행 대출에 의존하는 간접 금융 비율이 높아, 신규 자금을 은행에서 조달한 기업이 58.4%에 이른다. 이는 금리 상승에 매우 취약한 구조임을 의미한다. 실제로 은행 대출 시 겪는 불편 사항으로 '높은 금리 수준'을 꼽은 응답자가 45.6%에 달해, 이자 부담이 중소기업에 민감한 문제로 작용하고 있다. 자금이 필요하더라도 함부로 대출을 늘리기 어려운 상황이다.

가파른 금리 인상기를 겪으면서 대출 금리 인하를 요구하는 중소기업이 늘고 있다. 이와 함께 대출 한도 확대와 대출 조건 완화는 물론, 수출 기업 지원과 환율 관련 지원책도 확대되기를 바라는 목소리가 중소기업 현장에서 커지고 있다.

고물가, 고금리, 고환율 등 이른바 '3고(高)' 현상이 지속되면서 우리나라 경제의 불확실성이 더욱 커질 것으로 보인다. 이에 따라 도산하는 소상공인과 자영업자, 경영 위기에 직면한 중소기업도 더욱 늘어날 것으로 예상된다. 중소기업과 소상공인, 자영업자의 경영 정상화와 어려움 해소를 위해 적극적인 금융 지원이 필요하다. 다행히 정부가 금융시장 안정 조치를 신속히 발표하고, 은행권에서도 발빠르게 대응하고 있어 시장 상황이 더 이상 악화되지 않고 점차 안정을 찾아가고 있는 것은 긍정적이다.

그러나 현장에서 체감하는 금융 여건은 전혀 개선되지 않고 있다. 앞으로 실물 경제 악화가 금융 시장 위기로 전이될 경우, 중소기업의 자금 흐름은 급격히 악화될 수 있다. 유동성 공급 문제는 그야말로 '발등의 불'과 같은 상황이다.

현장의 소리

"경기 악화가 장기화되면서 상황이 최악으로 치닫고 있다. 취약한 소상공인과 중소기업은 유동성 지원이 절실하다는 목소리가 높다. 줄도산 위기감을 해소하기 위해서라도 법과 제도를 개선하여 조속한 지원이 이루어져야 한다."

따라서 일시적인 어려움으로 인해 중소기업이 '돈맥 경화'에 빠지지 않도록 세심하게 살펴봐야 한다. 유동성 공급을 늘리고 자금이 원활하게 흐를 수 있도록 지속적인 대책이 마련되어야 한다. 중소기업 금융이 원활하게 돌아야 중소기업 경제가 위기를 극복하고 다시 도약할 수 있다는 점을 우리는 잊지 말아야 할 것이다.

중소기업 정책금융 데이터 허브 센터를 구축할 필요가 있다. 이 센터는 중소기업 정책금융의 신청, 접수, 심사, 진행 등 전 과정에서 생성되는 정보를 수집하는 역할을 한다. 이를 통해 중소기업 정책금융에서의 지원이 원활히 이루어지고 있는지, 막힘은 없는지를 종합적으로 실시간으로 파악할 수 있을 것이다.

그림 4-10 중소기업정책금융 DATA허브 센터 구축(안)

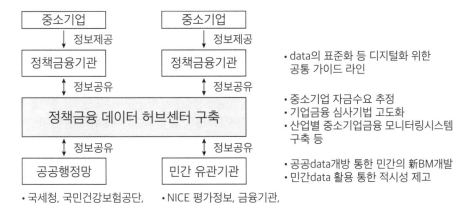

자료: 서경란, "빅데이터 기반 중소기업 금융정책 지원체계 구축", 「글로벌금융리뷰」, 글로벌금융학회(2024.3)

⑪ 지역 동반자 금융, 국가 균형 발전의 중추!

충북에서 제조업을 경영하는 K씨는 공장 신축을 위해 큰 규모의 자금이 필요해 지방 금융권에 대출을 요청했다. 그러나 지방 금융권 지점에서는 "여기는 지방이라 큰 규모의 대출을 해 주기가 어렵다"는 답변을 들었다. K씨는 "기업의 대출에서 지방이라고 큰 대출이 안 되고 작은 대출만 가능하다는 점이 도저히 이해가 안 된다"고 토로했다. 그는 "지방에서 창출된 자금들이 수도권으로 흘러들어 가면서 지방에서는 자금이 부족해 대출이 잘 이루어지지 않고, 결국 소규모 대출밖에 안 된다는 사실이 한심할 따름"이라고 밝혔다.

금융은 인체의 혈맥과 같은 존재이다. 따뜻하고 건강한 피가 잘 흐르기 위해서는 생기가 넘치고 건강이 유지되어야 한다. 국가균형 발전은 우리 정부의 핵심 국정 목표 중 하나다. 현재 우리는 수도권과 지방 간의 격차를 완화하고 지역 경제의 성장 동력을 확충해야 하는 중대한 기로에 서 있다. 전국 어디에서나 금융이 원활하게 순환되어야 지역의 고른 발전이 이루어질 수 있다. 지역 산업과 기업의 성장을 뒷받침하는 금융의 지역 불균형을 해소하는 것이 균형 발전의 출발점이다.

사회 각 분야에서 수도권 집중으로 인한 폐해가 문제가 되고 있는 가운데, 금융 분야에서도 수도권 쏠림 현상이 심화되고 있다. 서울, 경기, 인천을 합친 수도권은 전체 금융 경제력의 약 60%를 차지할 정도로 비대한 금융 공룡으로 성장했다.

총 산업의 부가 가치는 비수도권이 수도권에 비해 높은 반면, 금융 산업의 부가 가치는 수도권이 65% 이상을 차지하여 비수도권의 약 2배에 달한다. 금융 서비스의 지역 격차는 더욱 두드러진다. 은행 영업점의 60%가 인구와 기업이 밀집해 있는 수도권에 집중되어 있다는 사실만으로도 금융의 지역 불균형이 충분히 입증된다.

중소기업 금융의 수도권 편중 현상도 심각하다. 중소기업 대출은 수도권에 집중되어 있으며, 예금은행의 중소기업 대출 현황 자료(2023년 기준)에 따르면, 서울특별시의 중소기업 대출 잔액은 325조 2,620억 원으로 전국 17개 광역단체 중 가장 높은 수준을 기록했다. 경기도의 중소기업 대출은 218조 2,600억 원, 인천의 중소기업 대출은 53조 6,160억 원에 달한다. 서울, 경기, 인천 등 수도권의 중소기업 대출은 전체의 60%를 넘는다.

수도권이 돈을 빨아들이는 블랙홀이 되어서는 안 되며, 더 이상 방치할 경우 균형 발전의 기틀을 마련하기 어려울 것이다. 경제뿐만 아니라 금융 분야에서도 오랫동안 수도권 중심으로 성장해 왔고, 이로 인해 사회 및 지역 간 양극화가 심화되었다. 국가 균형 발전을 위해서는 지역 금융의 새로운 패러다임 전환이 필요하다. 지역 특화 중소기업을 육성하고, 높은 금융 비용과 낮은 접근성으로 어려움을 겪고 있는 소상공인을 지원하는 금융 혁신 모델을 개발해야 한다. 이를 통해 지역 경제에 활력을 불어넣고 양질의 일자리를 창출해야 한다.

표 4-8 예금은행의 중소기업 대출

(단위: 잔액기준, 10억 원, %)

	2020	2021	2022	2023
전국	832,602	917,721	988,352	1,037,624 (100.0)
서울	261,236	294,260	325,262	345,251 (33.3)
부산	66,432	73,364	78,818	81,807 (7.9)
대구	49,465	53,792	56,488	58,720 (5.7)
인천	46,515	50,361	53,616	56,255 (5.4)
광주	22,092	24,066	25,516	26,994 (2.6)
대전	17,945	19,457	20,460	21,388 (2.1)
울산	14,589	15,578	16,191	16,731 (1.6)
경기	182,105	202,425	218,264	229,856 (22.2)
강원	11,665	12,463	13,081	13,483 (1.3)
충북	15,181	16,296	17,007	17,482 (1.7)
충남	21,223	22,878	24,229	25,698 (2.5)
전북	19,099	19,894	20,550	21,510 (2.1)
전남	15,100	16,130	17,005	17,675 (1.7)
경북	28,565	29,897	31,759	32,053 (3.1)

경남	48,458	52,818	55,079	56,560 (5.5)
제주	10,118	10,759	11,399	12,243 (1.2)
세종	2,812	3,284	3,630	3,920 (0.4)

주: ( ) 내는 비중
자료: 한국은행

현장의 소리

"지방 중소기업이 잘돼야 지역균형 발전이 가능하다. 금융도 지역 중소기업 육성에 더 많은 지원이 돼야 한다. 지방에 돈이 잘 돌 수 있게 해야 한다."
"지방자치단체와 시중은행이 함께 지역 발전을 위한 지역금융 펀드를 조성해서 지역 기업을 적극 지원해 줘야 한다."

새로운 지역 금융은 단순히 자금을 일방적으로 공급하는 수준을 넘어, 지역 중소기업과 소상공인, 지역 주민이 함께 성장하는 지역 동반자 금융 모델로 발전해야 한다. 금융의 공공적 기능을 강화함으로써 지역 특화 창업부터 지역 기업의 성장과 재도약 등 각 성장 단계별로 기업의 비용을 획기적으로 줄이고, 지역 주민의 금융 수익을 높여야 한다. 이 모델은 지역 경제에 활력을 불어넣고 새로운 금융 수요를 창출하는 데 기여할 것이다.

지역 간 심각한 불균형으로 기울어졌던 금융 운동장을 이제 바로잡아야 한다. 지역 균형 발전을 통해 지방 소멸을 방지하기 위해 중소기업 금융의 수도권 집중을 완화할 필요가 있다. 이를 위해 특단의 지역 동반자 금융 정책이 요구된다. 국가 균형 발전을 위한 지역 동반자 금융 지도(map)를 새로 그려야 할 시점이다.

첫째, 지역 중소기업의 비용 절감 모델로는 지역 가치를 반영한 기업 평가 모형을 개발하고, 지역 주민이 투자자로 참여할 수 있는 주민 참여형 지역 응원 펀드를 조성하여 금융 기관이 지역의 성장 잠재력이 뛰어난 중소기업에 투자할 필요가 있다.

둘째, 지역 중소기업의 비금융 비용 절감 모델로는 디지털 금융의 확산으로 생겨나는 금융 기관의 유휴 점포를 활용하여 직장 어린이집, 기숙사 등 복지 인프라를 확충하거나, 지역 기업에 저가 임대와 경영 컨설팅 서비스를 제공하는 지역 동반자 금융 센터를 설립하는 것이다.

셋째, 금융의 지역 편중을 완화하기 위한 모델로는 지역 금융 평가 제도를 시행하고, 중소기업 대출 비율 제도에 지역 의무 비율을 추가하며, 중소기업 정책 자금의 지역별 쿼터제를 도입할 필요가 있다. 2018년에 도입된 지역 재투자 제도는 금융 기관이 특정 지역 내에서 수취한 예금을 해당 지역의 중소기업을 위한 대출 및 투자 재원으로 활용하게 하는 것이지만, 그 성과는 미흡한 실정이다.

금융위원회는 2024년 8월 각 금융사의 2024년도 지역 재투자 평가 결과를 발표했다. 전체 27개사 중 시중은행 2곳, 상호 저축은행 6곳, 특수은행 1곳 등 총 9곳이 저조한 평가를 받았다. 이 중 시중은행 2곳과 상호 저축은행 1곳은 미흡 등급을, 특수은행 1곳과 상호 저축은행 5곳은 '다소 미흡' 등급을 받았다.

표 4-9 2024년도 금융회사 지역재투자 평가결과

등 급	은행		상호저축은행
	시중·특수은행	지방은행	
최 우 수	하나, 아이엠* 기업, 농협	부산, 광주 전북, 경남	JT
우 수	신한, 우리, 국민	제주	한국투자, 오케이, 애큐온
양 호	-	-	JT친애, BNK, SBI
다소 미흡	SC, 수협	-	예가람, 웰컴
미 흡	씨티	-	OSB 페퍼, 대신

주: (주)대구은행이 시중은행으로의 전환 인가('24.5.16.) 이후, 상호를 (주)아이엠뱅크로 변경('24.6.5.)
자료: 금융위원회

금융이 실핏줄처럼 전방위적으로 뻗어 나갈 때, 지역 특화 창업이 활성화되고, 지역에서도 세계를 향해 뛰는 글로벌 기업이 탄생하며, 지역 주민의 일자리가 창출되고 지역 경제가 활성화될 것이다. 지역 동반자 금융 엔진으로 지역 맞춤형 스타트업과 기업이 활성화되어 전국이 골고루 기업하기 좋은 국가 균형 발전 시대가 오기를 기대한다.

🔢 중견기업으로 가는 성장 사다리, 금융이 길을 열다

중소기업이 성장해 중견기업으로 분류되면 중소기업 정책 금융을 받기 어려워진다. 하지만 중견기업 금융이 활성화되어 있는 것도 아니다. 이로 인해 많은 중소기업은 중견기업으로의 성장을 꺼리고 있다. K회장은 "경기가 어려워 자금이 필요하지만 시장에서 투자나 대출 받기가 어렵다"고 하소연하며, "중소기업 정책 금융을 이용하려고 하면 자격 요건 미달로 거절당하기 일쑤"라고 전했다. 그는 "위기를 극복하고 수출을 확대하기 위해 필요한 자금이 많지만, 막막하기만 하다"고 덧붙였다. 따라서 중견기업 전문 금융이 정책적으로 뒷받침되어야 한다는 목소리가 높아지고 있다. 이를 통해 중소기업들이 자금 걱정 없이 더 큰 기업으로 지속 성장할 수 있는 기반이 마련되어야 한다.

중소기업이 중견기업으로 성장해야 좋은 일자리가 창출되고, 우리 경제가 더욱 견실해질 수 있다. 중소기업, 중견기업, 대기업이 함께 공진화(Co-Evolution)할 수 있도록 중견기업을 적극 육성하는 것이 중요하며, 이를 통해 건강한 산업 생태계를 구축해야 한다

중소기업이 중견기업으로 성장하고, 글로벌 강소기업으로 발전해야 좋은 일자리가 창출되며, 우리 경제가 더욱 견실해질 수 있다. 중견기업은 국내 및 글로벌 시장에서 대기업을 지원하는 역할을 한다. 동시에 대기업과 중소기업 간의 교량 역할을 수행함으로써 중소기업의 경영 활성화에 기여하며, 국가 경제 성장의 핵심 주체로 부각되고 있다.

중견기업의 수는 우리나라 전체 기업의 1.3%로 매우 작지만, 이들 기업은 고용의 13%와 수출의 18%를 차지하고 있으며, 지난 10년간 고용 및 수출 증가율이 지속적으로 증가하고 있다. 중견기업은 한국 경제 성장의 핵심 역할을 하고 있다. 대한민국 경제가 도약하기 위해서는 중견기업을 적극적으로 육성해야 한다.

중견기업이 크게 이슈가 되기 전, 기업 정책은 중소기업과 대기업으로 이분화되어 중견기업은 사실상 대기업으로 분류되며 정책적 지원에서 등한시되어 왔다. 중소기업을 졸업하는 중견기업은 지원 대상에서 제외되었고, 이로 인해 규모가 큰 중소기업은 중견기업으로 성장하기보다는 분사나 자회사 설립 등 기업을

쪼개는 현상이 나타났다. 이로 인해 일종의 '피터팬 증후군'이 발생하게 되었다.

중견기업은 동력이 떨어져 대기업으로 성장하지 못하고 다시 중소기업으로 전락하는 경우가 많다. 기업 생태계의 중심 역할을 담당하는 중견기업의 경쟁력 약화는 중소기업과 대기업 간의 유기적인 협력 관계를 무너뜨려 국가 경쟁력 제고에 저해하는 요인으로 작용하게 된다.

중견기업이 피터팬 증후군을 벗어나 지속적으로 성장할 수 있도록 기업 성장 사다리를 튼튼하게 구축해야 한다. 중견기업은 중소기업 범위를 벗어났으나 자생력을 갖춘 대기업으로 진입하지 못해 정책적 지원이 필요한 영역이 존재한다. 현재 우리나라 중견기업은 일본, 미국, 독일 등 선진국 기업들과 비교해 경쟁력이 열세에 있으며, 사업체 비중도 낮아 경제 성장 잠재력이 저하될 가능성을 내포하고 있다.

중소기업, 중견기업, 대기업이 함께 발전할 수 있도록 중견기업을 적극 육성하여 건강한 산업 생태계를 구축하는 것이 중요하다. 이를 위해서는 중견기업이 직면하고 있는 가장 시급한 과제인 금융 부문에서 숨통을 터줘야 한다.

현장의 소리

"경기 둔화와 글로벌 공급망 붕괴 등으로 중견기업의 어려움이 커지고 있다. 가장 큰 애로 사항은 금융 조달과 신산업 및 R&D 경쟁력이다. 적극적인 정책 지원이 없으면 많은 중견기업들이 글로벌 시장에서 도태될 위기에 처해 있다."

중소기업을 졸업하게 되면 중견기업은 중소기업 정책 자금을 받기가 쉽지 않다. 그러나 중견기업 전용 정책 자금이 있는 것도 아니다. 중견기업이 글로벌 강소기업으로, 그리고 대기업으로 성장하기 위해서는 R&D 개발, 시설 투자, 해외 진출 등에서 많은 자금이 필요하다. 중견기업의 성장 과정에서 직면하는 자금 조달의 어려움을 해결할 수 있는 다양한 중견기업 금융 정책이 수립되어야 할 것이다.

"중견기업으로 진입하면 그동안 중소기업으로서 받았던 정책 지원이 일시에 축소되거나 중단된다. 이로 인해 신규 설비 투자 등을 위한 자금 계획 수립과 조달에 어려움을 겪고 있다. 중견기업이라는 이유로 정책 자금 지원에서 배제되고 있어 자금 조달에 큰 어려움이 있다. 정책 자금 지원 요건 완화가 필요하다."

중소기업 → 중견기업 → 글로벌 강소기업으로 지속 성장할 수 있는 튼튼한 사다리를 놓아야 한국경제가 계속 도약할 수 있다. 중소기업, 중견기업, 대기업이 함께 발전할 수 있는 건강한 상생 협력 관계를 구축해야 한다. 이를 위해서는 경제의 허리 역할을 하는 중견기업이 지속적으로 성장해야 한다.

그러나 중견기업은 대기업과 중소기업 사이에 위치해 있어 기업 성장에 어려움을 겪고 있다. 특히 기업 경영에서 중요한 자금 조달에서 어려움이 더욱 크다. 중견기업의 지속적인 성장을 지원하는 다양한 금융 정책이 필요하다.

중견기업의 안정적인 경영 활동과 신성장 동력 확보를 위해 금융의 역할은 매우 중요하다. 한국 경제의 '허리'이자 양질의 일자리 창출의 주역인 중견기업은 그동안 금융 정책의 사각지대에 방치되어 온 측면이 있다. 정부는 중견기업의 금융 애로를 보다 적극적으로 살펴야 하지만, 그렇지 못했다. 지금까지의 금융은 주로 공급자 관점에서 논의되었기 때문에 현장의 요구와 다소 괴리가 생길 수밖에 없었다. 따라서 수요자인 중견기업의 관점에서 문제를 바라보고 이를 해결해 나가는 '관점의 전환'이 필요하다.

중견기업은 상당수가 주식 시장에 상장되어 있지만, 직접 금융 조달 비중은 크지 않고 은행 융자에 크게 의존하고 있다. 중견기업의 은행 차입 규모는 글로벌 금융위기 이후 빠르게 증가하여 자금 조달의 70% 이상을 차지하고 있다. 중소기업을 졸업하면 정책 자금 이용 대상에서 배제되기 때문에 은행에 대한 의존도가 더욱 커질 수밖에 없는 구조다.

표 4-10 중견기업의 자금조달원 비중(2022년 기준)

(단위: %)

내부 유보자금	시중은행 차입	회사채 발행	IPO	펀드 등 투자유치	정부정책 자금활용	보증기관 활용	기타
72.4	20.2	1.7	0.4	0.9	1.7	1.6	1.2

자료: 국가통계포털(KOSIS)

중견기업이 외부 자금을 조달할 때 가장 큰 금융 애로는 금리 상승에 따른 부담 증가(70.4%)로, 이 문제가 크게 부각되고 있다. 또한 복잡한 대출 심사(10.2%)와 매출액 중심의 한도 산정(4.5%) 등도 자금 조달 과정에서 주요한 애로 사항으로 지적된다. 중견기업의 대다수는 중소기업 범위를 졸업한 이후 금융 애로가 커져 기업 경영이 어려워졌다고 응답했다.

표 4-11 중견기업의 외부자금조달 애로

(단위: %)

	2019	2020	2021	2022
금리상승	38.4	42.6	61.8	70.4
복잡한 대출 심사	18.4	18.6	11.9	10.2
매출액 위주 한도사정	11.2	10.6	7.2	4.5
보증서 위주 대출	3.2	3.9	1.3	2.2
추가 담보요구	12.0	8.8	5.2	3.6
장기차입 어려움	9.3	7.0	3.4	2.0
만기연장 시 지원자금 축소	-	-	-	0.6
기타	1.0	2.6	2.2	0.2
없음	6.5	5.8	7.0	6.2

자료: 국가통계포털(KOSIS)

표 4-12	중견기업 금융애로 해소 및 기업금융 선진화를 위한 건의 과제
1	중견기업금융위원회(민·간 합동) 구성·운영
2	신용등급 조정 관행 개선
3	여신심사 프로세스 보완, 기업 컨설팅 연계 자금 공급
4	비우량 기업에 대한 자금 회수 관행 개선, 대출금 출자전환, 신디케이션론 적극화
5	중견기업 맞춤형 P-CBO 발행 프로그램 도입
6	국책은행의 중견기업에 대한 금융 지원 확충
7	신용보증기금·한국무역보험공사의 중견기업에 대한 신용보완 확대

자료: 중견기업연합회

건강하고 활력 넘치는 기업 생태계를 조성하기 위해서는 중견기업의 혁신 성장과 이를 뒷받침할 금융의 역할이 매우 중요하다. 이를 위해 네거티브 규제 방식을 도입하여 중견기업의 지속적인 성장에 걸림돌이 되는 금융 규제를 획기적으로 개선해야 한다. 또한 금융 규제 프리존 설치와 수요자 맞춤형 직접 금융 확대 등 전향적인 정책도 신속히 추진할 필요가 있다. 이러한 조치들은 중견기업의 경쟁력 강화와 함께 전체 경제의 성장을 이끌어낼 것이다.

현장의 소리

"대기업 수준의 규제를 받고 있어 글로벌 전문 기업으로 성장하는 데 많은 어려움이 있다. 중소기업에서 중견기업, 그리고 대기업으로 이어지는 기업 성장의 선순환 과정에서 중견기업이 중추적인 역할을 하고 있다. 따라서 중견기업의 금융 환경이 개선될 수 있도록 지속적인 정책적 지원이 필요하다."

중견기업 금융의 주요 공급자인 은행권에서는 경기 순응적 대출 관행, 기업에 불리한 신용등급 조정 관행, 그리고 부실기업에 대한 일방적인 자금 회수 관행 등을 개선해야 한다. 중견기업의 대출 심사 과정에서는 기업 건강 진단 및 컨설팅 기능을 활용해 재무제표와 신용도 등 과거 실적뿐만 아니라 기업의 미래 정보가 적절하게 반영될 수 있도록 하는 것이 바람직하다. 이러한 개선은 중견기업의 안정적인 성장과 지속 가능한 발전을 지원하는 데 중요한 역할을 할 것이다.

중견기업의 성장 사다리를 구축하기 위해 현장 금융정책을 적극적으로 펼쳐 나가야 한다.

첫째, 중소기업을 졸업하더라도 시설 투자와 무역 금융 등에서 중소기업 정책자금을 지원받을 수 있도록 해야 한다. 이를 통해 중견기업이 성장 동력을 잃지 않도록 하고, 궁극적으로는 중견기업 맞춤형 금융정책을 마련하는 것이 필요하다. 이러한 접근은 중견기업의 지속적인 발전을 도모하고, 건강한 산업 생태계를 구축하는 데 기여할 것이다.

둘째, 중견기업의 직접금융 시장을 활성화해야 한다. 중견기업에 대한 금융 지원이 융자 위주에서 벗어나 신용에 기초한 투융자 복합형 또는 투자 중심으로 전환할 필요가 있다. 이를 위해 신성장 동력 펀드의 규모 확대 및 요건 완화, P-CBO(Private Corporate Bond Offering) 한도의 확대 및 금리 인하, 중견기업 채권 유통 활성화 등의 금융정책이 마련되어야 한다. 이러한 조치는 중견기업이 보다 유연하게 자금을 조달할 수 있도록 하고, 지속적인 혁신과 성장을 지원하는 기반이 될 것이다.

셋째, 중견기업을 세분화하여 맞춤형 신용보증 지원을 강화해야 한다. 중소기업이 중견기업으로 전환할 때, 보증한도를 확대하고 보증료율을 인하하는 등의 지원을 통해 중소기업이 중견기업으로 성장할 수 있는 유인을 제공해야 한다. 이러한 맞춤형 보증 지원은 중견기업이 필요로 하는 자금을 보다 원활하게 조달할 수 있도록 돕고, 안정적인 성장 기반을 마련하는 데 기여할 것이다.

넷째, 중견기업 전용 R&D 지원 자금을 확충하여 이들이 기술력으로 세계적인 기업들과 경쟁하고 이길 수 있도록 해야 한다. 이를 통해 중견기업의 혁신 역량을 강화하고, 지속 가능한 성장을 도모할 수 있다.

다섯째, 중견기업의 무역금융을 확대하여 이들이 글로벌 강소기업으로 도약할 수 있도록 정책적인 지원을 강화해야 한다. 이를 통해 중견기업이 해외 시장에 진출하고, 경쟁력을 높일 수 있는 기반을 마련하는 것이 중요하다. 이러한 정책들은 중견기업의 국제화와 성장을 촉진하는 데 큰 역할을 할 것이다.

BIG CHANGE, SMART DREAM

1. 기업 피해 최소화, 우크라이나 사태 장기화에 대비하자
2. 중소기업 수출 역량, 강화를 통한 글로벌 도약!
3. Korea, '선진국 지위'에 걸맞은 기업 글로벌 위상 강화 필요!
4. 3대 데스밸리 극복, 글로벌 통상에서의 생존 전략
5. 아세안(ASEAN), 새로운 기회의 중심으로!
6. 스타트업, 글로벌 시야(視野) 확장으로 미래를 열다
7. 글로벌 시장을 휩쓰는 유니콘 기업, 그들의 전략은?
8. 글로벌 거버넌스, 협력의 새로운 장을 열자
9. 중국 경제 보복에서 얻는 교훈, 미래를 대비하자
10. 중소기업이 이끄는 북방경제, NEW 실크로드를 열어가자

CHAPTER

05

[글로벌화]

세계를 보라,
가능성의 지평을 넓히다

① 기업 피해 최소화, 우크라이나 사태 장기화에 대비하자

인천에서 물류업을 30년간 경영해 온 K씨는 우크라이나 전쟁의 장기화로 인해 경영에 큰 어려움을 겪고 있다. 그는 "매출이 1/10로 급락했다"며, "전쟁이 더 길어지면 도산할 수밖에 없는 상황"이라고 우려를 표했다. 한편, 러시아와 비즈니스를 진행했던 경기도의 K사는 이미 몇 년째 사업을 중단한 상태다. 이 회사는 러시아로부터 원자재를 수입해 가공하여 제품을 생산했으나, 현재 원자재 조달이 불가능해 공장이 멈춘 지 오래다. K사는 전쟁이 하루빨리 끝나기만을 무작정 기다리고 있다.

러시아-우크라이나 전쟁의 종식 시점에 대한 관심이 전 세계적으로 높아지고 있다. 전쟁 자체에 대한 우려는 물론, 이로 인한 세계 경제에 미치는 충격에 대한 목소리가 더욱 커지고 있다. 러시아-우크라이나 사태는 원자재 공급망의 차질을 초래하고, 유가 및 물가 상승을 불러오며, 금융시장의 변동성을 확대시키는 등 경제의 불확실성을 극대화하고 있다. 이로 인해 세계 각지에서 공급망 문제로 고물가 현상이 지속되고 있다. 특히, 원자재 가격 상승은 많은 산업에 부정적인 영향을 미치고 있으며, 이로 인해 기업들의 생산 비용이 증가하고 소비자 물가도 상승하고 있다. 따라서 이 전쟁의 종결 여부와 시기는 세계 경제의 안정성과 회복에 매우 중요한 요소로 작용하고 있다.

우리나라 역시 러시아에 대한 제재에 적극 동참하면서 국내 수출입 물류, 원자재, 대금 결제 등에서 경제적 피해가 발생하고 있다. 이에 따라 우리나라 제조업 전체의 생산비용이 최소 약 2.4%에서 최대 약 6.7%까지 상승할 것이라는 분석이 제기되고 있다. 이러한 상황은 제조업체의 이윤을 감소시키고, 결국 소비자에게는 높은 물가로 전가될 가능성이 크다.

특히, 원자재 공급망의 차질은 산업 전반에 걸쳐 부정적인 영향을 미치고 있으며, 이러한 상황이 장기화될 경우 국내 경제의 회복에도 어려움을 초래할 수 있다. 따라서 정부와 기업들은 이러한 문제를 해결하기 위한 다양한 대책을 마련할 필요성이 커지고 있다.

중소벤처기업부가 2022년 3월에 발표한 우크라이나 사태에 따른 중소기업의 선제적 피해 조사 결과에 따르면, 조사에 참여한 기업의 75%가 피해를 겪고 있는 것으로 나타났다. 특히 애로 사항으로는 대금 결제 차질이 46.0%로 가장 높았으며, 물류 애로가 29.3%, 수출 계약 중단이 25.7%로 뒤를 이었다. 이러한 피해는 중소기업의 경영 안정성을 위협하고 있으며, 장기적으로는 국내 경제에 부정적인 영향을 미칠 수 있다.

중소기업중앙회가 실시한 '러시아의 우크라이나 침공 관련 중소기업 수출입 애로 실태조사(2022.3)'에서 응답 기업의 70.3%가 러시아-우크라이나 사태가 기업 경영에 영향을 미친다고 답했다. 가장 큰 영향을 받는 부분으로는 '물류 운송 차질'이 64.8%로 가장 많았고, 그 다음으로 '대금 결제 중단·지연'이 50.7%, '수출 통제에 따른 수출 차질'이 38.0%, '러시아와 우크라이나 원자재 수급 차질'이 32.4%로 나타났다. 이러한 결과는 중소기업들이 전 세계적인 공급망 문제와 물류 차질, 결제 지연 등으로 인해 심각한 경영 어려움을 겪고 있음을 보여주고 있다.

그림 5-1 러시아·우크라이나 사태가 기업 경영에 크게 영향을 미치는 부분

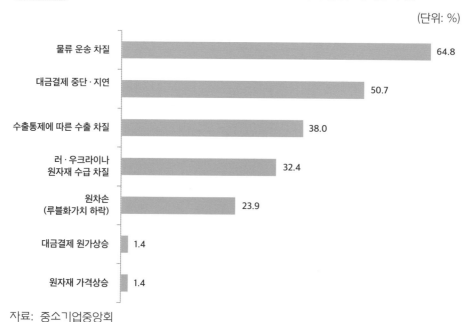

(단위: %)

자료: 중소기업중앙회

러시아-우크라이나 사태로 인해 중소기업 10곳 중 8곳 가까이가 원자재 가격 상승으로 채산성이 악화되고 있는 것으로 나타났다. 중소기업중앙회의 조사에 따르면, 우크라이나 사태와 관련하여 원자재 가격 상승이 기업의 채산성에 부정적 영향을 미쳤다고 응답한 중소기업은 79.0%에 달했다.

유연탄, 목재, 니켈 등 주요 원자재의 물류 대란 및 가격 인상으로 인해 중소기업의 생산 활동에 심각한 영향을 미치고 있으며, 공장이 멈추는 사례도 발생하고 있다. 이러한 상황에 대응하기 위해 정부는 중소기업의 피해를 최소화하기 위한 다양한 조치를 취하고 있다. 긴급경영안정자금 제공, 대출 만기 연장, 특례보증 등의 금융 지원 외에도, 물류 차질로 피해를 입은 기업에 대해 물류 바우처 트랙을 신설하고, 대체 수출처 발굴을 위한 프로그램도 마련하여 운영하고 있다.

현장의 소리

"우크라이나 사태의 장기화로 공급망이 붕괴되면서 원자재 조달이 어려워지고 원자재 가격이 폭등했다. 제품을 수출해도 채산성이 맞지 않지만, 바이어와의 거래를 끊을 수도 없는 상황이다. 이러한 문제를 해결하기 위해 중소기업에 대한 특단의 대책이 필요하다."

우크라이나 사태가 장기화될 경우, 우리 경제를 지탱하는 수출 기업까지 어려움을 겪을 수 있으며, 이는 경제 회복에 큰 걸림돌로 작용할 수 있다. 따라서 정부와 기업들은 우크라이나 사태의 지속 가능성을 염두에 두고 다양한 시나리오에 대비한 대책을 마련해야 한다.

정부와 지원 기관은 중소기업이 현재의 위기를 슬기롭게 극복할 수 있도록 다각적인 금융 지원을 제공하고, 대금 결제의 원활함을 확보하며, 공급망 안정화를 도모해야 한다. 또한, 거래처 전환 등 포괄적인 지원책을 지속적으로 강구할 필요가 있다. 이 과정에서 현장과의 긴밀한 소통이 무엇보다 중요하다. 기업의 목소리를 반영한 정책이 필요하며, 실제 문제를 해결하기 위한 해법을 함께 찾아가는 노력이 필수적이다.

또한, 한국-러시아 간 통상 관계를 지속적으로 유지하고, 러시아-우크라이나 전쟁이 종료된 이후의 경제 상황에 대비하는 전략을 세워야 한다. 이러한 준비가 향후 경제 회복의 기반이 될 것이다.

중간재를 생산하는 경남 소재 중소기업 K사는 최근 중국으로의 수출이 급감하면서 매출이 크게 줄어들고 있다. L 대표이사는 "다른 국가로의 수출 다변화를 시도했으나 쉽지 않다"며, "앞으로도 중국 수출이 회복되기 어려울 것으로 보인다"고 우려를 표했다. 그는 "중국 경기가 좋지 않은 데다, 중국이 자체 부품 조달 비중을 높이고 있기 때문"이라고 설명했다. L씨는 "수출 기업이 무너지면 한국 경제도 무너질 것"이라며, 근본적인 지원책 마련을 요청했다.

우리나라는 수출 주도형 성장 국가로, 경제 성장에서 수출이 차지하는 비중이 상당히 높은 편이다. 2018년의 수출 기여도는 0.1%에서 시작하여, 2019년에는 0.5%, 2020년에는 0.6%로 점차 증가하는 추세를 보이고 있다. 지난 10년간 중소기업의 수출 비중은 국내 총 수출액의 18.2%에 달하며, 같은 기간 중견기업의 수출 비중인 17.2%를 초과하는 성과를 나타내고 있다. 간접 수출까지 포함하면, 중소기업의 수출은 국내 수출 총액의 상당한 부분을 차지하는 것으로, 중소기업의 수출 기여도가 더욱 뚜렷해지고 있다.

따라서 중소기업의 수출은 경제 성장의 핵심 요인으로 자리잡고 있다. 2023년 기준으로 우리나라의 중소기업 수출 기업 수는 94,635개로, 전체 수출 기업의 약 97%를 차지하고 있다. 그러나 최근 우리나라는 수출 침체 국면에 진입한 상황이며, 이러한 추세가 지속될 경우 경제 회복에 난항을 겪을 것으로 예상된다. 중소기업의 수출 성장은 국가 경제의 안정성과 발전에 필수적이므로, 이를 지원하기 위한 전략적 접근이 필요하다.

2023년 중소기업의 수출은 3년 연속 1,100억 달러를 기록했으나, 전년 대비 2.3% 감소한 1,118억 달러에 머물렀다. 이러한 수출 감소의 여파는 이미 가시화되고 있으며, 제조업 취업자 수와 생산이 한때 연속적으로 감소세를 보인 경우도 발생하고 있다. 이는 중소기업의 수출 감소가 경제 전반에 미치는 부정적인 영향을 상기시켜 주며, 이를 극복하기 위한 정책적 노력이 절실히 요구된다.

그림 5-2 수출 중소기업 수

(단위: 개)

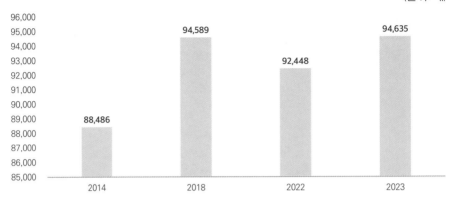

자료: 중소벤처기업부

표 5-1 국가별 중소기업 수출액

(단위: 100만 달러, %)

	국가	2021년 수출액	2022년 수출액	2023년 수출액	증가분	증가율	비중
1	중국	23,887	21,498	19,241	-2,257	△10.5	17.2
2	미국	14,685	16,255	17,108	853	5.2	15.3
3	베트남	11,324	11,013	10,384	-629	△5.7	9.3
4	일본	10,704	10,740	10,013	-727	△6.8	9.0
5	인도	3,006	3,242	3,176	-66	△2.0	2.8
6	러시아	2,758	2,697	3,092	395	14.7	2.8
7	홍콩	3,676	2,958	2,834	-124	△4.2	2.5
8	대만	3,309	3,445	2,737	-708	△20.6	2.4
9	멕시코	2,441	2,543	2,693	150	5.9	2.4
10	인도네시아	2,939	2,780	2,613	-167	6.0	2.3
10대 소계		78,730	77,172	73,891	-3,280	△4.3	66.1
합계		115,480	114,458	111,843	-2,615	△2.3	100.0

자료: 중소벤처기업부

현재 수출 위기 극복을 위한 근본적인 대책이 시급히 필요하다. 이를 위해 수출 주력 품목의 고부가가치화를 추진하고, 수출 중소기업의 역량 강화를 위한 지원을 확대해야 한다. 또한, 국제 거시환경 변화에 따른 틈새 수출 시장 공략 전략을 수립하는 것도 필수적이다. 글로벌 인플레이션, 고금리, 고환율 등으로 인해 특정 품목, 특히 컴퓨터 및 무선통신 기기와 같은 분야에서 수출 감소가 발생하고 있으므로, 이러한 문제에 대한 체계적인 대응이 요구된다.

최근 수출 감소의 주요 원인으로 대중국 수출의 감소가 지목되고 있다. 따라서 수출 회복을 위해서는 수출국 다변화 지원 정책이 반드시 필요하다. 또한 내수 위주의 원부자재 생산 중소기업을 '수출 기업화'하기 위한 체계적인 지원이 병행되어야 한다. 이를 위해 공공시장에 납품하는 중소기업 등 내수 중심의 기업 역량을 강화하는 프로그램을 도입하여, 내수 중소기업이 수출 기업으로 전환할 수 있도록 체계적인 지원을 제공해야 할 것이다. 이러한 접근은 중소기업의 경쟁력을 높이고, 전체 경제의 회복에도 긍정적인 영향을 미칠 것이다.

해외 인증 지원 사업에 대한 정보 제공 및 사업 연계 지원을 확대하는 것이 중요하다. 많은 중소기업이 현실적으로 해외 인증 비용 부담과 전문 인력 부족으로 인해 글로벌 진출에 어려움을 겪고 있다. 이러한 애로사항을 해소하기 위해, 정부와 관련 기관은 다음과 같은 지원 방안을 고려해야 한다.

정보 제공 강화: 중소기업이 해외 인증 절차 및 요구사항에 대한 정확한 정보를 쉽게 얻을 수 있도록 관련 자료를 체계적으로 정리하고 배포해야 한다.

비용 지원: 해외 인증에 필요한 비용을 일부 보조하거나 저리로 대출할 수 있는 프로그램을 마련해 중소기업의 부담을 줄여줘야 한다.

사업 연계 지원: 해외 인증을 받은 기업과 잠재적인 파트너 기업 간의 연결을 지원하고, 인증 취득 후의 비즈니스 확장을 도울 수 있는 다양한 네트워킹 기회를 제공해야 한다.

전문 인력 양성: 중소기업의 해외 진출을 지원하기 위해 인증 관련 전문 인력을 양성하는 교육 프로그램을 운영하고, 이들 인력을 중소기업에 연결해 주는 시스템을 구축해야 한다.

이러한 지원이 강화된다면, 중소기업의 글로벌 시장 진출이 보다 원활해질 것이며, 이는 전체 경제의 성장에도 기여할 수 있을 것이다.

"정부의 해외 진출 지원책이 많지만, 중소기업에게는 컨설팅 과정에서 발생하는 비용 등 모든 지원이 부족한 상황이다. 글로벌 인증을 받기 위해서는 거의 수천만 원 이상의 비용이 들고, 매년 갱신하는 유지비용도 상당히 부담스럽다."

IBK기업은행은 중소기업 수출 지원을 위해 여러 가지 프로그램을 운영하고 있다. 여기에는 수출 중소기업에 대한 공급망 결제성 여신 지원, 초기 및 유망 수출 중소기업을 위한 환율 우대, 해외 전자상거래 결제 지원, 해외 제휴 은행과의 판로 매칭, 그리고 컨설팅 프로그램 제공 등이 포함된다.

이와 같은 다양한 서비스는 중소기업이 글로벌 시장에 진출하는 데 큰 도움을 주고 있으며, 다른 시중은행들도 중소기업 수출 활성화를 위해 유사한 금융 및 비금융 지원 서비스를 활발히 추진해야 할 것이다.

3 Korea, '선진국 지위'에 걸맞은 기업 글로벌 위상 강화 필요!

미국에서 기업을 경영하는 K씨는 최근 서울에서 만난 자리에서 30년 전 이민을 가서 사업을 시작했음을 회상하며, 요즘 한국의 위상이 매우 높아져 자랑스럽다고 전했다. 그는 "대한민국의 위상이 높아진 만큼 외국인들의 한국 기업에 대한 이미지도 좋아지고, 제품 선호도가 높아졌다"고 밝혔다. K씨는 한국 기업들이 앞으로 글로벌 시장을 지향하며 비즈니스를 확대해 나가기를 바란다고 덧붙였다. 그는 또한 정부에 대해 "국가별 맞춤형 글로벌 지원을 적극적으로 해주기를" 당부했다.

2021년 7월 2일, 유엔무역개발회의(UNCTAD)는 스위스 제네바 본부에서 열린 무역개발이사회 폐막 세션에서 대한민국의 지위를 개발도상국 그룹에서 선진국 그룹으로 변경하는 의견을 만장일치로 가결했다. 이로써 대한민국은 UNCTAD 설립(1964년) 이래 최초로 그룹 A(아시아, 아프리카)에서 그룹 B(선진국)로 이동한 국가가 되었다.

이러한 지위 격상은 대한민국이 이룬 비약적인 경제 성장과 함께 국제적인 위상 및 역할의 향상을 반영한 결과로 볼 수 있다. 이제 한국은 선진국으로서의 책임과 역할을 더욱 강화해야 하며, 글로벌 경제에서의 협력과 기여에 대한 기대가 커지고 있다. 이런 변화는 한국의 대외 무역 및 경제 정책에 긍정적인 영향을 미칠 것이며, 향후 국제 사회와의 협력에서도 중요한 기회로 작용할 것이다.

한국은 지난 60년간(1960~2020년) 국내총생산(GDP)이 412배 증가했으며, 1인당 GDP도 200배 성장했다. 이러한 경제적 성장은 한국을 지원받는 나라에서 지원하는 나라로 변화시켰다. 특히, 한국은 2018년 국민총소득(GNI) 3만 달러를 돌파하면서 G7 국가들만 포함된 30-50 클럽에 세계 7번째로 진입했다. 이는 한국이 국제 경제에서 중요한 위치를 차지하게 되었음을 보여주며, 앞으로의 글로벌 협력 및 기여에 대한 기대를 높이고 있다. 이러한 성과는 한국의 지속적인 경제 발전과 국제적인 위상의 상승을 의미하며, 앞으로도 경제 성장을 지속하고 글로벌 이니셔티브에 적극 참여하는 것이 중요하다.

* **30-50 클럽**: 1인당 국민총소득 3만 달러 이상, 인구 5천만 명 이상의 조건을 만족하는 국가, 캐나다를 제외한 G7 국가들이 포함

표 5-2 한국 경제의 국제적(G7) 위상

	한국	미국	일본	영국	프랑스	독일	이탈리아	캐나다
GDP (23년, 억달러)	10위 (1조8394)	1위 (21조7762)	3위 (4조6169)	5위 (3조 2127)	7위 (2조6569)	4위 (3조 6224)	8위 (1조9846)	11위 (1조 7798)
1인당 GDP (23년, 달러)	24위 (35,570)	6위 (65,020)	23위 (37,079)	12위 (47,005)	22위 (38,975)	19위 (42,879)	25위 (33,774)	16위 (44,388)
GDP 성장률 (23년)	1.4%	2.5%	1.9%	0.1%	0.7%	-0.3%	0.9%	1.1%
수출시장 점유율(22년)	6위 (2.8%)	2위 (8.4%)	5위 (3.0%)	14위 (2.1%)	9위 (2.5%)	3위 (6.7%)	7위 (2.7%)	11위 (2.4%)
수입시장 점유율(22년)	8위 (2.9%)	1위 (12.9%)	5위 (3.6%)	7위(3.2%)	6위 (3.3%)	3위 (6.2%)	10위 (2.7%)	14위 (2.4%)
IT수출 비중 (21년)	6위 (29.2%)	32위 (9.1%)	34위 (8.6%)	55위 (3.7%)	56위 (3.6%)	46위 (5.0%)	76위 (2.0%)	85위 (1.5%)
GDP 대비 R&D 비중 (21년, OECD 회원대상)	2위 (4.9%)	4위 (3.5%)	6위 (3.3%)	12위 (2.9%)	17위 (2.2%)	10위 (3.1%)	27위 (1.5%)	25위 (1.7%)
글로벌 AI지수 (22년)	7위	1위	16위	3위	10위	9위	31위	4위
글로벌 소프트 파워(23년)	15위 (53.9)	1위 (74.8)	4위 (65.2)	2위 (67.3)	6위 (62.4)	3위 (65.8)	9위 (56.6)	7위 (60.7)

자료: 한국경제인협회, 통계청

한국의 2023년 공적개발원조(ODA) 실적은 전년 대비 11.4% 증가한 31억 3,000만 달러(약 4조 3,000억 원)를 기록하며 역대 처음으로 30억 달러를 넘겼다. 이는 2020년 22억 5,000만 달러에서 2021년 28억 7,000만 달러, 2022년 28억 1,000만 달러로 증가해 온 추세를 이어가고 있다. 한국은 OECD DAC 31개 회원국 전체 ODA 지원 규모 2,237억 달러(약 310조 원) 중 지원 규모 순위에서 14위를

차지하고 있다. 그러나 국민총소득(GNI) 대비 ODA 지원 비율은 0.18%로, 전체 회원국 중 28위에 해당한다.

이러한 통계는 한국이 ODA 지원에 있어 상당한 성장을 이루었음을 보여주지만, 경제 규모에 비해 지원 비율이 낮은 점은 앞으로 개선해야 할 과제로 남아 있다. 이는 한국이 국제 사회에서 보다 적극적인 역할을 다하기 위한 기초가 될 수 있을 것이다.

표 5-3 한국의 ODA 연도별 실적

(단위: 억달러)

구분	2018	2019	2020	2021	2022	2023(잠정)
실적 (증가율)	23.6 (7.1%)	24.6 (4.4%)	22.5 (△8.7%)	28.7 (27.7%)	28.1 (△2.2%)	31.3 (11.4%)

자료: 국무조정실

한국 국채가 2025년 11월부터 세계 최대 채권지수인 '세계국채지수(WGBI)'에 편입된다. 이로 인해 글로벌 금융시장에서 한국 경제의 위상이 한층 높아질 것으로 기대된다. WGBI에 편입됨으로써 외국인 투자 자금을 더욱 많이 유치할 수 있을 뿐만 아니라, 한국 자본 시장의 성장과 발전에도 기여할 수 있는 중요한 성과로 평가된다.

* **세계국채지수(WGBI):** 미국·일본·영국 등 주요국 국채가 포함돼 있는 '선진국 국채 클럽'으로 연기금 등 글로벌 투자자들이 활용하는 주요 지수

이에 따라 한국은 선진국으로서의 책임이 더욱 커졌다. 선진국 편입에 따라 국제적인 수준의 양적 및 질적 사회공헌 규모가 요구될 것으로 예상된다. 양적으로는, 2020년 한국의 ODA 공여액이 약 23억 달러로, 개발원조위원회(DAC) 회원국 평균에 도달하기 위해서는 약 37억 달러의 추가 원조가 필요하다. 질적으로는 전체 ODA 지출 중 '부채 관련 지원 및 인도적 지원'의 비중이 상대적으로 낮은 만큼, 이러한 분야에 대한 균형 잡힌 원조를 확대해 나가야 할 필요가 있다. 따라서 한국은 글로벌 사회에서 더욱 중요한 역할을 수행하기 위해 다양한 분야에서 적극적인 지원과 협력 방안을 모색해야 할 것이다.

"선진국 수준에 맞게 기업의 위상도 많이 올라갔다. 기업의 경영 전략을 글로벌 기준에 맞춰야 하고, 선진국에서 요구하는 ESG도 강화해야 한다."

"중소기업에게는 새로운 부담으로 작용 할 수가 있다. 체계적으로 잘 대응할 수 있게 만들어 줘야 한다."

한편, 대한민국은 빠른 시간 내 선진국 수준의 경제 규모를 갖추었지만, 경제 역동성 저하, 양극화 심화, 인구 고령화, 기후 변화 등 지속 가능한 경제 및 사회 성장을 위한 다양한 과제가 산재해 있다.

이에 따라 기업과 정부, 금융의 역할이 어느 때보다 중요해졌다. 우리 기업은 선진국 진입을 동력 삼아 수출 확대와 투자 유치에 적극 나서야 하며, 글로벌 스탠다드에 맞춰 기업 경영 체질 개선과 ESG 경영을 확대해 나가야 한다. 이러한 노력은 지속 가능한 성장 기반을 마련하고, 경쟁력을 강화하는 데 필수적이다.

정부는 이러한 기업의 노력을 지원하기 위해 체계적인 정책과 금융 지원을 강화하고, 공정한 경쟁 환경을 조성해야 할 것이다. 이를 통해 대한민국이 글로벌 경제에서 지속 가능한 성장을 이루는 데 기여할 수 있을 것이다.

중소기업지원 기관들도 새로운 성장 동력을 창출하여 글로벌 초일류 기업들이 나올 수 있는 경영 환경을 조성해야 할 것이다. 금융권은 혁신 금융 차원에서 미래 혁신 산업을 육성하고 기존 산업의 고도화를 견인하는 역할을 맡아야 한다. 또한, 기후 변화에 대비하고 사회적 가치를 제고하기 위해 ESG 투자에 대한 적극적인 추진이 필요하다.

ESG 금융은 단순한 투자를 넘어 지속 가능한 발전을 위한 중요한 도구로 자리 잡고 있으며, 이를 통해 기업들이 사회적 책임을 다하고 지속 가능한 경영을 실현할 수 있도록 해야 한다. 정부와 금융권의 협력은 이러한 비전 실현을 위한 핵심 요소가 될 것이다. 이를 통해 대한민국은 글로벌 시장에서 더욱 경쟁력 있는 위치를 차지할 수 있을 것이다.

④ 3대 데스밸리 극복, 글로벌 통상에서의 생존 전략

중소기업중앙회가 주관하는 〈백두포럼〉에서 만난 K씨, 중소기업 회장은 최근의 경영환경 변화가 급격해 여유를 가질 수 없다고 강조했다. 그는 "이전에는 대기업 협력 기업으로서 대기업에 제품을 납품하며 특별한 문제가 없으면 안정적인 경영이 가능했다"며, "하지만 최근 디지털 전환과 ESG(환경·사회·지배구조) 같은 새로운 과제가 등장하면서 대응하지 못하면 잘 나가던 기업도 하루아침에 망할 수 있다는 위기감을 느끼고 있다"고 말했다. K씨는 중소기업 현장에서는 눈앞의 일에 몰두하느라 디지털 전환이나 ESG의 중요성이 실감 나지 않는다고 덧붙였다. 그는 "국가 차원에서 중소기업이 이러한 변화에 잘 대비하고 대응할 수 있도록 가이드를 제공해 주면 좋겠다"고 바람을 전했다.

중소기업중앙회가 주최하고 IBK기업은행이 후원하는 '백두포럼'이 몇 해 전 경북 경주에서 개최되었다. 포럼의 주제는 '글로벌 환경 변화와 중소기업 생존 전략'으로, 급변하는 글로벌 통상 환경과 불확실성이 증가하는 경영 환경 속에서 중소기업의 생존 전략을 모색하는 데 중점을 두었다.

참석자들은 과거와는 차원이 다른 새로운 경영 환경이 다가오고 있으며, 이로 인해 중소기업의 앞날이 밝지 않을 것이라는 데 공감했다. 이러한 인식은 중소기업이 직면한 여러 도전 과제를 강조하며, 기업들이 혁신적인 전략과 적응력을 키워야 할 필요성을 일깨웠다.

우리 중소기업은 현재 '3대 데스밸리(Death Valley)'라는 빅 체인지에 직면해 있다. 이는 미·중 통상 분쟁, 디지털 확산, ESG 경영을 포함하고 있다. 미국과 중국에 대한 수출 의존도가 높은 국내 중소기업의 특성상, 통상 분쟁이 격화될수록 피해가 커질 수밖에 없다. 또한, 중소기업의 디지털 성숙도는 중국에 비해 뒤처져 있으며, 특히 최근 이슈로 떠오른 ESG 경영에 대해 인지하고 있는 중소기업은 절반에 불과하고, 준비 수준도 저조한 실정이다. 이러한 상황은 중소기업이 글로벌 경쟁에서 뒤처지지 않도록 조속한 대책과 전략 마련이 필요함을 시사한다.

트럼프 2.0 시대의 도래와 함께 미·중 통상 마찰은 더욱 심화될 전망이다. 이에 따라 중국으로 중간재를 수출하는 우리 중소기업들도 상당한 영향을 받을 수밖에 없다. 그러나 문제는 여기서 그치지 않는다. 트럼프 2기 행정부는 동맹 여부와 관계없이 무차별적인 관세 부과와 각종 보조금 축소를 통상 정책의 핵심으로 내세울 가능성이 크다. 이러한 미국발 보호무역주의가 팽배한다면, 한국 경제와 중소기업들도 불가피하게 타격을 입을 것이다. 따라서 우리 중소기업들은 수출 시장을 다변화하여 리스크를 분산하는 동시에, 미국과의 민관 통상협력 채널을 더욱 강화해 나가는 전략적 노력이 절실하다. 이를 통해 글로벌 통상 환경의 불확실성을 최소화하고 지속 가능한 성장을 도모해야 할 것이다.

다음은 탄소중립 대응이다. 2023년 10월 초 시범실시에 들어간 유럽연합(EU)의 탄소국경조정제(CBAM)에 대해 조사한 결과, 중소기업 10곳 중 8곳이 해당 제도를 제대로 파악하지 못하고 있는 것으로 나타났다.

이로 인해 중소기업들은 향후 탄소 배출과 관련한 규제에 적절히 대응하기 어려울 것으로 우려된다. CBAM은 탄소 배출이 높은 제품에 대해 추가적인 비용을 부과하는 제도로, 중소기업의 글로벌 경쟁력에 미치는 영향이 클 것으로 예상된다. 따라서, 중소기업들이 CBAM에 대한 이해를 높이고, 필요한 대응 전략을 마련할 수 있도록 지원하는 것이 시급하다.

* 2023년 10월 1일부터 CBAM 시범실시로 시멘트, 전기, 비료, 철 및 철강 제품, 알루미늄, 수소 등 6대 품목을 EU에 수출할 때는 EU 측에 탄소 배출량을 의무적으로 보고해야 하고, 2026년부터는 배출량에 따라 탄소 비용도 부과될 것으로 알려져 중소기업 및 산업계 전반에 많은 영향을 끼칠 것으로 예상

중소기업중앙회의 'CBAM 및 탄소중립 대응현황 조사' 결과(2023. 10)에 따르면, EU의 탄소국경조정제(CBAM)를 잘 알고 있다고 응답한 중소기업은 21.7%에 불과했다. 특히, CBAM의 직접 영향권에 있는 EU 수출 실적이 있거나 진출 계획이 있는 기업 중 54.9%는 특별한 대응 계획이 없는 것으로 나타났다. 또한, 국내외 CBAM 및 탄소중립 기조 강화로 예상되는 애로 사항으로는 원부자재 및 전기료 인상 등 제조원가 상승이 62.0%로 가장 많이 언급되었으며, 다음으로 정부와 지자체의 규제 강화(29.7%)와 시설 전환에 필요한 자금 부족(26.0%) 등이 주요 문제로 지적되었다.

이러한 결과는 중소기업들이 탄소중립과 관련한 대응에 있어 상당한 어려움을 겪고 있음을 보여준다. 중소기업이 탄소중립 시대에 효과적으로 적응할 수 있

도록 지원하는 정책적 노력이 필요하다.

표 5-4 중소기업 EU CBAM에 대한 인지

(단위: %)

매우 잘 알고 있다	대체로 알고 있다	대체로 모른다	전혀 모른다
0.7	21.0	42.3	36.0

자료: 중소기업중앙회

표 5-5 CBAM에 대응하고 있는 내용(복수 응답)

(단위: %)

특별한 대응계획이 없음	54.9
하청 또는 협력사의 대응계획 및 가이드라인 모니터링	24.6
정부, 유관기관 설명회 참석 및 언론보도 등을 통한 정보탐색	19.0
외부 컨설팅사를 통해 온실가스명세서(인벤토리) 선제구축	4.2
배출권 할당 또는 목표관리제 대상기업으로 대응역량 기보유	1.4
기타	2.8

자료: 중소기업중앙회

현장의 소리

"중소기업은 글로벌 통상에 매우 취약하다. 변화하는 통상 환경에 맞춰 중소기업이 잘 대응하게 맞춤형 지원을 강화해야 한다."
"중소기업이 현장에서 와 닿는 수출과 글로벌화를 위한 정부 차원의 종합대책이 마련돼야 한다."

　　한편, 디지털 플랫폼을 통한 글로벌 무역의 확대와 함께 디지털 통상의 중요성이 날로 커지고 있다. 디지털 무역의 확장은 기존 통상 규범에 새로운 도전 과제를 제기하고 있다. 전통적인 무역 규정은 주로 물리적 상품에 초점을 맞췄지만, 디지털 무역은 데이터 보호, 개인정보, 전자상거래 등 새로운 이슈를 포괄하고 있다. 특히, 최근 개방적인 태도를 보이던 미국이 디지털 경제와 기술에 대한 규제를 강화하고, 공정 경쟁 촉진을 위한 정책으로 기조를 전환하고 있는 점은 주목할 만하다. 이러한 변화는 글로벌 디지털 통상 환경에 중요한 영향을 미치며, 우리 중소기업들에게도 새로운 도전과 기회를 동시에 제공한다. 따라서 우리 중소기업은 변화하는 디지털 통상 흐름에 대응하기 위해 글로벌 정책과 규범에 대한 철저한 분석을 기반으로 전략적 방향성을 명확히 정립해야 한다. 이를 통해 디지털 무역의 확대가 가져올 기회를 선점하고, 새로운 통상 환경에서 경쟁력을 강화해야 할 것이다.

3대 데스밸리를 극복하기 위해 중소기업의 통상 전략을 재편해야 한다. 국제 분업 체계의 개편과 각국의 ESG 적용 방식에 중소기업이 탄력적으로 대응하기 위해서는 맞춤형 통상 플랫폼의 구축이 필요하다. 이 플랫폼은 국가별 통상 환경 변화에 대한 정보를 실시간으로 제공하고, 분산된 통상 지원을 중소기업 수요에 맞춰 통합적으로 제공하는 역할을 해야 한다.

이러한 플랫폼은 중소기업이 급변하는 글로벌 환경에 적응할 수 있도록 돕고, 필요한 정보를 즉각적으로 활용할 수 있는 기반을 마련하는 데 기여할 것이다. 또한, 정책적 지원과 함께 중소기업의 자생력을 높이는 데 중요한 역할을 할 것으로 기대된다.

중장기적으로는 메타버스를 활용한 디지털 통상 시스템 구축이 필요하다. 기업들은 메타버스 플랫폼 내에서 상품을 전시하고, 해외 고객들은 직접 방문하지 않고도 플랫폼을 통해 제품을 쉽게 살펴보고 신속하게 구매 결정을 내릴 수 있다.

이러한 통상 전략이 성공한다면 3대 데스밸리를 효과적으로 극복할 수 있을 뿐만 아니라, 지속 가능한 성장을 이룩하는 데 기여할 것이다. 이로 인해 국내 중소기업은 대한민국 경제 성장의 견인차 역할을 충실히 수행할 수 있을 것으로 기대된다. 메타버스의 활용은 중소기업의 글로벌 시장 접근성을 높이고, 새로운 고객 경험을 창출하는 데 중요한 요소가 될 것이다.

5 아세안(ASEAN), 새로운 기회의 중심으로!

인도에서 소프트웨어 개발 사업을 하는 O 대표이사는 한국에서 인력 확보의 어려움 때문에 인도로 진출한 것이 "정말 잘한 결정이었다"고 말했다. 그는 인도에서의 인력 조달뿐만 아니라 큰 시장 덕분에 제품 개발과 거래처 확보를 동시에 이룰 수 있어 1석 2조의 효과를 보고 있다고 전했다. O씨는 아세안 지역의 성장 잠재력이 매우 크다고 강조하며, "중소기업들은 미국이나 유럽과 같은 치열한 시장에 도전하기보다는 성장 가능성이 높은 新남방 지역에 눈을 돌리는 것이 좋다"고 조언했다.

이제 아세안과 인도가 대한민국의 새로운 외교 축으로 떠오르고 있다. 정부는 2017년 11월 한·아세안 정상회의와 동남아 및 인도 순방을 통해 신남방 정책을 발표하였으며, 남방 국가들과 한국의 관계를 한반도 주변 4대국과 같은 수준으로 끌어올리겠다는 외교 노선을 공식화했다.

2019년 11월에는 부산에서 한·아세안 특별정상회의가 개최되었고, 이를 통해 한국과 아세안 간의 협력 강화를 위한 다양한 논의가 이루어졌다. 이러한 노력은 한국의 외교 다변화와 경제 협력을 확대하는 중요한 계기가 되고 있으며, 아세안 국가들과의 관계가 더욱 밀접해지고 있음을 보여준다.

신남방 정책은 기존의 미·중·일·러 4강 외교에 치중했던 한국의 외교 노선을 다변화하는 데 매우 중요한 의미를 갖는다. 특히 중국과의 사드 문제로 인해 발생한 긴장 속에서, 한국은 중국 의존적인 경제 구조에서 벗어나기 위해 남방 국가들의 중요성을 더욱 강조하게 되었다.

지리적으로도 가까운 아세안 지역은 한국 경제의 중요한 파트너로 부상하고 있으며, 이는 중국 다음으로 한국의 경제 협력에 큰 영향을 미치고 있다. 아세안과의 관계를 강화함으로써 한국은 경제적 다각화뿐만 아니라, 새로운 시장 기회를 창출하고, 글로벌 공급망의 안정성을 확보하는 데 기여할 수 있을 것이다. 이러한 변화는 한국이 미래의 불확실한 환경 속에서도 경쟁력을 유지할 수 있는 기반이 될 것이다.

한·아세안센터가 발간한 '2023 한·아세안 통계집'에 따르면, 한국과 동남아시아국가연합(ASEAN) 간의 교역 규모가 중국에 이어 두 번째로 많았다는 사실은 신남방 정책의 성과를 보여주는 중요한 지표이다. 2006년 618억 1,000만 달러에 불과했던 한·아세안 교역 규모는 2016년에는 1,188억 달러로 2배 가까이 증가했다. 특히 신남방 정책이 공식화된 이후인 2018년에는 1,597억 달러로, 2022년에는 2,080억 달러로 최근 7년간(2016~2022년) 연평균 10.1%의 성장을 기록했다.

2022년 기준으로 한국의 총 무역 규모는 1조 4,151억 달러(약 1,980조 원)에 달하며, 이 중 중국과의 교역이 21.9%인 3,104억 달러(약 434조 원)로 가장 많았다. 아세안 국가들과의 교역도 14.7%인 2,080억 달러(약 281조 원)를 기록하며, 두 번째로 높은 비중을 차지했다. 이러한 교역 확대는 한국의 경제 다각화와 아세안 국가와의 관계 강화를 위한 지속적인 노력의 결과로 해석될 수 있다.

그림 5-3 한-아세안 무역량 추이

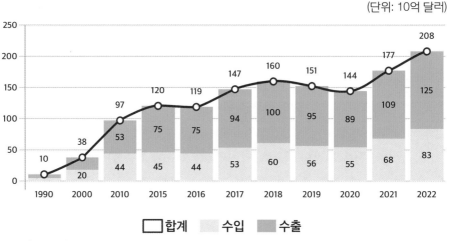

(단위: 10억 달러)

자료: 한-아세안센터

한국의 안보 환경에서 아세안 국가들은 매우 중요한 역할을 맡고 있다. 특히 아세안지역안보포럼(ARF)은 북한이 국제사회에서 참여하는 유일한 다자 안보 체제로, 이 포럼을 통해 북한과의 대화 및 협력을 도모할 수 있는 기회를 제공한다.

대부분의 아세안 국가들은 북한과 외교 관계를 유지하고 있으며, 이로 인해 북한과의 소통이 가능한 상황이다. 이러한 점은 향후 비핵화 협상과 한반도 평화체제 구축에 있어 아세안 국가들이 중재자 역할을 수행할 수 있는 가능성을 높인다. 따라서 남방 지역 국가들과의 관계 강화는 한국의 안보 전략에도 긍정적인 영향을 미칠 것으로 기대된다.

현장의 소리

"새로운 '기회의 땅'으로 아세안(ASEAN)이 부상하고 있다. 풍부한 원자재, 글로벌 제조업 생산 기지 역할, 그리고 급성장하는 소비시장 등 여러 측면에서 주목받고 있다. 중소기업은 이러한 기회를 활용해 새로운 활로를 찾아야 한다."

"중소기업과 아세안 국가들 간 비즈니스 가교를 많이 만들어 줘야 한다. 시장 개척, 금융 등 다양한 정책 지원도 뒷받침 돼야 한다."

세계 각국이 성장 가능성이 큰 아세안 시장을 선점하기 위해 치열한 경쟁을 벌이고 있는 가운데, 일본이 이 지역의 자동차 시장에서 80%에 가까운 점유율을 차지하고 있다는 점은 아세안의 중요성을 잘 보여준다. 이러한 시장 환경 속에서 우리 기업들이 남방 지역으로 진출하기 위해서는 정부의 역할이 그 어느 때보다 중요해지고 있다.

가장 중요한 것은 정책의 지속성을 보장하기 위해 정부, 지원 기관, 기업 간의 유기적인 협력 체계를 구축하는 것이다. 이를 위해 정부는 2022년 한·아세안 금융협력센터를 정식으로 개소하였으며, 금융기관들은 아시아 금융벨트 구축에 적극적으로 참여하고 있다. 이러한 흐름을 바탕으로, 중소기업들은 포화된 국내 시장의 성장 한계를 극복하고 새로운 경쟁력을 갖추기 위해 아세안을 향한 도전을 계속해야 할 것이다.

결국, 아세안은 한국 기업들이 글로벌 시장에서 경쟁력을 높이고 새로운 성장 동력을 찾을 수 있는 중요한 기회의 땅이 될 것이다.

⑥ 스타트업, 글로벌 시야(視野) 확장으로 미래를 열다

부산에서 비슷한 시기에 창업한 두 청년 스타트업 창업가를 만났다. 한 창업가인 K씨는 식품 사업을 시작하면서 처음부터 국내 지역 시장에 집중했고, 다른 창업가 L씨는 해외 시장을 염두에 두고 창업하여 바로 베트남에 진출했다. 5년이 지난 지금, K씨의 기업과 L씨의 기업은 매출 차이가 10배 이상 벌어졌다. L씨는 "청년들은 창업 아이템을 선정하고 비즈니스를 전개할 때 해외 시장을 바라보며 도전할 필요가 있다"고 조언했다. 그는 이어서 "청년들이 글로벌 창업을 하는 데 있어 정보가 부족하고, 자금이 더 많이 소요되기 때문에 이에 대한 맞춤형 정책적 지원을 더욱 확대해 주면 좋겠다"고 강조했다.

최근 미국 실리콘밸리에서 유니콘(Unicorn)을 넘어 데카콘(Decacorn)이라는 새로운 개념이 등장했다. 데카콘은 기업공개(IPO) 이전에 기업 가치가 100억 달러를 넘는 초거대 스타트업을 의미한다.

창업한 지 10년 이내에 이러한 거대 기업으로 성장하는 것은 결코 쉬운 일이 아니다. 유니콘과 데카콘 기업의 공통점은 바로 '글로벌 지향성'이다. 이들 기업은 처음부터 글로벌 시장을 염두에 두고 창업했으며, 지속적인 성장을 위해 끊임없이 글로벌 전략을 추진해 왔다. 이러한 접근 방식은 그들이 시장에서 빠르게 입지를 다질 수 있는 원동력이 되고 있다.

결국, 글로벌 지향성을 바탕으로 한 혁신과 성장은 오늘날 스타트업의 성공에 있어 필수적인 요소로 자리 잡고 있다.

"우물 안 개구리"라는 비유는 좁은 시야에 갇혀 있는 상태를 표현한다. 청년들이 추진하는 혁신 스타트업은 결코 이런 상태에 머물러서는 안 된다. 그들은 시야를 넓혀 해외 시장을 바라봐야 한다.

국내 시장만을 염두에 두고 창업한다면, 그 한계로 인해 기업이 성장하기 어렵다. 따라서 국내에서 창업하더라도 반드시 글로벌 시장으로의 진출을 염두에 두고 계획을 세워야 한다. 이러한 접근은 글로벌 경영 마인드와 글로벌 스타트업 정신을 함양하는 데 필수적이다.

결국, 청년 스타트업은 국내 시장에 안주하지 않고, 넓은 세계를 대상으로 혁신과 성장의 기회를 찾아 나서야 한다.

아이디어가 풍부하고 끼와 열정이 넘치는 청년들에게는 세계 어느 곳이든 창업의 기회를 제공할 수 있다. 청년 창업자라면 과감하게 해외에서 창업하는 길을 고려해 볼 필요가 있다.

미국의 실리콘밸리에서 창업하는 것도 하나의 선택이지만, 독일, 영국, 핀란드, 중국, 동남아 등 다양한 지역에서도 충분히 창업할 수 있는 기회가 있다. 각국은 독특한 시장과 문화, 창업 생태계를 갖추고 있으며, 이를 활용해 글로벌 시장에 도전할 수 있는 가능성이 무궁무진하다.

청년 창업자들이 이러한 다양한 선택지를 염두에 두고, 적극적으로 해외 진출을 모색한다면 글로벌 무대에서 주목받는 기업으로 성장할 수 있을 것이다.

스타트업의 수출 성장이 두드러지고 있다. 한국무역협회가 발표한 '스타트업 수출 현황 및 수출 활성화 정책 제언' 보고서(2024. 5)에 따르면, 창업한 지 7년이 되지 않은 스타트업의 수출액이 2017년 2억 7,000만 달러에서 2023년 24억 2,000만 달러로 9배 증가한 것으로 나타났다. 전체 벤처기업의 수출액 중 창업 7년 미만 스타트업의 수출 비율도 2017년 2.1%에서 2023년 11.6%로 증가했다. 이러한 통계는 한국 스타트업의 글로벌 시장 진출이 활발해지고 있음을 보여준다.

그림 5-4 스타트업 연도별 수출 현황

주: 벤처기업 중 창업 7년 미만 스타트업 기준
자료: 한국무역협회

이러한 성장은 청년 창업자들에게 큰 희망을 주고, 더욱 많은 이들이 해외 진출을 고려할 수 있도록 유도할 것이다. 앞으로의 정책과 지원도 이와 같은 긍정적인 흐름을 이어가는데 중요한 역할을 할 것이다.

한국무역협회가 포춘 글로벌 500 대기업 중 한국 스타트업 글로벌 생태계에 관심이 있는 다국적 대기업을 대상으로 실시한 설문조사(2023년)에 따르면, 한국 스타트업의 기술 경쟁력을 7.4점(실리콘밸리 10점 기준)으로 평가한 반면, 글로벌 진출 준비도(6.1점)와 비즈니스 모델 차별성(6.4점)은 상대적으로 낮다고 평가했다. 응답자들의 55%는 한국 스타트업의 강점으로 혁신 기술 경쟁력을 꼽아, 우수 기술을 보유한 우리 기업들이 기술력에 비해 해외 진출 준비가 미흡한 것으로 파악됐다.

한국무역협회의 설문조사 결과(2024.4), 스타트업들이 해외 진출에서 직면하는 주요 애로사항이 잘 드러난다. 특히 '해외 현지 네트워크 부족'과 '해외 실증 어려움'은 많은 창업자들이 느끼는 공통적인 어려움으로, 이를 해결하기 위한 지원이 필요하다. 또한, 원자재 가격 상승에 대한 대책으로 '수출 바우처'와 '해외 전시회 지원'이 요구되고 있다는 점은 정부와 지원 기관들이 이러한 수요를 반영해 실질적인 지원책을 마련해야 함을 보여준다. 이러한 조치들이 스타트업의 해외 진출을 촉진하고, 더 나아가 한국 경제의 글로벌 경쟁력을 높이는 데 기여할 수 있을 것이다.

현장의 소리

"이젠 창업도 해외 창업하거나 글로벌 진출을 목적으로 비즈니스를 구상하고 창업해야 한다. 국내 시장만으로 너무 좁다. 글로벌 스타트업을 집중 육성해야 한다."

글로벌 스타트업은 단순한 의욕만으로는 성공하기 어렵다. 글로벌 창업은 국내 시장보다 훨씬 복잡하고 까다로운 환경에서 이루어지며, 이에 따라 더 많은 노력이 필요하다. 각 국가마다 스타트업의 특성이 크게 다르기 때문에, 해당 국가의 문화와 타겟 고객을 충분히 이해하지 못한 상태에서 창업에 나서는 것은 위험하다. 경험, 지식, 그리고 자원의 제약으로 인해 현지 시장에서 비즈니스를 운영하는 것이 불가능해질 수 있다. 또한, 어떤 시장이든 경쟁의 벽도 만만치 않다. 따라서 청년들이 글로벌 창업을 계획할 때는 충분한 검토와 준비가 선행되어야 한다.

글로벌 스타트업의 목적은 명확해야 한다. 단순히 '그 국가에서는 소규모 창업이 잘된다. 나도 돈을 들고 가면 성공할 수 있겠지'와 같은 안일한 생각은 금물이다. '왜 그 국가에서 창업하려고 하는가?', '이 사업을 왜 진행하려고 하는가?', '그 국가에서 나의 경쟁력은 무엇인가?' 등 다양한 측면을 종합적으로 고려하여 창업 목적을 확고히 정립해야 한다. '현지 인력 및 기술 확보가 목적인가?', '현지에서 성공할 수 있는 상품을 판매하기 위한 것인가?', 아니면 '이미 거래처가 있어서 그런 것인가?'와 같은 창업 목적에 따라 진출할 국가나 지역, 그리고 사업 규모가 달라질 수 있다. 따라서 철저한 분석과 계획이 필요하다.

스타트업 시나리오는 구체적이고 철저하게 준비해야 한다. 먼저, 사전에 현지 조사를 철저히 진행하고 이를 바탕으로 실현 가능한 사업 계획을 단계별로 수립해야 한다.

1단계는 스타트업 준비 단계로, 이 시기에 인력을 현지에 파견하고 기반을 다지며 네트워크를 구축해야 한다.

2단계는 현지화 전략 수립이다. 이 단계에서는 시범 사업을 준비하고, 파일럿 테스트를 통해 구체적인 현지화 계획을 마련해야 한다.

3단계는 현지에 적합한 상품 및 서비스 개발이다. 고객은 현지인뿐만 아니라 전 세계인이므로, 글로벌 시장을 개척하기 위해서는 이에 맞는 상품과 서비스를 개발해야 한다. 이러한 과정이 잘 이루어질 때, 스타트업의 성공 가능성은 한층 높아질 것이다.

4차 산업혁명과 디지털 시대에 접어들면서, 우리 청년들이 글로벌 스타트업에 도전할 수 있는 환경이 과거 어느 때보다 더 좋아지고 있다. 글로벌 시장은 촘촘한 네트워크로 연결되어 있으며, 온라인과 모바일을 통한 실시간 교류가 이루어지는 시대다. 국경을 초월하고 다양한 영역이 융합되는 추세가 강화되고 있다. 또한, 모험 자본 시장은 빠르게 다양화되고 성장하고 있다.

이제는 작은 국내 시장만을 바라보며 창업하는 시대는 지났다. 변화와 혁신의 글로벌 시대가 도래한 것이다. 청년 창업가들은 시야를 넓혀 세계를 바라보며 원대한 비즈니스 꿈을 키워나가야 한다. 우리 정부는 대한민국의 미래를 위해 청년들의 글로벌 스타트업 생태계 구축에 더욱 많은 노력을 기울여야 할 것이다.

⑦ 글로벌 시장을 휩쓰는 유니콘 기업, 그들의 전략은?

서울에 위치한 잠재적 유니콘 기업 G사의 대표이사 C씨는 20대 후반에 창업하여 5년 후에 실패한 경험이 있다. 하지만 그는 재기하여 곧 유니콘 기업으로 도약할 예정이다. 이 기업은 글로벌 엔터테크 분야에서 활동하고 있으며, 실패를 두려워하지 않는 도전 정신과 처음부터 글로벌 시장을 타겟으로 한 전략이 성공의 비결이다. C씨는 "창의적인 아이디어와 세계 시장, 그리고 미래 세상을 목표로 비즈니스를 추구하는 것이 무엇보다 중요하다"고 강조했다. 그는 K-콘텐츠를 기반으로 세계 시장을 선도할 수 있는 아이템이 무궁무진하다고 말하며, "청년들은 창업할 경우 세계를 무대로 사업을 펼치고 성공하겠다는 구상을 갖는 것이 좋다"고 조언했다.

유니콘(Unicorn)은 신화 속에서 등장하는 이마에 뿔이 하나 달린 말을 의미하는 상상 속의 동물이다. 이 개념에서 유래한 유니콘 기업이란, 미국 실리콘밸리에서 큰 성공을 거둔 스타트업을 통칭하는 용어이다. '유니콘 기업'이라는 용어는 2013년 여성 벤처 투자자인 에일린 리(Aileen Lee)가 처음 사용했다고 알려져 있다.

유니콘 기업은 기업 가치가 10억 달러(1 billion USD) 이상이며, 설립된 지 10년 이하인 스타트업을 의미한다. 이러한 기업들은 빠른 성장과 혁신적인 비즈니스 모델로 주목받으며, 투자자들에게 높은 가치를 인정받고 있다. 유니콘 기업의 등장은 스타트업 생태계의 활력을 상징하며, 글로벌 시장에서도 큰 영향력을 미치고 있다.

2022년 기준으로, 기업 가치가 1조 원 이상인 유니콘 기업은 총 1,066개에 달한다. 이 중에서 미국이 1위로, 전체 유니콘의 52%를 차지하고 있다. 2위는 16.3%를 차지하는 중국이며, 3위는 6%인 인도이다. 반면, 한국은 유니콘 기업이 22개에 불과하여, 글로벌 유니콘 시장에서 상대적으로 낮은 수치를 보이고 있다. 이러한 통계는 각국의 스타트업 생태계와 투자 환경의 차이를 드러내고 있다.

유니콘 기업의 총 가치에서 미국은 7,179억 달러로 1위를 차지하며, 중국은 5,168억 달러로 2위를 기록했다. 반면, 한국의 11개 유니콘 기업의 총 가치는 303억 8,000만 달러에 이른다. 이러한 수치는 유니콘 기업의 가치와 글로벌 시장에서의 위치를 보여주며, 각국의 스타트업 생태계의 성장 가능성을 반영하고 있다.

유니콘 기업들의 업종별 비율을 살펴보면 IT 분야가 가장 많은 비중을 차지하고 있다. 1위인 미국에서는 소프트웨어 기업의 비율이 20%로 가장 높으며, 핀테크와 인공지능 분야에서도 강세를 보이고 있다. 중국은 전자상거래 부문이 21%로 주요 업종으로 자리잡고 있으며, 인도와 영국은 각각 핀테크 분야에서 24%와 38%를 차지하고 있다.

유니콘 기업의 보유 수에서는 미국이 1위를 차지하지만, 가장 가치가 높은 유니콘 기업 1위와 2위는 모두 중국 기업이다. 동영상 플랫폼 틱톡을 서비스하는 바이트댄스는 1,400억 달러로 1위, 차량 호출 기업 디디추싱은 620억 달러로 2위를 기록하고 있다. 3위는 일론 머스크가 경영하는 테슬라의 스페이스X로, 기업 가치는 460억 달러에 달한다.

유니콘 기업은 미래의 신산업을 이끌어 갈 주역이지만, 기업 수와 가치 등 모든 경쟁력 지표에서 대한민국이 한참 뒤처져 있다는 점은 안타까운 현실이다. 한국경제인협회의 분석에 따르면, 2019년부터 2023년까지 5년간 전 세계 유니콘 기업 수는 2.7배 증가한 반면, 한국의 유니콘 기업 수는 1.4배 증가하는 데 그쳤다. 이 기간 동안 한국 유니콘 기업의 전 세계 비중도 2.2%에서 1.2%로 거의 반토막이 났다. 한국의 스타트업 생태계가 글로벌 시장에서 점점 더 어려운 상황에 처해 있음을 보여준다. 이러한 통계는 한국이 유니콘 기업을 육성하고 경쟁력을 강화하기 위한 더욱 적극적인 노력이 필요함을 시사한다.

이러한 배경에는 인재와 기술의 부족, 그리고 상대적으로 열악한 자본 생태계가 자리잡고 있다. 자본시장연구원에 따르면, 해외 유니콘 기업이 창업 후 상장까지 걸리는 평균 기간은 7.15년인 반면, 한국의 유니콘 기업은 평균 9.6년으로 더 긴 시간을 필요로 한다. 이처럼 긴 기간은 한국 스타트업의 성장 속도를 늦추고, 글로벌 경쟁에서 뒤처지게 만드는 요인으로 작용하고 있다. 이러한 문제를 해결하기 위해서는 자본 시장의 활성화와 인재 양성을 위한 체계적인 지원이 필요하다.

표 5-6 한국의 유니콘 기업

기업명	분야	CB Insights	현재 유니콘기업	비고
옐로모바일	모바일	○	○	-
엘앤피코스메틱	화장품	○	○	-
비바리퍼블리카	핀테크	○	○	-
야놀자	O2O서비스	○	○	-
위메프	전자상거래	○	○	-
지피클럽	화장품	○	○	-
무신사	전자상거래	○	○	-
컬리	신선식품 배송	○	○	-
직방	부동산중개	○	○	-
버킷플레이스	전자상거래	○	○	-
리디	콘텐츠 플랫폼	○	○	-
아이지에이웍스	빅데이터 플랫폼	○	○	'22년 신규
메가존클라우드	클라우드 서비스	○	○	'22년 신규
트릿지	데이터 및 무역 플랫폼	○	○	'22년 신규
두나무	핀테크	×	○	-
A사(기업명 비공개)	도·소매업	×	○	-
당근마켓	전자상거래	×	○	-
빗썸코리아	핀테크	×	○	-
여기어때컴퍼니	O2O서비스	×	○	'22년 신규
오아시스	신선식품 새벽배송	×	○	'22년 신규
시프트업	모바일 게임 개발	×	○	'22년 신규
한국신용데이터	소상공인 전문 SaaS	×	○	'22년 신규
우아한 형제들	O2O서비스	△	×	M&A
에이프로젠	바이오	×	×	M&A, '22년 졸업
티몬	소셜커머스	×	×	M&A, '22년 졸업
CJ 게임즈	게임	△	×	IPO(코스피)

쿠팡	전자상거래	△	×	IPO(美, NYSE)
크래프톤	게임	△	×	IPO(코스피)
하이브	엔터테인먼트	×	×	IPO(코스피)
카카오게임즈	게임	×	×	IPO(코스닥)
더블유게임즈	게임	×	×	IPO(코스피)
펄어비스	게임	×	×	IPO(코스닥)
잇츠한불	화장품	×	×	IPO(코스피)
쏘카	카쉐어링	×	×	IPO(코스피) '22년 졸업
34개		14개	22개	-

※△: 과거 CB Insights에 유니콘 기업으로 등재됐으나 제외된 기업
자료: CB insight, 중소벤처기업부

스타트업은 누구나 유니콘 기업이 되기를 꿈꾸지만, 실제로 유니콘 기업이 되는 것은 매우 어렵다. 탁월한 기술력과 경영 전략뿐만 아니라, 유리한 시장 여건이 조성되어야만 가능한 일이다. 따라서 '제2의 벤처 창업 붐'이 확산되어야 하며, 이를 통해 더 많은 스타트업이 성장할 수 있는 환경이 마련되어야 한다. 이러한 붐은 창업 생태계를 활성화하고, 혁신적인 아이디어가 실현될 수 있는 토대를 제공할 것이다.

현장의 소리

"우리나라에서 유니콘 기업이 잘 나오지 않는 이유를 다시 한번 생각해 봐야 한다. 혁신적인 벤처기업은 많이 존재하지만, 지속적으로 성장하지 못하는 이유는 과도한 규제와 선진국에 비해 미흡한 법과 제도 때문일 것이다. 정책에 대한 대혁신이 필요하다."

유니콘 기업은 대부분 한 번에 달성되는 경우가 드물다. 대개는 여러 번의 창업 실패를 경험한 후에 유니콘 기업으로 성장하게 된다. 따라서 실패한 청년 사업가들이 다시 벤처 창업에 도전할 수 있는 토대가 마련되어야 한다. 이를 위해서는 실패를 두려워하지 않고 다시 일어설 수 있는 환경과 지원이 필요하며, 창업 생태계가 보다 포용적으로 발전해야 한다. 이러한 노력이 청년 창업가들에게 새로운

기회를 제공하고, 성공적인 유니콘 기업으로 나아가는 발판이 될 것이다.

각종 규제와 제도가 뒷받침되어야 하며, 무엇보다 건강한 벤처 생태계가 구축되어야 한다. 이스라엘의 벤처 생태계 가치는 한국보다 약 3배 높다고 한다. 이스라엘의 벤처 생태계 가치가 100이라면, 우리나라는 30~40 수준에 불과하다는 것이다. 한국이 이스라엘과 대등해지기 위해서는 벤처 투자가 지금보다 대폭 늘어나야 한다.

4차 산업혁명 시대에 우리나라 청년들이 끊임없이 창업에 도전하고, 세계 시장을 누비는 K-유니콘 기업가로 성장할 수 있기를 기대해 본다. BTS가 세계 문화를 바꾸어 놓았듯이, 한국의 혁신 기업도 글로벌 기업으로 충분히 우뚝 설 수 있을 것이다.

한국의 기업가정신 지수는 매우 높다. 글로벌 기업가정신 연구협회(GERA)의 '2020년 글로벌 기업가정신 모니터(GEM)' 조사에서 한국의 기업가정신 지수는 5.49로 44개국 중 9위를 차지했다. 특히 '시장의 역동성' 분야에서는 7.9점으로 전체 국가 중 1위를 기록했다. 이러한 지표는 한국의 창업 환경과 기업가 정신이 글로벌 경쟁에서 큰 잠재력을 가지고 있음을 보여준다.

전 세계를 강타한 코로나19 팬데믹과 우크라이나 사태 등으로 사람과 물류가 멈추면서 세계 경제가 뒤흔들렸다. 인천에서 물류업을 하는 M사는 공급망이 무너지며 사업이 거의 중단되었다. 코로나19가 언제쯤 사라질지 걱정하던 3년이 훌쩍 지나갔고, 30년간 성장해온 기업이 코로나 팬데믹과 지정학적 리스크로 하루아침에 무너지기 직전이다. 대표이사 O씨는 세계 경제의 단절화가 얼마나 무서운지 깨달았다. 그는 "국가나 기업은 글로벌 거버넌스를 잘 구축하고 원활하게 돌아가게 하는 것이 매우 중요하다"고 강조한다.

코로나 팬데믹은 종식되었지만, 그 당시 코로나19로 인해 국제 정세는 불안정해지고 경제 위기가 고조되었다. 각국 정부는 출입국 제한 등 외부 연결 통로를 차단하는 조치를 취했다. 미국 대통령이 '중국 바이러스'라는 표현을 사용하면서 미중 간의 신경전이 한층 격화되기도 했다. 바이러스가 전 세계를 강타하고 전쟁이 발생하면서 눈에 보이지 않는 외부 위협과 맞서는 신안보 리스크가 부각되었고, 이에 따라 미래에 대한 불안감도 커지고 있다. 이러한 상황은 글로벌 경제와 안보 환경에 심각한 영향을 미치며, 각국은 보다 효과적인 대응 방안을 모색해야 할 시점에 있다.

경제는 현재 심각한 상황에 처해 있다. 상호 연결되어 있는 글로벌 경제망이 망가지면서 세계 경제는 요동치고 있다. 경제 분절화(Fragmentation)*로 인해 세계 경제 성장률이 저하되었다. 각국의 경제적 이해관계에 따라 세계가 미국-유럽, 중국-러시아 진영으로 블록화되며 국제 교역 질서에 균열이 발생했다. 세계 경제의 분절화는 단순히 성장을 저해하는 것에 그치지 않고, 국가 간 성장의 양극화를 초래하고 있다. 특히, 저소득 국가에서는 분절화로 인한 GDP 손실이 더욱 심각하게 나타나고 있다. 이러한 경제적 불균형은 글로벌 경제 회복에 큰 도전 과제가 되고 있으며, 지속 가능한 성장을 위한 해결책이 시급히 요구된다.

* **경제분절화:** '80년대 이후 급속도로 진전된 세계화(Globalization)가 약화되고, 정치·경제적 이해관계에 따른 국가 간 이합집산으로 경제 블록이 형성되는 현상을 의미

그림5-5 분절화로 인한 GDP 손실(%)

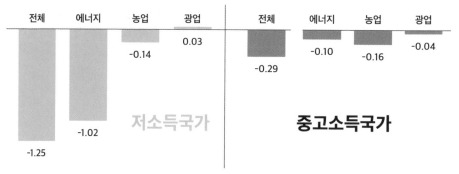

자료: IMF World Economic Outlook('23.10월)

　　한때 코로나19 확산으로 세계 증시는 쑥대밭이 된 적이 있다. 블룸버그가 86개국 증시의 시가총액을 집계한 결과, 공포에 사로잡힌 세계 증시의 시가총액이 1개월 동안 약 3경 2천조 원 감소한 것으로 나타났다. 이는 한국의 국내총생산(GDP) 규모의 17배에 달하는 수치다. 이와 함께 유가는 급락하고, 환율은 심하게 변동하며 소비와 투자는 순식간에 얼어붙었다. 이러한 경제적 충격은 기업과 개인의 재정적 어려움을 초래하고, 전 세계적인 경제 회복의 발목을 잡고 있다. 상황이 지속됨에 따라, 각국 정부는 경제를 재건하기 위한 보다 효과적인 대책을 마련해야 할 필요성이 커지고 있다.

　　지금은 한 번도 경험해 보지 못한 전염병과 전쟁 공포, 그리고 실물과 금융의 복합 위기 가능성이 엄습하는 상황이다. 현재의 문제는 몇몇 나라만의 노력으로 해결될 수 있는 것이 아니다. 전 세계적으로 퍼지는 바이러스와 경제 위기는 모든 국가가 공조하여 대응해야만 극복할 수 있는 문제가 됐다.

　　이러한 글로벌 위기를 효과적으로 해결하기 위해서는 국가 간의 협력과 정보 공유가 필수적이다. 각국은 서로의 경험과 자원을 활용하여 위기 대응 방안을 마련하고, 경제 회복을 위한 지속 가능한 전략을 구축해야 한다.

　　우선 위기 국면에서 각 국가는 안보를 위협하는 어떠한 행동도 멈춰야 한다.

상호 비방하고 자극하기보다는, 온 지구촌이 하나가 되어 서로 신뢰하고 공존하는 단결된 힘이 필요하다. 쓰나미처럼 밀려오는 경제 위기도 상호 협력을 통해 해결점을 찾아 나가야 빠른 시일 내 극복할 수 있다.

이러한 맥락에서 인류의 보편적 가치를 되새길 필요가 있다. 평화, 인간의 존엄, 관용 등의 가치가 바로 그것이다. 자국 우선주의와 보호무역주의에서 벗어나 성숙한 공동체 의식이 우리 모두에게 필요하다. 세계 경제 침체를 막기 위해서는 다양한 이해관계를 가진 여러 국가들이 무역 분쟁을 해소하고, 어려움을 함께 나누는 포용적 경제와 미래 성장 동력을 찾아가는 동반 성장 노력이 무엇보다 중요하다. 이러한 노력들이 모여 글로벌 경제가 다시 일어설 수 있는 기반이 될 것이다.

현장의 소리

"세계적으로 자국 우선주의와 경제가 단절화되고 있어 걱정이다. 기업들의 피해가 크다. 경제의 글로벌 연대와 협력이 다시 복원되어야 한다."

"중소기업의 글로벌 가치 사슬 구축이 긴요하다. 중소기업 정책의 중요 과제로 삼아야 한다."

이를 위해서는 글로벌 거버넌스 구축이 어느 때보다 필요하고 절실하다. 거버넌스(governance)는 다양한 국가들이 자율성을 지니면서 공동의 목표를 함께 달성하기 위해 참여하는 변화하는 통치 방식을 의미한다. 이는 이해당사자들이 책임감을 가지고 투명하게 의사결정을 수행할 수 있도록 하는 '협치'이기도 하다.

효과적인 글로벌 거버넌스는 국가 간의 협력을 촉진하고, 복잡한 글로벌 문제에 대한 공동 대응을 가능하게 한다. 각국은 이해관계를 조율하고, 신뢰를 기반으로 한 협력을 통해 인류가 직면한 다양한 위기를 극복할 수 있는 길을 모색해야 한다. 이러한 거버넌스가 실현될 때, 우리는 보다 평화롭고 번영하는 미래를 기대할 수 있을 것이다.

향후에도 전 세계적인 질병이 발생할 경우, 유엔을 비롯한 세계 경제 및 보건 기구들이 협력하여 사태를 공동으로 해결해 나가는 체계를 수립해야 한다. 각국은 질병 관련 자료를 공유하고, 치료제 및 백신 개발에 공동으로 나서야 한다.

기후 위기와 같은 인류의 미래가 걸린 문제 해결에도 세계는 협력해야 한다. 이러한 협력이 없다면 우리는 지속 가능한 발전을 이루기 어려울 것이다. 또한,

세계 경제 위기를 극복하기 위해서는 망가진 세계 경제 연결망을 복구하고, 새로운 글로벌 가치사슬을 만들어 나가야 한다. 이러한 과정을 통해 우리는 더 강하고 포용적인 글로벌 경제 체제를 구축할 수 있으며, 미래의 도전에 효과적으로 대응할 수 있는 기반을 마련할 수 있을 것이다.

태풍에 나무가 쓰러져도 뿌리가 살아 있으면 다시 새싹이 돋아나고 꽃이 피며 열매를 맺는다. 그 뿌리는 바로 기업이다. 국내적으로는 뿌리에 해당하는 기업, 특히 중소기업과 소상공인이 코로나 팬데믹과 경제 위기로 인해 뿌리째 뽑히지 않도록 거버넌스 체계 아래에서 보호막을 쳐줘야 한다. 최악의 글로벌 경기 급락으로 한국 경제의 뿌리까지 썩어들어 가지 않도록 총력을 기울여 대비해야 한다.

우리 경제와 기업은 온갖 어려움을 극복한 저력이 있다. 기업들이 힘을 내야 경제는 다시 살아난다. 세계 시장을 누빈 우리나라 기업들이 다시금 수출과 투자를 확대하고 미래 성장 동력을 창출해 갈 수 있도록, 민관이 힘을 모아 적극적으로 응원해야 한다. 이러한 협력이 이루어질 때, 우리는 위기 속에서도 경제를 회복하고 더욱 강한 모습을 갖출 수 있을 것이다.

⑨ 중국 경제 보복에서 얻는 교훈, 미래를 대비하자

중국에 공장을 운영하고 있는 중소기업 대표 K회장은 한때 중국의 경제 조복으로 인해 비즈니스를 거의 할 수 없었다. 출장조차 어려웠고, 생산 제품의 통관 지연으로 제때 납품하지 못해 거래처로부터 피해 보상 소송을 당하기도 했다. 연 300억 원이던 매출은 1/3로 줄어들었고, 심각한 자금난에 빠져 도산하기 직전까지 갔다. 지금도 중국이 정치적 이유로 경제 보복을 또 하지 않을까 걱정이 많아 중국에서 공장 철수를 고려하고 있다. 하지만 다른 국가로 생산 기지를 이전하기도 어려운 상황입니다. 투자 자금이 부족하고, 거래처와 다시 신뢰를 쌓기가 쉽지 않기 때문이다.

한국과 중국의 무역규모가 300조 원을 넘어서며, 한중 무역이 한미와 한일 무역의 합보다도 훨씬 큰 규모를 기록하고 있다. 한중 FTA가 정식 발효된 지 거의 10년이 지났고, 이제 두 나라의 경제는 떼려야 뗄 수 없는 관계로 발전했다. 그러나 최근 한국과 중국의 경제 관계에 경고등이 켜지고 있다.

경제적 의존도가 높아지면서 다양한 문제들이 발생하고 있으며, 이러한 상황은 양국의 미래 무역 관계에 부정적인 영향을 미칠 수 있다. 예를 들어, 글로벌 공급망의 변화나 정치적 긴장 등 외부 요인이 한국과 중국의 무역에 미치는 영향이 점차 커지고 있다. 따라서 두 나라가 서로의 경제적 관계를 재정립하고, 보다 안정적인 협력 방안을 모색하는 것이 필요하다.

몇 년 전, 한반도의 사드 배치 결정에 대해 중국이 한국에 대한 경제 보복을 감행하며 문제를 제기한 바 있다. 중국은 이를 자국 산업 보호 차원에서 정당화했지만, 많은 이들은 이를 한국에 대한 분풀이로 해석할 수밖에 없었다. 사드 배치 장소가 결정되고 2017년 초 설치 계획이 공개되면서 중국의 경제 보복은 더욱 강화되었다.

중국은 사드 배치가 한 단계 진전될 때마다 한국에 대한 보복 수위를 높이는 '등가 대응(tit-for-tat)' 전략을 채택했다. 이러한 상황은 한국 기업들에게 큰 타격을 주었고, 양국 간의 경제 관계에 심각한 긴장을 초래했다. 이처럼 정치적 요인이 경제에 미치는 영향을 다시 한번 일깨워 주는 사례라고 할 수 있다.

한국인의 중국 비자 발급이 더욱 까다로워지고, 한국으로 향하는 중국 관광객에 대한 제한이 강화되는 등 중국의 보복 조치가 본격화되었다. 이러한 상황 속에서 통관 지연 및 거부, 검역 강화, 안전 및 환경 규제 강화, 인허가 불이익, 기술 장벽 등 비관세 장벽이 높아져 한국 기업들이 압박을 받았다. 특히 식품, 우유, 화장품, 의류 등 한국 제품이 중국에서 인기를 끌고 있음에도 불구하고 통관 거부 등의 보복 조치가 잇따라 발생했다. 이는 한국 기업들에게 심각한 경제적 손실을 초래하고 있으며, 양국 간의 무역 관계에 긴장을 더하고 있다. 이러한 조치들은 한국의 경제에 부정적인 영향을 미칠 뿐만 아니라, 한중 관계의 전반적인 미래에도 불확실성을 가져올 수 있을 것이다.

2016년 7월 사드 배치 결정 이후, 8월에는 한국 식품에 대한 통관 거부 사례가 61건으로 급증했다. 2016년 1월부터 9월까지 한국산 식품과 화장품에 대한 중국의 통관 거부는 148건에 달했으며, 이는 2015년 전체 통관 거부 건수인 130건을 훌쩍 넘어선 수치이다. 중국은 전기차 배터리 업체를 차별화하고 태양광 원료에 대한 반덤핑 재조사에 착수하는 등 한국의 주요 기업에 대한 공격적인 조치를 취했다. 이러한 조치는 한국 기업들과의 경쟁에서 우위를 점하려는 의도가 분명히 드러나며, 중국에 진출한 한국 기업들에 대한 규제 또한 강화되었다. 특히 한국 기업의 공장과 사업장에 대해 소방, 위생, 세무 조사를 벌이는 이례적인 조치가 발생하면서, 기업 환경은 더욱 어려워졌다.

중국의 경제 보복은 옹졸한 짓 그 자체였다. 사드 배치에 대한 불만이 있다면 외교력을 통해 해결해야 할 문제이지, 경제와 연계한 보복 조치는 G2 국가로서의 품격에 걸맞지 않는다. 외교적 갈등을 민간 기업에 대한 보복으로 이어지는 방식은 공정한 자유무역과 시장 질서를 심각하게 훼손하는 부당한 행위이다.

중국이 주도하여 출범한 역내포괄적경제동반자협정(RCEP)과 아시아태평양자유무역지대(FTAAP)의 실현에도 부정적인 영향을 미칠 것은 자명하다. 이러한 상황은 지역 경제 통합을 저해하고, 상호 의존적인 글로벌 경제 환경에서 불필요한 긴장을 초래할 수 있다. 결과적으로, 중국의 보복 조치는 자국의 경제에도 부정적인 결과를 가져올 수 있으며, 이러한 결정이 장기적으로 중국의 글로벌 입지를 약화시킬 수 있다는 점을 우려해야 한다.

한국에 대한 섣부른 경제 보복은 결국 중국에 부메랑으로 돌아가 자국 기업의 이익을 해치게 될 것이다. 한국과 중국 간의 산업 구조는 분업화되어 있어, 중국 소비자가 한국 상품에 대한 선호도를 인위적으로 억제하는 데는 한계가 있다.

한국 제품은 품질과 혁신성 면에서 높은 평가를 받고 있으며, 중국 소비자들은 이러한 상품에 대한 수요가 여전히 크다. 따라서 경제 보복이 지속될 경우, 중국 기업들은 한국 제품을 대체할 만한 대안을 찾기 어려워질 것이며, 이는 궁극적으로 중국 시장의 경쟁력을 약화시키는 결과를 초래할 수 있다.

결국 양국 간의 경제 관계는 상호 의존적이며, 이런 보복 조치가 장기적으로 양국 모두에게 불이익을 줄 것임을 인식해야 한다. 한국과 중국이 서로의 경제적 이익을 고려하고 협력하는 방향으로 나아가는 것이 가장 바람직한 선택이 될 것이다.

그림 5-6 한미 사드배치 발표 이후 경험한 중국의 보호무역 조치 유형

(N=78, 사드배치 발표 이후 중국의 보호무역조치 경험 기업, 단위: % 복수응답)

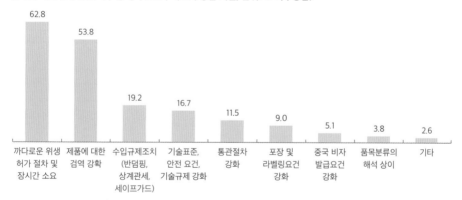

62.8	까다로운 위생 허가 절차 및 장시간 소요
53.8	제품에 대한 검역 강화
19.2	수입규제조치 (반덤핑, 상계관세, 세이프가드)
16.7	기술표준, 안전 요건, 기술규제 강화
11.5	통관절차 강화
9.0	포장 및 라벨링요건 강화
5.1	중국 비자 발급요건 강화
3.8	품목분류의 해석 상이
2.6	기타

자료: 중소기업중앙회

앞으로도 트럼프 2기 시대에 미국과 중국의 갈등이 커지면서 중국의 경제 보복 조치가 계속될 경우, 우리 정부는 경제 및 기업들의 피해를 최소화하기 위해 전략적으로 잘 대응해야 한다. 한국과 중국 간의 관계가 다소 소홀해질수록 외교와 경제는 더욱 신경 써야 한다.

중국의 부당한 조치에 대해서는 당당히 대응하고, 외교력을 발휘하여 우리의 입장을 적극적으로 설득해야 한다. 이러한 과정에서 다각적인 외교 채널을 활용하고, 국제사회와의 협력을 통해 우리의 입장을 더욱 강화하는 것이 중요하다.

또한, 우리 경제에 미칠 파장을 최소화하기 위한 세밀한 대책을 신속히 마련해야 한다. 이는 산업 전반에 걸쳐 리스크 관리 체계를 강화하고, 대체 시장을 발굴하는 등의 방법을 포함할 수 있다. 정부와 기업이 긴밀히 협력하여 변화하는 상황에 유연하게 대응함으로써, 한국 경제의 안정성과 성장 가능성을 높여야 할 것이다.

중소기업은 이러한 상황에서 가장 큰 피해를 입을 수 있다. 대기업들은 자체적으로 대응할 능력이 있지만, 중소기업은 속수무책일 수밖에 없는 현실이다. 중국이 작은 비관세 장벽을 설정하더라도 이는 곧 중소기업에 큰 피해로 이어질 수 있다.

중국의 경제 보복으로 인해 우리 중소기업들은 속앓이를 하고 있으며, 이러한 조치의 보복성을 입증하기도 쉽지 않아 많은 어려움을 겪고 있다. 따라서, 중국에 수출하거나 진출한 중소기업을 대상으로 전면 실태 조사를 실시하고, 이를 바탕으로 공동으로 대응할 수 있는 컨트롤타워 체계를 마련하는 것이 필수적이다.

향후에는 중소기업의 지나친 중국 의존을 줄이고, 수출 시장을 다변화하는 방안도 강구해야 한다. 이를 통해 중소기업이 보다 안정적인 성장 기반을 갖출 수 있도록 지원하고, 다양한 시장에서의 경쟁력을 높여야 할 것이다. 정부와 기업이 협력하여 이러한 전략을 적극적으로 추진하는 것이 중요하다.

한편, 중장기적으로 한국과 중국의 경제 관계를 어떻게 정립해 나갈지에 대한 진지한 고민이 필요하다. 미중 패권 경쟁과 중국의 과학기술 발전을 고려하여, 한국-중국 간의 경제 관계를 재정립하고 협력 방안을 모색해야 할 시점이다.

과거에는 중국의 성장이 한국에게도 긍정적인 영향을 미쳤고, 한국은 중간재를 대중국에 수출함으로써 성장의 과실을 함께 누릴 수 있었다. '세계의 공장'으로 불리는 중국에 한국이 부품과 반제품을 공급하면서 양국 간에는 중간재를 매개로 한 커플링(coupling) 구조가 형성되었다.

그러나 현재 중국의 산업 기술이 빠르게 발전하면서 이제는 중국이 중간재를 잘 만들기 시작했다. 이로 인해 한국은 중국의 부품을 수입해 가공해야 하는 상황까지 이르렀다. 즉, 현재는 역(逆) 커플링(coupling) 시대에 접어들었다고 볼 수 있다.

한국무역협회 자료에 따르면, 2023년 한국 대중 수입의 약 64%가 중간재였으며, 이 중 34.4%는 고기술 제품으로 나타났다. 이는 한국이 중국의 기술 발전에 더욱 의존하고 있다는 것을 시사한다. 따라서 한국은 이러한 변화에 발맞추어 경제 구조를 조정하고, 기술 혁신을 통해 새로운 경쟁력을 확보해야 할 필요가 있다.

중국과의 협력 방안을 모색하면서도, 지나친 의존을 피하고, 보다 균형 잡힌 경제 관계를 형성하는 것이 중요하다. 이를 위해 산업 분야의 다변화와 기술 협력, 그리고 새로운 시장 개척 등을 통해 지속 가능한 성장 전략을 구축해야 한다.

현장의 소리

"미국과 중국 간의 갈등이 심화될 것으로 보인다. 중국은 언제든지 우리나라에 대해 보복 조치를 취할 수 있다. 따라서 중국과의 신뢰 관계를 회복하고 기업들이 정상적인 비즈니스를 할 수 있도록 안정적인 여건을 조성하는 데 노력을 기울여야 한다."

"우리나라 중소기업들은 중국 의존에서 벗어나 다각화 해나가야 한다. 정책적 지원이 없으면 쉽지 않다. 중소기업의 종합적인 다변화 전략을 지원해야 한다."

그림 5-7 한국의 중국 수출 비중(%)

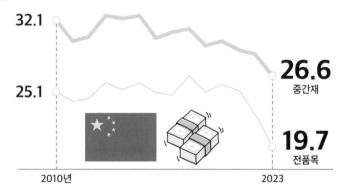

중국은 여전히 제조업 분야에서 강력한 국가로, UN이 정한 666개 제조업 업종을 모두 갖춘 유일한 나라이다. 따라서 세계 경제가 '분업의 시대'에서 '분절의 시기'로 전환되더라도, 한국은 중국과의 협력 공간을 확대하여 상호 발전할 수 있는 방안을 모색해야 한다. 이를 위해 중앙 정부뿐만 아니라 지방 정부에서도 중국과의 협력을 통해 지속 가능한 발전을 이루는 노력이 필요하다.

⑩ 중소기업이 이끄는 북방경제, NEW 실크로드를 열어가자

북극항로가 곧 현실화되면서 세계 물류 경제의 지형을 크게 변화시킬 전망이다. 특히 북방 지역에서 미래 경쟁력을 갖추는 것이 중요하다. 그동안 우리 기업들은 신남방 지역에서 많은 사업을 추진해왔으나, 이제는 북방 지역에서 새로운 비즈니스를 준비해야 한다. 하지만 북방 지역의 비즈니스는 다른 지역에 비해 쉽지 않다. 준비와 전략이 더욱 중요하다는 점을 강조할 필요가 있다. 러시아에서 조선 비즈니스를 하는 M사의 대표 H씨는 북방 사업이 매우 어렵다고 말한다. 사업 프로젝트를 수주해도 국내에서 자금을 조달받기가 어렵다는 것이다. H씨는 "국내 금융기관이 북방 지역 비즈니스에 대해 잘 모르기 때문에 대출을 신청하면 일단 거절당하는 경우가 많다. 투자받기도 힘들다"고 전했다. 이러한 자금 조달 문제로 인해 프로젝트를 수주하고도 결국 포기한 경우가 많다고 한다.

북방 경제에 대한 관심이 다시 높아질 날이 올 것으로 기대된다. 러시아-우크라이나 전쟁이 종식되면, 전후 복구 사업뿐만 아니라 미래의 북극 항로 개설 등으로 인해 전 세계가 북방 지역에 더욱 많은 관심을 가질 것으로 보인다. 이러한 변화는 새로운 경제 기회를 창출할 수 있는 중요한 계기가 될 것이다.

과거 우리나라에서는 한-러 정상회담을 여러 차례 개최하며 극동 지역을 중심으로 양국 간 경제 동반자 협력을 강화하기로 합의했다. 문재인 대통령은 동방경제포럼을 통해 '신북방정책 구상'도 발표했다.

당시, 가스, 철도, 항만, 전력, 북극 항로, 조선, 일자리, 농업, 수산 등 9개 분야에서 협력을 강화하자는 '9-브릿지(Bridge) 전략'이 한-러 경제협력을 포괄하는 계획으로 평가받았다. 이 전략은 시베리아 횡단철도와 국내 철도망 연결, 동북아 슈퍼그리드 구축, 북극 항로 개척 등 구체적인 청사진도 제시했다. 또한, 대통령 직속 기구로 북방경제협력위원회를 신설한 점은 정부의 북방 경제에 대한 강한 의지를 보여주기도 했다.

북방경제 정책은 새로운 것이 아니다. 역대 정부는 항상 화려한 청사진을 내놓았는데, 이는 북방 지역이 지닌 높은 잠재력 때문이다. 이 지역은 대륙으로 뻗어나갈 수 있는 전략적 거점이자 한반도 경제를 되살릴 수 있는 무한한 가치를 가지고 있다.

러시아를 포함한 유라시아 대륙에는 세계 인구의 75%가 거주하며, 세계 GDP의 2/3를 차지하는 막강한 경제권이 형성되어 있다. 그럼에도 불구하고 역대 정부의 북방경제 성과는 미흡한 수준이었다. 그 이유는 여러 가지가 있지만, 특히 북한과의 얽힌 관계가 큰 걸림돌이 되었다.

앞으로의 신북방정책은 과거와 달라야 한다. 현실적이면서 실현 가능성이 높고, 성과를 거둘 수 있는 방향으로 나아가야 한다. 물론 쉽지는 않을 것이다. 북한과의 협력이 이루어진다면 최상의 결과를 기대할 수 있지만, 현재 상황은 그리 녹록지 않다. 따라서, 우선 한국과 러시아 간의 협력 가능한 분야부터 시작하고, 추후 북한을 참여시키는 우회 전략이 필요하다. 한-러 경제협력을 통한 이와 같은 우회 전략은 북한의 개혁과 개방을 유도하고, 동북아 지역의 공존과 공영을 위한 한반도 미래 구상도 촉진할 수 있을 것이다.

과거 우리 정부의 한반도 신경제 구상은 남북 관계 개선과 경협 활성화를 통해 한국 경제의 새로운 성장 동력을 창출하고, 대한민국의 경제 영토를 동북아와 유라시아로 확장하는 그랜드 플랜이었다. 이 구상은 '환동해·환황해·접경 지역 경제·평화벨트'를 통해 한반도의 균형 발전을 도모하고, 북방 경제와의 연계 강화를 통해 성장 잠재력을 확충하는 것을 핵심 축으로 삼았다.

머지않은 시기에 북극 항로가 열릴 것으로 기대된다. 이는 세계 물류 흐름에 대변혁을 일으킬 것이다. 중앙아시아는 지리적으로 유라시아 대륙의 중심에 위치하고 있으며, 역사적으로 동아시아와 유럽을 잇는 가교 역할을 해왔기 때문에 New 실크로드를 구축할 수 있는 가능성을 가지고 있다. 북방 지역은 블루오션으로 여겨지며, 대한민국은 다가오는 기회를 반드시 잡아야 한다. 이 기회를 활용하여 경제적 성장을 이끌어내고, 글로벌 경쟁력을 강화하는 것이 중요하다.

그림 5-8 북극해 북극항로 현황

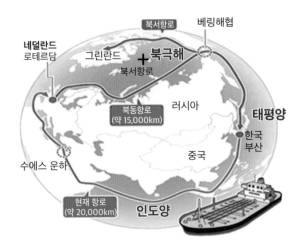

북방경제협력에서 기업의 역할은 무엇보다 중요하다. 도전 의식을 갖고 혁신을 주도하는 중소기업에게도 새로운 기회가 열릴 수 있다. 신북방정책은 중소기업 중심의 경제 구조 재편과 일자리 창출이라는 당면 과제와도 밀접한 관련이 있기 때문이다. 북방 지역과의 경제협력은 무한한 성장 잠재력과 기회를 창출할 수 있다. 중국, 러시아, 중앙아시아, 유라시아로 비즈니스를 확장하며, 이 과정에서 우리 중소기업에게 좋은 기회를 제공할 수 있도록 철저히 준비해야 한다. 이러한 노력이 대한민국 경제의 미래를 밝히는 데 중요한 역할을 할 것이다.

우리 중소기업은 이미 성장 한계에 직면해 있으며, 새 경제 영토를 넓히기 위한 돌파구가 필요한 시점이다. 북방 지역은 중소기업의 진출에 유리한 조건을 갖추고 있다. 민첩성, 유연성, 전문성이라는 중소기업의 특성과 글로벌 진출 경험을 살려 전용 단지 구축이나 클러스터 형태로 공동 진출하고 협업한다면 충분한 경쟁력을 가질 수 있다. 또한, SOC와 물류 및 상품 시장에서도 새로운 먹거리를 창출할 수 있는 기회가 있다.

지금부터가 중요하다. 중소기업은 저성장을 극복하기 위해 북방경제 협력을 적극 활용해야 한다. 한반도의 수십 배에 달하는 광활한 영토, 세계적인 자원과 에너지의 보고, 그리고 산업과 물류의 중심지로 부각되는 북방 지역이 눈앞에 펼쳐져 있다. 이러한 기회를 통해 중소기업의 성장을 이끌어내야 할 것이다.

"2024년 윤석열 대통령의 카자흐스탄 국빈 방문을 계기로 대한민국과 카자흐스탄 정부는 온실가스 감축 사업을 공동으로 추진하기로 합의했다. 이로 인해 우리 기업들이 중앙아시아의 탄소 시장에 진출할 수 있는 기회가 열리게 되었다."

"대기업 위주로 사업이 추진되고 중소기업 참여가 어려워지는 건 아닌지. 중소기업이 적극 참여할 수 있게 해주면 좋겠다."

북방경제협력을 계기로 대한민국 경제가 되살아나도록 치밀한 발전 전략을 수립해야 한다. 북방 지역 개발과 시장 확장에 우리 중소기업이 참여할 수 있는 구체적인 방안과 로드맵을 모색하는 것이 중요하다. 이를 위해 '북방경제협력기금'을 조성하고, 중소기업의 북방 진출을 촉진하는 지원 체계를 구축해야 한다. 이러한 기금을 통해 중소기업이 북방 지역에서의 기회를 활용할 수 있도록 금융 지원과 맞춤형 컨설팅을 제공하고, 북방 경제와 관련된 인프라를 강화하여 기업의 해외 진출을 원활하게 해야 한다. 지속 가능한 발전을 위한 체계적인 접근이 필요하며, 이를 통해 중소기업의 경쟁력을 높이고 한국 경제의 재도약을 이루는 기반을 마련해야 한다.

"중앙아시아 진출에 대한 기대감이 커지고 있다. 우리나라 기업들도 현지에서 다양한 프로젝트를 수행 중이다. 중소기업 R사는 중앙아시아에서 조선 사업권을 확보하고 진출하려 하지만, 한국에서 자금 조달이 어려운 상황이다."

"북방지역에 개발 사업 기회가 많아 우리나라 기업들이 수주를 받았는데도, 결국 자금을 조달 못해 포기하는 사례가 많다."

이제는 화려한 청사진이 필요한 것이 아니다. 더디더라도 하나하나 실행되며 성과를 창출할 수 있는 북방경제 지도를 그려야 한다. 새로운 경제협력 시대가 활짝 열려 한반도 경제 통일로 가는 이정표가 세워지기를 기대한다.

이러한 실질적인 노력이 모여 지속 가능한 발전을 이루고, 궁극적으로 한반도의 경제적 통합과 번영으로 이어질 수가 있을 것이다. 현실적인 접근을 통해 구체적인 성과를 만들어 나가는 것이 중요하다.

BIG CHANGE, SMART DREAM

[디지털화·ESG]

새로운 세상을 여는 가치

1 플랫폼의 진격! 새로운 시대를 열다

거대한 플랫폼 시장이 열리면서 작은 기업들이 도태될 우려가 커지고 있다. 서울에서 작은 플랫폼 사업을 운영하는 벤처기업의 대표 K씨는 대기업과의 경쟁에서 제대로 경쟁하기 힘들어 사업을 접어야 할지 고민하고 있다. 디지털 시대에 플랫폼 산업이 앞으로 더욱 확대될 것으로 예상되지만, 중소벤처기업의 설 자리가 과연 있을지에 대한 불안감이 커지고 있다. K씨는 "벤처기업은 유연성을 가지고 플랫폼 사업에서도 비즈니스를 만들어갈 수 있지만, 대규모 기업의 거대한 자본과 시장 장악력에 밀려 언제든지 망할 수 있다는 불안감이 크다"고 말한다. 그는 "정부가 플랫폼 비즈니스의 틈새시장에서 벤처기업들이 사업을 영위할 수 있도록 상생의 토양을 만들어줘야 한다"고 강조하며 아쉬움을 표현했다. K씨의 우려는 단순한 개인의 문제가 아니라, 중소기업의 지속 가능성과 혁신에 대한 중요한 이슈로, 정부와 관련 기관의 적극적인 지원이 필요해 보인다.

신종 코로나바이러스 감염증(코로나19)은 예측이 불가능하고 통제가 어렵다는 점에서 인류에게 큰 두려움의 존재였다. 몇 년간 지속된 코로나 팬데믹은 우리의 삶을 구조적으로 변화시켰다.

대표적인 변화 중 하나는 정치, 사회, 경제 활동에서 비대면화와 온라인화가 빠르게 진행된 점이다. 비대면 디지털 전환은 온라인 플랫폼과 이를 기반으로 한 활동으로 대표되며, 코로나19의 여파로 그 범위와 변화 속도는 더욱 가속화되었다.

소비문화 역시 온라인 쇼핑이 대세가 되었고, 기업들은 재택·원격근무와 같은 스마트워크를 확대하며, 스마트공장 등 플랫폼 기반의 디지털 경제가 우리 일상 속에 빠르게 스며들고 있다.

최근 정보통신 분야에서 벌어지고 있는 미국과 중국 간의 기술 패권 경쟁도 이러한 플랫폼 시대의 도래에 중요한 역할을 하고 있다. 미·중 기술 패권 경쟁은 단순히 시장 점유율이나 기술 혁신을 놓고 벌이는 싸움이 아니라, 시장의 표준을 선점하고 소비자의 취향을 만족시키기 위한 경쟁이다. 결국, 누가 미래의 핵심 먹거리인 플랫폼을 주도하느냐를 두고 치열한 경쟁이 펼쳐지고 있는 것이다.

기술 패권 경쟁은 결국 플랫폼 간의 대결로 압축된다. 미국에서는 구글, 애플, 페이스북, 아마존과 같은 기업들이, 중국에서는 바이두, 알리바바, 텐센트, 화웨이 등이 이러한 플랫폼 경쟁을 주도하고 있다. 대표적인 사례로는 아마존의 오픈마켓 플랫폼인 아마존닷컴(Amazon.com)과 알리바바의 전자상거래 플랫폼 타오바오(Taobao)가 있다. 이들 기업은 각국에서 플랫폼을 통해 시장을 선점하고, 글로벌 경제에서 중요한 역할을 하고 있다.

이들 플랫폼 기업의 동향은 글로벌 주식시장과 세계 경제에 막대한 영향을 미치고 있으며, 각 기업의 기술 개발 전략과 플랫폼 발전은 세계 첨단 산업을 선도하고 있다. 특히, 4차 산업혁명의 도래와 함께 플랫폼 기업들은 글로벌 비즈니스 시장을 주도하고 있다.

세계경제포럼(WEF)은 2025년까지 플랫폼 기업들의 매출이 약 60조 달러에 이를 것이며, 이는 전체 글로벌 기업 매출의 30%를 차지할 것으로 전망하고 있다. 또한, 향후 10년간 디지털 경제에서 창출될 신규 가치의 60~70%가 데이터 기반의 디지털 네트워크와 플랫폼에서 발생할 것으로 예측하고 있다. 이는 플랫폼 기업들이 미래 경제의 핵심 축으로 자리잡을 것임을 의미한다.

표 6-1 전 세계 시가총액 Top 10 기업 중 플랫폼 기업(음영표시 기업)

2009년		
순위	기업명(국가)	업종
1	페트로차이나(중국)	석유
2	엑슨모빌(미국)	석유
3	마이크로소프트(미국)	IT
4	중국공상은행(중국)	금융
5	월마트(미국)	유통
6	중국건설은행(중국)	금융
7	BHP그룹(호주)	자원
8	HSBC홀딩스(영국)	금융
9	페트로브라스(브라질)	석유
10	알파벳(미국)	IT

2019년			
순위	기업명(국가)	시가총액 (억 달러)	사업현황
1	마이크로소프트(미국)	10,616	PC용 OS(윈도우), 클라우드 플랫폼
2	애플(미국)	10,122	스마트폰, 모바일 OS(iOS), 앱스토어
3	아마존(미국)	8,587	전자상거래, 클라우드 플랫폼
4	알파벳(미국)	8,459	검색엔진, 인터넷/모바일 광고, 모바일 OS(안드로이드)
5	버크셔해서웨이(미국)	5,097	투자사, 다국적 지주회사
6	페이스북(미국)	5,081	소셜네트워크 서비스
7	알리바바(중국)	4,354	전자상거래, 전자결제(핀텐크)
8	텐센트(중국)	4,024	인터넷포털, 게임, 메신저
9	JP모건(미국)	3,763	투자 및 상업은행
10	존슨&존슨(미국)	3,415	제약 및 미용, 위생 관련 제품 생산

자료: 대한상공회의소, 삼정 KPMG

한국에서도 네이버와 카카오 같은 플랫폼 기업들이 미디어, 전자상거래, 금융 등 다양한 분야에서 두각을 나타내고 있다. 디지털 경제 초기의 플랫폼 비즈니스는 주로 통신, 네트워킹 서비스, 게임, 미디어에 집중되었지만, 현재는 금융, 교육, 소매업 등 여러 산업이 플랫폼 모델로 재편되고 있다.

이러한 변화는 플랫폼 기업들이 다양한 산업에서 새로운 비즈니스 기회를 창출하고, 디지털 경제의 중심 역할을 하고 있음을 보여준다. 한국의 플랫폼 기업들이 글로벌 무대에서 경쟁력을 강화하며, 다양한 분야에서 혁신을 주도하고 있다.

향후 플랫폼 기반의 서비스 출현은 더욱 가속화될 것이다. 언택트(Untact) 문화가 일상화됨에 따라, 기존 산업들은 인공지능(AI), 클라우드, 빅데이터와 같은 혁신 기술을 활용한 디지털 기반 산업으로 전환해야 할 필요성이 더욱 커지고 있다.

이러한 전환은 경쟁력을 유지하고 성장하기 위한 필수적인 과정으로, 기업들은 디지털 혁신을 통해 효율성을 높이고 새로운 비즈니스 기회를 창출할 수 있다. 앞으로의 경제 환경에서 디지털화와 플랫폼 중심의 비즈니스 모델은 핵심적인 역할을 하게 될 것이다.

"플랫폼 비즈니스가 승자독식이 돼선 안 된다. 창조적인 플랫폼을 생성한 중소벤처기업이 함께 성장할 수 있는 건강한 생태계가 조성돼야 한다."

"플랫폼이 소상공인과 중소기업의 소비자 연결의 중심으로 부상하고 있다. 그러나 대형 플랫폼 기업이 소상공인 및 중소기업에게 '갑'질 행태를 보이지 않도록, 공정한 플랫폼 지원 생태계를 조성해야 한다."

중소벤처기업들은 이 시기를 기회로 삼아 플랫폼형 비즈니스에 대한 다양한 아이디어와 발상의 전환을 통해 새로운 비즈니스 모델을 창출하기 위한 도전에 나서야 한다. 플랫폼의 시대는 이미 우리 앞에 성큼 다가와 있으며, 이를 선도하는 기업들이 미래 경제의 주역이 될 것이다.

중소벤처기업들은 혁신적인 디지털 기술을 활용하여 기존의 비즈니스 모델을 재구성하고, 플랫폼을 기반으로 한 새로운 시장에 빠르게 적응하는 것이 중요하다. 이를 통해 글로벌 경쟁 속에서도 새로운 성장 동력을 찾을 수 있을 것이다.

② 경쟁력은 빅데이터에서 시작된다

빅데이터 분야에 창업한 대표이사 J씨는 AI 혁명 시대에 핵심이 데이터라고 판단하고, 제조 관련 데이터를 활용하여 생산성과 효율성을 높이는 솔루션을 개발했다. 그러나 데이터 입수의 어려움으로 인해 어려운 상황에 처해 있다. 정부 및 공공기관이 보유한 데이터를 활용하면 성공적인 비즈니스를 만들어 갈 수 있을 것으로 생각하지만, 공개되는 데이터는 일부에 불과하다는 점이 큰 걸림돌이다. 결국 J씨의 회사는 매출로 연결되지 못해 자금난에 시달리고 있으며, 투자처를 찾아 노크해도 비즈니스의 매출 실현을 문제 삼아 거절당하고 있다. J씨는 "데이터를 많이 공개해 주면 이를 바탕으로 빅데이터 비즈니스가 성공적으로 이루어질 수 있고, 이는 곧 제조기업의 경쟁력을 높일 수 있을 것"이라며, 이에 대한 과감한 정책적 실현이 아쉽다고 하소연했다. J씨의 고민은 데이터 기반 혁신이 중요한 시대에서 정부와 공공기관의 데이터 공개 정책이 얼마나 중요한지를 일깨워 준다. 데이터의 접근성을 높이는 정책적 노력이 중소기업의 경쟁력 강화와 혁신을 이끌 수 있는 중요한 기회가 될 것이다.

빅데이터는 오늘날 가장 빠르게 성장하는 기술 분야 중 하나이다. 빅데이터(Big Data)는 디지털 환경에서 생성되는 방대한 양의 데이터를 말하며, 그 규모가 크고 생성 주기가 짧으며, 수치 데이터뿐만 아니라 문자와 영상 데이터를 포함한 다양한 형태로 존재한다.

최근 기업들이 주목하는 분야는 데이터의 흐름을 시각화해 계보로 구현하고 관리하는 '데이터 리니지(Data Lineage)'이다. 데이터 리니지는 데이터의 생성부터 여러 시스템을 거쳐 변형되는 과정, 그리고 최종적으로 데이터가 활용되는 단계까지, 데이터의 전(全) 주기 흐름을 파악할 수 있게 해준다. 이를 통해 데이터의 신뢰성, 품질, 규제 준수 여부를 더욱 철저하게 관리할 수 있으며, 데이터 분석과 활용의 효율성을 높일 수 있다.

우리는 4차 산업혁명 시대를 살아가고 있으며, 이 디지털 산업혁명의 핵심은 사회경제를 빠르게 변화시키는 빅데이터이다. 오늘날을 '데이터의 시대'라고 부르는 것도 이와 같은 맥락이다. 빅데이터는 디지털 환경에서 생성되는 방대한 양의 데이터를 의미하며, 그 규모는 크고 생성 주기는 짧다. 또한, 빅데이터는 수치 데이터뿐만 아니라 문자와 영상 데이터를 포함한 다양한 형태의 데이터를 아우른다.

이러한 빅데이터는 다양한 산업과 사회 분야에서 활용되어, 의사결정 과정에서 중요한 역할을 하며, 새로운 비즈니스 모델과 혁신의 기반이 되고 있다.

수집된 데이터를 활용해 새로운 가치를 창출하는 활동까지도 빅데이터의 범주에 포함된다. 매일 수없이 생성되는 데이터는 엄청난 양에 이르며, 국립중앙과학관의 연구에 따르면 1분에 구글에서 약 200만 건의 검색이 이루어지고, 트위터에는 27만 건의 글이 작성된다. 또한, 유튜브에는 매분 72시간 분량의 영상이 업로드되고 있다.

전 세계적으로 기하급수적으로 증가하는 데이터의 총량은 2025년에는 연간 173제타바이트(ZB)에 이를 것으로 전망되며, 이는 현재의 약 10배에 달하는 수준이다. 이러한 데이터의 급증은 디지털 경제와 산업 전반에 큰 변화를 불러오고 있으며, 빅데이터 분석과 활용의 중요성도 그만큼 커지고 있다.

우리는 일상에서 데이터를 생성하고 분석하며, 이를 빅데이터로 발전시키고 있다. 직장인의 일상을 살펴보면, 그 일상은 소비의 연속이다. 대중교통으로 출근할 때 교통카드를 찍고, 점심시간에는 맛집을 찾아 식사한 후 신용카드나 휴대폰으로 결제한다. 저녁에는 지인들과 식사를 하며 술을 곁들이고, 이때도 역시 신용카드로 결제한다. 또한, 스마트폰 앱을 통해 홈쇼핑 물건을 주문하는 등의 활동이 이루어진다.

이 모든 거래와 행동은 기록으로 남게 되며, 방대한 데이터가 모이게 된다. 이렇게 축적된 데이터는 누가, 언제, 어디서, 무엇을 사는지를 파악할 수 있는 중요한 정보를 제공한다. 이러한 데이터 분석은 기업들이 소비자 행동을 이해하고, 맞춤형 서비스를 제공하는 데 필수적인 기반이 되고 있다.

빅데이터는 현재 기업 경영에서 필수적인 요소로 자리 잡았다. 특히 스타트업의 비즈니스 모델에서도 빅데이터의 중요성이 더욱 부각될 것으로 예측된다. 수없이 생성되는 데이터를 활용함으로써 창업 기업들은 유의미한 결과를 이끌어 낼 수 있다. 다양하고 방대한 규모의 데이터를 기반으로 창업하고 비즈니스를 운영하면 경쟁 우위를 점할 수 있다.

오늘날 창업 기업의 중요한 자원으로 빅데이터가 활용되고 있다는 점은 주목할 만하다. 디지털 환경에서 빅데이터는 창업의 혁신을 촉진하고, 경쟁력 강화 및 생산성 향상을 위한 중요한 원천으로 자리 잡고 있다. 이러한 트렌드는 앞으로 더욱 강화될 것으로 보이며, 성공적인 창업을 위한 핵심 전략으로 떠오르고 있다.

데이터를 활용하여 고객의 욕구를 충족하고 차별화된 상품(서비스)을 개발함으로써 경쟁 우위를 점하는 것은 이제 기업의 필수 전략이 되었다. 빅데이터에 기반한 분석은 이전에는 상상도 할 수 없었던 일들을 가능하게 만들고 있다. 예를 들어, 구글은 독감과 관련된 검색어 빈도를 분석해 독감 환자 수와 유행 지역을 예측하는 독감 동향 서비스를 개발했다. 이 서비스는 미국의 질병통제본부(CDC)보다 더 뛰어난 예측력을 보이는 것으로 알려져 있다. 이러한 사례는 빅데이터의 힘을 잘 보여주며, 기업들이 데이터를 통해 실시간으로 변화하는 시장과 소비자 행동을 이해하고 대응할 수 있는 기회를 제공하고 있다.

그림 6-1 한국 빅데이터 및 분석 시장 규모(2020~2025)

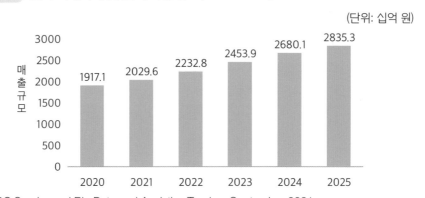

(단위: 십억 원)

자료: IDC Semiannual Big Data and Analytics Tracker, September 2021

데이터는 곧 돈이다. 데이터를 효과적으로 활용하지 못하는 조직은 시시각각 변화하는 비즈니스 요구 사항에 적절히 대응할 수 없으며, 결국 시장에서 도태될 수밖에 없다. 아마존의 최고경영자(CEO)인 제프 베조스는 "우리는 데이터를 절대 버리지 않는다"고 강조했다. 이는 사소한 데이터라도 상품이나 서비스로서 언제 중요하게 사용될지 알 수 없기 때문이다.

아마존은 이렇게 축적한 방대한 데이터를 활용하여 고객이 구입한 상품 정보를 분석하고, 이에 따라 구매가 예상되는 상품을 추천한다. 또한, 고객에게 맞춤형 쿠폰을 제공함으로써 개인화된 쇼핑 경험을 선사한다. 아마존의 매출 중 35%는 이러한 빅데이터 기반 추천 시스템을 통해 발생하고 있다. 이처럼 데이터를 적극적으로 활용한 결과, 1994년 온라인 서점으로 시작했던 아마존은 현재 세계 최대의 클라우드 기업이자 미국 시가총액 1위 기업으로 성장할 수 있었다.

이렇게 기업들은 대량의 데이터를 실시간으로 수집하고 분석하여 차별화된 고객 경험을 제공하기 위해 끊임없이 노력하고 있다. 예를 들어, 승차 공유 업체 인 우버는 주행 데이터를 활용해 최적의 경로를 안내하고, 넷플릭스는 고객의 시청 이력을 분석해 선호할 만한 콘텐츠를 추천하는 방식으로 빠르게 경쟁에서 우위를 점했다.

제조업에서도 빅데이터, 클라우드, 인공지능(AI), 사물인터넷(IoT) 등 디지털 기술을 활용한 제조 혁신이 가속화되고 있다. 이러한 기술들은 생산 공정을 최적화하고, 품질 관리를 개선하며, 고객의 요구에 맞춘 제품 개발을 가능하게 함으로써 기업의 경쟁력을 한층 강화하고 있다. 이처럼 데이터와 디지털 기술의 융합은 다양한 산업에서 혁신을 이끄는 중요한 요소로 자리 잡고 있다.

예전에는 생산 과정에서 발생하는 데이터의 양이 적고 이를 다루는 역량이 부족하여 제조 데이터가 제대로 활용되지 않고 종종 버려졌다. 그러나 빅데이터 기술의 발달 덕분에 제조업체는 불량률을 줄이고 생산성을 높이는 데 데이터를 활용할 수 있게 되었다. 우리 중소기업들은 실시간으로 생성되는 데이터를 수집하고 관리하는 체계를 갖추며, 적시에 데이터를 분석해야만 비즈니스 인사이트를 창출할 수 있을 것이다.

최근 중소 제조기업에서도 적극적으로 도입하고 있는 스마트 공장은 기획, 설계, 생산, 유통, 판매 등 모든 생산 과정을 정보통신기술(ICT)으로 통합하는 추세이다. 공정에서 생산에 관여하는 모든 사물이 연결되어 생산 데이터를 생성하고, 이를 분석한 후 다시 공정에 적용한다. 이러한 과정은 기업이 생산성을 향상시키고 고객 맞춤형 제품을 생산할 수 있는 가능성을 열어준다.

현장의 소리

"전자 핵심부품을 제조하는 M기업은 인공지능 스마트공장을 구축해 다양한 설비의 데이터를 통합 수집하고 관리했다. 기업의 효율성이 크게 증대했다."

"자동차 부품 업체 O사는 스마트공장을 구축해 AI 생산관리체계를 수립한 이후 생산량이 30% 이상 증가했고, 불량률은 80%나 줄었다."

독일의 '매뉴팩처링(Manufacturing)-X'는 구체적인 모범 사례로, 독일 정부는 이를 통해 모든 산업의 중소기업이 디지털 전환에 참여할 수 있도록 목표하고 있다. 이 프로그램에는 새로운 데이터 표준과 상호 연결성을 기반으로 주요 제조업의 데이터 생태계를 활성화하기 위한 노력이 포함되어 있다.

우리나라에서도 산업 데이터를 제대로 활용하는 것은 기업의 진정한 경쟁력이 된다. 중소기업 디지털 및 데이터 플랫폼을 구축해야 하며, 빅데이터, 클라우드, AI, IoT 등을 기반으로 한 디지털 혁신은 중소기업이 불확실한 위험에 대처할 수 있는 돌파구이자 생존을 위한 핵심 수단이 된다. 지금은 수많은 데이터가 폭증하고 있는 시점이므로, 그 속에 숨겨진 고객 가치를 발굴하고 미래를 예측하며 중소기업의 생산성을 높이기 위한 노력이 지속적으로 이루어져야 할 것이다.

③ 갈 길 먼 중소기업의 디지털 전환

AI와 디지털 기술은 기업 경영의 핵심 요소로 자리 잡았다. 코로나19 팬데믹을 겪으면서 이러한 디지털 기술의 중요성을 다시금 인식하게 되었지만, 중소기업들은 이에 효과적으로 대응하지 못하고 있는 실정이다. 특히 투자 비용 조달이 어렵고 인력 부족 문제, 그리고 현안 업무에 집중하다 보니 디지털 전환에 필요한 여력을 확보하기 힘든 상황이다. 대전에서 정보통신업을 운영하는 L 대표이사는 이러한 문제를 직면하고 있다. 그는 "회사를 디지털로 전환해야 하는데, 어떻게 해야 할지 난감하다"며, 디지털 전환이 이루어지지 않으면 경쟁 시장에서 도태될 것이 분명하다고 우려하고 있다. 이러한 상황에서 정부의 체계적인 정책적 지원이 더욱 절실히 요구된다. 중소기업이 디지털 전환을 원활하게 할 수 있도록 금융 지원과 인력 양성, 그리고 실질적인 컨설팅 서비스를 제공하는 정책이 필요하다. L 대표이사와 같은 중소기업이 디지털 시대에 성공적으로 적응하고 경쟁력을 유지할 수 있도록 하는 것이 중요하다.

14세기 유럽에서 발생한 흑사병은 인구의 3분의 2를 앗아가면서 중세 유럽의 패러다임을 근본적으로 변화시켰다. 봉건제도가 몰락하고 자본주의가 등장했으며, 교회 중심의 사회는 인본주의로 대체되었다. MIT 교수 피터 테민은 흑사병이 1차 산업혁명에도 영향을 미쳤다고 주장한다. 노동 인구의 감소로 임금이 상승하자, 사업가들은 인간의 노동을 대체할 수 있는 수단을 찾기 시작했고, 이러한 노력이 기계의 발명과 산업혁명으로 이어졌다는 것이다.

코로나19도 마찬가지로 우리 사회 전반에 변화를 가져왔다. '사회적 거리 두기' 운동이 확산됨에 따라 기업 경영에서도 언택트(Untact) 바람이 불었다. 직원들은 모바일을 통해 근무 시간을 유연하게 조정하고, 시간과 장소에 관계없이 화상 회의와 공동 작업을 통해 업무를 진행했다. 이러한 변화는 기업의 경영 방식뿐만 아니라 근무 환경, 소비 패턴, 그리고 사회적 상호작용의 방식에도 큰 영향을 미쳤다.

정부는 집단감염에 취약한 콜센터 업무를 인공지능(AI)으로 대체하겠다는 계획을 밝혔다. 이는 감염 위험을 줄이고 효율성을 높이기 위한 조치로, AI를 통해 고객 상담 및 서비스 제공의 자동화를 추진한 것이다.

또한 정부는 온라인 바이어 상담 및 계약을 지원하고, 증강현실(AR)과 가상현실(VR) 기술을 활용한 전시회 개최 등을 통해 수출 기업의 마케팅을 강화했다. 이러한 노력은 코로나19로 인해 변화한 시장 환경에 맞춰 기업들이 새로운 비즈니스 모델을 찾고, 해외 진출을 도모하는 데 중요한 역할을 하고 있다.

앞으로도 정보통신기술(ICT), AI, 빅데이터 등 4차 산업혁명 기술이 훨씬 더 빠른 속도로 우리 사회와 경제생활에 확산될 것이다. 원활한 유연 근무와 재택근무를 위해서는 5세대(5G)로 대표되는 초고속 이동통신 인프라와 데이터 보안, 클라우드(Cloud) 기술이 필수적이다. 또한, 복잡하고 다양한 대고객 업무를 효율적으로 처리하기 위해서는 고도의 AI와 빅데이터 분석 기술이 반드시 필요하다. 이러한 기술들은 기업의 경쟁력을 높이고, 소비자에게 더 나은 서비스를 제공하는 데 중요한 역할을 할 것이다.

4차 산업혁명의 핵심 기술이 그 어느 때보다 절실히 요구되는 상황이다. 사실, 비대면 디지털 업무 시스템은 코로나19 이전부터 '스마트 워크'라는 이름으로 존재해 왔다. 무인화·자동화된 생산 공장은 '스마트 팩토리', 상점은 '스마트 스토어', 농장은 '스마트 팜'으로 불리며, 모두 시간과 공간의 제약을 받지 않고 업무 효율을 높여 생산성을 증대시키는 미래 경영 전략으로 평가되고 있다. 이러한 변화의 근간에는 ICT의 혁신이 자리잡고 있다.

이처럼 우리 사회는 이미 디지털 경제로 전환하고 있는 추세이다. 따라서 최근 관측되는 기업의 경영 방식 변화는 코로나19라는 위기를 기점으로 더욱 가속화되고 있다. 이제는 위기 상황에 맞는 유연한 대응과 함께 디지털 혁신을 통해 미래 경쟁력을 강화할 수 있는 '스마트한' 경영 전략 수립에 심혈을 기울여야 할 때이다.

하지만 중소기업의 디지털 혁신 현실은 매우 미흡한 상황이다. 산업연구원의 보고서(중소기업의 디지털 전환전략과 정책과제, 2021)에 따르면, 중소기업 최고경영자와 임원들은 디지털 전환에 대한 관심이 높지만, 실제 투자 의사나 전략 수립 등은 부족하며, 직원들의 이해도가 전반적으로 낮은 것으로 분석되고 있다.

최고경영자와 임원의 디지털 전환에 대한 관심은 2.5로 나타나, 이들이 디지털 전환에 대해 낮지 않은 관심을 가지고 있음을 알 수 있다. 그러나 투자 의지, 투자 계획 및 전략 수립 등의 항목에서는 점수가 높지 않아, 관심 수준에 비해 실제 투자 의지가 부족한 것으로 나타났다. 또한 직원들의 디지털 전환에 대한 이해도는 2.34로 평가되어, 전반적으로 직원들의 이해도가 높지 않은 것으로 보인다. 이는 중소기업의 디지털 혁신을 저해하는 주요 요인으로 작용할 수 있다.

표 6-2 중소기업의 디지털 전환 인식

(단위: 4점 만점, 점)

		전체기업					
			제조업			서비스업	
			하도급	비하도급		B2B	B2C
최고경영자 및 임원의 디지털 전환 관심	2.50	2.52	2.56	2.48	2.48	2.48	2.55
최고경영자 및 임원의 디지털 전환 투자의지	2.11	2.19	2.30	2.09	2.02	2.03	2.02
최고경영자 및 임원의 디지털 전환 투자계획 및 전략 수립	2.08	2.13	2.19	2.07	2.03	2.06	2.00
직원의 디지털 전환 이해도	2.34	2.30	2.38	2.24	2.38	2.55	2.22

자료: 산업연구원

현장의 소리

"영세한 중소기업은 디지털 분야에 투자할 여력이 없다. 규모가 작은 기업들도 디지털 경영을 할 수 있게 정책적 지원을 확대해 나가야 한다."
"중소벤처기업의 디지털 혁신 경영을 위해서는 스마트 경영 시스템 도입과 투융자 금융 지원 외에도, 기술의 효과성과 안전성에 대한 실증 및 인증 지원, 그리고 신속한 제도 개선이 필요하다."

중소기업의 디지털 혁신은 경쟁력을 강화하는 데 필수적이다. 이를 위해 정부와 지원 기관은 중소기업의 디지털 전환을 촉진하기 위한 종합적인 지원을 지속적으로 추진해야 한다. 이를 실현하기 위해, 정부, 지원 기관, 경제 단체 등이 협력하여 중소기업 디지털 혁신 경영 위원회를 구성할 필요가 있다. 이 위원회는 중소기업 현장에서의 요구사항을 파악하고, 이를 기반으로 어떤 정책을 만들어 지원할지 논의하는 협의체로 기능해야 한다. 이러한 협력과 소통은 중소기업이 디지털 전환을 성공적으로 이룰 수 있도록 도와줄 것이다.

④ 디지털 경쟁력, V-노믹스의 핵심 전략

디지털 전환의 필요성에 대해 중소기업은 어느 정도 인식하고 있지만, 실제로 준비하는 데는 어려움을 겪고 있는 경우가 많다. 그러나 코로나19 팬데믹 이후 많은 기업들이 비대면 서비스로 전환하면서 디지털 전환에 한 걸음 더 나아갈 수 있었다. 인천의 K사는 유통 서비스업을 운영하면서 기존의 오프라인 중심 비즈니스 모델을 벗어나 비대면 서비스를 도입했다. 팬데믹 기간 동안 고객과의 소통, 회의, 주문 등을 온라인으로 진행하며, 직원들도 재택근무를 시행했다. 이 과정에서 K사는 생산성이 크게 향상되었고 매출도 증가하는 성과를 올렸다.

이러한 경험을 바탕으로 K사는 디지털 전환을 더욱 가속화하고 있다. 비대면 서비스의 도입은 단순히 생존을 위한 방법이 아니라, 새로운 성장 기회를 창출하는 계기가 되고 있다. 앞으로 K사가 디지털 기술을 활용해 고객 경험을 개선하고, 효율성을 높이며, 시장 경쟁력을 강화해 나갈 것으로 기대된다.

브이노믹스는 '바이러스(Virus)'와 '경제(Economics)'가 결합된 용어로, 코로나19 시대에 부상한 중요한 개념이다. 이는 '바이러스가 바꿔 놓은, 그리고 바꾸게 될 경제'를 의미하며, 코로나 팬데믹이 우리의 경제와 사회에 미친 근본적인 변화를 반영한다.

우리는 한때 마스크를 착용하고, 5인 이상 모임을 피하며, 저녁 9시 이전에 귀가하는 일상에 익숙했었다. 재택근무, 온라인 교육, 디지털 유통과 같은 비대면 경제활동도 필수적인 수단으로 자리 잡으면서, 이러한 변화는 앞으로도 지속될 것으로 보인다. 기업과 개인은 새로운 경제 환경에 적응하고, 디지털 혁신을 통해 미래를 준비해야 할 필요성이 더욱 커지고 있다.

실제로 화상회의 플랫폼 줌(Zoom)은 코로나19 이후 하루 이용자 수가 2억 명으로 20배 증가하는 등 비대면 소통의 중요성이 부각되었다. 이처럼 변화한 삶의 핵심을 관통하는 단어는 '언택트'이다. 역사를 되짚어보면, 팬데믹의 세계적 대유행은 우리가 겪는 변화를 가속화했다. 14세기 흑사병은 인간의 본질에 집중하게 만들며 자본주의와 르네상스 시대를 이끌었고, 현재 브이노믹스 시대는 언택트를 중심으로 한 디지털 경제의 확산을 촉진하고 있다. 이러한 변화는 앞으로의 경제 환경과 사회 구조에 지속적인 영향을 미칠 것으로 보인다.

팬데믹이라는 위기 상황에서도 성장을 이끌어낸 주체들의 비결은 디지털로의 빠른 전환으로 꼽힌다. 조사에 따르면, 절반에 가까운 대·중견기업(48.9%)과 일부 중소기업(30%)이 코로나19를 계기로 디지털 전환을 신속하게 추진하고 있다.

이제 비대면 비즈니스는 더 이상 '선택'이 아닌 '필수'로 자리잡고 있으며, 언제 어디서든 고객과의 접점을 놓치지 않는 비즈니스 모델이 새로운 기준(New Normal)으로 부상하고 있다. 이러한 변화는 기업들이 지속 가능한 성장을 이루기 위한 중요한 전략으로 자리잡고 있다.

디지털 비즈니스는 복잡한 현상을 덜어내고 본질을 단순화하여, 고객들에게 쉽고 빠르게 직관적인 서비스나 상품을 제공할 수 있다. 실제로 스타벅스는 바이러스라는 악재에도 불구하고, 고객에게 편리하게 커피를 제공하는 언택트 전략을 중심으로 더욱 성장했다.

코로나19 시기에 비대면 주문 시스템인 사이렌 오더는 전체 주문량의 25%를 차지했으며, 차량에서 주문하는 드라이브스루(Drive-thru) 서비스도 2020년 전년 동기 대비 40% 이상 증가했다. 이러한 전략들은 고객의 편의를 극대화하며, 비대면 소비 트렌드에 발맞춘 효과적인 대응 사례로 평가되고 있다.

요즘 블록체인이 세상을 바꾸고 있다. 블록체인은 개인 간 거래 정보를 중앙 서버가 아닌 모든 참가자의 네트워크에서 공유하는 '분산형 디지털 장부' 기술을 의미한다. 이 기술의 발전은 인터넷 이용자들에게 '디지털 소유권'을 인정받는 제 3세대 인터넷 시대를 열고 있다.

시장 조사 기관 프리시던스 리서치에 따르면, 블록체인 시장은 지난해 176억 달러에서 2034년에는 1조 8,793억 달러로 107배 성장할 것으로 예상된다. 또한 2024년부터 2034년까지 연평균 52.9%의 고속 성장을 기록할 것이라는 전망이 나왔다. 이는 블록체인 기술이 향후 다양한 산업에서 중요한 역할을 할 것임을 시사한다.

그림 6-2 블록체인 시장 규모

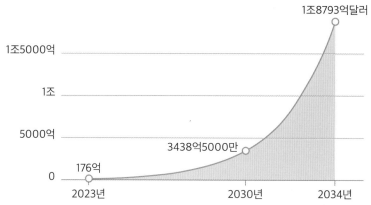

1조8793억달러

1조5000억

1조

5000억

3438억5000만

0

176억

2023년   2030년   2034년

자료: 시장조사 기관 프리시던스리서치

현장의 소리

"중소기업이 디지털 전환하려면 많은 자금과 인력이 필요하다..디지털 전환이 중요한 것은 알지만, 실행하기엔 한계가 있다. 정책적 지원이 뒷받침돼야 한다."

"디지털 분야에서 혁신적인 벤처기업들이 다양한 제품을 개발하고 있지만, 시장 확보가 어렵다. 중소벤처기업이 혁신적으로 개발한 디지털 제품과 서비스를 정부 및 공공기관이 우선 구매하도록 지원해야 한다."

　　새로운 디지털 기술과 함께하는 브이노믹스 시대의 핵심은 불확실한 사업 환경에 적응하는 것이 아니라, 디지털화를 통해 본질적 가치에 집중하는 것이다. 포스트 코로나 시대에는 비즈니스와 디지털의 접목이 가속화되는 가운데, 우리의 비전은 지속 가능한 성장에 대한 의지와 본질에 대한 고민에서 출발해야 한다. 이후 민첩하게 행동하는 디지털 마인드, 의사결정 문화, 그리고 기술들이 기업의 차별화 역량을 형성하게 된다. '위기는 기회'라는 말처럼, 우리 기업들의 디지털화가 어려운 경제를 회복시키고 새로운 퀀텀 점프(Quantum Jump)의 발판이 되기를 기대한다.

⑤ 세상을 바꾸는 AI, 챗GPT의 힘!

챗GPT의 등장으로 세상은 큰 변화를 맞이했다. 앞으로 AI 기술이 인간의 영역을 어느 정도 대체할지에 대한 상상조차 어렵고, 이러한 변화 속에서 모든 비즈니스는 혁신을 하지 않으면 생존하기 힘들어졌다. 한국은 IT 강국으로서 AI 시대에 주도적인 비즈니스를 창출할 수 있는 잠재력이 있다. 하지만 한국의 법과 규제가 AI 시대의 흐름에 맞게 적절히 정비되어 있는지 검토해야 할 시점이다. AI 분야에서 사업을 운영하는 청년 창업가 K씨는 챗GPT에 대한 규제 움직임이 자신의 회사 기술 개발에 부정적인 영향을 미칠까 우려하고 있다. 규제가 기술의 발전을 저해하지 않도록 균형을 유지하는 것이 중요하다. 정부와 관련 기관이 혁신과 규제를 동시에 고려하여 AI 기술이 원활하게 발전할 수 있는 환경을 조성해야 할 필요성이 커지고 있다.

요즘 챗GPT 열풍이 거세게 불고 있다. 미국의 오픈AI가 공개한 이 대화형 초거대 인공지능(AI) 챗봇은 Chat(대화)과 Generative Pre-trained Transformer(생성적 사전학습, GPT)의 합성어로, 기계가 인간 언어를 이해하고 구사할 수 있도록 하는 대규모 언어 모델(LLM)의 대표적인 사례이다. 챗GPT는 방대한 양의 데이터를 학습하여 다양한 주제에 대해 대화하고 정보를 제공할 수 있는 능력을 갖추고 있으며, 이를 통해 사람들의 생활과 업무 방식에 많은 변화를 가져오고 있다.

챗GPT는 혁명적인 기술로, 출시 2개월 만에 하루 사용자 1,000만 명, 월간 사용자 1억 명을 돌파했다. 이는 틱톡, 인스타그램, 페이스북 등 주요 디지털 서비스들이 1억 명을 달성하기까지 수개월에서 수년이 걸렸던 것에 비하면 놀라운 속도이다. 이러한 성장은 챗GPT의 직관적인 사용성과 다양한 활용 가능성 덕분에 이루어진 것으로, 사용자들이 인공지능과 상호작용하는 새로운 방식을 체험하게 했다.

거대한 인공지능의 확장성이 산업과 인류에 미칠 파장은 가늠하기조차 어려울 정도로 엄청날 것으로 예견된다. 챗GPT는 상상할 수 없는 방식으로 세상을 바꿀 강력한 도구가 될 것이다. 빌 게이츠는 챗GPT를 두고 "인터넷만큼 중대한 발명"이라고 평가하며, "세상을 바꿀 것"이라고 언급했다.

AI 챗봇 시대가 본격적으로 열리면서 우리의 일상생활에도 급속히 AI 기술이 스며들고 있다. 이에 대응하여 구글은 AI 챗봇 '바드(Bard)'를 발표했으며, 중국을 비롯한 세계 각국의 IT 기업들도 챗GPT에 맞서는 AI 기술 개발 성과를 잇달아 공개하고 있다. 이러한 움직임은 AI 기술의 경쟁력을 더욱 강화하고, 다양한 분야에서 혁신을 이끌어낼 것으로 기대된다.

시장조사기관 IDC에 따르면, 2024년 기준으로 초거대 AI를 포함한 전 세계 AI 시장 규모는 약 5,543억 달러에 이를 것으로 추산된다. 또한, 2030년까지 연평균 34.6%의 성장을 기록할 것으로 전망된다. 한국의 AI 시장 역시 주목할 만한 성장을 보일 것으로 예상된다. 2024년 한국 AI 시장 규모는 약 3조 662억 원에 달할 것이며, 2023년부터 연평균 14.9% 성장하여 2027년에는 4조 4,636억 원에 이를 것으로 예측된다. 이러한 성장세는 AI 기술의 발전과 함께 다양한 산업에서의 응용 확대에 기인할 것으로 보인다.

그림 6-3 전 세계 AI 시장 규모

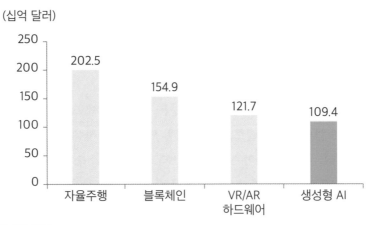

자료: IDC, 삼성증권

챗GPT와 같은 초거대 AI의 등장은 우리 사회에 다양한 변화를 가져오고 있다. 글쓰기, 책 요약, 감상문, 생활 궁금증 해결 등 여러 작업에서 챗GPT와 대화하며 살아가는 새로운 세상이 열렸다. 이러한 변화는 특히 산업 분야와 경제활동에서 생산성을 크게 향상시킬 것으로 기대된다. AI는 사람의 창의력과 통찰력을 발휘할 수 있는 새로운 유망 직종도 창출할 것이다.

하지만 동시에 챗GPT의 도입으로 반복적이고 정형화된 업무를 수행하는 직종은 대규모로 사라질 가능성이 높다. 이는 디지털 양극화와 경제적 불평등을 야기할 수 있는 우려를 낳고 있다. 초거대 AI가 가져오는 변화에 대한 당혹감이 여러 분야에서 나타나며 혼란을 초래하고 있는 상황이다. 특히 교육 분야에서는 챗GPT를 금지하는 국가도 등장하는 등, AI의 활용에 대한 논의가 활발히 진행되고 있다.

이러한 상황에서 우리는 기술 발전의 이점을 최대한 활용하면서도, 그로 인한 사회적 영향을 최소화하기 위한 방안을 모색해야 할 것이다. AI와의 공존을 위한 전략과 정책이 필요하다.

우리는 현재 한 번도 경험해 보지 못한 새로운 디지털 세상에 직면하고 있다. 이 시대는 과거와는 다른 사고방식을 요구하며, 그에 적절히 대응하지 않으면 생존이 어려운 대변혁기이다. 이러한 변화에 잘 대응하고 있는지 스스로 점검해보아야 할 때이다. 한국은 디지털 혁신을 위해 많은 노력을 기울이고 있지만, 초거대 AI 분야에서는 아직 갈 길이 멀다는 사실을 잊지 말아야 한다. 예를 들어, 한국의 초거대 AI 관련 특허 출원 비율은 10.6%로, 미국(34.5%)과 중국(33.3%)에 비해 현저히 낮은 수준이다. 이는 우리나라가 글로벌 경쟁에서 뒤처질 수 있는 위험 요소로 작용할 수 있다.

이러한 현실은 한국이 초거대 AI 분야에서 더 많은 투자와 연구개발, 인재 양성을 통해 경쟁력을 강화해야 한다는 필요성을 강조하고 있다. 또한, 기업과 정부, 학계가 협력하여 디지털 전환을 가속화하고, 새로운 기술에 대한 이해를 높이는 노력이 필수적이다. 이렇듯 변화하는 환경에 적극적으로 대응하는 것이 우리의 미래를 좌우할 중요한 열쇠가 될 것이다.

현장의 소리

"AI를 활용하는 산업이 빠르게 성장하고 있다. 이를 우리나라의 새로운 성장 동력으로 삼기 위해 실효성 있는 지원이 필요하다. 지원이 단순한 나눠 먹기식으로 진행되어서는 안 되며, 선택과 집중을 통해 경쟁력 있는 기업을 육성해야 한다."

"AI는 세상과 기업 경영 전반에 큰 변화를 가져올 것이다. 그러나 중소기업은 실제로 어떤 전략으로 AI에 투자해야 할지, 그리고 AI를 통해 어떻게 성과를 낼 수 있을지에 대한 방향이 불분명하다. 중소벤처기업이 효과적으로 대응할 수 있도록 체계적인 지원이 필요하다."

2024년 9월 26일, 윤석열 대통령이 주재한 제1차 국가인공지능위원회에서 정부는 국가 인공지능(AI) 전략을 담은 청사진을 발표했다. 이번 전략은 2024년부터 2027년까지 4년간 민간에서 총 65조 원 규모의 AI 분야 투자를 유도하고, 2030년까지 AI 도입률을 산업 부문 70%, 공공 부문 95%로 높여 국가 전반에 걸쳐 AI 대전환을 이루겠다는 목표를 세웠다. 또한, 정부는 민관 협력을 통해 최대 2조 원 규모의 '국가 AI 컴퓨팅 센터'를 설립하고, 저리 대출 프로그램을 통해 민간 기업의 AI 인프라 확충을 적극 지원할 계획이다.

그림 6-4 국가 AI 전략

비전	AI G3 국가 도약을 통해 글로벌 AI 중추국가 실현		

추진전략	4대 AI 플래크십 프로젝트		
	1. 국가 AI컴퓨팅 인프라 대폭 확충		2. 민간부문 AI투자 대폭 확대
	3. 국가AX 전면화		4. AI안전·안보 확보
	➕		
	4대 분야 정책 추진 방향		
	1. 스타트업·인재 확충 / 2. 기술·인프라 혁신 / 3. 포용·공정기반 조성 / 4. 글로벌리더십 확보		

추진체계	민·관 역량을 총 결집할 국가AI위원회		

자료: 과학기술정보통신부

우리나라의 AI 기술 수준은 선진국들과 근접한 상태에 이르렀지만, 생태계 측면에서 시장(수요)의 AI 응용 및 활용 수준은 여전히 미흡한 것으로 나타났다. IBM의 2024년 보고서에 따르면, 전 세계적으로 AI를 도입한 기업의 비중은 평균 약 42%에 달하는 반면, 한국은 약 40% 수준에 그쳤다.

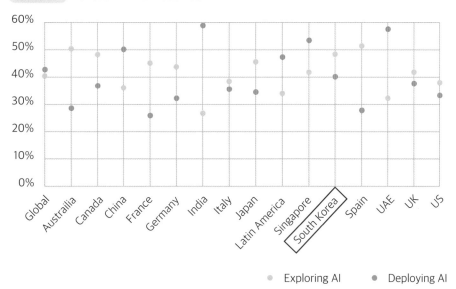

그림 6-5 국가별 AI 도입 기업 비중

● Exploring AI   ● Deploying AI

자료: ISM, 소프트웨어정책연구소

중소기업들은 인공지능(AI) 기술을 긍정적으로 평가하고 있지만, 산업 현장에서는 이를 제대로 활용하지 못하고 있는 것으로 나타났다. 이를 극복하기 위해 정부는 AI 도입의 성공 사례를 중소기업에 적극적으로 보급할 필요가 있다.

국책연구소인 소프트웨어정책연구소(SPRi)가 실시한 조사에 따르면, 중소기업들은 AI의 우수성과 잠재력을 인식하고 있지만, 실제 활용은 미흡한 것으로 분석됐다. '자연어 이해·인식 처리 기술'과 '생성 AI 기술' 등을 포함한 12가지 세부 기술 항목에 대한 미래 전망 평균 점수는 5.17점이었지만, 현재 활용도 점수는 4.93점에 그쳤다.

IT 강국인 우리나라가 새로운 디지털 물결을 성공적으로 헤쳐 나가기 위해서는 철저한 준비가 필요하다. 정부는 AI 기술 확산 과정에서 중소기업의 수요를 반영해야 한다. 중소기업들은 AI 신뢰성 기술에 대한 산업계의 수요가 가장 크게 증가할 것으로 전망하고 있으며, 이에 따라 정부의 AI 신뢰성 기술 개발을 위한 투자 확대가 절실하다.

또한, AI 분야의 초격차 기술을 확보하고 스타트업 및 벤처기업을 지속적으로 육성해야 한다. 이를 위해 기술 개발 역량을 갖춘 인재 양성과 다양한 데이터 확보 등 생태계 구축이 중요하다. AI가 촉발할 사회경제적 변화에 발맞춰 법과 제도를 과감히 개선하고 규제를 혁신하는 노력이 필요하다.

한편, 인공지능(AI)은 미래 사회의 모든 것을 해결해 주지는 않을 것으로 보인다. AI를 통해 예상치 못한 복잡한 문제에 직면할 가능성도 존재한다. 급속한 AI 기술의 발전에 따른 윤리적, 사회적, 경제적 부작용에 대한 주의가 필요하다.

AI가 산업과 경제를 지배하게 될 경우, 인간의 창의력과 상상력이 감소할 위험이 있으며, 심지어 인간성까지 상실할 가능성도 배제할 수 없다. 지나친 기계화는 지양해야 하며, 윤리관이 파괴되는 상황은 반드시 막아야 한다.

6 **사이버 금융 범죄에 취약한 중소기업, 보호책이 필요하다**

전자상거래를 운영하는 서울의 벤처기업 M사는 최근 사이버 금융범죄의 증가로 큰 걱정을 하고 있다. 고객 정보가 해킹되어 외부로 유출되거나, 인터넷 결제 과정에서 금융 사기가 발생할까 봐 불안한 상황이다. 대표이사 O씨는 "회사는 자체적으로 사이버 범죄를 예방하기 위한 조치를 취하고 있지만, 해킹 기술이 점점 더 교묘해지고 있어 예상치 못한 곳에서 사이버 범죄가 발생할까 두렵다"고 말한다. 그러나 작은 벤처기업이 이 분야에 충분한 투자를 하기란 현실적으로 어렵다. 이로 인해 M사는 보다 효과적인 사이버 보안 대책을 마련하기 위한 지원과 자원의 필요성을 느끼고 있다. 정부와 관련 기관의 체계적인 지원이 뒷받침된다면, 중소기업들도 사이버 범죄로부터 보다 안전하게 보호받을 수 있을 것이다.

코로나19 이후 비대면 활동의 증가로 국내외에서 사이버 범죄가 급증하고 있다. 사이버 범죄는 사이버 공간에서 공공복리를 저해하고 사이버 문화를 해치는 행위를 포함한다. 여기에는 테러형 해킹, 악성 코드 유포, 일반적인 전자상거래 사기, 개인정보 침해, 명예훼손 등이 포함된다.

해외에서는 디지털 전환이 가속화되면서 전 세계 사이버 범죄가 2020년 이후 급격히 늘어났다. 미국의 경우, 2022년 사이버 범죄 피해액이 103억 달러에 달하며, 이는 2019년 대비 194% 증가한 수치이다.

그림 6-6 미국의 사이버범죄 신고 건수 및 피해액 추이

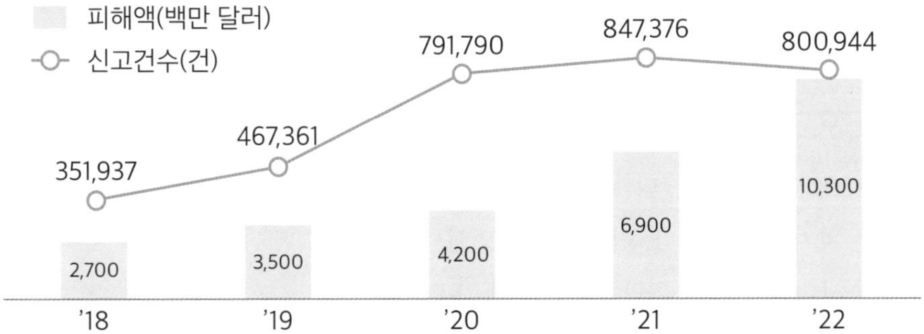

자료: FBI

한국에서는 침해 사고가 증가함에 따라 국가 사이버 위기 경보를 '주의' 단계로 상향 조정했다. 2024년 상반기 해킹과 디도스 등 정보통신망 침해 범죄의 피해액은 지난해 1년 치인 464억 원에서 5,445억 원으로 12배 급증했다. 이 추세가 계속된다면 연간 피해액은 지난해의 20배를 넘어서 조 단위 규모에 이를 것으로 예상된다.

해킹 사건은 단순한 침해로 끝나지 않는다. 해킹된 문자 재전송사를 통해 탈취한 계정으로 대량의 스팸 및 스미싱 문자가 발송되며, 이는 스미싱과 보이스피싱 범죄로 이어질 수 있다. 스팸 문자 신고 건수는 2023년 3억 건에서 2024년 상반기에만 2억 건을 넘었고, 스미싱 문자는 50만 건에서 88만 건으로 증가했다.

특히 기업에서는 2022년 금품 요구 악성 프로그램 신고 건수의 88.5%가 중소기업에서 발생했다.

그림 6-7 규모별 금품요구 악성프로그램 신고 비율(2022.11 기준)

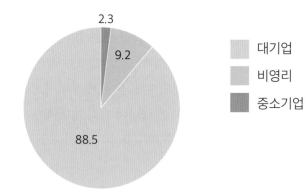

자료: 한국인터넷진흥원

한국인터넷진흥원이 발표한 '2023년도 사이버 공격 실태'에 따르면, 중견기업의 사이버 공격 피해 건수는 전년 대비 15% 증가하여 40건에 달했으며, 중소기업은 200건으로 나타났다. 이로 인해 중소기업과 중견기업의 피해 비중이 전체의 92%를 차지하게 되었다. 이는 중소기업들이 네트워크 제어나 인증 및 자격 증명 등에서 사이버 보안이 취약하다는 것을 의미한다.

"IT업체 H사. 사이버 보안에 대처하고 싶지만 자금, R&D, 규제 등 부담이 너무 커 엄두를 못 내고 있다"

문제점으로는 주요국에 비해 사이버 안보 전략과 중소기업에 대한 지원이 부족하다는 점이 지적된다. 사이버 공간에서 범죄 행위를 저지하기 위해 정부의 역할이 더욱 중요해지고 있다. 그러나 현재 중소기업에 대한 사이버 보안 정책은 강제성이 없어 효과가 미미한 상황이다.

표 6-3 국가별 사이버안보전략 및 중소기업 지원 현황

	전략 내용	중소기업 지원 내용
미국	\<국가사이버안보전략\>(2023.3월) - ❶책임 구조 구축, ❷민관협력 강화, ❸위협 행위자 무력화 등	국립표준기술연구소(NIST)에서 자율적인 가이드라인 제시
영국	\<국가사이버전략2022\>(2021년) - ❶민관군 협력과 투자, ❷기술 개발, ❸동맹국 공조 강화 등	국가사이버보안센터(NCSC)에서 가이드라인 제공
한국	\<국가사이버안보전략\>(2019년) - ❶정보통신망 보안 강화, ❷기반시설 보안환경 개선 등	한국인터넷진흥원에서 가이드 및 '내서버돌보미' 서비스 등을 제공

자료: 국가별 홈페이지, 국가안보전략연구원, 한국인터넷진흥원 등

이에 따라 사이버 위험을 전가할 수 있는 사이버 보험을 중심으로 다양한 금융 상품이 출시되고 있다. 해외에서는 사이버 보험과 보험사의 보호 장치인 사이버 대재해 채권이 도입된 사례가 있다. 그러나 한국의 은행권에서는 관련 서비스가 부족하며, 일부에서는 소상공인을 대상으로 사이버 보험을 무상으로 지원하는 수준에 그치고 있다. 국내 사이버 보험 시장 규모는 2022년 보험료 기준으로 약 112억 원으로 추산되며, 이는 글로벌 시장 규모(130억 달러)의 약 0.1%에 불과한 실정이다.

"기술 발전으로 인해 사이버 금융 범죄에 노출되는 일이 점점 증가하고 있다. 중소기업은 이러한 사이버 범죄의 가능성을 인지하지 못한 채 피해를 입는 경우가 많다. 정부는 사이버 범죄 가능성이 있는 곳에 대해 사전 차단 대책을 마련해야 한다."

" 중소기업은 사이버범죄 행위를 본의 아니게 돕는 등 가담하는 사례가 많다. 정부나 지원기관이 나서서 상시적인 교육이나 정보를 제공하여 중소기업이 사이버 범죄에 연류 되지 않도록 방지하는 시스템을 구축해야 한다."

주요국 수준의 정책 대응과 금융권의 상품 개발이 절실히 필요하다. 최근 급증하는 중소기업의 사이버 금융 범죄 피해를 최소화하기 위해 사례 조사, 법 체계 점검, 그리고 적극적인 정책 대응이 시급하다.

금융권에서도 중소기업을 위한 사이버 금융 범죄 예방을 위한 금융 교육과 상품 개발 유인을 제공하기 위한 규제 정비가 필요하다.

또한, 중소기업은 보안 시스템을 도입하는 것에 그치지 않고, 보안 교육과 훈련 등 다양한 솔루션을 통해 사이버 보안 대책을 강화해 나가야 한다.

⑦ ESG 가치를 통해 더 나은 미래를 만들어 가자

중소기업인들과 이야기를 나눠 보면, ESG(환경, 사회, 지배구조)에 대한 인식이 아직 미흡한 경우가 많다. 광주광역시에 위치한 작은 부품 제조업체 T사의 대표이사 K씨는 "우리 회사는 대기업의 4차 밴드로, 수출도 하지 않기 때문에 ESG에 대해 전혀 고려하지 않았다. 그러나 최근의 변화된 분위기를 보니 ESG를 소홀히 하면 기업이 도태될 수 있겠다는 생각이 들어 계획을 세우고 있다. 문제는 무엇부터 어떻게 시작해야 할지 전혀 방향을 잡을 수 없어 답답하다"고 전했다. K씨의 말처럼, ESG는 누군가의 강요로 수행하는 과제가 아니라, 기업의 생존과 경쟁력에 필수적인 요소로 인식해야 한다.

최근 여름은 유난히 덥고, 지구 곳곳에서 가뭄, 폭염, 홍수, 초대형 폭풍, 산불 등 기상이변이 잇따르고 있다. 이러한 현상은 왜 발생하고 있을까? 그 원인은 지구가 기후 변화로 인해 심각한 영향을 받고 있기 때문이다. 이대로 방치할 경우, 사회경제적 충격을 넘어 인류가 머지않아 대재앙을 맞이할 것이라는 경고의 목소리가 점점 커지고 있다.

기후변화에 관한 정부 간 협의체(IPCC)는 2021년에 열린 제54차 총회에서, 현재 수준의 온실가스 배출량을 유지할 경우 2021년부터 2040년 사이에 지구의 연평균 기온이 산업화 이전보다 1.5도 상승할 가능성이 크다는 내용을 담은 제6차 기후 평가 보고서를 승인했다.

IPCC는 3년 전 제출한 특별 보고서에서 1.5도에 도달할 시점을 2030년에서 2052년 사이로 예측했으나, 이번 보고서에서는 그 시점이 약 10년 가까이 빨라진 것으로 나타났다.

상황은 갈수록 더욱 심각해지고 있다. 최초의 우주비행사 유리 가가린이 1961년 우주를 비행하며 던진 첫 말, "지구는 푸르다"가 기억난다. 그 당시 지구는 울창한 숲, 맑은 호수, 깨끗한 바다로 푸른빛을 띠고 있었다. 그러나 환경을 파괴하는 난개발로 인해 지구는 오염되기 시작했고, 이제는 그 푸른빛이 사라져가며 점차 어두워지고 있다.

이제부터라도 인류의 미래를 지키기 위해 개인 중심의 시대에서 벗어나 함께 공유하고 살아갈 수 있는 깨끗하고 투명한 세상이 열려야 한다. 우리는 코로나19 위기를 겪으며 공존의 중요성을 더욱 실감하고 있으며, 이익만을 추구하기보다는 지속 가능한 사회 가치를 필요로 하고 있다.

우리 사회에서 ESG가 중요한 이슈로 떠오르고 있다. ESG는 비재무적 요소인 환경(Environment), 사회(Social), 지배구조(Governance)를 의미한다. 이는 기업 활동에서 친환경, 사회적 책임 경영, 지배구조 개선 등 투명한 경영을 중시해야 지속 가능한 성장을 이룰 수 있다는 철학을 담고 있다.

환경	• 기후변화 • 온실가스(GHG) 배출 • 물 등 자원 고갈 • 폐기물과 오염 • 삼림 파괴
사회	• 노예와 아동 노동을 포함한 노동 조건 • 토착 공동체를 포함한 현지 공동체 • 분쟁지역 • 건강 및 안전 • 직원 관계 및 다양성
지배구조	• 경영진 보상 • 뇌물 및 부정·부패 • 정치 로비 및 기부 • 이사회의 다양성 및 구조 • 조세 전략

자료: Fidelity International, PRI

ESG는 전 세계적인 메가트렌드로 자리잡고 있다. 선진국에서는 ESG가 새로운 경영 패러다임으로 부각되며, 이미 기업 평가의 중요한 기준이 되고 있다. 유럽 국가들은 여러 분야에서 ESG 지표를 요구하고 있으며, 석탄 사용 기업과 환경 오염을 유발하는 기업에 대해서는 입찰 제한을 두고 있다. 미국과 중국을 포함한 세계 강국들은 글로벌 ESG 시장을 놓고 치열하게 경쟁하고 있는 상황이다.

미국과 유럽 등 선진국은 이미 ESG 공시 의무화를 시행하고 있다. 유럽은 2021년 4월 지속 가능성 보고 지침을 통해 종업원 수 250명 이상, 자산 2,000만 유로 이상, 매출 4,000만 유로 이상인 기업에 대해 상장 여부와 관계없이 2024년부터 공시를 의무화하고 있다. 미국 또한 2024년 3월부터 기후 분야에서 ESG 공시 의무화를 발표했으며, 대기업은 2024년부터, 중소기업은 2025년부터 순차적으로 적용될 예정이다.

최근 국내에서도 ESG 경영을 도입하려는 움직임이 확산되고 있으며, 이는 개별 기업 차원을 넘어 한국 경제의 미래를 좌우하는 중요한 키워드로 부각되고 있다. ESG 모범 규준이 11년 만에 대폭 수정될 예정이며, 이로 인해 기후 변화 위험이 회계에 반영되는 등 기업의 ESG 책임이 훨씬 더 커질 것으로 예상된다.

한국경제인협회가 발표한 조사에 따르면, 글로벌 시장에서 ESG의 중요도에 대한 응답 중 가장 많은 60.0%가 환경(Environment)을 가장 중요하다고 언급했다. 사회(Social)와 거버넌스(Governance)의 중요성을 각각 26.7%와 13.3%로 평가한 것으로 나타났다. 평가지표와 관련해서는 기후 변화와 탄소 배출(26.7%)이 가장 중요하다고 응답했으며, 그 뒤로 지배구조(17.8%), 인적 자원 관리(13.3%), 기업 행동(11.1%), 청정 기술 및 재생 에너지(11.1%) 순으로 중요성이 강조되었다. 이는 최근 확산되고 있는 글로벌 친환경 트렌드를 반영한 것으로 분석된다.

 **그림6-8** ESG 평가지표 중요도 비교

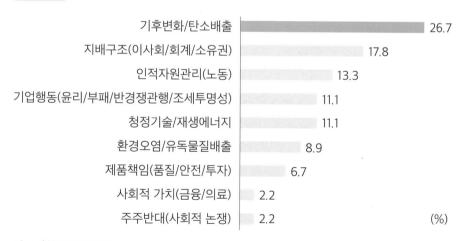

자료: 한국경제인협회

ESG 경영은 이제 피할 수 없는 현실로 자리잡았다. 곧 다가올 미래에는 기업이 ESG에 뒤처지면 제품이 팔리지 않고 투자 유치가 어려워지는 시대가 될 것이다.

ESG의 지향점은 기업의 사회적 책임(CSR)에서 한 걸음 더 나아가 환경, 지역 사회, 소비자, 주주를 두루 고려해야 한다는 것이다. 기업들은 ESG를 단순히 회사 이미지를 개선하는 차원으로 바라보는 것이 아니라, 지속 가능한 성장을 위한 필수 조건으로 인식할 필요가 있다. 앞으로 기업이 ESG에 뒤처진다면 제품 판매에 어려움을 겪고, 투자 유치 또한 힘들어질 수 있다는 점을 인식해야 한다.

현장의 소리

"ESG는 중소기업에게 생존의 문제이자 새로운 기회이다. 하지만 현재 중소기업 현장에서는 ESG가 실감 나지 않는 상황이다. 이는 당장 눈앞에 놓인 과제들 때문이다. 중소기업이 지속적으로 성장하기 위해서는 좋든 싫든 ESG를 실천해야만 살아남을 수 있게 될 것이다."
"어느 시점 한순간에 ESG를 실천하지 않는 중소기업은 한꺼번에 무너진다. 중소기업이 ESG를 시급한 과제로 인식하고 준비하도록 정책적 노력을 더 기울여야 한다."

우리 중소기업은 시대적 흐름에 발맞춰 이해관계자들과 함께 성장하겠다는 비전을 세우고 진정성 있는 ESG 경영을 시작해야 한다. 이제 중소기업은 ESG 경영 시대에 맞춰 생존과 성장을 위한 새로운 전략을 마련해야 한다. 이를 위해 ESG 경영의 본질적 목적을 달성할 수 있는 최적화 모델을 구축하여 글로벌 혁신 성장의 동력이 되어야 한다.

중소기업의 ESG 경영 확산은 기업 혼자서 해결할 수 있는 문제가 아니다. 정부와 지원 기관 등이 모두 나서 중소기업이 ESG 경영에 적극적으로 참여할 수 있도록 ESG 경영 생태계를 구축해야 한다.

중소벤처기업의 ESG 경영 활성화를 위해서는 정책적으로 ESG 가이드라인을 마련하고, ESG 경영 성과를 확산해 나가는 것이 필요하다. 또한, 기반 구축 차원에서 중소기업 ESG 경영의 법적 근거를 마련하고, 관련 통계 기반도 확충해야 한다. 이러한 노력이 중소기업의 ESG 경영을 체계적으로 지원하고, 지속 가능한 발전을 촉진하는 데 기여할 것이다.

⑧ 중소기업의 ESG 경영, 정책 지원으로 날개를 달다

경남에 위치한 화학업종 J사는 유럽 등지로의 수출 비중이 높은 기업이다. 하지만 최근 해외에서 환경 규제가 강화됨에 따라 기업들이 이를 대비해야 하는 상황에서 막막함을 느끼고 있다. 대표이사 L회장은 "우리는 이러한 규제에 대한 정보도 부족하고, 이를 전담할 인력조차 없다. 게다가 유럽 규제에 맞추기 위해서는 설비 교체가 필요하지만, 자금이 없어 투자에 나설 엄두를 내지 못하고 있다"고 말했다. L회장은 정부의 종합적인 지원이 필요하다고 강조하며, "중소기업의 현실에 맞는 가이드라인을 제공하고 구체적인 추진 설계를 해주면 좋겠다. 또한, 이러한 변화에 필요한 자금 지원을 확대해 주면 큰 도움이 될 것"이라고 덧붙였다. 중소기업이 글로벌 환경 규제에 효과적으로 대응하기 위해서는 정부와 관련 기관의 체계적인 지원이 필수적이다.

ESG가 중요한 이슈로 부각되면서 중소기업에서도 ESG 경영에 대한 관심이 급증하고 있다. 유럽의 공급망 ESG 실사법 시행에 따라, 국내 중소기업의 ESG 경영은 생존을 위한 필수 요건으로 변화하고 있으며, 이에 대한 대응 필요성이 증가하고 있다. 공급망 ESG 실사법이 EU 전체로 확대되면서 국내외 대기업들은 협력 업체에 ESG 실사를 요구하는 사례가 늘고 있다. 실사 결과에 따라 고객사와의 거래나 계약이 중단될 수 있기 때문에, 중소기업들은 공급망 ESG 실사에 대한 관심을 더욱 높이고 있다.

현장의 소리

"수출하는 중소기업 K사, EU 공급망 실사 등 규제의 벽이 높아지고 있지만, 어떻게 대응할지 몰라 발만 동동 구르는 상황이다."

대한상공회의소의 조사에 따르면, 현재 중소기업들이 가장 큰 ESG 현안으로 인식하는 것은 공급망 ESG 실사 대응으로 40.3%를 차지했으며, 그 다음으로 ESG 의무 공시(30.3%), 순환 경제 구축(15.7%), 탄소 국경 조정 제도(12.0%) 등의 순으로 나타났다.

그러나 중소기업들은 ESG 경영의 필요성은 인식하고 있지만 실제 대응은 미비한 것으로 분석된다. 대다수의 중소기업은 ESG 규제 도입 및 국내외 고객사, 연기금 등 투자자, 소비자 등의 요구 확대에 따라 ESG 경영이 더욱 중요해질 것이라고 인식하고 있다.

특히 국내 중소·중견기업들은 ESG 경영을 실천할 때 환경(E) 부문에서 가장 큰 어려움을 겪고 있는 것으로 나타났다. 대한상공회의소가 분석한 1,278개 중소·중견기업의 2022~2023년 ESG 실사 데이터에 따르면, ESG 경영 수준을 점수화했을 때 환경(E) 부문은 2.45점, 사회(S) 부문은 5.11점, 지배구조(G) 부문은 2.70점을 기록했으며, 종합 평점은 3.55점으로 나타났다.

그림 6-9 중소·중견기업 ESG 점수 분포(10점 만점 기준)

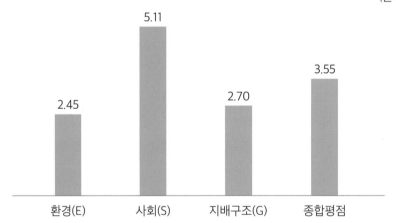

(단위: %)

자료: 대한상공회의소

중소기업은 비용 부담과 내부 전문 인력 부족 등으로 인해 ESG 경영에 대한 실제 대응이 미비한 상태이다. 대한상공회의소의 조사 결과에 따르면, 공급망 실사법에 대한 단기적 대응 수준에 대해 '별다른 대응 조치가 없다'고 응답한 기업 비율이 거의 절반에 이르고 있다.

ESG 경영 추진과 관련하여 중소기업이 겪고 있는 애로 사항으로는 비용 부담이 58.3%로 가장 높은 비율을 차지하며, 다음으로 내부 전문 인력 부족이 53.0%, 경영진의 관심 부족이 16.3%, 현업 부서의 관심 및 협조 부족이 11.0%, 실천 인센티브 부족이 9.0%로 나타났다. 이러한 문제들은 중소기업이 ESG 경영을 효과적으로 추진하는 데 장애가 되고 있다.

표 6-4 ESG 현안 및 ESG경영 추진 관련 기업 애로

(단위: %)

ESG 현안		ESG 경영 추진 관련 기업 애로(복수응답)	
공급망 실사	40.3	비용부담	58.0
ESG 의무 공시	30.3	내부 전문인력 부족	53.0
순환경제 구축	15.7	경영진 관심 부족	16.3
탄소국경조정제도	12.0	현업 부서의 관심 및 협조 부족	3.3
생물다양성 대응	1.3	실천 인센티브 부족	9.0
ESG 위상	0.4		

자료: 대한상공회의소

현장의 소리

"중소기업 업종별, 규모별, 수출·내수 기업 등 다양한 특성에 맞게 ESG 가이드를 제시하고 세밀한 맞춤형 정책이 돼야 한다."

"중소기업 ESG는 오랜 시간 갖고 노력해야 성과를 낼 수 있다. 일회성·단발성 지원책이 아닌 장기적이고 지속적인 지원책이 돼야 한다."

ESG는 현재 전 세계의 메가트렌드이자 세상을 바꾸는 거대한 물결이다. 유럽연합이 탄소국경조정제도(CBAM) 도입 계획을 발표하면서 수출업계에 비상이 걸렸다.

ESG는 현재 전 세계의 메가트렌드이자 세상을 변화시키는 거대한 물결로 자리 잡고 있다. 특히 유럽연합이 탄소 국경 조정 제도(CBAM) 도입 계획을 발표함에 따라 수출업계에 비상이 걸렸다. 이 제도는 탄소 배출이 많은 제품에 대해 세금을 부과함으로써, 유럽 내에서의 탄소 중립 목표를 달성하려는 목적을 가지고 있다. 이에 따라 국내 기업들도 새로운 규제에 적응하기 위해 ESG 경영을 강화할 필요성이 커지고 있다.

ESG 투자와 경영은 이제 글로벌 수준에서 대세로 자리 잡고 있다. 글로벌 지속 가능 투자 연합(GSIA)에 따르면, 2020년 상반기 기준 전 세계 ESG 투자 규모는 40.5조 달러(약 5.5경 원)에 달하며, 2030년에는 ESG 투자가 130조 달러 이상에 이를 것으로 예상되고 있다.

국내에서도 국민연금 등 연기금을 중심으로 ESG 투자가 활발히 진행되고 있으며, 2018년 27조 2000억 원에서 2020년에는 102조 6000억 원으로 급격히 증가하고 있다. 이러한 추세는 기업들이 지속 가능성과 사회적 책임을 중시하는 경영을 채택하게끔 유도하고 있다.

그림 6-10 글로벌 ESG 투자자산 규모

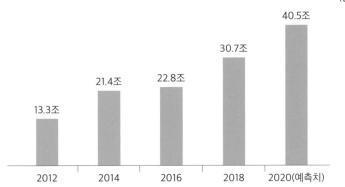

(단위: 달러)

자료: 글로벌지속가능투자연합(GSIA), Bloomberg

중소기업의 ESG 경영 부담을 경감하기 위한 지원책을 강화할 필요가 있다. 기술적인 측면에서는 중소기업이 ESG 경영에 필요한 친환경 기술 개발과 보급을 지원해야 한다. 현재 정책적으로 「ESG 경영 혁신 바우처 프로그램」을 통해 녹색 기술 등을 활용한 시제품 제작은 지원하고 있지만, 완제품 구매 및 양산에 대한 지원은 부족한 상황이다. 따라서 중소기업이 효과적으로 ESG 경영을 추진할 수 있도록, 완제품의 구매 및 양산 단계에서도 지원을 확대하는 방안이 필요하다. 이러한 지원이 이루어진다면 중소기업은 ESG 경영을 보다 쉽게 실천할 수 있을 것이다.

* **바우처**: 일정한 조건을 갖춘 사람이 복지서비스를 이용할 때 정부가 비용을 대신 지급하거나 보조하기 위하여 내놓은 지불 보증서

정부는 「ESG 경영 혁신 바우처 프로그램」을 확대하여 중소기업의 ESG 경영을 위한 컨설팅과 기술 지원을 진행하고 있지만, 중소기업의 현장 수요 증가에 맞춰 지원을 더욱 강화할 필요가 있다.

자금 측면에서는 ESG 경영 컨설팅 및 기술 지원을 위한 바우처를 확대하는 것뿐만 아니라, ESG 경영 실행을 위한 다양한 금융 상품도 확대해야 한다. 더불어 금융 바우처 제공을 늘려 중소기업이 ESG 경영을 효과적으로 실천할 수 있도록 지원하는 것이 중요하다. 이러한 조치들이 중소기업의 ESG 경영 활성화에 기여할 것으로 기대된다.

* 컨설팅: ESG 컨설팅, 경영기술전략, 안전보건 및 규제대응
 기술지원: 시제품 제작, 시스템 및 시설 구축, 친환경·저탄소 관련 인증, 제품시험
 마케팅: 디자인 개선, 브랜드 지원, 홍보 지원

해외 금융회사들은 대출 외에도 채권, 펀드, 보험 등 다양한 금융 상품을 출시하고 있는 반면, 국내 금융회사의 상품 공급은 대출 중심으로 제한적이다. 현재 국내 ESG 관련 대출 상품으로는 ESG 지속 가능성 연계 대출(대한상공회의소-IBK, KB, 하나은행)과 탄소 중립 전환 선도 프로젝트 지원 자금(한국산업단지공단-IBK) 등이 있다.

대변혁의 시대에 접어든 지금, ESG 경영은 선택이 아닌 필수가 되었다. ESG는 규제로 인식되기보다는 새로운 부가 가치를 창출할 수 있는 기회로 여겨져야 한다. 따라서 금융회사는 다양한 ESG 관련 금융 상품을 개발하고 제공함으로써 기업들이 ESG 경영을 보다 쉽게 실천할 수 있도록 지원해야 한다.

현장의 소리

"중소기업들이 ESG 경영을 부담이 아닌 기업 성장의 새로운 가치로 인식할 수 있도록, ESG에 대한 올바른 정보 제공이 중요하다. 이를 통해 중소기업이 ESG 경영을 중시하고 적극적으로 추진하려는 노력을 기울일 것이다."

"중소기업 ESG는 최고경영자가 중시하도록 여건을 조성하며, ESG 실무교육과 전담 조직을 갖춰 체계적으로 추진할 수 있게 정책적으로 지원을 해줘야 한다."

대기업은 ESG 경영 능력과 시스템을 어느 정도 갖추고 속도를 내고 있지만, 대다수의 중소벤처기업 및 스타트업은 이러한 준비가 부족한 상황이다. 그럼에도 불구하고 중소벤처기업과 창업 기업에게 ESG 경영은 피할 수 없는 현실적 과제가 되고 있다.

이러한 기업들은 ESG 경영을 통해 경쟁력을 강화하고 지속 가능한 성장을 추구해야 하며, 이를 위한 체계적인 접근과 지원이 필요하다. 정부와 관련 기관은 중소기업이 ESG 경영을 효과적으로 실천할 수 있도록 다양한 지원책을 마련해야 한다.

현장의 소리

예비 청년 창업가 C씨는 기후변화와 ESG(환경, 사회, 지배구조)가 주요 이슈로 떠오르고 있으며, 미래의 핵심 과제가 될 것으로 예상하여 이 분야에서 창업에 도전하고 있다. 그는 아이템을 개발하기 위해 몇 명의 개발자와 함께 제품 개발을 준비 중인데, 여러 가지 걱정이 있다고 전했다. C씨는 "우리가 구상하는 기후변화 관련 비즈니스가 이미 세계적으로 출시된 것인지, 사업성이 있는지, 그리고 우리의 아이템이 어떤 차별성을 갖고 있는지 등에 대해 전반적으로 확신이 없다"고 밝혔다. 인터넷을 통해 정보를 수집하고 학습하며 토론했지만, 이를 통해 충분한 파악이 어려운 상황이다. 그는 "같은 분야에서 창업을 준비 중인 다른 예비 창업자들도 많은데, 이런 새로운 ESG 분야의 창업을 고려할 때 진단하고 방향성을 제시해 줄 수 있는 사전 컨설팅과 같은 정책적 뒷받침이 있으면 좋겠다"고 강조했다. C씨의 바람은 ESG 분야의 창업이 더욱 활성화되기 위해서는 정부나 관련 기관에서 예비 창업자들에게 실질적인 지원과 컨설팅을 제공해야 한다는 것이다.

중소벤처기업이 ESG 경영에 적극 동참할 수 있도록 ESG 경영 생태계를 구축하는 것이 중요하다. 대기업은 협력하는 중소벤처기업과 함께 ESG를 추진하는 상생 협력 관계를 형성해야 한다. ESG는 기업 자체의 의지와 노력만으로 이루어지는 것이 아니며, 관련 기술의 발전도 필수적이다. 따라서 ESG 전문 스타트업이 많이 탄생하여 ESG가 빠르게 확산될 수 있는 기반이 마련되어야 한다. 우리나라에서 새로운 ESG 지평을 여는 혁신형 창업가들이 많이 나오기를 기대한다. 이들은 ESG 경영을 통해 지속 가능한 미래를 만들어 나가는 데 중요한 역할을 할 것이다.

⑨ 그린뉴딜, 변화의 기로에 선 중소기업의 미래!

그린뉴딜 분야에 속하는 스타트업 K사는 지난 3년간 투자를 통해 기술 개발을 완료했지만, 실제 매출처를 개척하는 데 어려움을 겪고 있다. 대표이사 M씨는 "그린뉴딜 분야에서 개발한 제품에 대해 정부가 매출처를 연결해 주거나 공공 조달을 통해 시장을 열어주는 정책을 추진해 주기를 바란다"고 어려움을 호소했다. M씨는 이러한 정책적 지원이 필요하다고 강조하며, 정부가 적극적으로 스타트업과 협력하여 신기술이 실제로 시장에서 활용될 수 있도록 도와야 한다는 점을 언급했다.

영국의 국제 경제 주간지 이코노미스트의 2020년 8월 특집기사에는 흥미로운 삽화가 실렸다. 사각의 링 위에서 지구와 신종 코로나바이러스 감염증(코로나19)이 권투 글러브를 끼고 혈투를 벌이는 모습이 그려졌다. 그러나 이 삽화에서 더욱 주목을 끈 것은 코로나19 뒤에서 다음 결투를 기다리는 기후변화의 존재였다. 기후변화는 코로나19와 비교할 수 없을 정도로 거대한 체급을 지니고 있으며, 그 시급성과 심각성을 동시에 드러내고 있었다. 이미지는 코로나19가 불러온 위기 속에서도 기후변화가 여전히 인류가 직면한 중대한 도전이라는 사실을 일깨워주고 있다.

기후변화의 전초전(前哨戰)인 코로나19 팬데믹 속에서 정부는 2020년 7월 '그린뉴딜'을 돌파구로 제시했다. 그린뉴딜의 목표는 두 가지이다.

첫째, 다가오는 기후변화 위기에 적극 대응하는 것이다. 2018년 정부 간 기후변화협의체(IPCC)는 지구 평균 기온이 섭씨 1~2도 상승할 경우, 국가 재난 대응체계를 초과하는 비상사태가 발생할 수 있다고 경고했다. 이는 단순히 식당 이용의 불편을 넘어서, 가뭄으로 인해 식량 부족과 홍수로 인한 피해가 발생할 수 있음을 의미한다. 이산화탄소 배출에 대한 국제적 규제와 압력이 증가하는 가운데, 우리 정부는 그린뉴딜을 통해 기후변화 위기에서 국제 의무를 다하고 선진국 대열에 본격적으로 합류하겠다는 의지를 표명했다. 정부뿐만 아니라 민간 기업들도 코로나19 사태를 통해 기후변화의 심각성을 인식하고 변화를 촉진하고 있다.

둘째, 에너지 전환을 통한 산업 구조 개편과 일자리 창출이다. 한국 경제의 성장 기차는 이미 오래전부터 속도가 줄어들고 있었고, 혁신이 없다면 '일본의 잃어버린 20년'과 같은 장기 불황을 경험할 수 있다. 에너지 산업과 시장은 잠재력이 크지만, 혁신적인 변화가 필요하다. 정부는 그린뉴딜을 통해 친환경 에너지로의 전환을 촉진하고, 새로운 산업 구조를 통해 일자리를 창출하는 데 중점을 두고 있다. 이러한 노력은 지속 가능한 경제 성장을 위한 필수 조건이 될 것이다.

그린뉴딜이 집중하는 분야는 주로 산업 파급 및 고용 유발 효과가 큰 사업들이다. 한국판 뉴딜의 또 다른 축인 디지털 기술과의 융합을 통해 단기적으로는 경기 침체에서 빠르게 회복하고, 장기적으로는 국제 사회에서의 산업 경쟁력을 확보할 수 있을 것이다.

이를 위해서는 대규모 재정 투입이 성공적인 산업 혁신으로 이어지도록 국가 전반의 협력이 필요하다. 경제 성장의 기차를 다시 달리게 해야 한다. 그린뉴딜은 단순한 환경보전 문제가 아니라, 환경보전을 통해 경제 성장을 이끌겠다는 패러다임의 전환을 의미한다. 중소기업은 이러한 전환의 흐름에 올라타야 하며, 지속 가능한 성장을 위한 새로운 전략과 혁신을 모색해야 할 시점이다.

결국, 그린뉴딜은 환경적 가치와 경제적 가치를 동시에 추구하는 기회이며, 중소기업은 이 과정에서 중요한 역할을 할 수 있다. 지속 가능한 발전을 위한 기술 혁신과 협력의 필요성이 더욱 커지고 있는 만큼, 중소기업들은 ESG 경영과 디지털 혁신을 통해 변화에 능동적으로 대응해야 할 것이다.

런던증권거래소그룹(LSEG)이 2024년 7월 발간한 녹색경제 투자 트렌드에 대한 연례 보고서에 따르면, 전 세계 녹색경제 규모는 FTSE 환경 기회 올쉐어 지수(FTSE EOAS 지수)를 기준으로 추산한 결과, 2022년에 급락한 이후 2023년에 반등하여 2024년 1분기 기준으로 7조 2000억 달러(약 9920조 원)에 달하는 것으로 나타났다.

이 보고서는 녹색경제의 회복세를 강조하며, 지속 가능한 투자와 관련된 기업들이 환경적 기회를 활용하여 경제 성장에 기여하고 있음을 보여준다. 이는 ESG 경영이 기업의 경쟁력뿐만 아니라 글로벌 경제에도 중요한 영향을 미친다는 점을 잘 반영하고 있다. 이러한 추세는 중소기업에게도 기회가 될 수 있으며, 지속 가능한 경영을 통해 새로운 시장을 창출할 수 있는 가능성을 제공한다.

우리나라의 녹색산업 시장 점유율은 세계 시장에서 2%에 불과하지만, 세계 녹색산업 시장 규모는 약 1조 2,000억 달러에 달하며, 이는 반도체 시장의 3배에 해당한다. 이러한 통계는 녹색산업이 향후 성장 가능성이 높은 분야임을 보여주고 있다.

전 세계적으로 기후변화에 대한 대응이 중요해짐에 따라, 녹색산업은 지속 가능한 발전과 혁신을 이끌어낼 수 있는 주요 산업으로 자리 잡고 있다. 한국이 이 시장에서 더 큰 점유율을 차지하기 위해서는 기술 개발과 투자를 통한 경쟁력 강화, 정책적 지원이 필요할 것이다. 이는 중소기업에게도 기회가 될 수 있으며, 녹색 산업에 대한 참여와 혁신이 중요해질 것이다.

우리 정부는 2024년 2월에 발표한 '글로벌탑 기후환경 녹색산업 육성방안'을 통해 기업 성장 단계에 맞춘 지원을 제공하여 오는 2027년까지 1,000개 이상의 그린 스타트업과 10개의 예비 그린 유니콘 기업을 육성하겠다는 계획을 세웠다. 이와 함께 이차전지 순환이용성 향상 기술 등 10개 기술을 글로벌 선도 녹색기술로 선정하여 R&D 지원을 집중적으로 진행할 방침이다. 또한, 녹색 산업의 국내 성장 기반을 강화하기 위해 2028년까지 폐배터리, 반도체, 태양광 패널 등 지역 산업과 연계한 녹색 융합 클러스터 10개소를 조성할 계획이다. 이를 통해 녹색 투자 확대(20조 원)와 신시장 창출 등 지속 가능한 해외 진출 기반을 마련하여 2027년까지 '해외 진출 100조 원'을 달성할 목표를 가지고 있다. 이러한 노력은 중소기업과 스타트업이 녹색 경제에서 중요한 역할을 할 수 있는 기반을 마련하는 데 기여할 것으로 보인다.

현장의 소리

"녹색 비즈니스는 중소벤처기업에 장애가 아니라 새로운 기회가 될 수 있다. 중소기업들이 규제로 인식 않고 신사업 기회를 창출할 수 있게 정책적으로 잘 이끌어 줘야 한다."
"중소벤처기업이 적극 참여하도록 견인하는 녹색기술, 녹색금융 등 종합적 지원이 확대돼야 한다."

과거 IMF 외환위기 속에서 정보기술IT 경제로의 전환을 통해 중소벤처 시대가 열렸듯, 그린뉴딜은 중소기업에게 새로운 기회의 장이 될 수 있다. 과거 IMF

외환위기에서처럼, 현재의 기후 위기도 혁신과 전환의 기회로 삼아야 한다. 중소기업들이 변화를 두려워하지 않고, 적극적으로 그린 경제로의 전환을 모색한다면, 이는 기업의 생존뿐만 아니라 지속 가능한 성장으로 이어질 것이다.

기후위기에 대응하는 기술의 수요가 빠르게 증가하면서 벤처 스타트업들이 이 분야에서 사업을 시작하고 있다. 하지만 기술 개발에는 막대한 자금과 시간이 필요하고, 마케팅 또한 큰 도전 과제로 남아 있다.

변화를 결심한 중소기업들이 그린 뉴딜의 주역이 될 수 있도록 혁신적인 녹색 금융이 뒷받침되어야 한다. 그린 기술을 보유한 혁신 스타트업과 벤처기업에는 직간접적인 모험 자본을 제공하고, 전통 중소 제조업체의 스마트화도 적극 지원해야 한다.

지금 우리는 산업구조 전환이라는 중대한 변곡점에 서 있다. 우리나라 경제의 핵심 축인 중소벤처기업들이 그린뉴딜이라는 거대한 흐름을 타고 새로운 가치를 창출할 수 있기를 기대한다. 이러한 변화는 지속 가능한 미래를 구축하는 데 필수적이며, 중소기업의 혁신과 창의성이 이끌어낼 기회가 무궁무진하다.

⑩ 기상이변의 빈발, 산업계의 적극적인 대비가 필요하다

충남에 위치한 K사는 40년 동안 경영을 해온 제조 중소기업으로, 처음으로 기상이변으로 인해 생산제품을 제때에 납품하지 못하는 사태를 겪었다. 에너지 차질로 인해 기계가 멈추거나 갑작스러운 폭우로 공장이 물에 잠기는 상황이 일상이 되어버렸다. 게다가 기온 상승으로 제품의 하자도 발생하고 있다. 자연재해로 인한 납품 지연임에도 불구하고, 거래처는 이러한 사정을 고려하지 않았다. 결국 바이어와의 신뢰관계가 깨졌고, K사는 엄청난 피해 금액을 물어줘야 했다. 이러한 사례는 기상이변이 기업 운영에 미치는 부정적인 영향을 잘 보여주며, 기업들이 이에 대한 대책을 시급히 마련해야 할 필요성이 있음을 시사한다.

세계 각지에서 기상이변으로 인한 피해가 잇따르고 있다. 폭우와 폭염 등 계절에 상관없이 발생하는 이러한 기상이변은 기업 활동에도 막대한 영향을 미치고 있다. 그동안 많은 기업이 기상이변에 크게 주목하지 않았지만, 최근 그 피해가 점차 눈에 띄게 나타나고 있다.

2021년 노벨 물리학상은 120년 역사상 처음으로 기상학 분야에서 수상자가 나왔다. 수상자는 미국 프린스턴대의 마나베 슈쿠로 교수와 독일 막스플랑크 기상연구소의 창립자 클라우스 하셀만이다. 이들은 지구 온난화 예측 가능성을 높인 공로를 인정받았다.

오늘날 전 세계적으로 폭염과 한파 등 기상이변의 위험이 매년 심각해지고 있다. 2024년 여름, 한반도는 여러 폭염 기록을 갈아치웠으며, 특히 서울의 열대야 연속 일수는 30일을 넘어 2018년 기록(26일)을 경신했다.

세계경제포럼(WEF)이 발표한 '2021 글로벌 리스크 보고서'에 따르면, 발생 가능성이 높은 리스크 중 상위 3개가 모두 기후변화와 관련된 것이었다. 그 위험 요소는 극단적인 기상현상, 기후변화 대응 실패, 인간이 초래한 환경 피해 등이었다.

기후변화로 인한 자연재해는 막대한 경제적 손실을 초래하며, 산업에 미치는 영향도 상당하다. 2020년 환경부가 발표한 '한국 기후변화 평가보고서'에 따르면, 기후변화는 국내 광공업 및 서비스업 768개 업종 중 27.1%에 해당하는 208개

업종에 영향을 미치는 것으로 분석됐다.

특히, 반도체와 자동차 같은 핵심 산업에서 자연재해로 인한 피해가 점차 커지고 있다. 반도체 산업은 가뭄으로 공업용수 공급이 제한되어 생산에 차질을 빚고 있으며, 자동차 산업은 한파와 폭설로 인해 부품 공급에 어려움을 겪고, 에너지 공급마저 차단되는 상황에 직면하고 있다.

이에 우리 정부는 빠르게 대응하고 있다. 2050 탄소중립위원회는 2030년까지 온실가스 배출량을 2018년 대비 40% 감축하는 '2030 국가 온실가스 감축목표(NDC)'와 온실가스 순배출량을 '제로(0)'로 하는 탄소중립 목표를 의결했다. 이는 산업계에 부담이 될 수 있지만, 새로운 가치를 창출하는 시대적 과제로 평가된다.

한국은행은 2024년 8월 19일, 이상기후가 농작물 재배, 산업 생산, 그리고 노동 생산성에 미치는 영향을 분석한 '기후위험지수(CRI, Climate Risk Index)'를 발표했다. 이 지수는 이상고온, 저온, 강수량, 가뭄, 해수면 상승 등 5가지 요인의 변화 추세를 종합적으로 분석한 결과다. 1980~2000년을 기준으로 2001~2023년의 기후 변화 추세를 포착한 결과, 1980~2000년의 기후위험지수 평균을 0으로 설정했을 때, 2001~2023년의 평균은 1.731로 상승한 것으로 나타났다.

이상기후는 산업 생산을 둔화시키고 물가를 끌어올리는 영향을 미친 것으로 분석됐다. 폭염이나 폭우 같은 예기치 못한 기상 이변이 발생하면, 약 12개월 후 산업생산 증가율이 0.6%포인트 감소하는 것으로 나타났다. 2001~2023년 동안 이상기후로 인해 농림어업 성장률은 최대 1.1%포인트, 건설업은 최대 0.4%포인트 감소한 것으로 파악됐다. 이는 원자재 수급 차질과 재고 유지 비용 증가 때문으로 분석된다. 이상기후가 산업별 성장에 미친 영향을 보면, 농림어업은 최대 1.1%포인트, 건설업은 최대 0.4%포인트 성장률을 떨어뜨리는 결과를 보였다.

그림 6-11 시도별 기후위험지수

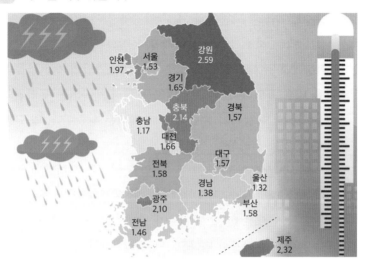

그림 6-12 이상기후 충격이 산업별 성장에 미친 영향

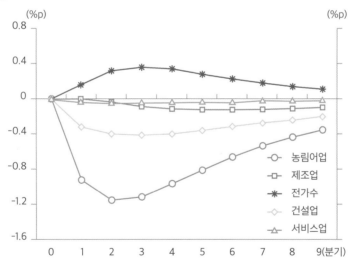

자료: 한국은행

    노동생산성도 감소하고 있다. 국제노동기구(ILO)는 지구 온도가 21세기 말까지 산업화 이전 대비 1.5도 상승할 경우, 2030년까지 노동시간 감축 규모를 풀타임 일자리 수로 환산하면 약 8,000만 개에 이를 것으로 분석했다.

이상기후가 일상화되면서, 이상기후는 세계 산업 지형을 뒤흔들 중요한 변수로 떠올랐다. 고물가, 고금리, 고환율의 '3高' 위기와 장기적인 내수 경기 침체 속에서 경영난에 시달리는 중소기업들이 역대급 폭염과 잦은 폭우로 더욱 어려움을 겪고 있다. 이상기후는 각종 물가를 상승시켜 중소기업의 생산성을 떨어뜨리는 부정적 영향을 미치고 있다. 또한 자영업자들 역시 계속되는 무더위와 이상기후로 인해 농산물 가격이 폭등하자 손님이 크게 줄어든 상황이다. 몇 달째 이어진 폭염으로 '전기료 폭탄'을 우려하는 자영업자들도 늘어나고 있다.

경기도에서 음식점을 운영하는 L씨는 "연일 이어지는 무더위에 열대성 폭우까지 겹쳐 손님이 평소 대비 50%나 줄었다"고 하소연했다. 커피 전문점을 운영하는 자영업자 D씨도 "폭염으로 한 달 전기료가 작년보다 30만 원 넘게 올랐다. 하루 종일 에어컨을 틀어도 손님들이 덥다고 불평한다"고 말했다.

현장의 소리

"기상이변이 중소기업 경영의 핵심 요소로 등장했다. 미래는 더 중요한 경영 요소가 될 것이다. 기상이변으로 중소기업계가 우왕좌왕 하지 않도록 해야 한다."
"정부는 기상이변 예측력을 높이고 중소기업계에 미칠 영향을 미리 분석하고 예측해서 중소기업이 선제적으로 대응하도록 해야 한다."

이상기후가 현실로 다가오면서, 중소기업계를 위한 기후 리스크 관리 대응 전략과 지원책을 더 이상 미룰 수 없는 과제가 되었다. 중소기업들은 기상이변으로 인한 공급망 차질 발생 시 피해를 최소화할 수 있도록 대비책을 마련해야 한다. 또한, 자연재해로 인한 피해는 해당 국가뿐만 아니라 전 세계에 영향을 미치므로, 국제 사회의 일원으로서 탄소중립 달성을 위한 연대와 협력을 강화해야 한다. 이런 맥락에서 중소기업의 ESG 경영은 확산되고 지속되어야 할 필요가 있다.

⑪ 지구를 살리는 기후테크 벤처, 이제는 키워야 할 때!

기후 테크 스타트업 R사는 지난 5년 동안 기술 개발에 많은 투자를 해왔지만, 이제 자금이 바닥난 상황이다. VC(벤처 캐피탈)에 투자 요청을 하러 다녔지만, 매출 실적이 없다는 이유로 거절당하고 말았다. 대표이사 O씨는 "기후테크와 같은 미래 기술 스타트업에 대해서는 정부가 나서 펀드 조성 등을 확대하고, 적극적으로 투자할 수 있는 생태계를 구축하는 것이 중요하다"고 강조한다. 이러한 지원이 이루어진다면, 기후 테크 스타트업이 글로벌 시장에서 활발히 활동하며 기후위기에 효과적으로 대응할 수 있을 것이다.

지구가 펄펄 끓고 있다. 2023년 7월 3일부터 31일까지 전 세계 평균 기온은 섭씨 17.08도로 집계됐다. 이는 이전 최고치인 16.8도(2016년 8월)를 크게 웃도는 수치다. 이러한 현상을 바탕으로 세계기상기구(WMO)는 현재의 여름이 역대 가장 더운 달로 기록될 것이라고 예측했다. 극심한 폭염의 기세가 좀처럼 수그러들지 않고 계속되고 있다.

기후 급변으로 인한 폭염은 거의 모든 지역에서 동시에 발생하고 있다. 비영리 기후변화 연구 그룹 '클라이밋 센트럴(Climate Central)'은 전 세계 각 지역이 겪은 폭염 정도를 지수화한 결과를 발표했으며, 이 분석에 따르면 지구촌 인구의 81%에 해당하는 65억 명이 기후변화로 인한 폭염을 경험했다고 한다.

기후 변화가 초래한 극한 폭염은 한두 해로 끝나지 않고 앞으로도 더욱 심각해질 것으로 예상돼, 지구의 미래에 대한 우려가 커지고 있다. UN 사무총장 안토니우 구테흐스(Antonio Guterres)는 "지구 온난화(Global Warming) 시대는 끝났고, 이제 지구 열대화(Global Boiling) 시대가 도래했다"며, 현재의 기후 변화는 시작에 불과하다고 경고했다.

기후 위기는 곧 경제 문제로 연결된다. 기상 이변은 자연 생태계를 파괴할 뿐만 아니라 경제 패러다임까지 변화시키고 있다. 공급 차질은 물가 상승을 압박하고, 기업의 생산성을 저하시킨다. 기상이변으로 인해 농수산, 산림, 제조업, 관광 서비스 등 산업 전반의 질서가 붕괴되면서 경제 곳곳에서 기후 문제로 인한 큰 영향을 받고 있다.

기후위기에 대한 대응은 모든 국가뿐만 아니라 경제 주체들이 적극적으로 나서야 할 때다. 그 중에서도 가장 핵심적인 요소는 기술이다. ICT를 비롯한 인공지능(AI), 사물인터넷(IoT), 빅데이터 등을 활용해 기상 이변을 완화할 수 있는 기술 기반의 기업들이 많이 탄생해야 한다. 기후테크(Climate Tech) 벤처 스타트업에 도전하는 청년들이 많아질수록 지구의 미래도 더욱 밝아질 것이다.

최근 미래 먹거리로 각광받는 애그테크(농업 Agriculture와 기술 Technology의 합성어)가 주목받고 있는 이유 중 하나다. 그러나 4차 산업혁명 시대에 기후테크 벤처 스타트업이 다른 스타트업에 비해 많이 출현하지 않는 현실은 안타까운 일이다. 다양한 요인이 있겠지만, 기후테크 기업은 시작하고 성장하기까지 많은 시간과 투자가 필요한 분야다. 이는 마라톤처럼 쉬지 않고 도전하며 달려야 하는 과정이다. 이러한 특성 때문에 수많은 데스밸리를 극복하고 비즈니스 성과를 내기까지 오랜 시간이 소요되고, 일반 스타트업보다 접근이 더 어려운 것이 사실이다.

> **현장의 소리**
>
> "기후 테크 분야에 대한 창업이 증가할 것으로 예상된다. 이 분야는 데이터, 시간, 자금이 상당히 필요한 비즈니스이기 때문에, 일반 창업보다 더욱 정책적인 관심과 지원이 필요하다."
> "초기에는 정부나 공공기관이 방향과 지원책을 제시하고, 기술력과 창의력 있는 창업가들이 기후 테크 비즈니스에 뛰어 들 수 있게 기업 생태계 조성이 중요하다."

기후위기에 대응하기 위한 방법은 다양하다. 그중 하나는 기후위기를 예방하고 대응하는 스타트업이 많이 생겨나 기술적으로 탄탄한 기반을 구축하는 것이다. 경제 발전 과정에서 여러 위기를 극복하는 데 크게 기여한 주체가 스타트업을 비롯한 테크 기업들이라는 점은 잘 알려져 있다. 우리나라에서도 창의적인 기후테크 스타트업이 많이 탄생할 수 있도록 지원해야 한다.

기후테크 벤처기업이 싹을 틔우고 지속적으로 성장할 수 있는 건강한 벤처 생태계를 구축해야 한다. 이 분야에서는 정부 및 공공기관과 민간이 지속적으로 관심을 가지고 시스템과 지원 프로그램을 마련하여 원활하게 작동하도록 해야 한다. 그렇게 해야 기후테크 벤처기업이 탄탄한 뿌리를 내려 어떠한 환경에서도 흔들림 없이 성장할 수 있는 토대가 형성될 수 있다.

기후테크 벤처기업을 발굴하고 육성하는 데 있어 혁신 금융의 역할이 매우 중요하다. 기후테크 투자 금융은 단기적인 성과에 집중하기보다는 장기적인 변화를 추구하는 인내 자본이 되어야 한다.

기후 문제를 해결하면서 벤처 스타트업 투자를 높이는 임팩트 금융(impact finance)에 주목할 필요가 있다. 임팩트 금융은 금융을 기반으로 사회 문제를 해결하는 투자 행위로, 사회적 가치와 재무 수익률을 동시에 창출하는 것을 목표로 한다. 글로벌 임팩트 투자 시장은 미국 및 유럽 등 선진국을 중심으로 빠르게 성장하고 있는 추세다.

경제 불확실성으로 인해 전 세계적으로 벤처 투자 시장이 위축되고 있지만, 기후테크 벤처 투자는 크게 증가하고 있다. 글로벌 시장 조사 기관 홀론아이큐(Holon IQ)에 따르면 기후테크에 대한 벤처 캐피탈 투자 금액은 701억 달러(2022년 기준)에 달하고 있다. 우리나라에서도 지구를 살리는 기후테크 벤처기업을 키우는 임팩트 금융이 꾸준히 활성화되기를 기대해 본다.

⑫ ESG 경영, 글로벌 규범으로 자리잡다

글로벌 산업에서 ESG(환경, 사회, 지배구조)는 이제 선택이 아닌 필수가 되었다. 기업들이 ESG를 도입하지 않으면 생존조차 어려운 시대에 접어들었다. 이로 인해 세계적으로 ESG 국제 규범들이 만들어지고 있으며, 우리나라 기업들도 이러한 국제 규범에 맞춰 ESG 경영을 추구해야 한다. 지금 이 바로 그 시점이다. 인천에 위치한 K사의 L회장은 유럽으로 철강을 수출하며 모든 경영 역량을 ESG에 맞추고 있다고 전한다. L회장은 "회사가 ESG 경영을 소홀히 하면 생존할 수 없다. 그래서 회사에 전담 부서를 설치하고 전 임직원들에게 지속적으로 ESG의 중요성을 강조하고 있다"고 말했다. 그러나 L회장은 "다른 중소기업들은 아직 이에 대해 잘 준비하지 못하고 있어, 정책적 노력이 더 강화돼야 할 것"이라고 조언했다. ESG 경영이 중소기업에서도 제대로 정착될 수 있도록 정부와 관련 기관의 지원이 필요하다는 점을 강조하는 모습이다.

글로벌 산업계의 화두로 ESG(환경, 사회, 지배구조)가 부상하고 있다. 코로나19가 전 세계적으로 확산되어 인류에게 재앙이 되면서 ESG의 중요성이 더욱 강조되고 있다. 코로나19의 주요 원인 중 하나가 인위적 자연 파괴로 인한 기후 변화에 있는 것으로 알려졌기 때문이다.

그동안 이윤 창출 극대화를 지향해 온 기업들은 ESG 경영이라는 새로운 과제를 부여받게 되었다. 기업의 경영 전략에서 온실가스 배출량 감소(Environment), 사회에 대한 기여(Social), 이사회 구성의 투명성을 통한 윤리 경영(Governance) 등이 필수적으로 고려되어야 하는 요소로 자리 잡았다.

이미 글로벌 자산운용사 블랙록의 래리 핑크 최고경영자(CEO)는 투자를 결정할 때 지속 가능성과 기후 변화, 즉 ESG를 기준으로 삼겠다고 공언했다. 과거의 패러다임에 안주하며 변화하지 않는 기업은 대규모 투자 유치를 기대하기 어려운 시대가 도래한 것이다.

더 나아가 ESG는 글로벌 규범으로 자리 잡을 전망이다. 유럽연합(EU)은 새로운 국제회계기준(IFRS)에서 ESG를 재무제표에 반영하는 방안을 검토하고 있다. 이에 따라 ESG 경영에 소홀한 기업은 앞으로 유럽에서 활동하기 어려워질 것이다. 또한 세계 최대 온라인 쇼핑몰 기업인 아마존은 ESG 경영을 준수하는 기업과의 거래를 늘리겠다고 선언하기도 했다.

이제 ESG 경영을 하지 않는 기업은 투자자와 소비자로부터 멀어져 생존을 위협받게 될 것이다. ESG 경영이라는 새로운 경영 패러다임은 우리 중소벤처기업에게 위기이자 기회로 작용하는 양날의 검이 될 것이다. 뒤처진 기업은 역사 속으로 사라지는 반면, 시대의 흐름에 민첩하게 올라탄 기업은 세계를 무대로 화려하게 등장할 수 있다.

우리 중소벤처기업들은 변화하는 상황에 민첩하게 대응하는 놀라운 적응력을 보여왔다. 중소벤처기업이 친환경을 추구하며 지속적인 혁신에 힘쓴다면, 우리 사회에서 차지하는 위치와 역할은 이전보다 더 높게 재설정될 것이다.

향후 10년은 ESG의 핵심 이슈인 친환경성과 지속 가능성을 기업의 경영 전략에 통합하여 미래 지향적인 중소벤처기업으로 탈바꿈하는 골든타임(Golden Time)으로 기억될 것이라고 생각한다. 정부와 지원 기관은 중소벤처기업을 위한 ESG 10년 플랜을 수립하고, 이를 실행할 수 있도록 종합적인 지원을 해야 할 것이다.

ESG 글로벌 규범에 대응하기 위해 중소기업은 전략적 접근과 지속적 개선을 통해 각 규범의 요구사항을 충족해야 한다. 이를 통해 규범 요구사항을 충족하며 경쟁력을 높이고, ESG 경영을 통한 장기적인 성장 기반을 마련할 수 있다.

- **ESG 전략 수립 및 목표 설정:** 기업의 특성에 맞는 ESG 전략을 수립하고, UN 지속가능발전목표(SDGs)나 OECD 가이드라인 등을 참고하여 구체적 목표를 설정한다. 환경 보호, 사회적 책임, 투명한 지배구조 등 각 규범에 부합하는 장기적 목표와 단기적 목표를 세우고 이행을 위한 계획을 마련한다.

- **지속 가능한 운영 체계 구축**: 환경, 사회, 지배구조 분야에서 표준화된 운영 체계를 구축해야 한다. 예를 들어, 환경 분야에서는 TCFD(기후변화 관련 재무정보 공개 협의체) 권고사항에 맞춰 기후 리스크 분석과 탄소배출 관리 체계를 수립하고, SASB(지속가능성 회계기준위원회) 지침을 따라 산업 특유의 ESG 리스크를 관리해야 한다.
- **이해관계자 참여 강화**: 이해관계자의 의견을 반영하여 ESG 정책을 개발하고 이를 소통하는 것이 중요하다. UN 글로벌 컴팩트(UNGC)와 같은 글로벌 표준의 가이드라인을 준수하면서, 고객, 투자자, 지역사회와 협력해 기업의 책임 경영을 강화해 나가야 한다.
- **지속 가능한 공급망 관리**: 공급망의 모든 단계에서 환경, 인권, 윤리 기준을 준수하도록 관리해야 한다. 공급업체에게도 ESG 규범을 준수하도록 요구하고, 협력사를 정기적으로 평가하며 개선 방안을 제시하는 것도 필요하다.
- **ESG 데이터 관리 시스템 도입**: ESG 성과 측정 및 관리 시스템을 구축하여 관련 데이터를 수집하고 분석해야 한다. 이를 통해 정량적 지표를 바탕으로 목표 달성 상황을 모니터링하고, 이를 이해관계자와 소통하여 신뢰를 확보할 수 있다.
- **투명한 보고 및 공개**: ESG 보고서를 정기적으로 발행하여 투명성을 제고해야 한다. 재무적·비재무적 데이터를 포함하여 투자자와 이해관계자들이 기업의 ESG 성과와 리스크를 평가할 수 있도록 명확한 정보 제공이 필요하다.
- **임직원 교육 및 내부문화 조성**: ESG 경영이 모든 임직원에게 스며들도록 교육을 강화해야 한다. ESG 실천에 대한 교육을 제공하고, 임직원들이 ESG 경영의 중요성을 인식하고 실천할 수 있는 내부 문화를 조성해야 한다.

⓲ 사회적 나눔과 연대의 문화, 팬데믹 극복의 힘!

코로나 팬데믹으로 우리 사회와 경제는 전례 없는 어려움을 겪었다. 이 힘든 여정에서 가장 큰 타격을 입은 계층은 소상공인, 자영업자, 취약한 중소기업, 그리고 서민들이었다. 그럼에도 불구하고, 이들은 남을 탓하지 않고 함께 극복하려는 노력을 기울였다. 그 과정에서 따뜻한 배려와 나눔이 있었기에 버틸 수 있었다. 서울에서 작은 식당을 운영하는 M 사장은 코로나19 시기에 장사가 저조해 30년간 운영해온 식당을 닫으려 했다. 그는 "지금 생각해 보면, 정부의 지원뿐만 아니라 자재를 공급해 주던 분들, 월급이 밀려도 불만 없이 참아준 종업원, 그리고 따뜻한 이웃들의 사랑이 없었다면 재개하기 어려웠을 것"이라고 마음을 전했다. 이러한 소중한 관계와 지원이 어려운 시기를 극복하는 데 큰 힘이 되었음을 잘 보여준다.

우리 사회는 신종 코로나바이러스 감염증으로 전례 없는 위기와 변화를 겪었다. 바이러스의 급속한 확산은 보건 체계의 위기를 초래했을 뿐만 아니라, 교육과 보육의 공백을 초래하고, 경기 위축으로 인해 기업과 소상공인에게도 큰 어려움을 안겼다.

코로나19에 따른 경제 위기는 과거의 외환위기와 글로벌 금융위기와는 비교할 수 없을 정도로 오랜 기간 지속되며 그 여파가 컸다. 2020년 3월 4일 발표된 유엔무역개발회의(UNCTAD) 보고서에 따르면, 코로나19로 인해 전 세계 수출액이 59조 원 감소하고, 한국의 수출도 4조 원 줄어들 것으로 예측되었다. 경제협력개발기구(OECD)는 2020년 세계 경제 성장률 전망치를 종전 2.9%에서 2.4%로 하향 조정했다. 글로벌 신용평가사 스탠더드앤푸어스(S&P) 역시 2020년 한국의 경제 성장률이 -0.6%로 역성장할 것으로 전망했다.

급작스럽게 확산된 코로나19로 인해 한국 정부, 시민사회, 기업의 위기 대응 능력이 시험대에 올랐다. 다행히도 우리 정부와 시민사회의 대응은 코로나19의 확산보다 빨랐다. 정부의 신속한 방역 체계 구축과 의료진의 헌신적인 노력, 시민사회의 '사회적 거리 두기 운동'과 '착한 임대료 운동' 등이 효과를 거두었다는 평가를 받고 있다.

경기 악화에 대응해 정부는 신속한 금융 지원 대책을 발표했다. 코로나19는 우리 사회에 두려움과 불신의 간극을 만들었지만, 국민들은 나눔과 연대의 힘으로 그 간격을 극복했다.

이와 같은 한국의 코로나19 극복 노력은 해외에서도 롤 모델로 회자되었다. 코로나19가 급속히 확산되던 시점에 유럽과 북미 지역의 보건당국과 언론은 한국의 신속한 대응과 시민들의 자발적인 참여를 모범 사례로 언급하며, 이를 배워보려는 협조 요청이 잇따랐다.

앞으로도 코로나19와 같은 사회경제적 타격을 주는 강력한 질병이 나타날 가능성이 있다. 그때 우리 기업은 위기를 어떻게 극복해야 할까? 예상치 못한 상황에 대응하기 위해 중소기업은 위기를 이겨내고 구성원 및 이해관계자와의 신뢰 형성에도 힘써야 한다. 중소기업 경영진은 현재 직면한 위기를 정확히 진단하고, 이에 상응하는 대응 조치를 신속히 이행하며 신뢰 기반의 리더십을 발휘해야 한다.

현장의 소리

"예상치 못한 외부 변수로 위기가 장기화되면, 기업에 대한 직접적인 자금 지원도 중요하지만, 기업의 임직원뿐만 아니라 사회 전체가 함께 위기를 극복할 수 있는 여건 조성이 더욱 중요해질 수 있다. 코로나 팬데믹의 경험을 토대로, 기업과 사회가 함께 극복할 수 있는 가이드를 마련해야 한다."

우리 중소기업은 위기를 극복하는 DNA를 가지고 있다. 함께 위기를 이겨낸 중소기업은 강한 신뢰를 바탕으로 더 성장할 수 있는 힘을 얻게 될 것이다. 위기가 찾아왔을 때는 정부의 적극적인 지원책을 활용하면서도, 기업 스스로의 생존 전략을 잘 수립해야 한다. 질병이나 경제 위기 이후에는 신속히 정상적인 경영체제로 복귀하되, 위기를 기회로 삼아 더 도약할 수 있는 방안도 함께 구상해 두어야 한다.

앞으로도 예상치 못한 팬데믹이 언제든 발생할 수 있다. 그때에도 모든 경제 주체들은 우리 중소기업이 현재의 위기를 극복하고 더 튼튼해질 수 있도록 든든한 버팀목이 되어줄 것이다. 취약한 중소기업, 소공인, 그리고 자영업자들은 지금의 어려움을 포기하지 않고 견뎌낸다면, 머지않아 더 나은 세상이 열릴 것이다. 중소기업과 소상공인, 자영업자 곁에는 언제나 따뜻한 이웃 사회가 함께하고 있기 때문이다.

⑭ 비콥 운동에 주목하는 까닭은?

사람과 마찬가지로 기업도 오랫동안 지속되고 성장하기를 원한다. 이를 위해 기업은 기술 개발과 혁신을 통해 끊임없이 변화를 추구하며 성장해 왔다. 지금까지는 기업이 내부 경영에만 전념하면 되었지만, 미래에는 경영 못지않게 외부 문제와 사회 기여 활동이 중요해질 것이다.

실제로, 공익 활동을 통해 기업과 제품의 이미지를 높이는 전략이 경영에서 매우 중요해졌다. 그러나 그동안 중소기업 CEO들은 이러한 문제에 큰 관심을 두지 못했던 것이 사실이다. 이제는 기업의 지속 가능성을 위해 사회적 책임을 다하고, 지역 사회에 긍정적인 영향을 미치는 방향으로 나아가는 것이 필수적이다. 이를 통해 기업은 더 나은 이미지를 구축하고, 고객의 신뢰를 얻을 수 있을 것이다.

기후 위기, 불공정, 불평등, 양극화 등은 우리 사회가 안고 있는 중요한 과제들이다. 이러한 문제에 대한 해결책으로 비콥(B Corp) 운동이 주목받고 있다. 비콥 운동은 기업과 사회가 함께 성장하는 새로운 모델로, 지속 가능한 포용적이고 상생적인 기업 문화를 구축하는 데 기여하고자 한다.

전 세계적으로 비콥 인증(B Corp Certification)을 확산시키려는 비콥 운동에 대한 관심이 증가하고 있다. B-Corp의 슬로건은 이해 관계자를 포용하고, 이익과 성과를 함께 창출하고 공유하며, '세상을 위한 최고(best for the world)'를 추구한다.

비콥 인증은 주주 중심의 이윤 추구에서 벗어나 사회와 환경 전반에 긍정적인 혜택을 확대하기 위해 2007년 비영리법인 비랩(B Lab)이 만든 글로벌 사회적 기업 인증 제도이다. 이 인증은 기업이 단순히 이익을 추구하는 것이 아니라, 이해관계자(고객, 직원, 지역사회 등)와 환경에 미치는 영향을 고려하여 지속 가능한 경영을 실천하도록 유도한다.

비콥 인증의 대상과 요건은 무엇인가? 비콥 인증은 지역사회, 고객, 환경, 지배구조, 구성원 등 다양한 분야에서 일정 기준을 충족하는 기업에 부여된다. 이 인증의 핵심은 BIA(B Impact Assessment)라는 평가지표로, 이를 통해 기업의 사회적 및 환경적 영향을 평가한다. 또한, 비콥 인증은 기업의 과거 운영을 기준으로 평가하고 검증하기 때문에, 최소한 운영 기간이 1년 이상이어야 인증을 받을 수 있다.

2007년 이후, 미국을 포함한 주요 국가에서 비콥 인증이 활발히 진행되어 현재 약 80개국에서 5,300개 기업이 참여하고 있다. 한국에서도 중소벤처기업을 중심으로 약 20개 기업이 비콥 인증을 획득했다.

기업이 비콥 인증을 받으려는 이유는 다양하다. 우선, 비콥 인증을 통해 비즈니스 모델의 공익성이 검증된 건강한 기업이라는 사회적 인식을 얻을 수 있다. 이는 투자 유치에 긍정적인 영향을 미치며, 전 세계 비콥 인증 기업들과의 네트워크 구축에도 도움을 준다. 특히, 비콥 인증은 기업의 브랜드 이미지를 강화하는 데 큰 역할을 한다. 공익성이 검증된 기업으로서의 직관적인 이미지는 기업의 지속 가능한 성장에 기여할 수 있다. 이러한 장점은 환경과 사회에 대한 관심이 높은 MZ세대에게도 효과적으로 어필할 수 있는 핵심 요소가 된다.

비콥 운동이 세계적으로 확산될 수 있었던 이유 중 하나는 간단하고 직관적인 평가 방법에 있다. 특히, ESG(환경, 사회, 지배구조) 분야별로 각각 다른 인증을 요구하는 국내외 주요 인증들과 달리, 비콥 인증은 ESG 전반을 포괄하여 인증을 제공한다. 이러한 점에서 비콥 인증 모델은 기업들에게 참고할 만한 가치가 있다.

현장의 소리

"대기업들은 소비자들에게 브랜드 가치를 높이기 위해 비콥 인증을 받으려는 노력을 하고 있다. 그러나 중소기업들은 아직 비콥 인증이 무엇인지, 왜 받아야 하는지, 인증을 받으면 어떤 이점이 있는지 잘 알지 못한다. 정부의 적극적인 정책을 통해 중소기업을 지원하고 이끌어야 한다."

"중소기업이 비콥 운동에 적극적인 동참을 견인하기 위해서는 비콥 인증 절차 안내, 우수 사례 전파, 인증 비용 보조 등 종합적인 컨설팅 시행이 이루어져야 한다."

비콥 운동은 새로운 기업 세상을 열어갈 중요한 움직임이다. 이에 따라, 중소벤처기업에 적합한 한국형 비콥 인증을 준비하는 것은 매우 의미 있는 접근이 될 것이다. 한국형 비콥 인증은 원칙과 기준을 정립하되, 쉽고 직관적으로 설계되어야 한다. 또한, 기존 인증 체계와의 중복 부담을 최소화하기 위해 글로벌 ESG 인증 트렌드와 일관성을 유지하는 것이 중요하다. 그러나 동시에 업종, 지역, 기업 여건 등 국내 상황을 충분히 고려하는 것도 필수적이다. 이러한 접근은 기업들이 더욱 효과적으로 인증을 활용하고, 지속 가능한 경영을 실현하는 데 큰 도움이 될 것이다.

우리 스타트업을 비롯한 중소벤처기업의 실정에 맞는 한국형 비콥 운동이 확산되어야 한다. 이를 통해 기업들이 지속 가능한 경영을 실천하고, 사회적 책임을 다하는 문화를 구축할 수 있을 것이다. 또한, 비콥 운동을 모범적으로 실천하는 글로벌 기업들이 많이 탄생하기를 기대한다. 이러한 기업들은 사회와 환경에 긍정적인 영향을 미치며, 지속 가능한 미래를 위한 중요한 역할을 할 것이다.

BIG CHANGE, SMART DREAM

[스타트업]

스타트업 강국 코리아

1 청년을 위한 희망의 길, 이제는 열어야 할 때!

요즘 청년들의 가장 큰 관심사는 취업이다. 그런데 그중에서도 창업을 고려하는 청년도 적지 않다. 청년들은 미래 경제의 주역으로, 그들이 원하는 경제 활동을 펼칠 수 있도록 기성세대가 책임을 다해야 한다. 현재 우리 경제가 어려운 상황이지만, 청년들에게 희망을 줄 수 있는 방향으로 하루빨리 전환해야 한다. 청년들이 전하는 목소리는 간단하다. 미래에 희망이 있다면 현재의 힘든 시기를 모두 이겨낼 수 있다는 것이다. 그러나 문제는 그 희망의 빛이 보이지 않는다는 점이다. 청년들이 느끼는 불안감과 불확실성을 해소하기 위해서는, 정책적 지원과 기회 창출이 절실하다. 청년들이 꿈을 이루고 경제에 기여할 수 있도록 함께 노력해야 한다.

요즘 만나는 청년들마다 "걱정이다"라는 말을 한다. 취업 걱정, 돈 걱정, 결혼 걱정, 아기 걱정 등 다양한 고민들이 그들을 힘들게 하고 있다. 청년들이 살아가는 일이 그만큼 쉽지 않다는 방증이다. 현재 어려운 상황이더라도 미래에 대한 희망이 있다면 견딜 만할 텐데, 문제는 그런 희망이 보이지 않는다는 것이다.

이런 현실은 많은 청년들의 마음을 무겁게 한다. 희망찬 꿈과 도전을 안고 힘차게 나아가야 할 청년들이 좌절과 무기력의 늪에 빠져 허우적거리고 있는 상황이다.

청년 실업률, 즉 15세에서 29세 사이의 경제활동인구 중 실업자의 비율은 높은 상태이며, 청년 실업자 수는 수십만 명에 달한다.

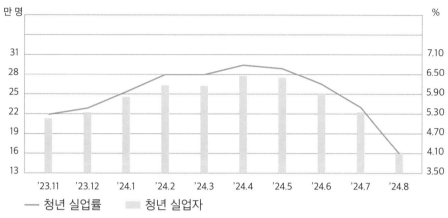

자료: 통계청

경제협력개발기구(OECD)가 발표한 통계에 따르면, 2018년 기준으로 우리 나라의 전체 실업자 중 25~29세 청년층이 차지하는 비율은 21.6%로, OECD 36 개 회원국 가운데 가장 높은 수치를 기록했다. 이는 2012년 이후 한국이 7년째 OECD 1위의 불명예를 이어가고 있음을 보여준다. 즉, 취업을 위해 노력해야 할 20대 중후반 청년 다섯 명 중 한 명이 실업자라는 의미이다. 이 수치는 미국의 13.0%, 일본의 12.6%, 독일의 13.3%와 비교할 때 거의 2배에 가까운 수치이다.

표 7-1 OECD 국가별 청년층(25~29세) 실업자 비중

국가	실업자 비중(%)	국가	실업자 비중(%)
한국	21.6	독일	13.3
덴마크	19.4	스웨덴	13.2
멕시코	18.2	미국	13.0
칠레	18.1	아일랜드	12.7
터키	18.1	뉴질랜드	12.7
룩셈부르크	17.6	영국	12.6
슬로베니아	17.4	일본	12.6
아이슬란드	16.3	헝가리	12.6

벨기에	15.8	오스트리아	12.5
이탈리아	15.7	스페인	12.3
폴란드	15.4	포르투갈	12.2
슬로바키아	15.2	핀란드	12.1
프랑스	15.1	스위스	12.1
그리스	14.7	캐나다	11.7
이스라엘	14.6	호주	11.6
라트비아	14.3	네덜란드	9.0
체코	14.1	에스토니아	8.3
노르웨이	13.6	리투아니아	7.6

주: 2018년 기준 15세 이상 실업자중 25~29세 실업자 비중
자료: OECD

일하고 싶어도 일하지 못해 수입이 없으면 결혼도 어려워지고, 이는 저출산의 주요 원인으로 작용한다. 결국, 이런 상황은 인간관계의 단절은 물론 꿈과 희망마저 잃게 만든다.

최근 들어 좋은 직장을 그만두거나 취업을 포기하고, 자신의 적성에 맞는 새로운 일을 찾거나 창업을 시도하는 청년들이 늘어나고 있다. 청년들은 마음이 맞는 친구들과 함께 독특한 음식점이나 커피숍 같은 소규모 서비스업을 창업하거나, 뛰어난 아이디어와 기술을 바탕으로 미래 기술 창업에 도전하기 위해 준비하는 경우가 많다.

창의적이고 열정 넘치는 청년들이 창업에 나설 수 있도록 지원하는 것은 기성세대의 책임이자 의무이다.

4차 산업혁명과 기술 혁명의 진전에 따른 급격한 사회경제 변화, 그리고 다원화된 사회의 새로운 요구에 맞춰 기성세대는 기존의 잘못된 틀을 깨고 청년들에게 희망의 문을 열어주어야 한다. 비록 현재 힘든 상황에 처해 있지만, 청년들은 머지않아 새로운 길이 열릴 것이라는 희망을 품고 충분히 참고 견디며 극복해 나갈 수 있을 것이다. 청년 세대는 우리 사회경제의 허리 역할을 하고 있다. 허리가 튼튼해야 사회가 건강해지고 경제가 활기를 찾는다.

지금이라도 늦지 않았다. 오히려 지금이 청년에 대해 더 많은 관심을 기울이고 기회를 제공해야 할 적기이다. 기회를 놓치면 그만큼 더 많은 비용을 지불해야 한다. 청년들의 꿈을 현실로 바꾸는 일이 더 어려워질 수 있다. 청년들이 자신의 끼를 마음껏 펼칠 수 있도록 지원하고, 이를 혁신 창업으로 이어지게 할 때, 대한민국 경제는 다시 한번 도약하고 지속적으로 성장할 수 있을 것이다.

"청년 정책 수립 시 계획단계부터 실행과정과 실행 평가 및 진단, 그리고 사후관리까지 청년의 눈높이에서 청년의 목소리를 담은 맞춤형 정책이 돼야 한다."

하지만 우리의 현실은 어떨까? 아쉽게도 청년들의 창업 의향은 갈수록 떨어지고 있다. 머니투데이와 취업포털 '사람인'이 공동으로 2019년에 실시한 설문조사에 따르면, 창업 의향이 있다고 응답한 청년은 39.4%로 나타났다. 물론 10명 중 4명이 창업에 대한 의향을 갖고 있다는 것은 고무적인 일이다. 그러나 2017년에는 창업 의향을 보인 청년의 비율이 66.1%에 달했다는 점을 고려하면, 큰 폭으로 낮아지고 있는 것이다. 그 이유는 다양하다. 아이디어 부족, 자금 확보의 어려움, 그리고 실패할 경우의 심각한 결과 등이 창업을 주저하게 만드는 가장 큰 걸림돌로 지적되고 있다.

그림 7-2 2030 창업 의향

(단위: %)

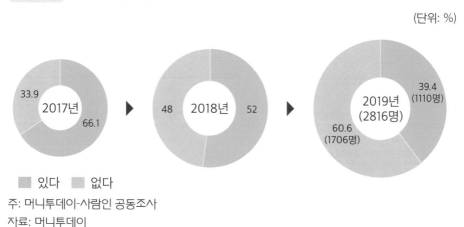

있다 ■ 없다

주: 머니투데이-사람인 공동조사
자료: 머니투데이

열정과 도전 정신을 가진 청년들이 혁신 창업을 통해 자신의 꿈을 실현할 수 있도록 정책은 모든 역량을 쏟아부어야 한다. 새로운 시각에서 세상을 바라보고 참신한 아이디어를 실천할 수 있는 젊은 인재가 창업 현장 곳곳에 필요한 시점이다.

현장의 소리

"청년 창업 기업에 대한 직접적인 지원도 좋지만, 청년 창업 종사자들이 마음 놓고 일할 수 있는 정주환경과 주거·복지 문제 해결에도 적극적 지원이 이루어져야 한다. 이렇게 해야 우수한 인재들이 창업 기업에 모인다."

요즘 새롭게 불고 있는 '제2의 벤처 붐'에 대한 기대감이 점차 높아지고 있다. 신개념 택시 서비스인 '타다'가 논란의 중심에 오르면서 다시 한번 혁신 성장이 주목받고 있다. 이는 거스를 수 없는 시대적 흐름이다.

글로벌 ICT(정보통신기술) 회사를 이끄는 창업가와 최고경영자들 중 20~30대가 점차 늘어나고 있다. 인공지능(AI), 가상현실(VR), 자율주행차 등 신기술과 신산업이 세계 시장을 빠르게 변화시키고 있기 때문이다.

우리는 각 분야에서 청년들에게 더 많은 창업의 기회를 제공함으로써 대한민국 경제의 미래를 준비해야 한다. 청년 창업 정신이 우리 사회경제 전반에 퍼져 변화와 혁신을 일으키기를 진심으로 바란다.

❷ MZ 세대의 열정을 일깨우자!

최근 MZ세대가 대한민국의 새로운 희망으로 떠오르고 있다. 이들은 변화에 민감하며 기성 세대와는 다른 독특한 행태를 보이고 있다. 급변하는 경제 환경 속에서 MZ세대가 대한민국의 새로운 성장 동력 주역으로 자리 잡을 수 있도록 사회적 공감과 정책적 노력이 필요하다. 이들이 무한한 상상력을 발휘하며 꿈을 펼칠 수 있도록 지원해야 한다. MZ세대의 끼와 열정, 창의적인 아이디어는 미래 산업을 구상하는 데 큰 자원이 될 것이다. 젊은 예비 창업자 C씨는 "혁신적인 아이디어로 창업의 문을 두드리면 기성 세대는 무시하는 경우가 많다. '그게 사업이 돼?'라는 반응을 자주 겪는다"며 아쉬움을 표했다. 또한 그는 "MZ세대의 시각에서 비즈니스를 구상하여 투자 유치를 시도하면 기준 틀에 박혀 검토하는 것 같아 아쉽다"고 덧붙였다. 우리는 MZ세대의 눈으로 미래를 바라볼 필요가 있다. 그들의 독창적인 시각과 창의력을 적극적으로 수용하고, 이들이 주도할 수 있는 환경을 만들어 가는 것이 중요하다.

과거 올림픽이나 이번 파리 올림픽에서 경기를 관람하는 재미는 실로 컸다. 모든 국민들이 경기에 푹 빠졌고, 대한민국의 젊은이들이 맹활약하는 모습을 보며 새로운 희망을 느꼈다.

양궁의 김제덕 선수는 기존의 양궁 경기장에서의 분위기를 완전히 뒤엎었다. 일반적으로 양궁 시합에서는 집중력을 방해하지 않기 위해 조용히 숨죽여 지켜보는 것이 관례인데, 17세의 김제덕 선수는 그 틀을 깨고 "파이팅!"을 외치며 분위기를 주도해 승리를 이끌어냈다. 또한, 18세의 황선우 수영 선수는 단거리 수영에서 세계의 벽을 넘지 못한다는 고정관념을 깨고, 세계가 깜짝 놀랄 만한 성적을 거두며 아시아 영웅으로 떠올랐다.

파리 올림픽에서 MZ세대가 한국 스포츠를 완전히 변화시켰다. 신유빈과 안세영 선수의 활약은 정말 대단했다. 소셜 미디어를 통한 실시간 소통과 공유, 메타버스를 활용한 새로운 경험, 그리고 열광적인 응원 방식 등은 MZ세대의 특징을 잘 보여줬다. 이외에도 수많은 경기에서 MZ세대가 보여준 모습은 대한민국의 미래 역동성과 변화를 읽을 수 있는 기회를 제공했다.

하지만 우리 MZ세대가 직면하고 있는 현실은 어떤가? 요즘 만나는 MZ세대들마다 "걱정이다"라는 하소연을 한다. 학업 걱정, 취업 걱정, 돈 걱정, 결혼 걱정, 아기 걱정, 집 걱정 등 여러 가지 고민들이 그들을 괴롭히고 있다. 이는 MZ세대가 살아가기가 결코 쉽지 않다는 것을 보여준다.

언제나 어려움은 있을 수 있지만, 그것이 곧 끝나고 다시 좋아질 것이라는 희망이 있다면 견뎌낼 수 있다. 그러나 미래가 보이지 않는다면, 상황의 심각성은 더욱 커질 수밖에 없다.

MZ세대의 암울한 현실을 반영하는 신조어들이 유행하는 것도 현재의 상황을 단적으로 보여준다. MZ세대는 등록금, 취업난, 집값 등 사회경제적 압박으로 인해 스스로를 돌볼 여유조차 없게 되어, 결국 스스로 포기하는 세대로 전락했다. '삼포세대(三抛世代: 연애, 결혼, 출산 세 가지를 포기한 세대)'는 이제 옛말이 되었고, 그 뒤로 '오포세대(五抛世代: 연애, 결혼, 출산, 취업, 내 집 마련)'를 거쳐 최근에는 연애, 결혼, 출산, 집, 인간관계, 꿈, 희망 등 모든 것을 포기한 '칠포세대(七抛世代)'라는 용어까지 등장했다. 더 나아가 포기해야 할 것이 너무 많아 셀 수조차 없다는 의미로 'N포세대'라는 표현까지 생겨났다.

우리 경제는 장기 저성장 늪에 빠져 있고, 사회경제적으로 양극화는 더욱 심화되고 있는 오늘날, MZ세대는 기성세대가 만들어 놓은 부(富)와 기회가 뭔가 잘못되었다고 생각하고 있다. 이들은 취업, 교육, 주택 시장, 부(富) 창출 등에서 기회의 문이 점점 좁아지고 있으며, 공정하지 못한 상황이라고 진단하고 있다.

이로 인해 MZ세대 사이에는 미래가 없다는 절망적인 분위기가 만연해 있다. 대한민국의 미래를 이끌어 갈 주역인 수많은 MZ세대의 가슴이 먹먹해지고 있다. 희망찬 꿈과 도전을 품고 힘차게 뛰어야 할 MZ세대가 좌절과 무기력의 늪에 빠져 허우적거리고 있는 현실이 너무나 안타깝다.

현장의 소리

"MZ세대는 불안정한 경제적 상황에서 성장하고 있다. 코로나 팬데믹과 경기 침체 등으로 취업난과 고금리의 대출 부담 등의 문제를 겪고 있다."
"MZ세대는 10년, 20년 앞날을 생각하기보다는 지금 당장의 현실에 대해 걱정하고 단기적인 시각에서 행동한다."

2024년 7월 기준으로, 일이나 구직활동을 하지 않고 '그냥 쉬었다'는 MZ세대 청년이 역대 최대치를 기록했다. 이들 중 75%는 일하기를 원치 않았던 것으로 조사되었다. 통계청에 따르면, 2013년부터 2017년까지 '쉬었음' 청년의 수는 20만 명대에 머물렀지만, 2018년에는 30만 명을 넘어섰다. 이후에도 숫자는 계속 증가하여 코로나19 첫해인 2020년에는 44만 1000명에 달했다. 2022년에는 36만1000명으로 줄어들었으나, 2024년에는 다시 40만 2000명을 기록하며 증가세를 보이고 있다.

20대 신용 유의자의 증가 속도는 빠르게 진행되고 있다. 전체 신용 유의자는 2021년 54만 8,730명에서 2024년 7월 59만 2,567명으로 약 8% 증가했다. 특히, 20대 신용 유의자의 증가율은 25.3%로, 전체 평균인 8%의 3배를 웃도는 수치이다. 1개월 이상 빚을 연체한 청년 연체자 중 대다수는 수백만 원 규모의 대출을 갚지 못한 소액 연체자들이다. 신용평가회사(CB)에 단기 연체 정보가 등록된 20대는 2024년 7월 말 기준으로 7만 3,379명에 달한다. 이 중 연체 금액이 '1000만 원 이하'인 경우는 6만 4,624명으로, 전체 연체자의 88%에 해당한다.

그림 7-3 청년층 '쉬었음' 인구 추이

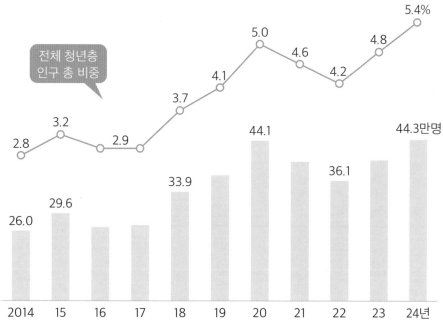

주: 취업자나 실업자가 아닌 비경제활동인구중 중대한 질병이나 장애는 없지만 막연히 쉬고 싶은 상태에 있는 청년층(15~29세), 연도별 7월 기준
자료: 통계청

이제 우리 사회의 낡은 구조를 깨뜨리고 변화와 혁신을 이뤄내야 한다. 4차 산업혁명과 디지털 기술혁명의 진전에 따른 급격한 사회경제 변화와 다원화된 사회의 새로운 요구에 맞춰, 기성세대가 지배하고 있는 잘못된 틀을 허물고 MZ세대에게 새로운 희망의 문을 열어줘야 한다. MZ세대는 현재 힘든 상황에 처해 있지만, 머지않은 장래에 새로운 길이 열린다면 충분히 참고 견디며 극복할 수 있을 것이다.

MZ세대는 대한민국 사회경제의 중추 세력이다. 허리가 튼튼해야 사회가 건강하고, 경제가 활기를 되찾을 수 있다. 지금이라도 늦지 않았다. 오히려 지금이 MZ세대에게 더 많은 관심을 가지고 창업과 취업의 기회를 제공해야 할 적기이다. 이 기회를 놓치면 더 큰 비용을 치러야 하고, MZ세대의 꿈을 현실로 바꾸는 것이 더욱 어려워진다.

MZ세대가 자신의 끼를 마음껏 펼치고 춤추게 해주어야 하며, 이를 통해 스타트업 경제로 이어지도록 해야 한다. MZ세대가 세상을 바꾸는 창업을 하고 세계를 누비는 혁신 기업으로 성장한다면, 우리 경제는 더욱 역동적으로 발전하고 밝은 미래를 맞이할 수 있을 것이다.

③ MZ 세대 마케팅, 새로운 트렌드로 떠오르다

충북에 위치한 M사는 청년들이 많이 사용하는 액세서리를 제작하고 있다. 이전에는 제품을 만들어 전국에 오프라인으로 유통하는 것만으로도 충분했지만, 최근 들어 모든 것을 변화시키고 있다. 주 고객층인 MZ세대에 맞춰 디자인을 새롭게 하고, 독특한 제품 개발로 시장에서 차별화를 꾀하고 있다. 또한, 온라인 플랫폼을 활용해 제품을 널리 홍보하고 유통망을 확장하고 있다. 이처럼 MZ세대에 맞춰 모든 것을 탈바꿈시키는 전략이 효과를 보고 있으며, 대표이사 K씨는 "이제 중소기업이 MZ세대를 이해해야 생존하고 성장할 수 있다"고 강조하고 있다.

시대가 하루가 다르게 변화하고 있다. 기업은 과거에 얽매여 변화를 거부한다면 생존할 수 없다. 예전에는 좋은 상품을 저렴하게 내놓는 것만으로도 판매가 가능했던 시대였지만, 이제는 고객의 취향에 맞고 요구에 적합한 제품만이 살아남는다. 따라서 기업은 고객의 변화를 면밀히 분석해야 한다. 특히, 최근 소비 시장에서 주목받고 있는 젊은 세대를 효과적으로 공략하는 것이 중요하다.

중소기업의 주 고객은 누구일까? 중소기업의 주 고객은 제품이나 서비스의 특성과 시장 전략에 따라 다르지만, 지역 사회와의 관계, 소규모 비즈니스 및 온라인 소비자들이 핵심 고객층을 이룬다.

대부분의 중소기업은 대기업 및 중견기업과 협력 관계를 형성하고 있으며, 이는 한국 기업 생태계의 전통적인 구조이다. 이로 인해 중소기업이 소비자를 대상으로 독자적인 제품을 내놓는 경우는 많지 않다.

그러나 앞으로 중소기업은 단순히 부품이나 중간재를 납품하는 것만으로는 생존하기 어려워질 것이다. 이들은 독자적인 브랜드를 구축하고 시장을 개척해 나가야 한다. 따라서 우리 중소기업과 벤처기업도 시장을 겨냥한 제품 개발과 출시를 통해 자립형 기업으로 거듭나야 한다. 이는 중소기업의 홀로서기가 이루어져야 한다는 중요한 의미를 지닌다.

그렇게 하려면. 고객의 변화를 이해하고 적절히 대응하는 것이 중소기업의 성공에 핵심이다. 이를 통해 대기업보다 더 나은 제품을 신속하게 출시하고, 시장에서 성공을 거둘 수 있다.

현재 우리 사회경제에서 중요한 이슈 중 하나는 세대 전환이다. 과거 경제 개발 단계에서 형성된 기업 경영에 대한 고정관념은 이제 버려야 한다. 기업 경영자들이 창업 세대에서 가업 승계를 통해 2세대, 3세대로 넘어가는 과정에서 고객의 요구와 기대도 빠르게 변화하고 있음을 인식해야 한다. 고객의 변화는 우리가 생각하는 것보다 훨씬 더 신속하게 이루어지고 있다.

고객의 변화를 읽는 데 있어 MZ세대를 주목하는 것은 매우 중요하다. 이 세대는 경제와 사회에서 큰 영향을 미치고 있으며, 그들의 소비 패턴과 가치관은 기존 세대와는 확연히 다르다. MZ세대는 디지털 환경에 익숙하고, 개인화된 경험을 중시하며, 브랜드의 가치와 사회적 책임을 고려하여 소비하는 경향이 있다. 따라서 중소기업이 이들의 니즈를 파악하고 맞춤형 제품이나 서비스를 제공한다면 시장에서 경쟁력을 가질 수 있다.

MZ세대는 1980년대 초부터 1990년대 초반까지 출생한 밀레니엄 세대와 1990년대 중반부터 2000년대 초반까지 출생한 Z세대를 포함하는 용어로, 약 1,700만 명에 달하며 국내 인구의 약 44%를 차지한다. 이들은 디지털 환경에 익숙하며 최신 트렌드와 독창적인 경험을 추구하는 경향이 뚜렷하다. MZ세대는 또한 디지털 네이티브로 불리며, 기술과 소셜 미디어를 활용한 소비 방식이 특징적이다. 이러한 특성은 기업들이 이들을 타겟으로 한 마케팅 전략을 세우는 데 중요한 요소로 작용한다.

우리나라 MZ세대는 2019년 기준으로 약 1,700만 명에 달하며, 이는 국내 인구의 약 44%를 차지하는 상당한 규모이다. 이들은 디지털 환경에 익숙하고, 최신 트렌드와 독특한 경험을 추구하는 경향이 강하다. 이러한 특성으로 인해 MZ세대는 소비 시장에서 중요한 영향력을 행사하고 있으며, 기업들은 이들을 겨냥한 마케팅 전략을 수립하는 데 집중하고 있다.

그림 7-4 국내 주요 세대별 인구 분포   **표 7-2** MZ세대 주요 성향

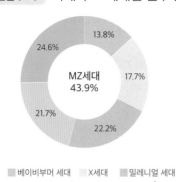

베이비부머 세대   X세대   밀레니얼 세대
Z세대   ETC

원자료: 메조미디어 / 출처: 삼정KPMG경제연구원

ME, MINE
- 출산율 하락, '나'를 중시, 개성/취향 및 나만의 스타일 추구
- 오늘의 행복 & 자기만족
- 불편한 소통 대신 온라인 소통 선호 'Untact'
- 가사노동의 효율 추구

Mobile first, Digital Native
- 텍스트 대비 동영상을 통한 정보 이해가 빠름
- 다양한 채널을 통한 가치관 및 자아 신념 표현
- SNS 소통 및 경험 공유
- 멀티 디바이스 활용

Value
- 주52시간 근무제 실시 > 여가 및 삶의 질 중시
- 공유경제 관련 시장 확대 '소유 대신 공유'
- 소득 수준 향상 & 경제위기 > 현실성 발현

MZ세대와 이전 세대 간의 트렌드는 여러 가지 측면에서 뚜렷하게 나타나고 있다. 가장 눈에 띄는 변화 중 하나는 정보 검색 방식이다. 이전 세대는 주로 네이버, 다음과 같은 인터넷 포털 사이트를 통해 음식점이나 정보를 검색했던 반면, MZ세대는 유튜브와 같은 플랫폼을 활용하여 비디오 콘텐츠를 통해 정보를 얻는 경향이 있다.

또한, MZ세대는 온라인 환경에 훨씬 더 익숙하며, 오프라인보다 온라인에서의 상호작용을 선호한다. 대면 소통을 부담스러워하는 경향이 강하며, 전화 통화를 통한 주문보다 스마트폰 앱이나 웹사이트를 통한 온라인 쇼핑을 선호한다. 이러한 변화는 소비 패턴뿐만 아니라 소통 방식에도 영향을 미쳐, MZ세대는 소셜 미디어와 메신저를 통해 친구 및 가족과의 소통을 주로 하게 된다.

결과적으로 MZ세대는 디지털 기술을 적극 활용하여 보다 편리하고 개인화된 경험을 추구하며, 이는 기업들이 새로운 전략을 세우는 데 있어 중요한 요소로 작용하고 있다.

MZ세대의 만남 방식은 이전 세대와 확연히 다른 특징을 보여준다. 이들은 온라인 환경에서 쉽게 친구를 만들고 소통하는 데 익숙하며, 물리적 거리를 뛰어넘어 다양한 사람들과 연결될 수 있는 능력을 가지고 있다. 특히 브이로그(V-log), 라이브 스트리밍 방송, SNS(소셜미디어)와 같은 플랫폼을 통해 실시간으로 경험을 공유하고 소통하는 것이 일상화되었다. 이러한 방식은 친구나 지인과의 만남뿐만 아니라, 새로운 사람들과의 연결도 쉽게 만들어 주며, 서로의 일상이나 관심사를

공유할 수 있는 기회를 제공한다.

* 브이 로그(V-log): 비디오(Video)와 블로그(Blog)의 합성어로 영상으로 표현한 일상의 기록을 의미

이처럼 MZ세대는 전통적인 만남의 개념을 재정의하며, 온라인 공간에서의 관계 형성과 상호작용을 통해 더욱 넓은 사회적 네트워크를 구축하고 있다. 이로 인해 기업들도 이들의 특성을 반영한 마케팅 전략과 제품 개발에 집중해야 할 필요성이 커지고 있다.

MZ세대는 스마트폰, SNS, 다양한 애플리케이션을 기반으로 유통시장에서 강력한 영향력을 발휘하며 핵심 소비 주체로 부상하고 있다. 이들의 소비 특징은 집단보다는 개인의 행복을, 소유보다는 공유를, 상품보다는 경험을 중시하는 경향이 있다.

MZ세대는 단순히 물건을 구매하는 데 그치지 않고, 사회적 가치나 특별한 메시지를 담고 있는 제품을 구매함으로써 자신의 신념을 표출하는 '미닝아웃' 소비를 추구하기도 한다.

* 미닝 아웃: 신념을 뜻하는 '미닝(meaning)'과 벽장 속에서 나온다는 뜻의 '커밍아웃(coming out)'이 결합된 단어

MZ세대는 클라우드 소비를 선호하는 경향이 있다. 이들은 모든 것을 소유할 수 있다고 믿지 않으며, 상당히 현실적인 소비 관점을 가지고 있다. 길거리에서 쉽게 접할 수 있는 전동 킥보드와 같은 공유 소비 방식이 그들의 일상으로 자리 잡고 있다.

표7-3 월 평균 1인당 소비지출액

(단위: 만 원)

	2014	2018	2020
MZ세대	31	55	74
베이비붐 세대	49	64	73

자료: KB국민카드

MZ세대의 소비를 겨냥한 제품과 마케팅 전략은 달라야 한다. 중소기업이 MZ세대에 맞는 독창적인 제품을 개발하고 마케팅하기 어려운 경우, 이색적인 협업을 시도해 볼 필요가 있다. 중소기업은 MZ세대가 주로 이용하는 플랫폼에 접근하기 어려우며, 제품을 플랫폼에 탑재하는 것도 쉽지 않은 상황이다.

HK이노엔의 음료 브랜드 헛개수는 위메이드의 모바일 게임 '미르4'와 제휴하여 '헛개수 미르4'를 출시했다. 이 제품은 음료수병 라벨을 제거해 분리배출을 돕는 '화이트 페트병 캠페인'에 참여하기 위해, 포장 라벨 안쪽에 게임 내 아이템을 얻을 수 있는 코드를 숨겨 놓았다. 이로 인해 해당 제품은 게임 이용자들 사이에서 입소문을 타고 온라인 쇼핑몰에서 대량 주문이 이루어지는 사태가 발생하기도 했다.

콘텐츠에 대한 소비자의 반응이 매출로 이어지는 이례적인 사례가 늘고 있다. 예를 들어, 한섬은 높은 가격대와 고급스러운 디자인으로 35세 이상의 성공한 커리어 우먼을 겨냥한 브랜드로 인식되고 있다. 한섬은 웹드라마 '핸드메이드 러브'를 통해 MZ세대 매출이 149% 증가했다. 기업명과 브랜드 노출이 전혀 없는 웹드라마에서 재미와 스토리, 인류의 가치를 담은 콘텐츠가 MZ세대(18~34세)의 마음을 사로잡았다.

또한, 오리온이 출시한 '하양송이'는 젊은 층이 선호하는 간식인 치즈케이크와 치즈볼의 단짠(달콤+짭짤) 조합을 구현하여 홈술족에게 가성비 높은 맥주와 와인 안주로 인기를 끌고 있다. 이 제품은 시장에 출시된 지 한 달 만에 누적 판매량 100만 개를 넘어섰다.

MZ세대를 공략할 때는 제품을 불필요하게 과장하거나 위장해서는 안 된다. 있는 그대로 보여주는 것이 더 효과적일 수 있다. 이들은 드라마나 유튜브 영상속에서 인위적이고 직간접적인 광고를 싫어하며, 자신의 관심사를 더 중요시하고 개인의 취향에 맞는 제품을 스스로 찾는 경향이 있기 때문이다.

MZ세대를 대상으로 한 제품 마케팅은 간결하게 진행해야 한다. 긴 설명보다 짧고 임팩트 있는 단어 중심으로 메시지를 전달하는 것이 효과적이다. 광고는 SNS를 활용하고, 15초 안에 끝내는 것이 좋다. 콘텐츠는 즐겁고 재미있어야 하며, 소비자에게 피로감을 주지 않아야 한다. 함께 즐길 수 있는 환경을 만들어주고, '가르쳐 주기'보다는 '같이 놀자'는 컨셉이 매우 효과적이다.

"MZ 세대의 일하는 방식이 변화하고 있으며, 일터의 환경도 크게 달라지고 있다. 그러나 기존의 업무 지시 방식이나 대면 회의 중심의 접근법으로는 원활한 소통이 이루어지지 않는다. MZ 세대의 특성에 맞춰 업무 전달 체계와 근무 문화가 변화해야 한다."

중소기업이 MZ세대를 공략하려면 이들의 특징을 잘 파악하여 제품을 기획하고 개발하며, 효과적인 마케팅을 할 수 있는 전문 조직이 필요하다. 또한, MZ세대에 맞춰 조직 문화도 변화해야 한다. 이를 위해 MZ 전담 팀을 구성하고 모든 업무를 이들에게 맡기는 과감한 결정이 뒤따라야 합니다. 이러한 접근이 있어야만 성공할 수 있다.

4 혁신 스타트업, 한국 경제의 도약을 이끌다

한국 경제의 성장률이 점차 높아질 것으로 기대하고 있지만, 여전히 불확실성이 커서 언제든지 성장률 전망이 하락할 수 있다. 경제가 지속적으로 성장하기 위해서는 새로운 동력이 필요하며, 그중 하나가 혁신적인 스타트업이라고 할 수 있다. 경기가 침체된 어려운 시기에는 창업 기업이 더욱 힘든 상황에 처하게 되며, 투자금을 받는 것뿐만 아니라 마케팅 개척도 쉽지 않다. 기술 스타트업 K사의 대표이사는 "경기가 좋지 않을 때에도 혁신적인 스타트업이 꾸준히 탄생하고 성장할 수 있도록 지원해야 한다"며, "하지만 스타트업 지원은 경기 침체기에는 크게 위축되는 것을 체감할 수 있다"고 말한다. 예비 스타트업자 M씨는 "경기가 좋지 않을수록 한국 경제의 미래 성장을 위해 스타트업 지원이 더욱 강화되어야 한다"고 강조한다.

세계적인 국제 경제 기구들이 얼마 전까지만 해도 한국 경제 성장률 전망치를 잇따라 상향 조정하기도 했다. 이는 긍정적인 신호다. 불과 1~2년 전만 해도 한국 경제의 성장률 전망은 하향 조정됐고, 그만큼 비관적인 전망이 많았다. 그런데 최근 IMF는 2024년과 2025년 한국경제 성장률을 각각 2.2%와 2.0%로 낮춰 잡았다. 이는 한국 경제의 불확실성이 여전히 크고, 성장률이 언제든지 급변할 수 있음을 시사한다.

그림 7-5 주요국 1인당 잠재성장률 전망

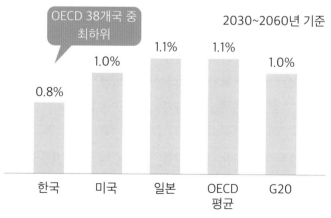

자료: OECD

한국 경제의 중장기 전망은 밝지 않다. 2021년 말 경제협력개발기구(OECD)가 발표한 '2060년까지의 재정 보고서'에 따르면, 우리나라의 1인당 국내총생산(GDP) 잠재성장률은 2030~2060년 동안 연평균 0.8%로 추정된다. 이는 OECD 38개국 중 최하위 수준이다. 고령화, 인구 감소, 생산성 둔화 등이 국가 경제의 기초 체력을 의미하는 잠재성장률의 장기적 하락 가능성을 경고한 셈이다. 잠재성장률이 정체되면 경제 활력은 급격히 위축될 수 있다.

한국 경제의 암울한 전망 속에서 해법은 없을까? 해법은 혁신 스타트업에 있다. 혁신 스타트업을 통해 새로운 일자리를 창출하고, 미래 성장 동력을 발굴해야 한다. 제2의 벤처투자 붐을 타고 활성화된 벤처·스타트업 생태계는 저성장 극복과 고용 창출의 차세대 동력으로 주목받고 있다. 기술력을 갖춘 혁신적 벤처·스타트업은 우리 산업의 미래를 위한 중요한 씨앗이라 할 수 있다.

글로벌 복합 위기와 장기적 도전이 된 코로나 팬데믹을 극복하고 대한민국의 새로운 100년을 설계하는 첫걸음은 혁신 창업에서 시작된다. 혁신적 아이디어와 모험 정신을 바탕으로 한 혁신 창업이야말로 진정한 혁신 성장을 이끌어낼 수 있는 출발점이다. 기업이 혁신적인 아이디어를 구체화해 성과를 내고, 나아가 일회성이 아닌 연속적인 혁신에 성공할 때 비로소 지속 가능한 혁신 성장이 가능하다.

하지만 혁신은 한 번 성공하는 것도 쉽지 않으며, 연속적인 혁신은 더더욱 어렵다. 보스턴컨설팅그룹(BCG)이 14년째 발표하고 있는 '가장 혁신적인 50대 기업' 목록에 오른 162개 기업 중 약 30%는 단 한 차례만 선정됐고, 57%는 세 번 이하에 그쳤다. 매년 목록에 이름을 올린 기업은 알파벳, 아마존, 애플, 휴렛패커드(HP), IBM, 마이크로소프트(MS), 삼성, 도요타 등 단 8개 기업뿐이었다.

현재 급변하는 고객 요구와 치열한 경쟁 환경 속에서 연속적인 혁신은 기업의 지속 가능한 생존과 성장을 위한 필수 요소로 자리 잡고 있다. 특히 불확실성이 큰 경제 환경에서 중소벤처기업은 다양한 위기를 고려해 혁신 과제의 우선순위를 재조정하고, 포트폴리오를 신속하게 추진함으로써 반복적인 혁신 성공을 추구해야 한다.

중소벤처기업부가 발표한 '창업기업 동향'에 따르면, 제조업과 지식기반 서비스업을 포함한 기술기반 업종에서의 기술 창업은 2023년 현재 22만 1,400개를 넘어섰다. 이는 OECD와 유럽연합(EU) 기준에 따른 것으로, 기술 창업이 국내 경제에 미치는 중요한 역할을 보여준다.

그림 7-6 기술기반업종 창업기업 수 추이

(단위: 개)

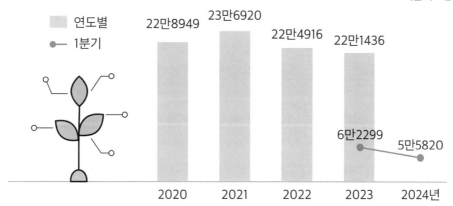

자료: 중소벤처기업연구원

　　보스턴컨설팅그룹의 조사에 따르면, 소규모 기업의 혁신 성공률이 대기업보다 통계적으로 유의미하지 않다는 결과는 혁신 창업 기업들에게 더 큰 고민과 도전 과제를 던지고 있다. 빠르고 민첩하게 움직일 수 있는 소규모 기업이 내부 관료주의와 기존 방식에 얽매인 대기업보다 혁신에 유리할 것이라는 기존 통념이 흔들리고 있는 것이다. 대기업은 혁신에 투자할 자금 동원력이 크고, 체계적인 혁신 시스템을 구축하며, 혁신을 이끌어 갈 우수한 인재를 발굴해 투입하는 데 강점을 보인다. 이러한 요소들이 대기업을 혁신 경쟁에서 훨씬 더 유리한 위치에 놓이게 하고 있다. 혁신 창업 기업들은 이러한 현실 속에서 더 나은 전략과 차별화된 접근을 통해 자신만의 혁신 생태계를 구축해야 하는 도전에 직면해 있다.

　　그렇다면, 소규모 중소벤처기업이 혁신 성공률을 높이고 연속적인 혁신을 이루려면 어떻게 해야 할까? 보스턴컨설팅그룹이 14년 동안 분석한 결과에 따르면, 혁신 성공의 전제 조건은 명확한 혁신 의지, 적절한 자원 확보, 그리고 산업 경계를 허무는 능력이다.

　　이를 바탕으로 성공 가능성이 높은 혁신 영역에 집중해야 한다. 특히, 연속적인 혁신을 이루는 기업들은 전략적으로 선택한 혁신 분야에 집중하면서도 다음과 같은 요소들을 통합한 혁신 시스템을 구축해 활용해야 한다.

- **명확한 전략**: 기업의 미래 성장 방향을 제시하는 체계적 전략
- **내·외부 인재**: 재능 있는 내부 인재와 외부 전문가를 발굴하고 협력하는 능력
- **강력한 팀 역량**: 뛰어난 성과를 낼 수 있는 팀 구성
- **효과적인 거버넌스**: 혁신을 위한 의사결정 체계와 운영 구조
- **개발 및 관리 체계**: 개발, 성과 측정, 포트폴리오 관리를 통합해 지속적으로 관리
- **강력한 생태계**: 파트너와 협력해 자원을 활용할 수 있는 산업 생태계 구축

이러한 시스템을 통해 기업들은 혁신의 리스크를 줄이고, 지속적으로 새로운 가치를 창출할 수 있는 기반을 마련할 수 있다.

현장의 소리

"혁신 창업의 개념이 모호하고 일반 창업과의 차이를 이해하기 어렵다. 따라서 혁신 창업에 대한 명확한 정의와 기준, 원칙을 설정해야 한다. 이를 통해 지원 체계에서도 실질적인 변화가 필요하며, 혁신적인 지원이 이루어져야 한다."

"혁신 창업에 대한 지원 기관은 정부와 민간에서 다양하게 운영되고 있다. 그러나 중복되는 사업이 존재하고, 각 기관별로 지원 내용이 상이하다. 따라서 정부와 민간이 협력하여 수요자에 맞춘 원스톱 지원 체계로 전환해야 한다."

정부는 몇 해 전, 대한민국을 선도국가로 도약시키기 위한 '한국판 뉴딜 종합 계획'을 발표했다. 이 계획에 따라 디지털 및 친환경 분야에서의 혁신 창업이 더욱 활발해질 전망이다. 이러한 흐름 속에서 혁신 창업 기업과 중소벤처기업들이 혁신 시스템을 구축하고 효과적으로 활용해 혁신 성공률을 높일 수 있도록 제도적 지원을 강화해야 할 시점이다. 정부는 이들 기업이 혁신 과제를 지속적으로 추진할 수 있도록 맞춤형 지원책과 금융 지원, 규제 완화 등 다각적인 검토와 대응이 필요하다.

최근 고물가와 고금리 현상이 심화되면서 경제 불확실성이 커지고, 벤처투자

시장에 혹한기가 찾아왔다. 한국의 물가상승률은 여전히 높은 수준을 유지하고 있으며, 한국은행이 기준금리를 인하했지만, 과거에 비해 여전히 고금리 상황이다. 실물경제 침체와 금융시장 불안, 연체율 상승으로 인해 국내 금융권이 리스크 관리를 강화하는 추세다.

이러한 상황 속에서 국내 벤처투자 시장은 크게 위축되었으며, 벤처·스타트업들의 자금난도 한층 심화되고 있다. 실제로 2023년 1분기 벤처투자액과 펀드 결성 규모는 전년 동기 대비 각각 60.3%, 78.6% 급감했다. 벤처·스타트업이 직면한 이 위기를 극복하고, 나아가 국가 경제 회복을 이루기 위해서는 벤처·스타트업 투자 생태계를 활성화하는 것이 시급한 과제다.

> **현장의 소리**
>
> "아디이어와 기술력이 뛰어난 청년들이 혁신 창업에 많이 뛰어든다. 정부의 지원 사업은 많지만, 시장에서는 수요에 크게 모자라고 청년 창업가들이 지원받기에도 너무 까다롭다."
> "금융기관이나 일반 VC에서도 보다 적극적으로 지원해 줘야 한다. 그런데 대부분 안정적인 스타트업에 투자하는 경향이 있다. 기술력과 미래 사업성을 보고 초기 스타트업에 대한 투자가 원활하게 될 수 있는 생태계 구축이 중요하다."

금융위원회와 중소벤처기업부는 2023년 4월, 총 10조 5,000억 원 규모의 벤처·스타트업 생애주기별 맞춤 지원 방안을 담은 '혁신 벤처·스타트업 자금 지원 및 경쟁력 강화 방안'을 발표했다. 이 계획은 창업 초기 자금난을 겪고 있는 이른바 '데스밸리'를 극복하는 초기 스타트업에 대한 지원을 대폭 강화하고, 3~7년 차 중소기업에는 융자와 후속 투자를, 7년 이상의 후기 기업에는 인수·합병(M&A), 기업공개(IPO), 해외 진출 등을 지원하는 촘촘한 정책을 구성하고 있다.

정부의 지원 방안이 성공하기 위해서는 정책금융과 민간자본 간의 적절한 조화가 필수적이다. 민관 협력 모델이 구축되고 적극적으로 가동되어야 한다. 위험을 감수하고 시장을 조성하는 정책형 벤처캐피털(VC)과 안정적인 유동성을 공급하는 민간 VC 간의 협업을 통해 견고한 벤처투자 생태계를 조성하는 것이 중요하다.

국회에서도 벤처·스타트업을 지원하는 움직임이 나타났다. 성장 과정에서 대규모 투자가 필요한 벤처업계의 복수의결권주식 발행을 허용하는 '벤처기업육성에 관한 특별조치법' 일부 개정 법률안이 2023년 4월 국회 본회의를 통과했다. 이러한 조치들은 벤처·스타트업의 건강한 투자 생태계를 구축하는 데 기여하며, 지속 가능한 경제 도약에 대한 기대감을 높이고 있다.

　IBK기업은행은 초기 혁신 스타트업에 특화된 벤처 자회사를 설립해 금융 지원 외에도 컨설팅과 네트워킹 등 비금융 지원을 함께 제공하고 있다. 다른 공공기관들도 혁신 스타트업 육성에 더욱 많은 관심을 가지고 적극적으로 나서야 할 것이다.

　침체된 국가 경제를 돌파하기 위해서는 혁신 스타트업의 성장이 필수적이다. 대한민국의 벤처투자 시장이 활기를 되찾고, 스타트업의 끊임없는 혁신이 국가 경제 성장률을 반등시키기를 기대한다.

⑤ 청년 창업의 미래, 새로운 길을 개척하다

서울의 유명한 대학교 박사 출신 청년 창업가 S씨는 자신이 대학 실험실에서 오랫동안 연구한 기술을 바탕으로 창업을 계획하고 있다. 하지만 가족을 설득하는 것부터 시작해 주변에서 창업에 대한 부정적인 시각이 널리 퍼져 있어 어려움을 겪고 있다. S씨는 "우리나라에서도 청년들이 창업할 때 격려하고 박수를 쳐주는 분위기가 조성된다면 얼마나 좋을까"라고 말한다. 그는 기술 개발이나 투자 유치의 어려움보다 주변의 시선이 훨씬 더 신경 쓰인다고 덧붙였다. 따라서 청년 창업에 대한 사회적 인식 개선이 무엇보다 중요하다고 강조한다.

사회 경제적 변화가 대변혁기 시대로 접어들면서 더욱 가속화되고 있다. 4차 산업혁명을 맞이하여 가계와 기업의 소비 및 투자 행태가 온라인과 디지털 중심의 비대면으로 재편되고 있다. 이러한 산업 트렌드는 온택트 및 디지털 비즈니스 모델로의 전환이 이루어지는 가운데, 불확실성의 증가로 인해 산업 간 양극화가 심화되고 있다.

급변하는 환경 속에서 넷플릭스(NETFLIX)의 공동 창립자인 마크 랜돌프(Marc Randolph)는 2020년 9월 한 세미나에서 코로나 팬데믹을 겪으면서 "적어도 비즈니스에 있어서는 창업하기에 엄청난 기회가 왔다"고 언급했다.

스타트업의 멘토로 알려진 랜돌프에게 변화의 시대에 어떤 사업이 대박이 날지를 묻자, 그는 "현재 상황에서 미래에 무엇이 통할지, 무엇이 망할지는 나도 솔직히 잘 모른다. 대신 내가 집중하는 건 현재 하는 일에서 조금이라도 새로운 것을 시도하는 것이다. 몸을 가볍게 하고, 하기 싫은 것을 실행에 옮겨야 한다"고 답했다.

요즘 인위적으로 바꾸기 어려운 것을 새롭게 가다듬는 혁신의 기회가 열리고 있다. 그 중심에는 청년들이 서 있을 것이다. 청년들은 미래를 바라보고, 그들의 생각으로 미래를 설계하며, 청년의 힘으로 사회경제적 활기를 불어넣고 세상을 바꿔나가는 시대를 열어가고 있다.

시대적 전환기는 고정관념에 덜 사로잡혀 있는 청년들에게 새로운 것을 추구할 수 있는 기회의 창이 되고 있다. 혁신적인 청년의 시각으로 보면 코로나 이후 모든 것이 창업 대상이 될 수 있다. 이제 남은 것은 누가 더 빨리 실행에 옮기느냐뿐이다.

창업을 꿈꾸는 청년들은 동일한 스타트업 선상에 서 있다. 디지털 시대가 몰고 올 변화에 맞춰 청년 창업하기에 최적의 시기가 도래했다는 의미다. 동일한 조건에서 출발할 수 있다는 것은 창업의 외부 조건이 같다는 것을 뜻한다. 따라서 앞으로 누가 더 창업 역량을 키우고 열심히 달려가느냐에 따라 창업의 목표점에 도착하는 주인공이 결정될 것이다.

정책적으로 경제 위기를 극복하고 미래의 새로운 성장 동력을 창출하기 위해서는 성장과 고용을 창출할 수 있는 혁신적인 청년 창업에 대한 지원이 더욱 필요하다.

우리 정부는 한국판 뉴딜 구상을 적극적으로 추진해야 한다. 이 과정에서 혁신적인 중소벤처기업의 창업과 지속 성장이 활성화되어야 한다. 이를 위해서는 창의적인 아이디어와 끼를 가진 청년들이 창업에 도전하고 열정을 쏟아 부어 성공하는 청년 창업가와 기업들이 많이 나와야 한다.

현장의 소리

"우리나라는 청년 창업에 대해 너무 인색하다. 혁신적인 청년 창업이 많아져야 대한민국의 미래 경제가 밝아질 수 있다. 하지만 현장에서는 혁신 스타트업이 탄생할 수 있는 기반이 매우 취약한 상황이다."

"뛰어난 학생들은 공대나 과학 분야 대학에 진학하기보다는 의대에 가려고 하고, 졸업 후엔 안정적인 공무원이나 공기업 등을 선호한다. 뛰어난 창의적인 청년들이 창업에 적극 나설 수 있게 창 생태계를 혁신적으로 바꿔야 한다."

청년 창업에 대한 다양한 지원은 이전과는 다르게 혁신적으로 이루어져야 한다. 과거와 현재의 잣대로 평가하고 지원하는 시스템에서 벗어나, 기술 및 미래 성장성 등을 중심으로 청년 창업가의 관점에서 원활한 지원이 지속될 필요가 있다.

청년 창업을 활성화하기 위해서는 혁신적인 노력이 요구된다. 우선, 청년 창업에 대한 시각을 완전히 바꿔야 한다. 가까운 청년이 어느 날 창업한다고 하면 대개 우리는 이렇게 반응한다. "아직 사회 경험도 없는 네가 어떻게 창업을 해? 사업은 아무나 하는 게 아니야. 너는 안 돼." 이러한 편견이 우리 사회에서 청년 창업을 바라보는 시각이다.

이런 고정관념부터 바꿔야 한다. 우리의 아들딸들이 취업보다 창업을 선택한다면, "그래, 잘했다. 너의 꿈을 마음껏 펼쳐봐. 내가 적극 밀어줄게"라는 응원의 목소리가 필요하다. 청년 창업을 존중하고 따뜻하게 격려하는 분위기가 형성되어야 한다.

이를 위해서는 청년들이 안정적인 공무원이나 대기업 취업을 선호하기보다는 창업을 권장하고 우대하는 사회 구조가 필요하다. 사회 전반적으로 청년 창업에 대한 관심을 높여 나가야 한다.

지역 불균형과 인구소멸을 막기 위해서는 지역 단위 청년 창업이 중요하다. 청년의 시각으로 지자체의 창업 붐을 조성하자.

청년들은 변화의 아이콘이자 미래의 주역이다. 이들이 주체가 되어 지자체의 창업 환경을 혁신적으로 바꿔나가야 한다. 지역 사회에서 청년 창업을 지원하는 다양한 프로그램을 마련하고, 창업에 대한 긍정적인 인식을 확산시켜야 한다.

우선, 청년 창업가들을 위한 공간과 자원을 제공하여 창의적인 아이디어가 실제로 사업으로 발전할 수 있는 토대를 마련해야 한다. 예를 들어, 창업 인큐베이터와 협업 공간을 조성하여 청년들이 자유롭게 의견을 교환하고 협력할 수 있는 환경을 조성할 수 있다.

또한, 지역 내 멘토링 프로그램과 네트워킹 기회를 통해 성공적인 창업 사례를 공유하고, 청년 창업가들이 실질적인 경험을 쌓을 수 있도록 도와야 한다. 지역 기업과의 협력을 통해 실습 기회를 제공하거나, 창업 관련 교육과 세미나를 정기적으로 개최하여 청년들이 필요한 지식과 기술을 습득할 수 있도록 지원해야 한다.

지자체는 청년 창업을 활성화하기 위한 정책과 재정을 마련하고, 청년들이 원하는 창업 지원의 방향성을 반영하여 실효성 있는 지원 방안을 마련해야 한다. 청년의 목소리를 귀 기울여 듣고, 그들의 필요와 요구에 기반한 창업 생태계를 구축함으로써, 지역 사회의 창업 붐을 조성할 수 있을 것이다.

이러한 변화는 단순히 창업 생태계를 활성화하는 데 그치지 않고, 지역 경제의 지속 가능한 발전과 사회적 활력을 불어넣는 데 큰 기여를 할 것이다. 청년의 시각으로 지자체의 창업 붐을 일으켜, 새로운 기회를 창출하는 데 앞장서야 한다.

요즘 지자체에서는 창업 열기가 뜨겁다. 각 지자체가 경쟁하듯 창업 지원책을 내놓으며 청년 창업을 유도하고 있지만, 그 내용은 대체로 유사하다. 창업 구분 없이 일관된 창업 교육, 공간 제공, 자금 지원 등이 주를 이루고 있어 청년 수요에 맞춘 지자체별 특색 있는 지원책이 보이지 않는다.

이제 생각을 바꿔보자. 청년들이 태어나고 자란 지역의 특성과 주민의 요구를 가장 잘 아는 주체가 바로 그들 자신이라는 점을 인식해야 한다. 따라서 청년들은 자신의 시각으로 창업 아이템을 정하고, 창업 설계를 하며, 직접 창업에 뛰어들어야 한다. 이를 위해 지자체는 창업 지원 툴을 청년 맞춤형으로 변화시켜야 한다.

지자체별로 청년들로 구성된 (가칭) 청년 창업혁신위원회를 조직하여, 창업 정책 결정 과정에서 청년들의 주도적인 역할을 강화해야 한다. 이 위원회는 지역의 문제를 직접적으로 해결할 수 있는 창의적인 아이디어와 접근 방식을 제시하고, 지자체가 추진하는 창업 정책에 청년들의 목소리를 적극 반영할 수 있는 기회를 제공할 것이다.

이러한 접근 방식은 청년들이 지역 사회의 발전에 기여하는 동시에, 자신들의 열정과 아이디어를 실현할 수 있는 플랫폼을 마련해 줄 것이다. 청년의 시각에서 출발한 창업 지원 정책은 지역 특성을 고려한 다양하고 실질적인 지원으로 이어질 수 있으며, 이는 결국 지속 가능한 창업 생태계를 만드는 데 큰 기여를 할 것이다.

지자체와 청년들이 함께 협력하여, 지역의 특성과 청년의 요구를 반영한 창업 지원 방안을 마련하고, 이를 통해 창의적이고 혁신적인 창업 환경을 조성하자.

청년 눈높이에 맞는 맞춤형 창업 교육이 반드시 필요하다. 창업을 준비하는 청년들에게 충분한 교육이 이루어지면, 그만큼 성공 확률이 높아진다. 따라서 창업의 중요성을 감안할 때, 교육의 역할이 더욱 강조된다.

이를 위해 대학의 역할이 강화되어야 한다. 청년층의 창업 마인드를 제고하고 창업 촉진을 도모하기 위해서는 체계적인 창업 교육이 필요하다. 다음은 이를 위한 몇 가지 제안이다.

- **창업 교과 과정 개설:** 대학에서는 창업 관련 교과 과정을 개설하여 청년들이 창업의 기본 개할 수 있게 해야 한다. 개념과 실무 지식을 배울 수 있도록 해야 한다. 이론뿐만 아니라 실습 중심의 교육을 통해 청년들이 실제 창업 환경을 경험할 수 있도록 한다.
- **창업 동아리 지원 확대:** 대학 내 창업 동아리 활동을 지원하는 프로그램을 대폭 늘려야 한다. 청년들이 팀을 이루어 아이디어를 구체화하고, 실제 비즈니스를 운영해 보는 경험을 쌓을 수 있는 기회를 제공해야 한다.
- **현장 적용 가능성:** 창업 강좌는 청년들이 현장에서 바로 적용할 수 있는 전문성을 갖추어야 한다. 실전 사례를 바탕으로 한 강의, 업계 전문가의 초청 강연 등을 통해 실질적인 지식을 전달할 수 있도록 해야 한다.
- **청년 참여를 통한 프로그램 개발:** 교육 프로그램 개발 및 콘텐츠 제작 단계부터 청년들의 참여를 유도해야 한다. 청년들이 직접 의견을 제시하고 프로그램에 반영될 수 있도록 하여, 그들이 원하는 교육 내용을 구성할 수 있게 해야 한다.
- **비주얼 커뮤니케이션 방식 도입:** 교육 방식은 일방적인 주입식 강의에서 탈피하여, 토론, 동영상, 사례 연구 등 비주얼 커뮤니케이션 방식을 활용해야 한다. 시각적 자료를 통해 복잡한 개념을 쉽게 이해할 수 있도록 하고, 참여형 교육 환경을 조성해야 한다.
- **창업 시뮬레이션 프로그램 도입:** 창업 과정에서 발생할 수 있는 다양한 상황을 체험할 수 있는 창업 시뮬레이션 프로그램을 도입해야 한다. 이를 통해 청년들은 위험 요소를 사전에 인지하고 대응 능력을 키울 수 있다.

이러한 방법을 통해 창업 교육이 청년들에게 보다 현실적이고 실용적인 경험이 될 수 있도록 한다면, 청년들이 창업에 대한 자신감을 가지고 도전할 수 있는 기반을 마련할 수 있을 것이다.

우리 경제가 도약하고 지속적으로 성장하기 위해서는 기존의 틀에 갇혀서는 안 된다. 새로운 변화를 시도하고 지속적으로 혁신해 나가야 한다. 창업 역시 마찬가지다. 생계형 창업이 아닌 혁신적인 아이디어와 기술을 기반으로 한 창업이 성공 가능성을 높이며, 이는 경제의 동력이 될 수 있다.

그러나 많은 창업가들이 취업이 안 돼서, 할 일이 없어서, 생계를 위해서 등 다양한 이유로 창업에 뛰어드는 경우가 많다. 이러한 이유로 인해 창업이 얼마 지나지 않아 실패로 끝나는 일이 빈번하게 발생하고 있다.

따라서 혁신 분야에서 창업이 활발히 이루어질 수 있도록 창업 생태계를 조성해야 한다. 이를 위한 몇 가지 방안을 제안해 보면 다음과 같다.

- **혁신 아이디어 발굴 지원:** 창업가들이 혁신적인 아이디어를 발굴할 수 있도록 다양한 지원 프로그램을 마련해야 한다. 해커톤, 아이디어 경진대회 등을 통해 창의적인 사고를 촉진하고, 우수한 아이디어를 실제 사업으로 발전시킬 수 있는 기회를 제공해야 한다.
- **혁신 기술과의 연계 강화:** 최신 기술을 바탕으로 한 창업이 가능하도록, 기술 기업과 창업가 간의 협력을 증진해야 한다. 연구개발 기관과의 연계를 통해 창업가들이 혁신 기술을 접목시킬 수 있는 기회를 제공하고, 이를 통해 차별화된 제품이나 서비스를 개발할 수 있도록 지원해야 한다.
- **창업 지원 인프라 구축:** 창업 생태계의 기반이 되는 창업 지원 센터, 인큐베이터, 액셀러레이터 등 다양한 인프라를 구축해야 한다. 이들 기관은 창업가들에게 멘토링, 교육, 자금 지원 등을 제공하여 초기 단계의 위험을 최소화하고 성공 가능성을 높이는 역할을 할 수 있다.
- **정책적 지원 확대:** 정부는 창업 생태계를 활성화하기 위해 정책적인 지원을 확대해야 한다. 세금 감면, 창업 자금 지원, 인큐베이팅 프로그램 운영 등 다양한 혜택을 통해 창업가들이 혁신에 집중할 수 있는 환경을 만들어야 한다.
- **실패에 대한 수용 문화 조성:** 창업에서 실패는 자연스러운 과정이라는 인식을 사회 전반에 확산시켜야 한다. 실패를 두려워하지 않고 도전할 수 있는 환경을 조성하면, 더 많은 사람들이 창업에 도전하게 되고, 이는 궁극적으로 경제 성장으로 이어질 것이다.

이러한 방안들이 실현될 경우, 청년 창업 생태계가 활성화되고 혁신적인 기업들이 탄생할 가능성이 높아질 것이다. 이는 우리 경제의 지속적인 성장과 발전에 기여할 것이다.

예비 기술 창업자 O씨는 "정부는 창업이라고 무조건 지원하기보다는 혁신 창업에 더 많은 지원을 할 수 있도록 해야 한다"고 강조한다. "정부 지원의 양은 제한적이기 때문에, 고르게 나누다 보면 정말 중요한 혁신 창업에 대한 지원이 부족해질 수 있다"라고 현장의 분위기를 전한다.

청년의 눈으로 미래를 보고
청년의 생각으로 미래를 설계하고
청년의 힘으로 사회경제적 활기를 불어 넣고
청년들 힘으로 세상을 바꿔나가는 시대가 열리고 있다.
우리는 지금 그 전환기에 서 있다.

⑥ 청년 실업, 해법을 찾아서: '3창'이 여는 새로운 세상!

지방에서 대학을 졸업한 R씨는 5년째 취업하지 못하고 부모님 밑에서 생활하고 있다. 그는 일자리를 찾기 위해 30여 곳에 입사 지원서를 냈지만, 서류 전형에서 번번이 떨어졌다. 부모님께 면목이 없어 아르바이트를 하며 하루하루 힘겹게 버티고 있는 상황이다. 일자리는 갈수록 줄어들고, 취업하기가 더 어려워지면서 R씨는 이제 포기해야 할 지경에 이르렀다. 그는 "새로운 직업군이 생겨나고 기업들이 새로운 일자리를 만들어주면 좋겠다"고 말하며, "작지만 창업하고 싶은 생각도 든다. 창업하고 싶은 청년들이 실제로 창업에 뛰어들 수 있도록 다양한 지원책이 더 많이 마련되면 좋겠다"고 덧붙였다. 이러한 R씨의 목소리는 청년 창업 지원의 필요성을 강조하며, 새로운 일자리 창출의 중요성을 일깨워 준다.

청년은 국가의 미래를 이끄는 주인공이다. 청년들이 활기차면 사회가 밝아지고 희망이 생긴다. 그들이 꿈과 비전을 가지고 마음껏 활동할 수 있도록 돕는 것은 지금 우리 사회의 중요한 과제이다. 그러나 요즘 많은 청년들이 희망을 잃고 있다. 청년 세대를 가리키는 '삼포', '오포', '칠포' 같은 표현이 생겼고, 최근에는 '달관세대'라는 새로운 용어도 등장했다. '달관세대'는 일본의 '사토리 세대'를 옮긴 말로, 돈벌이나 출세에 관심 없는 청년들을 의미한다. 이런 부정적인 표현들이 나타나는 것은 높은 청년 실업률로 인해 좌절한 청년들이 희망과 의욕을 잃고 무기력해진 사회를 반영하고 있다.

청년 실업이 매우 심각한 수준에 이르렀다. 15세에서 29세 사이의 청년 실업자는 50만 명에 가까워지고, 청년 실업률은 전체 실업률의 2배 이상으로 상승했다. 체감 실업자는 115만 명을 넘었고, 잠재 구직자 등을 포함하면 청년 체감 실업률은 23%에 달한다. 많은 청년 취업자들도 계약직이나 임시직 등 고용이 불안정한 상황에 처해 있다. 매년 32만 명의 대졸자가 나오는 상황에서 정년이 늘어나면 청년 고용 문제는 더욱 악화될 것으로 예상된다.

청년 고용 절벽 상황이 심각해지면서 정부는 청년 고용을 위한 종합 대책을 계속 발표하고 있다. 이 대책은 공공부문 중심으로 일자리를 만들고, 민간 기업에서 청년을 더 많이 채용할 수 있도록 다양한 지원을 포함한다. 예를 들어, 정규직 청년 고용을 늘리는 기업에 대한 세액 공제, 세대 간 상생 고용을 위한 임금피크제 확대, 임금 지원, 청년 창업 활성화, 일자리 인프라 강화 등이 있다.

그러나 일부에서는 이러한 대책이 임시방편에 불과하고 효과에 의문을 제기하는 비판이 커지고 있다. 그럼에도 불구하고 청년 실업 문제 해결에 조금이나마 성과가 나기를 기대한다. 하지만 이 수준에서 그쳐서는 안 된다. 청년 실업 문제를 해결하기 위해서는 지속 가능한 근본적인 대책이 필요하다. 우리 경제는 이미 장기 저성장 상태에 빠져 있어 무작정 일자리를 늘리는 데 한계가 있다.

현장의 소리

"청년 실업 문제 해결에 대한 접근 방식을 혁신적으로 바꿔야 한다. 단기적이고 일회성의 기존 방식으로는 많은 돈이 들어가지만 효과는 미미하다. 청년의 눈높이에 맞춘 과감한 계획과 실행이 필요하다."

창업(創業), 창직(創職), 창조(創造) 등 세 가지 '창(創)'을 통해 청년들에게 적합한 좋은 일자리를 지속적으로 만들어야 한다.

첫 번째 '창'은 창업이다. 아이디어와 도전 정신이 있는 청년들이 쉽게 창업할 수 있도록 창업 생태계를 조성해야 한다. 청년 맞춤형 창업 프로그램을 운영하고, 창업 실패를 패배가 아니라 소중한 자산으로 여기도록 하여 재도전할 수 있는 기회를 제공해야 한다. 청년 창업을 활성화하기 위해 투자 환경을 개선하고, 창업 규제를 완전히 철폐하며, 한 곳에서 즉시 창업을 지원하는 원스톱 서비스를 제공해야 한다.

두 번째 '창'은 창직이다. 새로운 직업을 만들어야 일자리가 생겨난다. 2014년 <한국직업사전>에 등재된 한국의 직업 수는 11,440개로, 미국의 3만여 개, 일본의 2만 5천 개에 비해 턱없이 적다. 우리는 더 많은 직업군을 창출할 잠재력을 가지고 있다. 청년들이 자신의 적성과 좋아하는 분야에 맞춰 창의적인 아이디어를 바탕으로 새로운 직업이나 직무를 발굴할 수 있도록 창직 지원 시스템을 구축해야 한다. 정보통신, 문화 콘텐츠, 핀테크, 한류 문화 분야 등에서 전 세계를 선도할 수 있는 청년 창직을 활성화할 수 있을 것이다.

세 번째 '창'은 창조이다. 정부가 적극적으로 추진하는 창조경제는 청년 일자리 창출의 중요한 역할을 할 수 있다. 19개 창조경제혁신센터 출범을 통해 지역 수요와 대기업의 전략 분야에 맞춘 특화 산업을 육성하고, 중소벤처기업의 성장을 촉진하여 좋은 일자리를 만들어야 한다. 정부와 대기업은 센터 공간을 제공하는 것에 그치지 않고, 미래 성장 분야를 개척하며 혁신을 주도하는 중소벤처기업이 아이디어와 기술을 글로벌 시장에 선보일 수 있도록 진정한 동반자로서 역할을 해야 한다.

　우리 모두 좋은 일자리가 생겨나 청년들의 만세 3창(創) 소리가 곳곳에서 울려 퍼지도록 하자. 창업 만세! 창직 만세! 창조 만세!

⑦ 혁신 창업가, 청년 일자리의 새로운 물결!

약간 엉뚱한 생각일 수 있지만, 청년 일자리 문제를 청년을 잘 아는 청년 창업가에게 맡겨보는 것은 흥미로운 접근 방식이다. 청년들이 혁신적으로 창업한 기업에서 청년 일자리를 많이 창출하고 있으며, 이로 인해 청년 취업자의 만족도 또한 높아지고 있다. 최근 청년 창업기업에 취업한 J씨는 "대기업보다 청년 창업 기업에 일하는 게 더 좋다. 역동적이고 출퇴근 시간이 없는 등 기업 문화가 스마트하다. 대기업에 비해 급여는 적지만, 일하는 게 재미있고 미래 희망이 보인다"고 말했다. 이처럼 청년 혁신 스타트업과 청년 취업자를 연계하는 것은 청년 실업 문제를 해결하는 하나의 가능성이 될 수 있다. 청년 창업가들은 자신들의 경험과 비전을 통해 더 나은 근무 환경과 일자리 창출을 도모할 수 있으며, 이는 청년들이 원하는 기업 문화를 형성하는 데도 기여할 것이다. 이러한 창업 생태계를 조성하기 위한 정책적 지원이 필요할 것이다.

따뜻한 봄이 다가오고 있지만, 우리 사회와 경제에는 여전히 봄 같지 않은 분위기가 감돈다. 긴 겨울이 지나면 경기 침체를 극복하고 예전의 일상으로 돌아갈 수 있을 것이라는 희망이 있었지만, 현장에서는 온기가 고르게 퍼지지 않고 여전히 춥다.

경기 회복이 지연되면서 기업의 신규 채용이 이루어지지 않아, 청년들의 고통은 더욱 커지고 있다. 한때 청년 실업률은 10%를 넘었고, 더 일하고 싶어 하는 취업자와 잠재 구직자를 포함하면 청년층 확장 실업률은 25%를 초과하기도 했다.

한국 경제가 위기를 극복하고 다시 도약하며 지속적으로 성장하기 위해서는 청년들이 적극적으로 활동하고 역할을 하는 청년 경제 생태계가 필요하다. 이를 위해 가장 합리적인 방법은 청년이 주도하는 혁신 창업에서 찾아야 할 것이다.

코로나 팬데믹을 겪으면서 4차 산업 혁명이 본격적으로 진행되고 있다. AI, IoT, 5G 등 디지털 산업이 활성화되고 있어 혁신적인 중소벤처기업들이 등장할 수 있는 환경이 조성되고 있다.

"경기가 위축되고 미래 기업 환경도 불확실한 상황에서 취업에 의존하는 청년 실업 문제 해결은 한계가 있다. 청년 창업가를 육성해 청년들이 일하고 싶어 하는 좋은 일자리를 만들어 내야한다."

"청년의 마음은 청년이 잘 안다. 혁신적인 청년 창업가들이 청년 일자리 만들어 낼 수 있다."

우리 정부도 시대적 변화에 공감하며 청년 창업 활성화에 많은 노력을 기울이고 있다. 하지만 아직 갈 길이 멀다. 현재 중소기업 최고경영자(CEO) 중 40세 미만의 청년이 차지하는 비중은 6.3%에 불과하다. 새로운 시대에 적합한 혁신적인 청년 CEO들이 더 많이 탄생할 수 있도록 더욱 노력해야 한다.

청년들이 끼와 열정을 가지고 창업에 자유롭게 뛰어들고, 사업을 성공시킬 수 있도록 긴급 대책과 4차 산업혁명 시대에 맞는 새로운 성장 분야의 창업 및 스마트 창업 등에서 실질적인 지원이 신속하게 이루어져야 한다. 청년들이 희망을 꿈꾸고 키워 나갈 수 있는 청년 경제 생태계를 위해 모두가 역량을 집중해야 한다.

청년의 심정은 청년이 가장 잘 안다. 청년들의 고민과 열망, 그리고 도전의식은 그들이 직접 경험한 것들이기 때문에, 이해하고 공감하는 것이 중요하다. 청년들이 겪는 어려움과 희망을 반영한 정책과 지원이 필요하다. 혁신 창업가를 육성하여 청년 일자리를 창출할 수 있는 방안을 찾아야 한다.

- **창업 교육 및 멘토링 프로그램:** 청년들에게 창업에 필요한 기술과 지식을 제공하는 교육 프로그램을 마련하고, 성공적인 창업가와의 멘토링 기회를 통해 실질적인 조언과 경험을 나눌 수 있도록 한다.
- **초기 자금 지원 및 투자:** 창업 초기 단계에서 필요한 자금을 지원하는 프로그램을 운영하거나, 창업 아이디어에 대한 투자를 유치할 수 있는 플랫폼을 제공하여 청년 창업가의 자금 부담을 줄인다.
- **창업 인프라 구축:** 창업을 위한 공간과 장비를 제공하는 공유 오피스나 창업 지원 센터를 운영하여 청년들이 저렴한 비용으로 창업할 수 있는 환경을 조성한다.
- **정책적 지원 확대:** 정부 차원에서 청년 창업에 대한 세제 혜택이나 규제 완화를 추진하여 창업 생태계를 개선하고, 청년들이 도전할 수 있는 기반을 마련한다.

- **네트워킹 및 협력 촉진:** 다양한 산업의 창업가들과의 네트워킹 기회를 제 공하여 협업할 수 있는 환경을 조성하고, 서로의 경험을 공유할 수 있도록 해야 한다.
- **시장 진입 지원:** 청년 창업가들이 개발한 제품이나 서비스가 시장에 쉽게 진입할 수 있도록 판로 개척 지원 및 마케팅 교육을 제공해야 한다.

이러한 방안들이 혁신 창업가를 육성하고, 이를 통해서 청년 일자리를 창출 하는 데 기여할 수 있을 것이다. IBK기업은행이 모험 자본과 IBK창공(創工)을 기반 으로 청년들이 성공적인 혁신 창업을 통해 우리 경제의 주역이 될 수 있도록 지원 하는 좋은 사례가 될 수 있지 않을까.

⑧ 청년 창업가의 성공을 좌우하는 창업 기질은?

모든 일이 그렇듯, 창업은 특히 무턱대고 해서는 안 된다. 창업의 소질이나 준비 여부를 꼼꼼하게 살펴보는 것이 중요하다. 창업은 어렵고 힘든 과정이기 때문에, 신중한 결정이 성공 가능성을 높이는 데 큰 도움이 된다. 그러나 주변을 보면, 취업이 잘 안 돼서 창업에 뛰어드는 청년들이 많다. 안타깝게도 이러한 경우, 대개는 실패로 끝나는 경우가 많았다. 오랫동안 창업을 준비해온 청년 L씨는 막상 창업하려고 하니 "내가 과연 창업가로서 자질이 있는지, 잘 할 수 있을지 걱정돼 바로 실천에 옮기지 못하고 있다"고 고백했다. 이러한 고민은 매우 중요한 과정이다. 신중한 고민과 준비가 창업 후 성공 가능성을 높이는 데 기여할 수 있기 때문이다. 창업은 단순히 사업 아이디어만으로 이루어지는 것이 아니라, 자질, 준비, 그리고 시장에 대한 이해가 모두 필요하다. L씨와 같은 고민이 창업자들에게 더 많은 시간을 주어 더 철저한 준비로 이어지길 바란다.

우리는 보통 누군가의 말과 행동을 통해 그 사람의 됨됨이와 기질을 이야기하곤 한다. 어떤 일을 하든 그에 맞는 기질이 있으면 성공 확률이 높아진다. 창업도 마찬가지이다. 무턱대고 아무나 할 수 있는 일이 아니며, 창업가로서의 기질과 자질이 갖추어져 있다면 성공 가능성이 더욱 높아진다. 특히 창업에 뛰어드는 청년들에게는 이러한 기질이 매우 중요하다.

현장의 소리

"창업 기질이 없는데 무턱대고 창업하면 대부분 실패한다. 창업 자질이 우수한 청년 창업가를 찾아 창업가 정신을 고양하는 것도 중요한 정책 수단이 돼야 한다."
"창업 소질을 갖고 있는 잠재적인 예비 창업 청년들을 발굴해서 체계적인 교육을 실시해 창업을 유도해야 한다."

그러면 청년 창업가의 기질은 무엇일까? 청년이 창업을 고려할 때, 본인뿐만 아니라 부모와 가족의 기질도 참고하는 것이 좋다. 창업 기질이 부족한데 무턱대고 창업하는 것은 실패할 가능성을 높다.

청년 창업가는 다양한 창업 기질을 갖추어야 한다. 첫째, 청년 창업가는 뛰어난 상상력과 창의력을 가져야 한다. 창업은 창의적이고 혁신적인 아이디어를 생각해낼 수 있는 능력이 매우 중요하다. 청년들은 일반인들이 잘 생각하지 못하는 아이디어를 제시할 수 있고, 디지털 환경과 스마트폰에 익숙하여 정보 접근이 빠르다. 따라서 청년들은 아이디어를 구상하고 이를 현실화하여 독창적인 사업 아이템으로 발전시켜 창업을 시작해야 한다.

어떻게 하면 될까? 청년 창업가는 혁신적인 사고를 해야 한다. 예를 들어, 스무 살에 창업한 스티브 잡스가 50년 전 '책 크기의 컴퓨터'를 만들겠다고 공언했을 때, 많은 사람들은 이를 믿지 못하고 비웃었다. 만약 그가 청년 스타트업으로서 상상력과 창의력이 없었다면, 오늘날의 스티브 잡스는 존재하지 않았을 것이다.

때때로 엉뚱한 생각을 하는 '또라이'라는 소리를 듣더라도, 그런 상상력은 창의성을 발휘하는 데 도움이 될 수 있다. 청년 창업가는 자유롭게 상상하고, 기존의 틀을 깨는 아이디어를 도전해 보는 것이 중요하다.

둘째, 청년 창업가는 현실보다는 미래에 대한 구상을 많이 해야 한다. 일반적으로 청년들은 눈앞에 닥친 현실 문제에 지나치게 집중하는 경향이 있다. 그러나 창업을 준비하는 청년은 이렇게 해서는 안 된다. 청년 창업가는 미래에 대한 예측과 고민을 더욱 해야 한다. 세상은 매우 빠르게 변화하고 있다. 창업에는 당면한 문제도 중요하지만, 미래에 닥칠 일에 대한 고민과 트렌드를 읽고 준비하는 것이 필요하다. 이러한 준비가 있어야 위기 상황에서도 적절히 대응하고, 기업을 성장시킬 수 있다.

셋째, 창업을 고려하는 청년은 열정과 집념이 강해야 한다. 이는 청년 창업의 큰 장점이기도 하다. 청년은 곧 열정이다. 창업에 대한 열정이 강해야 실행으로 이어질 수 있다. 청년 창업가들은 비즈니스를 시작할 때 모든 과정을 단순한 일로 여기면 안 된다. 어떤 일이든 반드시 이뤄내야 할 목표라는 집착력이 필요하다. 창업 과정에서는 많은 어려움과 힘든 상황이 발생할 수 있다. 그럴수록 자신에 대한 믿음을 잃지 않고, 집념과 끈기를 가지고 밀어붙여야 한다.

넷째, 청년 창업자는 계획을 치밀하게 수립해야 한다. 창업은 간단히 하는 일이 아니다. 청년들은 창업 전에 세밀한 계획을 세워야 한다. 창업 초기에는 철저하게 계획을 점검하고 신중한 경영 자세가 필요하다. 이를 위해서는 평소에 모든 일에 계획을 세우고 실천하는 습관을 길러야 한다. 이런 습관이 창업에 적합한 기질이 될 수 있다. 창업에 성공하려면 왜 창업을 하는지, 사업의 목표는 무엇인지,

예상 매출액은 얼마인지, 원가 구조는 어떠한지, 손익 분기점은 언제인지, 자금 수지 표는 어떤 형태인지 등 다양한 시나리오를 고려한 종합 창업 계획을 잘 수립하고 검토해야 한다.

다섯째, 창업하는 청년은 누구보다 더 부지런해야 한다. 청년 창업가는 부지런한 기질이 없으면 경영하기 어렵다. 세상에 공짜는 없기 때문에 노력하지 않으면 창업할 수 없고, 창업해도 성공하기 힘들다. 직장을 다니는 친구들과 비교하면, 창업은 신경 써야 할 일이 훨씬 많다. 모든 결정과 책임은 창업자가 져야 한다. 그래서 청년 창업가는 더 부지런하게 생활해야 한다. 놀고 싶다고 다 놀고, 쉬고 싶다고 다 쉬면 창업으로 성공할 수 없다. 성공한 청년 창업자들은 아침 일찍 일어나 비즈니스 활동을 시작하고, 낭비하는 시간이 거의 없을 정도로 부지런하다는 특징이 있다. 일찍 일어난 새가 벌레를 잡듯, 열심히 뛰지 않으면 창업은 절대 성공할 수 없다.

창업은 남들이 한다고, 또는 돈을 많이 벌 수 있다고 무작정 시작하면 큰일 날 수 있다. 창업에 뜻이 있는 청년이라면 자기 자신의 창업 적성을 점검해 보는 것이 좋다. "나에게 창업이 맞을까?"를 고민해 보자. 가볍게 테스트해 보는 것도 좋은 방법이다. 하지만, 창업 기질 평가 점수가 낮게 나왔다고 해서 포기할 필요는 없다. 공부하고 연습해 기질을 배양하고 내 몸과 정신에 체화할 수 있다. 기질은 타고나는 부분도 있지만, 환경적 요소에 의해 형성되기도 한다. 그러므로 노력과 경험을 통해 창업에 필요한 기질을 기를 수 있다.

정부와 청년 창업 지원기관은 청년의 창업 기질을 높이는 정책을 지속적으로 검토해 나가야 한다.

- **창의성 교육 강화**: 창의적 사고를 증진시키는 프로그램을 도입해, 청년들이 다양한 아이디어를 발굴하고 문제를 해결하는 능력을 키울 수 있도록 지원해야 한다. 워크숍, 세미나, 해커톤 등을 통해 실습을 제공할 수 있다.
- **멘토링 프로그램**: 경험이 풍부한 창업자나 전문가와의 멘토링을 통해 실제 창업 경험과 노하우를 전수받을 수 있도록 한다. 이를 통해 청년들이 현실적인 시각을 갖고 창업에 접근할 수 있다.
- **리스크 관리 교육**: 실패를 두려워하지 않고, 실패를 통해 배울 수 있는 환경을 조성해야 한다. 리스크 관리와 실패 사례를 학습하는 프로그램을 통

해 청년들이 더 용감하게 도전할 수 있게 도와줘야 한다.

- **실습 중심의 창업 지원:** 창업을 실제로 체험할 수 있는 인턴십이나 프로젝트 기반의 학습을 통해 이론뿐만 아니라 실무 경험을 쌓을 수 있도록 지원해야 한다.
- **자기개발 기회 제공:** 청년들이 자신의 강점과 약점을 파악하고, 필요한 스킬을 개발할 수 있도록 다양한 교육 프로그램과 자기개발 기회를 제공해야 한다.
- **상호 학습과 네트워킹:** 다양한 청년 창업자들과의 네트워킹 기회를 제공하여, 서로의 경험을 공유하고 배울 수 있는 장을 마련해 줘야 한다. 이는 창업가 정신을 더욱 강화하는 데 도움을 줄 것이다.
- **창업 인프라 구축:** 창업을 위한 자원(공간, 자금, 네트워크 등)을 제공하여 청년들이 더 쉽게 창업에 도전할 수 있도록 해야 한다. 공동 창업 공간이나 창업 지원 센터를 운영하는 것이 좋은 사례가 될 수 있다.

표 7-4 청년 창업가 기질 Test(예)

나의 창업 기질	체크 ∨
나는 상상력이 풍부하다	
나는 반복적인 것보다는 새롭거나 신기한 것을 좋아한다	
나는 모르는 것을 알고 싶어 하는 호기심이 강하다	
나는 정보력이 빠르고 많이 아는 편이다	
나는 창의력이 뛰어난 편이다	
나는 도전과 모험을 더 좋아한다	
나는 누가 시키는 일보다는 내가 하고 싶은 것을 찾는다	
나는 트렌드에 민감하고 미래를 더 많이 고민 한다	
나는 모든 일에 열정과 집념이 강하다	
나는 대체로 리드하는 편이다.	
나는 모든 면에서 이기려는 승부욕이 강하다	
나는 무슨 일이든 계획을 수립해서 한다	

나는 친구들보다 부지런한 편이다	
내가 결정한 일에는 가족과 친구들이 믿어주는 편이다	
내 주변에 기꺼이 도와주려는 친한 사람들이 많다	
나 혼자보다는 함께 이루는 것을 더 좋아한다	
나는 토론을 좋아하고, 내 생각만 주장하지 않는다	

* 15개 이상: 창업에 강한 기질을 갖추고 있으므로 창업을 시도하라
* 10~14개: 창업에 적합한 기질을 갖고 있으므로 도전해 볼만 하다
* 6~9개: 창업하려면 기질을 갖춘 후 더 신중하게 고려해 봐야 한다
* 5개 이하: 창업자로서 기질이 부족하므로 엄청난 노력이 필요하다

9 청년을 사로잡는 창업 아이템, 무엇이 될까?

강원도에서 창업을 준비 중인 C씨는 1년째 어떤 아이템으로 창업할지를 고민하고 있다. 자신의 기술과 강원도의 지역적 특성을 고려해 아이템을 찾으려 노력하고 있지만, 뚜렷한 아이디어가 떠오르지 않고 있다. C씨는 "내가 고민하는 아이템이 경쟁력이 있는지, 시장이 존재하는지, 기존에 유사한 기업이 있는지 알 수 없어 결정을 내리기가 어렵다"고 말한다. C씨의 고민은 많은 창업자들이 직면하는 문제이다. 창업 아이템에 대한 시장 분석과 경쟁 분석이 부족하면 성공 가능성이 낮아질 수 있다. 이러한 이유로, C씨는 중앙정부나 지방자치단체, 공공기관에서 창업 아이템에 대한 종합적인 분석과 컨설팅을 제공하는 프로그램이 필요하다고 강조한다. 이러한 지원이 있다면 청년들의 창업 실패를 줄이고, 더 많은 성공 사례를 만들어 낼 수 있을 것이다. 창업을 원하는 청년들이 정확한 정보와 분석을 바탕으로 아이템을 결정할 수 있도록, 정부와 관련 기관의 적극적인 지원이 필요하다.

우리 주변에는 창업을 꿈꾸는 많은 사람들이 있다. 예비 창업자에게 가장 많이 묻는 첫 질문은 "무슨 사업을 하려고 하냐?" 또는 "왜 취업하지 않고 창업하려 하느냐?"일 것이다. 그에 대한 답변은 다양하다. 어떤 사람은 "잘될 것 같아서", 또 다른 사람은 "남들이 많이 하니까"라고 말할 수 있다. 혹은 "소질을 살려서", "취업을 못해서", "돈을 벌고 싶어서", "내 꿈을 실현하려고" 등 여러 이유가 있다. 그러나 창업을 시작할 때 가장 중요한 것은 아이템 선정이다. 누구나 창업을 시도할 때 사업 아이템 선정부터 시작하고, 그 후 본격적인 창업의 길을 걷게 된다.

창업 아이템을 고민할 때, 기본적으로 방향과 원칙을 명확히 해야 한다. 청년들은 중장년층에 비해 연령과 사회 경험이 상대적으로 짧아, 적절한 창업 아이템을 찾기가 쉽지 않다.

현장의 소리

"직장에서 10년을 일한 후 회사가 도산한 B씨는 운동을 좋아해 헬스 트레이너 자격증을 취득하고 건강과 스포츠 관련 사업을 준비 중이다. 그러나 어떤 비즈니스를 할지, 어느 지역에서 사업을 하는 것이 유리할지, 그리고 정책 지원을 받을 수 있는지에 대해 고민하고 있다. 컨설팅 업체를 찾는 방법도 있지만, 정책적으로 지원받을 수 있는 방법은 없을까"

청년들이 창업 아이템을 선정할 때는 우선 '왜 창업하려고 하는가?'라는 뚜렷한 목적의식이 필요하다. 특히 자신에게 맞는 분야를 선택하는 것이 중요하다. '자신이 좋아하고 잘 알고 잘할 수 있는 것', '언제 해도 즐거운 테마'에서 아이템 발굴을 시작해야 한다. '일단 벌이고 나면 어떻게든 되겠지'라는 생각으로 아무 아이템이나 덥석 잡는 것은 위험하다.

창업 아이템을 선정할 때 가장 중요한 것은 청년 창업가의 강점이 '어느 분야에 경쟁력이 있는가'이다. 자신의 뛰어난 자질과 능력에 맞는 아이템을 선택하면 성공 가능성이 더욱 높아진다.

청년 창업가는 자신의 실력을 발휘할 수 있고 적성에 맞는 분야를 선택해야 한다. 아무리 좋은 창업 아이템이라도 자신에게 적합해야 한다. 그렇다면 나에게 맞는 아이템은 무엇일까? 우선, 청년 창업가가 관심을 갖고 있는 아이템이어야 한다. 강조하건대, 자신이 잘할 수 있는 분야를 선택해야 한다. 여기에는 개발 능력, 생산 능력, 판매 능력, 자금 능력 등이 모두 포함된다.

창업 아이템은 창의적이면서도 시장의 요구에 부합해야 한다. 사회에 첫 발을 내딛는 청년 창업가일수록 아이템 선정에 더 많은 어려움을 겪기 때문에, 이에 더 많은 심혈을 기울여야 한다. 단순히 아이디어만 가지고 대충 실행 아이템을 결정해서는 안 된다. 사업성과 시장성을 충분히 따져보아야 한다. 아무리 좋은 상품과 서비스라 하더라도 팔리지 않으면 그 아이템은 성공할 수 없다.

창업 아이템을 정할 때, 기존 것을 단순히 모방하거나 남들이 하는 것을 쫓아서는 안 된다. 시장에서 새롭게 히트를 칠 수 있는 아이템이 바람직하다. 물론 기존 사업과 유사한 아이템으로 창업하더라도, 기존 사업과는 뭔가 색다른 경쟁력을 가져야 한다.

남들이 하지 못하는 나만의 노하우나 비법이 있어야 성공 가능성이 높아진다. 그렇지 않으면 유행에 따라 붐이 일어날 때 유사한 사업들이 우후죽순 생겨나게 된다. 결국 시장은 한정되어 있고, 사업자가 많아지면 서로 경쟁하게 되어 짧은 유행은 곧 거품처럼 사라진다. 따라서 미래에도 꾸준히 수요가 이어지는 지속 가능한 비즈니스 모델을 찾는 것이 중요하다.

시대적 트렌드에 맞는 아이템을 선택해야 한다. 트렌드를 읽지 못하고 창업하면 오래가지 못하고 문을 닫게 된다. 또한, 반짝 이슈로 뜨는 아이템은 순간적으로 수익을 가져올 수 있지만, 시간이 지나면 쉽게 식어버려 미래가 불안정해질 수 있다. 트렌드를 따라가되, 최소한 10년 정도를 내다보고 아이템을 선정해야 한다. 그렇다고 너무 유행만 쫓아 창업하는 것도 경계해야 한다. 단기적으로 인기를 끌기는 쉬울지 몰라도, 중장기적으로 유지하기는 어렵다.

미래 유망 창업 분야는 무엇일까? 물론 다양하지만, 예를 들어 4차 산업혁명과 코로나 팬데믹을 거치면서 언택트–온택트–딥택트(Un-On-Deeptact) 시대가 겹쳐 생겨나는 분야가 유망할 수 있다. 인공지능, 로봇, IoT, 빅데이터, 증강현실 등을 비대면, 온라인, 선택적 밀착과 융합하면 AI 관련 업종에서 신규 아이템을 도출할 수 있을 것이다. 그러나 기술 창업만 해야 한다는 것은 아니다. 식당, 가게, 서비스업 등 전통 비즈니스도 창의적 아이디어와 혁신을 통해 새로운 미래 유망 분야로 성장할 수 있다.

청년들에게 성공할 수 있는 창업 아이템은 무엇일까? 사실 정답은 없다. 청년에 맞는 최고의 창업 아이템은 창의와 열정으로 시장의 흐름을 따라가고, 미래에도 지속 가능한 것이어야 한다. 이런 조건을 갖춘다면 어떤 아이템이든 좋은 창업 아이템이 될 수 있다.

청년들에게 성공할 수 있는 창업 아이템은 여러 가지가 있지만, 다음과 같은 몇 가지 요소를 고려할 때 더욱 유망할 수 있다.

- **트렌드와 사회적 요구:** 현재 사회에서 주목받고 있는 트렌드나 문제를 해결하는 아이템이 유망하다. 예를 들어, 지속 가능성, 건강, 웰빙, 원격 근무, 비대면 서비스 등이 있다.
- **기술 활용:** 인공지능(AI), 빅데이터, IoT(사물인터넷), 블록체인 등 최신 기술을 활용한 아이템은 경쟁력을 갖출 가능성이 높다.
- **자신의 열정과 적성:** 자신이 잘 알고 좋아하는 분야에서 아이템을 찾는 것이 중요하다. 개인의 강점과 관심사를 반영한 사업 아이템은 지속 가능한 성장을 이끌어낼 수 있다.
- **창의성과 혁신:** 기존 시장에 새로운 관점이나 방식을 도입하는 창의적인 아이템이 주목받는다. 차별화된 가치를 제공할 수 있는 제품이나 서비스가 유망하다.
- **사회적 기업 모델:** 사회적 문제를 해결하면서 수익을 창출하는 비즈니스

모델은 청년 창업자에게 매력적인 옵션이 될 수 있다. 예를 들어, 환경 보호, 지역 사회 지원 등과 관련된 아이템이 이에 해당한다.

- **온라인 및 플랫폼 기반 비즈니스:** 전자상거래, 구독 서비스, 앱 기반 서비스 등 온라인에서 운영할 수 있는 비즈니스 모델도 유망하다. 특히, 코로나19 이후 비대면 소비가 증가하면서 이러한 아이템의 수요가 높아졌다.

이 외에도 다양한 아이템이 있을 수 있으며, 창업 아이템을 선정할 때는 충분한 시장 조사와 분석이 필요하다.

나에게 맞는 창업 아이템(예)	
• 내가 잘 아는 분야다	그래서 별로 겁나지 않는다
• 내가 경험을 해본 분야다	그러니 뭐가 문제인지 잘 안다
• 내가 창업교육을 받은 분야다	그래서 이론까지 겸비한 셈이다
• 내가 신제품 개발을 완성할 수 있는 분야다	기획도 제작경험도 있다
• 나의 창업 꿈을 실현해 줄 수 있는 분야다	절대 무리하지 않는다
• 실패해도 나에게 심각한 타격을 주지 않는 분야다	주위의 피해도 적다
• 마케팅과 시장 개척 이해는 기본적으로 돼 있는 분야다	현장 노하우도 있다

정책적으로는 국내외 창업 아이템을 데이터베이스화하고, 아이템 성공 여부와 적합한 아이템 선정 가이드 등을 제공하는 맞춤형 창업 아이템 플랫폼(가칭 <나에게 맞는 청년 창업 아이템 찾기>)을 구축해야 한다. 이는 청년 창업의 비용을 줄이고, 실패를 감소시키며 성공 가능성을 높이는 길이 될 것이다.

⑩ BTS의 창으로 바라보는 청년 창업의 미래!

BTS는 벤처 스타트업의 성공적인 사례로, 독창적인 음악과 춤, 전략적인 투자, 그리고 피나는 노력이 결합하여 세계적인 작품을 만들어 냈다. 이로 인해 대한민국의 콘텐츠가 글로벌 시장에서 큰 인기를 끌게 되었고, 이는 한국 벤처 스타트업의 무한한 가능성을 보여주고 있다. 문화 콘텐츠 분야에서 유니콘 기업으로 성장할 수 있는 많은 스타트업이 등장할 수 있는 희망이 엿보인다. 콘텐츠 사업을 하는 벤처기업 L사는 "앞으로도 K-컬처로 인해 세계적인 스타트업이 많이 나오는 모습을 기대하고 있다"고 말한다. 또한, 수출 제조업체 M사의 대표이사는 "BTS 덕분에 한국의 이미지가 세계적으로 긍정적으로 변화하고 있으므로, 이를 활용하여 제조업의 수출 활성화를 이끌어내는 정책이 마련된다면 큰 효과를 볼 수 있을 것"이라고 강조한다. 하지만 현재 그런 정책이 다소 미흡한 점은 아쉽다고 덧붙였다. 이처럼 K-컬처의 성공을 바탕으로, 한국의 다양한 산업 분야가 함께 성장할 수 있는 기회를 만들어가는 것이 중요하다. K-문화와 제조업이 상생하며 시너지를 낼 수 있도록 지원하는 정책과 환경이 필요하다.

아이돌 그룹 방탄소년단(BTS)이 세계를 놀라게 하고 있다. 2021년 11월 23일, 미국의 3대 음악 시상식 중 하나인 '아메리칸 뮤직 어워즈(AMA)'에서 최고상인 '아티스트 오브 더 이어(Artist of the Year)'를 포함해 '페이버릿 팝 듀오 오어 그룹(Favorite Pop Duo or Group)'과 '페이버릿 팝송(Favorite Pop Song)'까지 3관왕에 올랐다. 아시아 가수가 AMA에서 대상을 수상한 것은 BTS가 처음이다.

한국의 청년 싱어 7명이 세계 대중음악의 정점에 섰다. 방탄소년단(BTS)의 세계적인 인기는 어제오늘의 일이 아니다. 한때 '버터(Butter)'는 빌보드 메인 싱글 차트 '핫 100'에서 10주간 1위를 차지했으며, BTS의 신곡 '다이너마이트(Dynamite)' 또한 세계 최고 권위의 빌보드 싱글 차트 '핫 100'에서 1위에 오르는 기록을 세웠다. 이들은 이미 앨범 판매량 기준인 '빌보드 차트 200'에서도 1위를 기록한 뒤 여러 차례 차트 정상에 올라서는 성과를 이뤘다.

BTS의 노래는 일시적인 히트곡이 아니다. 단순한 유행을 넘어서 현대인의 삶과 시대를 대변하는 감동적인 작품으로 평가받고 있다. BTS는 신나는 리듬과 독창적인 안무로 세계인들에게 정서적인 울림을 주며 폭발적인 사랑을 받고 있다. 전 세계적인 경기 침체 속에서 고통받는 사람들에게 경쾌한 음악과 춤으로 위로를 전하고, 새로운 행복과 희망의 씨앗을 심고 있다.

BTS가 선도하는 K-콘텐츠의 세계적 활약상은 눈부시며, 그 경제적 가치도 막대하다. 연구 결과에 따르면, 2014년부터 2023년까지 10년간 BTS가 창출한 경제적 효과는 총 56조 원에 달하며, 이는 대한민국이 세계 최고의 문화 강국으로 발돋움하는 데 기여하고 있다.

엄청난 일이 아닐 수 없다. 기업으로 비유하자면 BTS는 벤처 스타트업과 같다. 우리나라 청년이 창업하여 전 세계의 모범이 되는 유니콘 기업으로 성장시킨 것이다. 이는 청년 창업가들에게 새로운 꿈과 희망을 주는 의미가 있다.

BTS의 도전과 진화의 여정은 계속될 것이다. 전 세계를 매혹시킨 BTS의 활약에서 대한민국 청년 창업의 새로운 희망을 발견했다. 대한민국 청년들은 끼와 열정, 그리고 세계 시장을 사로잡을 수 있는 DNA를 갖고 있다. 청년들이 창업할 때 세밀하게 준비하여 세상에 내놓으면, 세계 시장에서 히트를 칠 수 있는 상품과 서비스들이 무수히 나올 수 있다.

현장의 소리

"콘텐츠, IT 사업 등에서 강점이 있는 우리나라 청년들이 많이 창업에 뛰어들 수 있게 정책적 지원이 뒤따라야 한다. 청년 혁신 창업의 범위를 확 넓혀서 창의적인 사업을 주도하도록 해야 한다."

"K-팝, K-콘텐츠 열풍이 청년 스타트업 글로벌 진출 활성화(해외 창업, 해외 수출 등)와 연계할 수 있는 지원책이 만들어지면 좋겠다."

우리 국민의 '빨리 빨리' 정서는 요즘 스피드 산업 사회에 적합한 트렌드다. 한국의 IT 기술은 세계를 선도할 수 있는 강점이 된다. K-pop이 세계 시장에 진출한 지 20년 만에 이제는 한국인이 만든 음악을 전 세계인이 즐기는 시대가 열렸다.

자랑스러운 한국의 청년들이 K-pop을 넘어 K-스타트업의 시대를 활짝 열 수 있을 것이라 믿는다. 끼와 열정이 넘치는 우리 청년들이 창업하여 히트할 수 있는 콘텐츠를 발굴해 시너지 효과를 내도록 해야 한다. K-방역으로 인해 다양한 분야에서 한국이 주목받는 흐름이 형성되고 있다. 이 흐름을 이어가며 글로벌 청년 스타트업이 활발하게 이루어져야 한다.

K-컬처의 성공은 청년 스타트업에 중요한 교훈을 제공한다. 독창적 콘텐츠와 글로벌 트렌드를 접목한 K-컬처는 전 세계에 걸쳐 한국 브랜드의 가치를 높이고 있다. 이처럼 청년 스타트업도 K-컬처의 성공 전략을 참고해 글로벌 시장에 적합한 차별화된 서비스와 제품을 개발함으로써 해외 진출의 발판을 마련할 수 있다.

BTS 사례가 청년 스타트업에 주는 시사점은 글로벌 시장을 겨냥한 창의적 콘텐츠와 브랜드 구축의 중요성이다. 한계를 넘고 새로운 가치를 창출한 BTS처럼, 청년 스타트업도 혁신적 사고와 글로벌 감각을 바탕으로 세계 시장에 도전할 필요가 있다.

청년 창업, 취업, 주택, 결혼, 출산 등이 순조롭게 연결되어 청년들에게 꿈과 희망이 넘치는 스타트업 강국으로 발전해 나가야 한다. 이것이 대한민국 경제가 미래로 도약하는 희망의 길이다.

⑪ 청년 창업교육, 혁신으로 새롭게 나아가자

청년 스타트업을 운영하는 K대표는 "창업 교육을 받았지만, 현실과 동떨어진 내용이라 실제 창업에 큰 도움이 되지 않았다"고 말한다. 그는 "청년 창업가들이 필요로 하는 교육 수요를 파악하여 실무 중심의 교육을 제공하는 것이 더 바람직하다"고 강조했다. 따라서 창업 교육의 내용을 현장의 요구에 맞추어 실질적으로 개선하는 것이 필요하다. 이는 청년 창업가들이 실제로 마주할 수 있는 문제들을 해결할 수 있는 능력을 배양하는 데 도움이 될 것이다.

창업은 철저한 준비 없이 시작하면 실패할 가능성이 크다. 특히 사회 경험이 부족한 청년 창업가들이 준비 없이 뛰어들 경우 대부분 실패로 끝나는 것이 현실이다. 심지어 충분히 준비된 창업도 5년 생존율이 30%를 밑돌고 있다. 성공적인 창업을 위해서는 교육이 필수이며, 첫발을 제대로 내디뎌야만 올바른 방향으로 나아갈 수 있다. 그렇지 않으면 길을 잘못 들어 실패에서 벗어나기 어렵다.

창업에서 철저한 준비는 성공의 필수 요소이다. 청년들이 창업에 나설 때 충분한 교육을 받으면 리스크를 줄이고 성공 가능성을 높일 수 있다.

청년 창업 교육의 중요성은 아무리 강조해도 지나치지 않는다.

- **창의성과 혁신 촉진**: 청년들에게 창업 교육을 제공함으로써 창의적 사고와 혁신 능력을 배양할 수 있다. 이는 새로운 아이디어와 솔루션을 개발하는 데 기여한다.
- **실질적인 기술 습득**: 창업 교육은 비즈니스 모델, 마케팅, 재무 관리 등 실제 창업에 필요한 기술과 지식을 습득할 수 있는 기회를 제공한다.
- **리스크 관리**: 청년 창업자들이 창업 과정에서 마주치는 다양한 리스크를 이해하고 관리하는 방법을 배울 수 있다. 이는 실패 가능성을 줄이고 성공적인 창업으로 이어질 수 있다.
- **네트워킹 기회 제공**: 교육 과정에서 다른 창업자나 멘토와의 네트워킹 기

회를 통해 협력할 수 있는 기반이 마련된다. 이는 사업화에 큰 도움이 된다.
- **정신적 준비:** 창업은 도전과 어려움이 따르는 과정이다. 교육을 통해 청년들은 심리적 준비를 하고, 어려움을 극복하는 방법을 배울 수 있다.

하지만, 한국에서는 청년들이 교육 없이 무작정 창업을 시작하는 경향이 있으며, 이는 청년 창업의 낮은 성공률의 원인 중 하나로 지적되고 있다. 정부가 청년 창업 교육을 제공하고 있으나, 현장과 맞지 않는 내용이라는 비판도 있다.

창업을 준비하는 청년들에게는 충분한 교육이 필수적이다. 대학과 창업 지원 기관, 지자체의 역할 강화가 중요한 이유이다. 청년들의 창업 마인드를 높이고 창업을 촉진하려면 현장에 맞는 교과과정을 개설하는 동시에 창업 동아리 활동 지원도 대폭 확대해야 한다.

창업 관련 강좌는 청년들이 현장에서 즉시 활용할 수 있는 실질적인 전문성을 제공해야 한다. 창업 시뮬레이션 등 청년들의 눈높이에 맞춘 현실적인 교육이 이루어져야 하며, 이를 위해 교육 프로그램 개발과 콘텐츠 제작 단계부터 청년들의 참여가 필요하다. 교육 방식도 기존의 일방적 주입식에서 벗어나 토론과 동영상 등 시각적 커뮤니케이션 방식을 도입해야 효과가 높아질 것이다.

우리나라는 청년 창업 활성화를 위해 정부, 대학, 지원 기관 차원에서 많은 노력을 기울이고 있지만, 청년 창업 교육 생태계는 여전히 취약하다. 대학의 창업 교육 수준 진단 연구 결과에 따르면, 현재의 교육 수준은 턱없이 미흡한 상황이다. 청년 창업을 효과적으로 지원하고 있는 주요 선진국의 사례는 우리에게 중요한 벤치마킹 기회를 제공한다. 따라서 미국 등 선진국의 창업 교육 현장에서 혁신적인 해답을 찾아야 할 때이다.

미국은 전체 대학의 60%가 창업교육 프로그램을 1개 이상 운영하고 있으며, 영국, 프랑스, 핀란드 등 세계 각국의 대학이나 지자체에서도 다양한 창업교육 모델을 만들어 교육에서부터 실제 창업에 이르기 까지 원스톱 지원체계를 갖추고 있다.

"청년 창업의 성공은 얼마나 교육을 받느냐에 달려 있다. 청년들이 창업 교육을 받을 수 있도록 지원 정책과 연계할 필요가 있다. 또한, 창업 교육은 주입식이 아니라 청년의 시각에서 꼭 필요한 실무 중심의 프로그램으로 구성되어야 하며, 디지털 시대에 맞는 교육 방식으로 발전해야 한다."

우리나라 청년 창업 교육지원 정책은 이제 양보다 질적 향상에 집중해야 할 때이다. 과감한 개선과 혁신이 필요하다.

첫째, 현재 청년 창업 교육과 지원은 청년들의 개성과 특성을 충분히 반영하지 못하는 탑다운(Top-Down) 방식에 머물러 있다. 정부, 지자체, 대학이 정해진 틀안에서 일률적으로 교육과 지원을 제공하는 상황이다. 앞으로는 정책 개발 단계부터 청년과 지역의 특성을 적극 반영하는 바텀업(Bottom Up) 방식으로 전환해야 한다. 독창적이고 상상력이 풍부한 창업 교육 프로그램이 지속적으로 개발되어야 한다.

둘째, 대학과 지자체에서 창업 강의와 동아리가 늘어나며 우호적인 창업 환경은 조성되고 있지만, 교육 내용과 운영 면에서 전문성이 부족한 실정이다. 이는 경험이 부족한 강사들이 강의를 맡거나, 멘토링 및 보육 지원이 미흡하며, 지적재산권 관리와 장기적 로드맵 부재, 동문 네트워크와 금융·법률 전문가 등의 사업화 네트워크 부족에서 비롯된다. 창업 교육은 현장 전문가가 담당하고, 대학과 지자체가 보유한 네트워크를 활용해 청년 창업을 실질적으로 지원하는 체계를 갖춰야 한다.

셋째, 청년 창업 교육과 지원이 실제 창업으로 효과적으로 이어지지 못하고 있다. 이는 교육이 현실과 괴리되어 있기 때문이다. 청년들은 자신의 창업 아이템을 즉시 적용하고자 하나, 이를 뒷받침할 지원 정책이 부족한 상황이다. 이로 인해 학생 창업에 대한 자금 지원과 창업 기업 수는 늘었으나, 매출 실적과 성장성은 여전히 저조하다. 이는 창업이 제도적으로는 용이하지만, 실적 보고를 위한 창업 독려가 오히려 성공적인 성과를 저해할 수 있다는 점과도 연관될 수 있다. 청년 창업 교육이 실질적인 창업과 성공적인 결과로 이어지도록 종합적인 지원 체계가 마련돼야 한다.

넷째, 청년 창업 교육이 금융과 제대로 연계되어 있지 않다. 청년 창업의 부진은 우수한 아이템의 부족뿐만 아니라, 창업 교육을 마친 후 실제로 창업하려고 할 때 투자 자금이 부족하면 어려움이 따른다. 청년 창업 관련 정책 자금 활용, 민간 자금 유치, 각종 펀드 조성 등에서도 많은 어려움이 존재한다. 따라서 청년 창업 교육 지원 프로그램은 반드시 금융과 연계하여 설계되고 운영돼야 하며, 이 과정에서 금융 기관의 역할이 무엇보다 중요하다.

　대한민국의 역동적 경제 성장을 이루기 위해서는 '창업 강국 Korea'를 만들어야 한다. 이를 위해 초등학교부터 대학, 일반인 교육에 이르기까지 단계별로 창업의 중요성을 인식시키고, 창의적인 내용을 담은 디지털 기반의 혁신적인 창업 교육 시스템을 원활하게 운영해야 한다. 정책적으로는 정부(지자체), 대학, 지원 기관 간의 실질적인 협력 기반을 구축하여 청년 창업 교육의 새로운 지평이 열리기를 기대한다.

⑫ 청년의 시각으로 스타트업 생태계를 만들어 가자

현재 중앙정부, 지방정부, 공공기관, 민간 기업 등에서는 스타트업 지원에 적극적이다. 이는 청년 창업을 활성화하는 데 매우 긍정적인 측면이 있다. 그러나 청년들의 목소리를 들어보면, 많은 이들이 현재의 지원이 너무 공급자 위주라고 평가하고 있다. 창업 아이템 선정부터 다양한 지원 프로그램까지, 청년의 시각에서 혁신적으로 변화할 필요가 있다. 예산이 충분하더라도 각 기관이 독자적으로 프로그램을 운영하는 것은 지양해야 한다. 대신, 청년 창업가들이 실제로 필요로 하는 수요자 맞춤형 프로그램을 설계하고 지원하는 것이 더 효과적일 것이다. 청년 창업가 단체 K회장은 "기관별로 차별화된 청년 창업 지원 프로그램을 만들고, 창업 애로 사항을 해결하는 데 도움을 줄 수 있는 형태로 지원해야 한다"고 강조한다. 즉, 공급자 위주가 아닌 수요자의 현장 입장에서 청년 창업을 활성화할 수 있는 생태계를 조성하는 것이 필요하다.

청년들에게 반가운 소식이 전해졌다. 기획재정부, 국토교통부, 중소벤처기업부, 금융위원회 등 정부 부처에 청년 정책을 전담하는 조직인 청년정책과가 신설되었다. 이는 2020년 8월 제정된 청년기본법의 후속 조치로, 미래세대인 청년들이 직면하는 다양한 어려움을 보다 체계적으로 해결하기 위한 정책을 추진하기 위함이다. 이를 통해 청년들의 목소리를 반영하고, 실질적인 지원을 강화할 수 있을 것으로 기대된다.

물론 청년 담당 정부 조직이 신설된다고 해서 청년 문제가 즉각 해결되거나 성과가 바로 나타나는 것은 아니다. 그러나 청년의 눈높이에서 청년 문제를 고민하고, 청년들이 미래에 대한 희망을 가지고 꿈을 펼칠 수 있는 다양한 정책을 지속적으로 수립하고 추진할 수 있는 체계가 가동되는 것은 매우 의미 있는 일이다. 앞으로 청년이 중심이 되는 미래 강국으로 나아가는 새로운 전기가 마련되기를 기대해 본다.

우선 청년 스타트업 생태계가 제대로 구축되기를 바란다. 청년들을 위한 스타트업 생태계 조성은 정부의 중요한 역할이다. 청년 스타트업은 청년 일자리와 밀접하게 연결되어 있으며, 청년 창업과 일자리를 활성화하기 위해서는 기존의 청년 스타트업 관련 인프라를 체계적으로 보강하고 재구축해야 한다. 현재 정부에서는 청년 스타트업 촉진을 위해 다양한 인프라를 구축하고 있으나, 현장에서 청년들이 이를 접근하기 어려운 현실이 문제이다. 따라서 보다 실질적이고 접근 가능한 지원 체계를 마련하는 것이 필요하다.

아이디어를 가진 청년이 몸만 가면 창업을 준비할 수 있는 창업 공간이 마련되어야 한다. 하지만 이러한 창업 공간의 구축을 중앙 정부에만 의존해서는 안 된다. 지자체, 공공기관, 기업들이 자발적으로 나서 청년들이 창업을 준비할 수 있는 공간을 조성해야 한다. 청년 창업가들이 낮은 비용으로 창업에 도전할 수 있도록, 선진국처럼 메이커 스페이스(Maker Space), 테크숍(Tech Shop), 팹랩(Fab Lab) 등 스타트업 관련 다양한 인프라를 확충해야 한다. 이러한 공간은 창의성과 혁신을 촉진하고, 청년들이 실험하고 배울 수 있는 기회를 제공할 것이다.

또한, 독특한 창업 아이디어를 지속적으로 발굴하고 필요한 기술을 개발할 수 있는 지원책이 필요하다. 미국의 경우, 대학 및 연구소에서의 첨단 기술 연구 결과를 상업화하기 위해 개념 검증 센터(Proof-of-Concept Center)라는 새로운 유형의 기술 사업화 기구를 설립하고 운영하고 있다. 이 센터의 중추적인 역할은 기존의 자금 조달 방식으로는 지원이 어려운 독특하고 혁신적인 초기 단계의 연구에 종자돈(Seed Money)을 제공하고, 기술 사업화에 대한 자문 서비스와 교육 프로그램을 제공하는 것이다. 이러한 지원체계는 청년 창업가들이 창의적인 아이디어를 현실로 만들 수 있는 중요한 발판이 될 것이다.

창업 단계에서 청년들의 가장 큰 애로 사항은 결국 자금이다. 청년 창업가들이 손쉽게 창업 자금을 마련할 수 있도록 저리의 융자와 펀드 조성 등 금융 지원을 점차 확대해야 한다. 지원 조건도 대폭 완화하여 필요할 때 즉시 창업 자금을 조달할 수 있는 길을 터줘야 한다. 청년 창업에 대한 정책 자금 지원도 소액 융자 위주의 방식에서 탈피해야 하며, 혁신형 청년 스타트업에 대한 모험 자본 투자를 확대할 수 있는 방향으로 과감한 전환이 필요하다.

또한, 창업 이후 청년 스타트업이 성공적으로 자리 잡을 수 있도록 R&D 개발과 판로 지원 등이 자연스럽게 수반되어야 한다. 청년들이 스타트업에서 실패하더라도 오뚝이처럼 다시 일어설 수 있도록 재도전 프로그램도 더욱 강화해야 한다. 이러한 모든 지원은 개별적으로 이루어지기보다는, 청년 창업 및 기업에 새로운 활력을 불어넣을 수 있도록 생애 주기별로 일괄 지원하는 방식의 패키지로 제공되어야 한다.

청년들이 우물 안 개구리처럼 한정된 시장에서 머무르지 않고 세계 시장에서 마음껏 활동할 수 있는 청년 스타트업의 글로벌 촉진 인프라를 확대해 나가야 한다. 인구가 약 900만 명에 불과한 이스라엘이 창업 강국으로 자리 잡을 수 있었던 이유는 초기 창업 단계부터 글로벌 시장에 진출할 수 있는 창업 생태계가 조성되어 있기 때문이다. 이스라엘에서는 세계의 투자 자금이 모이고 있으며, 스타트업이 언제든지 실리콘밸리로 진출할 수 있는 '글로벌 창업 생태계'가 잘 구축되어 있다. 이는 우리에게도 중요한 시사점을 제공한다.

그동안 우리 정부는 청년 창업과 일자리 등 청년 문제 해결을 위해 다양한 대책을 마련해 왔다. 청년 정책 관련 과제 및 예산이 매년 증가하여 23조 원이 넘는 수준에 이르렀다. 청년 예산을 늘리는 것도 중요하지만, 더 중요한 것은 청년 정책을 청년의 눈높이에서 혁신적으로 전환하는 것이다. 이를 통해 청년들이 보다 실질적으로 창업에 도전하고, 글로벌 시장에서 성공할 수 있는 환경을 조성해야 한다.

현장의 소리

"중앙정부, 지방자치단체, 그리고 공공기관 등에서 청년 창업 지원 프로그램을 경쟁적으로 내놓고 있다. 그러나 청년 창업가들이 실제로 지원을 받으려면 적합한 프로그램이 많지 않다. 경우에 따라 특정 지원은 가능하지만 다른 지원은 불가능한 등, 공급자 위주로 설계된 경우가 많다."
"정책 수립 시 청년들 간담회 몇 번 하는 것으로 끝내지 말고 청년들이 직접 참여해서 함께 정책을 만들고 집행하는 노력이 중요하다."

이제 청년을 전담하는 정부 조직이 여러 곳에서 출범하였다. 청년들이 어떤 생각을 하고, 무엇을 고민하며, 어떤 희망을 가지고 있는지를 현장에서 찾아가는 것이 중요하다. 청년들이 힘차게 스타트할 수 있도록 함께 마음을 열고 지혜를 모아야 할 때이다. 정부는 청년의 목소리를 경청하고, 그들의 요구를 반영하여 실질적인 정책을 마련해야 한다. 청년들이 자신의 꿈을 펼칠 수 있는 환경을 조성하는 것이 우리의 공동 목표가 되어야 한다.

⓵⓷ 네트워킹, 창업 성공의 결정적 요소!

청년들은 일반적으로 아이디어, 기술, 그리고 열정을 가지고 창업의 길에 나선다. 하지만 많은 청년 창업가들이 공통적으로 느끼는 점은 "대표와 직원들만 열심히 일한다고 해서 성공하는 것이 아니라는 것"이다. 실제로 창업을 해보니, 정부, 지원기관, 거래처 등 이해관계자와의 네트워크가 얼마나 잘 구축되어 있는지가 더 중요하다는 것을 깨닫게 된다. 비즈니스는 본질적으로 네트워크로 이루어져 있으며, 특히 창업 초기에는 주변의 많은 지원이 필요하다. 이때 강력한 네트워크를 갖추는 것은 창업의 중요한 준비 과정 중 하나입니다. 관계를 형성하고 유지하는 능력은 성공적인 비즈니스를 운영하는 데 있어 필수적인 요소로 작용한다. 따라서 청년 창업가들은 기술과 아이디어뿐만 아니라, 이러한 네트워크를 구축하는 데도 힘써야 할 것이다.

코로나 팬데믹 극복 과정에서 우리가 새롭게 일깨운 것 중 하나는 '연대와 공존'의 중요성이다. 세상은 개인 중심에서 함께하는 시대로 크게 전환되고 있다. 아프리카의 격언인 "빨리 가려면 혼자 가고, 멀리 가려면 함께 가라"는 이 시점을 잘 표현하고 있다. 앞으로도 예측하기 어려운 수많은 환경 변화 속에서 지속 가능한 경제를 위해 더 중시될 가치는 '동반자 정신'이 될 것이다. 우리는 서로 협력하고 지원하며, 함께 성장해 나가는 방향으로 나아가야 한다.

많은 지식인들이 상생과 협력을 위한 네트워킹의 중요성을 강조하고 있다. 제너럴 일렉트릭(GE)의 잭 웰치(Jack Welch) 전 회장은 "자기 혼자 모든 것을 다 할 수 있다고 생각하는 것은 글로벌 시대에서 패배로 가는 지름길"이라며 경쟁력 확보의 중요한 요소로 네트워킹을 강조했다. 미래 경영학자 피터 드러커(Peter F. Drucker) 역시 기업이 갖추어야 할 중요한 전략적 요소로 네트워킹의 중요성을 언급했다. 이러한 의견들은 오늘날의 비즈니스 환경에서 협력과 연대가 얼마나 중요한지를 다시 한번 일깨워 주고 있다.

사회경제 생활에서 형성되는 진정한 동반자는 끈끈한 네트워킹을 통해 만들어진다. 청년들이 창업하고 비즈니스를 운영하는 과정에서 부딪치는 모든 것은 네트워킹의 세계이다. 은행 담당자, 바이어, 정부 또는 관공서 관계자를 만나는 일은 결코 쉽지 않다. 이러한 만남에서 신뢰를 쌓고 관계를 발전시키는 것이 성공적인 비즈니스 운영의 핵심이 될 것이다. 따라서, 청년 창업자들은 다양한 네트워킹 기회를 활용해 관계를 맺고, 이를 통해 자신의 비즈니스에 필요한 지원과 정보를 얻어야 한다.

청년 창업가들은 만남의 순간마다 최선을 다해야 한다. 비록 사무적일지라도, 첫 인상은 매우 중요하므로 복장과 말투 등 기본 에티켓에 유의해야 한다. 딱딱한 업무 처리 속에서도 웃음을 띤 얼굴로 마무리하는 것이 좋다. 신뢰는 서로를 이해하고 도와주는 관계에서 발전하기 때문이다.

주변을 둘러보자. 업무든 취미 모임이든 개인적 용무든, 만남의 날실과 업무(취미 등)의 씨실로 엮이는 네트워킹은 결국 수많은 사람들을 알게 되는 과정이다. 주변 인물 중 나의 사업 구상에 대해 협의하거나 멘토링, 실제 비즈니스로 진척될 수 있는 인물이 얼마나 될까? 결코 많지 않을 것이다. 다섯 손가락으로 꼽을 정도면 다행이다. 핵심적인 인물은 4~5명 정도면 충분하며, 그 정도면 성공한 케이스라 할 수 있다.

많은 사람을 아는 것이 아니라, 스타트업의 성장과 성공에 도움을 줄 수 있는 몇몇 핵심 인물, 즉 키 맨(key man)이 더 중요하다. 이것이 바로 네트워킹의 힘이다. 올바른 방식으로 교류하고 오랜 시간 동안 신뢰 관계를 유지함으로써 나만의 네트워킹을 발전시키고 영향력을 키울 수 있다.

바람직한 네트워킹은 가치관이 비슷하고 공동의 관심사로 의기투합하며, 서로 신뢰를 가지고 교류하는 관계이다. 이러한 관계는 지식과 지혜를 주고받는 기반이 되며, 의도적으로 만들 수 있는 것이 아니라 자연스럽게 형성되는 신뢰 관계에서 비롯된다. 따라서 진정한 네트워킹을 위해서는 서로의 가치를 이해하고 존중하는 것이 중요하다.

스타벅스의 하워드 슐츠(Howard Schultz)가 한 말, "좋은 사람과 인연을 맺으려면 무엇보다도 내가 먼저 좋은 사람이 되어야 한다"는 정말 중요한 네트워킹의 법칙이다. 사회 경험이 부족한 청년 창업가들에게 특히 중요한 메시지이다.

좋은 사람으로 성장하는 것은 네트워킹의 기본이다. 신뢰를 쌓고, 긍정적인 관계를 맺기 위해서는 먼저 자신이 타인에게 긍정적인 영향을 줄 수 있는 사람이 되어야 한다. 진정성과 진심을 가지고 상대방에게 다가가면, 자연스럽게 좋은 인연이 생기고 지속적인 관계로 발전할 수 있다. 이러한 태도는 창업가로서의 성장뿐만 아니라, 비즈니스 네트워크를 확장하는 데도 큰 도움이 될 것이다.

현장의 소리

"사회에 갓 진출하려는 청년들이 창업에 뛰어들 때 가장 어려운 점은 도움을 받을 수 있는 사람이 많지 않다는 것이다. 아이템 선정, 자금 조달, 마케팅 등 혼자서는 해결하기 어려운 부분이 많다. 따라서 정부나 공공기관에서 청년 스타트업을 위한 네트워킹 자리를 지속적으로 마련하고 이를 관리하는 시스템을 구축하면 큰 도움이 될 것이다."

청년들이 창업할 때 반드시 만나고 좋은 관계를 유지해야 할 대상은 여러 가지가 있다. 가장 먼저, 자금 조달과 관련하여 은행이나 투자사 등 금융기관과의 네트워킹이 중요하다. 이들은 창업 이후 기업의 성장 과정에서 반드시 필요한 사람들이며, 업무상 인적 네트워킹의 중심축이 된다.

청년들은 금융인들과 솔직하게 상의하고 도움을 주고받는 관계로 발전할 수 있도록 스스로 진심을 다해야 한다. 이러한 노력이 상대방에게 신뢰를 줄 것이며, 더 좋은 관계를 형성하는 데 도움이 된다. 결국, 상호 간의 신뢰와 소통이 원활한 관계가 창업의 성공에 중요한 역할을 할 것이다.

창업에서 자금 다음으로 중요한 것은 마케팅이다. 생산된 상품이나 서비스를 판매하는 거래처를 확보하는 데 필요한 마케팅 네트워킹이 필수적이다. 고정 거래처를 확보해야 창업 후 빠른 시일 내에 매출을 늘릴 수 있고, 이를 통해 기업이 유지되고 성장할 수 있다.

특히 고객과의 네트워킹이 매우 중요하다. 고객의 신뢰를 잃게 되면 기업은 얼마 지나지 않아 실패할 위험이 크다. 고객의 신뢰를 얻는 것은 어렵지만, 잃는 것은 순식간이다. 창업 초기의 실수는 숨기기보다는 솔직하게 인정하고, 고객의 양해를 구하는 한편, 같은 실수를 반복하지 않도록 원인 분석과 보완을 철저히 해야 한다.

또한 창업 과정에서 다양한 네트워킹이 필요하다. 청년 창업가들은 일하는 동안 만나는 모든 사람에게 웃음과 성심을 다하고, 프로정신과 변별력을 무기로 하는 창의적 도전 정신을 잊지 말아야 한다.

정부와 창업 지원 기관은 청년들의 창업 성공률을 높이기 위해 스타트업 네트워킹 정책을 더욱 강화하여 다양한 관계 형성을 지원해야 할 것이다.

청년 창업이 지방 소멸의 길을 막는다

급격한 인구 감소로 지방이 소멸하고 있는 현상은 대한민국의 미래에 대한 큰 우려를 불러일으키고 있다. 이러한 추세를 반전시키기 위해 다양한 정책이 시도되고 있지만, 그 효과는 미미한 상황이다. 여전히 많은 청년들이 수도권으로 이동하고 있으며, 지방에서는 청년들을 찾기 어려운 실정이다. 지역이 생존하기 위해서는 청년들이 모여 활력을 찾을 수 있는 환경을 조성해야 한다. 이를 위해 지방 곳곳에서 청년 창업을 유도하고, 혁신적인 정책을 시행해야 한다. 중앙정부보다 지방자치단체가 지역의 특성에 맞는 청년 창업 정책을 개발하고 실행하는 것이 더욱 중요하다. 제주도에서 작은 베이커리 카페를 창업한 청년 O씨는 처음에는 서울에서 창업할까 고민했지만, 치열한 경쟁 때문에 지방에 맞는 창의적인 아이템으로 사업을 시작했다고 한다. 그의 카페는 현재 전국에서 많은 사람들이 찾아오는 인기 명소가 되었습니다. 그는 "청년들이 자신이 태어나고 자란 고향의 특성을 살려 창업하면 더욱 경쟁력이 있을 것"이라고 강조했다. 이처럼 지역 특성을 활용한 청년 창업이 활발히 이루어진다면, 지방 소멸 문제를 완화하고 지역 경제에 활력을 불어넣는 데 큰 도움이 될 것이다.

인구 절벽으로 인해 많은 지역이 소멸 위기에 처해 있다. 한국고용정보원 조사에 따르면, 2024년 3월 기준으로 전국 228개 시·군·구 중 소멸 위험 지역이 130곳(57%)에 달한다. 특히 20~30대 여성 인구가 65세 이상 인구의 1/5에도 미치지 않는 소멸 고위험 지역이 57곳으로, 전체 시군구의 1/4을 차지한다.

소멸 위험 지수는 0.5 미만인 지역을 인구 소멸 위험 지역으로 분류한다. 이는 65세 이상 인구가 20~39세 여성의 수보다 2배 이상 많은 곳을 의미한다. 이 지수가 낮을 경우, 인구의 유출입 등 다른 변수가 크게 작용하지 않으면 약 30년 뒤에 해당 지역이 없어질 가능성이 높다는 것을 나타낸다. 이러한 상황은 지역 사회와 경제에 심각한 영향을 미칠 수 있으며, 해결책 마련이 시급하다.

그림 7-7 시도별 소멸위험 시군구 수 및 비중(2024년 3월 기준)

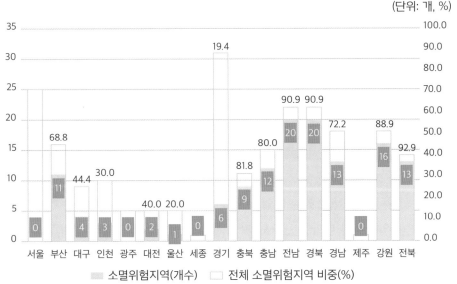

(단위: 개, %)

자료: 통계청, 한국고용정보원

　　저출산으로 인해 인구가 급격히 줄어들고 있으며, 대부분의 인구가 수도권에 집중되고 있다. 현재 수도권 인구는 우리나라 전체 인구의 절반을 넘어섰고, 15~34세 청년층의 수도권 거주 비율도 2000년 48.5%에서 2019년 52.7%로 증가했다.

　　이러한 현상은 고령화가 빠르게 진행되는 상황에서 더욱 두드러진다. 수도권은 젊은 인구를 '블랙홀'처럼 빨아들이고 있으며, 비수도권의 청년들이 수도권으로 이동하는 경향이 뚜렷하다. 이로 인해 비수도권 지역은 청년 인구의 감소와 고령화가 가속화되고, 지역 사회와 경제에 부정적인 영향을 미칠 수 있다. 해결책이 필요한 상황이다.

　　더 이상 방치할 수 없는 상황에 도달했다. 지역 소멸은 일부 지방만의 위기가 아니며, 이를 해결하지 못하면 대한민국의 미래가 위태로워질 것이다. 수도권과 비수도권 간의 양극화를 방치하면 균형 발전의 기반이 무너져 국가로서의 정상적인 존립이 위협받을 수 있다.

　　그렇다면 소멸하는 지역을 되살릴 방법은 없을까? 단순히 보조금을 제공한다고 해서 해결될 문제는 아니다. 근본적인 해법을 찾아야 한다. 인구는 일자리와 소득 창출과 밀접한 연관이 있다. 따라서 지역 특색에 맞는 청년 창업을 통해 새로운 기회를 창출하는 것이 중요하다. 청년들이 지역의 특성을 살린 창업을 통해 일자리를 만들고 지역 경제를 활성화할 수 있도록 지원해야 한다. 이러한 노력이 지역 소멸 문제를 해결하는 데 큰 도움이 될 것이다.

요즘 지자체에서는 창업 열기가 매우 뜨겁다. 각 지자체가 경쟁하듯 창업 지원책을 내놓고, 청년들의 창업을 유도하고 있다. 하지만 지자체별 지원 내용을 살펴보면, 지역 특색이나 창업 유형에 따른 구분 없이 일관된 창업 교육, 창업 공간 제공, 창업 자금 지원 등 비슷한 형태의 프로그램이 많다.

이러한 지원은 지자체(공급자) 입장에서의 접근이 주를 이루고 있으며, 청년(수요자) 입장에서는 특색 있는 창업 프로그램이나 지원책이 부족하다는 문제가 있다. 청년 창업자들의 다양한 필요와 지역 특성을 반영한 맞춤형 지원이 필요하다. 각 지역의 고유한 자원과 환경을 고려한 창업 지원 프로그램을 개발해야, 청년들이 더욱 효과적으로 창업에 도전할 수 있을 것이다.

생각을 바꿔보는 것은 좋은 접근이다. 지역에서 태어나고 자란 청년들은 그 지역의 주민이므로 특성을 잘 알고 있다. 따라서, 청년들이 자신의 시각에서 지자체의 창업 아이템을 선정하고 창업 설계를 하도록 유도하는 것이 효과적일 것이다.

청년들이 직접 창업에 뛰어들도록 하기 위해서 지자체는 다음과 같은 방안을 고려해볼 수 있다.

- **청년 참여 프로그램**: 청년들이 창업 아이템을 직접 선정하고 설계할 수 있는 프로그램을 운영한다. 이를 통해 지역 특성을 반영한 창업 아이디어를 도출할 수 있다.
- **멘토링 및 지원**: 지역의 성공한 창업자나 전문가와의 멘토링 기회를 제공하여 청년들이 실질적인 도움을 받을 수 있도록 해야 한다.
- **네트워킹 기회**: 청년 창업자들이 서로의 경험을 공유하고 협력할 수 있는 네트워킹 행사나 커뮤니티를 구축해야 한다.
- **정책 개선**: 지자체는 청년들의 목소리를 반영하여 창업 지원 정책을 개선하고, 지역 청년들이 필요로 하는 맞춤형 지원책을 개발해야 한다.

이러한 방안들을 통해 지역 청년들이 주도적으로 창업에 참여하고, 지역 경제 활성화에 기여할 수 있을 것이다.

창업 성공률을 높이려면 지자체는 창업 지원 도구를 청년의 필요에 맞춰 변경해야 한다. 즉, 해당 지역에서 살고 있는 청년들이 창업할 수 있도록 도와주자는 것이다. 한마디로 말하면 해당 지역에서 터를 닦고 살고 있는 청년들의 시각에서 창업을 촉진시켜 보자는 것이다. 또한, 청년들 간의 소통을 위해 각 지자체에 (가칭) 청년 창업 네트워크 플랫폼을 만들어 청년들이 창업 정책을 결정하고 실행하는 데 더 많은 역할을 할 수 있도록 해야 한다.

현장의 소리

"지방 스타트업은 직원 채용이 어렵고 인프라가 열악해 창업의 안정권에 진입하기까지 수도권에 비해 더 많은 시간과 노력이 필요하다. 그런데 창업기업 기준을 서울처럼 7년으로 설정하는 것은 불합리하다고 생각한다."

우리 주변에서 가끔 이런 대화를 들을 수 있다. "오랜만에 고향 마을에 가봤더니, 폐허가 되거나 흔적조차 찾을 수 없더라." 가는 곳마다 빈집이 급속히 늘어나고 있는 모습을 자주 볼 수 있다. 시간이 지날수록 이런 현상은 더 심해질 것이다. 과거에는 댐 건설이나 개발로 고향 마을이 사라졌다면, 앞으로는 급격한 인구 감소가 지역의 모습을 빠르게 바꿀 것이다.

이제는 지역의 유휴 공간을 청년들의 커뮤니티 및 창업 공간으로 바꾸고, 청년들이 가진 끼와 열정, 아이디어를 지역 자원과 연계하여 함께 성장하는 청년 창업을 활성화해야 한다. 각 지역에서 청년들이 창업하고 비즈니스 활동이 활발해지면, 그 지역은 다시 활기를 되찾을 것이다.

현장의 소리

"지역 인구감소, 지역 상권 위축 등과 같은 지역의 다양한 문제들을 혁신적인 아이디어와 창업으로 해결해 주는 대책들이 많이 나와야 한다."
"창의적인 지역 청년들이 그동안 없던 골목 산업을 창출할 수 있게 아낌없는 지원이 돼야 한다. 지역의 특성이 살아나면 누구나 찾고 싶어 하는 명품 글로컬 도시가 탄생할 것이다."

지역 맞춤형 청년 창업 균형 정책을 통해 지방 곳곳에서 아기 울음소리가 들리고, 청년들의 힘찬 목소리가 울려 퍼지며, 새로운 비즈니스가 생겨나는 활기 넘치는 지역 창업 도시를 만들어 가자. 우리 모두 지혜를 모아 나가야 한다.

현장의 소리

"지역에 버려져 있거나 사라져 가는 소중한 자산을 발굴하고, 여기에 경제적 가치를 부여해 새로운 시장을 창출하는 비즈니스를 대폭 지원해야 한다."

이 정책은 중앙정부와 지방자치단체의 핵심 경제정책이 되어야 한다. 변화와 혁신을 통해 우리나라에서도 지역 특화형 실리콘밸리나 중국의 중관촌처럼 세상을 바꾸는 성공적인 장소가 많이 생기기를 기대한다.

15 로컬(local) 청년 창업을 키워서 지역 경제를 살리자

지역 불균형 문제를 해소하기 위해서는 각 지역이 골고루 발전하고 활력을 찾아야 한다. 이를 위해 지역에서 창업이 활성화되고 지역 기업이 많은 일자리를 창출해야 한다. 지역 경제가 살아야 인구 유출을 방지할 수 있으며, 이는 지속 가능한 발전을 위한 필수 조건이다. 그러나 현재 지역 인구가 유출되면서 인력 부족이 발생하고, 이로 인해 기업 유치가 어려워지는 악순환이 이어지고 있다. 이러한 상황에서는 기업 유치와 인력 공급이 동시에 이루어져야 한다. 우선, 지역에 적합한 청년 창업을 활성화하고 지역 기업을 육성하는 것이 필요하다. 청년 창업가 A 씨는 "주변에서 '큰물에서 놀아야 한다'는 조언을 듣고 처음부터 서울로 상경할 준비를 했다"며, "정부 지원 사업과 정보, 투자 등 인프라가 수도권에 집중되어 있다고 생각한다"고 전했다. 전남에서 7년째 창업을 해온 K씨는 "창업할 때는 지방정부에서 많은 지원을 받았지만, 시간이 지남에 따라 지원이 급격히 줄어들었다"며, "지방 기업이 계속 성장하기 위해서는 지방 청년기업에 대한 우대 지원책이 많이 필요하다"고 지방정부에 요청했다. 이처럼 지역 청년 기업에 대한 지속적인 지원과 인프라 구축이 이루어진다면, 지역 경제가 활성화되고 청년들의 창업이 증가할 것으로 기대된다. 이는 지역 내 인구 유출을 줄이고, 지속 가능한 발전을 이루는 데 큰 도움이 될 것이다.

각 지역은 인구 감소와 지역 소멸 문제로 심각한 어려움을 겪고 있다. 정부 통계를 보면 그 심각성이 분명하다. 20년 전에는 없던 인구 소멸 위험 지역이 현재 130곳(2024년 3월 기준)으로 급증해 전체 시군구의 57%에 달한다. 이 추세가 계속되면 20년 후 모든 시군구가 소멸 위험 지역에 들어설 것이라는 경고도 있다.

지역 불균형 문제는 소멸 위기를 더 가속화하고 있다. 산업연구원에 따르면, 수도권은 국토의 12%에 불과하지만 전체 인구의 50.3%, 1000대 기업의 87%, 일자리의 50.5%가 몰려 있다. 지방 청년들의 수도권 유출이 가속화되면서 청년의 55%가 수도권에 거주하는 상황이다.

지역 소멸 위험은 지역 산업 쇠퇴와 일자리 감소에서 비롯된다. 이를 해결하고자 중앙정부와 지자체들은 다양한 정책과 프로그램을 도입하고 있지만, 전반적인 효과는 크지 않다. 일부 지역에서 기업 유치와 인구 증가의 성과가 있긴 하나, 지역 간 인구 유입 경쟁에 그친다는 비판도 나온다.

지역 창업 활성화와 기업 유치는 단순한 경쟁이 아니다. 모든 지역이 활력을 되찾으려면 지역 경제 전체를 성장시키는 전략이 필요하다. 수십조 원을 쏟아 붓는 지역 균형·육성 정책도 이제는 새 방향이 요구된다.

그러나 우리나라는 여전히 수도권 창업 비율이 압도적이다. 벤처기업협회의 조사(2023년 1월)에 따르면, 2022년 11월 기준 초기 창업 벤처기업의 비수도권 비율은 29.3%에 그친다. 업력 3년 이상 벤처기업은 37.4%, 전국 사업체는 35.2% 수준으로, 초기 창업자들이 지방보다 수도권을 선호하는 상황이다. 지방 인프라와 투자 여건이 수도권에 비해 열악해 초기 창업자들은 지방을 기피하고 있다.

액셀러레이터(창업 기획자·AC)도 수도권에 몰려 있다. 2024년 6월 기준, 전체 액셀러레이터 471개 중 수도권이 319개(67.7%)를 차지하며, 그중 서울이 260개로 가장 많다. 2024년 상반기 등록된 액셀러레이터의 70% 이상이 수도권에 집중되어 있으며, 대기업과 벤처캐피털(VC) 등 자원과 네트워크가 수도권에 몰려 있기 때문이다.

표 7-5 벤처·스타트업 기업 소재지

(단위: %)

	수도권	비수도권
3년 미만	70.7	29.3
3년 이상	62.6	37.4
평균	64.8	35.2

자료: 한국벤처기업협회

표 7-6 액셀러레이터 지역등록 현황

(단위: 개)

	수도권	비수도권
2022. 5	253	122
2023. 5	299	140
2024. 5	319	152

자료: 창업진흥원, 초기엑셀러레이터협회

지역 경제 위기가 커지는 상황에서 청년 창업과 일자리 창출은 생명줄과 같다. 각 지역은 청년들의 시각으로 새로운 아이템을 발굴하고, 기술을 습득하여 지역 특화 창업으로 부가가치를 지속적으로 창출해야 한다. 지역에서 성장한 청년 스타트업이 글로벌 유니콘 기업으로 도약할 수 있는 기반을 마련하는 것이 중요하다.

현장의 소리

"지방에서 창업을 했는데, 칸막이식 지원으로 인해 서울과 지방을 왔다 갔다 하며 겨우 정책적 지원을 받을 수 있었다. 지역 소멸 위기를 막기 위해 지방 스타트업 활성화가 필요하며, 이를 위해 원스톱 정책 서비스를 제공해야 한다. 중앙정부 부처 간 협력뿐만 아니라 중앙정부와 지방자치단체 간의 창업 지원 관련 협업 체계 구축이 중요하다."

혁신적인 기술과 창의적인 아이디어를 가지고도 창업에 어려움을 겪는 지역 청년들이 많다. 이들의 애로사항과 건의를 적극 수렴하여 창업-성장-회수-재투자가 이어지는 선순환적 지역 창업 생태계를 구축해야 한다.

첫째, 각 지역에서 청년 창업 교육이 제대로 이루어져야 한다. 창의적인 청년들이 많지만, 실제 창업에 필요한 교육은 부족한 실정이다. 청년 창업 교육 시스템을 근본적으로 개편하여 창업 교육이 실질적 창업과 성공으로 이어질 수 있도록 패키지 지원 프로그램을 마련해야 한다.

둘째, 지역에 기술 인력이 원활히 공급되도록 대학의 역할이 중요하다. 기술 창업의 핵심은 인재 확보에 있으므로, 지역 대학이 현장 맞춤형 인력 양성 프로그램을 확충해 지역 실정에 맞는 기술 인력을 길러내야 한다. 이를 위해 지역 창업 및 벤처기업과 대학 간 인력 양성 협업 체계가 효과적으로 작동하도록 지원해야 한다.

셋째, 지역 청년 창업가에게 자금이 원활히 공급될 수 있도록 지역 창업 금융망을 구축해야 한다. 중소벤처기업부에 따르면 2023년 1분기 벤처투자액이 전년 대비 60.3% 감소했고, 벤처 투자 규모도 10% 이상 줄었다. 금융 역시 수도권에 집중되어 있어 지역 청년들이 창업 시 자금 조달에 어려움을 겪고 있다. 지역 청년 창업가에게 모험 자본이 적시에 공급될 수 있도록 벤처캐피털(VC) 시장의 혁신이 필요하다.

넷째, 지역 청년 창업가들이 중앙과 소통하고, 지역 간 협력할 수 있는 네트워크를 구축해야 한다. 청년 창업가들이 중앙과 지역, 그리고 지역 간에 정보를 공유하고 비즈니스 연대를 형성할 수 있는 공동 협의체가 필요하다. 이를 위해 각 지자체가 협력하여 청년 창업 활성화를 위한 통합 연합체 구성을 고려할 필요가 있다.

지역의 청년 창업가들이 꿈과 미래를 포기하지 않도록 창업 생태계에 활력을 불어넣어야 한다. 청년 창업이 활성화되고 경쟁력 있는 기업이 생겨난다면, 지역은 다시 활기를 되찾을 것이다. 이는 지역이 균형적으로 발전하고 소멸을 방지하는 길이기도 하다. 새로운 지방 시대를 여는 역량 있는 청년들이 창업을 발판으로 삼아 힘차게 나아가길 응원한다.

16 재도전 사다리 놓아야 청년 창업이 웃는다

서울에서 창업한 후 6년 만에 도산한 K씨는 "코로나19로 매출이 1/3로 줄어들고 적자가 쌓여 자금을 확보하기 위해 금융기관을 찾아 다녔지만, 적자 기업이라는 이유로 대출을 받을 수 없었다"며, "회사를 유지하기 위해 지출이 많은 상황에서 답답함만 느꼈고, 결국 회사를 닫아야 했다. 이제 다시 창업하고 싶지만 모든 것이 막혀 있어 엄두가 나지 않는다"고 하소연했다. 반면, 충청북도에서 식품 사업을 하다가 실패한 후 재기에 성공한 M기업의 C 대표는 "처음 실패했을 때 모든 것이 무너지는 듯했지만, 다시 재기하겠다는 각오로 착실히 재창업을 준비해 드디어 성공했다. 실패한 경험을 바탕으로 안정적으로 기업을 경영하여 현재는 매출 100억 원대의 회사로 성장했다'고 전했다. 이처럼 실패를 경험한 창업자들이 다시 일어설 수 있도록 지원하는 정책과 분위기가 조성된다면, 청년 창업이 더욱 활성화될 것이다. 실패를 두려워하지 않고 도전할 수 있는 환경이 마련된다면, 더 많은 창업자들이 성공할 수 있을 것이다.

창업에 성공한 많은 기업은 대개 실패 경험을 가지고 있다. 많은 창업자들이 사업을 시작한 지 몇 년 후 '데스밸리'에 직면하게 되고, 이 문제를 극복하지 못해 실패하는 경우가 많다. 이로 인해 청년들은 실패를 곧 패가망신으로 인식하게 되어 창업에 대한 망설임을 느끼곤 한다. 주변의 부모나 지인들도 창업에 대해 부정적인 시각을 가지기 쉬운 경향이 있다.

청년 창업을 활성화하기 위해서는 청년 창업가들이 실패에 대한 두려움을 극복할 수 있는 환경을 조성해야 한다. 실패 경험이 오히려 다음 창업에서 성공 가능성을 높인다는 인식이 확산되어야 하며, 실패를 두려워하기보다는 재도전을 장려하는 분위기가 필요하다.

우리나라의 창업 기업 5년 생존율은 30%에 불과하다. 즉, 창업 후 5년이 지나면 10개 중 7개가 실패하는 셈이다. 이는 OECD 주요국의 5년 생존율 41.7%에 비해 상당히 낮은 수치이다. 이러한 통계는 창업이 한 번에 성공하기 어려운 과정임을 의미한다. 청년 창업은 상황이 더 심각하다. 2023년 기준으로 우리나라 전체 창업 기업 수는 약 123만 6천 개인데, 이 중 청년 창업 기업은 25%를 차지한다. 그러나 청년 창업가들은 경험과 자금력 부족으로 인해 일반 창업자들에 비해 성공하기 더 어렵다.

청년 창업을 위해 정부의 정책과 막대한 지원책이 마련되고 있지만, 청년들이 창업에 잘 뛰어들지 않는 이유는 여러 가지가 있다. 우선, 주변에서 청년이 창업한다고 하면 대부분 말리는 경향이 있다. 이는 너무 일찍 창업해서 실패할 경우, 곧 패가망신으로 이어질 수 있다는 불안감 때문이다.

　이러한 사회적 시각은 청년들에게 창업에 대한 두려움을 주고, 창업을 시도하기 전에 망설이게 만든다. 또한, 성공적인 창업 사례보다 실패 사례가 더 많이 회자되기 때문에 청년들은 자연스럽게 부정적인 인식을 갖게 된다. 결국, 창업에 대한 긍정적인 분위기를 조성하고 실패에 대한 두려움을 줄이는 것이 청년 창업을 활성화하는 데 중요하다.

현장의 소리

> "청년들이 창업을 꺼려하는 가장 큰 이유는 한 번 실패하면 인생 실패로 이어지기 때문이다. 그래서 주변에서 모두 말린다. 청년들이 두려움 없이 창업의 끼를 발휘하고, 실패하더라도 재도전할 수 있는 환경을 조성해 줘야 한다."

　청년 창업을 촉진하고 성공시키기 위해서는 창업 실패에 대한 탄탄한 재도전 지원 체계를 마련해야 한다. 흔히 '실패는 성공의 어머니'라는 말이 있듯이, 특히 창업에서의 실패는 소중한 자산이 된다. KFC의 창업자 커넬 샌더스와 같은 세계적인 CEO들도 여러 번의 실패를 경험한 후에 성공적인 기업의 최고경영자 자리에 올라섰다.

　세계적인 스타트업의 중심지인 실리콘밸리에서는 창업 실패 경험이 오히려 긍정적으로 평가받는다. 이곳에서는 실패한 창업자가 다시 창업할 때 더 많은 지원을 받는 분위기가 형성되어 있다. 실패 경험이 있는 창업자가 재도전할 경우, 그만큼 성공 가능성이 높다고 여겨지는 것이다. 실리콘밸리에서는 "스타트업의 80%가 실패한다"는 속설이 있지만, 실패한 창업자에게 비난보다는 "실패에서 무엇을 배웠느냐?"라는 질문을 던진다. 평균적으로 실리콘밸리의 창업자는 2.8번의 시도 끝에 성공을 거둔다고 알려져 있으며, 이는 최소 두 번의 실패를 경험한 후에 성공한다는 의미이다. 이러한 문화가 청년 창업가들에게도 긍정적인 영향을 미칠 수 있도록 해야 한다.

　'부도기업인재기협회'에 따르면, 우리나라에서 실패한 기업 중 단 19%만이 재기 창업에 나선다고 한다. 이는 우리나라에서 재기 창업이 얼마나 어려운지를 보여준다. 창업 실패 경험은 성공으로 가는 매우 귀중한 과정이다. 예를 들어, 빌 게이츠는 실패한 기업에서 일했던 간부들을 의도적으로 채용했다고 알려져 있다. 그는 실패가 창조성을 자극하고, 끊임없이 사고하게 하며, 어려움을 극복하는 힘을 기르는 데 기여한다고 말했다.

해외에서는 실패 경험이 성공의 밑거름이자 자산으로 여겨지는 반면, 우리나라에서는 창업에서 한 번 실패하면 낙오자로 간주하는 경향이 크다. 이러한 인식을 개선하고, 창업 실패에 대해 보다 긍정적이고 전향적인 시각으로 접근하는 것이 필요하다. 우리는 재창업 정책을 더욱 중시하며 실패를 통해 얻은 교훈과 경험을 활용해야 할 것이다.

스타트업은 새로운 비즈니스 모델을 중심으로 운영되기 때문에 처음부터 성공하기는 어렵다. 스타트업이 성장하고 발전하는 과정에서 데스밸리(Death Valley)를 넘길 수 있도록 재도전의 기회를 제공해야 한다. 현재 우리나라 스타트업의 5년 생존율은 30%에 불과하며, 창업한 기업 10곳 중 7곳은 얼마 지나지 않아 문을 닫는다. 하지만 이러한 실패 경험이 좌절로 이어져서는 안 된다. 세계적 기업들도 대개 몇 번의 실패를 겪은 뒤에 성장했다. 실패를 소중한 자산으로 여기고 성공으로 나아가는 문화가 중요하다.

청년들이 창업에 대한 두려움을 느끼지 않도록 하고 혁신적인 창업을 활성화하기 위해서는 청년의 입장에서 재창업 대책을 강화할 필요가 있다. 청년 창업 정책의 완성은 재도전 지원에 달려 있다. 청년 창업의 핵심은 재도전에 있으며, 창업국가를 만들기 위해서는 재도전이 가능한 안전망을 구축해야 한다. 창업의 특성상 실패 가능성이 높기 때문에, 재기가 어렵다면 창업 자체가 위축된다. 진정한 청년 창업 활성화는 실패해도 재도전할 수 있는 안전망이 마련될 때 가능하며, 이로 인해 창업과 재창업의 선순환 생태계가 조성될 것이다.

청년 재창업 확대 및 성공률 제고를 위한 재도전 지원 제도를 질적으로 개선해야 한다. 2010년부터 실패한 기업인들의 재창업 지원에 대한 관심이 증가하면서 현재 여러 정부 및 민간 기관이 다양한 지원 제도를 운영하고 있다. 그러나 전반적인 재창업 환경에 대한 만족도는 여전히 낮은 편이며, 재창업 기업의 높은 생존율에도 불구하고 재창업 비율은 낮다. 2018년 기준으로 전체 창업 기업의 평균 창업 횟수는 1.3회에 불과하다.

이러한 상황을 개선하기 위해서는 다음과 같은 조치가 필요하다.

- **지원 프로그램의 질 향상:** 재창업 기업을 위한 맞춤형 교육 및 멘토링 프로그램을 강화하여, 창업자들이 실질적으로 필요한 기술과 지식을 습득할 수 있도록 해야 한다.
- **재도전 분위기 조성:** 실패를 부정적으로만 바라보는 사회적 인식을 개선하고, 실패 경험을 재도전의 자산으로 여기도록 하는 문화를 만들어야 한다.
- **재창업 기업에 대한 금융 지원 확대:** 자금 조달이 어려운 재창업자들을 위해 접근성을 높인 금융 지원 프로그램을 마련해야 한다.
- **네트워크 및 협력 기회 제공:** 재창업자들이 서로 연결되고 협력할 수 있는 플랫폼을 제공하여, 정보 공유와 비즈니스 연대를 촉진해야 한다.

현장의 소리

"창업에 실패한 후 재도전했지만, 정부의 창업 지원을 받을 수 없다. 중소기업창업지원법 시행령에 따라 동종 업종이라는 이유 때문이다. 그러나 재창업의 경우 대부분이 본인이 경험해 본 분야에서 다시 시작하는 경향이 있는데, 이는 현실과 너무 동떨어진 규정이다."

"중소벤처기업부가 법 시행령 개정을 통해 동종업종 재창업도 법적 창업으로 인정하는 것을 추진한다고 밝혔다. 기대가 크다. 시급하게 개선되면 좋겠다."

청년 재창업 지원 제도를 총괄하는 '재창업 컨트롤 타워'를 설립하여 장기적인 관점에서 사업 단계별 맞춤형 지원이 필요하다. '재창업 컨트롤 타워'의 설립을 통해 다양한 기관에서 분산 시행되고 있는 재창업 지원 제도의 일관성과 효율성을 높여야 한다. 한정된 예산으로 인한 일회성 지원에서 벗어나 예산을 확충하고 중장기적인 관점의 지원 체계로 전환해야 한다. 재창업 초기 기업에 집중된 지원 제도를 평가 기준을 달리하여 사업 단계별로 맞춤형으로 개선할 필요가 있다.

이와 같은 접근은 청년 창업자들에게 필요한 자원과 지식을 제공하여 지속 가능한 성장으로 이어질 수 있도록 돕는 중요한 발판이 될 것이다.

청년 재창업을 위한 다양한 지원 체계와 자금 조달 방안을 마련하는 것은 매우 중요하다. 다양한 재창업 자금 조달 체계의 강화와 민간 금융 기관의 지원이 필요하다. 은행 등 민간 금융 기관에서도 청년 재창업자를 위한 다양한 금융 상품을 마련해야 한다. 청년 재창업에 대한 '융자'는 평가 체계 개선, 정책 자금 규모 확대, 재창업자의 특성을 고려한 지원 조건 완화(금리 우대, 거치 및 상환 기간 연장 등), 그리고 추가 지원 등을 통해 확대해야 한다.

현장의 소리

"재도전 창업 시 자금 조달이 매우 어렵다. 한 번 실패했기 때문에 담보가 없고 신용도도 낮아, 은행에서 대출이 거절당하기 일쑤다. 보증기관에서 재도전 창업에 대한 보증을 확대해 줘야 한다."

재창업이 어려운 주된 이유 중 하나는 융자 위주의 자금 조달 체계이다. 이를 개선하기 위해 다양한 재창업 자금 조달 방안이 필요하다. 또한 재창업 기업의 기술 개발과 사업화를 지원하기 위해 지급되는 '보조금'과 사업성이 인정될 경우의 '투자' 지원도 확대해야 한다. '재기 지원 펀드'를 통해 재창업 환경을 강화하기 위해서는 ICT, 디지털, 바이오와 같은 유망 분야뿐만 아니라 전통 제조업과 서비스업에 대한 투자와 투자 대상을 확대할 필요가 있다.

한편, 청년 재창업을 위한 비금융 지원으로 신용 회복 및 교육, 상담, 컨설팅 지원의 강화가 절실하다. 더 많은 성실하게 실패한 청년 기업인들이 사회적 압박에서 벗어나 재창업에 성공할 수 있도록 보다 완화된 신용 회복 및 채무 조정 제도가 필요하다. 실패한 청년 기업인의 재도전에 대한 자신감을 회복하고 심리적 치유를 위해 교육 프로그램 확대와 상담, 컨설팅 지원도 강화해야 한다. 또한, 청년 재창업 지원 사업의 지역 간 차이를 해소하고 지원 기관 담당자들의 평가 체계를 개선하여 태도 개선과 전문성 강화를 유도하는 것도 중요한 과제이다.

창업 이후 5년 동안 생존하기 어려운 환경 속에서 힘겹게 창업에 뛰어든 청년들은 실패하더라도 이를 인생의 실패가 아닌 소중한 경험으로 여겨야 한다. 청년들이 창업에 실패하더라도 다시 도전할 수 있는 사회적, 경제적 여건을 마련하고 재창업의 길을 열어주기 위해 더 많은 정책적 노력이 필요하다.

🔟 국회가 청년 스타트업의 새로운 요람으로 변신

청년 스타트업을 만나보면, 많은 이들이 청년 창업을 종합적으로 지원할 수 있는 법적 기반이 필요하다고 강조한다. 일반적인 창업 지원 수단을 활용할 수는 있지만, 청년 창업은 대한민국의 미래 성장 가능성을 키우는 씨앗과 같기 때문에 더 많은 관심과 지원이 필요하다고 말한다. 이런 점에서 법 제정이나 개정을 담당하는 국회의원이 현장에서 청년 창업의 실태를 직접 보고 듣는 것이 중요하다. 이를 통해 청년 창업자들이 겪는 어려움을 이해하고, 지속적으로 지원할 수 있는 법적 뒷받침을 마련할 수 있을 것이다. 그러나 현재 국회의원들은 청년과 스타트업의 중요성을 강조하면서도, 실질적인 문제에 대한 이해가 부족한 경우가 많다. 이로 인해 효과적인 법과 정책이 마련되지 않는 것이라는 지적이 있다. 따라서 청년 창업에 대한 정책을 보다 실질적이고 효과적으로 만들기 위해서는, 국회의원들이 현장의 목소리를 경청하고, 실제적인 데이터를 기반으로 한 정책 개발이 필요하다. 청년 창업자들의 목소리가 정책에 반영될 수 있도록 국회의원들이 적극적으로 현장을 방문하고 소통해야 할 것이다.

국회는 갈등과 소모적인 정쟁에서 벗어나 국가와 국민을 중심에 두고 협치의 정신으로 효율적으로 일해야 한다. 국회는 현미경을 통해 민생의 어려움과 경제 위기를 면밀히 분석하고 해결해야 하며, 동시에 망원경을 통해 대한민국의 미래를 내다보며 국가의 올바른 방향성을 제시해야 할 것이다.

고정 관념과 틀을 깨는 것은 매우 어렵다. 국회의 본질이 소통과 국민을 섬기는 것이라고 주장하지만, 행동은 항상 이를 따르지 못했다. 국회는 지속적인 변화와 혁신을 통해 새로운 모습으로 거듭나야 한다. "이번 국회는 뭔가 다르다"는 긍정적인 평가가 나오도록 해야 한다.

후에 "이것만은 정말 잘했다"라고 자부할 수 있는 사업을 선정하고 반드시 추진했으면 한다. 그중 하나는 미래 세대인 청년들에게 더욱 가까이 다가가는 국회가 되는 것이다. 국회 내에 청년 스타트업을 위한 인큐베이터 설치를 제안한다. 국회의 일부 공간을 청년들이 쉽게 접근할 수 있는 창업 공간으로 조성하여, 청년 스타트업의 성장 단계별로 국회 차원에서 체계적으로 지원하는 시스템을 구축하는 것이다. 혁신적인 청년 스타트업이 많이 탄생해야 대한민국의 경제가 도약하고 미래에도 지속적으로 성장할 수 있을 것이다. 국회가 청년 스타트업에 더 많은 관심을 가지고 뒷받침해 줘야 한다.

이를 위해 청년 스타트업이 어떤 규제와 장벽에 직면해 있으며, 어떤 어려움이 있는지 국회의원이 현장에서 직접 체감하고 개선책을 찾는 노력이 필요하다. 청년 창업가와 언제든지 만나 소통하며, 그들의 필요를 입법 정책에 반영해야 한다. 벤처기업협회의 최근 조사에 따르면, 응답 기업의 37.5%가 22대 국회의 활동 중 현안별 벤처업계와의 소통 강화를 가장 중요하게 꼽았다.

우리 청년들은 창업에 대한 참신한 아이디어와 강한 열정을 가지고 있다. 창업 아이템 역시 혁신적이다. 4차 산업혁명 시대에 세계 시장을 누비는 청년 유니콘 기업이 충분히 탄생할 수 있다. 그러나 다양한 규제에 얽혀 첫발을 내딛지 못하고, 법과 제도의 미비로 인해 지원을 받지 못해 포기하는 사례가 수없이 많다.

현장의 소리

"혁신 스타트업이 출시하는 제품이나 서비스는 기존 법과 제도 틀 내에서 진행하기 어려운 경우가 많다. 새로운 아이디어로 세상에 첫선을 보이는 것들이 많은데, 법에 묶여 한 발짝 더 나아가지 못하고 있다. 국회에서 스타트업의 성장을 저해하는 법과 제도를 개선해야 한다. 이를 위해 국회가 현장의 실상을 자주 듣고 이해해야 한다."

이런 현장의 어려움을 해결하고 청년 스타트업의 역동적인 생태계를 조성하기 위해 국회 내에 창업 인큐베이터를 설치하면, 우리 청년들은 큰 박수를 보낼 것이다. 창업을 꿈꾸는 청년들이 언제든지 방문하여 열띤 토론을 벌이고, 아이디어를 실행하며, 입법 정책 과정에 참여함으로써 혁신적인 비즈니스의 새싹을 틔울 수 있을 것이다. 이렇게 된다면 국회는 청년들이 가장 찾고 싶어 하는 희망의 공간으로 대변신할 수 있을 것이다.

이 외에도 청년 스타트업을 위해 국회가 해야 할 일은 많다.

- **지원 법안 제정**: 청년 창업을 촉진하기 위한 법안을 제정하여, 세제 혜택이나 금융 지원 등의 다양한 지원을 제공해야 한다.
- **소통 플랫폼 마련**: 청년 창업가와의 정기적인 대화 자리를 마련하여 그들의 의견과 요구를 청취하고, 이를 정책에 반영해야 한다.
- **멘토링 프로그램 운영**: 경험이 풍부한 멘토와의 연결을 통해 청년 창업가들이 필요한 조언과 지식을 얻을 수 있도록 지원해야 한다.

- **재정 지원 확대:** 창업 자금을 지원하는 정책을 강화하고, 저리의 대출이나 보조금 등을 통해 청년 스타트업의 자금 조달을 돕는 것이 필요하다.
- **성공 사례 공유:** 성공적인 청년 스타트업의 사례를 널리 알리고, 이를 통해 창업에 대한 긍정적인 인식을 확산해야 한다.
- **규제 개선:** 청년 스타트업이 겪는 규제를 분석하고, 불필요한 규제를 제거하여 창업 환경을 개선해야 한다.

국회는 해야 할 일이 많지만, 여야를 떠나 한마음 한뜻으로 청년 문제 해결에 더 힘을 쏟아야 한다. 국회가 청년을 지원할 때, 청년은 새로운 희망의 기회를 찾고, 대한민국 경제는 활력을 되찾을 수 있을 것이다. 이번 국회가 청년 스타트업의 든든한 조력자가 되기를 기대해 본다.

18 청년 창업가와 여성 공공기관 리더의 특별한 만남!

청년 창업가들이 개발한 제품을 판매하는 것은 또 다른 중요한 과제이다. 청년 스타트업이 만든 혁신적인 제품은 기존 제품과 차별화되기 때문에 판매 시장에 첫 발을 내딛기가 매우 어렵다. 이럴 때 정부나 공공기관에서 구매 기회를 제공한다면, 이를 발판 삼아 일반 시장이나 글로벌 시장으로 나아갈 수 있다. 그러나 청년 창업가들이 공공기관의 문을 두드리는 것은 매우 힘든 일이다. 혁신적인 제품을 개발한 여성 청년 창업가 L 대표는 "개발한 제품이 공공기관에서 수요가 많을 것 같은데, 아는 사람이 없어 공공기관에 제품 설명을 할 기회조차 만들기가 어렵다"고 하소연한다. 따라서 청년들이 개발한 혁신적인 제품을 공공기관과 연결해 줄 수 있는 루트나 플랫폼이 있다면 큰 도움이 될 것이다. 이를 통해 청년 창업가들은 자신들의 제품을 보다 쉽게 소개하고, 공공기관의 지원을 받아 시장 진입을 가속화할 수 있을 것이다. 정부와 관련 기관이 이런 연계를 적극적으로 지원한다면, 청년 창업가들이 더 많은 기회를 갖고 성과를 낼 수 있을 것이다.

2024년 6월 21일 국회에서 '청년 창업가와 공공기관 여성 리더 간담회'가 개최됐다. 송언석 국회의원과 김종민 국회의원이 주최하고, 청년 창업가협회, 국가경영연구원, 위더스포럼이 공동 주관한 이번 행사에서는 청년 창업가와 공공기관 여성 리더가 만나 창의적인 협력을 모색했다. 청년 창업가와 공공기관, 여성 리더라는 조합이 한데 어우러지는 점이 인상적이었다. 특히 혁신적인 청년 스타트업의 생생한 사례 발표와 활발한 토론을 통해 공공기관의 여성 리더들이 크게 공감하며 대한민국의 새로운 융합과 미래에 대한 희망을 느낄 수 있는 기회가 되었다.

요즘 우리 경제와 사회의 핵심 화두는 인구와 미래이며, 이와 밀접하게 관련된 주제가 청년, 스타트업, 여성이라고 생각한다. 인구 절벽 위기를 극복하지 못한다면 대한민국의 미래는 어두워질 수밖에 없다. 이를 해결하는 한 가지 방법은 청년들이 스타트업에 뛰어들어 성공하고, 여성들이 창업과 취업에서 큰 활약을 할 때, 출산율이 증가하고 경제가 지속적으로 성장할 수 있다는 점이다. 청년과 여성이 활발히 참여하는 경제 생태계가 조성되면, 인구 문제 해결과 함께 대한민국의 미래를 밝힐 수 있는 길이 열릴 것이다.

우리나라의 현실은 시대적 흐름에 뒤처진 후진적 구조에서 여전히 벗어나지 못하고 있다. 대한민국의 스타트업 생태계 순위는 세계 20위에 그치고 있으며, 전 세계 유니콘 기업 중 한국 기업이 차지하는 비중은 단 1.2%에 불과하다. 또한, 한국 여성 리더 비율(12.3%)은 여전히 OECD 국가 중 최하위를 기록하고 있다. 청년 창업 비중도 17.4%에 그치고 있으며, 그중 여성 창업은 남성의 70% 수준에 머물러 있다. 이러한 지표들은 우리나라가 창의적이고 혁신적인 경제로 나아가기 위해 해결해야 할 과제가 여전히 많음을 보여준다.

청년들이 직면한 경제 상황은 매우 암울하다. 고금리의 여파로 신용불량자가 급증하고 있으며, 양질의 일자리는 좀처럼 늘어나지 않고 있다. 최근 발표된 통계에 따르면 '그냥 쉬는' 청년의 수가 40만 명에 달해 역대 두 번째로 많은 수치를 기록했다. 2024년 5월 말 기준으로 청년층 전체 취업자 수(383만 2천 명)는 감소했으며, 임금 근로자 중 상용근로자는 235만 3천 명으로 2023년보다 20만 명 가까이 줄어들어 고용의 질 역시 악화되고 있다. 이러한 상황은 청년들의 미래에 대한 불안감을 더욱 증대시키고 있다.

4차 산업혁명과 AI 혁명, 그리고 경제의 분절화 등 급변하는 환경 속에서 대한민국이 새롭게 도약하고 지속 성장을 이루며 세계가 부러워하는 글로벌 중추국가로 자리 잡기 위해서는 모두의 지혜와 역량을 결집해야 할 때다.

청년들이 희망을 갖고 꿈을 펼칠 수 있는 새로운 미래를 열어가고, 혁신적인 스타트업이 세계 시장을 누비는 최강의 창업 국가가 되어야 한다. 또한, 공공기관을 비롯한 사회 전반에 걸쳐 여성 리더십이 발휘되어 대한민국이 더 나은 세상을 주도해야 할 것이다. 이러한 변화는 우리의 노력과 협력을 통해 가능할 것이며, 미래 지향적인 사회로 나아가는 길이 될 것이다.

혼자서는 이룰 수 없다. 협력과 융합의 정신으로 거버넌스를 구축하고 변화와 혁신을 함께 이끌어 나가야 한다. 아프리카 속담에는 "빨리 가려면 혼자가고, 멀리 가려면 함께 가라"는 말이 있다. 함께할 때 길이 되고 역사가 된다. 이 과정에서 청년, 스타트업, 공공기관 여성이 거버넌스를 구축하는 것이 매우 중요하다.

청년 스타트업은 아이디어를 실현하여 제품을 출시하더라도 첫 판로를 찾지 못해 좌절하는 경우가 많다. 세상에 없던, 혹은 기존 제품과 차별화된 창의적인 제품을 내놓는 것은 시장 개척에 많은 어려움을 동반한다. 이때 꼭 필요한 곳이 바로 공공기관이다. 청년 창업가들은 공공기관의 문을 두드리기가 매우 어렵다고 토로하고 있다. 만약 공공기관이 청년 스타트업에 관심을 가지고 구매의 길을 활짝 열어준다면, 청년 창업가들은 이를 토대로 점차 더 넓은 글로벌 시장으로 확장해 나갈 수 있을 것이다.

그런 의미에서 이번 간담회는 청년 창업가와 공공기관 여성 리더 간의 연결 사다리를 놓아준 중요한 자리였다. 청년 스타트업과 공공기관 여성 리더 간의 파트너십 구축이라는 소중한 기회를 마련해, 청년 창업현장의 사례를 발표하고 논의하며 지원 기관의 제도를 설명함으로써 새로운 협업 정책을 제안한 것은 매우 희망적이고 뜻깊은 일이라고 참석자 모두가 입을 모아 의미를 부여했다.

현장의 소리

"청년 창업가들은 좋은 제품을 개발하더라도 기관이나 대기업과의 첫 거래를 성사시키는 것이 매우 어렵다. 제안서를 설명하고 싶어도 아는 사람이 없어 접근조차 하지 못하는 경우가 많다. 이러한 문제를 해결하기 위해 정책적으로 연결해 줄 수 있는 플랫폼을 마련해 주면 좋겠다."

앞으로도 청년 스타트업의 성공을 이끌기 위한 연결과 협업의 디딤돌이 많이 놓이기를 바란다. 청년들은 폭넓고 깊이 있는 사고를 가지고 있으며, 매우 창의적이다. 서로 전혀 다른 것들을 연결하여 새로운 비즈니스를 창출할 수 있는 능력이 뛰어나고, 이를 창업의 기회로 만들어내는 데도 탁월하다.

우리는 기존의 틀을 깨고, 세상을 바꾸는 혁신적인 청년 창업가들이 많이 나올 수 있도록 협업의 생태계를 구축해야 한다. 이러한 생태계가 마련될 때, 대한민국이 나아가야 할 미래가 밝아질 것이다.

[소상공인]

따뜻한 민생경제

① 최악은 아직 오지 않았다! 더 큰 위기가 예고된다

인천에서 소기업을 경영하는 대표 K씨는 "지금의 경기는 과거 글로벌 금융위기나 심지어 IMF 사태 때보다 더 어렵다. 그런데 경기 회복은커녕 더욱 악화되고 있어 앞으로 얼마나 더 추락할지 암울할 따름"이라고 토로했다. 서울에서 식당을 운영하는 M씨는 "정부는 경제 지표만 믿지 말고 현장의 상황을 세밀히 살펴보며 정책적 지원을 확대해 주기를 바란다"고 요청한다. 이러한 목소리는 정부가 실제 현장의 어려움을 이해하고 효과적인 지원책을 마련해야 한다는 점을 잘 보여주고 있다.

세계적으로 경기가 점차 회복 추세가 기대되고 있지만, 국가별로 상황은 상이하다. 회복 과정에서 세계 경제 성장의 양상은 불균형적(Uneven)으로 전개될 것으로 예상된다. 이로 인해 국가 간 양극화가 심화될 가능성이 높다. 각국의 경제 회복 속도와 방식이 다르기 때문에, 일부 국가는 빠른 성장을 이루는 반면, 다른 국가들은 여전히 어려움을 겪을 수 있다. 이러한 불균형은 글로벌 경제의 지속 가능성에 영향을 미칠 수 있다.

앞으로 경제는 변동성과 불확실성이 매우 커서 예측하기가 쉽지 않다. 대체로 나아질 것으로 예상되지만, 여러 상황에 따라 경기 침체 국면이 지속될 수도 있어 더 힘겨운 해가 될 가능성도 있다. 특히 러시아-우크라이나 전쟁의 장기화, 중동 전쟁의 확산, 글로벌 공급망의 붕괴, 지속적인 인플레이션, 통화 긴축의 영향, 그리고 중국 경제의 불안 등이 주요 요인으로 작용할 수 있다. 이러한 요소들은 경제 회복을 지연시키고, 각국의 경제 상황을 더욱 복잡하게 만들 수 있다.

국제통화기금(IMF)은 2022년 말 경제 전망에서 부정적인 시나리오가 진행될 경우, 세계 경제 성장률이 1%대 초반에 그칠 수 있다고 예측했다. 또한 "아직 최악의 상황은 오지 않았다(The worst is yet to come)"고 경고한 바 있다. EY-Parthenon 또한 미국의 경기 침체 확률이 향후 1년 동안 35~40%에 이를 수 있다고 경고하며, 글로벌 경제의 불확실성이 계속되고 있음을 강조했다. 이러한 경고는 국제 경제 상황에 대한 우려를 더욱 부각시키고 있으며, 향후 경제 정책의 필요성을 시사하고 있다.

경제 지표는 개선되고 있지만, 기업 현장에서 느끼는 체감 경기는 여전히 매우 어렵다. 코로나19로 인한 경기 침체를 겨우 견뎌냈음에도 불구하고, 코로나 종식 이후 경제 상황이 개선되지 않고 있다. 오히려 경기 상황이 갈수록 악화되고 있다는 우려가 커지고 있다. 특히 소상공인과 자영업자들이 겪는 현장 경기는 최악의 상황이다. 많은 기업인들은 앞으로 경기가 더 나빠질 것으로 예상하며, 현재의 경기 위축이 아직 최악의 상황이 아니라는 점에 대한 우려가 깊다. 만약 최악의 경기 상황이 찾아온다면, 그동안 힘겹게 버텨온 수많은 기업들이 줄줄이 무너질 것이라는 걱정이 크다. 이러한 상황은 경제의 지속 가능성에 심각한 영향을 미칠 수 있다.

우려가 커지면서 기업 심리가 얼어붙고 있다. 한국은행이 발표한 기업경기 조사 결과에 따르면, 2024년 8월 전산업 기업심리지수(CBSI)는 전월 대비 2.6포인트 하락한 92.5를 기록했다. 이는 2023년 10월 이후 10개월 만에 최대 하락폭이다. 제조업과 비제조업 모두 국내 경기가 여전히 한겨울을 겪고 있다. 2003년부터 2023년까지의 장기 평균치를 기준으로 삼았을 때, 기준 값 100보다 크면 장기 평균보다 낙관적임을 의미하고, 100보다 작으면 비관적임을 나타낸다. 현재의 지수는 100 아래로, 기업들이 느끼는 경기가 매우 비관적임을 보여준다. 이러한 상황은 경제 회복의 가능성을 더욱 어렵게 하고 있다.

중소기업은 코로나 팬데믹이 종식되었음에도 불구하고, 고물가, 고금리, 고환율 등 3高 복합경제 위기로 인해 경기가 여전히 정상화되지 않고 있다. 이러한 상황은 중소기업의 운영에 많은 어려움을 주고 있으며, 향후 중소기업 경기 전망 또한 밝지 않은 실정이다.

기업들은 원자재 가격 상승과 대출 이자 부담 증가로 인해 비용이 늘어나고 있으며, 이는 경영 악화로 이어지고 있다. 특히, 소비자 수요 감소와 불확실한 경제 환경은 중소기업의 성장을 더욱 어렵게 만들고 있다. 따라서 중소기업의 회복과 지속 가능한 성장을 위해서는 정부와 사회의 체계적인 지원과 정책적 노력이 절실히 요구된다.

수출이 경제를 받쳐주고 있지만, 중소기업까지 영향을 미치는 낙수 효과는 크지 않은 상황이다. 이로 인해 내수 위축이 계속되면서 제조업 부진이 더욱 심화되고 있으며, 서비스업의 회복도 제한적일 것으로 전망된다.

특히, 고금리 지속과 경기 둔화 가능성으로 인해 기업들의 설비투자는 크게 위축될 것으로 예상된다. 이러한 보수적 자금 운용은 중소기업의 성장과 경쟁력 강화를 어렵게 만들고, 전반적인 경제 회복에도 부정적인 영향을 미칠 것으로 우려된다. 중소기업이 어려움을 겪는 이 시기에, 정부와 관련 기관의 효과적인 지원이 필요하다.

취약한 중소기업은 내외부적으로 자금조달 여건이 어려워짐에 따라 유동성 함정에 빠질 가능성이 높다. 이러한 상황에서 비용 증가 속도가 정체된 매출을 초과하게 되면, 중소기업의 자금 여력은 지속적으로 악화될 것으로 예상된다.

결과적으로, 이는 중소기업의 운영 능력을 제한하고, 생존에 위협을 줄 수 있다. 중소기업이 이러한 위기를 극복하기 위해서는 보다 안정적인 자금 조달 방법과 지원 체계가 필요하며, 정부의 적극적인 정책적 지원이 절실한 상황이다.

현장의 소리

"중소기업의 복합 경제 위기를 극복할 수 있게 종합적 프로그램이 가동돼야 한다. 특히 복합 경제위기 상황에서 신용·담보력이 낮은 중소기업과 소상공인의 금융비용 부담을 줄여줄 수 있는 대책이 지속적으로 강화돼야 한다."

중소기업 정책자금의 정상화가 코로나19 이전 수준으로 돌아가고, 은행의 보수적 대출 태도가 지속됨에 따라 외부 차입 여건 역시 자금 사정의 하방 리스크로 작용할 것으로 예상된다. 주요 경기 지표가 개선되고 있음에도 불구하고, 비용 증가와 소비 위축이 복합적으로 작용하면서 소상공인과 자영업자의 경영 상황은 더욱 악화될 가능성이 크다.

이러한 상황에서 중소기업과 소상공인들이 지속 가능한 경영을 이어가기 위해서는 정부의 적극적인 지원과 함께, 자금 조달 경로의 다각화가 필요하다. 또한, 소비 활성화를 위한 정책적 노력이 병행되어야만 어려운 경제 환경에서 회복할 수 있는 기반이 마련될 것이다.

경기 침체가 장기화됨에 따라 경제적 약자인 소상공인들의 시름은 날로 깊어지고 있다. 소상공인들은 국민 경제의 '핵심 축'으로 여겨지며, 이들의 위기는 경제 전반의 흐름과 밀접한 관계가 있다.

소상공인들이 어려움을 겪게 되면 소비 위축, 일자리 감소 등 경제 전반에 부정적인 영향을 미치기 마련이다. 따라서, 소상공인 지원을 위한 정책과 제도적 뒷받침이 절실히 필요하다. 이들이 안정적으로 운영될 수 있도록 정부와 사회가 함께 노력해야 할 시점이다.

소상공인 관련 거의 모든 지표에서 '비상 경고등'이 켜진 상태이다. 소상공인시장진흥공단이 발표한 '소상공인·시장 경기 동향 조사'에 따르면, 2024년 8월 전망 경기지수는 56.6으로, 이는 코로나 팬데믹이 한창이던 2021년 8월(45.4) 이후 가장 낮은 수치이다. 또한, 7월 체감 기업경기지수(BSI)는 거의 모든 업종에서 내림세를 보이며 54.5까지 떨어졌다. 이 지수가 100보다 낮다는 것은 경기가 나빠진다고 느끼는 사람이 더 많다는 의미로, 소상공인들이 직면한 현실을 반영하고 있다. 이러한 상황에서 소상공인 지원을 위한 정책과 노력이 절실히 필요하다.

그림 8-1 경기 동향 체감 및 전망 추이

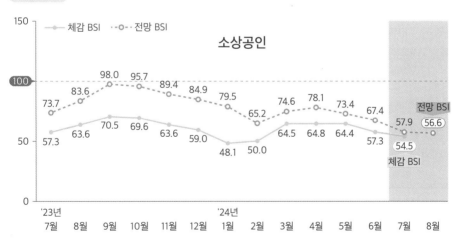

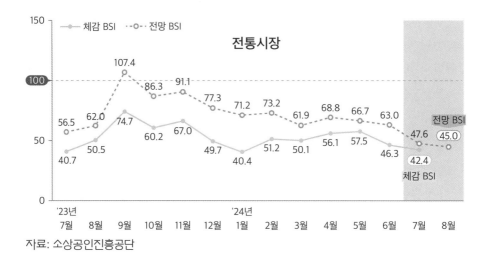

전통시장

체감 BSI ···O··· 전망 BSI

'23년
7월 56.5 / 40.7
8월 62.0 / 50.5
9월 107.4 / 74.7
10월 86.3 / 60.2
11월 91.1 / 67.0
12월 77.3 / 49.7
'24년
1월 71.2 / 40.4
2월 73.2 / 51.2
3월 61.9 / 50.1
4월 68.8 / 56.1
5월 66.7 / 57.5
6월 63.0 / 46.3
7월 47.6 / 42.4
8월 (45.0)

자료: 소상공인진흥공단

　　자영업자들은 어려운 경기에 소비심리까지 위축되면서 가게 운영에 큰 어려움을 겪고 있다. 서울에서 고깃집을 운영하는 K씨는 "코로나 팬데믹 기간에 손님의 발길이 끊어져 힘들었는데, 코로나가 끝나고 사람들이 다시 늘어나는 듯하다가 경기가 어렵다 보니 손님이 많지 않다"고 전했다. 또한, 지방에서 식당을 운영하는 L씨는 "직원 4명을 두던 곳에서 이제 한 명만 남겼고, 임대료, 전기료, 가스비 등 공공요금이 계속 오르니 얼마나 더 버틸 수 있을지 모르겠다"며 한숨을 내쉬었다. 대다수의 소상공인과 자영업자들은 미래가 보이지 않아 희망을 잃어가고 있는 상황이다. 이러한 고충을 해결하기 위한 보다 실질적인 지원과 정책이 필요하다.

　　과거 IMF나 글로벌 금융위기 때를 보면, 경기가 침체한 후 회복되기까지는 대개 2년 가까운 시간이 필요했다. 현재 경제 지표가 개선되더라도, 실제 경기가 정상적인 궤도에 오르기까지는 상당한 시간이 소요될 것으로 보인다. 일부 전문가들은 2026년에 'R(Recession·경기침체)'의 공포가 다시 나타날 수 있다고 경고하고 있다. 최악의 경제 상황이 곧 다가올 가능성도 있는 만큼, 이에 대한 준비와 대응이 필요하다.

　　"위기는 곧 기회다"라는 말처럼, 현재의 암울한 경제 전망도 희망으로 바뀔 수 있다. 한국의 중소기업은 위기에 강한 DNA를 갖추고 있으며, 이는 우리 경제의 중요한 주체이다. 따라서 중소기업, 소상공인, 자영업자들이 복합 경제 위기를 극복할 수 있도록 정부와 관련 기관은 모든 역량을 집중해 지원해야 한다. 이들은 경제 회복과 지속 가능성의 핵심 요소로, 이들의 성공이 곧 국가 경제의 건강성을 높이는 길이다.

또한 중소기업이 도약의 주체로서 역동적으로 성장하기 위해서는 디지털 전환과 ESG(환경·사회·지배구조) 등 혁신적인 전략과 정책이 더욱 강화되어야 한다. 이러한 접근은 중소기업이 경쟁력을 갖추고, 변화하는 시장 환경에 효과적으로 대응할 수 있도록 도와줄 것이다. 디지털 기술의 활용과 지속 가능한 경영은 중소기업이 글로벌 시장에서 성공하기 위한 필수 요소로 자리 잡고 있다.

② 'With 코로나 경제'가 우리에게 남긴 교훈!

서울에서 작은 술집을 운영하는 K씨는 코로나19로 인한 고통이 여전히 계속되고 있다고 말한다. 모든 재산을 털어 가게 문을 열었고, 1년이 지나 겨우 안정화되었지만, 다시 찾아온 코로나19로 인해 큰 타격을 입었다. 손님의 발길이 끊긴 가운데 임대료와 운영비는 반드시 지불해야 했고, 이로 인해 엄청난 손실이 발생했다. 위드 코로나 시기에도 손님이 거의 오지 않아 어려운 상황이 이어졌고, 현재는 많이 회복되었지만 코로나19 이전과 비교하면 매출이 겨우 60% 수준에 불과하다. K씨는 여전히 계속 적자에 허덕이고 있으며, 앞으로의 경영에 대한 불안감을 느끼고 있다. 이러한 경험은 많은 소상공인들이 겪고 있는 어려움의 단면과 그들의 목소리에 귀 기울여야 할 필요성을 보여준다.

어느덧 코로나가 찾아온 지 햇수로 5년을 맞이하고있다. 우리는 종종 어려운 경험을 너무 빨리 잊어버리는 경향이 있다. 코로나 팬데믹은 끝난 것이 아니라 여전히 그 영향이 우리 사회와 경제에 남아 있다. 2024년 8월에 발생한 재유행처럼, 팬데믹의 여파는 여전히 우리의 일상과 비즈니스에 영향을 미치고 있다. 그러나 많은 사람들이 이미 그 상황을 잊은 듯이 행동하고, 모든 것이 해결된 것처럼 느끼고 살아간다. 이런 경향은 앞으로의 대응과 예방을 소홀히 할 위험이 있으므로, 팬데믹의 교훈을 잊지 않고 지속적으로 경각심을 가져야 할 필요가 있다.

코로나 팬데믹은 예상치 못한 충격으로 우리 경제와 사회 전반에 큰 영향을 미쳤다. 이러한 경험은 미래의 위기 상황에 대비하는 데 중요한 교훈이 된다. '단계적 일상회복 방안'을 통해 정상적인 생활로 돌아가려는 노력에도 불구하고, 경기 회복이 여의치 않은 현실은 여러 복합적인 요인에 기인한다. 예를 들어, 공급망 문제, 인플레이션, 소비자 신뢰의 저하 등 다양한 요소가 여전히 경제에 부담을 주고 있다. 이러한 교훈을 바탕으로, 앞으로는 더 나은 준비와 유연한 대응이 필요하다. 팬데믹 이후의 새로운 환경에 맞춰 기업과 정부가 협력하여 지속 가능한 회복 전략을 마련해야 할 것이다.

* **위드 코로나**: 코로나바이러스 방역을 위해 실시해 온 사회적 거리두기를 단계적으로 완화하여 이전의 일상을 회복하는 방향으로 전환하는 정책

2020년 즈음 코로나19 팬데믹이 시작되었고, 많은 국가가 이를 극복하기 위해 적극적인 경기부양책을 시행했다. 동시에 신속한 백신 보급에 힘썼다.

경제적 여유가 있는 선진국들은 빠르게 경기 회복을 시도했다. 이러한 경기부양책은 통화량을 급증시키고, 수요가 공급을 따라가지 못해 인플레이션에 대한 우려를 키웠다.

2022년 이후 세계 경제의 주요 이슈는 '인플레이션'이었다. 여러 나라가 통화 긴축을 시작하고 기준금리를 인상했으며, 2022년부터 통화정책 정상화가 본격적으로 진행되었다.

그림 8-2 Fed 총자산 변화

(단위: 조 USD)

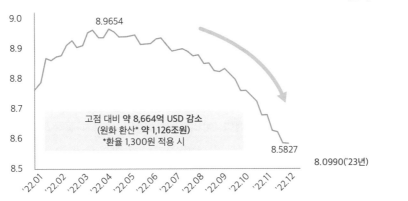

자료: Fed

문제는 인플레이션이 예상보다 더욱 심각해졌다는 점이다. 인플레이션이 좀처럼 진정되지 않자, 미국 등 선진국들은 계획보다 빠르게 기준금리를 인상했다. 이는 세계 경제 회복을 지연시키는 요인이 되기도 했다. 상대적으로 취약한 신흥국의 경제에는 더 큰 충격이 왔다. 여기에 중국의 성장 둔화 우려도 또 다른 리스크로 작용했다.

고물가와 인플레이션에 대응하기 위해 과거에는 주로 '금리 인상'이라는 방안이 제시되곤 했다. 최근 미국은 기준금리를 단기간에 5.5%까지 인상하며 시장의 유동성을 적극적으로 흡수하기 시작했다. 그러나 금리 인상은 시장의 유동성을 축소하는 데는 효과적일지 모르지만, 개인과 기업의 대출 이자 부담을 증가시키는 부작용을 초래했다. 이로 인해 가계와 기업의 재정 여력은 약화되었고, 소비에 사용할 수 있는 자금이 줄어들면서 전반적인 삶의 질이 지속적으로 악화되었다.

현장의 소리

"위드 코로나로 인해 코로나 때보다는 경기 회복세가 나타났지만, 대내외 경영 불확실성이 완전히 해결되지 않아 여전히 기업경영은 어렵다. 언제 정상화 될지 모르겠다. 2~3차 협력업체들의 위기감은 훨씬 크다. 이들에 대한 지원책이 마련돼야 한다."

우리나라 경제도 세계 경제의 회복세와 함께 움직이고 있다. 위드 코로나 정책으로 소비가 점차 회복되고, 비주거용 건설 투자가 확대될 것으로 기대했다. 수출과 설비 투자도 기저효과로 증가폭이 둔화되겠지만, 좋은 실적을 계속 유지할 것이라고 예상했다. 그러나 결과는 기대에 크게 미치지 못했다. 코로나19 기간 동안 가계 대출과 자영업자 대출이 급증하면서, 금리 상승과 내수 부진으로 인해 부실이 크게 확대되었다.

국제통화기금(IMF) 등 국제기구는 한국 경제에 대해 "회복은 계속되지만, 모멘텀은 약화될 것"이라고 전망했다. 여러모로 희망과 우려가 공존하는 위드 코로나 상황을 겪고 있다. 팬데믹은 아직 완전히 끝나지 않았으며, 우리는 여전히 그 영향을 받고 있다.

우리는 코로나 팬데믹을 오래된 과거처럼, 나와 무관한 남의 일로 잊어버려서는 안 된다. 언제까지 지속될지 모르지만, 코로나와 함께하는 경제는 당분간 계속될 것이다. 코로나 및 위드 코로나 상황에서 얻은 경험은 예상치 못한 사태가 발생할 때 경제 충격이 어떤지를 보여주고, 어떻게 효과적으로 대응해야 하는지를 가르쳐주는 큰 교훈이 될 것이다.

- **위험에 대한 준비:** 예상치 못한 팬데믹과 같은 위기 상황에서의 충격은 준비 부족으로 인해 더욱 커질 수 있다. 기업과 정부는 비상 대응 계획을 마련하고, 위험 관리 시스템을 강화해야 한다.
- **경제 구조의 취약성 인식:** 팬데믹은 기존 경제 구조의 취약성을 드러냈다. 산업 간의 의존도와 공급망의 단점을 이해하고, 다양한 공급망을 구축하는 것이 중요하다.

- **유연한 대응 필요성:** 예기치 못한 상황에서 신속하고 유연하게 대응하는 것이 중요하다는 것을 배웠다. 기업과 정부는 변화하는 환경에 적응할 수 있는 능력을 키워야 한다.
- **디지털 전환 가속화:** 팬데믹 동안 비대면 서비스와 디지털 기술의 필요성이 증가했다. 이는 기업이 디지털화에 투자하고, 고객과의 소통 방식을 혁신해야 함을 의미한다.
- **위험 관리 및 재무 건전성:** 불확실한 상황에 대비하기 위해 기업과 개인은 위험 관리 전략을 강화하고 재무 건전성을 유지해야 한다.
- **복원력 구축:** 경제와 사회의 복원력을 높이는 것이 장기적으로 중요하다. 위기 상황에서도 지속 가능한 발전을 위해 다양한 전략을 마련해야 한다.
- **공동체의 중요성:** 경제 회복은 개인의 노력뿐만 아니라 사회 전체의 협력이 필요하다는 점을 깨달았다. '함께 하는 경제'는 지역 사회와의 연대가 얼마나 중요한지를 보여준다.

위드 코로나 시대에 접어들면서 일상이 어느 정도 회복된 것처럼 보였지만, 이는 곧바로 경제 회복으로 이어지지 못했다. 이는 코로나19의 충격이 단순한 일시적 위기를 넘어 경제 구조 자체를 송두리째 변화시키고 약화시켰기 때문이다. 팬데믹은 전통적인 산업 생태계를 붕괴시키고, 소비 패턴과 노동 시장, 그리고 글로벌 공급망의 근본적인 재편을 초래했다. 특히, 서비스업과 소규모 자영업은 심각한 타격을 입었으며, 디지털 전환에 뒤처진 기업들은 경쟁력을 잃고 도태되기도 했다.

위드 코로나 시대는 경제적 불확실성이 상시화된 환경 속에서 유연성, 디지털화, 회복력, 그리고 지속 가능성을 중심으로 한 새로운 경제 모델의 필요성을 강력히 부각시켰다. 기업과 정부는 이러한 변화에 발맞추어 신속히 적응하지 못하면 경쟁에서 뒤처질 수밖에 없으며, 이를 위한 체계적인 전략과 혁신적 접근이 필수적임을 깨닫게 되었다.

이처럼 경제 구조의 급격한 변화는 단기간의 경기 부양책만으로는 해결할 수 없는 구조적 문제를 남겼고, 이를 해결하기 위해서는 장기적인 관점에서 경제 체질 개선과 새로운 성장 동력 발굴이 필요하다는 교훈을 주고 있다.

이러한 교훈은 앞으로의 경제 환경에서도 중요한 가이드라인이 될 것이다. '함께하는 경제'의 가치가 얼마나 소중한지 항상 기억해야 한다.

③ 중소기업의 봄은 언제 찾아올까?

겨울이 지나면 따뜻한 봄이 온다는 희망 덕분에 추운 날씨도 견딜 수 있지만, 현재 경기가 좋지 않아 어려움에 직면한 중소기업들은 경제 회복이 언제 이루어질지 전혀 예상할 수 없는 상황이다. 경기 회복은 더디고, 현장에서 느끼는 경기 상황은 여전히 싸늘하다. 현장에서는 중소기업이 다시 회복되기까지 오랜 시간이 걸릴 것으로 예견되고 있다. 따라서 길어지는 경기 악화 속에서 중소기업이 살아남을 수 있도록 종합적인 지원이 필요하다. 서울에 위치한 소상공인 D씨는 "정부는 경제가 회복된다고 주장하지만, 소상공인 지원에 소홀해하는 것 같다"며 "소상공인들은 갈수록 더 어려워지는데, 이러한 지원을 줄이는 것이 과연 정부가 소상공인의 현실을 제대로 파악하고 있는지 의문"이라고 토로했다. 이런 목소리들은 중소기업 지원 정책의 실효성과 필요성을 다시 한번 되새기게 한다.

정부가 발표하는 경제 지표는 상황이 좋아지고 있는 것처럼 보이지만, 중소기업 현장에서는 현실과 동떨어진 이야기이다. 부산에서 작은 제조업을 운영하는 G 대표는 회사가 어려워 대출받은 자금의 이자를 못 내 연체에 들어갔다. 그래도 공장을 운영하고 직원들에게 생활비를 지급해야 해서 차 담보 대출을 받고 카드론도 사용했다. G 대표는 "기존 대출이 연체되다 보니 신용 점수가 떨어져 추가 대출이 어렵더라. 가진 차를 담보로 돈을 빌려 다음 달 카드 대금과 은행 이자를 일단 돌려막고 버텨보려 한다"고 말했다.

아직 날이 매우 쌀쌀하고 춥지만, 곧 따뜻한 봄이 올 것이다. '춘래불사춘(春來不似春)'이라는 말이 있다. 이는 봄이 왔지만 봄 같지 않다는 뜻이다. 우리가 직면하고 있는 경제 상황도 이와 같은 처지에 놓여 있다.

정부는 완만한 내수 회복 조짐을 보이며 경기 회복 흐름이 지속되고 있다고 전망했다. 우리나라 경제가 확실히 좋아지고 앞으로 더 큰 도약을 할 것이라는 낙관적인 시각을 가지고 있다. 하지만 빚으로 겨우 연명하는 영세 중소기업과 자영업자들은 이러한 전망에 얼마나 공감할 수 있을지 의문이다. 이는 현실과 동떨어진 상황 인식이 아닐 수 없다.

복합 경제 위기로 인해 경기 회복세가 다시 둔화되면서 체감하는 경제 현실은 여전히 냉랭하다. 밑바닥 경제는 고사 직전에 이르렀다.

고물가, 고금리, 고환율의 이른바 '3고(高)' 상황이 지속되면서 소비 위축이 발생했다. 이로 인해 심화되고 있는 내수 침체는 중소기업과 소상공인들을 벼랑 끝으로 내몰고 있다. 현장에서는 이제 버티기도 한계에 다다랐다는 절규가 곳곳에서 들려오고 있다.

현장의 소리

"경기 침체 속에 고금리·고물가 등은 중소기업·소상공인을 옥죄고 있다. 경기 회복시기까지 버틸 여력도 없다."

이제 경제 위기를 극복하고 새롭게 도약하는 대전환의 길을 열어 나가야 한다. 봄은 만물이 소생하고 희망이 솟는 계절이다. 우리 경제도 경기 침체로 인한 어두운 터널에서 빠져 나와 밝은 빛을 맞이할 때가 되지 않았을까?

이제부터는 '어떻게'라는 문제가 중요하다. '경제의 대변혁기'에 중소기업이 활력을 되찾기 위해 무엇을 어떻게 해야 할지 모두가 머리를 맞대고 세밀한 실행 전략을 마련해야 한다. 이를 통해 모멘텀을 만들어내야 할 것이다.

민생 경기가 살아나지 않으면 사회 안정과 경제 활력을 기대할 수 없으며, 성장세를 이어가기 어렵다. 경제 생태계가 무너지기 전에 대책을 마련해야 한다는 주장이 더욱 힘을 받고 있다.

소상공인과 중소기업의 경기 회복을 위한 대책이 시급하다. 코로나19와 경기 침체로 막대한 피해를 입은 소상공인과 중소기업은 단기간에 회생하기 쉽지 않다. 이들을 연착륙할 수 있도록 다양한 지원 프로그램을 가동해야 한다. 일시적인 유동성 위기에 빠진 중소기업에는 과감한 금융 및 비금융 지원을 통해 신속히 정상화하고, 지속적으로 성장할 수 있도록 지원을 강화해야 한다.

현장의 소리

"소공인과 중소기업은 경기 침체기에서 여전히 어려움을 겪고 있다. 정부의 지원책이 다수 시행되고 있지만, 실제로 체감할 수 있는 정책은 부족하다. 현장에서는 경제적 및 심리적 압박이 심각하며, 경영 여건도 불안정해 현실적인 회복 기대감이 없는 상황이다."

구조적 한계에 처한 기업들은 신속한 구조조정, 사업 전환, 인수·합병(M&A)을 통해 건강한 중소기업 생태계를 조성해야 한다.

'위기는 또 다른 기회'라는 말이 있듯이, 혁신 스타트업이 대거 탄생하고 경쟁력을 갖춘 중소기업은 투자를 확대하며 좋은 일자리를 창출할 수 있도록 지원을 강화해야 할 것이다.

현장의 소리

" 중소기업은 위기를 돌파하기 위해 비용 측면에서 긴축을 시도해 보지만, 이마저도 한계가 있다. 유지해 온 거래처와의 거래도 원자재 값 인상, 인건비 상승, 물류비 부담 때문에 더욱 어려워지는 형편이다. 정부가 다방면에서 지원을 확대해 줘야 한다."

경기 회복의 성과가 대기업과 수출기업에서 모든 분야로 확산되어, 중소기업과 소상공인이 체감할 수 있도록 해야 한다. 경제 성과를 모두가 골고루 누리면서 한 단계 더 도약할 수 있는 기반을 마련해야 한다. 중소기업과 대기업이 함께 상생하며 성장할 수 있도록 방법을 모색하고, 중소기업의 경쟁력을 높일 수 있는 혁신적인 방안을 찾아야 한다.

모쪼록 차가운 겨울이 지나고 진정한 봄이 시작되는 계절에는 경제 위기에서 벗어나 일상으로 점차 회복하고, 우리 자영업자 및 소상공인과 중소기업에도 미래 희망의 따뜻한 빛이 내리쬐기를 기대해 본다.

④ 소상공인과 자영업자, 민생경제의 뿌리다

부산에서 작은 식당을 운영하는 K씨는 20년 동안 장사를 해왔지만, 코로나19로 인해 경영이 어려워졌다. 정부에서 소상공인 지원을 한다는 소식을 듣고 지원을 받을 생각이지만, 자신이 운영하는 식당이 소상공인에 해당하는지 자영업자인지 확실히 알지 못해 혼란스러워 하고 있다. 소상공인과 자영업의 개념이 무엇인지, 이 둘이 명확하게 구분되는 것인지 궁금해 한다.

일반적으로 소상공인과 자영업자는 구분 없이 사용되지만, 이 두 개념은 다르다. 소상공인과 자영업자는 직면하는 상황과 문제에서도 차이가 있다. 따라서 먼저 이 두 개념을 정확하게 이해하는 것이 중요하다.

소상공인기본법에서는 소상공인을 소기업 중 상시 근로자 수가 5인(일부 업종은 10인) 미만인 기업으로 정의한다. 소기업은 업종별로 3년 평균 매출액이 10억 원에서 120억 원 사이에 해당하며, 도소매업은 50억 원 이하, 숙박·음식업은 10억 원 이하의 매출액 기준이다. 특히, 소상공인은 제조업, 광업, 건설업, 운수업의 경우 상시 근로자 수가 10인 미만인 사업장, 그 외 업종은 5인 미만인 사업장으로 분류된다.

소상공인기본법

제2조(정의) ① 이 법에서 "소상공인"이란 「중소기업기본법」 제2조제2항에 따른 소기업(小企業) 중 다음 각 호의 요건을 모두 갖춘 자를 말한다.

    1. 상시 근로자 수가 10명 미만일 것

    2. 업종별 상시 근로자 수 등이 대통령령으로 정하는 기준에 해당할 것

② 제1항을 적용할 때 소상공인이 그 규모의 확대 등으로 소상공인에 해당하지 아니하게 된 경우 그 사유가 발생한 연도의 다음 연도부터 3년간은 소상공인으로 본다. 다만, 소기업 외의 기업과 합병하거나 그 밖에 대통령령으로 정하는 사유로 소상공인에 해당하지 아니하게 된 경우에는 그러하지 아니하다.

소상공인기본법 시행령

제3조(소상공인의 범위 등) ① 「소상공인기본법」(이하 "법"이라 한다) 제2조제1항제2호에서 "대통령령으로 정하는 기준"이란 주된 사업에 종사하는 상시 근로자 수가 업종별로 다음 각 호의 어느 하나에 해당하는 것을 말한다.
  1. 광업·제조업·건설업 및 운수업: 10명 미만
  2. 제1호 외의 업종: 5명 미만

표 8-1 소공인과 자영업자 개념도

법인	개인	무등록사업자
소상공인: (21) 734만 개(기업) * 중소벤처기업부, 「중소기업기본통계」 (간판없는 소공인, 복수사업자 포함)		
법인(72만 개)	개인(662만 개)	

개인사업자: (22) 843만 명 * 국세청, 「국세통계연보」 (사업자등록기준, 복수사업자 포함)		
일반(505만 명)	간이(208만 명)	면세(129만 명)

자영업자: (24.4) 562만 명(인구)
* 통계청, 「경제활동인구조사」
(사업자등록증이 없는 농어민, 노점상 등 포함)

자료: 관계부처합동, 「소상공인·자영업자 종합대책」, 2024. 7

　　자영업자는 금전적 이익을 목적으로 자신의 사업을 경영하는 사업자를 의미한다. 이는 법인을 설립하여 집단으로 활동하는 회사와는 구분되는 개념이다. 자영업자는 임금 근로자가 아니며, 근로자를 고용하여 사업을 운영하거나 혼자서 사업을 운영하는 사람을 포함한다.

　　자영업자는 인구 통계학적 용어로, 고용원이 있는 자영업자와 고용원이 없는

1인 자영업자로 나눈다. 개인사업자는 사업장 유무 및 상시 근로자 수와 관계없이 국세청에 개인사업자로 등록한 사람이나 업체를 의미한다(부가가치세법 기준).

2023년 기준으로 우리나라 자영업자 수는 약 570만 명이다. 전체 취업자 중 자영업 비율은 2001년 28%에서 2023년 20%로 감소했지만, 주요국과 비교할 때 여전히 높은 수준을 유지하고 있다. OECD 주요국의 자영업자 비중을 살펴보면, 한국은 23.5%인 반면, 미국은 6.6%, 일본은 9.6%, 독일은 8.7%, 프랑스는 13.1% 이다.

그림 8-3 주요국 자영업자 비율 비교

(단위: %)

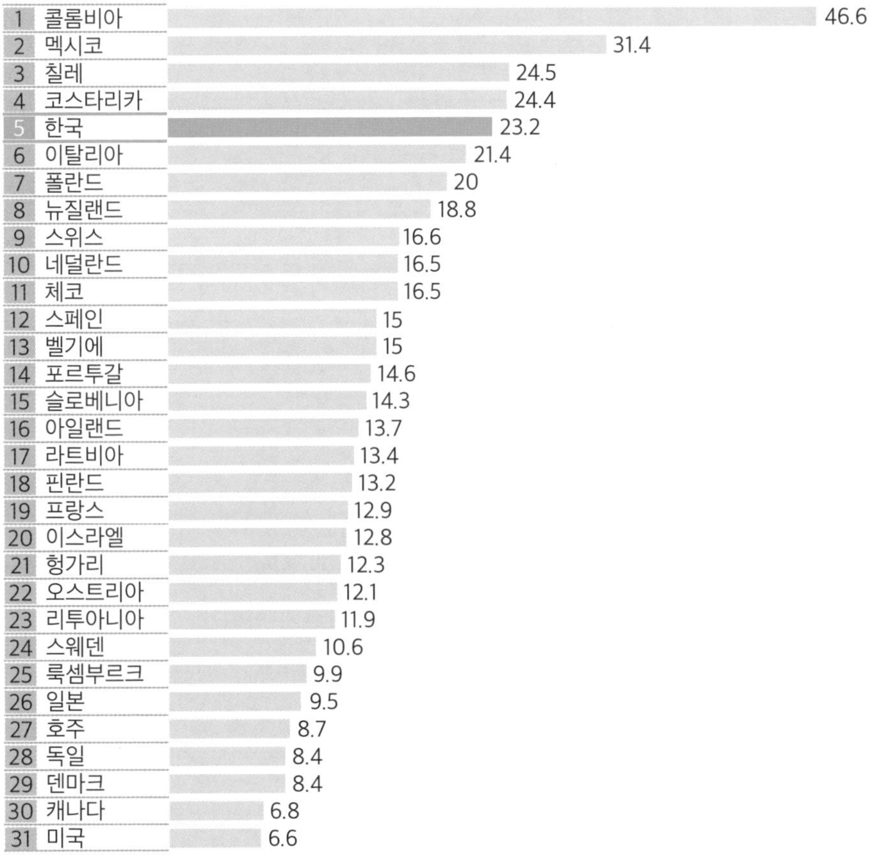

순위	국가	비율
1	콜롬비아	46.6
2	멕시코	31.4
3	칠레	24.5
4	코스타리카	24.4
5	한국	23.2
6	이탈리아	21.4
7	폴란드	20
8	뉴질랜드	18.8
9	스위스	16.6
10	네덜란드	16.5
11	체코	16.5
12	스페인	15
13	벨기에	15
14	포르투갈	14.6
15	슬로베니아	14.3
16	아일랜드	13.7
17	라트비아	13.4
18	핀란드	13.2
19	프랑스	12.9
20	이스라엘	12.8
21	헝가리	12.3
22	오스트리아	12.1
23	리투아니아	11.9
24	스웨덴	10.6
25	룩셈부르크	9.9
26	일본	9.5
27	호주	8.7
28	독일	8.4
29	덴마크	8.4
30	캐나다	6.8
31	미국	6.6

주: 15세 이상 취업자 인구 대비 자영업자 인구비율, 미국은 2021년
자료: OECD

자영업 업종별 분포를 살펴보면, 도·소매업과 음식·숙박업 등 진입 장벽이 낮은 생계형 업종이 중심을 이루고 있다. 풀뿌리 민생경제의 중심에 있는 소상공인과 자영업자에게 활기를 불어넣어야 대한민국 경제가 행복해질 수 있다.

 자영업자 수 변화 및 분포

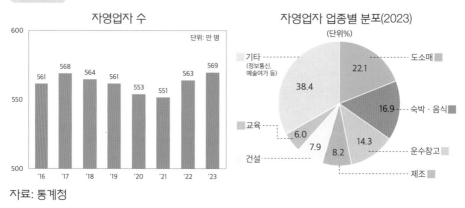

자료: 통계청

현장의 소리

"정부가 자영업자와 소상공인 대책을 구분 없이 통합해 발표하다 보니, 현장에서는 큰 혼란이 발생하고 있다. 두 개념이 혼동되어 사용되기도 하며, 지원 대상, 지원 규모, 세제 혜택 등에서도 차이가 나는 경우가 많다."

자영업자와 소상공인은 사업자 유형에 따라 구분되지만, 정책적 지원 시 애매한 측면이 존재한다. 이들은 특성과 처한 현실이 상이하며, 지원에서도 다소 차이가 있다. 따라서 정책적 지원을 할 때 자영업자와 소상공인을 명확하게 세분화하거나 통합하여 지원 및 관리하는 체계를 갖출 필요가 있다.

자영업자와 소상공인의 현황을 명확하게 구분해야만 서로의 애로사항과 변동을 제대로 파악할 수 있다. 이를 통해 대책도 보다 현실에 맞게 이행할 수 있다. 또한, 자영업자와 소상공인을 나누어 경기 동향을 실시간으로 파악할 수 있는 통계 데이터 시스템이 갖춰져야 한다.

소상공인과 자영업자는 지역 경제를 지탱하는 기둥이자, 국민 생활과 밀접하게 연결된 경제 주체로서, 그들의 안정과 성장이 곧 국가 경제 전반의 활력을 불러일으킨다. 특히, 고물가, 고금리 등으로 큰 타격을 받은 소상공인과 자영업자들에게는 단순한 생존을 넘어 지속 가능한 성장을 위한 정책적 지원이 필요하다. 세제 혜택, 금융 지원, 디지털 전환 교육, 상권 활성화 사업 등을 통해 경쟁력을 강화하고, 안정된 경제 기반을 마련해 주는 것이 중요하다. 결국, 풀뿌리 경제가 튼튼해야 나라 경제가 튼튼하다는 인식을 바탕으로, 이들의 회복이 대한민국 경제의 행복과 지속 가능성을 보장하는 핵심임을 잊지 말아야 한다.

⑤ 위기 속에 내몰린 자영업자, 벼랑 끝에 서다

서울에서 식당을 운영하던 자영업자 A씨는 최근 20년간 운영해 온 가게의 문을 닫았다. 경기 침체로 인해 매출이 반토막 나고, 높은 금리에 더해 치솟는 인건비까지 감당하기 어려워 홀 영업을 포기하고 배달에 집중했지만, 결국 폐업을 결정하게 되었다. 여기에 티몬·위메프의 대규모 미정산 사태는 불난 집에 기름을 붓는 격이었다. 자영업자 플랫폼에 입점한 K씨는 "이들의 이름값을 믿고 조금이라도 더 벌고자 입점했는데, 하루아침에 거리로 내몰릴 위기에 처했다"고 토로했다.

정부나 지원 기관의 정책적 관심과 지원이 상대적으로 규모가 있는 기업에 우선순위를 두는 사이, 밑바닥 경제는 고사 직전에 놓여 있다.

경기도에서 요식업을 운영하는 B씨는 "최근 상가에서 폐업하는 가게들이 늘어나고 있다. 장사가 잘 되지 않고 상권은 죽어가고 있는데 인건비, 물가, 금리는 계속 올라서 난감하다"고 말했다. 지방 상황은 더욱 심각하다. 충남 자영업 단체 대표 K씨는 "코로나19가 유행하던 시기에도 어려움이 있었지만 정부의 지원 덕분에 겨우 버틸 수 있었다. 하지만 지금은 지원이 끊기고 물가와 금리가 오르면서 폐업률이 급증하고 있다"며 현재의 난국을 어떻게 헤쳐 나가야 할지 막막하다고 강조했다.

소상공인이 전망하는 경기지수(BSI)는 3년 만에 최저치로 떨어졌다. 내수 침체와 고금리가 여전히 이어지는 상황에서 2024년 8월 배달앱 수수료 인상과 '티메프' 미정산 사태까지 겹치며 점점 한계 상황에 내몰리는 소상공인이 늘고 있다. 소상공인 관련 거의 모든 지표가 '비상 경고등'이 켜진 상태이다. 소상공인시장진흥공단이 발표한 2024년 8월 '소상공인·시장 경기 동향 조사'에 따르면, 8월 전망 경기지수는 56.6으로, 코로나 팬데믹이 한창이었던 2021년 8월(45.4) 이후 가장 낮은 수치이다.

신용보증재단중앙회 자료에 따르면, 2024년 상반기 소상공인이 갚지 못해 지역신용보증재단(지역신보)이 대신 갚은 은행 빚은 1조 2,218억 원에 달한다. 이는 전년 동기 대비 64.1% 급증한 수치이다. 자영업자들은 불황형 대출이 크게 증가하고 있으며, 연체가 많아 금융권으로부터 대출이 끊기는 상황이다.

결국, 자영업자들은 고금리 카드론 대출에 의존할 수밖에 없는 상황이다. 신용카드만 있으면 별도의 심사 없이 36개월까지 돈을 빌릴 수 있는 카드론은 금융지원이 막힌 취약한 자영업자들이 찾는 급전 창구로 자리 잡았다. 금융감독원과 여신금융협회에 따르면, 2024년 7월 말 기준 9개 카드사의 카드론 잔액은 41조 2,266억 원으로, 이전 최고치인 40조 6,059억 원을 한 달 만에 경신했다. 2023년 12월에 38조 7,613억 원을 기록한 이후 7개월 연속 증가세를 보이고 있다.

표 8-2 지역신용보증재단이 대신 갚아준 소상공인 대출 규모

(단위: 억원)

2020	2021	2022	2023	2024. 상반기
4420	4303	5076	1조 7126	1조 2218

자료: 신용보증재단중앙회

표 8-3 9개 카드사 카드론 잔액

(단위: 억원)

2022. 12	2023. 6	2023. 12	2024. 7
36조 3,191	37조 6,171	38조 7,613	41조 2,266

자료: 여신금융협회

지방에서 치킨 집을 운영하는 K씨는 불경기로 인해 매출이 20% 이하로 떨어져 운영비 조달이 어려워졌다. K씨는 신용카드를 발급받아 임대료와 재료비를 충당하고 있으며, 매달 다음 달 비용을 틀어막아 가며 겨우 버티고 있다. 그는 "자영업을 여러 번 해봤지만, 이제는 취직하려고 시도해도 쉽지 않았다. 배운 게 이거라서 또 치킨 집을 차렸는데, 장사가 되지 않자 투자자들이 돈을 빼는 바람에 졸지에 폐업의 벼랑 끝에 몰렸다"고 말했다.

영업을 중단하고 폐업하는 소상공인이 급증하고 있다. 중소벤처기업부에 따르면, 2024년 상반기에 소상공인 폐업 점포 철거 지원 사업 신청 건수가 총 2만 6298건으로 집계되었다. 이는 2년 만에 신청자가 약 2배 증가한 수치이다

자영업자의 상황은 날이 갈수록 더욱 심각해지고 있다. 자영업 위기는 어제오늘 일이 아니지만, 최근에는 그 양상이 더욱 악화되고 있다. 코로나19 이후 고금리, 고물가, 내수 부진 등으로 자영업자들은 최대 위기를 맞고 있다. 이들은 더 이상 버티기 어려운 상황에 처해 있으며, IMF 위기 당시보다 더 나쁘다는 이야기도 나오고 있다. 서민 경제의 주축인 자영업이 위기에 직면하면서, 사실상 '붕괴' 국면에 진입한 느낌이다.

대전에서 커피점을 운영해 온 P씨는 5년 넘게 운영하던 프랜차이즈 커피 전문점을 폐업하게 되었다. 매출이 급격히 줄어들고 임대료, 인건비 등 고정비가 늘어나면서 월 적자가 커져 더 이상 버티기 어려웠다. P씨는 "코로나19에도 어떻게든 지켜온 매장이었지만, 더 이상은 유지할 수 없다는 판단을 내렸다"고 밝혔다. 그는 "먹고살기 위해 휴일도 없이 일하지만, 늘어나는 건 빚뿐이다. 코로나 팬데믹에도 버텨왔던 많은 가게들이 경기가 더 나빠지면서 폐업을 선택하는 경우가 많아지고 있다"고 덧붙였다.

자영업 위기는 오랜 시간 동안 곪아온 문제로, 이제 터져 나오고 있는 모습이다. 조사에 따르면 자영업자 10명 중 2명 이상이 심각한 경영 어려움을 겪고 있으며, '그저 그렇다'고 응답한 자영업자도 사실상 어려운 상황에 처해 있는 것으로 보아야 한다. 이러한 현실은 많은 자영업자들이 지속 가능한 운영을 위해 고군분투하고 있음을 보여준다.

표 8-4 자영업자 사업 운영 실태

(단위: %)

	2019	2020	2021	2022	2023
매우 고전하고 있다	4.8	6.5	8.4	4.9	3.0
고전하는 편이다	19.4	15.9	14.6	14.9	17.3
그저 그렇다	54.5	52.5	59.2	58.6	58.6
성공적인 편이다	20.9	22.4	16.2	18.1	20.5

매우 성공적이다	0.3	2.4	0.8	0.5	0.3
모름·응답거절	0.0	0.3	0.8	3.0	0.3

자료: 통계청

자영업자들이 사업 운영에 어려움을 겪는 이유는 다양하다. 가장 큰 문제는 장사와 영업이 잘되지 않는다는 점이다. 또한 고객을 확보하고 시장을 개척하거나 관리하는 것도 큰 도전으로 자리잡고 있다. 이러한 어려움들은 자영업자들이 지속 가능한 성장을 이루는 데에 상당한 제약이 되고 있다.

표 8-5 자영업자 사업 운영 애로

(단위: %)

	2019	2020	2021	2022	2023
장사, 영업이 잘되지 않는다	55.2	53.0	47.9	51.2	52.7
사업의 장래성이 없다	8.2	5.5	8.1	6.6	3.1
고객, 시장 개척·관리가 어렵다	9.9	12.4	18.3	12.2	10.5
인력관리(종업원 등)가 어렵다	4.0	4.0	5.2	5.4	3.7
신상품, 기술 개발이 어렵다	1.2	1.8	1.8	0.6	0.5
높은 임대료 등 사업장 유지비가 많이 든다	3.5	1.8	2.0	3.4	4.8
행정적인 절차 수행이 어렵다	0.9	0.0	0.2	1.2	0.7
기타	0.1	1.4	0.5	0.5	0.0
특별히 없음	17.1	20.2	16.0	18.7	24.1

자료: 통계청

특히 코로나19 시기에 자영업자들은 극심한 어려움을 겪었다. 이 시기에 자영업자들의 은행 빚이 눈덩이처럼 불어나기 시작했다. 2020년부터 2022년까지의 코로나19 대응 과정에서 대출을 받는 자영업자 수가 급격히 증가했다. 2019년에는 191만 4천 명이던 대출 차주가 2020년에는 238만 4천 명으로 늘었고, 2022년에는 307만 명, 2024년 1분기에는 312만 6천 명에 달했다. 이러한 증가 추세는 자영업자들의 재정적 부담을 더욱 가중시키고 있다.

대출 잔액 역시 코로나19가 자영업자들에게 미친 영향을 명확히 보여준다. 2019년에는 686조 1천억 원이었던 대출 잔액이 2020년에는 803조 5천억 원으로 증가했으며, 2022년에는 1,019조 8천억 원, 2024년 1분기에는 1,055조 9천억 원에 달했다. 이러한 대출 증가 추세는 자영업자들이 코로나 극복 과정에서 매출 감소에도 불구하고 사업체 운영을 위해 긴급하게 자금을 대출받아 간신히 버텨온 상황을 반영한다. 결국, 이로 인해 자영업자들의 부채 부담이 심화되고 있다.

자영업자의 대출 구조는 은행권보다 제2 금융권에 더욱 의존하게 되어 고금리 부담이 커지고 있다. 2019년 4분기에는 자영업자 대출의 72.7%가 은행권에서 이루어졌고, 27.3%가 제2금융권에서 발생했다. 그러나 2024년 1분기에는 은행권 비중이 62.5%로 감소하고 제2금융권 비중이 37.5%로 대폭 증가했다. 이는 자영업자들의 신용도 하락 등으로 인해 제1금융권에서 대출 접근이 어려워졌기 때문이며, 결국 제2금융권에서 대출을 받을 수밖에 없는 상황이 지속되고 있다. 이로 인해 자영업자들은 더욱 높은 이자율을 감당해야 하는 어려운 처지에 놓이게 되었다.

표 8-6 자영업자 대출 차주 및 잔액

	2019	2020	2021	2022	2024.1분기
대출차주(만명)	191.4	238.4	262.1	307.0	312.6
대출잔액(조원)	686.1	803.5	909.2	1,018.8	1,055.9

자료: 관계부처 합동, 「소상공인·자영업자 종합대책」(2024. 7)

최근 경기 악화와 고금리의 영향으로 자영업자 대출에 대한 우려가 커지고 있다. 현재 자영업자 대출 규모는 1,000조 원을 넘었으며, 이로 인해 연체율이 빠르게 상승하고 있다. 고금리, 경기 둔화, 그리고 소비 위축 속에서 자영업자들이 빚으로 겨우 버텨왔지만 이제는 한계 상황에 몰리고 있다는 지적이 나오고 있다.

자영업자 대출 연체율은 2021년 4분기에 0.5%에서 시작해 2022년 4분기에는 0.6%, 2024년 1분기에는 1.5%로 증가했다. 이는 1년 새 0.53%포인트 상승한 수치이다. 특히 취약 차주들의 연체율은 전체 연체율보다 더 높아, 2022년 4분기에는 5.3%에서 2023년 4분기에는 9.2%, 2024년 1분기에는 10.2%로 두 자리 수에 이르렀다. 이러한 상황은 자영업자들이 심각한 재정적 어려움에 직면해 있음을 나타낸다.

그림 8-5 자영업자 대출 잔액 및 대출연체율 추이

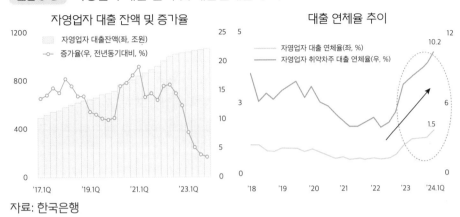

자료: 한국은행

2023년에는 폐업한 사업자가 100만 명에 가까워지면서 고금리와 내수 부진이 겹쳐 자영업자들의 어려움이 심화되고 있다. 국세청의 국세 통계에 따르면, 2023년 사업을 접고 폐업 신고를 한 사업자는 98만 6,487명으로, 이는 2022년의 86만 7,292명에 비해 13.7% 증가한 수치이다. 이는 2006년 관련 통계 집계를 시작한 이래 가장 많은 숫자로 기록되었다. 자영업 폐업률은 9.5%에 달하며, 이는 10곳 중 1곳이 폐업한 것을 의미한다. 이러한 통계는 자영업자들이 심각한 재정적 압박과 경영 어려움에 직면해 있음을 여실히 보여준다.

현장의 소리

"코로나19 사태 때부터 발생한 부채를 감당하지 못한 가운데 계속되는 경제위기 여파로 반등을 꾀하기 어려운 상황에 놓였다. 경기가 빨리 회복되지 않으면 자영업자는 줄 도산할 것이다."
- 휴업 상태의 자영업자

2022년 후반기부터 시작된 고금리 여파로 경영이 어려워지면서 사업장 폐업이 급증하고 있다. 인건비와 이자 등 각종 비용 부담이 증가함에 따라, 혼자 가게를 운영하던 자영업자들도 폐업의 기로에 서게 된 것으로 분석된다. 이러한 상황은 자영업자들에게 더욱 큰 재정적 압박을 가하고 있으며, 지속적인 운영이 어려운 현실을 드러내고 있다.

"실질적인 경기 침체와 불확실성이 큰 경제상황은 여전히 생업 현장의 숨통을 옥죄고 있다."

2023년 폐업 사유로 가장 많은 비중을 차지한 것은 '사업 부진'으로, 48만 2,183명이 해당 이유로 폐업했다. 이는 2007년 이후 두 번째로 많은 수치입니다. 업종별로 살펴보면, 소매업에서 27만 6,535명이 폐업했으며, 서비스업에서 21만 7,821명, 음식업에서 15만 8,279명이 각각 폐업했다. 이처럼 내수와 직접적으로 연관된 업종들이 큰 타격을 입고 있는 상황이다.

그림 8-6 폐업자수 추이(개인·법인 기준)

(단위: 만명)

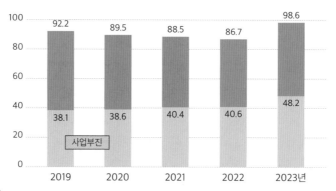

자료: 국세청

그림 8-7 주요 업종별 폐업자수(2023년 기준)

(단위: 만명)

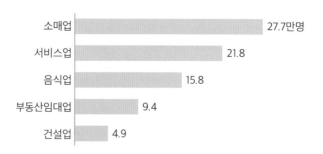

자료: 국세청

가게를 폐업한 후 실업자로 전락한 자영업자도 증가하고 있다. 통계청에 따르면, 2024년 상반기 실업자 중 지난 1년간 자영업자로 일했던 사람은 월평균 2만 6천여 명으로, 이는 1년 전의 2만 900명에 비해 23.1% 증가한 수치이다. 이는 폐업한 후 일자리를 구하지 못한 자영업자들이 늘어나고 있음을 나타낸다.

앞으로도 자영업자의 폐업은 계속 증가할 것으로 예상된다. 한국경제인협회의 조사에 따르면, 자영업자의 약 40%가 향후 3년 내에 폐업을 고려하고 있다고 응답했다. 폐업을 고려하게 된 주요 이유로는 '영업실적 지속 악화'가 29.4%로 가장 높았고, 이어 '자금사정 악화 및 대출상환 부담'이 16.7%, '경기회복 전망 불투명'이 14.2%로 나타났다. 흥미로운 점은 폐업을 고려하지 않는다고 응답한 자영업자 중 53.1%가 '특별한 대안 없음' 등의 부정적인 이유를 언급했으며, 이는 '코로나19 종식 후 경기회복 기대' 등의 긍정적인 이유(25.5%)보다 훨씬 더 컸다는 것이다.

폐업하는 자영업자는 그나마 운이 좋은 편이라는 이야기가 있다. 실제로 폐업하려면 인테리어 원상복구, 은행 대출금 상환 등 목돈이 들어가야 하기 때문에, 울며 겨자 먹기로 사업을 계속 이어가는 경우가 적지 않다. 이러한 부담으로 인해 폐업을 결심하지 못하는 자영업자들이 많아, 많은 이들이 어려운 상황에서도 가게를 운영할 수밖에 없는 현실이다.

앞으로도 자영업자의 폐업은 계속될 것이라는 우려의 목소리가 커지고 있다. 비록 기준금리 인하가 시작됐지만, 고금리 상황은 당분간 지속될 전망이다. 최저임금 1만 원 시대의 도래와 함께 물가 상승, 내수 부진, 그리고 인건비 부담이 심화되면서 자영업자들이 폐업을 선택할 가능성이 높아지고 있다. 경제가 살아나지 않는 한 자영업자의 폐업은 계속해서 증가할 것으로 예상되며, 이를 해결하기 위한 특단의 대책 마련이 필요하다.

자영업자는 우리 사회와 경제의 안전망이자 주춧돌이다. 500만 자영업자는 한국 중산층의 핵심이며, 이들의 가족을 포함하면 1000만 명이 넘는다. 어느 국가도 민생 경제의 어려움을 해결하지 못하면 모든 것이 무너진다.

표 8-7 폐업 고려(3년 내) 여부 및 폐업 고려 이유

(단위: %)

3년 내 폐업 고려 여부		폐업 고려 이유	
		영업 실적 지속 악화	29.4
폐업을 고려함	40.8	자금 사정 악화 및 대출 상환 부담	16.7
		경기회복 전망 불투명	14.2
		임차료, 인건비, 공공요금 등 비용상승	13.2
폐업을 고려하지 않음	59.2	경영관리 부담	10.8
		원재료비 원가상승으로 비용 부담	6.6
		기타	9.1

자료: 한국경제인협회

⑥ 자영업자, 현장 맞춤형 정책이 절실하다

서울에서 자영업을 하는 B씨는 30년 동안 장사를 해왔지만, 요즘처럼 어려운 시기는 거의 없었다고 하소연한다. 생계를 유지하기 위해 투잡(Tow Job)을 뛰고 있지만, 언제까지 이 일을 계속할 수 있을지 고민이다. 가게 문을 닫고 싶어도 불어난 빚을 갚지 못하고, 권리금 등 모든 것을 잃을까 두려워 쉽게 결정을 내리지 못하고 있다. 정부가 자영업자 지원책을 발표했지만, 현장에서는 그 지원을 받기가 쉽지 않다며, 위기 극복을 위한 맞춤형 정책이 보다 세밀하게 집행되어야 한다고 강조했다.

자영업은 누구나 인정하듯 한국 경제와 사회를 지탱하는 중심축 중 하나이다. 자영업체가 고용하는 임금 근로자를 포함하면, 자영업과 관련된 인구는 1000만 명이 넘는다. 이는 국민의 20%에 해당하며 전체 취업자의 3분의 1에 이른다. 저소득층과 빈곤 문제를 방치하기에는 너무나도 중대한 수치이다.

통계청에 따르면 2024년 2분기 자영업자(근로자 제외) 가구의 한 달 평균 사업소득은 201만 4,857원으로, 임금 근로자 가구의 평균 근로소득인 480만 9,675원의 41.9%에 불과한 것으로 나타났다. 이는 대부분의 자영업자 가구가 일반 근로자 가구의 절반에도 못 미치는 수입으로 힘겹게 생계를 이어가고 있다는 의미이다.

자영업 위기가 한국 경제의 약한 고리가 된 것은 어제오늘의 일이 아니다. 최근 자영업자 수는 줄어들고 있지만 여전히 570만 명이 넘는다. 이는 전체 취업자의 20% 이상을 차지하는 수치로, 주요 선진국에 비해 2~4배에 달한다. 심각한 공급 과잉이 발생하면서 창업 5년 후 생존율이 23%에 불과할 정도로 경쟁력도 낮아진 상황이다.

경기적 요인과 구조적 요인이 복합적으로 작용하며 자영업자 및 소상공인의 어려움이 해소되기는커녕 더 심화되고 있다. 이는 사면초가(四面楚歌)와 다름없다. 경기 불황으로 영업 상황은 계속 악화되고 있는데, 임대료, 최저임금, 공공요금까지 인상되면서 이를 견디지 못하고 폐업을 선택하는 자영업자도 늘어나고 있다.

고금리 장기화로 인한 비용 부담이 누적되면서 내수 회복 지연이 겹쳐 경영 여건이 더욱 악화되고 있다. 과도하게 쌓인 채무로 인한 상환 부담이 증가하고 준비 부족으로 창업과 폐업을 반복하는 현상이 나타나고 있다. 소상공인실태조사(2022년)에 따르면, 창업 전 창업 교육을 이수한 비율은 26.7%에 불과하며, 동일 업종 재창업 비율은 10개 중 2개에 달한다.

그림 8-8 근로자 가구 근로소득 대비 자영업자 가구 사업소득 비율

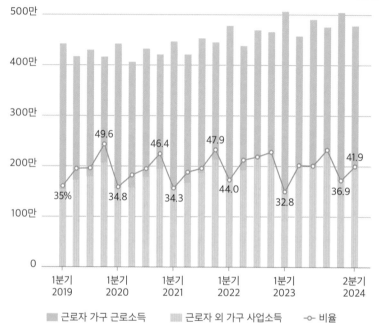

주: 소득은 기간 내 월평균
자료: 통계청 국가통계포털

그동안 우리 정부는 자영업자의 어려움 해소를 위해 다양한 정책적 노력을 기울였다. 그러나 매번 임시방편에 그쳐 실질적인 효과를 거두지 못했다. 자영업자 종합대책이 자영업 위기의 심각성을 인식하고 있다는 점은 의미가 있지만, 대책이 '단기 처방'에 그쳤다는 평가가 많다. 현장에서는 맞춤형 지원책이 부족하다는 아쉬움이 제기되고 있다.

경영 고민이 있는 소상공인

소상공인 정책정보 원스톱 플랫폼

| 통합콜센터 1357 | 소상공인 지원센터 | 캠코 | 서민금융 지원센터 | 고용복지 + 센터 |

※(1단계: 7월~) 전국 소상공인지원센터(77)를 중심으로 소상공인 정책정보 통합 안내(*7개 지역본부 우선 가동)
(2단계: 8월~) 중기통합콜센터(1357)를 통한 소상공인 안내 + 대응 매뉴얼을 마련+배포하여 서비스 신속 제동
(3단계: 25.1월~) 중기통합콜센터(1357) 내 소상공인 전용채널 신설, 맞춤형 지원 검색 및 선제적 알림서비스 제공

경영상황

어려움 → ① 경영부담완화
성장세 → ② 성장촉진
심각 → ③ 재기지원

① 경영부담완화

금융지원 3종 세트
• 정책자금 분할상환 지원대상 확대 및 기간연장(최대 5년)
• 보증부 대출 만기연장 (5조원 규모 전환보증 신설)
• 저금리 대환대출(4.5%) 지원대상 확대

기타 부담 완화
• (배달료) 영세 소상공인 지원 추진
• (임대료) 착한임대인 세액공제 연장
• (전기료) 지원대상 확대(20만 원 지원)
• (인건비) 외국인 고용 확대검토, 키오스크 보급
• (관리비) 관리비 부과의 투명성 강화

매출 지원
• 매출채권 팩토링 확대 및 소공인 우선공급
• 온누리상품권 가맹점 확대
• 국내관광 숙박쿠폰 20만 장 추가 발행

사회안전망 강화
• 노란우산공제 세제혜택 강화
• 고용보험 가입-보험료 지원 신청창구 일원화

경영개선

② 성장촉진

스마트 · 디지털화
• 고객 · 매출관리 패키지 보급 (스마트기기+소프트웨어)
• 디지털 전통시장 확산
• 플랫폼社 협업 육성 프로그램

기업화 성장지원
• 성장 소상공인 우대 마일스톤 방식 정책자금 신설 (최대 7억 원)
• 미래 성과연동 특례보증 신설

해외진출 · 판로확대
• 해외입점 컨설팅 · 번역지원
• 유망소비제 수출지원 밀착관리
• 수출멘토링, 온라인마케팅 지원

소기업화

③ 재기지원

채무조정필요 / 채무조정불필요

새출발기금(캠코)
• 채무조정/상환기간연장
• 재취업 · 재창업 시 인센티브

희망리턴패키지 (중기부)

경영진단

폐업 시 폐업비 지원

국민취업 지원제도 (고용부)

소상공인 특화 프로그램

재취업 교육 (사전교육)

재창업 지원
• 1:1 전담 PM

경영교육
위기대응
사업화 자금지원

연계

재취업 / 재창업 / 경영개선

자료: 관계부처합동, 「소상공인·자영업자 종합대책」, 2024. 7

　　자영업자 지원 제도와 사업 환경에 문제는 없는지 점검할 필요가 있다. 그동안 당장의 어려움을 피하기 위해 단기 대증요법에 치중해 온 잘못도 있었다. 자영업자의 어려움을 방치하면 나중에 고통이 더욱 커질 수 있다.

소상공인 및 자영업자 경영 여건 개선을 위한 신속하고 충분한 지원이 필요하며, 구조적 요인에 대한 적극적인 대응도 요구된다. 취약계층 중심으로 충분한 지원이 이루어져야 한다. 그러나 모든 자영업자를 살려야 한다는 것은 아니다. 일시적으로 유동성 위기에 처한 자영업자는 지원하되, 경쟁력을 잃은 한계 사업장은 정리하는 옥석 가리기가 필요하다. 폐업과 전업을 지원하고, 재취업에 대해서도 지속적인 도움을 제공해야 한다. 구조적 대응을 병행하는 원칙 아래, 소상공인이 처한 경영 여건에 맞춤형 지원을 적극 추진해 나가야 할 것이다.

우선, 소상공인의 부담을 가중시키는 금융, 배달료, 인건비 등 주요 비용을 줄여 경영 부담을 완화하고, 매출 기반도 확충하도록 지원해야 한다. 한국경제인협회 조사에 따르면, 자영업자의 비용 증가 요인은 원자재·재료비가 20.9%로 가장 크고, 그 다음으로 인건비(20.0%), 에너지(18.2%), 임차료(14.2%) 등의 순으로 나타났다.

특히 자영업자는 경영 어려움이 커지면서 금융 부담이 매우 큰 상황이다. 자영업자의 생존을 위해서는 정책 자금 대출 및 보증부 대출의 상환 기간 연장, 저금리 대출로의 대환 등을 통해 금융 부담 완화를 적극 추진해야 한다.

그림 8-9 자영업자 정책건의

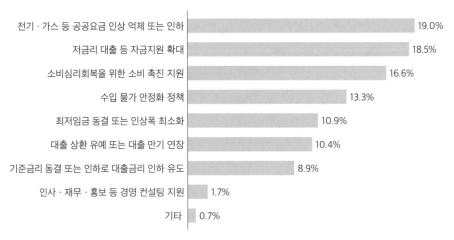

자료: 한국경제인협회

"정부가 내놓는 수많은 자영업자 대책들이 '속 빈 강정'이 되지 않도록 현장에서 제대로 돌아가고 있는지, 사각 지대는 없는지 등 꼼꼼한 현장 파악이 이루어져야 한다."

사업에 실패한 자영업자를 위한 재기 지원 프로그램도 적극적으로 운영해야 한다. 한계 소상공인 및 자영업자에 대해서는 과감한 채무 조정을 통해 '빚의 굴레'에서 벗어나 새출발의 기반을 마련해야 하며, 준비된 취업 및 재창업 지원을 강화하여 확실한 재기를 뒷받침해야 한다.

과포화 상태인 자영업의 경쟁력을 높이기 위한 근본 대책이 필요하다. 자영업자의 구조 개혁도 시급하다. 자영업 비중이 미국과 일본의 2~4배에 이르고, 대부분 생계형 자영업자이기 때문에 임대료, 배달료 등 고정 비용 부담 완화 정책만으로는 한계가 있다.

따라서 과도한 자영업 비중을 줄이고 다른 일자리로의 전직을 유도할 수 있는 방안도 강구해야 한다. 자영업의 생산성과 경쟁력 제고를 위한 맞춤형 교육 개혁과 밸류업 프로그램도 추진해야 한다. 또한, 사업을 접어도 최소한의 생계를 유지할 수 있도록 하는 사회 안전망 확충도 더욱 필요하다.

경기 불황으로 매달 손해가 눈덩이처럼 커져 폐업을 고려하는 자영업자 L씨는 "극한 상황에 놓인 자영업자에게는 점포 정리 등 EXIT를 돕는 맞춤형 지원이 필요하다"고 강조했다. 한편, 정부는 500만 자영업자들의 생존을 위해 특단의 내수 활성화 대책을 세워야 한다. 자영업자들이 처한 다양한 어려움에 대한 현장의 의견을 직접 듣고, 가장 실질적이고 효과적인 지원 방안을 모색하는 것이 중요하다.

"자영업자와 소상공인의 기대심리는 바닥을 치고 있다. 결국 자영업자들은 기댈 곳은 정책뿐이다. 그런데 정부와 지원기관은 현장을 잘 모르는 것 같아 안타깝다."

자영업자를 종합적으로 파악하고 정책적으로 참고할 수 있는 통계 및 데이터 인프라가 필요하다. 자영업자의 매출과 수익 등 실상을 정확히 파악하는 것이 중요하지만, 현재 통계는 불완전하다. 자영업자 컨설팅 사업을 하는 K 대표는 "자영업자에게 필요한 정보가 제한적이고 잘못된 정보가 유통되고 있다는 점이 큰 문제"라고 지적하며, "통계는 대표성이 없는 평균값이거나 매출 정보에만 치중되어 있어 실상을 잘못 진단하는 경우가 많다"고 덧붙였다. 따라서 정부 차원에서 지역별, 업종별, 특성별 자영업자의 상황을 정확하게 데이터베이스화하고, 정기적으로 진단할 수 있는 체계를 마련할 필요가 있다.

자영업자의 성장을 촉진하는 지원도 병행해서 추진해야 한다. 디지털 및 4차 산업혁명 시대에 맞춰 성장하고 있는 소상공인에 대해서는 스마트 및 디지털 기술을 접목하여 경쟁력을 강화하고 도약(scale-up)을 적극 지원해야 한다. 또한, 디지털 전환에 따른 플랫폼 기업과의 상생, 자영업자 협업 플랫폼 구축 등을 통해 지속 가능성을 키울 대책을 마련해야 할 것이다.

이 외에도 배달 플랫폼의 독과점 횡포 방지, 최저임금 차등화, 내수 진작 등 자영업자에 대한 대책이 절실하다. 다양한 정책이 모색되고 그 효과가 제대로 발휘되어 한계에 몰린 자영업자들에게 숨통이 트이기를 기대한다.

자영업자를 따뜻하게 보호할 뿐만 아니라, 자영업자의 경쟁력 제고를 위한 종합적 지원을 위해 자영업자 지원법을 소상공인 기본법과 별도로 제정할 필요가 있다.

⑦ 소상공인 위기 극복, 이제는 실행에 옮겨야

고물가와 고금리로 인해 소상공인의 어려움이 갈수록 심화되고 있다. 코로나 팬데믹이 종식되면서 경제 지표는 회복되는 듯 보이지만, 소상공인이 현장에서 체감하는 경기는 여전히 차갑다. 경제 회복의 온기가 고르게 퍼지지 않고 있기 때문이다. 자칫 경제 회복 시기에 지나치게 낙관적으로만 보고, 숫자 뒤에 가려진 문제를 놓쳐서는 안 된다. 경기도에서 작은 가게를 운영하는 S씨는 "소비가 위축되면서 가게 상황이 좀처럼 나아지지 않고 있다. 오히려 코로나 때보다 매출이 더 줄었다. 주변 가게들도 마찬가지다. 하루가 다르게 문을 닫는 가게가 늘어나고 있다"고 말했다. 이어 "정부에서 수십조, 수백조 원의 소상공인 지원책을 발표하지만, 정작 현장에서는 몇 십만 원 대출받기도 어렵다. 정부가 소상공인을 실질적으로 살릴 수 있는 체감 가능한 획기적인 지원에 나서주길 바란다"고 호소했다.

고물가, 고금리, 고환율의 삼중고 현상이 가속화되고 있다. 인플레이션은 공급과 수요 모두에서 물가 상승 압력이 작용하고 있어, 당분간 지속될 것으로 보인다. 이에 따라 전 세계적으로 고금리 상황이 유지되며, 언제든지 금리 상승세로 돌아설 가능성도 있다. 환율은 현재의 높은 수준을 유지하고, 변동성도 확대될 것으로 예상된다.

이와 같이 삼중고가 장기화되면서 우리 경제는 복합적 경기 침체에 빠질 우려가 점차 커지고 있다. 경제 위기가 장기화되면 취약한 민생과 중소기업의 고통이 더욱 커질 수밖에 없다. 대내외 불확실성으로 곤경에 처한 중소기업은 아직 위기의 늪에서 빠져 나오지 못하고 있다. 삼중고 현상으로 인해 기업들의 금융비용과 생산비용이 증가하면서 경영이 악화되고, 업종 간 양극화도 더욱 확대되고 있다.

소상공인 체감경기가 악화되면서 "코로나 때보다 더 힘들다"는 목소리가 커지고 있다. 경기 침체로 인한 소비 감소에 발목이 잡힌 소상공인들은 물가와 금리 상승, 임대료 및 인건비, 재료 값 상승 등의 걱정으로 좌불안석이다. 중심 상권뿐만 아니라 도시 곳곳에 임대 간판이 넘쳐날 정도로 상가 공실률은 매월 기록을 경신하며 치솟고 있다. 매출 부진을 견디지 못해 휴업하거나 폐업한 소상공인, 그리고 금융기관에서 돈을 빌렸지만 기한 내에 갚지 못해 연체자로 전락한 소상공인들도 속출하고 있다.

"경기가 좀처럼 회복되지 않아 소상공인들의 무너짐이 끊이지 않고 있다. 이로 인해 곳곳에 상가 공실이 생겨나고 있다. 자영업자들의 상환 부담을 경감하고 생존을 위한 과감한 신용 대출이 뒤따라야 한다."

"더 이상 버티기 힘들어 가게를 닫고 싶어 하는 사람들이 많다. 그러나 미납 세금, 연체된 대출, 종업원 처리 등의 문제로 인해 폐업을 하지 못하고 있다. 어려운 소상공인들의 원활한 EXIT나 전직을 위한 대책이 마련되어야 한다."

소상공인은 코로나19로 인해 매출이 급감하고 휴업 및 폐업률이 매우 높았으며, 정상화되기까지 갈 길이 멀다. IBK경제연구소의 분석에 따르면, 치킨, 피자, 제과점 등 기타 간이 음식점업(40%), 주점업(37.9%), 외국식 음식점업(36.9%), 오락장 운영업(34.9%), 음식료품 위주의 종합 소매업(33.7%) 등에서 휴업 및 폐업률이 높게 나타났다. 특히 주점, 공연시설 운영업, 공연단체, 오락장 운영업 등의 소상공인 매출은 아직 코로나19 이전 수준을 회복하지 못한 것으로 분석되고 있다.

핀테크 기업 핀다의 빅데이터 상권 분석 플랫폼 '오픈업'에 따르면, 2023년 외식업체 81만 8,867개 중 17만 6,258개가 폐업하여 폐업률이 21.52%에 달했다. 이는 5곳 중 1곳 이상이 문을 닫은 것으로, 폐업한 외식업체 수는 코로나19가 가장 심각했던 2020년(9만 6,530개) 대비 약 82.6% 급증했다. 폐업률 또한 재작년(16.95%)보다 4.57%포인트(p) 높아졌으며, 이는 코로나19가 유행하던 2020~2022년 평균치(15.03%)에 비해 6%p 이상 높은 수준이다.

그림 8-10 외식업체 폐업률 추이

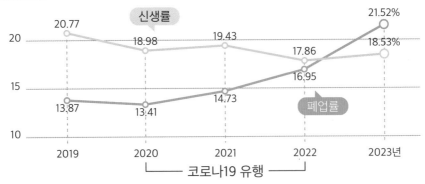

주: 총 업체수 대비 소멸업체수(폐업률) 및 신생업체수(신생률)
자료: 빅데이터 상권분석 플랫폼 '오픈업'

소상공인의 매출 회복은 더딘 반면, 고금리 등의 이유로 채무 상환 부담이 커지면서 자금난이 더욱 심화될 전망이다. 어려운 소상공인이 무너지면 민생경제가 파탄날 수 있다. 따라서 민생경제 활력 회복 차원에서 이들 소상공인에 대한 보다 적극적인 지원이 필요할 것이다.

소상공인이 경제적 어려움을 극복하고 지속 가능한 성장을 할 수 있도록 지원하는 것이 중요하다.

- **금융 지원 확대:** 저리 대출, 정책 자금 지원, 채무 상환 기간 연장 등 금융 부담을 경감할 수 있는 다양한 금융 지원 프로그램을 강화해야 한다.
- **세금 및 임대료 감면:** 일정 기간 동안 세금 감면 및 임대료 지원을 통해 소상공인의 고정비용 부담을 줄여야 한다.
- **디지털 전환 지원:** 소상공인이 스마트 및 디지털 기술을 활용하여 경쟁력을 강화할 수 있도록 지원하는 프로그램을 마련해야 한다.
- **컨설팅 및 교육 제공:** 경영 개선을 위한 컨설팅 및 창업 교육 프로그램을 통해 소상공인의 경영 능력을 향상시켜야 한다.
- **시장 접근성 향상:** 온라인 플랫폼 및 유통망을 통해 소상공인이 더 많은 고객에게 접근할 수 있도록 지원해야 한다.
- **소비 진작 유도:** 지역 사회에서 소상공인을 지원하는 캠페인 및 이벤트를 통해 소비를 촉진해야 한다.
- **통계 및 데이터 기반 정책:** 소상공인의 실태를 정확하게 파악할 수 있는 통계 및 데이터 시스템을 구축하여 맞춤형 지원 정책을 수립해야 한다.
- **위기 대응 네트워크 구축:** 소상공인 간 협력을 촉진하고, 위기 상황에 신속하게 대응할 수 있는 네트워크를 구축해야 한다.

국책은행인 IBK기업은행도 발 벗고 나섰다. 자영업자와 소상공인의 금융 애로 완화를 위해 '맞춤형 금융 지원' 프로그램을 추가로 실시했다. 이 프로그램을 통해 총 수십조 원 규모의 저리 신규 대출이 지원되었으며, 앞으로 자영업자와 소상공인의 시설 확충, 원자재 구입 등 위기 극복 자금에 큰 도움이 될 것으로 평가되고 있다.

중앙 정부, 지방자치단체, 중소기업 지원기관뿐만 아니라 모든 경제 주체들이 함께 나서 소상공인과 자영업자의 위기 극복을 위해 적극적으로 나서야 한다. 소상공인 지원을 단순한 일회성 또는 시혜성 지원으로 인식해서는 안 된다. 이는 한국 경제가 다시 밝아지고 새롭게 도약하기 위한 밑바닥 경제를 튼튼하게 만드는 중요한 일이다. 소상공인이 무너지면 한국 경제도 살아날 수 없기 때문이다.

⑧ 서민의 아픔을 덜어주는 내수 진작!

내수가 좀처럼 회복되지 않고 있다. 경제는 소득이 줄어드는 상황에서 미래의 불확실성까지 커져, 사람들은 쉽게 지갑을 열지 않는다. 우선 서민층이 안정적인 일자리를 통해 지속적으로 소득을 창출할 수 있어야 하며, 경기가 회복되면서 경제가 성장할 것이라는 확신을 심어줘야 한다. 소비의 주체인 서민들의 삶이 나아져야 소비도 자연히 늘어날 것이다. 물가도 안정되어야 한다. 소득은 줄어드는데 물가는 계속 오르니, 서민들이 느끼는 소비심리는 더 위축될 수밖에 없다. 건설업종에서 일용직으로 일하는 M씨는 "주머니에 돈이 계속 들어와야 소비할텐데, 그렇지 못하니 소비를 줄일 수밖에 없다"고 말한다. 이어 "정부가 서민층이 안정적으로 돈을 벌 수 있는 방안을 많이 모색해 줘야 한다. 그것이 내수를 살리는 길이다"라고 덧붙였다.

오늘날, 경제 성장의 속도가 둔화되고 물가는 상승하면서 서민들의 실질 소득이 줄어드는 악순환에 빠졌다. 환율이 높아지면 수출 기업들은 더 많은 이익을 얻지만, 수입에 크게 의존하는 내수 시장에서는 물가가 오른다. 이로 인해 서민 가계의 실질 소득이 감소하고 있다. 고금리가 장기화되면서 소상공인과 자영업자들이 느끼는 경제적 어려움은 더욱 심각해지고 있다. 이 때문에 강력한 내수 진작 정책이 필요하다. 내수가 회복되지 않으면 모두가 우려하는 장기 저성장에 빠질 수 있다.

정부는 내수 활성화를 위해 적극적으로 나섰다. 이는 꺼져가는 민생경제를 되살리기 위한 고육지책이다. 내수 활성화 대책이 발표되었지만, 아직 뚜렷한 성과는 보이지 않고 있다. 참신한 아이디어와 시의적절한 대책들이 제시되었지만, 비판의 목소리도 많다. 근본적인 문제를 해결하지 않으면 이전의 실패를 반복할 수밖에 없다

특단의 내수 진작책이 소상공인과 자영업자를 위한 최선의 대책으로 여겨진다. 그러나 소득을 늘릴 수 있는 대안이 부족해 이들 정책이 미봉책에 불과하다는 비판도 있다. 아무리 매력적인 제안이 있더라도 지갑이 비어 있다면 의미가 없다. 물가 안정이 이루어진 가운데, 내수를 진작할 수 있는 세심한 정책이 필요하다.

내수 활성화의 핵심은 가계소득을 높이는 것이다. 하지만 현실은 그렇지 않

다. 통계청의 '2024년 1분기 가계동향조사 결과'에 따르면, 2024년 1분기 전국 가구의 월평균 실질소득은 전년 동기보다 1.6% 감소했다. 이는 2021년(-1.0%) 이후 3년 만에 1분기 기준으로 '마이너스'를 기록한 것이다. 낙폭은 2017년(-2.5%) 이후 7년 만에 최대치를 보였다.

그림 8-11 7년 새 최대 감소한 가구 월평균 실질소득

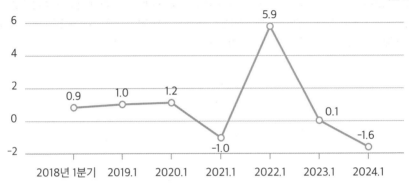

(단위: %)

주: 전년동기대비증감률
자료: 통계청

반면, 가계부채 규모는 2000년대 초반부터 급격히 증가했다. 2000년에는 GDP 대비 70% 수준이었지만, 2010년대에 들어서면서 급증해 2018년에는 100%를 넘어섰다. 최근에는 주택 가격 상승과 저금리 기조가 지속되면서 가계부채는 여전히 높은 수준을 유지하고 있다. 2023년 가계부채 총액은 1,862조 원에 달한다. 가계 소비도 사상 처음으로 감소세를 보였고, 긴 불황에 지친 국민들은 지갑에 자물쇠를 채운 것으로 보인다.

현장의 소리

"정부가 가계대출 규제를 강화하면서 금융권에서 개인 대출을 제한하는 조치를 시행 중이다. 이로 인해 실수요자들의 불만과 시장 혼란이 가중되고 있다. 주택을 구입하기 위해 계약을 했으나, 대출금 제한으로 자금을 마련할 길이 없고 계약 해지도 쉽지 않아 어려움을 겪는 사례가 늘어나고 있다. 이러한 문제를 해결하기 위한 대책 마련이 절실하다."
"정부의 대출 정책이 오락가락 해서 돈 없는 서민만 더 힘들다. 서민들이 예측 할 수 있는 대출 제한 정책이 나와야 한다."

소득이 줄어들면 내수 절벽으로 이어지고, 이는 기업 투자 위축과 고용 악화로 직결된다. 이렇게 형성된 악순환은 다시 소득 감소로 이어진다. 이 과정의 중심에는 중소기업이 있다. 내수 침체의 직격탄은 소상공인과 자영업자에게 가장 먼저 다가온다. 중소기업도 마찬가지이다. 우리나라 국민의 약 88%는 중소기업에서 일하고 있는데, 이들의 임금이 낮은 상황에서는 가계소득 증가도 불가능하다.

이제는 방향을 바꿔야 할 때이다. 내수를 살리기 위해서는 가계소득을 높이고, 대기업과 중소기업 근로자 간의 임금 격차 문제를 해결해야 한다. 현실을 살펴보면, 중소기업의 생산성은 높아지고 있지만 임금 격차는 더 커지고 있다. 대기업 근로자의 평균 소득은 중소기업의 두 배를 넘으며, 이러한 격차는 점점 더 벌어지고 있다.

이처럼 격차가 커지는 이유는 무엇일까? 가장 큰 원인은 대기업의 우월적 지위를 남용한 불공정 거래행위이다. 중소기업들은 대기업의 일방적인 납품 단가 인하 요구에 시달리고 있다. 애써 키운 우수 인력을 대기업이 빼가는 경우도 흔하다. 대기업과 중소기업 간의 수익성 차이가 커지고 있는 상황에서 중소기업의 임금이 상승하기 어려운 구조이다. 만약 대기업과 중소기업 간의 임금 격차가 해소되지 않으면 청년들은 중소기업에 취업하지 않을 것이다. 우수한 인력이 부족해지면 중소기업은 경쟁력을 잃고 성장도 멈추게 된다. 전체 고용의 88%를 차지하는 중소기업이 멈춘다면 내수 진작은 무의미해질 것이다.

결론은 명확하다. 중소기업과 대기업의 임금 격차가 줄어들면 내수가 살아나고, 청년 실업 문제도 해결할 수 있다. 독일 경제가 굳건한 이유는 강한 중소기업이 많기 때문이다. 우수한 인력이 중소기업을 찾는 이유도 임금 격차가 크지 않기 때문이다. 독일의 경우, 대기업 임금이 100이라면 중소기업은 90으로 차이가 거의 없다.

현장의 소리

"양극화 현상이 강화될수록 취약계층은 더 어려워지고 소비 진작도 어려울 수밖에 없다. 양극화 문제의 근본적 원인으로 작용하는 임금격차를 완화해야 내수가 다시 살아날 것이다."

"중소기업 및 소상공인의 90%가 내수기업이다. 82%가 중소기업 종사자다. 내수 위기는 개별 중소기업이 대응하기에 한계가 있다. 경제 구조 개선이나 정책 지원을 강화해야 한다."

이제 중소기업 근로자의 소득을 높이기 위한 다양한 대책이 필요하다. 중소벤처기업진흥공단의 청년내일채움공제 지원 사업과 같은 정책이 활성화되어야 하다. 중소기업 근로자의 임금을 보전하는 방안도 필요하다. 대기업과 중소기업이 함께 성장하는 건강한 경제 구조를 만들어야 한다. "중소기업에 다니면 결혼하기도 힘드니 차라리 취업 재수나 삼수를 택하겠다"는 젊은이들이 사라질 때 비로소 내수 진작과 경제 활성화를 동시에 이룰 수 있을 것이다.

특단의 내수 진작책과 자영업자를 위한 맞춤형 대책이 필요하다. 정책은 현장을 중시하는 쪽으로 변화해야 한다. 점점 줄어드는 내수 시장을 놓고 치열하게 살아가는 90%의 대다수 서민들이 정책의 주요 대상이 되어야 하며, 그들의 가계 가처분 소득 증대가 정책의 목적이어야 한다. 서민 가계의 실질 소득이 높아지면 소비가 늘어나고, 이로 인해 내수 시장이 활성화되는 선순환 구조가 형성되어야 지속 가능한 사회가 이루어질 수 있다.

⑨ 뚜렷한 기업 간 양극화 해소를 위한 공생의 길

경제 회복 과정에서 기업 간 신호는 서로 다르게 나타난다. 대기업은 회복세를 보이는 반면, 중소기업은 그렇지 못한 경우가 많다. 중소기업 중에서도 일부 업종은 나아지고 있지만, 여전히 어려움을 겪는 업종도 있어 양극화가 뚜렷하다. 정책은 전체적으로 살펴야겠지만, 특히 양극화로 인해 어려움을 겪는 계층이나 기업에 더 주목해야 한다. 부산에서 식품업을 운영하는 K씨는 "경기가 회복되고 있다고들 하지만, 식품업은 여전히 어렵다. 특히 고물가로 인해 소규모 식품 기업은 더욱 힘들다. 기업 간 격차가 더 벌어지고 있다"고 말했다. 이어 "정부가 기업 간 양극화 현상을 줄여나가는 정책에 더 많은 신경을 써주면 좋겠다"고 덧붙였다.

세계 경제는 팬데믹이 종식되고 선진국의 재정 지출이 증가함에 따라 빠르게 회복하고 있으며, 코로나19 이전 수준으로 돌아가고 있다. 그러나 공급망의 병목 현상이 쉽게 해소되기 어려운 상황이 지속되고 있어, 인플레이션에 대한 우려는 당분간 계속될 것으로 보인다. 이러한 복합적인 요인은 통화 정책의 변화와 함께 경기 회복에 미치는 영향을 더욱 복잡하게 만들고 있다.

아직 경기에 대한 불확실성이 남아 있어 급격한 긴축으로의 전환은 어려워 보인다. 금리 인하도 예상만큼 빠르게 진행되기는 어려운 상황이다. 인플레이션과 경기 회복 상황을 고려해야 하므로, 급속한 금리 인하는 정책적으로 신중할 수밖에 없다.

경제 회복이 진행되고 있지만, 여러 요인들이 변수로 작용하고 있어 신중한 접근이 필요하다. 특히 인플레이션 압력과 공급망 문제 등은 정책 결정에 큰 영향을 미치고 있다. 따라서 중앙은행들은 경기 상황을 면밀히 살피며 점진적인 정책 조정을 고려할 것으로 예상된다.

글로벌 공급망 재편과 그린 뉴딜 같은 정책은 신산업에 긍정적인 영향을 미칠 수 있지만, 공급망 재편은 관련 기업의 부담을 증가시키고 친환경 정책은 원자재 가격 상승을 촉진할 수 있다. 불확실성이 다소 완화되면 산업 환경은 서비스업과 비내구재 중심으로 회복될 것으로 보이며, 원자재 공급난, 핵심 산업 제조 거점 다변화, 디지털 혁신과 친환경으로 신산업 출현, 사업 재편 등이 가속화될 전망이다.

이 과정에서 기업 간 양극화가 심화될 것으로 보인다. 코로나 팬데믹 이후 우리 경제는 큰 구조적 변화를 겪고 있으며, 산업, 소득, 고용 등 여러 경제 부문에서 양극화 현상이 심해지고 있다. 특히 잘 되는 기업은 더 잘되고, 잘 안 되는 기업은 더욱 어려워지는 양극화가 심화되고 있다.

대·중소기업 간 양극화 심화 문제는 한국 경제와 중소기업의 경쟁력을 약화시키는 구조적 문제이다. 이를 해소하지 않고서는 대한민국의 지속적인 경제 성장을 기대하기 어렵습니다. 근본적인 해결책을 찾아야 한다.

현장의 소리

"재도약을 위한 중요한 정책적 과제는 대기업과 중소기업 간의 양극화 문제 해결이다. 중소기업계가 제시한 신경제 3不(불공정 거래, 시장 불균형, 제도 불합리) 문제를 해소하기 위해 모두가 더욱 적극적으로 노력해야 한다."

중소기업의 지속 가능한 성장 생태계가 위험한 기로에 처해 있다. 기업의 성장 생태계는 경제 환경에 따라 변화한다. 경제가 안정기에 접어들면 기업의 성장은 매출과 영업이익이 선형 관계를 이루며, 기업들이 균형적으로 분포하게 된다. 매출이 증가하면 영업이익도 함께 늘어나고, 성과가 좋은 기업과 그렇지 못한 기업이 모두 성장 생태계 안에서 균형을 이루게 된다.

그러나 경제가 불안정해지면 최상위와 최하위 성과 그룹 간의 격차가 커지는 양극화가 심화된다. 만약 이러한 불안정성이 계속 지속된다면, 모든 기업의 성과가 나빠지는 하향 평준화 현상이 발생할 수 있다.

중소기업 경기는 회복되더라도 대기업과의 격차가 여전하며, 중소기업 간에도 양극화가 우려되는 상황이다. 언젠가는 체감 경기가 점차 호전될 것으로 예상되지만, 업종, 지역, 규모에 따라 중소기업 간의 회복세의 격차가 본격화될 것이다. 이러한 불균형은 특정 업종이나 지역에 따라 경영 환경이 다르기 때문에 발생할 수 있으며, 이는 중소기업의 지속 가능한 성장에 부정적인 영향을 미칠 수 있다.

대기업과 중소기업 간의 양극화는 여러 가지 문제점을 초래하고 있다.

- **경제적 불균형:** 대기업이 전체 경제에서 차지하는 비중이 높아지면서 중소기업의 경쟁력이 약화된다. 이는 경제의 다각화와 지속 가능한 성장에 부정적인 영향을 미친다.
- **불공정 거래 관행:** 대기업이 중소기업에 대한 불공정 거래 관행을 남용하는 경우가 많다. 이는 중소기업의 수익성을 저하시켜 지속 가능한 경영을 어렵게 만든다.
- **고용 기회 감소:** 대기업은 상대적으로 높은 임금과 안정적인 고용을 제공하는 반면, 중소기업은 자금 부족으로 인해 임금이 낮고 고용이 불안정하다. 이는 젊은 인재들이 중소기업으로 이직하려 하지 않게 만들어, 중소기업의 인력 부족 문제를 악화시킨다.
- **소득 불평등 심화:** 대기업의 임금과 복리후생이 중소기업보다 월등히 좋기 때문에, 소득 격차가 확대되며 사회적 불평등이 심화될 수 있다.
- **혁신 저해:** 대기업이 시장을 독점하거나 과도하게 지배하게 되면 중소기업이 혁신적인 제품이나 서비스를 개발하기 어렵다. 이는 전반적인 산업의 혁신 속도를 저하시킬 수 있다.
- **지역 경제의 침체:** 대기업은 대개 대도시에 집중되는 경향이 있어, 지역 간 경제 불균형을 초래한다. 이는 지방의 중소기업과 지역 경제 발전에 부정적인 영향을 미친다.

이러한 문제들을 해결하기 위해서는 대기업과 중소기업 간의 상생 구조를 구축하고, 공정 거래 관행을 강화하며, 중소기업의 경쟁력을 높일 수 있는 정책적 노력이 필요하다.

중소기업 10곳 중 8곳은 대·중소기업 간의 생산, 판매, 연구개발(R&D) 등 전반에 걸쳐 양극화 수준이 심각하다고 인식하고 있다. 재단법인 경청의 조사 결과에 따르면, 중소기업의 79%가 양극화 수준이 '심각하다'고 응답했으며, '심각하지 않다'는 응답은 21%에 불과했다. 업종별로는 '제조업'에서 87%가 심각하다고 느꼈고, '예술 및 스포츠 서비스업'에서도 84.3%, '기타 서비스업'에서는 83.5%가 심각하다고 응답했다. 이러한 결과는 대·중소기업 간의 격차가 중소기업의 경쟁력에 미치는 영향을 잘 보여준다.

그림 8-12 대-중소기업간 양극화 수준

	동반성장노력정도	사례수	심각(%)
	전체	(1000)	79.4
업종	도매 및 소매업	(381)	80.2
	숙박 및 음식점업	(202)	70.1
	제조업	(188)	87.1
	건설업	(63)	80.4
	전문, 과학 및 기술 서비스업	(43)	75.4
	협회 및 단체, 수리 및 기타 개인 서비스업	(33)	83.5
	교육 서비스업	(29)	80.6
	운수 및 창고업	(26)	80.7
	정보통신업	(16)	74.2
	예술, 스포츠 및 여가관련 서비스업	(17)	84.3
기업 규모	소기업	(945)	79.5
	중기업	(55)	77.0

100점 평균 65.6

심각함 79.4

심각하지 않음 20.6

전체

자료: 재단법인 경청(2022.9)

대기업과 중소기업 간 양극화 해소를 위해 가장 필요한 것으로 응답된 것은 '불공정 거래 개선(35.4%)'이었다. 그 다음으로는 '중소기업에게 피해를 주는 악의적 불법행위 적발 시 처벌 수위 강화(15.7%)', '이익 공유제 강화(14.9%)', '중소기업 사업지원 확대(11.5%)' 등이 필요하다는 의견이 나왔다. 이러한 결과는 중소기업의 경쟁력 강화를 위한 정책적 노력이 필요함을 강조한다.

표 8-8 대-중소기업 간 양극화 해소 위한 필요사항

(단위: %)

	1순위	2순위
대-중소기업 간 불공정 거래 개선	35.4	49.3
중소기업에게 피해를 주는 악의적 불법 행위 적발시 처벌 수위 강화 (징벌적 손해배상 액수 상향 등)	15.7	33.0
이익 공유제 제도 강화	14.9	27.4
중소기업 사업지원(R&D, 판로지원) 확대	11.5	24.7
중소기업 금융 및 세제 지원	10.5	30.5
자발적 이익공유 문화 확산	7.7	18.9
중소기업 규제완화	4.1	14.9

자료: 재단법인 경청(2022.9)

대기업과 중소기업이 함께 성장할 수 있는 상생의 생태계가 구축되어야 한다. 이를 위해 대·중소기업 간 상생 문화를 정착시키고, 양극화를 해소하기 위한 제도적 기반이 뒷받침되어야 할 것이다. 대·중소기업 하도급 거래 관계를 점검하고, 동반 성장을 위한 지원 제도가 2·3차 협력 중소기업에도 실질적으로 흘러갈 수 있는 조치가 필요하다. 이러한 노력이 이루어질 때, 대기업과 중소기업 모두가 지속 가능한 성장을 이룰 수 있을 것이다.

현장의 소리

"기업 간 거래에서 힘에 의한 기울어진 운동장을 바로 잡아야 한다. 대-중소기업이 어려울 때 함께 극복하고, 언제나 상생하는 문화가 확산되어야 한다."

현재 대·중소기업 간 공정 거래와 상생 협력 관련 정책은 공정 거래위원회와 중소벤처기업부에서 개별적으로 추진되고 있다. 특히 대·중소기업 간 갈등 문제를 논의하고 동반 성장 문화를 조성·확산하기 위해 동반성장위원회가 설립되었으나, 정부 위원 참여 없이 민간의 자율 합의 방식으로 운영되고 있어 그 한계가 뚜렷하다는 점이 오랫동안 체감되고 있다. 이러한 구조적인 문제를 해결하기 위해 정부의 적극적인 개입과 지원이 필요하다.

대·중소기업 간 힘의 불균형에서 비롯되는 양극화는 '을'인 중소기업 혼자서는 해결할 수 없는 문제이다. 이를 해소하기 위해서는 업계 의견을 수렴하고, 부처 간 업무 협업 및 주요 정책을 심의·조정할 수 있는 강력한 컨트롤타워가 필요하다.

또한, 대기업의 불공정한 거래 관행을 개선하고 중소기업에 대한 일방적인 가격 인하 요구를 차단하기 위한 정책 강화가 요구된다. 이러한 조치를 통해 중소기업이 안정적으로 거래할 수 있는 환경을 조성해야 한다. 대기업과 중소기업 간의 상생 협력 모델 개발이 필요하다. 협력 프로젝트를 통해 양측이 공동의 이익을 추구할 수 있도록 하는 방안이 모색되어야 한다.

한편 지역 간 불균형 완화도 중요한 정책 과제이다. 기업이 지역별로 골고루 입주하고 성장해야 지역 균형이 이루어진다. 수도권과 지방 간 중소기업의 격차를 해소해야 하며, 이로 인해 지방 중소기업이 인력 부족 현상을 겪고 있다. 인력 구하기가 어려워지면 지방 중소기업은 수도권으로 이동하게 되고, 이는 지역 산업의 뿌리인 중소기업이 살아나야 지역 균형이 이루어질 수 있음을 강조한다. 중앙집중형 산업 구조에서 벗어나, 다양한 지역에 산업을 분산시키는 정책을 추진해야 한다. 이를 위해 지방자치단체와의 협력을 통해 지역의 특성을 반영한 산업과 중소기업 육성이 필요하다.

현장의 소리

"자금이 수도권 중소기업으로 몰리는 것 같다. 지방 중소기업은 정책 자금을 받기가 하늘의 별 따기다. 지방 현장에서 즉각 체감할 수 있도록 소상공인 및 중소기업에 대한 지원을 확대해 줘야 한다."

대변혁의 시대에 중소기업들은 산업 트렌드에 맞춰 과감한 사업 재편을 시도할 필요가 있다. 지속적으로 성장하는 혁신형 중소기업들은 과거의 여력을 바탕으로 미래를 대비하기 위해 미리 역량을 축적해 왔다. 이들은 이제 미래를 대비한 창의적 경영 전략을 과감하게 추진해야 한다.

중소기업 정책은 양극화 현장의 상황을 정확히 파악하고, 기업들이 무엇을 요구하는지를 이해하여 지원하는 방향으로 나아가야 한다. 이를 통해 세상을 바꾸는 기업들이 더 많이 등장하고 서로 공생할 수 있도록 만들어가야 한다.

⑩ 소상공인 혁신의 새로운 패러다임: 디지털 전환!

디지털 시대에 소상공인도 혁신이 필요하다. 이제는 드론으로 배달하는 시대가 되었고, 소상공인의 새로운 소비층인 MZ세대는 디지털화에 익숙하며 소비 패턴도 다르다. 디지털화는 이제 사회 경제 전반에서 빠르게 진행되고 있다. 소상공인은 규모가 작다고 해서 디지털화를 소홀히 해서는 안 된다. 디지털 경쟁력이 떨어지면 도태되고, 결국 문을 닫게 될 것이다. 오히려 작은 규모일수록 디지털화의 속도를 더 빠르게 낼 수 있다. 소상공인은 유연성을 가지고 시장 변화를 읽으면서 지속적으로 변신할 수 있는 장점이 있다. 하지만 소상공인들이 디지털화를 시도하려 해도 인력도 부족하고 자금도 부족한 것이 현실이다. 서울에서 사업을 운영하는 소상공인 L씨는 "소상공인들은 아직 디지털이 무엇인지조차 잘 모르는 경우가 많다. 정부가 소상공인에게 맞는 디지털 프로그램을 적극적으로 제공하고 컨설팅을 해준다면, 소상공인들도 디지털화에 더 적극적으로 나설 수 있을 것"이라고 말했다.

2025년 새해가 밝았지만, 한국 경제는 여전히 어려운 상황에 처해 있다. 미·중 간 무역·기술 분쟁의 격화, 우크라이나 전쟁의 장기화, 글로벌 공급망 차질, 통상 마찰, 유가 상승 등 외부 요인과 더불어, 고물가와 고금리의 지속, 내수 부진으로 인한 경제적 충격은 국내 기업들에게 의지와 관계없이 크고 작은 상처를 남기고 있다. 특히, 경제 구조가 취약한 소상공인들의 어려움은 좀처럼 해소되지 않고 지속되고 있다. 소상공인은 현재의 구조적 한계를 뛰어넘기 위해 새로운 돌파구를 반드시 찾아야 한다. 급변하는 경제 환경 속에서 기존의 방식만으로는 생존과 성장을 모두 도모하기 어렵기 때문이다.

소상공인은 전체 사업체의 약 86%를 차지하며 우리 경제의 절대다수를 구성해 사회경제적으로 중요한 역할을 하고 있다. 그러나 경기 변화에 취약한 데다 생계형 소상공인이 많아 창업 후 5년 생존율이 27.5%에 불과할 정도로 사업체의 영속성이 낮다. 특히 생활밀접업종의 대출금이 4분기 연속 증가하면서 경영 부담이 한층 가중되고 있다.

이에 중소벤처기업부는 2019년 9월 변화하는 경영 환경에 대응하고자 '소상공인 자생력 강화대책'을 발표했다. 이 대책에는 '온라인 시장 진출 촉진', '스마트 기술과 성공 모델의 확산' 등 6개 영역에서 소상공인 지원을 위한 세부 사업이 포함되어 있다.

금융위원회도 핀테크(FinTech)를 활용해 소상공인이 운전자금 조달에 겪는 어려움을 완화할 방안을 마련하는 등, 현장의 목소리를 반영한 정책을 확대하고 있다.

그러나 소상공인이 어려움을 극복하고 지속적으로 성장하기 위해서는 정책적 지원뿐 아니라 스스로 무한 경쟁의 파고를 넘을 '필살기'를 갖추는 것이 중요하다. 그 핵심은 디지털 혁신이다.

코로나 팬데믹 이후 비대면 소비가 뉴노멀(New normal)로 자리 잡으면서 소상공인들에게 디지털 전환은 이제 선택이 아닌 생존을 위한 필수 조건이 되었다.

요즘 주변 소상공인 사업장에서는 사람을 대신하는 스마트 기기를 쉽게 볼 수 있다. 키오스크와 서빙 로봇 등 다양한 스마트 기기를 도입해 경영 효율화를 꾀하는 소상공인이 점차 늘고 있으며, 무인점포도 흔한 풍경이 되었다. 디지털 시대에 인력난과 최저임금 인상 등으로 인건비 부담을 느끼는 소상공인들에게 디지털 전환은 피할 수 없는 대세로 자리 잡았다.

경남에서 식당을 운영하는 S씨는 "인건비뿐 아니라 전기세, 가스비 등 매장 운영에 필요한 모든 지출이 늘고 있는 상황에서 비용 절감과 소비자 편의성을 높이려면 디지털 기술 도입은 필수이다. 그렇지 않으면 결국 도태될 수밖에 없다"라고 강조했다.

급속한 디지털화 속에서 소상공인도 시장 흐름에 발맞춰 디지털 기술과 기기 활용도를 높여야 한다. 그러나 현실적으로 소상공인의 디지털 전환 수준은 여전히 초보적 단계에 머물러 있다. 소상공인시장진흥공단의 실태조사에 따르면, 디지털 기술을 실제로 활용 중인 소상공인은 15.4%에 불과하며, 기술 필요성을 인식하는 비율도 29.7%에 그쳤다. 특히 고령층일수록 디지털 기술 사용에 소극적인 상황이다.

통계청이 발표한 2022년 소상공인 실태조사에 따르면, 소상공인 중 전자상거래를 이용하는 비율은 11% 남짓에 불과했다. 업종별로 도소매업이 20.5%, 숙박·음식점업이 13.9%를 기록했으며, 제조업과 예술·스포츠·여가업 등의 전자상거래 이용률은 극히 미미한 수준이다.

디지털 및 스마트 기술 활용 분야에서는 온라인 판로가 44.8%로 가장 높은 비율을 차지했으며, 이어 스마트 주문 및 결제가 35.2%, 매장 관리가 25.9%로 나타났다. 업종별로 살펴보면, 도소매업에서 온라인 판로 활용 비율이 64.5%로 가장 높았고, 숙박·음식점업에서는 매장 관리가 44.4%로 나타났다. 제조업에서는 생산(공정) 자동화의 기술 활용 비율이 41.1%로 조사됐다.

표 8-9 소상공인 전자상거래 매출 실적

(단위: %, %p)

	2021년		2022년		실적 있음
	없음	있음	없음	있음	증감
전체	88.9	11.1	88.6	11.4	0.3
제조업	93.1	6.9	93.7	6.3	-0.6
도·소매업	81.7	18.3	79.5	20.5	2.2
숙박·음식점업	85.3	14.7	86.1	13.9	-0.8
교육서비스업	97.1	2.9	97.5	2.5	-0.4
예술·스포츠·여가업	97.4	2.6	97.4	2.6	0.0
수리·기타서비스업	97.6	2.4	96.9	3.1	0.7
기타산업	94.7	5.3	95.5	4.5	-0.9

자료: 통계청

표 8-10 소상공인 디지털·스마트 기술 활용

(단위: %)

	스마트 주문·결제	매장관리	생산(공정) 자동화	디지털 광고	온라인 판로	기타
전체	41.8	13.8	8.9	15.4	49.2	2.4
제조업	19.7	5.3	39.1	16.7	48.3	2.0
도·소매업	38.1	10.2	3.4	13.5	64.6	0.1
숙박·음식점업	65.2	11.8	3.2	0.4	44.1	0.0
교육서비스업	35.8	44.5	13.3	32.5	22.1	13.1
예술·스포츠·여가업	63.0	44.7	0.3	12.3	10.2	1.5
수리·기타서비스업	56.5	13.6	1.9	28.9	18.5	3.8
기타산업	22.2	16.4	14.5	35.2	41.8	8.8

주: 복수응답
자료: 통계청

현재는 인터넷과 모바일 기술의 발전으로 인해 온라인을 통해 상품을 판매하고 구매하는 '온라인 스토어 시대'에 접어들었다. 소비자의 대다수가 디지털 기반의 소비 생활 패턴을 확립한 디지털 경제의 시대가 도래한 것이다.

현장의 소리

"빅데이터 플랫폼을 구축해 소상공인 디지털 전환을 유도하고 지원을 해야 한다. 온라인 판로를 지원하고, 스마트 기술이 적극 도입되도록 해줘야 한다."
"소상공인 디지털 인프라를 구축해 상권정보나 매출동향 등에 대한 정보를 수시로 제공해야 한다."

소상공인들은 시대 변화에 대응하고 경쟁력을 높이기 위해 '디지털 퍼스트 무버'가 되어야 한다. 이를 위해 소상공인의 디지털화 활성화를 위한 근본적인 대책이 마련되고 지속적으로 실행되어야 한다.

첫째, 소상공인은 변하는 시장 상황을 주의 깊게 살펴보며 혁신적인 변화를 꾀해야 한다. 비대면 거래의 증가와 바이오 결제의 보급 등 소비 시장의 트렌드 변화로 현금 거래 비중이 줄어들고 있다. 현금 거래에 의존하는 소상공인 경영주들은 이러한 환경 변화에 뒤처지지 않도록 철저히 살피고 검토해야 한다. 소비자의 요구에 신속하게 대응하고, 차별화된 서비스를 제공하는 것이 경쟁력을 확보하는 길이다.

둘째, 소상공인은 세분화된 시장 수요를 파악할 수 있어야 한다. 현대 소비자들은 각자의 선호와 필요를 반영한 제품을 요구하며, 이러한 수요는 점점 더 다양화되고 있다. 소비자의 변화하는 요구를 기민하게 반영하는 업체만이 시장에서 성장할 수 있다.

셋째, 소상공인은 시장 공급 측면에서 생산 공정의 자동화를 통해 다양한 옵션 정보를 동시에 처리할 수 있는 시스템을 구축해야 한다. 또한, 빅데이터 분석을 활용해 소비자들의 요구를 반영해야 한다. 이러한 노력은 디지털 혁신의 일환이며, 결코 대기업만의 숙제가 아니다. 소상공인도 적극적으로 디지털 기술을 도입해야만 경쟁력을 유지할 수 있다.

넷째, 소상공인은 스마트 디지털 플랫폼을 구축해야 한다. 이를 위해 디지털 결제 및 온라인 구매 환경을 조성하고, 유통 빅데이터를 분석 및 시각화하며, 인공지능 기술을 응용한 분석 모델 개발 및 고도화를 적극 추진해야 한다. 이러한 노력이 소상공인의 경쟁력을 높이고, 변화하는 시장에 효과적으로 대응할 수 있는 기반이 될 것이다.

소상공인도 디지털 전환에 발맞춰 시대의 변화를 충분히 인식하고 부지런히 대응해야 한다. 이것이 생존의 길이다. 또한, 소상공인과 자영업자 간의 디지털 격차 해소도 중요한 정책적 과제로 인식되어야 한다. 디지털 역량을 강화하는 것은 소상공인의 경쟁력을 높이는 데 필수적이다.

[지속 경영]

100년 명문
장수기업 탄생

① 중소기업의 지속 성장을 가로막는 걸림돌을 혁파하자

경기도에서 40년간 기업을 경영해온 J회장은 기업을 더 키워야 할지 고민하고 있다. 현재의 성장 속도로 가면 곧 중견기업으로 올라설 수 있지만, 기업이 커질수록 각종 규제가 증가해 더 키우는 것이 맞는지, 아니면 기업을 쪼개 중소기업으로 남을지를 선택해야 하는 상황에 직면해 있다. 그는 "우리나라가 기업을 옥죄는 방식으로 계속 간다면, 누가 중소기업을 글로벌 중견기업으로 키워나갈 수 있을까?"라고 우려를 표하며, "대한민국 경제가 도약하기 위해서는 기업 지향적인 성장을 중시하는 과감한 정책적 혁신이 필요하다"고 강조했다.

권투 역사상 최초로 8체급 세계 챔피언에 오른 동양인은 필리핀의 전설적인 스포츠 영웅, 매니 파퀴아오(Manny Pacquiao)다. 그가 '전설'로 불리는 이유는 경량급에서 시작해 중량급 챔피언까지 석권했기 때문이다.

전문가들은 동양인이 신체적 한계로 인해 3체급 이상 챔피언이 되는 것은 불가능하다고 보았다. 그러나 파퀴아오는 강한 도전정신과 끊임없는 노력, 그리고 코치의 지원을 통해 이러한 통념을 깨고 사상 최초의 위대한 업적을 달성했다.

현실에 안주하지 않고 한계를 도전하며 이를 뛰어넘어 지속적으로 성장하는 과정이 바로 '혁신 성장'이다.

최근 우리나라는 혁신 성장을 강조하고 있다. 대기업 중심의 성장 동력 저하, 대·중소기업 간 양극화, 그리고 양질의 일자리 부족 등 구조적 문제가 심화됨에 따라 이를 해결하기 위한 방안으로 혁신 성장이 주목받고 있다.

이에 따라 정부는 혁신 성장을 촉진하기 위해 관련 정책과 예산을 대폭 확대했다. 이러한 정부 정책의 중심에는 우리나라 기업의 99.9%를 차지하는 중소기업이 있다. 중소기업은 과감한 도전정신과 열정, 그리고 정부의 지원을 바탕으로 혁신적인 지속 성장을 이룰 수 있으며, 동시에 우리 경제의 구조적 문제를 해결하는 주체로 자리매김할 수 있다.

하지만 실상 중소기업은 지속적인 성장을 꺼리는 경향이 있다. 이는 자산 규모가 커질수록 지원이 줄어들고 규제가 늘어나는 정책 구조가 중소기업의 성장 기피를 초래하는 주요 요인이다. 특히, 기업이 성장해 자산 총액이 5천억 원을 넘어서게 되면 중소기업기본법상 중소기업에서 벗어나게 되어 126개의 추가 규제가 적용된다. 기업 입장에서 기존에 적용되던 57개의 규제에 더해 126개의 규제가 추가되어 총 183개의 규제가 적용되는 셈이다. 이처럼 적용 가능한 규제의 개수가 3.2배로 급증함에 따라 중소기업은 중견기업이나 대기업으로의 성장을 회피하는 부작용이 나타나고 있다.

한편, 중견기업으로 성장한 기업 중 5%는 조세 증가와 정책 지원 감소 등의 이유로 중소기업으로의 회귀를 검토하는 것으로 나타났다. 기업 규제 강화의 결과는 매우 명확하다. 이는 기업의 성장성과 수익성을 저해하고, 그 결과 국내 고용과 투자를 축소하는 데 기여한다. 결국 이러한 규제는 국내 기업의 해외 이전 등 부정적인 영향을 초래하는 것으로 나타나고 있다.

그림 9-1 기업 규모별 차별 규제 증가 현황

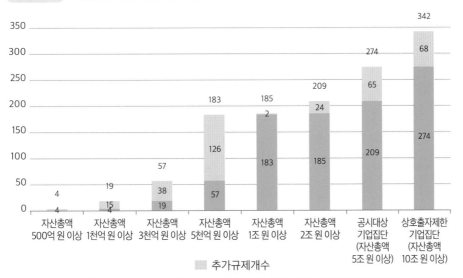

주1) 공시대상기업집단, 상호출자제한기업집단은 기업집단 기준이며 그 외의 단계는 단일기업 기준

2) 분석상 편의를 위해 단계별 기준 통합했으므로 적용대상이 상이할 수 있음

자료: 한국경제인협회

"기업에 지속적으로 투자하여 탄탄하게 성장하는 회사를 만드는 것은 모든 경영자의 꿈이다. 그러나 기업이 성장할수록 규제로 인한 골치거리만 늘어난다면, 누가 기업을 성장시키고 싶어 하겠는가. 오히려 기업 성장에 대한 우대는커녕 각종 세금과 규제로 경영의욕이 꺾이고 있다."

정부는 기업의 지속 성장을 방해하는 걸림돌을 제거하기 위해 '중견기업 성장촉진 및 경쟁력 강화에 관한 특별법(2014년)'을 시행하고, '중견기업 성장 촉진 시행계획'을 발표하는 등 법적 뒷받침을 강화하고 있다. 이러한 노력을 통해 중견기업이 경쟁력을 갖추고 지속 가능한 성장을 이루도록 지원하고 있다.

정부는 2024년 6월, 유망 중소기업의 중견기업 도약을 돕기 위한 다양한 방안을 발표했다. 그중 '성장 사다리 점프업' 프로그램이 주목받고 있다. 이 프로그램은 100개의 유망 중소기업을 선정하여, 이들이 실제 중견기업으로 성장할 수 있도록 3년간 밀착 관리하는 방식이다. 각 기업에는 전담 디렉터가 배정되어 스케일업 전략을 수립하고, 투자 유치 및 사업 기회 등 다양한 혜택을 받을 수 있도록 지원한다.

또한, 자금 조달의 어려움을 덜어주기 위해 저금리 대출을 제공하는 릴레이 지원 시스템도 구축된다. 이와 함께, 상장 기업이 중소기업 기준을 넘어선 후에도 종전과 동일한 세제 혜택을 받을 수 있는 기간이 7년으로 확대된다. 이러한 정책들은 중소기업의 성장을 촉진하고, 경쟁력을 높이는 데 기여할 것으로 기대된다.

하지만 현장에서는 여전히 각종 규제로 인해 투자를 꺼리고 해외로 나가려는 경향이 있다. '피터팬 증후군'이 만연한 상황이다. 기업의 성장을 가로막는 여러 요소를 파악하여 대폭 완화하거나 없애는 것이 시급하다.

지속 가능한 국가 경제 발전과 양질의 일자리 확대를 위해서는 중소기업의 혁신 성장이 필수적이다. 정부는 중소기업이 작은 성공에 안주하지 않고 끊임없이 도전할 수 있도록 지원하는 조력자가 되어야 한다. 이를 위해 성장을 가로막는 규제를 혁파하고, 이분법적인 기업 지원 제도를 근본적으로 개선하는 혁신적인 정책적 역할이 요구되는 시점이다.

"시대 변화에 맞지 않는 아날로그식 규제는 과감하게 걷어 내야 하다. 그래야 기업하기 좋은 환경이 마련되고 대한민국이 도약할 수가 있다."

"중소기업이 현장에서 직면하는 규제를 관련 기관에 건의하더라도 해결되는 경우가 드물다. 항상 '관련 부처 간 이견이 있어 불가능하다'거나 '법과 규정을 바꿔야 하므로 시간이 많이 걸린다'는 등의 이유로 규제 개혁에 소극적이다."

중소기업의 투자 의욕을 꺾는 규제를 글로벌 스탠더드에 맞춰 과감하게 혁신해야 한다. 정부는 기업 성장과 관련된 현장의 규제 건의를 적극적으로 수용하여 규제 선진화에 앞장서야 할 것이다. 특히, 킬러 규제 등 개선 과제에 대해서는 사후 평가를 통해 효과성을 검토하고 지속적인 개선 방안을 마련하는 것이 필요하다. 이러한 노력이 중소기업의 성장을 촉진하고, 경제 전반에 긍정적인 영향을 미칠 것으로 기대된다.

② 새로운 리더십, 백행 불여일혁(百行 不如一革)!

서울에서 제조업을 40년간 경영해 온 M 대표이사는 요즘 임직원들 중 젊은 층이 많아지면서 어떻게 경영을 이끌어 나가야 할지 고민하고 있다. 과거처럼 일방적으로 지시하고 이끄는 방식은 이제 현실에 맞지 않다는 것을 깨닫고 있다. 4차 산업혁명과 AI 시대에 접어들면서 경영 환경이 하루가 다르게 급변하고 있기 때문이다. 시대적 흐름에 맞는 기업 경영 리더십을 어떻게 발휘해야 할지 방향을 잡기가 어려운 상황이다.

"백문(百聞)이 불여일견(不如一見), 백견(百見)이 불여일각(不如一覺), 백각(百覺)이 불여일행(不如一行)." 조선 초기 정승을 지낸 맹사성(1360~1438년)과 무명선사 담화 중 한 토막이다. '백 번 듣는 것이 한 번 보는 것만 못하고, 백 번 보는 것이 한 번 생각하는 것만 못하며, 백 번 생각하는 것이 한 번 실행하는 것만 못하다'는 뜻이다.

복합 경제위기를 맞아 고군분투하고 있는 우리나라 중소기업 최고경영자(CEO)들에게 앞으로 추구해야 할 리더십을 한마디로 표현하면 "백행 불여일혁(百行 不如一革)", 즉 '백 번 행동하는 것이 한 번 혁신하는 것만 못하다'쯤 되지 않을까 싶다.

거대 IT 기업의 창업자들은 20세기 컴퓨터의 대중화와 인터넷의 고속화로 인해 세상이 점점 더 빠르고 깊게 연결되는 시대가 도래할 것이라고 예측했다. 이와 관련해 빌 게이츠는 인터넷을 골드러시(gold rush)에 비유하며, 이 새로운 시대가 가져올 기회를 강조했다. 이러한 통찰은 그들이 혁신적인 기술을 개발하고 시장을 선도하는 데 중요한 역할을 하였다.

현재 우리는 전 세계에서 하루에 약 6,500억 권의 소설책에 해당하는 방대한 데이터가 쏟아지는 시대에 살고 있다. 과거와 같이 무턱대고 듣고, 보고, 생각하고 행동한다면 방대한 정보 속에서 길을 잃기 쉽다. 정보의 홍수 속에서 꼭 필요한 정보를 찾아내고 혁신적인 방법으로 이를 활용하는 능력은 이제 기업의 차별화된 경쟁력이 되었다.

4차 산업혁명 시대에 접어든 기업들에게는 새로운 과제가 따르는데, 코로나 팬데믹을 경험하며 과거에 전혀 없던 새로운 기준인 넥스트 노멀(Next Normal)에도 적응해야 한다. 또한, 조직 내 주류로 부상한 밀레니엄 세대의 가치관을 수용하고 그들과 효과적으로 소통하는 것은 선택이 아닌 필수적인 과제가 되었다.

앞으로 펼쳐질 세상은 더 빠르게 변화할 것이며, 사라지는 산업과 함께 새롭게 부상하는 산업도 생겨날 것이다. 이러한 4차 산업혁명 시대를 준비하고 대처하기 위해 경영자들은 어떤 리더십을 갖춰야 할지 고민하지 않을 수 없다.

리더의 역할은 점점 더 복잡하고 다양해지고 있다. 변화와 혁신이 일상화되는 새로운 환경에서 기업과 조직이 요구하는 리더의 모델은 어떤 모습일까? 결정적인 순간에는 외풍에 흔들림 없는 뚝심으로 신뢰를 보여 주고, 평상시에는 직원과도 스스럼없이 소통할 줄 아는 리더가 될 필요가 있다.

이러한 리더는 세상의 변화를 앞서 예측하고, 사람들에게 희망을 주며, 도덕적 청렴함으로 신뢰를 쌓고, 진정성 있는 소통으로 공감을 이끌어낼 수 있어야 한다. 이로써 사람들을 설득하고, 긍정적인 변화를 이끌어내는 진정한 리더십이 필요하다.

비근한 예로 한국 축구의 양대 명장인 히딩크와 박항서 감독에게서 두 가지 리더의 모습을 찾을 수 있다. 히딩크 감독은 초창기 저조한 성적으로 '오대영' 감독이라는 냉소를 받았지만, 데이터 기반의 경기 운영을 뚝심 있게 추진하여 2002 한·일 월드컵 4강의 기적을 만들어냈다. 그의 리더십은 변화를 두려워하지 않고 과학적 접근을 통해 팀을 성공으로 이끈 점에서 중요한 의미를 지닌다.

한편, 박항서 감독은 베트남 국가대표 선수들을 격의 없는 스킨십과 정성으로 꼼꼼하게 살피고 지도한 결과, 베트남 축구를 한 단계 업그레이드하며 '박항서 붐'을 일으켰다. 그는 선수들과의 진정한 소통을 통해 팀의 결속력을 높이고, 선수들이 자신의 잠재력을 최대한 발휘할 수 있도록 이끌었다.

이 둘의 공통점은 기존의 방식을 완전히 혁신하여 상상을 초월하는 성과를 올렸다는 것이다. 과거의 감독들이 백 번을 행해도 불가능했던 것을 이들은 단 한 번의 혁신으로 뛰어넘었다. 이러한 리더십은 기업과 조직이 4차 산업혁명 시대에 마주하는 도전 과제를 극복하는 데 중요한 본보기가 될 수 있다.

덮어놓고 오랜 시간 열심히만 일하면 성공했던 시대는 이제 폭포처럼 쏟아져 내리는 데이터 경제 앞에서 무너져 내리고 있다. 이런 시각에서 보면, 이제는 휴식에 대한 개념도 바꾸어야 한다. 단순히 논다는 차원을 넘어 창조적인 새로운 방법을 찾기 위한 근무의 연장으로 이해해야 한다.

리더라면 휴식조차 게을리 할 수 없다. 휴식은 단순한 쉼이 아니라 창의적인 경영을 위한 재충전의 시간으로 여겨져야 한다. 쉴 때는 진정으로 쉬어야 하며, 그래야 새로운 에너지가 생겨나고 창의성이 발휘되어 기업 경영에 더 열중할 수 있게 된다. 어려운 경제 위기 속에서도 굴하지 않고 뙤약볕보다 더 열정적으로 전진하는 대한민국 CEO들이 이제는 간혹 여유를 갖고 쉬어 가면서 기업을 키우는 날이 오기를 바란다.

이러한 균형 잡힌 접근은 결국 지속 가능한 성장과 혁신으로 이어질 것이다. 리더가 자신을 돌보고 재충전할 때, 팀과 조직도 그 영향을 받아 더 건강하고 창의적인 방향으로 나아갈 수 있다.

현장의 소리

"경영의 리더는 일방적 지시보다는 직원들의 의견을 많이 듣는 것이 좋다."
"젊은 CEO가 나이 많은 직원들에게 업무 지시를 할 때, 반대로 고령 CEO가 젊은 직원들과 업무 처리를 할 때 갈등이 많은 편이다. 기업경영에서 세대 간 소통 방법을 찾는 것이 중요하다."

자고 나면 '파괴적 혁신'이 밀려들 정도로 글로벌 경영 환경이 급변하는 상황에서는 과거의 기업가 정신이 그대로 통할 리 없다. 새로운 제품, 새로운 서비스, 새로운 비즈니스 모델은 결국 새로운 기업가 정신에 기대할 수밖에 없다. 중소기업 경영자들은 훌륭한 리더십을 발휘하여 과거의 '성공 방정식'에서 벗어나 창의적인 실험을 끊임없이 시도해야 한다.

이런 시도는 단순한 변화를 넘어 혁신의 원동력이 될 수 있으며, 중소기업이 시장에서 경쟁력을 유지하고 성장하기 위한 필수 조건이다. 실패를 두려워하지 않고, 새로운 아이디어를 실현하는 과정에서 얻는 경험은 그 자체로 가치 있는 자산이 될 것이다.

변화의 흐름에 발맞추어 나가는 기업만이 미래에 생존하고 번영할 수 있는 시대가 도래했다. 이러한 인식은 중소기업뿐만 아니라 모든 기업이 지속 가능성을 확보하고 경쟁력을 유지하기 위한 필수적인 자세이다.

경영자들은 시장의 변화를 예의주시하며 새로운 기회를 포착하고, 혁신적인 접근 방식을 통해 고객의 요구에 신속하게 대응해야 한다. 기술의 발전과 소비자의 변화하는 선호를 반영하여 비즈니스 모델을 유연하게 조정하는 것이 중요하다.

결국, 오늘날의 기업은 단순히 생존하는 것이 아니라, 변화와 혁신을 통해 지속 가능한 성장을 이루어야 한다. 이를 통해 경제 전반에 긍정적인 영향을 미치고, 사회적 책임을 다하는 기업으로 자리매김할 수 있을 것이다.

3 중소기업의 운명, 기업 승계와 제2의 스타트업에 달려 있다

서울에서 50년째 기업을 경영하고 있는 H 회장은 70년대에 창업해 회사를 중견기업으로 성장시켰지만, 앞으로 어떻게 지속 가능한 기업으로 발전시킬지에 대한 걱정이 많다. 주변의 기업 CEO들도 고령화로 인해 곧 경영에서 물러나야 할 상황에 놓여 있다. 4차 산업혁명 시대에 중소기업이 생존하고 지속적으로 발전하기 위해서는 시대적 환경에 맞는 젊은 후계자에게 기업을 승계해야 한다. H 회장은 "기업 승계가 원활하게 이루어져야 중소기업 생태계가 더욱 건강해진다"고 강조한다. 그러나 "자녀들은 기업 승계를 꺼려한다. 오히려 새로운 디지털 사업을 창업해 보고 싶어 하지만, 부모의 기업을 승계받으면 상속공제 혜택을 받지 못한다"고 덧붙였다. "따라서 기업 승계 시 사업 전환을 과감하게 허용해 줄 필요가 있다"는 의견도 밝혔다.

한국 사회경제는 급속히 고령화되고 있다. 2025년에는 인구 중 65세 이상의 비율이 20%를 넘어 초고령 사회에 진입할 것으로 전망된다. 기업 상황도 다르지 않다. 중소기업 경영자의 평균 연령은 2008년 49.6세에서 2022년 55.3세로 증가했다. 특히, 60세 이상의 제조업 CEO 비율은 2012년 14.1%에서 2022년 33.5%로 급증했다. 30년 이상의 업력을 가진 기업의 대표자 중 60세 이상이 80.9%, 70세 이상이 30.5%를 차지하고 있는 것으로 나타났다.

표 9-1 중소기업 경영자 평균연령과 고령자 비율(제조업 기준)

	2008	2017	2018	2019	2020	2021	2022
CEO 평균 연령	49.6	53.3	54.1	53.0	54.9	54.8	55.3
CEO 60세 이상 비율(%)	11.3	20.6	23.2	26.2	30.7	31.6	33.5

자료: 국가통계포털(KOSIS)

인구와 기업의 고령화는 사회의 성숙을 의미할 수 있지만, 4차 산업혁명과 디지털 전환 같은 급격한 변화의 시대에서는 역동성 저하로 이어질 수 있다.

기업이 시대적 변화를 인지하지 못하고 뒤처지면 성장할 수 있는 생태계는 약화될 수밖에 없다. 브이노믹스(V-nomics·바이러스 이후 경제) 시대에는 중소기업이 활력을 되찾아야 한다. 중소기업이 도전과 혁신을 주도함으로써 선도 경제를 형성할 수 있을 것이다.

이를 위해 많은 혁신 과제가 필요하지만, 가장 중요한 것은 기업 승계를 통해 제2의 스타트업을 활성화하는 일이라고 생각한다. 중소기업의 활력을 높이기 위해서는 원활한 승계를 통해 제2의 스타트업 의욕이 넘쳐야 한다.

중소기업 승계는 '부의 대물림'이 아닌 '책임의 대물림'으로서의 제2의 스타트업이다. 한국에서는 60~70년대에 창업한 1세대 기업들이 CEO 고령화로 인해 승계의 과제에 직면해 있다. 경영자가 고령화되면 안정적인 경영을 추구하게 되어 기업이 정체하는 경향이 나타난다.

IBK경제연구소 자료에 따르면, 잠재적 승계기업은 일반 중소기업에 비해 성장성, 수익성, R&D, 안정성, 고용 창출 등에서 전반적으로 부진한 것으로 분석됐다. 이러한 중소기업들은 리스크 회피 성향이 강해 성장과 새로운 가치 창출보다는 안정적인 경영을 추구하는 경향이 있다.

30대와 40대의 젊은 기업인(창업자)은 상속세율 인하와 공제 확대 등으로 상속세 부담이 줄어들 경우, 향후 기업의 투자 확대와 일자리 창출에 미치는 영향이 클 것으로 보고 있다. 기업 승계의 원활화는 청년 창업자와 기업인들의 경영 의욕을 고취시켜 투자를 유도할 수 있으며, 이는 중소기업의 미래 혁신 성장의 중요한 동력이 될 것이다.

그림 9-2 상속세 부담 완화에 따른 기대효과(투자 확대, 일자리 창출 등)

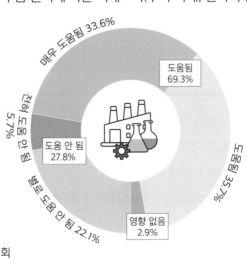

자료: 한국경영자총협회

기업 승계를 원활하게 하는 것은 중소기업의 역동성을 높이고 지속 가능한 성장의 토대를 마련할 수 있다. 중소기업의 제2 스타트업을 활성화하기 위해서는 상속 및 증여 세율을 대폭 개선해야 한다. 최고 세율을 선진국 수준으로 낮추고, 상속 공제 제도를 현실에 맞게 보완해야 한다. 또한, 사전 상속(증여) 제도도 상속세 공제 혜택과 유사한 수준으로 상향 조정해야 한다. 사업 의지를 약화시키는 승계 요건 역시 기업의 현실에 맞춰 개선되어야 한다.

무엇보다 중소기업 승계에 대한 존중과 우대의 사회적 분위기가 조성되어야 한다. 장수하는 중소기업은 새로운 일자리를 창출하고, 경제 성장의 중심적인 역할을 하게 된다.

혁신적인 제2의 스타트업이 활발히 생겨나야 중소기업의 미래 생태계가 더욱 견고해질 수 있다. 4차 산업혁명의 대변혁 시대에서 스타트업은 시대적 과제이며, 복합 경제 위기를 극복하고 새로운 미래 성장 동력을 창출하기 위해서는 혁신적인 제2의 스타트업이 많이 등장해야 한다.

현장의 소리

"까다로운 기업승계는 청년들의 스타트업 의욕을 꺾는다. 기업을 키울수록 나중에 상속세로 국가에 기업을 다 바쳐야 한다면 누가 창업과 투자를 해서 기업을 성장시키려 하겠는가."
"젊은 기업인의 도전정신을 키우고 벤처·스타트업의 영속성이 제고될 수 있도록, 기업승계 걸림돌을 글로벌 스탠다드에 맞게 합리적으로 개편해야 한다."

하지만 우리나라의 현실은 안타깝다. 창업 기업의 5년 후 생존율이 31.2%로, 미국(50.6%)이나 일본(81.7%)에 비해 크게 낮다. 또한, 우리나라의 기회형 창업 비중은 24%로, OECD 국가 중 최하위를 기록하고 있다. 이러한 상황에서 승계를 통한 제2의 스타트업이 실제로 탄생할 수 있을지 의문이다.

이런 통계는 우리나라의 창업 생태계가 지속 가능한 발전을 이루기 위해 해결해야 할 과제가 많음을 시사한다. 중소기업의 승계와 창업 활성화를 위해서는 보다 실효성 있는 정책과 지원이 필요하다.

제2의 스타트업을 활성화하기 위해서는 주변에서 승계를 통한 제2 창업을 무조건 말리기보다는 따뜻한 격려와 용기를 북돋아주는 분위기를 조성해야 한다.

이를 위해 제2의 스타트업 승계 교육은 눈높이에 맞춘 맞춤형 교육으로 이루어져야 하며, 제2의 스타트업 인프라도 현장에 맞게 구축되어야 한다.

금융, R&D, 마케팅 등 모든 분야는 스타트업의 특성에 맞춰 창의적으로 개선되어야 한다. 무엇보다도 제2의 스타트업은 실패하더라도 그 가치를 소중히 여기고, 재기할 수 있는 안전망을 구축하는 것이 중요하다. 이러한 기반이 마련될 때, 중소기업의 혁신과 지속 가능한 성장이 가능할 것이다.

이제 새로운 시대가 열렸다. 코로나 팬데믹이 종식되고 모든 것이 질서 있게 정상화되는 길로 나아가고 있다. 다양한 변화가 예상되는 가운데, 대한민국이 공정과 상생의 희망으로 나아가는 새로운 출발점이 되기를 바란다. 미래 지향적인 제2의 스타트업 경제가 바로 그러한 희망의 상징이다. 이 경제가 활성화되면, 중소기업의 혁신과 성장이 이루어져 더 나은 사회를 만드는 데 기여할 수 있을 것이다.

모쪼록, 승계를 통한 제2의 스타트업이 우리 중소기업의 미래로 가는 소중한 디딤돌이 되기를 기대한다. 이러한 변화가 중소기업의 혁신과 성장을 이끌어내어, 더 밝은 경제 환경을 조성하는 데 기여하길 바란다. 중소기업이 새로운 가능성을 탐색하고 지속 가능한 발전을 이루어 나가는 과정에서 많은 이들이 함께 성장할 수 있기를 희망한다.

4 기업 승계가 잘되어야 장수 기업이 탄생한다

중소기업이 점차 활력을 잃어가고 있다. 경남에서 제조업을 경영하는 CEO L 회장은 80세를 넘어서면서 투자나 기업 확장을 꺼리게 되었다. 다시 활력을 불어넣기 위해 기업 승계를 준비하고 있지만, 승계 과정에서 과중한 상속세, 후계자 문제, 이해관계자 관리 등 넘어야 할 장애물이 너무 많다. L 회장은 "승계를 포기하고 싶은 심정이다. 승계 비용을 모두 지불하면 후계자의 지분이 줄어들어 기업의 지속 가능성에 대한 우려가 커진다. 내가 키워온 기업이 후계자에게 잘 이어져 장수기업으로 발전하면 얼마나 좋을지 희망을 가져본다"고 전했다. 이어 "정부는 기업 승계에 대해 규제 개혁 차원에서 과감한 개선을 해주면 좋겠다"고 요청했다.

계주 경기에서 배턴터치가 제대로 이루어지지 않으면 레이스에서 실패하듯, 기업 승계는 지속 가능한 장수 기업으로 가는 첫걸음이다. 기업도 살아 있는 생물체와 같다. 지속적으로 경쟁력을 갖추고 성장해야만 지속 가능성을 유지할 수 있다. 그렇지 않으면 오래 버티지 못하고 소멸할 수밖에 없다.

현재 우리 중소기업의 성장 동력이 갈수록 약화되고 있다는 우려의 목소리가 커지고 있다. 급격한 환경 변화 속에서 중소기업의 투자 활동이 부진하고, 기술 축적과 인적 자원 개발이 지체되며, 기업가 정신이 제대로 발휘되지 않고 있는 상황이다. 이러한 문제를 해결하기 위해서는 체계적인 지원과 혁신적인 접근이 필요하다.

중소기업의 활력이 저하되고 있는 이유는 여러 가지 측면에서 찾을 수 있지만, 중소기업 창업 세대의 고령화와 깊은 관련이 있다. 창업 1세대 기업이 고령화되면, 적극적이고 도전적인 자세로 기업가 정신을 발휘하여 성장을 도모하기보다는 현상 유지 차원의 안정 경영을 선호하는 경향이 강하다.

이러한 경향은 신규 설비 투자나 새로운 사업 영역으로의 진출, 확장 경영 등에서의 적극성을 저하시킨다. 결국, 중소기업의 성장 잠재력이 약화되고, 이는 전체 경제에 부정적인 영향을 미치게 된다. 이 문제를 해결하기 위해서는 중소기업의 경영 세대 교체와 더불어 혁신적 접근이 필요하다.

우리나라 중소기업 10개 중 3개 이상이 1세대 창업 기업으로 고령화되고 있다. 60~80년대 개발 시대에 사업을 시작한 중소기업들이 현재 기업 승계에 직면하고 있으며, 앞으로 10년 후에는 대부분의 중소기업이 기업 승계 대상이 될 것이다.

중소기업은 승계의 중요성을 인식하고 있지만, 과중한 상속 및 증여세 부담, 기업 승계 전략 및 준비 부족, 후계자 부재 등으로 인해 원활한 승계가 이루어지지 않고 있다. 시간이 지남에 따라 이러한 문제는 더욱 심각해질 것으로 예상된다. 이러한 상황에서 중소기업의 지속 가능성을 확보하기 위해서는 보다 체계적이고 실효성 있는 기업 승계 지원 방안이 필요하다.

그림 9-3 기업승계 중요성

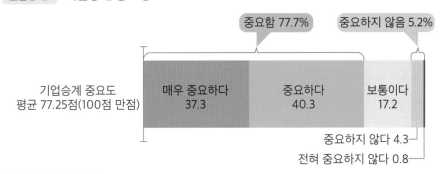

자료: 중소기업중앙회

이제는 중소기업의 기업 승계 문제를 부(富)의 대물림이 아니라 기업의 경쟁력 강화, 고용 안정, 생산 설비 및 경영 노하우의 전수라는 관점에서 보다 유연하게 접근할 필요가 있다. 중소기업의 지속적인 성장과 이를 통한 국가 경제의 새로운 성장 동력 창출이라는 차원에서 기업 승계의 중요성을 새롭게 인식하고, 승계가 원활하게 이루어지도록 해야 한다.

앞으로 중소기업 경영에서 승계는 기업의 성패를 좌우하는 최고 경영자의 자리를 넘겨주고 받는 핵심 경영 활동으로 자리 잡을 것이다. 기업 승계가 제때 이루어지지 않으면 경쟁력이 약화되어 기업이 장수하지 못하고 단명하는 경향을 보이게 된다. 우리나라 중소기업이 20년 이상 지속하는 비율이 10%에도 미치지 못한 것도 이 문제와 무관하지 않을 것이다. 이와 같은 현상을 극복하기 위해서는 기업 승계에 대한 체계적인 지원과 정책 마련이 절실히 요구된다.

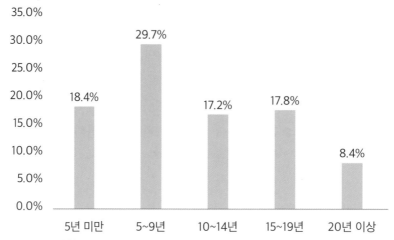

그림 9-4 중소기업 연령

- 5년 미만: 18.4%
- 5~9년: 29.7%
- 10~14년: 17.2%
- 15~19년: 17.8%
- 20년 이상: 8.4%

자료: 중소기업중앙회

　　세계적인 장수기업들은 대부분 기업 승계 기업으로 나타나고 있는 것과 대비되는 상황이다. 일본만 하더라도 100년 이상 이어져 온 가업 형태의 중소기업이 1만 5천여 개에 이른다. 독일의 경우에도 세계적인 경쟁력을 갖춘 작지만 강한 장수기업들이 많다. 이는 기업의 소유자가 직접 경영을 담당하며, 창의적 발상과 신속한 의사결정, 그리고 과감한 투자 활동을 통해 기업을 발전시켜 다음 세대 경영자에게 자랑스러운 마음으로 가업을 물려주는 풍토가 조성되어 있기 때문이다.

　　이러한 예는 중소기업의 지속 가능성과 경쟁력 강화를 위해 승계의 중요성을 강조하며, 성공적인 기업 승계를 위한 체계적이고 효과적인 지원이 필요하다는 것을 잘 보여준다. 한국 중소기업도 이러한 성공 사례를 벤치마킹하여 가업 승계를 통해 더 큰 발전을 이룰 수 있는 방안을 모색해야 할 시점이다.

표 9-2 200년 이상 된 세계 장수기업

(단위: 개)

일본	독일	영국	네덜란드	한국
3,937	1,563	315	292	0

자료: 블룸버그

"기업 승계가 원활하게 이루어져야 오랜 역사를 가진 기업이 탄생할 수 있다. 독일의 히든 챔피언이 독일 경제를 지탱하는 디딤돌이 된 것처럼, 우리나라에서도 명문 장수기업이 많이 출현할수록 경제는 더욱 크게 도약할 것이다. 따라서 기업 정책도 장수기업의 탄생과 육성에 더 많은 관심을 기울여야 한다."

기업 승계의 성공을 위해서는 전략을 잘 수립해야 한다. 세계적인 경영학자인 피터 드러커(Peter Drucker)는 "성공한 CEO가 치러야 할 마지막 시험은 후계자를 얼마나 잘 선택하는지와 그의 후계자가 회사를 잘 경영할 수 있도록 권한을 이양할 수 있는지에 관한 것"이라고 강조한 바 있다. 이처럼 가업 승계는 기업 경영에서 가장 중요한 과제 중 하나이다.

기업 승계는 하루아침에 이루어지지 않는다. 성공적인 승계 계획은 단기간에 손쉽게 이루어지는 것이 아니라, 치밀한 준비와 시간이 필요한 과정이다. 승계에 따른 비용을 절감하고 경영권을 안정적으로 이양하기 위해서는 다각적인 승계 전략이 필요하다. 상속 및 증여세 절감, 후계자 양성, 경영 노하우 전수, 이해관계자 관리, 은퇴 후 계획 등 다양한 요소를 충분한 시간 안에 체계적으로 추진해야 한다. 이러한 준비가 뒷받침되어야만 중소기업의 지속 가능한 성장과 발전이 가능할 것이다.

사람이 오래 살기를 바라는 것처럼 기업도 장수하는 것이 보람되고 중요한 일이다. 기업 승계를 '제2의 창업'으로 인식하고, 창업에 버금가는 사회적 관심과 정책적 지원 방안을 강구할 필요가 있다.

영국에는 창업을 통해 기업을 300년 이상 성장시키고 유지해 온 기업 가문의 CEO들이 모인 '더 밀레니언 클럽'이 있다. 유럽의 기업들은 이 클럽에 들어가는 것을 가문의 큰 영광으로 여기며, 이들 기업인들은 영국 황실에서도 초대받아 업적을 기리고 우대하는 일에 참여하고 있다.

이러한 사례는 기업 승계의 중요성을 부각시키며, 중소기업도 가업 승계를 통해 지속 가능한 성장과 발전을 이루는 데 필요한 사회적 인식과 지원이 절실하다는 것을 보여준다. 대한민국도 이러한 모범 사례를 벤치마킹하여, 중소기업의 장수와 혁신을 위해 더욱 적극적인 지원을 아끼지 않아야 할 것이다.

앞으로 우리나라에서 기업 승계의 모든 걸림돌이 사라지고, 경쟁력 있는 수많은 장수기업들이 탄생하여 혁신적인 기업 생태계가 조성될 수 있기를 기대한다. 이러한 변화는 중소기업의 지속 가능한 성장과 국가 경제의 발전에 크게 기여할 것이다. 기업 승계가 원활히 이루어져 가업이 지속되고, 창의적이고 도전적인 기업 문화가 자리 잡는다면, 한국 경제는 더 밝은 미래를 맞이할 수 있을 것이다.

중소기업 기업승계 10계명

① 최소 10년 전부터 준비하라.
차일피일 미루다 보면 막대한 상속세를 부담하게 되어 어려움을 겪게 된다.

② 후계자에게 노하우를 전수하라.
다양한 실무 경험을 통해 후계자의 경영 능력을 향상시켜라.

③ 주요 거래처 방문 시 후계자와 동행하라.
중소기업의 영업은 CEO 개인 신용도에 크게 의존하므로, 후계자와 함께 거래처를 방문하는 것이 중요하다.

④ 후계자를 도와주는 전문 팀을 만들어라.
후계자가 모든 분야에 능통할 수는 없으므로, 지원 팀을 구성하여 도움을 주어야 한다.

⑤ CEO 모임에 후계자가 가입하도록 하라.
후계자 간 네트워크를 강화하여 고충을 함께 해결할 수 있도록 하라.

⑥ 절세 방안을 모색하라.
사내나 외부 세무 전문가를 활용해 세금 대책을 마련해야 한다.

⑦ 상속 재산 배분을 명확히 하라.
경영권 및 재산권 분쟁으로 인해 기업 신용을 잃는 일을 피해야 한다.

⑧ 내부 통제 제도를 정비하라.
후계자가 취임할 때 생길 수 있는 도덕적 해이를 막기 위해 내부 통제 시스템을 강화해야 한다.

⑨ 자신의 은퇴 계획을 충실히 세워라.
은퇴 계획 없이 기업을 물려주면 허탈감에 빠질 수 있으므로, 철저한 계획이 필요하다.

⑩ 승계 뒤에는 한 발 물러서라.
기업 승계 후에도 계속 영향력을 행사하려 하지 말고, 후계자가 스스로 성장할 수 있도록 여유를 주어야 한다.

5 중견기업 성장의 디딤돌: 성공적인 기업 승계!

기업 승계는 '부의 대물림'이 아닌 '책임의 대물림'이다. 그러나 사회에서는 기업 승계에 대한 부정적인 시각이 존재해, 이로 인해 규제가 강화된 현실이 있다. 기업 승계는 제2의 창업과 다름없다. 창업에 준하는 지원과 배려가 필요하며, 그렇게 해야 기업이 지속되고 한국 경제의 성장에도 큰 동력이 될 수 있다. 인천에서 40년 전에 창업해 중견기업으로 성장시킨 K 회장은 "성장시킨 회사를 후계자가 이어받아 계속 기업으로 키워갔으면 하는데 쉽지 않다. 과중한 세금과 사회의 부정적 인식 등으로 후계자가 배턴을 이어받기를 꺼려한다. 그래서 새롭게 창업한다고 생각하고 회사를 이어받아 새롭게 성장시켜주기를 바라고 설득 중이다"라고 전했다. 그는 "기업 승계를 제2의 창업으로 인식하고, 우호적인 사회 분위기를 조성하며 이에 준하는 정책적 배려가 있으면 좋겠다"고 강조했다.

한국 경제가 복합 경제 위기 국면에서 벗어나 지속적으로 발전하기 위해서는 중소·중견기업이 성장 동력으로서 변화와 혁신을 주도해야 한다. 그러나 최근 들어 우리 기업의 경쟁력과 활력이 급격히 저하되고 있는 현실이 우려스럽다. 투자와 기술 개발이 부진하고, 시장 개척과 인재 양성에 소극적이며, 현실에 안주하는 경향이 강해져 기업가 정신이 제대로 발휘되지 못하고 있다.

이러한 배경에는 여러 요인이 복합적으로 작용하고 있지만, 특히 70~80년대에 창업하여 한국 경제 성장을 이끌어온 중소기업들이 CEO 고령화로 인해 기업 승계라는 높은 벽에 막혀 더 이상 도약을 꺼리는 경향이 두드러진다. 이로 인해 중소기업의 미래 성장 가능성이 위협받고 있으며, 따라서 기업 승계 문제를 해결하는 것이 시급하다.

IBK경제연구소의 분석에 따르면, 중소기업 승계를 완료한 기업은 불과 3.5%에 그치며, 1세대 기업 중 약 3곳 중 1곳(33.2%)이 10년 내에 세대교체 가능성이 높은 잠재적 승계기업으로 파악되고 있다.

또한 중견기업연합회의 설문 조사 결과, 중견기업 10곳 중 8곳은 기업 승계에 대한 부담으로 인해 실제로 승계를 고려하지 못하는 것으로 나타났다. 기업 승계가 시급한 상황임에도 불구하고, 과중한 상속·증여세, 가업 상속 공제 요건 충족의 어려움, 후계자 부재 등으로 인해 승계의 문턱을 넘지 못하는 현실이 문제로 지적되고 있다.

이러한 상황은 중소기업의 지속 가능성과 성장에 심각한 영향을 미치고 있으며, 승계를 원활하게 할 수 있는 제도적 지원과 정책이 절실히 요구된다.

표 9-3 중견기업의 기업승계도입 여부

(단위:%)

기업승계 완료	3.6
기업승계 진행중	5.2
기업승계 계획은 있으나 미진행	10.3
기업승계 계획 없음	80.8

자료: 중견기업연합회

정부는 그동안 가업상속 공제 금액을 사업 영위 기간에 따라 최대 600억 원까지 늘리고, 요건 및 사후 관리 기간을 점진적으로 완화해 왔다. 그러나 이러한 조치에도 불구하고, 중소·중견기업 현장의 요구와 실제 상황 간의 괴리는 여전히 큰 것으로 보인다.

가업상속 공제 제도는 아직 개선이 필요하며, 현장에서 느끼는 어려움과 요구를 반영하여 보다 실질적인 지원책으로 발전해야 한다. 기업 승계를 원활하게 하고 중소기업의 지속 가능한 성장을 도모하기 위해서는 보다 포괄적이고 실효성 있는 정책이 필요하다.

현장의 소리

"매출 6,000억 원을 기록하는 중견기업 R사. 그러나 매출이 5,000억 원을 초과함에 따라 가업상속 공제를 받을 수 없다. 승계 이후 글로벌 전문기업으로 지속 성장해야 하는 상황에서, R사는 이제 막다른 길에 직면했다. 기업을 더 키워야 할지, 아니면 여기서 줄여야 할지 고민하고 있다."

"중소·중견기업이 더 크게 성장할 수 있도록 최고 상속세율(50%)을 OECD 수준으로 대폭 낮추고 가업상속 공제 요건도 수요자 맞게 완화하며, 공제금액도 1000억원 이상으로 크게 늘려줘야 한다."

우리나라의 상속·증여세 최고세율은 50%로, OECD 35개국 중 일본(55%)에 이어 두 번째로 높다. OECD 평균 세율이 15%인 점을 감안하면, 한국의 세율은 매우 높은 편에 속한다. 특히 기업의 최대주주가 보유 지분을 상속할 때는 할증과세가 20% 추가되어, 사실상 상속세 최고세율이 가장 높은 수준이다. 이러한 높은 세율은 중소기업의 승계를 어렵게 하고, 기업의 지속적인 성장에 부정적인 영향을 미칠 수 있다.

그림 9-5 OECD 상속·증여세 최고세율

자료: 한국경제인협회

IBK경제연구소의 자료에 따르면, 상속세 마련을 위해 지분을 매각한 승계 기업의 경우, 10개 중 2개 기업이 경영권 유지를 어렵게 되는 것으로 나타났다. 특히 중견기업의 경우, 10개 중 8개가 경영권 유지에 어려움을 겪고 있다.

독일과 일본 등은 기업 상속 시 납부 유예 제도를 도입하고 있으며, 일정 기간 동안 요건을 충족하면 상속·증여세를 전부 감면해 주는 제도가 있어 기업 승계에 대한 세금 걱정이 상대적으로 적다. 이러한 제도는 중소기업의 지속 가능한 성장과 원활한 승계를 지원하는 중요한 요소로 작용하고 있다.

얼마 전에 만난 중소기업 대표는 1970년대 초에 창업하여 지속적인 투자로 매출액을 5천억 원에 육박하는 우량한 기업으로 성장시켰다고 한다. 그러나 현재 그는 기업 승계를 위해 더 이상의 투자를 하지 않아도 된다고 하소연했다. 매출액이 6천억 원을 넘으면 가업상속 공제 혜택을 받을 수 없기 때문이다. 이로 인해 그는 기업을 쪼개거나 성장을 멈춰 이익을 내지 않는 방안을 고민하고 있다고 불만을 토로했다.

중소기업이 중견기업과 글로벌 일류기업으로 성장하는 것을 두려워하는 현실이 너무나 안타깝다. 이러한 상황은 중소기업의 지속 가능한 성장과 기업 승계에 큰 걸림돌로 작용하고 있으며, 이를 해결하기 위한 정책적 노력이 절실하다.

기업 승계가 원활하지 않아 좋은 기업들이 성장을 멈추는 것은 한국 경제의 성장에 큰 타격을 주고 있다. 기업 승계가 성장을 저해하는 걸림돌이 된다면, 이를 규제 혁파의 관점에서 과감하게 개선해야 한다. 중소 및 중견기업에 한해 승계 제도를 포지티브 방식에서 네거티브 방식으로 전환해야 한다.

즉, 제한된 범위 내에서 특정 요건을 충족하는 경우에만 가업상속 공제 혜택을 주기보다는, 위법한 행위를 제외하고는 모든 분야에서 기업 승계에 관한 규제를 없애고 장수 기업이 가업상속 공제 혜택을 받아 원활하게 승계할 수 있도록 해야 한다.

또한, 상속 자산 처분 시 부과되는 세금을 자본이득세로 전환하는 방안도 강구할 필요가 있다. 이러한 조치를 통해 기업 승계가 원활히 이루어지고, 중소기업이 지속적으로 성장할 수 있는 환경을 조성하는 것이 중요하다.

표 9-4 가업상속공제 제도 주요내용

구 분	요건 및 내용
대상 기업	• 중소기업 및 매출액 5,000억 원 미만의 중견기업
공제금액 및 한도액	• 공제금액: 가업상속재산의 100% • 공제한도: 피상속인이 10년 이상 경영한 가업 : 300억 원 20년 이상: 400억 원, 30년 이상: 600억 원
피상속인 요건	• 피상속인이 10년 이상 계속하여 경영 • 비상장기업은 40%, 상장기업은 20% 이상 주식 10년 이상 계속 보유

상속인 요건	• 18세 이상 & 상속개시 전 2년 이상 가업에 종사 • 상속세 신고기한까지 임원 취임, 2년 내 대표이사 취임
사후관리 (5년)	• (업종 유지 등) 주된 업종 유지(대분류 내 변경 허용), 대표이사 종사, 1년 이상 휴·폐업 금지 • (고용 유지) 정규직 근로자수 90% 이상 또는 총급여액 90% 이상 유지 • (자산 유지) 가업용 자산의 40% 이상 처분 제한 • (지분 유지) 주식 등을 상속받은 상속인의 지분 유지
양도소득세 이월과세	• 가업상속공제를 받은 가업상속재산을 추후 양도 시, 피상속인의 당초 취득가액을 취득가액으로 하여 양도소득세 과세

자료: 기획재정부

경제 6단체는 2024년 6월, 상속·증여세제의 개편을 더 이상 미루어서는 안 된다고 주장하며 이에 대한 자료집을 발간했다. 다음과 같은 개선 사항을 제시했다.

- **세체계 개편:** 상속·증여세율을 30%로 인하하여 세부담을 경감해야 한다는 의견
- **일률적 주식 할증평가 폐지:** 주식에 대한 일률적인 할증평가 방식을 없애고, 보다 공정한 평가 기준을 도입할 필요성
- **과세방식 전환:** 기존의 유산세 방식을 유산취득세로 전환하여 보다 실질적인 세제 운영을 목표로 함
- **가업상속공제 개선:** 가업상속공제 제도를 보다 효과적으로 운영할 수 있도록 개선
- **공익법인 과세 완화:** 공익법인에 대한 과세를 완화하여 이들의 활동을 지원

이러한 제안들은 기업 승계를 원활히 하고 중소기업의 지속 가능한 성장을 도모하기 위한 중요한 조치로 평가된다.

표 9-5 상속·증여세제 개편 5대 과제

	현황 및 문제점	개선 방안
과세체계	- 5단계 누진과세, 최고세율 50% - 주요국 대비 세부담 과도, 이중과세 등으로 과세원칙 위배	- (단기) 최고세율 인하: 50% → 30%(*) * 직계비속에 상속세를 과세하는 OECD 18개국 평균 상속세율(27.1%) 수준 - (중·장기) 자본이득세 전환
최대주주 주식 할증 평가	- 경영권 프리미엄 과세 반영 위해 최대주주의 주식 일률적(20%) 할증 평가 - 경영권 프리미엄 결정 요인의 다양성 未고려 → 프리미엄 과대평가 우려	일률적 주식 할증평가 폐지
상속세 과세방식	상속인의 실제 상속분이 아닌 피상속인의 재산총액에 과세(유산세 방식) → 응능부담의 원칙 위배	개별 상속분 先 분할 후, 각자의 상속분에 과세하는 '유산취득세'로 과세방식 전환
가업상속 공제	- 중소·중견기업 재산 상속 시, 일정 한도(최대 600억 원)로 과세가액에서 공제 - 공제 대상·규모 제한적, 사전·사후관리 요건* 등 까다로워 활용 미흡 * (사전 요건) 10년 이상 경영, (사후관리 요건) 자산, 고용, 업종 유지 등 * (기타 요건) 직원 사택·대여금 등 사업무관자산은 공제 불허, 피상속인(최대주주)이 복수인 경우 1인에 한하여 공제 허용 등	- 공제 대상·한도 단계적 확대 - 사전 요건(10년 이상 경영) 폐지 또는 완화(10년 → 3년) - 사후관리 등 요건 완화 + 탄력 운영 * 자산·업종 유지 요건 등 사업 구조조정 장애 요인 폐지 및 개별 기업 상황에 맞게 유연·탄력 운영 * 사업무관자산 범위 현실화 및 복수 피상속인(최대주주) 모두 공제 허용
공익법인 과세 완화	공익법인에 주식 출연 시, 일정 한도(주식총수의 5~20%) 초과분에 상속·증여세 과세 → 기업 기부 활동 저해	공익법인 주식 출연 시 과세 면제한도 확대(5~20% → 일괄 20%)

자료: 한국경제인협회

기업 상속세를 없애는 선진국의 추세에 맞춰 우리나라도 중소·중견기업을 대상으로 기업 승계 공제 한도를 폐지하고, 매출액 제한을 점차 없애는 방향으로 개선해야 한다. 현재 가업상속공제 요건을 충족하는 기업은 27.2%에 불과하므로, 승계 요건과 사후 관리 기간을 기업 현실에 맞게 대폭 수정할 필요가 있다.

특히, 가업승계 유지 의무인 업종 변경 제한을 폐지하는 것은 시대적 트렌드에 맞춰 기업이 빠르게 대응할 수 있도록 하는 데 바람직하다. 또한, 가업상속공제의 최대주주 지분율 완화도 고려해야 하며, CEO 생전에 기업을 계획적으로 승계할 수 있도록 사전 상속(증여) 제도도 대폭 개선해야 한다.

이를 통해 상속·증여세 혜택을 받는 금액만큼 기업이 투자하도록 조건을 붙이면, 기업이 승계를 원활히 진행하면서 동시에 투자를 견인할 수 있는 기회를 제공할 것이다.

앞으로 중소·중견기업 정책과 지원의 중요한 축으로 기업 승계를 통한 혁신 성장에 더 많은 역점을 둬야 한다. 창업 못지않게 오랜 기간 동안 성장해 온 기업들이 승계의 원활화로 글로벌 경쟁력을 갖춘 기업으로 더욱 성장할 수 있도록 생태계를 조성해야 한다.

2세대와 3세대 중소·중견기업 CEO들이 참신한 아이디어와 역동성을 바탕으로 세계 시장을 마음껏 누비는 기업으로 성장한다면, 이는 제2의 창업이자 한국 경제의 혁신 성장과 일자리 창출의 또 다른 주역이 될 수 있을 것이다.

이러한 변화는 중소기업의 지속 가능한 성장은 물론, 경제 전반에 긍정적인 영향을 미칠 것으로 기대된다. 기업 승계가 단순한 재산의 이전을 넘어, 기업의 지속적인 발전과 혁신을 이루는 중요한 계기가 되기를 바란다.

⑥ 기업 승계, 민간 주도 혁신 성장을 이끄는 동력!

기업 승계의 이유는 단순히 상속세나 증여세를 줄이기 위해서가 아니다. 평생 동안 일군 기업을 지속적으로 성장시키기 위한 것이다. 그러나 승계를 앞둔 기업은 소극적인 경영으로 위축되는 경향이 있다. 반면, 승계가 원활하게 이루어지면 적극적인 투자를 통해 성장 성과를 창출할 수 있다. 민간 기업이 혁신적으로 성장하는 것이 요즘의 중요한 이슈인데, 기업 승계를 통해 그 방법을 모색하는 것이 필요할 수 있다. 경북에 소재한 제조업체 M사의 대표이사는 "승계 문제만 해결된다면 더 많은 투자를 통해 더 큰 성장을 이루고, 일자리도 창출할 수 있지만, 현재는 그게 안 돼 모든 것이 정체되어 있는 상황"이라고 설명했다. 이어 "기업 투자를 유도하기 위해 기업 승계에 대해 보다 적극적인 지원이 이루어져야 한다"고 강조했다.

3高(고물가, 고금리, 고환율) 현상과 글로벌 공급망 붕괴, 실물 경제의 불확실성, 금융 시장의 변동성 확대 등 복합적인 경제 위기로 인해 우리 중소기업의 어려움이 날로 심화되고 있다. 이러한 위기를 극복하고 대기업과 중소기업 간 생산성 격차를 줄이며 디지털 및 녹색 전환을 실현하기 위해서는 중소기업 성장 생태계의 혁신이 절실하다.

이를 위해 중소기업 혁신 정책의 방향도 새롭게 설정해야 한다. 그동안 혁신 정책은 벤처기업 육성에 집중하는 경향이 있었던 것이 사실이다. 유니콘 기업으로 급성장하는 혁신 스타트업의 육성은 필요하지만, 중소기업 생태계 전체의 혁신을 위해서는 스타트업에서 소기업, 중기업, 중견기업으로 이어지는 긴 성장 경로를 탄탄하게 구축하는 것이 중요하다.

기업 승계는 경영 성과와 밀접하게 연결된 중요한 사안이다. 중소기업을 대상으로 승계 전과 후의 성과를 비교한 결과, 승계 이후 매출액, 영업이익률, 그리고 자기자본 수익률이 모두 개선된 것으로 나타났다. 반면, 자기자본 비율은 다소 하락한 것으로 분석되는데, 이는 승계 이후 기업의 활발한 투자 활동으로 인해 차입이 증가했기 때문으로 판단된다. 이처럼 승계는 단순한 경영권 이전을 넘어 활발한 투자의 촉진제로 작용함을 알 수 있다.

표9-6 중소기업 기업승계 전후 성과 비교

	기업승계 이전	기업승계 이후
자기자본비율	33.0%	37.4%
매출액영업이익률	5.1%	5.5%
자기자본순이익률	6.1%	9.9%

자료: IBK경제연구소(2007)

현장의 소리

"기업이 승계되면 후계자는 역동적으로 기업을 경영한다. 신산업을 추구하고 정체된 투자도 다시 늘려서 기업을 더 성장시키게 된다. 자연스럽게 일자리도 늘어나게 된다."

"기업승계 비용(상속세·증여세 등)이 줄어들면 승계 기업은 성장을 위해 투자할 수밖에 없다. 승계 비용 절감은 곧 투자로 연결된다."

따라서 중소기업 생태계 혁신에서 간과되어서는 안 될 중요한 요소는 지속 성장을 위한 견고한 사다리를 구축하는 것이다. 이미 세월의 검증을 거쳐 사업성을 확보한 기업들이 더욱 성장하고 '스케일 업' 할 수 있도록 지원해야 한다. 이와 같은 맥락에서 기업 승계 문제를 재조명할 필요가 있다. 기업의 업력이 높아질수록 자산, 매출, 고용, 연구개발비 등 모든 분야에서 경영 성과가 개선되는 것으로 분석되었다.

표9-7 기업의 업력별 경영성과 비교

(단위: 천원)

구분	10년 미만(평균)	30년 이상(평균)	비고
자산총계	3,226,678	90,067,601	27.9배↑
매출액	3,467,534	64,827,823	18.7배↑
자본총계	1,386,810	51,917,156	37.4배↑
근로자수	14	146	10.6배↑
인건비	32,650	38,042	20%↑
법인세	54,566	1,738,435	31.9배↑

| 연구개발비 | 46,337 | 1,701,116 | 36.7배↑ |
| 기부금 | 12,353 | 159,469 | 12.9배↑ |

자료: 중소기업중앙회

기업 승계는 스케일 업에 긍정적인 영향을 미친다. 승계 기업이 일반 기업에 비해 설비 투자에 더욱 적극적이며, 일자리 창출에도 기여하는 것으로 분석된다. 이는 승계라는 불확실성이 해소되고 세대 간 경영의 일관성이 회복되면서, 승계 전 잠시 중단되었던 설비 투자와 고용이 다시 활성화된 것으로 해석된다. 따라서 기업 승계가 중소기업의 스케일 업과 고용 확대로 이어진다는 점에서 정책적 함의가 크다고 할 수 있다.

그림9-6 기업승계 전후 변화

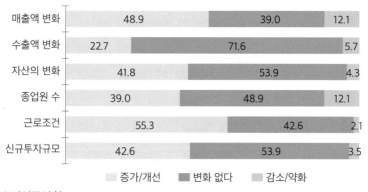

(단위: %)

자료: 중소기업중앙회

CEO의 고령화로 인해 우리나라 중소기업의 3분의 1이 잠재적 승계 기업으로 분류되며, 10분의 1은 향후 10년 내에 세대 교체가 필요한 상황에 놓여 있다. 그러나 승계를 완료한 기업은 3.5%에 불과하다는 추정이 있어, 기업 승계 활성화는 시급히 해결해야 할 과제로 남아 있다.

현장의 소리

"잠재적 승계기업의 상속·증여세를 기업의 투자와 연계하여 감면하는 제도를 도입하면 승계 기업들은 상속·증여 세금 부담 없이 적극적인 투자를 할 것이다."

"2세 경영자는 기업 승계 이후 그동안 미뤄왔던 설비 투자를 하려는데 자금이 부족하다. 승계 준비 과정에서 매출과 이익이 감소해 은행 대출도 어렵다. 따라서 승계 이후 기업의 시설 투자에 대한 금융 지원이 필요하다."

앞으로도 민간 주도 혁신 성장의 관점에서 기업 승계 활성화를 위한 다양한 노력을 기울여야 한다. 선진국의 장수 기업과 히든 챔피언을 부러워하기보다, 과감하게 기업 승계를 위한 제도적 뒷받침을 모색해야 한다.

첫째, 기업 승계에 대한 사회적 인식을 개선해야 한다. '부의 대물림'이라는 기존 인식에서 벗어나 '책임의 대물림'으로의 전환이 필요하다. 이를 통해 기업의 스케일 업이 가져오는 경제적 효과와 고용 확대를 통한 국가적 기여를 강조할 필요가 있다.

둘째, 과중한 상속·증여세율을 점차 낮춰야 한다. 우리나라의 상속 세율은 최고 50%로, 세계적으로도 높은 수준에 해당한다. 2세 경영인이 글로벌 경쟁력을 갖춘 기업으로 성장하기 위해서는 기업 승계 세율을 국제 수준에 맞춰 조정할 필요가 있다.

셋째, 기업 승계 지원 제도의 실효성을 제고해야 한다. 현재 가업 상속 공제 요건을 충족하는 기업은 약 27%에 불과하다는 추정이 있다. 따라서 엄격한 사전 및 사후 요건을 완화하고, 갑작스러운 상속 승계보다는 안정적인 사전 증여를 확대해 나가야 할 필요가 있다.

넷째, 사업 승계형 M&A 시스템을 구축해야 한다. 적정 후계자가 없는 경우, M&A를 통한 출구 전략도 모색할 필요가 있다. 독일의 '넥스트 체인지' 프로그램과 일본의 사업 지속 센터와 같은 사례를 벤치마킹하여 잠재 인수자를 찾아주고 매칭시켜주는 시스템을 도입해야 한다.

다섯째, 기업 승계를 위한 금융 지원을 활성화하고, 공익 법인을 통한 기업 승계 및 자본 이득세 도입 등도 전향적으로 검토해야 할 것이다.

기업에게 투자를 촉구하고 민간 활력을 강조하려면 기업 승계 규제를 개혁하지 않고는 의미가 없다. 원활한 기업 승계를 통해 지속 가능한 성장 생태계를 구축하는 것이 민간 주도 혁신 성장의 핵심 동력이다. 이를 통해 중소기업이 활력을 되찾고, 우리 경제가 위기를 극복하는 것을 넘어 다시 한 번 도약할 수 있을 것이다.

⑦ 규제 없는 기업 승계, 제로존(Zero Zone)에서 시작하자

대구에 위치한 40년 업력의 기업을 운영하는 C 대표이사는 "기업 승계에 대한 과중한 상속 증여세는 기업 성장을 막는 규제"라며, "규제를 완화하면 기업이 더 성장하고 국가는 더 많은 세수를 확보할 수 있다. 기업 승계의 걸림돌을 규제 개혁 차원에서 과감하게 해결해 주기를 바란다"고 강조했다. 그는 또 "승계 이후 후계자가 주식을 처분할 때 이익에 대해 세금을 부과하면 된다"고 덧붙였다.

세제 개편을 통해 기업 승계에 대한 전향적인 조치가 마련되고 있지만, 정치권 내에서 견해 차이가 커 항상 논쟁의 대상이 되어왔다. 반대하는 측에서는 '부자감세' 등의 이유로 부정적인 시각을 보이지만, 기업 승계는 결코 부자감세가 아니다. 이는 세금을 내지 않겠다는 것이 아니라, 기업의 영속성을 위해 과중한 상속·증여세를 합리적으로 조정해 달라는 요청이다. 기업 승계의 어려움으로 인해 기업이 성장하지 못하고 도태된다면, 이는 국가의 세수를 줄이고 경제에 큰 타격을 입히게 된다.

정부는 매년 세제 개편안을 발표하고 있으며, 2022년에는 기업 승계와 관련한 세제 개편을 발표한 후, 그에 대한 시행령 개정안을 내놓았다. 이번 개정안은 기업 승계를 활성화하기 위한 부분적인 개선 조치를 담고 있다. 중소·중견기업이 가업을 승계할 경우, 가업 상속에 대한 최대 공제 한도와 대상 기준이 확대되었다. 특히, 가업 상속 공제의 최대 한도는 기존 500억 원에서 600억 원으로 늘어났다.

또한 중소·중견기업의 승계 실효성을 제고하기 위해 수증자의 가업 유지 요건도 완화되었다. 가업 유지 기간 동안 대표이사로 취임해야 하는 기간은 기존 5년에서 3년으로 단축되었고, 대표이사직 유지 기간 또한 7년에서 5년으로 각각 2년 단축되었다.

기업 승계에 따른 증여세 과세특례를 받을 경우, 공제 매출액 규모 판정 시점이 기존의 상속 시점에서 증여 시점으로 변경되었다. 증여세 과세특례는 경영자가 생전에 승계 대상 가업의 주식을 사전에 증여하도록 하는 제도로, 최대 600억 원 한도로 10억 원을 공제하며, 10%(60억 원 초과분은 20%) 세율로 과세된다.

기획재정부가 2024년 7월 발표한 '2024년 세법 개정안'은 다음과 같은 주요 내용을 포함하고 있다. 최대주주 할증평가가 폐지되며, 자녀 공제 금액이 10배 상향되어 5천만 원에서 5억 원으로 조정된다. 또한, 상속·증여세 과세 표준 구간이 조정되어 10% 세율이 적용되는 하위 과표 구간이 1억 원에서 2억 원으로 확대되고, 30억 원 초과 구간이 폐지된다. 마지막으로, 최고 세율이 50%에서 40%로 인하되며, 기회 발전 특구에 창업하거나 이전하는 중소·중견기업은 공제 한도 제한 없이 가업 상속 공제를 적용받을 수 있다.

표 9-8 2024 세법 개정안의 가업상속 개정 내용

		현행	개정안
최대주주 보유주식 할증평가 폐지	최대주주 주식 할증평가	최대주주 주식*은 평가한 가액에 20% 가산 * 최대주주 또는 최대출자자 및 특수관계인의 주식 등 [중소·중견기업(매출액 5천억 원 미만) 주식 등 제외]	제도 폐지
밸류업·스케일업 우수기업 및 기회발전특구 창업·이전 기업에 해당 시		가업영위기간　　　공제한도 10~20년　　　　300억 원 20~30년　　　　400억 원 30년 이상　　　600억 원	① 밸류업·스케일업 우수기업: 가업영위기간　　　공제한도 10~20년　　　　600억 원 20~30년　　　　800억 원 30년 이상　　　1,200억 원 ② 기회발전특구 창업·이전기업: 한도 없음

자료: 기획재정부

중소·중견기업이 현장에서 요구하는 수준에는 미흡하지만, 기업 승계를 활성화하기 위한 진일보한 개선이 이루어졌다. 그러나 아쉽게도 2024년 12월 국회

에서 부결됐다. 우리 정부는 상속·증여세 완화 법안을 다시 국회에 제출해 통과되도록 노력하겠다고 밝혔다. 필자가 우리나라에서 처음으로 중소기업 승계의 중요성과 정책 제언에 관한 보고서를 연구·발표한 지 벌써 20년이 다 되어간다. 당시와 비교해 보면, 기업 승계에 대한 정부 및 사회적 인식이 많이 개선되었고, 상속 공제 한도도 크게 확대되었다.

그럼에도 불구하고, 우리나라의 기업 승계 최고 세율 및 상속·증여 공제 한도와 요건 등은 선진국에 비해 여전히 턱없이 뒤처져 있다. 기업이 글로벌 시장에서 국제 경쟁력을 갖추고 자유롭게 성장해야 하는데, 기업 승계가 발목을 잡고 있는 상황이다. 바람직한 기업 승계를 위해서는 어떠한 규제도 적용하지 않는 제로존(Zero Zone) 수준까지 나아가야 한다.

현장의 소리

"오랜 역사를 가진 규모가 큰 중소기업의 경우, 대부분 창업 세대가 지금까지 회사를 경영하고 있다. 그동안 기업 성장 과정에서 이익이 발생하면 다시 회사에 재투자해 왔기 때문에 개인적으로 모아놓은 재산은 많지 않다. 기업을 물려주는 과정에서 많은 세금을 낼 돈이 없어 회사 주식을 팔아야 할 상황이다. 이러다 보면 자칫 경영권을 잃을 수도 있다. 독일, 일본 등 선진국 수준의 획기적인 승계 지원 정책이 필요하다."

기업 승계에 대해 규제로 작용하는 모든 요소를 제로(zero)화하고, 세수와 형평성 등을 고려하여 부분적으로 통제하는 네거티브(Negative) 방식이 도입되어야 한다.

대한민국 경제가 미래로 나아가기 위해서는 기업 주도 성장이 핵심이 되어야 한다. 2025년에는 우리나라 기업이 승계걱정 없이 지혜로운 뱀처럼 한 단계 도약하는 해가 되기를 기대한다.

8 성공한 CEO가 치러야 할 마지막 시험은 무엇인가?

기업을 지속적으로 성장시켜 온 최고경영자에게 마지막 과제는 회사를 후계자에게 잘 넘겨주어 기업이 지속적으로 성장하도록 하는 것이다. 이처럼 기업 승계는 최고경영자가 마지막으로 통과해야 할 숙제라고 할 수 있다. 서울에서 30여 년간 기업을 키워온 H 회장은 이제 후계자에게 회사를 어떻게 잘 물려줄 것인지에 대해 매일 고민하고 있다. 창업 이후 회사를 성장시켜 온 경영자로서 마지막 승계 작업을 마무리하면 큰 보람을 느낄 것이라고 한다. 그러나 H 회장은 "지금까지 기업 경영에서 수많은 어려움을 이겨냈지만, 가장 극복하기 힘든 과정은 승계인 것 같다"는 생각을 전했다. 기업 승계에는 장애가 많고 높은 벽이 존재하기 때문에 단순한 노력이 아닌 추가적인 지원이 필요하다. 우리나라에서 승계를 앞둔 많은 성공한 경영자들의 고민을 해결해줄 조치들이 뒤따라야 할 것이다.

위대한 영웅인 최고경영자(CEO)가 치러야 할 마지막 시험은 무엇일까? 그것은 평생 일군 기업을 후계자에게 잘 넘겨주는 일이라고 할 수 있다. 이는 미국의 저명한 경영학자 피터 드러커(Peter Ferdinand Drucker)의 말이다.

이처럼 기업 승계의 중요성을 강조하고 있다. 하지만 CEO가 아무리 잘 준비하더라도, 이를 저지하는 국가의 벽이 존재한다면 상황은 달라질 수 있다. 국가의 임무 중 하나는 기업을 보호하고 육성하는 일이다. 기업이 잘 성장하고 오랫동안 지속될 수 있도록 지원하는 것이 중요하다. 그러나 기업의 영속성에 국가가 만든 장애물이 작용해 성장이 멈추거나 도태된다면, 이는 결코 바람직한 일이 아니다.

이제 우리나라도 선진국답게 기업의 영속성을 저해하는 장벽을 과감히 걷어내야 할 때가 되었다. 상속 · 증여세 최고세율 50%에, 경영권 승계 시 할증과세 20%가 더해지는 '세금 폭탄' 수준의 세율 구조를 개혁해야 한다. 현재 우리나라의 상속세 최고세율 50%는 OECD 평균(15%)보다 3배 이상 높으며, OECD 38개 회원국 중 15개국은 아예 그러한 세금이 존재하지 않는다.

우리나라에는 가업상속 공제 제도가 있지만, 중소 · 중견기업 현장에서 여전히 보완해야 할 부분이 많다. 자산 · 매출액 기준, 상 · 피상속인 자격 등 가업상속 대상 요건과 업종 변경, 고용 유지 등 사후 요건은 현실에 맞게 혁신적으로 개선되어야 한다. 2023년 10월 말 한국경영자총협회의 설문 조사 결과에 따르면,

30~40대 벤처·스타트업 CEO의 85%가 "상속세를 폐지하거나 OECD 평균 세율 수준으로 인하해야 한다"고 응답했다. 이는 상속세가 기업가 정신에 부정적인 영향을 미친다는 점을 보여준다.

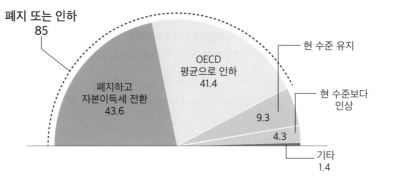

그림 9-7 상속세 최고세율에 대한 인식

(단위: %)

자료: 한국경영자총협회

표 9-9 상속세가 기업가정신 약화에 미치는 영향

(단위: %)

매우 크게 작용	일정부분 작용	전혀 작용하지 않음	기타
47.9	45.7	5.7	0.7

자료: 한국경영자총협회

최고경영자(CEO)가 마지막 시험을 잘 치렀는지, 그 결과를 아는 것도 중요하다. 시험을 치렀지만 결과를 모른다면 무슨 의미가 있을까? 지금까지 기업승계 지원 제도가 상속에 초점을 맞춰 진행되었다면, 이제는 사전 상속(증여)에 중점을 두고 대폭 개선되어야 한다.

기업승계는 단순한 절세 문제로 국한되지 않는다. CEO는 창업 정신과 경영 노하우, 기술 등 무형의 가치까지도 후계자에게 잘 전수하고, 후계자가 이를 잘 이어받았는지, 부족한 점이 있다면 합리적인 조언을 통해 기업이 바람직한 성장 경로를 지속할 수 있도록 승계 이후에도 주의를 기울여야 한다.

중소·중견기업 CEO의 고령화가 가속화되고 있는 현실을 감안할 때, 사전 증여에 대한 보다 전향적인 개선이 필요하다. 기업 승계는 현금 자산을 물려주는 대물림이 아니다. 이는 제2의 창업이며, 기업 경영의 부담을 넘겨주는 책임의 대물림이다. 요즘 후계자가 기업을 이어받지 않으려는 경향도 이러한 이유에서 비롯된다. 기업은 단순히 물려받으면 자동으로 돈이 되는 구조가 아니다. 오히려 기업을 잘 계승하고 발전시켜 나가며 일자리를 창출하고, 사회와 국가에 기여해야 하는 책임이 훨씬 더 막중하다.

> ### 현장의 소리
>
> "오랫동안 해당 업종 분야에서 전문성을 보유한 기업이 과도한 상속·증여세와 후계자 부재 때문에 승계를 포기하고 회사를 매각하거나 폐업을 고민하는 사례가 늘고 있어 안타깝다."
> "중소·중견기업 승계의 경우 상속세·증여세의 최고세율을 현실에 맞게 대폭 낮추거나 아예 폐지하는 방안도 검토할 때가 됐다."

기업 승계를 부(富)의 세습이나 단기적인 세금 문제로 한정해서는 안 된다. 승계 기업이 과중한 세금과 엄격한 공제 요건으로 인해 승계를 하지 못해 위축되거나, 심지어 폐업에 이르게 된다면, 이는 사회와 국가에 엄청난 손실로 이어질 것이다. 이러한 상황은 국가 운영에 필요한 세수의 원천이 사라지고, 성장 동력이 약화되는 결과를 초래한다.

중소기업중앙회가 발표한 '2022년 가업승계실태 조사'에 따르면, 중소기업의 절반 이상(52.6%)이 가업 승계를 하지 않을 경우 폐업 또는 매각을 고려하고 있다고 하니 안타까운 현실이다. 만약 폐업이 현실화할 경우, 약 57만 명이 일자리를 잃고, 138조원의 매출이 사라질 것이라는 분석 결과도 나왔다.

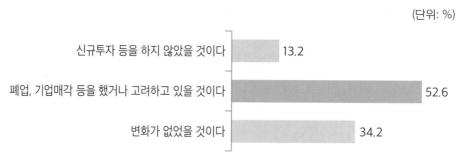

. 그림 9-8 기업승계 하지 않을 경우, 기업 경영의 변화

(단위: %)

신규투자 등을 하지 않았을 것이다 — 13.2

폐업, 기업매각 등을 했거나 고려하고 있을 것이다 — 52.6

변화가 없었을 것이다 — 34.2

자료: 중소기업중앙회

　　기업 승계가 원활하게 이루어질 수 있도록 여건을 조성하면, 승계 이후 법인세 등 각종 세금을 납부함으로써 국가 세수 증대에 몇 배 더 큰 이득을 가져올 수 있다. 기업 승계는 소중한 자산의 이전이자 조세에 대한 장기적인 관점을 고려해야 하며, 선진국 수준으로 대폭 개선될 수 있도록 더 많은 노력이 필요하다.

　　황금알을 낳는 거위를 죽여서는 안 된다. 성공한 CEO가 마지막 시험을 잘 치러서, 명문 장수 기업이 많이 탄생하는 대한민국의 미래를 기대해 본다.

⑨ 지속 성장을 위한 독일식 기업 승계가 필요하다

독일은 오랜 업력을 가진 장수 기업들이 많고, 이들은 세계 시장에서 '히든 챔피언'으로 활약하고 있다. 이러한 배경에는 독일의 기업 상속에 대한 매우 우호적인 여건이 있다. 독일에서는 기업 승계 시 상속세를 감면하는 제도가 마련되어 있어, 기업의 영속적인 성장을 중시하고 있다. 충북의 K 기업 대표이사는 "독일 출장 갈 때마다 느끼는 점은 거래하는 기업들 중 100년 이상 된 오랜 역사를 가진 곳이 많다는 것"이라며, "독일은 기업 상속 시 세제 부담이 적고, 사회적 분위기도 매우 우호적이다"고 전했다. 그렇다면 왜 한국에는 이런 장수 기업이 없을까? 이는 기업 승계를 우대하는 제도와 사회 인식이 부족하기 때문이다. 따라서 독일식 기업 상속 제도를 과감하게 도입할 필요가 있다.

사람이 오래 살기를 바라는 것처럼, 기업도 오래 존속하기를 희망한다. 기업이 장수하려면 경쟁력을 유지하고 1세대, 2세대, 3세대로 원활하게 승계되는 것이 가능해야 한다. 독일은 장수 기업이 많은 나라로, 그 이유는 기업 승계가 원활하게 이루어지기 때문이다.

독일은 세계 경제에서 히든 챔피언이 많은 강국으로, 전 세계 히든 챔피언 중 3분의 2가 독일 기업이다. 이는 독일에서 혁신적인 스타트업이 탄생하고, 이들이 중소기업으로 성장한 뒤 중견기업으로 발전하며, 다시 글로벌 강소기업으로 성장할 수 있는 승계의 디딤돌이 마련되어 있기 때문이다.

독일에서는 연평균 7만 개의 기업이 승계를 진행할 정도로 승계가 급증하고 있다. 이는 기업이 상속·증여세에 대한 부담이 적기 때문에 가능한 일이다. 독일은 2009년 1월 상속세 개혁법을 발효하여, 기업 승계 후 경영 기간과 고용 유지 정도에 따라 상속세의 85%에서 100%까지 공제해주고 있다. 기업 승계 이후, 임금 총액 기준으로 5년 동안 평균 고용 80%를 유지하고 7년간 평균 고용 100%를 유지하면서 사업을 계속 영위할 경우, 상속받은 사업용 자산의 85%에서 100%가 과세에서 제외된다.

표 9-10 독일의 가업상속공제제도

가업	비사업용 자산 50%(85%공제) 또는 10%(100%공제) 이하인 기업
피상속인	피상속인의 총 지분율 25% 이상
상속인	없음
공제한도	- 가업상속자산의 85%/100% - 2,600만 유로 초과 상속시 9천만 유로 한도

사후요건	- 사후관리기간: 5년 또는 7년
	- 가업유지: 휴·폐업 금지
	- 가업재산 유지: 처분 비율만큼 추징
	- 지분 및 지분 유지: 배당 외 출자자 본의 회수(15만 유로 이상) 금지
	- 고용 유지: 1인 이하는 규제 면제
	  · 5~10인: 급여 총액 7년 500%, 5년 250%
	  · 11~15인: 급여 총액 7년 565%, 5년 300%
	  · 15인 초과: 급여 총액 7년 700%, 5년 400%

표 9-11 한국과 독일의 가업상속공제 결정 현황 비교

구분	한국		독일	
	건수	공제금액 (백만 원)	건수	공제금액 (1,000유로)
2016년	79	318,378	10,636	21,424,522
2017년	91	222,598	9,260	20,387,105
2018년	103	234,421	8,773	11,634,555
2019년	88	236,343	9,263	12,022,511
2020년	106	421,049	12,043	7,688,724
2021년	110	347,505	11,874	24,759,638
평균	95.7	296,716	10,308	16,319,509

자료: 국제통계연보, 독일 Finanzen und Steuem(Erbschaft-und Schenkungsteuer)

우리나라 기업은 상속세 부담이 독일에 비해 과도하여 경쟁력 저하의 요인이 되고 있다. 우리나라의 상속세 최고세율은 실효세율을 고려할 때 OECD 국가

중 가장 높은 수준이다. 기업 상속공제 제도는 독일 등 주요 국가에 비해 적용 대상과 공제 금액이 제한적이며, 사후 관리 요건이 엄격하여 기업 상속공제를 실제로 이용하는 사례가 매우 저조하다. 독일은 기업 상속공제가 활성화되어 연간 3만 건의 공제를 받고 있는 반면, 우리나라의 기업 상속공제 실적은 연간 110건에 불과한 실정이다.

우리나라에서도 독일처럼 세계적인 '히든 챔피언'을 많이 탄생시키기 위해, 독일식 기업 상속세 감면 제도를 적극 도입하여 기업 승계를 원활하게 모색해야 한다. 기업 승계를 부정적인 시각이 아닌, 기업의 경쟁력 제고와 글로벌 강소기업 탄생, 국민 경제의 지속적인 성장이라는 차원에서 접근해야 한다. 독일식 상속세 감면 제도 도입을 전향적으로 검토해야 하며, 기업 승계 후 고용을 일정 기간 유지할 경우 상속세를 매년 감면하고 7~10년이 지나면 전액 면제하는 방안을 시행할 때가 되었다. 또한, 가업 상속 및 증여 공제 요건도 대폭 완화하여 승계 기업 친화적으로 개선할 필요가 있다.

현장의 소리

"중소기업의 기업 승계 제도를 간헐적으로 조금씩 개선하는 것보다 독일식으로 획기적으로 변화시켜야 한다. 독일은 기업 승계를 경쟁력 제고와 지속성에 더 중점을 두고 있다. 우리나라에서도 기업 승계 과정에서 상속·증여세 등의 큰 세금 부담 없이 기업의 영속성에 더 집중할 수 있도록 해야 한다."

독일의 기업 승계에 대한 부정적 인식을 개선하기 위한 '넥스트 체인지(NEXXT Change)' 사업을 벤치마킹하여, 한국형 '넥스트 체인지' 사업을 시행해야 한다. 기업 승계를 '정상적이고 자연스러운 일'로 받아들이도록 사회적 인식 변화를 촉진해야 한다. 각 경제 단체에서 산발적으로 추진된 기업 승계 및 세대 교체에 관한 사업은 '넥스트 체인지 프로젝트'를 통해 원스톱 시스템으로 정보 교류와 기업 거래가 효과적으로 이루어져야 한다.

"기업 승계는 막중한 책임을 넘기는 과정이다. 기업 승계를 통해 장수하는 명문 기업들이 많이 탄생할 수 있도록 사회적 인식 개선이 이루어지면 좋겠다. 그렇게 된다면 후계자에게 자랑스럽게 기업을 물려줄 수 있을 것이다. 그러나 우리 사회는 아직 그런 분위기가 부족해, 겉으로 드러내지 않고 몰래 진행하는 경향이 강하다."

기업 승계의 원활화는 기업에 활력을 불어넣어 세수 증대, 일자리 창출, 경제 도약 등에 크게 기여할 것이다. 단기적으로는 세수 감소가 있을 수 있지만, 기업의 상속 및 증여세 부담이 완화되어 성장을 지속하게 되면, 그에 따라 수익 창출로 인한 법인세 납부액이 증가하여 세수 증대 효과로 이어질 것이다. 실제 사례를 분석해 보면, 승계 기업이 상속세를 납부한 후 부실화되거나 퇴출되는 경우와 100% 조세 감면 후 기업이 성장하여 납부할 법인세를 비교했을 때, 약 5년이 경과되면 법인세로 충당되는 세수가 납부한 상속세 규모를 초과하는 것으로 나타났다.

기업 상속세 감면 혜택을 받기 위해서는 고용을 유지해야 하므로, 일자리 유지 효과도 크다. 독일식 기업 상속세 공제 제도가 도입되면, 약 50만 개의 일자리 유지 효과가 기대된다.

우리나라에서는 창업 촉진도 중요하지만, 창업 이후 모든 정성과 자원을 투자하여 일구어 놓은 기업의 지속적 성장을 가능하게 하는 기업 승계 또한 매우 중요한 정책 과제다. 기업 승계를 '새로운 계속 창업'으로 인식하고, 창업에 버금가는 사회적 관심과 함께 정책적 지원 방안을 마련해 나가야 할 것이다.

⑩ 기업 승계 M&A 시장 활성화를 위한 플랫폼 구축하자

충남에서 제조업을 운영하는 O 대표이사는 후계자가 없어 기업을 승계하지 못하고 있다. 그래서 할 수 없이 M&A를 통해 기업이 창업한 회사로 계속 이어지기를 바라고 있다. 그러나 M&A 시장에 공개적으로 내놓으려니, 기업에 문제가 있어 매각한다는 잘못된 인식이 생길까 봐 걱정이다. 그는 "튼튼한 기업이고 향후에도 계속 성장할 수 있는 회사다. 후계자가 없어 M&A 방식을 선택한 것"이라고 설명했다. O 대표는 "기업 승계 목적의 M&A가 활성화될 수 있도록 정책적 뒷받침이 필요하다"고 강조했다. 인천에서 제조업을 경영하는 후계자는 "오랫동안 금융업에 종사하다가 부친의 회사를 승계받을 계획을 하고 있다"며, "승계 받을지, M&A를 할지 동시에 검토해 봤다. 그런데 우리나라의 승계형 M&A 시장이 매우 열악하다는 것을 느꼈다"고 말했다. 또한 그는 "M&A 브로커는 기업의 지속적인 성장보다 투자 후 EXIT 가치에 더 집중하는 인상을 받았다"고 덧붙였다.

대기업들이 대규모 인수합병(M&A)을 활발히 진행하는 반면, 중견 및 중소기업 간의 M&A는 상대방에 대한 정보 부족으로 인해 초기 단계에서 성사되지 않는 경우가 대부분이다. 현재 시장에는 약 1만여 개의 기업이 M&A 매물로 나와 있지만, 새로운 매수인과 거래가 성사되는 비율은 겨우 3~4%에 불과하다. 이는 M&A가 종종 비밀리에 진행되며 성공하기 어렵다는 것을 보여준다. 특히, 기업 후계자가 없는 경우에는 승계를 할 수 없어 M&A 과정이 더욱 복잡해진다.

중소·중견기업의 승계 과정에서 자녀에게 기업을 물려주는 것이 어려운 경우가 많다. 당장은 전문경영인을 영입해 경영할 수 있지만, 장기적으로는 회사를 폐업하거나 매각해야 하는 상황이 발생한다. 중소기업중앙회 조사에 따르면, 자녀에게 기업을 승계하지 못할 경우 매각을 고려한다는 응답이 과반수를 차지했다. 이처럼 후계자 부재로 인한 기업 승계의 어려움이 심화되고 있다. 그러나 평생 동안 키워온 회사를 폐업할 수는 없는 노릇이다. 따라서 기업의 지속 가능성을 위해 새로운 방법을 모색해야 하며, 그 해결책으로 기업 승계 M&A가 주목받고 있다.

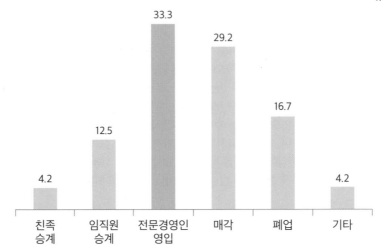

그림 9-9 자녀승계 계획 없을 시, 향후 기업 운영 계획

(단위: %)

자료: 중소기업중앙회

현장의 소리

"80세를 넘어 은퇴할 나이지만, 평생 키워온 기업을 이어받겠다는 자식이 없어 40년 넘게 쌓아온 경영 및 기술 노하우가 사장(死藏)될 위기에 처해 있다."

"1970년대 중반에 창업한 부품 제조 회사 O사는 연매출 500억 원대의 견실한 중소기업이지만, 100억 원 상당의 상속세 및 증여세 때문에 기업 승계가 어려워졌다. 결국 대표이사는 M&A 거래소에 회사 지분 100% 매각을 의뢰했지만, 매입하려는 기업이 없어 애타게 기다리고 있다."

한국의 중소기업 M&A 시장이 활성화되지 못하는 이유 중 하나는 중소기업 경영자들이 M&A에 대한 인식이 부족하고, 창업한 회사를 매각하는 것에 대한 반감이 크기 때문이다. 실제로 한국의 중소기업 M&A 사례를 살펴보면 자산과 인력을 동시에 양도하거나 전문경영인에게 경영권을 완전히 넘기는 경험이 부족해, M&A를 검토하던 창업자조차 소극적으로 변할 수밖에 없는 게 현실이다.

반면 일본에서는 단카이 세대(1947~1949년생)가 2010년 전후부터 경영 후계자를 찾지 못하는 문제가 심각해지면서 기업 승계형 M&A 건수가 크게 증가했다. 일본 중소기업청이 2021년에 발표한 '일본 중소기업 M&A 매각 동기' 조사에 따

       CHAPTER 09 [지속 경영] 100년 명문 장수기업 탄생

르면, 응답기업의 53.0%가 후계자 부재를 매각 동기로 꼽았다. 그 다음으로는 종업원 고용 유지(25.6%), 사업 재생(6.7%), 사업 성장·발전(6.5%)이 뒤를 이었다.

표 9-12 일본 중소기업의 M&A 추진 동기

(단위: %)

후계자 부재	53.0
종업원 고용의 유지	25.6
사업의 재생	6.7
사업의 성장·발전	6.5
사업이나 주식 매각에 의한 이익 확보	4.4
비핵심 사업의 매각을 통한 사업 개선	3.7

자료: 일본 중소기업청

일본은 '중소기업 경영 후계자 부재' 문제로 인해 일찍부터 중소기업 분야의 M&A 전문 중개기관들이 잇따라 등장했다. 대표적인 예로는 1991년 설립된 니혼 M&A센터, 1997년에 설립된 스트라이크(Strike), 그리고 2005년에 설립된 M&A캐피탈파트너스가 있다.

이들 회사는 2012년에 232건의 기업 승계형 M&A 건수를 달성한 이후, 5년 만인 2017년에는 682건으로 실적을 무려 3배 가까이 늘렸다. 업계 1위인 니혼 M&A센터는 2021년에 1,183건의 중개 거래를 성사시키며 급성장하고 있다.

최근 일본에서는 기업 승계 후계자를 찾지 못해 폐업 위기에 처한 제조 중소기업을 인수하고 지속 가능한 성장을 지원하는 스타트업이 등장하고 있다.

2022년 블룸버그통신은 'A Startup Offers Japan's Aging CEOs a Worry-Free Succession Plan(일본의 고령 CEO들에게 걱정 없는 승계계획을 제시하는 스타트업)'이라는 제목의 기사에서 '차세대기술그룹(Next Generation Technology Group)'을 집중 조명했다. 이 스타트업은 경영자들의 걱정을 덜어주며, 기업의 지속 가능한 미래를 위해 혁신적인 접근 방식을 제시하고 있다.

금융권 출신과 컨설턴트들이 모여 2018년에 설립한 NGTG는 일본 제조업 분야의 중소기업 6개사를 인수한 결과, 5년 만에 매출이 80억 엔(700억 원)으로 증가했다. 이러한 성장은 M&A 시장의 수요가 증가함에 따라 일본에서 신생 M&A 전문 중개기관들도 꾸준히 출현하고 있다는 것을 보여준다.

기업 승계를 지원하기 위해 M&A 플랫폼 구축이 필요하다. 이러한 플랫폼이 마련되면 경영 의사가 없는 경영자와 인수자를 효과적으로 매칭하여 기업의 존속을 지원할 수 있으며, 이는 임직원 고용 유지와 경제적 가치 보존, 신규 투자 유치를 촉진할 수 있다.

해외에서도 승계 M&A를 지원하는 제도가 운영되고 있다. 독일의 '기업승계거래소(Nexxt Change)', 일본의 '사업인계지원센터', 프랑스의 '기업승계전국거래소' 등 주요 국가들은 기업 승계 지원 플랫폼을 통해 승계의 성공적인 정착을 도모하고 있다.

* **독일 기업승계거래소**: (온라인+오프라인) '01년에 도입하여 연간 1,000여 건 이상 거래 성사 (1,312건('11년))
** **일본 사업인계지원센터**: (오프라인) 전국 48개 센터, 상담건수 8,526건, 사업인계건수 687건 ('17년)
*** **프랑스 기업승계 전국 거래소**: (온라인) OSEO(정부계 금융기관), 가맹 DB 11개(민간 포함) 주관, 게재 정보량 약 1만 1천 건('17년)

표9-13 일본 사업승계 M&A지원제도

범주	지원제도	
지원체계의 정비	사업승계지원센터	
	M&A지원기관 등록제도	
세제우대 조치	등록면허세부동산취득세	
	경영자원집약화 세제	설비투자
		고용확보
		준비금 적립
보조금	사업승계·인계보조금	전문가 활용
		설비투자 등
금융지원	「경영승계원활화법」에 의거한 금융지원	

자료: 중소기업 뉴스(2024.07.29.)

우리나라에서도 해외 사례를 참고하여 기업 승계 M&A 지원 체계를 효과적으로 구축해야 한다. 이를 위해 정부와 관련 기관이 공동으로 운영하되, 민간 부문도 참여할 수 있도록 개방해야 한다. 이러한 협력적인 접근 방식은 보다 다양하고 실효성 있는 지원을 통해 기업 승계를 촉진하고, 중소기업의 지속 가능한 성장을 이끌어낼 수 있을 것이다.

표 9-14 독일 Nexxt Change 참여기관별 역할과 한국 대응기관(예)

Nexxt Change 참여기관	내용	한국 대응기관
KfW재건은행	- 거래소 운영, 관리 등 주관	IBK기업은행
연방경제에너지부	- 거래소 재정지원 등 정부 주무부처	중소벤처기업부 산업통상자원부
중앙 및 지방 상공회의소 수공업 중앙회 등 서민은행 및 농업은행 저축은행	- 회원사에 대하여 거래소 안내 - 지역 파트너 참여	대한상공회의소 중소기업중앙회 중소기업진흥공단 소상공인시장진흥공단 벤처기업협회 등

참여 기관에 속한 지역 파트너는 매매 중개 및 지원 등 핵심 역할을 수행해야 한다. 특히, 매도자 파트너는 매도자가 등록한 기업 정보에 대한 검토 및 게시 권한을 갖고 이를 추진해야 한다. 이러한 구조는 지역 기반의 신뢰를 구축하고, 매도자와 인수자 간의 원활한 소통을 도와 기업 승계를 더욱 원활하게 진행할 수 있도록 할 것이다.

※ 지역 파트너의 검토 및 게시 승인이 거래소 기업정보 공개 사전 조건

매수자 파트너는 매수자의 관심 기업 접촉 요청을 접수하고, 매도자와 매수자 간의 대면 미팅을 주선 및 동행하며, 매매 중개 전반에 걸쳐 자문을 제공해야 한다.

또한, 기업 매도자와 매수자 간의 검색 서비스를 제공하여 정보 불균형 문제를 해소해야 한다. 이러한 서비스를 통해 양측이 필요로 하는 정보를 보다 쉽게 접근할 수 있도록 지원함으로써, 기업 승계 과정의 효율성을 높이고 성공적인 거래를 촉진할 수 있을 것이다.

* **매도자:** '산업부문', '소재 지역', '기업규모'(종업원 수 및 매출액), '기업승계 기간', '매각금액' 등
** **매수자:** '산업부문', '소재 지역', '기업규모', '기업인수 기간', '매수금액' 등

매도기업 등록부터 계약 체결 시까지 철저한 정보 관리가 중요하다. 정보 유출이 발생할 경우, 매도기업의 거래처, 임직원 등 이해관계자와의 갈등 및 분쟁으로 이어질 수 있으며, 이는 매각 가치에 부정적인 영향을 미친다.

또한 지역 파트너의 전문성을 강화하기 위해 연계 지원 조직이 필요하다. 독일의 경우, 지역 파트너 지원 조직으로 경제촉진 및 개발조합 독일 연합, 독일경제 합리화 및 혁신연합, 독일 기업자문가 연방연합, 독일 공증인 및 변호사, 세무사 협회, 독일 경제 연방 연합 등이 참여하고 있다. 이러한 조직들은 지역 파트너의 역량을 높이고, 보다 효과적인 지원을 제공할 수 있는 기반을 마련한다.

참고

EU가 발표한 기업승계거래소 기초 가이드라인 (2006)

- 전국적인 통합 인터넷 플랫폼을 설치하여 여러 개의 거래소로 분산되는 것을 방지
- 기업거래소 운영자는 중립적이고 신뢰성 필요. 이러한 운영자 후보로는 회원가입의무가 존재하는 상공회의소, 수공업협회 및 기타 전문기업협회 등 가능
- 기업거래소는 광고, 캠페인, 승계 관련 정보들의 배포 등을 통해서 목표 집단에게 확산 필요
- 기업거래소의 정보은행은 적어도 산업부문, 소재지역, 기업규모, 거래금액 등의 기준 검색 필요
- 기업매매광고등록자들의 개인정보들이 보호되어야 하고, 익명으로 접촉 등록 가능
- 기업매매광고들은 정기적인 검사를 통해서 통과될 수 있는 최소한의 질적 기준들을 유지
- 기업거래소들은 기업매매광고물에 대한 '검색'서비스 외에도, '협상과정에의 동반', '각종 자문들' 및 '매매성공 지원' 제공 등의 추가적인 서비스를 제공
- 매매협상의 성공 여부 모니터링과 매매협상 성공에 결정적인 요소들을 지속적으로 관찰

경영 승계자가 없는 경영자와 창업을 희망하는 기업가를 매칭해 주는 서비스도 제공해야 한다. 이는 경영 승계자 부재 문제를 해결하고, 창업 의욕을 가진 인재를 지원하기 위한 목적이다. 이러한 매칭 서비스는 기업의 지속 가능성을 높이

는 동시에 새로운 창업자에게는 경영 경험과 자산을 활용할 수 있는 기회를 제공하여, 양측 모두에게 긍정적인 결과를 가져올 수 있을 것이다.

현장의 소리

"중소기업은 승계형 M&A는 기업을 사고 파는 일이다 보니 관련 정보를 구하기가 어렵다. 혼자 할 수 있는 일이 아니다."

"M&A 거래 규모가 작을수록 매도자와 매수자 간 매칭이 매우 어렵다. 중소기업이 M&A할 때 좀 더 쉽고 빠르게 거래를 진행할 수 있는 플랫폼이 필요하다."

우리 정부(중소벤처기업부)는 2024년 4월, 친족 승계가 어려운 중소기업의 지속 가능한 경영을 위해 현행 '가업' 승계(친족) 지원 개념을 '기업' 승계(M&A 등)로 확대하는 지원책을 발표했다. 이 지원책은 M&A 방식의 기업 승계를 희망하는 중소기업을 위해 중앙정부, 지방자치단체, 민간 중개업체를 통한 지원 체계를 구축하고 있다.

이로써 M&A 준비 및 컨설팅부터 M&A 매칭·중개, M&A 후 경영 통합에 이르기까지 전(全) 단계를 지원할 계획이다. 이러한 종합적인 지원 체계는 중소기업이 보다 원활하게 M&A를 진행할 수 있도록 도와줄 것으로 기대된다.

그림 9-10 기업승계형 M&A 지원체계(안)

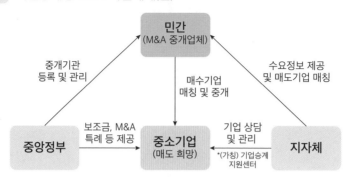

표 9-15 (사례) 일본 지원 체계

M&A 활성화	• 사업승계·인계 지원 Center(지자체) • M&A 중개업체 매칭(등록, 보조금) • 주식매입비용 융자, 보증
M&A 후 경영안정	• 설비투자, 마케팅 보조금 • 투자, 고용 증가 시 세제 혜택

자료: 중소벤처기업부

기업 승계형 M&A를 활성화하기 위해서는 인수할 좋은 회사를 물색하고, 협상, 실사, 법률 지원, 자금 지원 등 M&A 전체 과정을 체계적으로 진행할 수 있는 플랫폼이 구축되어야 한다.

IBK와 같은 금융기관이 보유하고 있는 고객 서비스 및 매칭 플랫폼과 연계하여 조기에 안착하고 효과를 창출할 필요가 있다. 예를 들어, 기업주치의 제도, IBK BOX의 판로 개척, 기업 투자 정보 마당, I-ONE JOB 등의 고객 서비스 및 매칭 플랫폼과 협력하고 노하우를 공유하는 것이 중요하다.

또한, 기업 승계형 M&A 생태계를 제대로 구축하기 위해서는 정교한 입법 드라이브가 필요하다. 중소벤처기업부가 발표한 '중소기업 기업 승계 특별법'과 같은 M&A 특례 입법 체계가 마련되어야 하며, 이를 기반으로 한 후속 조치들이 계속 이어져야 할 것이다.

이러한 체계적인 접근이 중소기업의 M&A 활성화를 촉진하고, 기업 승계의 성공 가능성을 높이는 데 기여할 것으로 기대된다.

협동조합의 새로운 길을 열자

협동조합은 경제적 가치를 창출하는 데 중요한 역할을 한다. 회원들은 생산, 유통, 판매 과정에서 효율적으로 협력하여 경제적 이익을 극대화한다. 또한 협동조합은 지역 사회를 위해 힘을 합쳐 사회적 및 경제적 문제를 해결하는 데 큰 기여를 하고 있다. 하지만 협동조합이 활성화되는 데는 여러 어려움이 존재한다. S 중소기업협동조합의 M 이사장은 "협동조합이 활성화되면 중소기업의 어려움 해소와 발전에 크게 기여할 수 있지만, 공동 구매를 포함한 조합 지원이 부족해 안타깝다"고 말했다. 그는 "협동조합의 질적 성장을 위한 종합적인 대책이 마련되면 좋겠다"고 강조했다.

4차 산업혁명 시대를 맞이한 기업들은 디지털 경제로의 전환 등 빠르게 변화하는 경영 환경에 효과적으로 대응할 수 있는 비즈니스 모델이 필요하다. 이제는 '혼자만의 비즈니스'에서 벗어나 '함께의 비즈니스'로 나아가야 한다. 이러한 변화의 핵심은 협동조합이다.

협동조합은 자원을 공유하고, 상호 협력함으로써 기업의 경쟁력을 강화하고 지속 가능한 성장을 도모할 수 있는 유효한 방식이다. 협동조합을 통해 기업들은 공동의 목표를 가지고 협력하여 혁신적인 솔루션을 창출하고, 시장에서의 입지를 확고히 할 수 있을 것이다.

속담에 "하나보다는 둘이 낫고, 둘보다는 셋이 낫다"는 말이 있다. 어려운 환경에서는 특히 그렇다. 최근 우리 경제가 성장 동력을 잃어가고 있는 가운데, 협동조합의 중요성이 부각되고 있는 이유도 여기에 있다. 협동조합은 소액 자본과 소규모 인력으로 설립이 가능하며, 업무 영역에서는 중소기업과 유사하지만 협동조합법에 의해 공식적으로 조직된다.

협동조합은 개인이나 단체가 경제적, 사회적 이익을 추구하기 위해 모여 협력하고 공동으로 운영하는 조직이다. 이들은 일반적으로 동일한 경제적 목표를 가진 사람들이 모여 자원과 지식을 공유하고 협력하며 상호 보완하는 방식으로 운영된다. 협동조합의 목적은 회원들의 경제적 및 사회적 이익을 극대화하는 데 있으며, 이는 단순한 이윤 추구를 넘어 지역사회의 발전과 상호 협력을 도모하는 것을 목표로 한다. 이러한 협동조합의 모델은 어려운 시기에 기업들이 함께 성장하고 서로를 지원하는 데 큰 도움이 될 수 있다.

협동조합은 이윤보다 조합원 편익을 우선시하며, 투자자이자 소비자인 조합원의 역할이 매우 중요하다. 또한, 협동조합은 개방적이고 투명한 지배구조를 갖추고 있어 지역사회와 밀접하게 연관되어 공동의 이익을 추구하고, 중장년층 일자리 창출 등 다양한 사회적 역할을 수행한다. 이러한 조직은 사회의 양극화를 완화하고 청년들에게 창업의 꿈을 실현할 기회를 제공할 수 있다.

현재 협동조합은 미래의 강소기업군으로 부상하며 경제의 주체로서 서서히 자리 잡아가고 있다. 국내외적으로 '협동조합 열풍'이 일고 있는 것도 그 증거다. 전 세계에는 약 140만 개의 협동조합이 존재하며, 이들의 종합원 수는 약 10억 명에 달한다. 특히 유럽연합의 25만 개 협동조합은 540만 개의 일자리를 창출했고, 전 세계 상위 300대 협동조합의 총 매출은 1조 6,000억 달러로 추정되고 있다. 이러한 수치는 협동조합이 경제에 미치는 긍정적인 영향을 잘 보여준다.

우리나라에서도 2012년 2월 협동조합기본법이 시행된 이후 협동조합 설립이 급증하고 있다. 2012년에는 55개에 불과했던 협동조합이 2014년 말에는 6,000개를 돌파했다. 2022년 기준으로 누적 협동조합 수는 23,892개에 이르며, 유형별로는 일반협동조합이 19,649개(82.2%), 사회적 협동조합이 4,116개(17.2%), 연합회가 104개(0.5%)를 차지하고 있다. 현재 운영 중인 협동조합은 1만 976개이며, 전체 조합원 수는 총 62만 2천410명에 달한다. 이러한 성장은 협동조합이 우리 경제에서 중요한 역할을 수행하고 있음을 보여준다.

표 9-16 협동조합 설립 현황(2022년 누적 기준)

| 구분 | 계 | 일반협동조합 | | | | | 사회적 협동조합 | 일반 협동조합 연합회 | 사회적 협동조합 연합회 |
		소계	사업자	다중이해 관계자	직원	소비자			
조합수(개)	23,892	19,649	14,403	3,978	690	578	4,116	93	34
비중(%)	100.0	82.2 (100.0)	60.3 (73.3)	16.6 (20.2)	2.9 (3.5)	2.4 (2.9)	17.2	0.4	0.1

자료: 기획재정부

우리에게 친숙한 세계 최고 명문 구단 FC 바르셀로나는 축구를 사랑하는 출자자로 구성된 스페인의 협동조합이다. 이 구단의 20만 명에 달하는 조합원이 주인이며, 수익은 배당 없이 팀 인프라 등에 재투자된다. 축구 스타 리오넬 메시가 동료애와 헌신 등의 가치를 중시하며 세계적인 선수로 성장할 수 있었던 것도 바르셀로나 협동조합에서 축구를 배웠기 때문이다.

또한, 미국의 썬키스트 협동조합은 6천여 개의 오렌지 재배 농가와 8개 협동조합이 중간상인의 독과점 횡포에 맞서기 위해 1893년에 설립되었다. 스위스의 소비자협동조합인 미그로는 생활 필수품의 유통 마진을 줄여 경쟁자보다 40% 저렴한 가격으로 판매하고 있으며, 직원 수는 8만 3,000명에 이르고, 총매출액은 약 32조 원에 달한다. 미그로는 스위스 인구의 30%가 조합원으로 참여하며, 스위스 사회경제의 중요한 역할을 수행하고 있다.

작은 마을에서 시작한 협동조합이 이렇게 거대한 그룹으로 성장한 사례는 우리에게 많은 시사점을 던져준다. 언젠가 한국에서도 세계적인 협동조합이 탄생할 수 있을 것이며, 이는 단순한 꿈이 아닌 현실이다. 우리는 자생력을 넘어 글로벌 시장에서 활동하는 협동조합 기업을 적극 육성하여 한국 경제의 새로운 성장 엔진으로 만들어 가야 한다.

현장의 소리

중소기업 전문가 N박사는 "상황이 제각각인 개별 소상공인 목소리는 정책에 반영되기에는 너무 미약하다. 소상공인 정책이 실제 성과로 이어지기 위해서는 선진국의 협동조합 사례처럼 자영업자 조직화와 협업에 초점을 맞추는 제도를 고민해 볼 만하다"고 전했다.

협동조합은 장기적인 계획과 일정 부분의 사회경제적 지원 없이는 성공하기 어렵다. 마치 식물에 물과 거름을 주어야 성장하듯이, 협동조합의 싹이 무럭무럭 자라나 원래의 목적을 이루고 우리 경제사회의 균형 성장을 이끌어 갈 수 있도록 다양한 지원 활동이 필요하다.

잠깐 반짝하고 사라지는 현상이 아닌, 지속 가능한 협동조합 모델이 될 수 있도록 힘을 쏟아야 한다. 이를 위해 정부와 관련 기관, 민간 부문이 함께 협력하여 체계적인 지원 체계를 구축하고, 조합원들이 실제로 느낄 수 있는 실질적인 혜택을 제공해야 한다. 이렇게 함으로써 협동조합은 지역사회에 긍정적인 영향을 미치며, 경제적, 사회적 가치를 지속적으로 창출할 수 있을 것이다.

중소기업의 당면한 위기 극복과 경쟁력 강화를 위해 협동조합의 기능은 더욱 중요해지고 있다. 이제는 협동조합이 마음껏 뛸 수 있도록 건강한 생태계를 조성하고, 현장 맞춤형 지원책을 마련해야 할 시점이다.

무엇보다도 금융 지원 체계를 확립하는 것이 필수적이다. 현재 협동조합에 대한 금융 지원은 초기 단계에 불과하며, 제대로 된 운영 체계를 갖추지 못하고 있다. 따라서 협동조합에 적합한 예금, 대출, 투자 등의 전용 금융상품을 개발하여 새로운 금융 영역으로 확장해 나가야 할 것이다.

이러한 노력은 협동조합의 지속 가능성을 높이고, 중소기업이 협동조합의 힘을 빌려 위기를 극복하며 경쟁력을 강화할 수 있는 기회를 제공할 것이다. 더불어, 지역 경제 활성화와 사회적 가치 창출에도 긍정적인 영향을 미칠 것으로 기대된다.

좋은 뜻으로 출발한 협동조합 육성이 양적 증가에 함몰될 수 있는 우려가 크다. 우후죽순처럼 생겨나는 협동조합을 무분별하게 지원해서는 안 된다. 내실이 뒷받침되지 않는 협동조합은 의미가 없으며, 진정한 가치를 창출하기 어렵다. 따라서 옥석을 가려 제대로 된 협동조합이 경제 사회 각 분야에서 창조적인 역할을 수행할 수 있도록 자생력을 키우는 것이 무엇보다 중요하다.

현재 협동조합 현장에서는 피부로 와 닿는 변화가 부족하다는 볼멘소리가 많다. 이들은 협동조합 운영에 있어 손에 잡히는 내용이 다소 부족하다는 점을 지적하고 있다. 이는 협동조합의 발전과 성장에 실질적인 영향을 미치는 문제이므로, 운영 효율성을 높이고, 실질적인 지원과 교육 프로그램을 강화해야 할 필요성이 있다.

결국, 협동조합이 지속 가능한 발전을 이루기 위해서는 양적 성장뿐 아니라 질적 성장도 중요하다는 점을 명심해야 할 것이다.

유럽식 협동조합 모델을 벤치마킹하여 활성화 방안을 모색하는 것은 매우 중요한 접근이다. 스페인, 이탈리아, 스위스 등에서는 협동조합이 이미 활성화되어 있으며, 이들은 공동 이익을 추구하면서도 정책 제언에도 적극 참여하고 있다. 우리나라에서도 협동조합이 이와 같은 역할을 수행할 수 있도록 해야 한다.

협동조합의 사회 경제적 역할이 더욱 요구되는 상황에서, 디지털 전환 및 ESG(환경·사회·지배구조) 등 환경 변화에 대한 대응력을 높이기 위한 정책적 노력이 필수적이다. 이를 위해, 제4차 중소기업 협동조합 활성화 3개년 계획(2025~2027)에는 보다 현실적인 대안들이 포함되어야 하며, 협동조합의 특성을 반영한 정책이 마련되어야 한다.

특히, 정부 내 협동조합 전담 부서를 설치하여 일관성 있는 정책이 펼쳐질 수 있도록 하는 것이 중요하다. 이를 통해 협동조합이 디지털 경제와 지속 가능한 발전에 기여할 수 있는 플랫폼으로 발전할 수 있는 기반을 마련해야 할 것이다. 이러한 정책적 뒷받침은 협동조합의 자생력과 지속 가능성을 높이는 데 큰 도움이 될 것이다.

협동조합이 가진 정신과 원칙을 잘 살린다면, 창조혁신시대에 제2의 벤처 붐을 일으켜 한국 경제의 새로운 희망이 샘물처럼 솟아날 것이다. 협동조합은 상호 협력과 공동 이익을 추구하는 조직 구조로, 다양한 분야에서 혁신과 창의성을 발휘할 수 있는 잠재력을 가지고 있다.

이러한 협동조합들이 지역사회와 밀접하게 연관되어 상생의 가치를 실현한다면, 이는 경제적 효과를 넘어 사회적 통합에도 기여할 것이다. 특히, 젊은 인재들이 협동조합 모델을 통해 창업의 꿈을 이루고, 지속 가능한 비즈니스를 운영할 수 있는 환경이 조성된다면, 이는 한국 경제의 새로운 성장 동력으로 작용할 것이다.

따라서, 협동조합의 활성화와 지원체계를 확립하고, 이들이 창조적이고 혁신적인 사업 모델을 발전시킬 수 있도록 다양한 정책적 노력이 뒷받침되어야 한다. 이와 같은 방향으로 나아간다면, 협동조합은 한국 경제의 미래에 중요한 역할을 할 수 있을 것이다.

⑫ 중소기업, 통일경제의 '히든 챔피언'

대한민국의 미래에서 중요한 이슈는 통일경제가 될 것이다. 통일경제가 실현되면 우리 경제에 어떤 변화가 생길까? 이 과정에서 핵심은 기업이다. 기업이 준비하고 큰 역할을 해야 한다. 미래를 준비하는 기업은 30년 후에도 지속적으로 성장할 수 있다. 통일은 더 이상 먼 이야기만이 아니다. 이는 곧 다가올 현실적인 과제다. 따라서 우리 중소기업은 철저히 준비하고 전략을 수립해야 한다. 경기도에서 건설업을 운영하는 K사는 북한이 개혁 개방을 하거나 통일 경제 시대가 도래했을 때, 북한 지역의 인프라 개발을 위해 무엇을 준비해야 할지 고민하며 미리 학습하고 전략을 세우고 있다.

통일은 대박일까, 아니면 쪽박일까? 잘 준비하여 통일을 이룬다면 우리는 세계 최강 국가로 도약할 수 있지만, 준비가 부족하면 통일 후유증으로 더욱 힘든 날들이 올 수도 있다. 독일은 갑작스럽게 통일을 이루었지만, 오랜 준비 덕분에 유럽 최강국으로 성장하는 발판을 마련했다. 대한민국도 독일의 경험을 교훈 삼아 통일의 기회를 잘 살려야 한다. 통일 경제에서 중소기업의 역할은 무엇보다 중요하다. 중소기업은 유연성과 민첩성을 갖추고 통일 경제 시대의 주인공이 될 수 있다.

현장의 소리

"개성공단에서 사업을 해온 J사의 O대표이사. 개성공단에서의 경험을 바탕으로, 우리 중소기업이 통일경제 과정에서 성장 DNA가 강해져 세계 시장을 누비는 히든 챔피언이 나올 것이라고 생각한다"고 강조했다.

그동안 일부 사회에서는 통일에 대해 부정적인 인식이 강했다. 통일이 혼란을 일으키고 막대한 비용이 들 것이라는 비판적인 시각이 있었다. 하지만 통일은 우리가 어떤 대가를 치르더라도 반드시 이루어야 할 중요한 책무이다. 또한, 통일은 대한민국이 '경제 대국'으로 도약하는 길이기도 하다. 통일로 인해 얻는 이익이 드는 비용보다 훨씬 더 클 것이다. 만약 우리가 준비를 잘 한다면, 통일된 대한민국의 무한한 잠재력이 새로운 세상을 열어 줄 것이다.

골드만삭스(Goldman Sachs)는 2050년 통일 한국의 1인당 GDP가 8만 1,000달러에 이를 것으로 전망하며, 통일 한국이 일본과 독일 등 주요 선진국을 제치고 미국에 이어 세계에서 두 번째로 부유한 국가가 될 것이라고 예측했다. 세계적인 투자 전문가 짐 로저스 회장도 "한반도가 통일되면 전 재산을 북한에 투자하고 싶다"고 밝히며 통일 경제의 잠재력에 주목한 바 있다.

현장의 소리

골드만삭스는 '통일한국? 대북 리스크에 대한 재평가 Part 1'이라는 보고서에서 "한국과 북한이 통일되면 30~40년 안에 국민총생산(GDP) 규모가 프랑스, 독일, 일본 등 주요 G7 국가를 초월할 것"이라고 전망하며, 2030년에는 3조 2,800억 달러, 2040년에는 5조 5,190억 달러, 2050년에는 6조 560억 달러에 이를 것이라고 밝혔다.
세계적인 투자가 짐로저스(Jim Rogers)는 "북한의 현재 상황이 중국의 1981년과 같다"고 진단했다. "지금 북한 통화 매입에 나선다면 향후 부자가 될 수 있을 것이다. 할 수만 있다면 가진 돈 전부를 북한에 투자하고 싶다."라고 강조했다.

한반도 통일이 성공적인 결과를 가져올지 아니면 실패로 이어질지는 결국 우리의 노력에 달려 있다. 만약 잘 준비한다면 남북한이 새로운 도약을 이룰 수 있지만, 준비가 부족하다면 부작용이 발생해 오히려 성장이 후퇴할 수도 있다.

잘 준비해서 통일 경제가 성공적으로 이루어지면 남북한 모두에서 큰 경제적 성과가 기대된다. 통일로 인해 한국의 평균 경제 성장률은 향후 20년간 4.9%에 이를 것으로 예상되며, 이는 최근 5년 평균 성장률인 3.2%보다 1.7% 포인트 높은 수치다. 북한의 경제 성장률도 통일 경제의 영향으로 6.3%에 도달해, 대북 제재 이전 5년 평균인 2.3%보다 4.0% 포인트 상승할 전망이다.

또한, 2050년에는 통일 경제 덕분에 한국의 1인당 GDP가 12만 달러를 넘어서며 세계 1위에 오를 가능성이 있으며, 북한 역시 1인당 GDP가 3,000달러를 돌파하며 최빈국에서 벗어날 것으로 예측된다.

표 9-17 통일경제의 남북한 GDP 추정

(단위: 억달러)

	2030	2035	2040	2045	2050
한국	2,454	3,116	3,959	5,028	6,387
북한	248	336	457	620	841

그림 9-11 통일경제의 남북한 1인당 GDP(2050년, 달러)

한국

123,707 / 97,677 / 79,677 / 74,525 / 68,869 / 67,419 / 59,740 / 57,076

한국 / 미국 / 독일 / 캐나다 / 영국 / 프랑스 / 이탈리아 / 일본

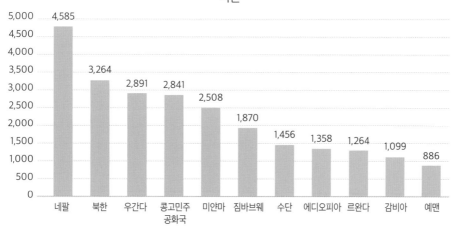

북한

4,585 / 3,264 / 2,891 / 2,841 / 2,508 / 1,870 / 1,456 / 1,358 / 1,264 / 1,099 / 886

네팔 / 북한 / 우간다 / 콩고민주공화국 / 미얀마 / 짐바브웨 / 수단 / 에디오피아 / 르완다 / 감비아 / 예맨

자료: 자체 추정

통일 경제가 이루어지면 한국에서는 20년 동안 601만 개의 일자리가 창출될 것으로 분석되며, 북한에서는 495만 개의 일자리가 생길 것으로 예상된다.

| 표 9-18 | 통일경제로 인한 누적고용유발효과 |

(단위: 만명)

	2027	2032	2037	2042
북한	116	237	363	495
한국	76	200	383	601

자료: 자체 추정

한반도 통일이 언제 이루어질지는 누구도 정확히 예측할 수 없다. 그러나 북한 내에서 시장 경제가 확산되고 있는 상황과 시대적 흐름을 고려할 때, 한반도 통일은 더 이상 먼 얘기가 아니다. 완전한 하나의 국가로 통합되는 데는 시간이 걸릴 수 있지만, 사실상 경제적 통합은 비교적 빠르게 이루어질 수 있을 것이다. 중국과 대만의 경제 관계와 유사한 남북 경제 공동체가 곧 현실이 될 가능성이 높다.

문득, 전 독일 총리인 빌리 브란트의 말이 떠오른다. 1989년 10월, 브란트 총리가 한국을 방문했을 때 그는 독일의 통일이 언제 이루어질지 모르지만, 한국이 먼저 통일될 것이라고 말했다. 그러나 한 달 후, 독일은 반세기 동안의 장벽을 무너뜨리고 통일의 문을 활짝 열었다. 독일의 사례에서 볼 수 있듯이, 통일은 결코 재앙이 아니라 대박을 가져올 수 있다. 우리는 이미 유럽의 '병자'에서 경제 엔진으로 우뚝 선 독일에서 통일의 희망을 발견했다. 세계 경제 위기 속에서도 독일이 강한 이유는 결국 통일을 이뤘기 때문이다.

독일 동부의 드레스덴은 2차 세계대전으로 도시 전체가 폐허가 되었지만, 통일 이후 연간 10% 이상 성장하는 '독일의 실리콘밸리'로 거듭난 곳이다. 이는 사실상 '통일 성장론'의 좋은 사례로, 한반도 통일 후 북한의 미래 청사진이 될 수 있다.

이전 여러 정부에서 남북 정상회담, 6·15 공동선언, 10·4 선언, 통일 대박, 통일 독트린 등을 언급하면서 우리 사회에서 통일 논의가 급속도로 확산되었다. 특히 윤석열 대통령은 2024년 8·15 경축사를 통해 통일 독트린을 발표했다.

그림 9-12 8·15 통일 독트린 체계도

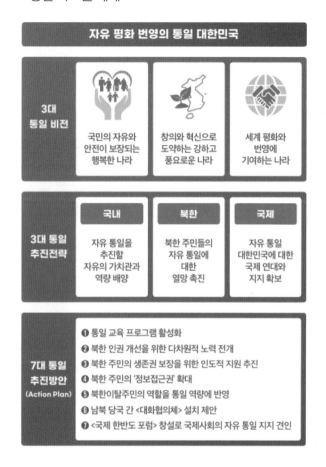

자료: 통일부

이제 통일은 우리 세대에 닥칠 현실적인 문제이다. 통일은 선택 사항이 아니라 반드시 나아가야 할 필연적인 길이다. 우리는 지금 그 길을 걷고 있다.

그렇다면 통일은 우리 중소기업에게 어떤 의미일까? 통일과 중소기업의 관계가 다소 어색하게 느껴질 수 있다. 하지만 깊이 생각해 보자. 남북이 갑자기 통일된다면 중소기업에게 어떤 의미가 있을까. 준비된 통일은 우리 중소기업에게 성장의 DNA가 될 수 있을 것이다.

한반도 통일 경제 시대가 시작되면, 북한 개발 특수, 지하 자원, 신규 비즈니스 창출, 안정적인 내수 시장, 인력난 완화, 입지 문제 해소 등의 새로운 성장 엔진을 통해 우리나라 중소기업은 무한한 경쟁력을 창출할 수 있을 것이다. 북한 지역에서는 창업 붐이 일어나 새로운 일자리가 생겨날 것이다.

또한, 북한의 경제 개발 구역에 국제 경쟁력을 갖춘 제2의 개성공단을 조성하면, 해외 진출 기업의 유턴 기지로 활용할 수 있고, 글로벌 중소기업의 새로운 북방 진출 교두보를 확보할 수 있다.

중소기업이 통일의 중요성을 인식하고 있음에도 불구하고, 실제로 통일 대비에 소홀한 상황은 매우 아쉬운 일이다. IBK경제연구소의 조사 결과에 따르면, 중소기업의 60% 이상이 통일의 중요성을 인정하고 있지만, 통일 시대를 준비하는 기업은 2% 이하에 불과하다는 점은 중소기업들이 통일에 대한 구체적인 준비나 전략을 마련하는 데 부족함이 있음을 시사한다.

이러한 상황을 개선하기 위해서는 중소기업들이 통일에 대한 교육과 정보 제공을 통해 인식을 높이고, 통일 대비 전략을 수립할 수 있도록 지원하는 정책이나 프로그램이 필요할 것이다. 기업들이 통일 시대에 맞춰 경쟁력을 갖출 수 있도록 준비하는 것이 중요하다.

"늦었다고 생각할 때가 가장 빠르다"는 말이 있다. 중소기업은 통일의 기회를 선제적으로 활용할 수 있도록 신속히 통일 준비 전략을 마련해야 한다. 지금부터라도 중소기업인은 통일 경제를 염두에 둔 경영적 사고를 바탕으로 미래를 준비할 필요가 있다.

이러한 전략은 중소기업에 새로운 시장과 기회를 창출할 수 있는 발판이 될 것이다. 중소기업인들은 통일 경영 사고를 통해 통일 경제에 대한 이해를 높이고, 변화하는 환경에 적응할 능력을 키워야 할 것이다.

몇 해 전 한국을 찾은 독일 경영학자이자 '히든 챔피언'의 저자인 헤르만 지몬 박사의 말이 떠오른다. 그는 "한국의 중소기업이 중견기업으로, 나아가 글로벌 히든 챔피언으로 성장할 절호의 기회가 바로 통일 경제"라며 "이를 잘 준비하고 활용해야 한다"고 강조했다. 통일경제가 실현될 경우, 한국의 중소기업들이 중견기업으로 성장하고 글로벌 시장에서 경쟁력을 갖춘 히든 챔피언으로 발전할 수 있는 기반이 마련될 것이라는 점을 시사한 것이다.

통일 경제가 열리면 한국 중소기업들은 창의적 경쟁력을 무기로 세계 무대에서 활약할 기회를 맞이할 것으로 기대된다. 통일 경제 시대는 경제의 큰 축을 이루는 중소기업들이 선도할 것이며, 이는 곧 '통일 대박'이자 '경제 대박', 그리고 '중소기업 대박'으로 이어질 전망이다. 창조의 모체인 중소기업이 활력 있는 다수 (Vital Majority)로서 통일 경제의 핵심 주전으로 활약하며 주도적 역할을 맡게 될 것이다.

[에필로그] 현장에서 희망의 불을 밝히다(Smart Dream)

전 세계가 복합적인 경제 위기와 함께 새로운 대변혁(Big Change)의 시대를 맞이하고 있다. 주요 국가들은 선거를 통해 지도자를 교체하고 있으며, 트럼프 2기 시대에 미·중 간 무역·기술 갈등은 더욱 심화되고 있다. 한반도에서는 지정학적 위기가 고조되고 있고, 동시에 4차 산업혁명과 인공지능(AI) 시대가 본격적으로 도래하면서 급격한 변화가 이어지고 있다.

코로나19 팬데믹의 종식으로 세계 경제는 서서히 회복세를 보이고 있다. 국제기구들은 경제 성장률 전망치를 잇따라 상향 조정하고 있지만, 단순한 경제 지표만으로는 경제 상황을 정확히 판단할 수 없다. 지표 뒤에 숨겨진 현상과 실체를 파악하는 것이 중요하다.

세계 경제는 과거처럼 동일한 성장 사이클을 겪는 것이 아닌, 각국이 상이한 규모와 속도로 차별적 성장을 하고 있다. 이러한 양극화 현상은 각국 간 격차를 심화시키며, 언제든지 불확실성 증대로 새로운 경제 위기가 도래할 가능성도 높아지고 있다.

한국 경제는 회복세가 기대되고 있지만, 비상계엄 선포 혼란과 불확실성으로 인해 그 지속성을 장담할 수 없으며, 2025년은 경기가 후퇴할 가능성이 크다. 인구 감소와 기후 위기, 중국 경제의 둔화, 북한의 도발 등 구조적 문제와 외부 리스크가 한국 경제에 큰 부담으로 작용할 것이다. 특히 수출 의존도가 높은 한국은 중국 경제 위기와 고물가, 고금리, 고환율 등 복합적인 도전에 직면해 있다. 한국 경제는 언제든지 변동성이 더욱 커져 폭발적인 상황을 맞이할 수 있다는 경고가 나온다.

한국 경제는 성장 속도가 지속적으로 둔화되면서 저성장이 고착화될 가능성이 커지고 있다. 이는 자칫 일본의 '잃어버린 30년'처럼 0%대의 저성장 시대가 도래할 수 있다는 우려를 낳고 있다. 이러한 상황에서는 당면 과제를 면밀히 분석하는 '현미경적 시각'과 함께, 멀리 내다보고 대비하는 '망원경적 시각'이 모두 필요하다. 단기적인 문제 해결에 집중하면서도 장기적인 전략을 병행해 준비하는 것이 지금 한국 경제에 필요한 접근 방식이다.

대한민국은 경제의 뿌리인 중소벤처기업을 살리고 미래 지속 성장토록 만들어 가야 할 중요한 기로에 서 있다. 중소기업은 고물가·고금리·고환율이라는 '3고'의 복합 위기에서 여전히 벗어나지 못하고 있다. 정부의 경제 지표는 개선되고 있지만, 현장에서 체감하는 중소기업과 소상공인의 경기는 여전히 어려운 상황이다. 특히 중소기업의 자금 사정은 더욱 악화될 전망이며, 내수 침체와 금융기관의 자금 공급 제한이 경기 회복을 지연시키고 있다.

총체적인 위기 속에서 중소기업이 신속하게 벗어나도록 해야 한다. 이를 위해 중소기업 정책은 장기적인 관점에서 깊이 있게 고민해야 하며, 동시에 현장의 목소리가 생생하게 반영될 수 있도록 해야 한다. 현장의 의견과 필요를 반영한 정책이 마련될 때, 중소기업은 보다 효과적으로 어려움을 극복하고 성장할 수 있는 기반을 마련할 수 있을 것이다.

일찍이 안중근 의사께서는 "멀리 생각하지 않으면 큰일을 이루기 어렵다(人無遠慮, 難成大業)"고 말씀하셨다. 이는 현재와 같은 불확실한 경제 상황에 매우 적합한 명언이다. 장기적인 비전과 계획이 없다면, 단기적인 문제 해결에만 집중하게 되어 지속 가능한 발전을 이루기 어렵다는 점을 일깨워준다.

얼마 전까지만 해도 코로나 팬데믹은 전 세계를 뒤흔들며 기존 질서를 재편했다. 개인의 일상부터 산업 전반에 이르기까지 모든 분야에 불확실성을 키웠다. 팬데믹 이후, 우리는 4차 산업혁명과 AI 시대의 도래와 함께 경제의 대전환을 앞두고 있다. 이러한 기술 혁신은 산업 구조를 근본적으로 변화시키고 있으며, 앞으로의 경제 지형을 크게 바꿀 것으로 예상된다.

대외 의존도가 높은 한국 경제는 현재 비상 상황에 처해 있다. 특히 기초 체력이 약한 중소기업의 미래는 더욱 불투명해 보인다. 이에 따라 새로운 성장 동력을 반드시 찾아야만 한다. 대변혁의 시기에 중소기업이 생존하고 도약하기 위해서는, 현장에서 해법을 찾는 지혜가 절실히 요구된다. 경제의 불확실성이 커지는 가운데, 현장의 목소리를 반영한 실질적인 대응 전략이 필요하다.

우리 경제와 사회는 지금 중대한 기로에 서 있다. 한 번도 경험해 보지 못한 새로운 길을 걷고 있는 상황이다. 불확실성이 커질수록 중소기업은 자신의 현실을 냉철하게 분석하고, 효과적인 위기 극복 방안을 찾아야 한다. 이를 위해 정부와 지원 기관, 금융권은 중소기업이 혁신 역량을 발휘할 수 있도록 적극적으로 지원해야 한다. 혁신과 생존을 위한 지원 체계가 뒷받침될 때, 중소기업은 이 어려운 상황을 극복하고 다시 도약할 수 있을 것이다.

중소기업에 있어 자기진단은 필수적이다. 특히 기존 경제 질서가 흔들리는 지금, 자기진단은 위기 극복의 첫걸음이다. 무엇보다 중요한 것은 중소기업이 현재 처한 상황을 정확히 인식하는 것이다. 기업이 직면한 문제점이 무엇인지 세밀하게 파악한 후, 이에 맞는 대응 전략을 냉철하게 수립해야 한다. 이러한 과정을 통해 중소기업은 불확실한 경제 환경 속에서도 생존하고 성장할 수 있는 기반을 마련할 수 있다.

몸에 이상이 생기면 병원에서 진단을 받고 치료 방법을 결정하듯이, 중소기업도 정확한 진단을 통해 과감한 구조조정을 할지, 아니면 새로운 분야로 사업을 전환할지 등을 합리적으로 결정해야 한다. 계획을 세울 때는 단기적인 대응뿐 아니라, 중장기적인 시각에서 미래를 함께 구상해야 한다. 중소기업의 대응은 무엇보다 신속하고 민첩해야 한다. 그만큼 현재 상황이 중대한 위기임을 인식하고, 빠른 판단과 결단이 필요하다.

우려되는 점은 중소기업의 혁신 역량이 부족하다는 것이다. 지금과 같은 격변기에는 무엇보다도 변화를 주도할 수 있는 혁신 역량이 절실히 필요하다. 그러나 많은 중소기업이 급변하는 경제 상황에 맞설 만한 도전 정신과 내부 역량이 부족한 실정이다. 변화에 민첩하게 대응하고 혁신을 이끌어가는 힘이 부족하기 때문에, 이를 보완하기 위한 체계적인 지원과 내부 역량 강화가 요구된다.

정부와 금융은 중소기업의 혁신 역량을 촉진하는 데 중요한 역할을 해야 한다. 새로운 변화의 시대에 중소기업이 혁신 성장을 추구할 수 있도록 든든한 버팀목이 되어야 하며, 이를 위해서는 정부 정책과 금융의 변화가 필수적이다. 정부와 금융은 중소기업의 현장 기반 지원 체계를 고도화해, 중소기업들이 적극적으로 혁신에 나설 수 있는 환경을 조성해야 한다. 이러한 지원이 뒷받침될 때 중소기업은 위기를 극복하고 새로운 도약을 이룰 수 있을 것이다.

이를 위해 (가칭) 중소기업혁신특별위원회의 구성을 제안한다. 중소기업이 혁신 역량을 발휘해 경제 위기의 데스밸리를 극복하기 위해서는 정부 부처뿐만 아니라 정부와 민간의 협력이 무엇보다 중요하다.

중소기업은 수많은 위기를 극복해 낸 DNA를 지니고 있다. 정부와 금융이 중소기업과 하나로 뭉친다면, 위기를 충분히 극복하고 새로운 기회를 창출할 수 있을 것이다. 이러한 협력체계가 구축될 때, 중소기업은 변화하는 환경 속에서도 지속 가능한 성장을 이루어낼 수 있을 것이다.

격변기 속에서 중소기업의 대응 전략은 무엇일까? 중소기업은 현재 처한 상황을 냉철하게 분석하고 스스로 대응 전략을 세우는 것이 급선무이다. 자사의 진단 정확성이 떨어지면 위기에 적절히 대응하기 어렵기 때문이다. 무엇보다 중소기업의 자구 노력이 우선되어야 하며, 이를 통해 위기를 극복할 수 있는 기반을 마련해야 한다. 이 과정에서 정부와 금융은 중소기업에 전문적인 지원을 제공하는 전문 병원과 같은 역할을 해야 한다. 이들이 중소기업의 혁신과 성장에 필요한 자원을 공급하고, 효과적인 전략 수립을 돕는 것이 중요하다.

중소기업의 혁신 역량이 미흡한 것은 사실이다. 이는 개별 기업의 문제가 아니라, 보다 구조적 한계에서 비롯된 것이다. 많은 중소기업이 정부 정책에 의존하며, 국내 시장에 안주하려는 경향이 강하다. 일정 규모에 도달한 중소기업은 더 큰 성장을 거부하고 영원히 '피터팬'으로 남으려는 모습도 보인다. 그러나 경영 환경은 급변하고 있으며, 이러한 변화에 대응하지 않으면 생존이 어려워질 것이다. 따라서 경영진과 임직원 모두가 시대적 변화의 흐름을 제대로 인식하고, 혁신에 적극 동참하는 것이 필수적이다. 변화에 대한 인식과 적극적인 참여가 중소기업의 미래를 좌우할 것이다.

그렇다면 정부 정책은 어떻게 변화해야 할까? 우리나라의 중소기업 정책은 세계 최고 수준이지만, 그동안 위기가 발생했을 때 이를 해소하는 소방수 역할에 그쳐왔다. 앞으로는 위기를 예방할 수 있는 생태계 구축이 더 필요하다. 중소기업의 혁신 역량을 끌어내기 위해서는 정책이 혁신적으로 전환되어야 하며, 이를 위해 정부 부처 간의 협업이 무엇보다 중요하다.

현재의 중소기업 정책이 역동적인 현장 수요를 제대로 반영하지 못하는 측면이 있는지 다시 한번 되새겨 봐야 한다. 혁신을 촉진하는 역동적인 정책이 절실히 필요하며, 이를 위해 정부 부처의 적극적인 협력이 이루어져야 한다. 현장에 근거한 실효성 있고 세분화된 정책이 중소기업의 경쟁력을 높이는 데 중요한 역할을 할 것이다.

금융은 매우 중요한 정책 과제이며, 특히 현재의 고금리 상황에서 많은 비판을 받고 있다. 금융은 경제를 뒷받침하는 마중물 역할을 하며, 아무리 뛰어난 사업 계획이 있어도 자금이 충분히 유입되지 않으면 비즈니스가 성장하기 어렵다. 이러한 상황에서 금융기관은 과거의 영업 방식에 머물러 있다는 비판을 겸허히 받아들여야 한다.

새로운 금융의 흐름은 담보 중심에서 신용 중심으로, 대출에서 투자로 변화해야 한다. 혁신 금융이 널리 퍼져야 하며, 이를 통해 기업과 취약 계층이 필요로 하는 자금을 보다 효과적으로 지원할 수 있어야 한다. 하지만 현재 우리나라 은행은 상당한 규모에 비해 자금이 필요한 기업과 취약 층에 대한 지원이 인색한 실정이다. 은행이 진정으로 혁신하려면 아직 갈 길이 멀다는 것이 현실이다. 이를 극복하기 위해서는 금융 시스템 전반의 혁신이 절실히 요구된다.

'우문현답'이라는 말이 있다. 이는 '우리의 문제는 현장에 답이 있다'는 의미로, 중소기업이 직면한 어려움을 해결하고 새로운 성장 동력을 창출하기 위해서는 현장에서 답을 찾는 노력이 필수적임을 강조한다. 현장을 잘 이해하면 중소기업 문제의 해법이 보이고, 새로운 희망의 길을 제시할 수 있을 것이다.

아프리카의 "빨리 가려면 혼자가고, 멀리가려면 함께 가라"는 속담처럼, 중소기업 및 민생 경제의 현장에서 웃음꽃이 피어나고, 대한민국 경제가 새롭게 도약할 수 있도록 우리 함께 희망의 불을 밝혀야 할 때이다. 이러한 협력과 연대가 우리의 미래를 밝히는 원동력이 될 것이다.

중소기업 현장 경제학

초판발행   2025년 1월 10일

지은이   조봉현
펴낸이   안종만·안상준

편 집   소다인
기획/마케팅   김민규
표지디자인   BEN STORY
제 작   고철민·김원표

펴낸곳   (주) **박영사**
            서울특별시 금천구 가산디지털2로 53, 210호(가산동, 한라시그마밸리)
            등록 1959. 3. 11. 제300-1959-1호(倫)
전 화   02)733-6771
f a x   02)736-4818
e-mail   pys@pybook.co.kr
homepage   www.pybook.co.kr
ISBN   979-11-303-2175-2   93320

정 가   32,000원